经以院士

建设论文

贺教育部

重大攻向项目

心王玉纵

李路林
硕士方八

教育部哲学社会科学研究重大课题攻关项目

"十四五"时期国家重点出版物出版专项规划项目

资本市场的系统性风险测度与防范体系构建研究

RESEARCH ON SYSTEMIC RISK MEASUREMENT AND PREVENTION SYSTEM CONSTRUCTION IN CAPITAL MARKETS

陈守东 孙彦林 刘 洋

著

中国财经出版传媒集团

经济科学出版社
Economic Science Press

·北京·

图书在版编目（CIP）数据

资本市场的系统性风险测度与防范体系构建研究/
陈守东，孙彦林，刘洋著 . -- 北京：经济科学出版社，
2024.5

教育部哲学社会科学研究重大课题攻关项目 "十四
五"时期国家重点出版物出版专项规划项目

ISBN 978 – 7 – 5218 – 5923 – 2

Ⅰ.①资…　Ⅱ.①陈…②孙…③刘…　Ⅲ.①证券市
场 – 研究 – 中国　Ⅳ.①F832.51

中国国家版本馆 CIP 数据核字（2024）第 103039 号

责任编辑：孙丽丽　撒晓宇
责任校对：刘　昕
责任印制：范　艳

资本市场的系统性风险测度与防范体系构建研究

陈守东　孙彦林　刘　洋　著

经济科学出版社出版、发行　新华书店经销

社址：北京市海淀区阜成路甲 28 号　邮编：100142

总编部电话：010 – 88191217　发行部电话：010 – 88191522

网址：www. esp. com. cn

电子邮箱：esp@ esp. com. cn

天猫网店：经济科学出版社旗舰店

网址：http://jjkxcbs. tmall. com

北京季蜂印刷有限公司印装

787 × 1092　16 开　32.25 印张　620000 字

2024 年 5 月第 1 版　2024 年 5 月第 1 次印刷

ISBN 978 – 7 – 5218 – 5923 – 2　定价：129.00 元

课题组主要成员

首席专家　陈守东
主要成员　孙彦林　刘　洋　李岳山
　　　　　　　康　晶　林思涵　李云浩

总　序

哲学社会科学是人们认识世界、改造世界的重要工具，是推动历史发展和社会进步的重要力量，其发展水平反映了一个民族的思维能力、精神品格、文明素质，体现了一个国家的综合国力和国际竞争力。一个国家的发展水平，既取决于自然科学发展水平，也取决于哲学社会科学发展水平。

党和国家高度重视哲学社会科学。党的十八大提出要建设哲学社会科学创新体系，推进马克思主义中国化、时代化、大众化，坚持不懈用中国特色社会主义理论体系武装全党、教育人民。2016 年 5 月 17 日，习近平总书记亲自主持召开哲学社会科学工作座谈会并发表重要讲话。讲话从坚持和发展中国特色社会主义事业全局的高度，深刻阐释了哲学社会科学的战略地位，全面分析了哲学社会科学面临的新形势，明确了加快构建中国特色哲学社会科学的新目标，对哲学社会科学工作者提出了新期待，体现了我们党对哲学社会科学发展规律的认识达到了一个新高度，是一篇新形势下繁荣发展我国哲学社会科学事业的纲领性文献，为哲学社会科学事业提供了强大精神动力，指明了前进方向。

高校是我国哲学社会科学事业的主力军。贯彻落实习近平总书记哲学社会科学座谈会重要讲话精神，加快构建中国特色哲学社会科学，高校应发挥重要作用：要坚持和巩固马克思主义的指导地位，用中国化的马克思主义指导哲学社会科学；要实施以育人育才为中心的哲学社会科学整体发展战略，构筑学生、学术、学科一体的综合发展体系；要以人为本，从人抓起，积极实施人才工程，构建种类齐全、梯队衔接的高校哲学社会科学人才体系；要深化科研管理体制改革，发挥高校人才、智力和学科优势，提升学术原创能力，激发创新创造活力，建设中国特色新型高校智库；要加强组织领导、做好统筹规划、营造良好学术生态，形成统筹推进高校哲学社会科学发展新格局。

哲学社会科学研究重大课题攻关项目计划是教育部贯彻落实党中央决策部署的一项重大举措，是实施"高校哲学社会科学繁荣计划"的重要内容。重大攻关项目采取招投标的组织方式，按照"公平竞争，择优立项，严格管理，铸造精品"的要求进行，每年评审立项约40个项目。项目研究实行首席专家负责制，鼓励跨学科、跨学校、跨地区的联合研究，协同创新。重大攻关项目以解决国家现代化建设过程中重大理论和实际问题为主攻方向，以提升为党和政府咨询决策服务能力和推动哲学社会科学发展为战略目标，集合优秀研究团队和顶尖人才联合攻关。自2003年以来，项目开展取得了丰硕成果，形成了特色品牌。一大批标志性成果纷纷涌现，一大批科研名家脱颖而出，高校哲学社会科学整体实力和社会影响力快速提升。国务院副总理刘延东同志做出重要批示，指出重大攻关项目有效调动各方面的积极性，产生了一批重要成果，影响广泛，成效显著；要总结经验，再接再厉，紧密服务国家需求，更好地优化资源，突出重点，多出精品，多出人才，为经济社会发展做出新的贡献。

作为教育部社科研究项目中的拳头产品，我们始终秉持以管理创新服务学术创新的理念，坚持科学管理、民主管理、依法管理，切实增强服务意识，不断创新管理模式，健全管理制度，加强对重大攻关项目的选题遴选、评审立项、组织开题、中期检查到最终成果鉴定的全过程管理，逐渐探索并形成一套成熟有效、符合学术研究规律的管理办法，努力将重大攻关项目打造成学术精品工程。我们将项目最终成果汇编成"教育部哲学社会科学研究重大课题攻关项目成果文库"统一组织出版。经济科学出版社倾全社之力，精心组织编辑力量，努力铸造出版精品。国学大师季羡林先生为本文库题词："经时济世　继往开来——贺教育部重大攻关项目成果出版"；欧阳中石先生题写了"教育部哲学社会科学研究重大课题攻关项目"的书名，充分体现了他们对繁荣发展高校哲学社会科学的深切勉励和由衷期望。

伟大的时代呼唤伟大的理论，伟大的理论推动伟大的实践。高校哲学社会科学将不忘初心，继续前进。深入贯彻落实习近平总书记系列重要讲话精神，坚持道路自信、理论自信、制度自信、文化自信，立足中国、借鉴国外，挖掘历史、把握当代，关怀人类、面向未来，立时代之潮头、发思想之先声，为加快构建中国特色哲学社会科学，实现中华民族伟大复兴的中国梦做出新的更大贡献！

教育部社会科学司

前　言

作为现代金融核心的资本市场，在推动中国经济增长、加快社会财富特别是金融资产积累、优化资源配置、提升中国企业市场竞争力等方面起到了不可忽视的重要作用。然而，资本市场也是一个充满风险的市场，特别是在中国，随着市场规模的不断扩大，资本市场的不稳定将对我国宏观经济发展和经济体制改革的顺利推进产生越来越大的不利影响，甚至成为引发资本市场系统性风险、导致金融与经济危机的潜在因素。因此需要系统认识、科学度量、加强监管、全面应对和防范资本市场系统性风险。

外部的各种政治经济冲击，内部的经济结构调整变化，都可能是我国资本市场系统性风险来源的关键性因素。因此本项研究重点从国家金融安全的高度、宏观经济与微观经济、经济不确定性与风险的关联关系、经济周期与投资动态、资本市场系统性风险的溢出路径与扩散效应、资产泡沫的动态变化和风险积聚等视角，多角度、全方位地认识与测度资本市场系统性风险。对资本市场系统性风险的认识涉及波动性、内生性、负外部性、市场周期性、传染性、短期冲击与长期影响；对资本市场系统性风险的测度与识别涉及金融系统、经济周期、投资动态、结构性变化、政策机制及风险防范等方面，应对资本市场系统性风险涉及市场制度、监管机制、风险化解等重大现实问题。

系统性风险是指在一个系统或市场中相互联系和相互依赖所带来的风险，在这个系统或市场中，单个实体或企业集群的失败会导致连锁失败，从而可能导致破产或导致整个系统或市场崩溃。2008年金融危机过后，系统性风险的内涵发生变化，有学者将其重新认知为"关键性风险因素的积聚扩散及其造成的全局性金融危机"（陈守东），强调了关键性风险因素，指出了系统性风险的累积过程不是静态的，也不是平稳的，而是由小变大的扩散过程，强调了系统性风险是可能造成全局性严重后果的风险。而资本市场系统性风险是一个复杂的综合性概念，有多种表述，但核心内容一般包括两个方面：流动性的受阻或中断（形成机制）和风险的溢出与传染（传导机制）。因此，可以认为是因某种冲击（国际游资、政策导向等）而引起一系列的市场逆效应（如银行倒闭、证券市场崩溃等）乃至整个资本市场大幅波动后陷入流动性危机、支付危机的可能性。资本市场的系统性风险更强调银行或金融机构暴露在金融市场中的风险，这种风险来源于关键性风险因素的积聚，本质上是金融系统的脆弱性与风险的内生性，这种积聚风险的不断演进和发展一旦爆发可能会对经济和金融体系造成极其严重的影响，但这个过程并不是不可干预的，若能明确防范对策并准确度量系统性风险的积聚程度，提前介入则可能避免灾难性后果的发生。因此，准确测度资本市场系统性风险成为了防范化解重大金融危机的关键一招。

现有研究关于资本市场系统性风险的讨论尚不成体系，研究过程尚不规范。本项研究遵循"认识—测量—监测—防范"的研究思路：在认识层面，结合了宏观表象与微观基础、短期—中期—长期视角；在测量层面，全面体现了测量的四个层面，即整体测度、综合评价、压力测试与模拟预测，同时兼顾了资本市场体系内部的动态关联性研究；在监测层面，理论分析与实证检验相互支撑，立足于资本市场的重大现实问题，从资本市场系统性风险的扩散溢出效应、泡沫检验与风险集聚识别三个层面勾勒出中国资本市场系统性风险监测的三个核心点，集成预警体系作为补充研究，使得监测内容的研究更为全面；在防范层面，基于资本市场重大现实问题，从系统性风险防范的关键环节入手，重点考察市场基础完善、政策机制优化以及防范系统构建三个方面，并在其中着重实证讨论上市主体信息披露、资本市场与货币市场互动等具体问题，即充分结合文献梳理、理论分析、经验总结与实证检验四个层面，达到对资本市场系统性风险的全面、科学与有效的防范。主要内容包括在对现有关于资本市场系统性风险测度及防范体系文献分析、经验分析、理论分析、方法研究与实证分析的基础上，通过一般风险测度、系统性风险测度和在险价值测度等方面的基础研究，系统深入地给出了资本市场系统性风测度的理论与方法基础；在对股市资产泡沫测度、无模型隐含波动率的尾部极值风险测度、证券投资基金系统性风险测度、金融业系统性风险测度研究基础上，系统性地给出了资本市场系统性风险测度应用与实证检验研究；通过超预期冲击与中国资本市场安全，加强了不同冲击规模下中国资本市场的溢出效应方面的研究，描绘金融子市场的时变动态风险热图，直观展示了在不同时期各金融子市场的定性特征；通过中美股市系统性风险传染识别、金融机构系统性风险传染识别、资本市场系统性风险对实体经济的传染识别，从时变动态关联性、风险溢出结构性、债券融资成本与企业长期风险、股市错误定价与企业成长预期、基金风格漂移与企业财务风险等方面深入研究了资本市场系统性风险的传染与识别；最后研究了资本市场系统性风险的监管与防范体系的构建。

系统性风险在资本市场体系内部不同子市场间可交叉感染，但不同子市场间传导渠道的通畅程度、传导效率与溢出方向等均有所差别，如何通过计量模型很好地测度与检验资本市场及子市场间系统性风险的溢出效应以及不同子市场关键性风险因素的动态关联性，体现出研究内容的前沿性。由于结合资本市场特征与关键性风险因素的测度与计量分析处于前沿探索阶段，根据当前我国资本市场的特征进行系统性风险的测度方法预评价，同时综合运用多种计量方法、市场之间的关联与连通测度等方法对资本市场系统性风险进行不同角度的测度与分析，并进行模拟与预测，体现出研究方法与应用的前沿性。

本书在研究过程中的创新如下。

第一，基础研究方面的创新。

（1）作为重大攻关项目的研究，应根据经济学理论选择合适的理论基础与数量方法对资本市场系统性风险进行研究，合理地运用相关模型和工具才能较好地实现政策目标，才能得出相对更有意义的经济规律和有效的政策建议。本书的理论基础与方法贡献体现在，根据资本市场的特征提出,在"由关键性风险因素冲击扩散而引起一系列的市场逆效应(如系统重要性机构倒闭、证券市场崩溃等)导致整个资本市场陷入流动性危机、支付危机等的可能"方面的关于资本市场系统性风险的概念,根据资本市场的系统性风险主要特征特点,提出对系统性风险单一的度量是不可取的,需要建立一个多样性的系统性风险测度观点,评估系统性风险要考虑不断演变的金融市场结构,根据结构变化调整系统性风险度量方式的持续性过程。

(2)平均而言,金融业的系统风险最大,但是却并未在所有时期内都占据绝对地位,工业在我国资本市场的发展过程中的潜在风险贡献仍然具有相当大的比重,甚至其在数年间对于资本市场的系统风险贡献处于主导地位。中国股票市场中系统重要性行业正随着时间的推移发生变化,金融业虽然在样本区间内仍为系统风险重要性行业,但金融业的系统重要性出现了阶段性的下滑,多数行业却呈现不同程度的上升。尤其在 2015 年资本市场异常波动期间,工业的系统性风险贡献占据主导地位,并在其后两年时间内维持这种态势。除此之外,研究发现行业系统性风险有明显的集中倾向,即向着科技医药等朝阳产业,工业、消费等增长动力产业积聚,并保持一定的增长惯性。此结果无论对监管部门还是政策制定者,抑或是投资者都有着相当程度的指导意义。

(3)研究工作关注到企业展期风险在债券市场的定价作用,对于展期风险的经济后果提供了来自中国政策制度背景下的经验证据,为企业降低融资成本拓展了新思路。将信用评级纳入到展期风险与债券信用利差的统一框架中,验证信用评级是否能够反映企业的短期再融资压力,探寻展期风险对于债券信用利差的具体作用机制,对于企业调整资本结构具有指导意义。为区别于已有研究,本书全面地从企业自身的财务流动性、债券市场流动性以及信贷市场流动性三个角度探索了流动性对于展期风险效应的异质性影响,流动性是降低企业债券融资成本、释放实体经济活力的关键所在,对于提升债券信用风险防范措施的精准性具有积极作用。

(4)转化为具体内容观点,系统总结了资本市场系统性风险研究中的研究视角和目前系统性风险多种测度方法;论述了一般风险测度的数理基础，给出计量分析测度的方法框架，刻画了资产泡沫生成机理，对 VaR 的测度在不同市场的应用作了深入的研究。本书给出了研究金融机构对金融体系可能产生的负风险溢出测度方法，以及金融机构对其他金融机构或金融体系产生系统性冲击及市场损失扩散的测度方法。

第二，计量方法应用研究方面的创新。

（1）本书通过期权市场数据构造无模型隐含波动率 VIX 和广义无模型隐含波动率 GVIX 作为波动率风险的预测指标，并将其与极值理论相结合，构造 GVIX – EVT 尾部风险指标，研究该指标的应用性与可靠性。将期权 GVIX 指标与极值理论相结合构造尾部极端风险测度，丰富了学术界在该领域的研究，并分析研究该方法在国内市场的有效性和适用性，为市场参与者和科研工作者提供了一个有效的尾部极端风险衡量指标，有助于预测极端风险事件造成的资本市场尾部风险，减少其对金融市场和实体经济的破坏。

（2）本书通过将单变量和多变量极值理论（extreme value theory, ETV）应用于金融机构资产收益的尾部，测算预期损失 ES 指标来度量尾部风险，进而采用 Tail – β 指标识别不同类型金融机构的尾部系统性风险，以估计个体金融机构在极端情形下随市场异常波动的概率；从静态与动态两个角度探究银行、证券、保险、房地产部门的不同尾部系统风险程度与时间异质性；基于 Tail – β 指标分析部门间的有向风险关联效应，探索极易受其他行业极端异常波动影响的机构，并利用滚动估计探究部门间风险关联动态；该方法既能从整体上测度各金融机构的尾部系统性风险，又考察了两两金融行业间的有向风险关联效应，丰富了系统风险分析工具箱及微观层面金融机构系统性风险研究，且为极端事件发生时的风险治理提供了相应的政策建议。

（3）在泡沫研究方面，本书侧重于对资产价格泡沫的多层次检验，将资产价格泡沫的识别和测度分开进行，并以识别结果为主、测度结果为辅，分别对我国股票市场展开识别和测度。在泡沫规模方面采用两种方式进行测度，首先，采用误差修正模型对我国股票市场的总体资产价格泡沫规模进行测度，而后采用 PSY 识别程序与趋势匹配

5

方法对我国股票市场行业间资产价格泡沫规模进行测度。

（4）本书借鉴安东纳基斯和加博尔（Antonakakis and Gabauer, 2017）[1] 时变连通性的测度框架，提出基于普里米切利（Primiceri, 2005）[2] 的 TVP – SV – VAR 模型构建的时变连通指数。该模型在考虑时变滞后系数的同时，增加了随机误差项方差的时变特征，进而更为精准地刻画用于测量连通性指标的非线性特征。作为对现有研究的补充，本书基于上述方法测算了中美主要金融市场的动态连通性，试图捕捉两国金融市场间的信息关联动态，并在此基础上深入剖析两国金融连通性的交互影响机制和传导渠道。

（5）本书在应用 MVMQ – CAViaR 模型研究风险溢出的时变性问题时，提供了将 VIX 波动率测度嵌入 MVMQ – CAViaR 模型中的思路和方法，使其可以反映当市场恐慌情绪发生变化时，不同市场之间恐慌情绪的传染引起的尾部风险溢出情况，从一个新的角度应用 MVMQ – CAViaR 模型，发挥该模型对于处理资产收益率呈现尖峰肥尾和存在时变特征时的优势，从而得到对市场更全面的认识。

（6）本书应用 QVAR 结合时变连通性测度方法，针对美国次贷危机、欧债危机、新冠疫情和俄乌冲突等极端冲击事件，考察我国金融市场特别是资本市场时变风险溢出特征。通过资本市场的剧烈震荡，将 GARCH 波动率大于 0.9 条件分位数记为超预期冲击，深入探究极端大规模冲击对 6 个金融子市场风险结构所产生的影响，更为有效地测度新冠疫情等突发事件背景下资本市场强振荡后所造成的系统性风险结构变化、风险溢出强度变化等。此外，通过描绘金融子市场的时变动态风险热图，直观展示了在不同时期各金融子市场的定性特征，揭示了各金融市场在新冠疫情等特殊时期担任的是风险溢出者还是接受者，从而为监管机构规避和防范风险提供了实证依据。

目前，中国的经济发展已经取得了阶段性的重大胜利，并呈现出新态势。随着经济结构的逐步调整，新的发展阶段、新的发展理念和

---

① Antonakakis N., Gabauer D. 2017. Refined Measures of Dynamic Connectedness Based on TVP – VAR [J]. *MPRA Working Paper*, 78282.

② Primiceri G. E. 2005. Time Varying Structural Vector Autoregressions and Monetary Policy [J]. *Review of Economic Studies*, 72（3），821 – 852.

新的发展格局已经成为未来发展的关键词。金融系统要顺应新趋势、构建新格局，发展多层次资本市场、加强资本市场基础制度建设、构建更具包容性和适应性的多层次资本市场体系，将有助于引导各类生产要素转向更具效率、活力的领域协同聚集，有助于全面发挥和增强资本市场的枢纽作用，强化直接融资对实体经济的支持作用，有助于促进创新资本的形成，发挥资本市场的风险缓释作用，提高经济金融循环效率。

本书是作者所主持的教育部哲学社会科学研究重大课题攻关项目（项目编号：17JZD016）"资本市场的系统性风险测度与防范体系构建研究"的研究成果，著作凝聚了作者及研究团队多年来研究心血。感谢教育部社会科学司重大课题攻关项目给予的研究机会，使我们能够展示出其学术研究成果；感谢吉林大学数量经济研究中心，这里云集的众多学术精英给我们团队提供了研究支持，为我们的研究工作营造了良好的学术氛围和环境；感谢参加研究工作付出心血的研究团队成员，他们的努力使研究工作得以完成。还要感谢我的众多参加研究的博士研究生和硕士研究生为本项研究做出的辛勤工作。

相对于有关资本市场的系统性风险测度与防范体系构建的研究，本书只是沧海一粟，尽管我们本着严谨的写作态度，运用翔实的资料和数据，力求对我国资本市场的系统性风险测度与防范体系构建研究做出微薄贡献，但是由于水平有限，不足之处在所难免，恳请经济与金融界的专家、同行不吝赐教！

摘　要

随着市场规模的不断扩大，资本市场的不稳定对我国宏观经济发展和经济体制改革的顺利推进产生越来越大的影响，甚至引发资本市场系统性风险，因此需要系统认识、科学度量、加强监管、全面应对和防范资本市场系统性风险。

系统性风险是指在一个系统或市场中相互联系和相互依赖所带来的风险，在这个系统或市场中，单个实体或企业集群的失败会导致连锁失败，从而可能导致破产或导致整个系统或市场崩溃。外部的各种政治经济冲击，内部的经济结构调整变化，都可能是我国资本市场系统性风险来源的关键性因素。因此，本书遵循"认识—测量—监测—防范"的研究思路：在认识层面，结合了宏观表象与微观基础、短期—中期—长期视角展开研究；在测量层面，体现了资本市场系统性风险测量的四个层面，整体测度、综合评价、压力测试与模拟预测，同时兼顾了资本市场体系内部的动态关联性研究；在监测层面，理论分析与实证检验相互支撑，立足于资本市场的重大现实问题，从资本市场系统性风险的扩散溢出效应、泡沫检验与风险集聚识别三个层面勾勒出中国资本市场系统性风险监测的三个核心点，集成预警体系作为补充研究使得监测内容的研究更为全面；在防范层面，基于资本市场重大现实问题从系统性风险防范的关键环节入手，重点考察市场基础完善、政策机制优化以及防范系统构建三个方面，并在其中着重实证讨论上市主体信息披露、资本市场与货币市场互动等具体问题，在充分结合文献梳理、理论分析、经验总结与实证检验四个层面的基础上提出建议，达到对资本市场系统性风险的全面、科学与有效的防范。

本书的主要内容包括：在对现有关于资本市场系统性风险测度及防范体系的文献分析、理论分析、方法研究与实证分析的基础上，通过一般风险测度，系统性风险测度和在险价值测度等方面的基础研究，系统、深入地给出了资本市场系统性风测度理论与方法基础；在对股市资产泡沫测度、无模型隐含波动率的尾部极值风险测度、证券投资基金系统性风险测度、金融业系统性风险测度研究的基础上系统给出了资本市场系统性风险测度应用与实证检验研究；通过对超预期冲击与中国资本市场安全关系的分析，加强了不同冲击规模下中国资本市场溢出效应的研究；通过识别中美股市系统性风险传染、金融机构系统性风险传染以及资本市场系统性风险对实体经济的传染，从时变动态关联性、风险溢出结构性、债券融资成本与企业长期风险、股市错误定价与企业成长预期、基金风格漂移与企业财务风险等方面深入研究了资本市场系统性风险的识别与传染；最后本书对资本市场系统性风险的监管与防范体系进行了构建。

系统性风险在资本市场体系内部不同子市场间可交叉感染，但不同子市场间传导渠道的通畅程度、传导效率与溢出方向等均有所差别，著作通过计量模型很好地测度与检验了资本市场及子市场间系统性风险的溢出效应以及不同子市场关键性风险因素的动态关联性，体现出研究内容的前沿性。由于结合资本市场特征与关键性风险因素的测度与计量分析处于前沿探索阶段，本书根据当前我国资本市场的特征综合运用市场之间的关联与连通测度等多种计量方法，对资本市场系统性风险进行不同角度的测度与分析，并进行模拟与预测，体现出研究方法与应用的创新性。

本书分别基于系统性金融风险的有效测度、传染溢出、超预期冲击、驱动因素以及其与宏观经济和实体经济的相互作用关系、风险调控政策与防范体系构建等不同视角，有针对性地进行了深入研究，得到了具有一定参考意义的研究结论。研究发现，中国资本市场在全球市场中是较为活跃的市场，具有一定程度的广度、深度和弹性，中国资本市场能够较好地体现出实体经济的运行状况。当前，监管部门维护市场运行、保护投资者权益和风险防范措施等政策工具和举措有效，守住了不发生系统性金融风险的底线。根据现有研究，我们认为如何有效应对资本市场的异常波动、缓释国际市场的外部冲击、精准处置重点领域风险，仍将是我国"十四五"期间的重要任务，也是总体国家安全观的内在要求。资本市场系统性风险测度与防范体系的构建研究，对应对我国资本市场系统性风险具有重要意义，也为监管机构规避和防范系统性风险提供了理论支撑与实证依据。

随着经济结构的逐步调整，新发展阶段、新发展理念和新发展格局已经成为未来发展的关键词。金融系统要顺应新趋势、构建新格局，发展多层次资本市场，加强资本市场基础制度建设、构建更具包容性和适应性的多层次资本市场体系，这将有助于引导各类生产要素转向更具效率、活力的领域协同聚集，有助于全面发挥和增强资本市场的枢纽作用，强化直接融资对实体经济的支持作用，有助于促进创新资本的形成，发挥资本市场的风险缓释作用，提高经济金融循环效率。

Abstract

As the size of the market continues to expand, instability in the capital market will increasingly affect China's macroeconomic development and the smooth progress of reforming the economic system, and may even lead to systemic risks in the capital market. It is therefore necessary to systematically identify, scientifically measure, strengthen supervision, comprehensively respond to and prevent systemic risks in the capital market.

Systemic risk is the risk posed by the interconnectedness and interdependencies of a system or market, where the failure of a single firm or group of firms can lead to a cascade of failures that may result in bankruptcy or the collapse of the entire system or market. Various external political and economic shocks, as well as internal changes in economic restructuring, may be key factors in the source of systemic risk in China's capital market. The research concept of "awareness-measurement-monitoring-prevention" is therefore followed in this study: At the cognitive level, the study combines macro-epiphenomena and micro-foundations, as well as short-term, medium-term and long-term perspectives; At the measurement level, it embodies the four dimensions of capital market systemic risk measurement, namely overall measurement, comprehensive valuation, stress testing and simulation forecasting, taking into account the study of dynamic correlations within the capital market system; At the monitoring level, theoretical analysis and empirical tests support each other, based on the main realities of the capital market, and outline the core points of systemic risk monitoring in China's capital market from the diffusion and spillover effects of systemic risk in the capital market, the bubble test and the identification of risk agglomeration at three levels, and the integration of the early warning system as a complementary study to make the monitoring of the content of the study more comprehensive; At the response level, based on the major realities of the capital market, we start from the key aspects of systemic risk prevention, focusing on improving the market foundation, optimising the policy mechanism and building the prevention system, and discussing the specific issues of information disclosure of listed companies and the interaction between the capital market and the currency market. Based on the combination of literature review, theoretical analysis, empirical summary and empirical test, we put forward suggestions to achieve a comprehensive, scientific and effective prevention of systemic risk in the capital market.

The main contents of this research include: Based on the existing literature analysis, theoretical analysis, methodological research and empirical analysis on the systemic risk measurement and prevention system of the capital market, the systemic risk measurement theory and methodological foundation of the capital market is given systematically and deeply through the basic research on general risk measurement, systemic risk measurement and insured value measurement; Based on the research on measuring asset bubbles in the stock market, measuring extreme tail risk with model-free implied volatility, measuring systemic risk in mutual funds, and measuring systemic risk in the financial industry, a study on the application and empirical testing of systemic risk measurement in the capital market is systematically presented; By analysing the relationship between over-expected shocks and the safety of China's capital markets, we strengthen the study of spillovers from China's capital markets under different shock sizes; By identifying the systemic risk contagion of the Chinese and US stock markets, the systemic risk contagion of financial institutions, and the contagion of capital market systemic risk to the real economy, we examine the identification and contagion of capital market systemic risk in terms of time-varying dynamic correlations, structural risk spillovers, the cost of debt financing and corporate long-term risk, stock market mispricing and corporate growth expectations, and fund style drift and corporate financial risk. Finally, this study sets out a system for the regulation and prevention of systemic risk in the capital markets.

Systemic risk can spill over between different submarkets within the capital market system, but the degree of smoothness of transmission channels, the efficiency of transmission and the direction of spillovers vary between different submarkets. This study measures and examines the spillover effect of systemic risk across capital markets and submarkets, as well as the dynamic correlation of key risk factors across different submarkets, through econometric modelling that reflects the cutting-edge nature of the research content. As the measurement and econometric analysis combining the characteristics of the capital market with key risk factors is in the frontier exploration stage, this study, based on the current characteristics of China's capital market, comprehensively applies multiple measurement methods, such as the correlation and connectivity measurement between markets, to measure and analyse the systemic risk of the capital market from different perspectives, as well as conduct simulation and prediction, which reflects the innovation of the research methodology and application.

Based on various perspectives, such as the effective measurement of systemic financial risk, contagion spillovers, exaggerated shocks, driving factors and their interaction with the macroeconomy and the real economy, as well as the construction of risk regulation policies and prevention systems, this study has conducted in-depth research in a targeted manner and reached research conclusions of certain reference value. The study found that China's capital market is an active market among global markets, with a certain degree of breadth, depth and resilience, and that it better reflects the functioning of the real economy. At present, the policy tools and initiatives of regulators to maintain market functioning, protect investors' rights and interests, and take risk prevention measures are effective, and the bottom line of no systemic financial risks has been maintained. Based on existing research, we believe that how to effectively respond to abnormal fluctuations in the capital market, how to mitigate external shocks in the international market, and how to accurately deal with risks in key areas will continue to be an important task during the Fourteenth Five-Year Plan period, and is also an inherent requirement of the overall concept of national security. Research on measuring systemic risk in the capital market and building a preventive system is of great significance in dealing with systemic risk in China's capital market, and also provides theoretical support and empirical evidence for regulators to avoid and prevent systemic risk.

With the gradual restructuring of the economy, new development stages, new development concepts and new development patterns have become the key words for future development. The financial system should respond to the new trend, build a new pattern, develop a multi-level capital market, strengthen the basic institutional construction of the capital market, and build a more comprehensive and adaptable multi-level capital market system. This will help guide all kinds of production factors to shift to more efficient and dynamic areas of synergistic aggregation, help comprehensively play and enhance the pivotal role of the capital market, strengthen the role of direct financing in supporting the real economy, help promote the formation of innovative capital, fully play the role of the capital market as a risk mitigator, and improve the efficiency of the economic and financial cycle.

3

目 ■ 录

Contents

Contents

1

资本市场的系统性风险测度与防范体系构建研究

第一章

系统性风险研究及进展

本章深入探讨了系统性风险研究的现状及发展动态。首先，从系统性风险的研究角度出发，阐明了其在金融稳定中的重要价值。其次，本章系统回顾了资本市场中系统性风险的相关研究成果，涵盖了系统性风险的内在涵义、测度与计量研究、生成演化机制与防范体系构建等方面。进一步地，在前述分析的基础之上，本章构建了本书的理论框架和方法论体系，并对本书的前沿性和创新性进行了详细分析。

第一节　系统性风险研究

一、系统性风险与研究视角

在 20 世纪 60 年代，马科维茨将"系统性风险"（systematic risk）正式定义为不可通过资产组合分散的风险，可见系统性风险起初便是针对资本市场所提出的内容。因此，早期的系统性风险研究多集中在宏观层面的市场风险，而过去的数次金融危机事件如大陆伊利诺斯银行破产、MCorp 银行倒闭等，使"太大而不能倒"的监管理念深入人心，监管当局认为破坏整个金融系统稳定的是大型银行或者金融机构。可 2008 年金融危机给予了世界各国沉痛的教训，并非只有大银

1

行才具备引发全球资本市场的崩溃的能力，规模较小但资产关联程度紧密的银行甚至更容易引发系统性风险，监管当局开始更加关注"太相互关联而不能倒"的问题。之后的学术研究中系统性风险改用"systemic risk"一词来突出微观个体金融机构或者子市场的崩溃或功能丧失所引发的链式反应，从而更加注重系统性风险的微观理论基础和生成演化过程。本书的研究则是综合了宏观整体风险与微观个体风险两个方面，在关注微观理论基础的同时，将引发资本市场系统性风险潜在原因提炼为关键性风险因素，并将生成演化机制归纳为"积聚—扩散—爆发"三个阶段，指出了金融市场中系统性风险的爆发是由关键性风险因素的累积造成的，累积过程不是静态的，也不是平稳的，而是由小变大的扩散过程，这在当前我国"健全金融监管体系，守住不发生系统性金融风险的底线"背景下具有重要的理论与现实意义。

我们将关键性风险领域的风险因素称为关键性风险因素，且认为关键性风险因素应当具备以下特征：

（1）数据生成过程为近单位根、单位根或者爆炸性过程，即表现为快速膨胀而非削弱退化；

（2）因可带来普遍性超额收益而具有系统重要性；

（3）具有广泛动态关联性，因此可对金融体系、经济结构形成广泛性、全局性冲击影响；

（4）在相关领域尚未发生技术进步或已发生的技术进步带来的收益难以覆盖风险。

关键性风险因素的生成演化过程：该领域由于普遍超额收益的存在，在资本逐利性的驱使下，社会资本广泛参与，风险因素随即滋生且不断膨胀，当超过一定阈值，金融发展重度失衡，经济结构被严重扭曲，局部危机爆发，由于其与全局的多个关键环节具有动态关联性，在"断路器机制"与"防火墙制度"尚未健全的情况下，很容易发展为金融危机，最终波及整个经济系统的稳定运行。

资本市场系统性风险是一个复杂的综合性概念，其定义有多种表述，但核心内容一般包括两个方面：流动性的受阻或中断（形成机制）和风险的溢出与传染（传导机制）。因此，资本市场系统性风险可以认为是因某种冲击（国际游资、政策导向等）而引起一系列的市场逆效应（如银行倒闭、证券市场崩溃等）乃至整个资本市场陷入流动危机、支付危机的可能性，这与微观个体面对的金融风险相对。

资本市场的系统性风险主要表现可概括为：

（1）资本市场整体走势的大幅度波动。

（2）多个市场主体发生连锁反应而陷入经营困境并使投资人利益受到重大损

害的风险。

（3）资本市场系统风险一旦失控并与其他不良因素发生共振，轻则影响资本市场某一层面或某一类投资产品市场的稳定，重则造成整个市场的危机。而危机的爆发，必然会对企业、投资者、政府都产生极大的影响。

资本市场的系统性风险主要特征有：

（1）波动性：在资本市场中，由于融资期限较长，发生重大变故的可能性也大，因此，市场价格容易波动，投资者需承受较大风险。

（2）内生性：资本市场自身缺陷是内因，并不必然会引发系统风险，系统风险的爆发通常还需要外部诱发因素。这些因素包括：经济周期性波动及宏观经济失衡，宏观政策的调整和失误，由政治、经济、恐怖主义等各种因素引发信心危机等。

（3）负外部性：资本市场系统性风险有着强烈的外部溢出性，决定了其一旦出现，对总体经济的破坏力度和范围都是极大的。

（4）周期性：股票市场是资本市场最重要的组成部分，在影响股价周期性变动的经济因素中，经济周期理论是最经典的理论根据之一。经济周期理论认为，在经济衰退时期，股票价格会逐渐下跌；到危机时期，股价跌至最低点；经济复苏开始时，股价又会逐步上升；到繁荣时，股价则上涨至最高点。

（5）脆弱性：过去的经验证明，一个体系不够健全的资本市场，当遇到外来诱发因素时便极易发生系统风险，而且恢复起来也会较慢。

（6）传染性：风险事件能够在体系内迅速传导，并外溢至体系外。

资本市场系统性风险的主要成因包括：

（1）内在因素：发行市场的行政控制，二级市场投资者的不成熟及以零散的中小投资者为主的市场结构，信息披露不充分，大量存在的内幕信息交易，证券经营机构的无序竞争等。

（2）外在因素：经济周期性波动及宏观经济失衡和政策的不确定，国际游资冲击，全球流动性过剩等。

根据资本市场的特征研究，在"由关键性风险因素冲击扩散而引起一系列的市场逆效应（如系统重要性机构倒闭、证券市场崩溃等）导致整个资本市场陷入流动危机、支付危机等的可能"方面的关于资本市场系统性风险的研究还略显不足。过去的 2017 年中国的金融市场进入了"强监管"时代，监管部门将"去杠杆、引导资金脱虚向实、防范金融风险"作为金融宏观调控的主基调。对资本市场系统性风险防范，监管部门出台新规，致使针对资本市场的监管重心转移至防范风险，对资本市场系统性风险的测度以及防范体系构建的研究目前已提上日程。

3

本研究的视角概括为：从理论基础出发，通过对中国资本市场系统性风险宏观表象与微观基础的研究，认识资本市场系统性风险的分类、来源，从全球金融市场视角，研究外部不确定性对我国资本市场系统性风险的冲击影响，认识中国资本市场系统性风险的关键性风险因素研究，结合我国经济现实问题，揭示中国经济不确定性与资本市场关键性系统性风险因素的动态关联性。

从数据模型构建出发，测量资本市场系统性风险。基于对中国经济不确定性的深刻认识，从不同分类与来源建立中国资本市场系统性风险的高维混频数据分层测量模型，并从国家金融安全的高度与世界经济的广度细分测量内部经济不确定性以及世界经济不确定性对中国资本市场的冲击影响，构建我国资本市场系统性风险的评价模型。从宏观经济与微观经济的视角、需求侧与供给侧的视角、不确定性与风险的关联关系的视角刻画资本市场子市场间系统性风险的关联测度，从正面引领和负面应对的视角、自身质量和外部防范的视角分析资本市场系统性风险对中国经济的影响。

从资本市场系统性风险的溢出路径与扩散效应出发，进行资本市场系统性风险的监控与预警研究，全方位识别与检验我国资本市场系统性风险。从经济理论、统计方法与经验验证、政策评价与风险管理出发，通过资本市场泡沫的动态检验与系统性风险集聚的识别构建资本市场系统性风险集聚检验体系。

在理论与经验分析的基础上，通过国际经验对比分析中国资本市场与宏观金融稳定性及可能的鞍点路径，构建我国资本市场的系统性风险防范的监管体系和制度，并提出应对资本市场系统性风险具体的市场基础、政策机制、防范体系，牢牢守住不发生国家与地方层面的系统性金融风险的底线。

本研究遵循"认识—测度—监测—防范"的研究思路，充分结合文献梳理、理论分析、方法研究、经验总结与实证检验五个层面以达到对资本市场系统性风险的全面、科学与有效的防范：

（1）在认识层面，结合宏观表象与微观基础、短期—中期—长期视角，以关键性风险因素为出发点，识别资本市场系统性风险的微观基础，并对系统性风险因素在不同子市场间的动态关联性展开研究。

（2）在测度层面，拓展资本市场系统风险的测度模型方法与评价指标体系，通过整体测度模型研究、尾部极值特征有效识别、风险状态综合评价分析、压力测试与模拟预测，同时兼顾资本市场体系内部子市场间的动态关联性研究。

（3）在监测层面，理论分析与实证检验相互支撑，立足于资本市场的重大现实问题，从资本市场系统性风险的扩散溢出效应、泡沫检验与风险集聚识别这三个层面勾勒出中国资本市场系统性风险监测的三个核心点，集成预警体系的构建作为补充研究使得监测内容更为全面。

（4）在防范层面，基于资本市场重大现实问题并从系统性风险防范的关键环节入手，在着重考察市场基础完善、政策机制优化的基础上重点研究防范系统性风险的监管体系和制度构建问题。

本研究在研究过程中将实现三个方面的创新：有效地归纳不同学派、不同研究对象、不同时期、不同假设、不同计量方法、不同视角、不同结论下的学术成果，实现对资本市场关键性风险因素的识别，全面认识资本市场系统性风险理论基础与形成机制；结合中国资本市场的特点与中国经济数据的具体情况，通过模型与方法的创新实现全方位、多角度的资本市场系统性风险的测度与检验；通过充分研究现有监管体系并在此基础之上推出对资本市场系统性风险积极应对的监管体系和制度构建。

二、研究价值

资本市场的发展，不仅是功能逐渐发挥的过程，也是一个风险聚集和化解的过程。历史和现实的经验表明，只有做好风险的防范和化解过程，才能又好又快地发展资本市场。在经济减速背景下，显性风险逐渐放大化、隐性风险逐渐显性化，且新的风险点在不断滋生，资本市场作为金融体系的重要构成，其系统性风险的分析与评价、监测预警与防范等问题对于当前中国金融体系稳定运行至关重要。本研究在梳理与归纳我国资本市场系统性风险的宏观表象与微观基础的基础上，对系统性风险进行测度与评价，并对其进行监测与预警研究，最终给出适应我国资本市场特征的系统性风险防范监管体系和制度构建。

通过国内外的文献梳理与发展经验，并结合本研究的研究脉络与论证框架的对比分析，本研究独到的学术价值、应用价值和社会意义如下：

（1）资本市场风险包括系统性风险和非系统性风险，现在资本市场发展过程中对于有效化解非系统性风险已经有了较完备的理论知识和丰富的实践经验，但在系统性风险的防范和化解方面还处于探索阶段。本研究通过对资本市场系统性风险的测度与防范展开详尽研究，对现有研究形成有益补充，具有重要的理论意义。

（2）在我国，一方面，由于转轨阶段市场发展的特殊性，一些在成熟市场上不存在或不突出的问题和矛盾在我国市场上可能演变成影响市场平稳运行的系统性风险因素。另一方面，随着近几年市场的快速发展，新兴市场发展过程中普遍存在的资本约束机制和信用机制的不完善等问题和矛盾，在我国也日渐突出，客观上增加了市场运行中的不确定因素。因此，如何深化改革，加快建立适合我国国情的资本市场系统性风险的防范和化解机制，已经成为当前资本市场进一步做大做强需要尽快解决的问题。本研究围绕资本市场系统性风险的测度与防范展开详尽研究，具有重要的现实意义。

（3）我国资本市场有其自身特征，且不同时期表现出的特征不同，在微观层面具体体现在不同时期的关键性风险因素不同，对关键性风险因素的研究，有助于简化系统性风险的分析与评价，有助于现阶段风险点的甄别与针对性防范。

（4）系统性风险在资本市场体系内部不同子市场间可交叉感染，但不同子市场间传导渠道的通畅程度、传导效率与溢出方向等均有所差别，如何通过计量模型很好地测度与检验资本子市场间系统性风险的溢出效应以及不同子市场关键性风险因素的动态关联性，通过对具体溢出路径与扩散效应的计量分析，达到对中国资本市场现阶段系统性风险的全面认识与整体评价，是本研究的研究重点之一，现有文献在这方面的研究尚且不足。

（5）根据系统性风险在资本市场的生成演化过程，在计量分析与检验的基础上，重点对风险的集聚过程进行甄别与测度，并对资本市场泡沫、资产定价行为以及资产收益率的横截面相关等重大现实问题进行检验与分析，为资本市场系统性风险的实时监测与风险识别提供现实指引。

（6）现有文献关于资本市场系统性风险防范体系已有一定的讨论基础，但尚不成系统。本研究在前述文献分析、经验分析、理论分析、方法研究与实证分析的基础上，从市场基础、政策机制与防范体系三个关键性方面有针对性地进行防范监管与制度方面的体系构建，这有助于中国资本市场的进一步规范与完善。

第二节　相关研究学术梳理及研究进展

纵览全球金融发展史，任何国家、任何时候发生的金融危机，均为在此之前货币信用的过度膨胀所致，并都伴随着一个货币信用长期持续扩张并不断积累的过程。而一旦引发资产泡沫化并使通胀压力快速上升，货币信用扩张也就走到尽头，甚至难以为继。随之而来的紧缩性政策，往往又是刺破资产泡沫的重要外部因素；而资产泡沫一旦破灭就会引发连锁反应，并常常成为系统性金融风险的发端。以往对资本市场系统性风险的研究集中在以下几方面。

一、资本市场系统性风险的内在涵义

在金融学说发展史上，"系统性风险"概念最初在诺贝尔经济学奖得主威廉·

夏普《投资组合分析的简化模型》一书中出现。1964 年他在推进哈里·马科维茨资产选择理论深化、创立资本资产定价模型的过程中，将资产风险分解为"系统性风险"（systematic risk）和"非系统性风险"（unsystematic risk），并将系统性风险定义为不可通过资产组合消散的风险。由此可见，系统性风险起初便是针对资本市场所提出的内容。

然而，随着资本市场崩溃的频发，对于系统性风险的监管与防范得到世界的广泛关注，系统性风险也由最初的特指资本市场宏观风险而被不断修正并赋予新的涵义，因此，系统性风险常常被认为是可以感知却难以定义的概念（Benoit et al.，2017）[①]，比西亚斯等（Bisias et al.，2012）[②] 认为定义的侧重点不同，成为了系统性风险的定义尚未达成共识的原因。一般而言，资本市场的系统性风险可以从以下四个侧重点进行定义上的区分：第一，从危害范围上，将资本市场的系统性风险定义为威胁整个金融体系以及宏观经济而并非一个或某几个金融机构或市场稳定的事件。以伯南克（Bernanke，2009）[③] 为代表，他认为系统性风险是可以威胁到整个金融体系并且可以波及宏观经济的事件。这种定义方式，强调金融行为和金融主体，从金融行为看，它指的是金融投资领域，影响到各种金融资产交易价格波动属于系统性风险范畴；从金融主体看，它指的是介入金融投资的各类主体，伯努瓦等（Benoit et al.，2017）[④] 指出资本市场的系统性风险是各种市场参与者同时遭受损失，并且扩散到整个系统。因此这种定义方式突出了系统性风险的危害范围是整体市场而不是局部的特点。帕特罗等（Patro et al.，2013）[⑤] 在系统性风险波及范围基础上又着重强调了结果的严重性，并将其定义为金融机构崩溃导致的金融体系乃至经济整体运行严重受损的状态。阿德里安等（Adrian et al.，2010）[⑥] 的定义角度同样也在强调系统性风险的危害范围，指出系统性风险是金融系统失灵的广泛扩散并非某个或某几个金融机构的危机事件。

第二，从金融功能上，资本市场的系统性风险定义为突发事件引起的金融市场功能丧失的或然性。以米什金（Mishkin）为代表，他认为突发事件的发生使资金无法有效引导至投资机会最多的地方，从而导致金融市场的功能丧失。欧洲

---

①④ Benoit S.，Colliard J. E.，Hurlin C.，et al. 2017. Where The Risks Lie：A Survey on Systemic Risk [J]. *Review of Finance*，21（1）：109 – 152.

② Bisias D.，Flood M.，Lo A. W.，Valavanis，S. 2012. A Survey of Systemic Risk Analytics [J]. *Annual Review of Financial Economics*，4（1）.

③ Bernanke B. 2009. A Letter to Sen. Bob Corke [N]. *The Wall Street Journal*，2019 – 11 – 08.

⑤ Patro D. K.，Qi M.，Xian S. 2013. A Simple Indicator of Systemic Risk [J]. *Journal of Financial Stability*，9（1）.

⑥ Adrian T.，Brunnermeier M. 2010. CoVaR：A Systemic Risk Contribution Measure. Technical Report [Z]. Princeton Univ.，Princeton，NJ.

中央银行（European Central Bank，2009）① 认为系统性风险是一种能损害金融系统的功能使得经济增长和福利遭受重大损失的风险。阿查里亚和理查德森（Acharya and Richardson，2009）② 将其定义为使实体经济资本供给严重缺乏的金融机构与资本市场联合失灵。这种定义方式，强调金融市场的有效性，它指的是系统性风险会导致金融系统处于暂时性失灵，从而出现不合乎逻辑的"非理性萧条"，这种定义不仅突出了系统性风险结果的严重性，还隐含了金融系统的脆弱性。

第三，从风险传染上，资本市场的系统性风险定义为某一金融机构、金融子市场所面临的冲击或者损失，向资本市场中其他金融机构或其他市场传递，造成的一连串的多米诺骨牌效应，进而引发的全局性损失。代表人物考夫曼（Kaufman，1999）③ 认为系统性金融风险是在一连串的金融机构或市场中产生的一系列损失事件带来的累计损失的概率。这一定义与许多国际上的监管组织的定义类似，如国际货币基金组织（International Monetary Fund，2013）④ 认为系统性风险是某家特定金融机构危机给其他金融机构乃至整个金融市场造成严重损失的风险、国际清算银行则将传染的角度聚焦在违约风险事件上，认为系统性风险为金融市场中的一个参与者不能履约而带来的其他参与者违约的风险。从传染方面的定义被 De - Bandt 和 Hartmann（2000）⑤ 等认为是系统性风险定义的核心。这种定义方式，是强调了金融部门间的连通性与溢出性，突出了金融机构在货币市场中的媒介作用，风险会从一个部门流向另一个部门的，存在"传染病（plague）"效应，导致全局性的损失。

第四，从对金融体系外如投资者或实体经济冲击的角度定义资本市场系统性风险。十国集团（2001）明确指出系统性风险是受单个事件冲击造成的金融体系信心崩溃、金融系统不确定性增强最终对实体经济造成严重危害的风险。比利等（2010；2012）⑥ 将系统性风险定义为在短期之内，一系列相互关联的金融机构

① European Central Bank. 2009. Financial Stability Review. December，Frankfurt am Main：European Central Bank.

② Acharya V. V.，Richardson M. 2009. Causes of The Financial Crisis [J]. *Critical Review*，21（2-3）.

③ Kaufman G. 1999. Helping to Prevent Banking Crises：Taking The "State" Out of State Banks [J]. *Review of Pacific Basin Financial Markets and Policies*，2（1）.

④ International Monetary Fund. 2013. Key Aspects of Macroprudential Policy. IMF Policy Paper，June，Washington：International Monetary Fun.

⑤ De Bandt O.，Hartmann P. 2000. Systemic Risk：A Survey. Working Paper No. 35. European Central Bank.

⑥ Billio M.，Getmansky M.，Lo A. W.，Pelizzon L. 2010. Econometric Measures of Systemic Risk in the Finance and Insurance Sectors [J]. *Social Science Electronic Publishing*，104（3）：535-559；Billio M.，Getmansky M.，Lo A. W.，Pelizzon L. 2012. Econometric Measures of Connectedness and Systemic Risk in the Finance and Insurance Sectors [J]. *Journal of Financial Economics*，104（3）.

发生违约时所导致的整个金融系统流动性减少和信心缺失。这种定义方式强调了系统性风险的承受者，它指的是在金融市场中展开金融投资的微观主体，或者实体经济部门如企业等，并不直接指向宏观经济运行或宏观金融运行所面临的风险问题。

除了定义难以达成共识之外，系统性风险这一金融术语的混用在国内外屡见不鲜，本书认为造成概念混淆的一个重要原因可能是学者对于"systematic risk"和"systemic risk"翻译时的混用。追根溯源，"systematic"与"systemic"两个词在牛津词典中都含有系统的、涉及整体的意思，但"systematic risk"指经济主体普遍面对的、无法分散和规避的共同风险暴露因素引起的风险，现阶段应译为"系统风险"。造成这种系统风险的原因往往是制度、政策、环境变化和经济周期引起的，因此也被称为"不可分散风险"。美国学者弗兰克·J. 法博齐和弗朗哥·莫迪利亚尼将不可分散风险定义为资产的收益率变动中可以归因于某一共同因素的部分。而"systemic risk"是指金融机构的风险积聚扩散到一定程度突然爆发，这种风险在金融市场中传染放大，从而由微观个体涉及全金融系统，现阶段应译为"系统性风险"。因此国际金融危机之后学术界所测度的"系统性风险"便是"systemic risk"，相比于"systematic risk"的金融体系外的诱因，系统性风险更侧重内生，这种风险来源于关键性风险因素的积聚，本质上是金融系统的脆弱性与金融风险的内生性。除此之外，资本市场系统性风险要突出关键性因素在资本市场中的积聚与扩散问题，主体应为资本市场中银行等金融部门风险的不断演进和发展所可能导致的对经济和金融体系造成极其严重的影响。鉴于此，明确防范对策并准确测度系统性风险在资本市场金融部门的积聚程度和扩散机制应成为题中应有之义。本书针对资本市场系统性风险（systemic risk），因此，在研究阶段要将侧重点放在资本市场中银行等金融机构风险内生积聚，明确金融机构在资本市场中的系统重要性。除此之外，将系统性风险扩散机制的核心放在金融部门间和金融部门对其他部门的传染性上，进而形成关键性风险因素的"积聚—扩散—爆发"的生成演化机制。即是说，关键性风险因素的长期积聚使得负面事件犹如"导火索"一样引发了一系列市场逆效应（如系统重要性金融机构倒闭、证券市场崩溃等）。事实上，风险内生存在于资本市场本身，事件只是起到了一次集中释放的作用，使风险在事件驱动下使资本市场中的主体信心崩溃，对持有资产的未来充满不确定，从而形成了负面的合力，使资产价格普遍下跌甚至导致市场功能损失。这种集中释放的风险会导致信心的恢复更加困难，从而降低资本市场效率，使企业融资渠道受阻，引发各个市场的共振甚至经济、政治和社会动荡。

综上所述，本书将资本市场的系统性风险定义为关键性风险因素的积聚扩散，使资本市场中系统重要性金融机构遭受损失，从而传染至资本市场中其他部门，造成的资产价格普遍下跌、流动性匮乏、市场不确定性增强、资本市场功能丧失的状态。

二、资本市场系统性风险的测度与计量研究

资本市场的系统性风险更强调银行或金融机构暴露在金融市场中的风险，这种风险来源于关键性风险因素的积聚，本质上是金融系统的脆弱性与风险的内生性，这种积聚风险的不断演进和发展一旦爆发可能会对经济和金融体系造成极其严重的影响，但这个过程并不是不可干预的，若能明确防范对策并准确度量系统性风险的积聚程度，提前介入则可能避免灾难性后果的发生。因此，准确测度资本市场系统性风险成为了防范化解重大金融危机的关键途径。本章总结了资本市场系统性风险的测度方法，并将各种计量方法主要归纳为以下三类：概率分布度量、网络分析法和未定权益分析法。

概率分布度量即尾部度量方法，利用资本市场的数据并结合相关金融机构的联合分布度量系统性风险，也是我国学术界当前较为流行的方法之一。系统性风险事件与银行风险敞口具有较强的相关性，当极端事件发生时，尾部风险是其放大的重要来源，此外，由于资本市场数据本身的客观性、连续性、高频性，此类方法具有一定前瞻性优势。在概率分布的度量方法中又存在两个比较明显的分支：其一，在险价值（VaR）是最早利用收益率波动和总体分布信息度量系统性风险的工具。阿德里安等（Adrian et al.，2010）[1] 基于此提出了条件在险价值（CoVaR），通过计算某一金融机构在危机状态下的 CoVaR 与金融体系 VaR 的差值来代表其系统性风险的贡献度，丁庭栋等（2012）[2]、陈守东等（2014）[3] 和周天芸等（2012）[4] 分别运用 CoVaR 对国内各金融机构之间或对金融系统整体的波动溢出效应进行量化，并据此方法测度系统性风险贡献。塔拉舍夫等（Tarashev et al.，2011）[5] 提出将 Shapley 值法，应用于单个机构分配系统性风险测度上。

① Adrian T.，Brunnermeier M. 2010. CoVaR. Staff Report 348 ［Z］. Federal Reserve Bank of New York.

② 丁庭栋、赵晓慧：《不同行业与金融系统的波动溢出效应分析》，载于《统计与决策》2012 年第 103 期。

③ 陈守东、王妍：《我国金融机构的系统性金融风险评估——基于极端分位数回归技术的风险度量》，载于《中国管理科学》2014 年第 7 期。

④ 周天芸、周开国、黄亮：《机构集聚、风险传染与香港银行的系统性风险》，载于《国际金融研究》2012 年第 4 期。

⑤ Tarashev N.，Borio C.，Tsatsaronis K. 2011. Attributing Systemic Risk to Individual Institutions ［R］. BIS Working Papers，No：308.

贾彦东（2011）[①] 使用网络模型的冲击损失和网络合作博弈中的 Shapley – Value 度量国内系统重要性银行对整个金融系统的直接贡献和间接参与的两部分系统损失。其二，基于预期不足（ES）的方法（Artzner et al. , 1999）。[②] 阿查里亚等（2010）[③] 对此作了改进，提出边际期望损失（MES）和系统性期望损失（SES）。该方法不仅度量了门限值以外的损失，而且计算相对简单直接、具备可加性，一举解决了 CoVaR 和 Shapley 法的不足之处（白雪梅等，2014；赵进文等，2013）[④]，然而仅基于市场指数的测度可能会遗漏特征信息（王培辉等，2017）[⑤]。布朗利尔斯等（Brownlees et al. , 2011）[⑥] 提出系统性风险指数（SRISK），该风险指数的优点在于：其构造纳入了金融机构的规模、杠杆率、关联性等系统性风险重要的影响因素，形成指数的预期敞口，该缺口直接受到金融机构本身经营状况好坏的影响，梁琪等（2013）基于 SRISK 指标提出了界定系统重要性金融机构的标准，并给出了系统重要性金融机构的名单。系统性风险指数法是概率分布角度度量方法中现阶段被较为接受的方法。

网络分析法被认为是现代风险度量和风险管理的核心（Diebold and Yilmaz, 2014）[⑦]。Allen 和 Gale（2000）[⑧] 最早将网络分析法运用到金融风险领域，证实了金融风险的传染和金融债券的内生模式存在紧密联系。一般而言，网络分析法通过两种主要方法评估系统性风险：其一，通过金融机构间的相互连通度和交易数据建立网络测度资本市场的系统性风险（Diebold and Yilmaz, 2009；2012；2014）[⑨]。这

① 贾彦东：《金融机构的系统重要性分析——金融网络中的系统风险衡量与成本分担》，载于《金融研究》2011 年第 10 期。

② Artzner P. , Delbaen F. , Eber J. M. , Heath D. 1999. Coherent Measures of Risk［J］. *Math Finance*，9：203 – 228.

③ Acharya V. , Pedersen L. , Philippon T. , Richardson M. 2010. Measuring Systemic Risk［R］. NYU Working Paper.

④ 白雪梅、石大龙：《中国金融体系的系统性风险度量》，载于《国际金融研究》2014 年第 6 期。赵进文、张胜保、韦文彬：《系统性金融风险度量方法的比较与应用》，载于《统计研究》2013 年第 10 期。

⑤ 王培辉、袁薇：《我国金融机构系统性风险动态监测——基于 CCA 和动态因子 copula 模型的研究》，载于《财经论丛》2017 年第 12 期。

⑥ Brownlees C. , Robert E. 2011. Volatility, Correlation and Tails for Systemic Risk, Measurement［R］. NYU – Stern Working Paper.

⑦ Diebold F. X. , Yilmaz K. 2014. On The Network Topology of Variance Decompositions：Measuring the Connectedness of Financial Firms［J］. *Journal of Econometrics*，182（1）：119 – 134.

⑧ Allen F. , Gale D. M. 2000. Financial Contagion［J］. *Journal of Political Economy*，1，1 – 33.

⑨ Diebold F. X. , Yilmaz K. 2009. Measuring Financial Asset Return and Volatility Spillovers, with Application to Global Equity Markets［J］. *The Economic Journal*，119（534）：158 – 171. Diebold F. X. , Yilmaz K. 2012. Better to Give Than to Receive：Predictive Directional Measurement of Volatility Spillovers［J］. *International Journal of Forecasting*，28（1）：57 – 66. Diebold F. X. , Yilmaz K. 2014. On The Network Topology of Variance Decompositions：Measuring the Connectedness of Financial Firms［J］. *Journal of Econometrics*，182（1）：119 – 134.

种方式强调从统计学的角度，用客观数据说话，迪博尔德和伊尔马兹（Diebold and Yilmaz，2009）[1] 采用广义方差分解法构建了连通性指标测度各个金融机构间的连通性，并在 2014 年改进了这种模型，通过选择向量与行向量标准化的方式赋予了这种波动溢出的权重与方向。杨子辉和周颖刚（Yang and Zhou，2017）[2] 与 DY 的已实现波动率不同，选择从隐含波动率的角度构建了金融机构间的波动溢出网络。巴鲁尼克和克雷利克（Barunik and Krehlik，2018）[3] 将这种方法从时域推广至频域，探究资本市场的系统性风险短期、中期、长期特征。但是，此类基于 VAR 的波动溢出指数存在"维数诅咒"的问题，因此德米尔等（Demirer et al.，2018）[4] 通过 Lasso 分析方法将原来的 13 家银行样本扩张至 150 家，构建高维分析网络，从全样本的静态分析与滚动窗口的动态分析两个角度进行研究，结果发现全球银行间波动溢出网络表现出明显的地理集聚特征。由于交易数据的客观性与可得性，该方法近年来被学者广泛接受并采用。其二，通过计算银行或者金融机构破产对其他实体的影响进行衡量。这种方式结合了交易数据与金融机构的财务数据，因此为评估银行倒闭的网络外部性，可以运用银行间风险敞口模型结合数据进行测量（IMF，2009；Chan – Lau，2009）[5]。比利等（Billio et al.，2010；2012）[6] 从收益率溢出的角度捕捉系统性风险积累的信息，指出格兰杰因果动态网络可以很好地模拟系统性冲击，认为有效市场假设下短期资产价格与其滞后变量无关。宫小琳等（2010）[7] 利用 2007 年金融交易账户中的资金流量数据、会计数据建立金融关联网络模型，分析了传染发生时各个部门的损失值。矩阵法也是此类网络分析法的一种表现形式，它建立在银行间信贷关联基础上，认为一家银行经营的失败势必会给业务上存在往来的银行带来流动性冲

---

[1]　Diebold F. X., Yilmaz K. 2009. Measuring Financial Asset Return and Volatility Spillovers, with Application to Global Equity Markets [J]. *The Economic Journal*, 119 (534): 158 – 171.

[2]　Yang Z. H., Zhou Y. G. 2017. Quantitative Easing and Volatility Spillovers Across Countries and Asset Classes [J]. *Management Science*, 63 (2).

[3]　Barunik J., Krehlik T. 2018. Measuring The Frequency Dynamics of Financial Connectedness and Systemic Risk [J]. *Journal of Financial Econometrics*, 16 (2): 271 – 296.

[4]　Demirer M., Diebold F. X., Liu L. Yilmaz K. 2018. Estimating Global Bank Network Connectedness [J]. *Journal of Applied Econometrics*, 33 (1): 1 – 15.

[5]　IMF. 2009. Global Stability Report – Responding to The Financial Crisis and Measuring Systemic Risks [Z]. Working Paper. Chan – Lau J. A. 2009. Default Risk Codependence in The Global Financial System: Was The Bear Stearns Bailout Justified? [Z]. Lau.

[6]　Billio M., Getmansky M., Lo A. W., Pelizzon, L. 2010. Econometric Measures of Systemic Risk in the Finance and Insurance Sectors [J]. *Social Science Electronic Publishing*, 104 (3): 535 – 559. Billio M., Getmansky M., Lo A. W., Pelizzon L. 2012. Econometric Measures of Connectedness and Systemic Risk in the Finance and Insurance Sectors [J]. *Journal of Financial Economics*, 104 (3).

[7]　宫小琳、卞江：《中国宏观金融中的国民经济部门间传染机制》，载于《经济研究》2010 年第 7 期。

击。楚永强等（Chu et al., 2020)[①] 从银行地理分散化探究系统性风险的正向影响作用，发现银行地理分散化将通过资产近似化渠道增加系统性风险。网络分析方法既可以从数理统计的角度依托市场客观交易数据构建溢出网络测度资本市场系统性风险，又可以有效结合市场数据和银行实际资产负债数据，从而有效地避免市场数据缺失较为严重或者市场不成熟样本较少的问题，因此近年来被誉为系统性风险研究领域的核心（Barunik and Krehlik, 2018)。[②]

未定权益分析法是一种基于 Copula 函数的方法，格雷和约布斯（Gray and Jobst, 2010)[③] 通过估计每个机构的违约概率，并通过联合分布将其直接或者间接地关联起来，从而分析系统性风险在不同部门中的扩散机制。诺贝尔经济学奖获得者默顿（Merton, 1973)[④] 提出将股票看成一个基于公司资产的看涨期权这种结构化的方法，并据此设计了第一个违约风险的结构化模型，以此估计隐含违约概率。格雷等（Gray et al., 2010)[⑤] 进一步将期权理论引入资产负债表的编制体系拓展为 SCCA 模型，从而衡量资本市场中不同金融部门的系统性风险。卡普阿诺（Capuano, 2008)[⑥]、黄欣等（Huang et al., 2009)[⑦] 采用该思路将违约事件与公司资本结构变化相联系，对系统性风险进行测度分析。宫晓琳（2012)[⑧] 借鉴上述方法建立国民经济机构部门层面的风险财务报表，利用未定权益分析方法（CCA）测度 2008 年全球次贷危机事件发生之前宏观金融风险状况，并据此分析国民经济中各机构部门风险敞口的动态演变情况。唐文进和苏帆（2017)[⑨] 在此基础上进一步将传统模型的连续扩散假设放松为跳跃扩散假设，对极端事件的系统性风险进行测度。范小云等（2013)[⑩] 将此方法与有向无环图相结合，研

① Chu A., Tam O. K. 2020. The Shrouded Business of Style Drift in Active Mutual Funds [J]. *Journal of Corporate Finance*.

② Barunik J., Krehlik T. 2018. Measuring The Frequency Dynamics of Financial Connectedness and Systemic Risk [J]. *Journal of Financial Econometrics*, 16 (2): 271 – 296.

③⑤ Gray D. Jobst A. 2010. Systemic CCA-a Model Approach to Systemic Risk. Technische Universität Dresden Conference: Beyond the Financial Crisis: Systemic Risk, Spillovers and Regulation.

④ Merton R. 1973. Theory of Rational Option Pricing [J]. *Journal of Economics and Management Science*, 4 (1): 141 – 183.

⑥ Capuano C. 2008. The Option – iPoD. The Probability of Default Implied by Option Prices Based on Entropy, IMF Working Paper 08/194, International Monetary Fund.

⑦ Huang X., Zhou H., et al. 2009. Assessing The Systemic Risk of a Heterogeneous Portfolio of Banks During the Recent Financial Crisis. Federal Reserve Board Finance and Economics Discussion Series, No. 44.

⑧ 宫晓琳：《未定权益分析方法与中国宏观金融风险的测度分析》，载于《经济研究》2012 年第 3 期。

⑨ 唐文进、苏帆：《极端金融事件对系统性风险的影响分析——以中国银行部门为例》，载于《经济研究》2017 年第 4 期。

⑩ 范小云、方意、王道平：《我国银行系统性风险的动态特征及系统重要性银行甄别——基于 CCA 与 DAG 相结合的分析》，载于《金融研究》2013 年第 11 期。

究了我国资本市场中银行的系统性风险动态特征。

巴塞尔银行监管委员会提出从规模、关联度、可替代性、业务复杂性以及全球业务活跃程度五维的评分方法衡量系统性风险，2019 年末中国人民银行以我国现阶段发展的实际情况为基础对此方法进行了改进并保留了前四个维度，发布了《系统重要性银行评估办法》。然而，这种评分方法的一个关键问题在于权重的构建是否绝对合理，以等权重的方式度量是否顺应当前金融市场的发展与监管要求。我们发现以 2008 年为分界线，金融危机前后学者对于系统性风险的测度重点存在明显差异。在系统性风险的测度问题上有两个逻辑，其一为"太大而不能倒"，旨在强调"哪个金融机构造成的危机更严重，或者更容易造成系统性风险"；其二为"过于互联而不能倒"，旨在强调"哪个机构更容易受到冲击，或者造成实体经济间的传导更剧烈"。在 2008 年金融危机之前，对资本市场系统性风险的研究侧重于研究宏观风险，即市场整体风险，除此之外，人们把目光集中在市场中规模庞大的银行，认为系统重要性越高的银行或者金融机构越容易造成资本市场系统性风险。但是，2008 年金融危机的教训是，最早出现问题并放大危机冲击的银行并非系统重要性最高或者规模最大的银行，而是与其他金融机构或者实体企业联系密切的银行，因此，后危机时代有关系统性风险的测度则集中于风险传染的研究，并认为银行在金融市场中的重要地位决定了银行风险传染是系统性风险传染中最严重也最值得研究的问题（Diebold and Yilmaz，2012）①。近年来，越来越多的学者将二者结合起来，从而构建新的资本市场系统性风险的测度方式。

三、资本市场系统性风险的生成演化机制研究

繁荣是萧条的唯一原因。在经济繁荣时期，外部投资约束放宽，投资者风险偏好增加，更多的投资量和信贷量带来更大规模的资产价格泡沫，资本市场不断累积着潜在系统性风险。托克维尔在《旧制度与大革命》中指出，松动时容易伴随崩溃。一旦经济处于松动时期，金融系统出现损失、金融体系压力增加。此时，长期积聚在资本市场金融部门的内生的系统性风险在外部负面冲击下不堪重负，由某个或某几个金融机构扩散至其他金融体系中的企业甚至实体经济，最终全面爆发，引起资本市场系统性金融危机。关于系统性风险的来源和形成机制，

---

① Diebold F. X., Yilmaz K. 2012. Better to Give Than to Receive: Predictive Directional Measurement of Volatility Spillovers [J]. *International Journal of Forecasting*, 28（1）：57–66.

德班和哈特曼（De Bandt and Hartmann，2000）[①]、博里奥（Borio，2003）[②] 和英国银行（2009）[③] 强调了系统性风险的两个主要来源：一是金融体系内部及金融体系与实体经济的相互作用（正反馈机制）而不断积累失衡（时间维度）；二是金融机构的相互关联和共同行为引起风险传染（截面维度或跨行业维度）。戴维斯和卡里姆（Davis and Karim，2010）[④] 明确指出系统性金融风险演化的三个阶段：累积—扩散—爆发。本章将基于以往的国内外研究，深入剖析系统性金融风险的生成演化过程，包括原因分析、积累过程、扩散机制，便于进一步为计量研究提供理论支撑和分析思路。

（一）风险累积

"关键性风险因素"在资本市场中随着时间积累，这是由金融周期性和风险内生性决定的，这种关键性风险因素可能源于经济周期中的正向冲击，如技术创新、刺激性或激励性政策等。20 世纪 90 年代至 2008 年美国次贷危机前，正处于美国信息技术革命与宽松政策加持的大稳健时代，然而正是这样的大稳健时代孕育了全球金融海啸。金融市场内生不稳定性理论认为，系统性风险的积累还源于金融系统自身的脆弱性，系统中参与者的集体行为所产生的风险暴露、高负债是金融业系统性风险的根源性因素（陶玲和朱迎，2016）[⑤]。其特点是具有明显的周期特征，这种系统性金融风险在繁荣期形成，并在松动期爆发。

资本市场的系统性风险积累，与金融体系自身的特征密不可分。一是金融体系的中介功能和杠杆特征是其自身固有的结构属性，在这种结构特征下金融体系与实体部门间关联网络会更紧密且复杂，同时在利润最大化的驱使下，高杠杆经营的情况屡见不鲜，这种结构特征无疑是为系统性风险的积累提供温床。二是金融合约的匿名性与非实物性特点，加速了金融机构形成系统性金融风险独立演化机制的条件。这是因为金融合约的这种性质会使得场内资金供求关系变得敏感，造成与实体经济的脱钩和风险分布状态的失衡。三是金融制度的安全网络特点，

① De Bandt O.，Hartmann P. 2000. Systemic Risk：A Survey. Working Paper No. 35. European Central Bank.

② Borio C. 2003. Towards A Macroprudential Framework for Financial Supervision and Regulation. *Cesifo Economic Studies*，49（2）：181 – 215.

③ European Central Bank. 2009. Financial Stability Review. December，Frankfurt am Main：European Central Bank.

④ Davis E.，Karim D. 2010. Macroprudential Regulation – The Missing Policy Pillar［J］. *National Institute Economic Review*，211（1）：3.

⑤ 陶玲、朱迎：《系统性金融风险的监测和度量——基于中国金融体系的研究》，载于《金融研究》2016 年第 6 期。

由于安全网制度只是从表象上针对性扼制风险的爆发，并没有从本质上消除系统性风险，即是说系统性风险在整个金融体系内部仍隐蔽地积累着，在一定道德风险的可能下，使得市场中的潜在风险被大大低估。

（二）风险扩散

伴随着经济周期波动，系统性金融风险不断积累，从微观层面而言，部分企业或者金融机构率先在经济周期波动的过程中被淘汰，与此类企业或者金融机构关联紧密的相关企业将受到其负面冲击，风险在这一小型的关联网络中扩散。类似地，若一些非系统重要性金融机构不堪重负出现大规模违约甚至破产，那么与此金融机构存在债务往来的企业将面临相应的风险，当这种小型关联网络积累到一定数量或规模时造成全局性金融危机，便会引发系统性金融风险。从宏观层面而言，由于宏观经济的高度非线性性，资产价格具有很高的不确定性，这种不确定性与金融系统的脆弱性相结合易引发金融失衡从而导致投资与消费支出下滑，进而引发通货紧缩提高实际债务规模。随着隐含资本充足率的下滑，信贷政策渐进从紧，原始的正向冲击转为负向，在繁荣不可持续的预期下，投资者风险偏好大幅下降，加杠杆行为转变为去杠杆，"羊群效应"下放大了系统中个体之间的关联性，从而为系统性金融风险的扩散创造了条件。

扩散机制是系统性金融危机由"点"到"面"、从"部分"到"整体"的枢纽，同时也是系统性风险传染特征的重要表现形式，而其扩散机制的主要渠道有金融机构的资产负债表、盯市的计价交易规则和投资者恐慌心理。系统性风险的扩散过程存在两种合成谬论：第一个谬论是个体的理性行为无法合成集体的理性。这是因为面对风险时，金融机构由于自身理性所做出的尽可能利于自己而不利于别人的行为使得负外部性在其他媒介中传播扩散，导致了整个金融体系风险水平的提高，这种集体非理性的行为导致金融体系陷入更不利的环境之中。第二个谬论是金融体系中单个金融机构或者微观个体、企业的健康稳定，并不能代表整个金融体系势必安全。其原因在于金融机构在通常情况下仅从自己的运营状况来评估外在环境所面临的情况，自身经营不善时会对外界市场的状况表示悲观，经营良好时会对未来表示乐观，这种管中窥豹的行为显然忽略了金融机构或者行业间日益增强的关联性，当其他业务相关的金融机构出现问题时，势必会对自身的发展造成负面冲击。因此，所有金融机构所面临的实际风险之和可能早已高出体系所能承受的范围，正是微观个体的健康稳定为其风险默默地扩散"赢"得了时间。

（三）风险暴发

博里奥（2003）[①]指出风险是通过机构间对于宏观经济风险因素的共同暴露产生的，风险在经济繁荣的环境中形成，不断积累扩大，在某一时点被触发，并对实体经济产生显著和持久的经济影响。"暴风雨前的平静"通常表现为固定资产价格居于高位振荡，抵押品净值出现下降趋势、企业政府债务激增、经济运行波动加剧、资本市场交易频繁、投资者风险偏好攀升以及国际贸易账户赤字等。在这种情形下，市场往往处于高杠杆的状态，房地产具有相当程度的泡沫，经济宏观基本面与资本市场短期或中期背离，经济社会出现繁荣过后的疲态。此时，系统性金融风险已累积了相当程度，金融系统已出现一定程度的风险敞口，债务规模过高，小规模的风险已经扩散。

一般而言，在上述情形下，系统性金融风险积累扩散的结果有以下三种：第一种结果较为理想，在系统性金融风险扩散的过程中，通过逆向调节使得扩散面积被有效控制，扩散速度被有效缓解，但是短期内经济增速减缓、资产价格下跌不可避免；第二种结果是系统性风险扩散并爆发，造成资本市场失灵，相当部分金融机构面临损失、金融市场出现强震荡，投资者出现担忧和恐慌甚至信心崩溃，但仍未达到全局性风险的程度；第三种结果下系统性金融危机爆发并造成多米诺骨牌效应，风险迅速蔓延，实体经济福利受损，经济大幅衰退，资本市场出现大幅下跌，投资者陷入恐慌与绝望状态，资产大幅贬值抛售，大量工人失业，经济陷入萧条。这种结果是破坏性的，会使经济的前景黯淡，无论对管理者还是投资者的负面影响是长期性的，要坚持底线思维、坚决避免此类情况出现，牢牢守住不发生系统性金融风险的底线。

四、资本市场系统性风险的防范体系构建研究

2008 年国际金融危机对于资本市场的教训是巨大的，在此之后的几年里全球资本市场极端风险事件频发，这赋予了资本市场系统性风险防范体系构建的时代意义。党的十九大中明确指出，要健全金融监管体系，守住不发生系统性金融风险的底线。并把"防范化解重大风险"作为三大攻坚战之首。随着我国证券市场"而立之年"的到来，资本市场系统性风险的防范除了过去传统的宏观审慎监管手段外，更要兼顾"新型大而不倒"风险，关注金融机构的混业经营和与实体

[①] Borio C. E. V. 2003. Towards A Macroprudential Framework for Financial Supervision and Regulation？[J]. *BIS Working Papers*，49（2）：1 – 18.

经济的密切联系，及时认清这些金融机构风险复杂性与外溢性，从而实现精准拆弹，守住不发生系统性金融风险的底线。因此，本章建议对资本市场系统性风险防范体系的构建，应该针对其生成演化机制的三个环节，即"积聚—扩散—爆发"，从而分别对应形成"预防—监管—控制"的循环防范体系：

（一）减缓风险积聚——预防体系

首先，构建科学测度方法，准确识别并有效评估风险。

科学测度并准确识别资本市场的系统性风险，是防范化解资本市场系统性风险最直接有效的方式。博里奥（2006）[1]、巴塞尔银行监管委员会（BCBS，2010）[2] 的巴塞尔协议Ⅲ、周小川（2011）[3] 认为通过定量分析等手段检测识别系统性风险，并有针对性地采取一定的防范手段进行控制和监管，以达到控制系统性风险、维护金融稳定的目标。上一节归纳总结了测度资本市场系统性风险的方法，各种方法的侧重点不同导致结果也会出现不同，因此除了要聚焦测度方法的特点之外还要注重方法的创新性和时效性，做到与时俱进。为有效评估风险需多个维度对资本市场的系统性风险进行测度并剖析。王国刚（2015）[4] 通过对2014 年中国金融系统出现的突出问题进行反思，对 2015 年中国金融运行态势进行了基本判断，并对新常态下的金融风险防范机制展开研究，从金融改革、货币政策、金融监管、金融创新、风险防范等角度给出了具体建议。因此需要按照不同的视角，如监管视角、研究视角、数据视角等，构建一个可操作性的风险预警和防范监管体系，给出了金融风险管理及经济政策不确定性研究风险防范与化解对策。从时间维度的角度防范金融风险，需缓解金融风险内生的顺周期性，弱化风险的积累。金融体系自身的周期性，导致了金融风险随时间的推移生成并积累。预防体系构建时需重点关注的是金融风险如何随时间推移生成并演化的，以及其扩散机制与爆发条件。在金融风险不断累积直到爆发的过程中，能否在不同时段对其进行有效测度至关重要，既要避免风险在繁荣期被低估，也要避免风险在萧条期被高估。针对金融风险的顺周期性，建立逆周期的资本要求、刺激要求、信贷政策、金融体系的自动稳定器和资本缓冲规模等防范工具与调节机制将尤为重要。在横截面维度上抑制金融风险的扩散传染，仍是在防范对策研究过程

[1] Borio C. 2006. Monetary and Prudential Policies at A Crossroads? New Challenges in The New Century [J]. *Bank for International Settlements*.

[2] Basel Committee on Banking Supervision (BCBS). 2010. Countercyclical Capital Buffer Proposal, Bis Consult. doc, Bank for International Settlements.

[3] 周小川：《金融政策对金融危机的响应——宏观审慎政策框架的形成背景、内在逻辑和主要内容》，载于《金融研究》2011 年第 1 期。

[4] 王国刚：《新常态下的金融风险防范机制》，载于《金融研究》2015 年第 2 期。

中重要一环。

其次，关注新型"大而不倒"，降低系统重要性程度。

金融稳定委员会（FSB）与巴塞尔委员会（BCBS）在 2011 年首次共同确定了全球系统重要性银行（G - SIBs）名单，并每年进行更新，该名单与制定标准和使用数据在每年的 11 月一并公布。根据 FSB 的定义，系统重要性金融机构是指规模较大、业务复杂、机构关联性较高，一旦陷入困境或无序破产将对更广泛的金融体系和经济活动造成重大破坏的金融机构，并将其化为 5 个等级，等级越高相对于全球金融系统则越重要。而中国从 2011 年仅中国银行一家以 1 级系统重要性列入此名单至 2020 年已经有中国银行、中国工商银行、中国建设银行和中国农业银行四家列入 G - SIBs，且有三家为 2 级系统重要性银行。由此可见，中国银行的重要性整体逐步上升，在反映了实力的增加的同时，也意味着面临更严格的监管要求，一旦爆发所带给资本市场的灾难性后果更重。与国外数据相比，我国银行的规模与关联度评分居于世界首位，因此，警惕"新型大而不倒"风险应成为防范化解重大资本市场系统性风险的题中应有之义。当前，随着我国金融业与资本市场的蓬勃发展和金融科技的日益渗透，金融服务与金融产品更加丰富，但同时也对网络产生高度依赖，这使得金融效率大大提高的同时金融监管与防范工具大幅落后于资本市场金融业务与产品的复杂程度。中国银行业离柜交易率已超过 90%，少数的科技与互联网公司在小额支付市场占据绝对主导，而"金融安全无小事"，这种跨界的混业经营会对资本市场中企业风险有外溢性。金融科技行业具有"赢者通吃"的特征。大型科技公司往往利用数据垄断优势，阻碍公平竞争，获取超额收益。同时相对传统风险，网络风险扩散速度更快、范围更广、影响更大。所以当前对系统重要性银行监管的思路应该调整为：适度发展系统重要性银行的规模及业务复杂程度，尽量使系统重要性银行简单化，同时关注大型银行与大型金融科技企业的适度发展是关键。与国外的系统重要性银行相比，中国系统重要性银行的系统重要性程度与其规模和互联网关联程度并不匹配，所以首先要适度增长银行的规模，然后在此基础上保证银行的协调发展，更加重视传统金融与金融科技间"你中有我，我中有你"的现状，适度控制规模，促进竞争，进而提高效率，避免"一家独大"的垄断低效率情况出现。

最后，"强身健体"，提高资本市场系统性风险的抵抗力。

提高资本市场韧性，从而增强资本市场对系统性风险的抵抗力是最根本的方式，但是这种方式对于各方都有着极高的要求。对投资者而言，一方面，投资者应多学习资本市场知识，了解并客观认识市场风险，理性投资；另一方面，投资者应该树立长期投资、价值投资的观念，以拥有企业股权的股东身份对企业进行投资，从而减轻对市场的恐慌情绪，提高对资本市场的信心，避免市场一有风吹

19

草动便出现由信心崩溃引发的集中抛售所导致的资本市场系统性风险。对于监管层而言,其一,应在立法层面上建立健全资本市场交易和处罚的根本性制度保障,并考虑将散落在各个机构中的消费者保护职能集中起来,设立专门的机构统一负责金融消费者权益保护事宜,在金融监管制度设计中与金融机构利益形成一定的制衡。其二,由于金融机构的经营活动具有外部性和顺周期性,在经济周期繁荣时金融机构出于自身利益的目的会适当增大贷款比重,而这种做法无疑是将金融机构自身风险转嫁给了资本市场,从而加速了资本市场系统性风险的积聚,金融监管机构应该严格把控银行的资本充足率,做好资本市场中上市企业资产负债率的红线预警。其三,对于场外衍生品的交易,商品期货委员会和证券交易委员会也要积极地监管,委员会也应该客观评价资产当前的价格与潜在价值的问题,给予投资者"卖出"等预警,此外,对于规模较大的对冲基金或者公募基金,应定期报告交易情况和持有资产组合的信息,解决中小投资者与机构投资者之间的信息不对称问题,从而提高公众对于资本市场的信任。对于政策制定者而言,其一,要采取稳健的货币政策,保证资本市场的流动性充裕,避免流动性风险的发生。其二,要完善现有的信息披露制度,加大处罚力度。对于故意隐匿坏消息从而隐藏风险的"种子"的金融机构或企业予以严惩,使金融业按照信息披露的原则进行规范和统一,并结合我国当前资本市场的现状将政策具体化。除此之外,要进一步划清信息披露与信息保密的界限,找到二者的平衡点,从而维护银行的核心竞争力。其三,建立严格内部控制制度保证银行内部权力相互制衡,降低银行经营风险,避免风险向个别银行积聚。综上所述,多部门的共同努力减缓了风险在金融体系内的积聚,增强资本市场系统性风险的抵抗力。

(二) 管束风险扩散——监管体系

首先,重视资本监管,提高资本质量和透明度。

加强资本监管是提高系统重要性银行损失吸收能力的关键一招。近年来资本市场系统性风险的爆发除了让政府以及监管当局意识到良好的、高质量的资本实力对于银行抗风险能力和市场稳定起到了"定海神针"的作用,也让无数投资者意识到长期投资优质的核心资产是稳定收益的秘诀。《巴塞尔协议Ⅰ》重点关注了银行的信用风险,《巴塞尔协议Ⅱ》在此基础上进行修正并特别强调资本充足率8%的"红线",但是在2010年《巴塞尔协议Ⅲ》中除了保留协议Ⅱ中的最低资本充足率要求,还强调了资本质量问题,将一级资本充足率下限从4%提高了50%,达到6%,这一明显改变给资本监管提供了事实依据。许多学者都通过理论或者实证分析证实了资本要求对提高银行吸收损失能力、降低风险传染发生概率、管束风险扩散的重要作用。可以通过实行动态差异化监管和建立资本监管激励机制两个角度提高资本质量。由于加强资本监管随之而来的一定是使系统重要性银行面临资金压力,因此,动态差异化监管可以从设定基础层的最低资本要求和设定加强层目标资本比率两方面进行监管。在经济繁荣时,严格要求系统重要性金融机构资本比率保持在加强层以上,衰退时稳定在基础层以上加强层以下,这种双层资本充足率监管框架可以保证在经济周期不同阶段都能减缓资本市场系统性风险的演化。此外,加强资本监管增强了系统重要性银行的风险抵御能力,缩小了商业银行盈利空间,但是激励机制的推行可以将资本监管与风险管理密切结合,从而提高系统重要性银行履行资本监管要求的动力,有效提高经济效率,切断部分系统性风险的扩散渠道。

其次,设立风险预警,完善资本市场的风险监管体系。

当今世界经济全球化已是大势所趋,全球范围内的经贸合作愈发紧密,资本市场早已形成了一个相互关联的网络。各国资本市场间的联动效应与溢出效应正在增强,一旦某一系统重要性金融机构破产或者遭受损失,极可能波及其他国家的资本市场。这对于我们当前风险预警和风险监管体系的构建提出了新的更高的要求。一方面,要实现资本市场系统性风险的预警,准确测度并识别是前提,建立数据真实、反馈及时、信息准确、覆盖全面的预警系统是重要保障。近年来,中国人民银行、国家统计局等有关监管部门以及各家银行机构在经济金融数据的收集方面已经做了不少的铺垫工作,但是仍缺少一个统一的经济金融信息数据库,导致在构建银行业系统性风险预警指标体系的第一步就面临着较大的困难。如今,我国大部分商业银行已经实现了经营数据的收集和储存,这一动作,为银行业系统性风险预警信息资料库的建立提供了必要的保障;银保监会应整合汇总各家银行机构的信息资源;而人民银行可作为牵头部门,负责联合银保监会、证监会等监管部门,充实完善已有的信息;同时要建立有效的沟通渠道,保证有关政策、经营状况的信息能够及时沟通,实现信息数据库的共享互通。另一方面,应从立法上对于宏观审慎监管的相关概念予以明确。运用立法语言清晰界定"金融稳定""宏观审慎""影子银行"等一系列重要金融术语,唯有如此才不会导致法定主体、职责及执行的混乱。对于金融宏观审慎监管的主要执行者,应在法律上明确其监管地位和相应权利。鉴于我国目前分业经营的现状,不同的监管部门和领域对应着不同的法律,如《中国人民银行法》《银行业监督管理法》《保险法》《证券法》等,建议针对宏观审慎监管主体建立专门的法律,确立问责机制。除了要完善资本市场风险监管体系外,监管当局和银行机构应加强沟通定期地讨论和研究制定出适合每个系统重要性银行业务发展的计划。组建风险监督管理工作组,由监管当局和银行监管层的人员组成,并且在当前监管联席会议制度框架下,定期向国际监管当局提交危机管理工作汇报和突发性事件模拟报告,这不仅能有效约束资本市场的系统性风险的扩散方向和蔓延速度，也对金融机构的应急管理提出了更高要求，增强了金融机构对于风险监控的意识。

最后，扩大监管范围，宏观审慎监管和微观审慎监管兼顾。

微观审慎监管主要针对银行等个体金融机构或者某个金融子市场，这种方式的优点在于能够精准管控某一金融机构对外业务的关联度和复杂度的变化，从而将系统重要性银行单独监管起来，观察与其业务往来密切的金融机构或者上市公司的风险扩散情况，从而"对症下药，精准施策"。但微观审慎监管却不能意识到整体资本市场环境或者金融不确定性给资本市场中的金融机构或企业带来的损失，这种损失却潜含着巨大的风险。宏观审慎监管着眼于整个金融体系的宏观风险，目标是降低金融市场不景气给实体经济带来的损失，系统重要性银行作为我国金融链条中极其重要的节点，是宏观审慎监管的重点，对系统重要性银行的监管更应该放在宏观审慎监管的框架下进行，所以应该加强银行外部的宏观审慎分析。宏观审慎分析需要综合考虑一国经济和金融的现状，在不同时间上引入系统重要性银行体系中对宏观经济风险具有敏感性的指标因素，重点强化对信贷规模、银行资产负债等方面的关注，通过组合宏观和微观层面的各项指标，构建系统重要性银行的预警机制和宏观压力测试模型，定期对宏观经济周期的趋势和银行体系的整体风险状况做出判断。选择宏观审慎政策在宏观审慎分析的基础上识别出潜在的系统性风险并选择适当的政策措施。宏观审慎政策选择基于两方面内容的考虑：一是从时间维度上，针对各类顺周期因素积累，实施逆周期监管。在经济上行期增加动态拨备和资本要求，约束信贷过度增长，防止资产泡沫的累积，提高银行业支持经济持续发展的能力。在经济下行期降低拨备和资本要求，缓解信贷萎缩和资产价格下跌，平滑经济波动，促进经济加快复苏。二是从空间维度上，针对跨行业风险考虑不同银行机构对系统性风险的影响，确定系统重要性银行机构的重要地位以及与其他机构的风险传染机制，扩大金融市场的监管范围，对具有系统性影响的银行机构制定严格的规则，考虑收取系统性风险监管费以及额外费用。与此同时，科恩（2015）[①] 认为单一的宏观审慎政策也不可能有效地控制系统性风险。事实上，宏观审慎监管与微观审慎监管二者对应的分别是不同的监管侧重点，微观审慎监管侧重个体的差异性，"头痛医头，脚痛医脚"，针对银行等金融机构个体情况而实施的监管举措，而宏观审慎监管侧重资本市场整体的，更像是"补中益气"，从资本市场整体结合宏观经济周期现状有效化解关键性风险因素。因此，对资本市场的系统性风险监管应在防范个体金融机构的

---

① Kohn D. 2015. Implementing Macroprudential and Monetary Policies：The Case for Two Committees［C］. Presentation at FRB Boston Conference.

基础上配合宏观审慎监管措施，通过微观监管和宏观监管双管齐下，共同抵御系统性风险。

（三）化解风险爆发——控制体系

由于金融的顺周期性和强外部性，资本市场的系统性风险爆发有时难以避免，例如 2008 年雷曼兄弟的破产和 2020 年新冠疫情的暴发，都引发了全球资本市场的系统性风险，导致国内国外的资本市场无论是否与突发性事件存在直接联系，都在恐慌情绪和损失预期的充斥下崩溃。但是相比而言，中国对于此次新冠疫情的外部性冲击的管控与应对明显优于其他国家，使得我国资本市场的风险大事化小，最大化地降低国内损失，从而更快速地复苏金融市场与实体经济。因此，既然资本市场的系统性风险存在难以避免的特性，那么提前建立处置和恢复机制，在资本市场爆发系统性风险时实行各种措施最大化降低资本市场损失，建立化解风险爆发的控制体系同样举足轻重。

首先，建立处置机制，抓住风险处置的黄金期。

处置机制是在系统重要性银行已经不具备恢复能力而需要监管当局采取的措施，目的是最大化地减少损失，避免给金融系统带来更大的风险冲击。2008 年全球危机之后，各国政府和央行均意识到在资本市场中"信心比黄金更珍贵"。这也向各国监管当局强调了预期管理的重要性，但是随着金融学科的发展，人们越来越意识到资本市场并不是强势有效的市场，而是半强势有效甚至弱式有效的，因此存在着市场失灵和信息反馈的时滞性。而随着我国资本市场体量的不断增大，顺周期下的"羊群效应"更是增加了市场失灵演变为金融危机甚至是经济危机的概率。当市场出现剧烈波动时，为了防止酿成更大的危机，必须在"风险处置黄金期"有所作为。从国际经验来看，"预期管理"越来越被重视，而且管理的方式也更加多元化。例如美联储在每次会议后都要召开记者会，由联储主席向市场传递信息，增强投资者信心，同时在每个季度的会议公告中，美联储还会公布他们对经济的展望和政策路线图，给予市场充分的理解、消化和自我调整时间，这些典型的"预期管理"取得了很好的效果。

其次，建立恢复机制，加速资本市场血液循环。

恢复机制是在系统重要性银行仍具备风险的承受能力和偿付能力时采取的措施，目的是使资本市场的金融业尽快恢复平稳状态。在此阶段，系统重要性银行仍然是由自身的监管层管理，所以银行是恢复计划的主要制定者和执行者。应该建立恢复机制的流程，包括制定恢复计划的标准、恢复计划的准备和恢复计划的措施的各个环节。具体包含下列要素：可能采取的恢复措施及其实施的必要步骤与时间要求，这里所说的恢复措施主要有强化资本状况的行动（如重新注资、暂

23

停分红和付酬)、出售分支机构或拆分业务部门、通过债转股进行债务重组、确保资金来源多样性和充足性的各项措施等；评估危机期间可能导致潜在问题的额外要求及应对方案；适当的应急安排，如内部程序的运行、信息技术系统、结算设施等；触发实施恢复计划及其他特定措施的定性和定量的标准；便于机构与利益相关人进行沟通的策略。

第三节　研究框架与研究创新

一、研究框架

本书遵循"认识—测量—监测—防范"的研究思路，设计研究框架如图 1 - 1 所示。

二、研究方法

主要方法包括：

（1）采用 Meta 分析方法全面覆盖现有文献在资本市场系统性风险测量领域的研究成果，有效分析各种期刊文献、工作论文、机构报告中对资本市场系统性风险的研究成果，并进一步采用 Meta 回归方法对资料文献的信息进行深度挖掘。有效地归纳不同学派、不同历史时期、不同研究对象、不同时期、不同假设下、不同计量方法、不同视角、不同结论的学术成果，增强研究方法的科学性。

（2）在资本市场系统性风险有关理论的基础之上，重点测量关键性风险因素、系统性风险及其在不同子市场间的动态关联性，以及其正面与负面的溢出效应，推进资本市场系统性风险及其与经济周期关联性的理论分析，并进行实证计量检验，并在此基础上，进行风险防范体系的构建研究。

（3）通过现实测量在理论框架下进行模拟推断，对比分析资本市场系统性风险的溢出效果。例如在识别资本市场系统性风险对经济增长在一阶矩下的负面冲击影响时，考虑模拟不同种类与来源的冲击影响，据此全面分析资本市场系统性风险的可能响应形式与程度。

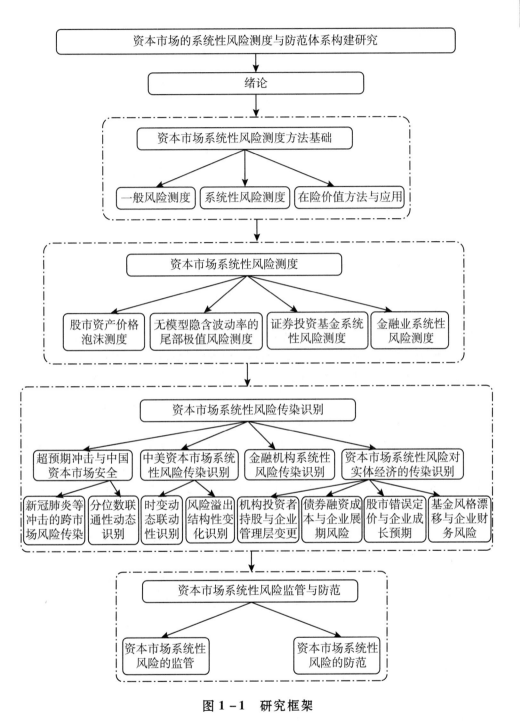

图 1-1　研究框架

　　（4）通过计量方法对理论分析的结论进行检验，释疑对资本市场系统性风险溢出与传导过程的认识。在计量模型的基础之上，进一步通过计量模型与推断方法发现和加深对资本市场系统性风险及其传导机制的认识。

（5）高性能计算的发展为数量经济模型的程序化、软件化提供了更加可靠的开发工具。在贝叶斯框架下基于 MCMC 模拟推断方法为计量模型在不可观测对象、非平稳数据、时变因果关系等领域提供了更加有效的估计方法。本书基于 FORTRAN 高性能矩阵运算库，实现贝叶斯框架下模型的程序算法部分，以增强模型系统的可靠性和实用性。

三、研究内容的前沿性与创新

（一）研究内容的前沿性

本书跟踪研究前沿文献、理论与研究方法以及与实证分析，从资本市场上系统性风险形成基础、测度方法与防范体系进行有针对性的设计与研究，根据我国资本市场有其自身特征及不同时期表现出的特征不同，在微观层面具体研究不同时期的不同关键性风险因素，通过对关键性风险因素的研究，简化系统性风险的分析与评价，通过短期、中期、长期视角的分析，勾勒出中国资本市场系统性风险生成演化微观基础的全貌，并通过对具体溢出路径与扩散效应的计量分析，达到对中国资本市场现阶段系统性风险的全面认识与整体评价。

系统性风险在资本市场体系内部不同子市场间可交叉感染，但不同子市场间传导渠道的通畅程度、传导效率与溢出方向等均有所差别，如何通过计量模型很好地测度与检验资本子市场间系统性风险的溢出效应以及不同子市场关键性风险因素的动态关联性，体现出研究内容的前沿性。本书在结合资本市场特征与关键性风险因素的测度与计量分析方面处于前沿探索阶段，根据当前我国资本市场的特征进行指标体系的设计，并给出综合性评价指数，同时综合运用计量方法、市场之间的关联与联通测度等方法对资本市场系统性风险进行不同角度的测度与分析，并进行模拟与预测，体现出研究方法与应用的前沿性。

（二）研究工作的创新性

在基础研究方面的创新：

（1）作为重大攻关项目的研究，应根据经济学理论选择合适的理论基础与数量方法对资本市场系统性风险进行研究，合理地运用相关模型和工具才能较好地实现政策目标，才能得出相对更有意义的经济规律和有效的政策建议。本书对理论基础与方法的贡献体现在根据资本市场的特征提出，在"由关键性风险因素冲击扩散而引起一系列的市场逆效应（如系统重要性机构倒闭、证券市场崩溃等）导致整个资本市场陷入流动危机、支付危机等的可能"方面的关于资本市场系统性风险的概念，根据资本市场的系统性风险主要特征特点，提出对系统性风险单一的度量是不可取的，需要建立一个多样性的系统性风险测度观点，评估系统性风险要考虑不断演变的金融市场结构，根据结构变化调整系统性风险度量方式的持续性过程。

（2）平均而言金融业的系统风险最大，但是却并未在所有时期内都占据绝对地位，工业在我国资本市场的发展过程中的潜在风险贡献依然具有相当大的比重，甚至在数年间对于资本市场的系统风险贡献处于主导地位。中国股票市场中系统重要性行业正随着时间的推移发生变化，金融业虽然在样本区间内仍为系统风险重要性行业，但金融业的系统重要性出现了阶段性的下滑，多数行业却呈现不同程度的上升。尤其在2015年资本市场异常波动期间，工业的系统性风险贡献占据主导地位，并在其后两年时间内维持这种态势。除此之外，研究发现行业系统性风险有明显的集中倾向，即向着科技、医药等朝阳产业，工业、消费等增长动力产业积聚，并保持一定的增长惯性。此结果无论对监管部门还是政策制定者，抑或是投资者都有着相当程度的指导意义。

（3）研究工作关注到企业展期风险在债券市场的定价作用，对于展期风险的经济后果提供了来自中国政策制度背景下的经验证据，为企业降低融资成本拓展了新思路。将信用评级纳入到展期风险与债券信用利差的统一框架中，验证了信用评级是否能够反映企业的短期再融资压力，探寻展期风险对于债券信用利差的具体作用机制，对于企业调整资本结构具有指导意义。为区别于已有研究，全面地从企业自身的财务流动性、债券市场流动性以及信贷市场流动性三个角度探索了流动性对于展期风险效应的异质性影响，流动性是降低企业债券融资成本、释放实体经济活力的关键所在，对于提升债券信用风险防范措施的精准性具有积极作用。

（4）系统总结了资本市场系统性风险研究中的研究视角和目前系统性风险多种测度方法；论述了一般风险测度数理基础，给出计量分析测度方法框架，刻画了资产泡沫生成机理，对VaR的测度在不同市场的应用做了深入的研究。给出了研究金融机构对金融体系可能产生的负风险溢出测度方法，以及金融机构对其他金融机构或金融体系产生系统性冲击及市场损失扩散的测度方法。

计量方法应用研究方面的创新：

（1）本书通过期权市场数据构造无模型隐含波动率VIX和广义无模型隐含波动率GVIX作为波动率风险的预测指标，并将其与极值理论相结合，构造GVIX–EVT尾部风险指标，研究该指标的应用性与可靠性。将期权GVIX指标与极值理论相结合构造尾部极端风险测度，丰富了学界在该领域的研究，并分析研

27

究该方法在国内市场的有效性和适用性，为市场参与者和科研工作者提供了一个有效的尾部极端风险衡量指标，有助于预测极端风险事件造成的资本市场尾部风险，减少其对金融市场和实体经济的破坏。

（2）本书通过将单变量和多变量极值理论（Extreme Value Theory，EVT）应用于金融机构资产收益的尾部，测算预期损失 ES 指标来度量尾部风险，进而采用 Tail - β 指标识别不同类型金融机构的尾部系统性风险，以估计个体金融机构在极端情形下随市场异常波动的概率；从静态与动态两个角度探究银行、证券、保险、房地产部门的不同尾部系统风险程度与时间异质性；基于 Tail - β 指标分析部门间的有向风险关联效应，探索极易受其他行业极端异常波动影响的机构，并利用滚动估计探究部门间风险关联动态；该方法既能从整体上测度各金融机构的尾部系统性风险，又考察了两两金融行业间的有向风险关联效应，丰富了系统风险分析工具箱及微观层面金融机构系统风险研究，且为维护极端事件发生时的风险治理提供了相应的政策建议。

（3）在泡沫研究方面，本书侧重于对资产价格泡沫的多层次检验，将资产价格泡沫的识别和测度分开进行，并以识别结果为主测度结果为辅，分别对我国股票市场展开识别和测度。在泡沫规模方面采用两种方式进行测度，首先，采用误差修正模型对我国股票市场的总体资产价格泡沫规模进行测度，而后采用 PSY 识别程序与趋势匹配方法对我国股票市场行业间市场资产价格泡沫规模进行测度。

（4）本书借鉴安东纳基斯和加博尔（Antonakakis and Gabauer，2017）[①] 时变连通性的测度框架，提出基于普里米切里（Primiceri，2005）[②] 的 TVP - SV - VAR 模型构建的时变联通指数。该模型在考虑时变滞后系数的同时，增加了随机误差项方差的时变特征，进而更为精准地刻画用于测量连通性指标的非线性特征。作为对现有研究的补充，本书基于上述方法测算了中美主要金融市场的动态连通性，试图捕捉两国金融市场间的信息关联动态，并在基础上深入剖析两国金融连通性的交互影响机制和传导渠道。

（5）本书在应用 MVMQ - CAViaR 模型研究风险溢出的时变性问题时，提供了将 VIX 波动率测度嵌入 MVMQ - CAViaR 模型中的思路和方法，使其可以反映当市场恐慌情绪发生变化时，不同市场之间恐慌情绪的传染引起的尾部风险溢出情况，从一个新的角度应用 MVMQ - CAViaR 模型，发挥该模型对于处理资产收益率呈现尖峰肥尾和存在时变特征时的优势，从而得到对市场更全面的认识。

---

① Antonakakis N., Gabauer D. 2017. Refined Measures of Dynamic Connectedness Based on TVP - VAR [J]. *MPRA Working Paper*，78282.

② Primiceri G. E. 2005. Time Varying Structural Vector Autoregressions and Monetary Policy [J]. *Review of Economic Studies*，72（3）：821 - 852.

第二章

一般风险测度

本章主要研究了一般风险的测度问题。首先，本章概述了一般风险度量的基础理论，包括其定义、确定性等价和风险补偿、级数展开和局部风险厌恶。其次，深入探讨了不同效用函数下——包括二次效用函数、指数效用函数及其他形式的效用函数——的一般风险测度问题，并针对正态分布假设下的风险度量策略进行了专项分析。为了构建广泛适用的资产选择和资产定价模型，本章进一步介绍了两参数效用模型以及时间一致偏好风险框架（TPFR）模型等关键理论。

第一节　一般风险测度概述

在证券投资理论中，通常定义风险为预期收益的不确定性，这种定义是在已知证券收益的不同取值及其概率的前提假设下。换言之，我们已知收益的分布。下面对风险的讨论，皆在这个意义下进行。

一、一般风险测度定义

假设每个投资者有各自的效用函数 $U(\cdot)$，并且未来财富 W 作为随机变量有概率分布。

定义 2.1　未来财富 W 的风险是由随机变量 W 及其概率分布所确定，记为

(W, P)。

定义 2.2　一般的风险测度（GRM）是未来财富期望的效用与未来财富效用的期望的差，即

$$\phi = U(\overline{W}) - E(U(W)) \tag{2.1}$$

其中，ϕ = 一般风险测度；$\overline{W}$ = 期望未来财富；U = 效用函数；E = 期望算子。

ϕ 依赖于效用函数的形式以及期望未来财富和效用均值。可以证明在特殊情形下有：$E(U(W)) = (1 - p)U(W_1) + pU(W_2)$。

如果 $\overline{W}$，$U(\overline{W})$，$E[U(\tilde{W})]$ 存在，则广义风险度量 ϕ 存在；ϕ 取决于效用函数的形式（即未来财富的期望的概率分布）和该分布的平均值。不同于方差，ϕ 不是仅取决于财富概率分布的一般性质，它还取决于效用函数的函数形式。ϕ 是风险的综合度量。它主要取决于 $\overline{W}$ 和概率分布的性质。

定义 2.3　如果 $\phi > 0$，则称投资者是风险厌恶的；如果 $\phi = 0$，则称投资者是风险中立的；如果 $\phi < 0$，则称投资者是风险偏好的。

定理 2.1　下述事实成立：

（1）$\phi > 0$，如果 $U(W)$ 是严格向下凹的；

（2）$\phi = 0$，如果 $U(W)$ 是线性的；

（3）$\phi < 0$，如果 $U(W)$ 是严格向下凸的。

风险厌恶情形的期望财富和效用均值见图 2 - 1。

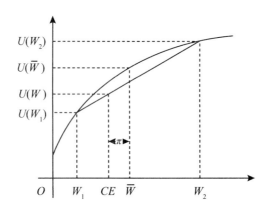

图 2 - 1　风险厌恶情形的期望财富和效用均值

证明：假设 $U(W)$ 是严格下凹函数，则 $U''(W) < 0$。$\forall W$，在 $\overline{W}$ 处作 Taylor's 展开，有

$$U(W) = u(\overline{W}) + U'(\overline{W})(W - \overline{W}) + \frac{1}{2}U''(a\overline{W} + (1 + a)W)(W - \overline{W})^2, \ a \in (0, 1)$$

则

$$E(U(W)) = u(\overline{W}) + \frac{1}{2}E(U''(a\overline{W} + (1-a)W)(W-\overline{W})^2)$$

$$\Rightarrow \varphi = -\frac{1}{2}E((W-\overline{W})^2 U''(a\overline{W}+(1-a)W)) > 0$$

当 $U(W)$ 是线性时，设 $U(W) = aW + b (a>0)$，则

$$\overline{U} = a\overline{W} + b$$

$$\Rightarrow \varphi = U(\overline{W}) - \overline{U} = (a\overline{W}+b) - (a\overline{W}+b) = 0$$

同理可知，当 $U(W)$ 是严格向下凸时，$U''(W) > 0$，可得 $\phi < 0$。

二、确定性等价和风险补偿

定义 2.4　给定风险 (W, P)，它的确定性等价 CE 是一个确定量，它使得决策者认为得到确定的 CE 与取得风险结果 W 的机会无差异。

定义 2.5　对于风险 (W, P)，它的风险补偿 π 为

$$\pi = \overline{W} - CE \tag{2.2}$$

风险补偿 π 是一个数量，它能使得风险的效用均值必须变化到使得投资者认为与得到确定的 $\overline{W} - \pi$ 的效用相同，这样由 π 的定义将导致 $U(\overline{W}-\pi) = E(U(W))$。

π 依赖于效用函数形式，概率分布以及效用均值。φ 和 π 都依赖于：

（1）效用函数形式；（2）效用均值；（3）未来财富的概率分布。

效用函数的形式影响到对风险的测度。概率分布的形式影响到风险的性质。效用均值确定了哪个风险在效用函数上。

定理 2.2　如果 $U(W)$ 是严格单调递增，且函数形式确定，则：

（1）$\left.\dfrac{d\varphi}{d\pi}\right|_W > 0$，且 φ 和 π 是一对一的变换。

（2）作为对风险厌恶的测度，φ 与 π 是等同的。

证明：（1）由 φ 和 π 的定义，有 $\phi = U(\overline{W}) - \overline{U} = U(\overline{W}) - U(\overline{W}-\pi)$，所以，$\left.\dfrac{d\phi}{d\pi}\right|_W = U'(\overline{W}-\pi) > 0$（如果 $U(\cdot)$ 是严格递增的）。

（2）$\varphi > (=, <) 0$ 等价于 $U(\overline{W}) - U(\overline{W}-\pi) > (=, <) 0$，即 $\overline{W} - (\overline{W}-\pi) > (=, <)0(U'>0)$，$\pi < (=, <)0$。

注意到 $\phi = U(\overline{W}) - E(U(W)) = U(\overline{W}) - U(\overline{W}-\pi) = U(\overline{W}) - U(CE)$。

它提供可以深入了解两个风险测度的区别：φ 是用效用单位测定，π 是用货币单位测定。

$$\pi = \overline{W} - CE, \quad \phi = U(\overline{W}) - U(\overline{W}-\pi) \tag{2.3}$$

这样 ϕ 是风险补偿值的测度（见图 2 - 2）。

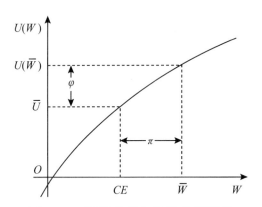

图 2 - 2　财富补偿与风险补偿测度

定理 2.3　如果效用函数是线性函数，则 GRM 将 ϕ 变成 $a\phi$ 而 π 是不变的。

证明：考虑 U 的线性变换 $U^+(W) = aU(W) + b$，则 U^+ 对应的风险测度：

$$\phi^+ = U^+(\overline{W}) - \overline{U^+} = (aU(\overline{W}) + b) - (a\overline{U} + b) = a[U(\overline{W}) - \overline{U}] = a\phi。$$

特别当 $U(\overline{W}) = \overline{W}$，则 $\phi = \overline{W} - E(U(W)) = \overline{W} - U(\overline{W} - \pi)$。

可推出 $U(\overline{W} - \pi) = \overline{W} - \phi$，从而 $U^{-1}(\overline{W} - \phi) = \overline{W} - \pi$。

测度空间的变换见图 2 - 3。

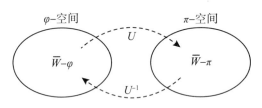

图 2 - 3　测度空间的变换

三、一般风险测度的级数展开

定理 2.4　如果效用函数在 $\overline{W}$ 附近能作 Taylor 展开，概率分布的 k 阶中心矩

M_k 存在，则 $\varphi = -\sum_{k=2}^{\infty} \dfrac{U^{(k)}(\overline{W}) \cdot M_k}{k!}$。

证明　由 Taylor 展开：$U(W) = U(\overline{W}) + U'(\overline{W})(W - \overline{W}) + \sum_{k=2}^{\infty}$

$\dfrac{U^{(k)}(\overline{W})(W - \overline{W})^k}{k!}$

$$E(U(W)) = U(\overline{W}) + \sum_{k=2}^{\infty} \frac{U^{(k)}(\overline{W})M_k}{k!}A_\alpha \qquad (2.4)$$

$$\varphi = U(\overline{W}) - E(U(W)) = -\sum_{k=2}^{\infty} \frac{U^{(k)}(\overline{W})M_k}{k!}$$

四、局部风险厌恶

定义 2.6　局部风险厌恶的 Pratt 测度 $r(\overline{W})$ 为 $r(\overline{W}) = -\dfrac{U^{(2)}(\overline{W})}{U^{(1)}(\overline{W})}$

Pratt 通过展开 $U(W - \pi)$ 和 $\overline{U}$（对于小方差）得到了：

$$\pi = \frac{1}{2}r(\overline{W})\sigma^2 , \ \sigma^2 \text{ 为方差} \qquad (2.5)$$

于是 φ 的展开式中仅保留第一项，有 $\phi = -\dfrac{U^{(2)}(\overline{W})}{2}\sigma^2$。

所以

$$\phi = -\frac{U^{(1)}(\overline{W})r(\overline{W})}{2}\sigma^2 \qquad (2.6)$$

则 $\varphi = \dfrac{dU(\overline{W})}{dW} \cdot \pi = (\text{边际效用}) \cdot (\text{风险补偿})$。这个表达式与 ϕ 是风险溢价对个体的意义的效用度量这个结果是一致的。

第二节　一些效用函数下的一般风险测度

接下来的小节将呈现一些具体的效用函数并且研究广义风险度量。将要讨论的效用函数包括二次函数、指数函数和对数函数，并使用闭合型效用函数以简化计算。我们所要研究的问题包括寻找连接 ϕ 和 π 的公式、ϕ 的序列表达式以及 ϕ 的估计值。

一、二次效用函数

在这一节我们将得到以二次效用函数和分布函数的参数表示的 ϕ 和 π 的表达式，进而联系 ϕ 和 π。

令 $U = a\overline{W} - bW^2$ 对于 $b > 0$ 成立。那么，假设二阶矩存在，期望效用和广义风险度量由式（2.7）、式（2.8）给出：

$$\overline{U} = a\overline{W} - bE\left[W^2\right] \tag{2.7}$$

$$\phi = U(\overline{W}) - \overline{U} = -b(\overline{W}^2 - E[W^2]) = bV(W) \tag{2.8}$$

其中 $V(W)$ 是 W 的方差。

所以，如果 $U(W)$ 是一个二次效用函数，对于每个存在方差的分布都有广义风险测度 ϕ 与方差成正比。这个结果与方差作为二次效用函数的风险度量的广泛应用是一致的。

我们可以通过使 $\overline{U}$ 和 $U(\overline{W} - \pi)$ 相等推导出风险溢价的表达式。令式（2.7）中给出的 $\overline{U}$ 和 $U(\overline{W} - \pi)$ 相等解得：

$$\pi = -\frac{(a - 2b\overline{W}) \pm \sqrt{(a - 2b\overline{W})^2 + 4b^2 V(W)}}{2b} \tag{2.9}$$

这个 π 的表达式比式（2.8）给出的 ϕ 的表达式复杂很多。π 可以取双值是因为 $U = aW - bW^2$ 并不是严格单调的。二次效用函数就是一个具体的例子：当 U 不是严格单调递增时，π 是不确定的。

令 $U(\overline{W}) - \phi$ 和 $U(\overline{W} - \pi)$ 相等可以得到 ϕ 和 π 的关系。对于二次效用函数，有：

$$\phi = (a - 2b\overline{W})\pi + b\pi^2 \tag{2.10}$$

总之，对于二次效用函数而言，广义风险度量 ϕ 与方差成正比并且是风险溢价 π 的二次函数；风险溢价 π 是均值、方差和效用函数参数的函数并且是双值的。

二、指数效用函数

效用函数 $U(W) = 1 - e^{-cW}$ 和 $U(W) = -e^{-cW}$ 是等价的，都是指数效用函数的一般表达式。以下分析中采用 $U(W) = -e^{-cW}$。

从风险测度 $r(\overline{W}) = -\left[U^{(2)}(\overline{W})/U^{(1)}(\overline{W})\right]$ 的意义上说，指数效用函数具有（局部）恒定的风险规避程度。在这种情况下 $r(\overline{W}) = +c$。

为了得到 ϕ 和 π 的关系，我们令 $U(\overline{W}) - \phi$ 和 $U(\overline{W} - \pi)$ 相等，并得到如下解：

$$-e^{-c\overline{W}} - \phi = -e^{-c(\overline{W} - \pi)} \Rightarrow \phi = e^{-c\overline{W}}(e^{c\pi} - 1) \tag{2.11}$$

由于 $U(W) = -e^{-cW}$ 是严格凹的，ϕ 和 π 都是正的。ϕ 和 π 的对比图由图 2-4 给出。

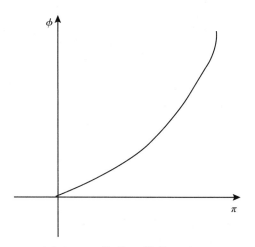

图 2 - 4   指数函数的 ϕ 和 π

我们现在可以通过基于泰勒展开的 ϕ 的公式，得到 ϕ 的一个表达式。$U(W)$ 的 k 阶导数为：

$$U^{(k)}(W) = (-1)^{k+1} c^k e^{-cW} \tag{2.12}$$

$$\phi = e^{-c\overline{W}} \sum_{k=2}^{\infty} \frac{(-1)^k c^k M_k}{k!} \tag{2.13}$$

这里假设 M_k 是存在的（e^{-cW} 的 Taylor 展开对于所有有限的 W 都收敛，所以可以保证收敛性）。注意到 ϕ 取决于分布的均值 $\overline{W}$、比例参数 c 和所有的中心矩。从式（2.11）和式（2.13）中，我们得到：

$$e^{c\pi} - 1 = \sum_{k=2}^{\infty} \frac{(-1)^k c^k M_k}{k!} \tag{2.14}$$

$$\Rightarrow \pi = \frac{\log\left[1 + \dfrac{\sum_{k=2}^{\infty} (-1)^k c^k M_k}{k!}\right]}{c} \tag{2.15}$$

为了得到 ϕ 的近似值，取式（2.13）中序列的前四项，则

$$\phi \doteq e^{-cW}\left(\frac{c^2 M_2}{2} - \frac{c^3 M_3}{3!} + \frac{c^4 M_4}{4!} - \frac{c^5 M_5}{5!} + \cdots\right) \tag{2.16}$$

如果 W 的分布关于均值是对称的，则奇数的中心矩为 0，ϕ 变为

$$\phi \doteq e^{-cW}\left(\frac{c^2 M_2}{2} + \frac{c^4 M_4}{4!} + \cdots\right) \tag{2.17}$$

如果分布是偏斜的，则我们认为左偏增加风险函数，因为左偏时 $M_3 < 0$；而右偏减少风险函数，因为右偏时 $M_3 > 0$。因此，风险度量 ϕ 定量地反映出风险规避资产组合选择者喜欢右偏而不喜欢左偏的直观性感受。ϕ 的一个二项近似表达

式反映出前两项中心矩的影响为：

$$\phi \doteq e^{-cW}\left(\frac{c^2 M_2}{2} - \frac{c^3 M_3}{3!}\right) \qquad (2.18)$$

这个近似表达式的有效性［或者从式（2.16）也可以得到的一个四项表达式的有效性］取决于 c 和中心矩的大小。显然，$c<1$ 将增大该近似表达式的收敛性和有效性。

三、其他效用函数

读者可以按照前面几节给出的方法类似地分析其他效用函数。表 2-1 总结了对一些可能的效用函数的分析，除前文已经论述过的函数之外，还包括 $\log W$、$-W^{-1}$ 和 $\sqrt{W}$。

表 2-1　　　　　　　　不同效用函数的广义风险度量 ϕ

效用函数	$\phi(\pi)$	ϕ	二项近似值
$a+bW$	$\phi = \pi = 0$	$\phi = 0$	n. a.
$aW - bW^2$	$\phi = (a - 2b\overline{W})\pi + b\pi^2$	$\phi = bM_2$	n. a.
$-e^{-W}$	$\phi = -[e^{-\overline{W}} - e^{-(\overline{W}-\pi)}]$	$\phi = e^{-\overline{W}}\sum_{k=2}^{\infty}\frac{(-1)^{k+1}M_k}{k!}\phi$ $= \sum_{k=2}^{\infty}\frac{(-1)^{k+1}M_k}{\overline{W}k!}$	$\phi = e^{-\overline{W}}\left(\frac{M_2}{2} - \frac{M_3}{6}\right)$
$\log W$	$\phi = -\log\left(1 - \frac{\pi}{W}\right)$	$\phi = \sum_{k=2}^{\infty}\frac{(-1)^k M_k}{\overline{W}^k k!}$	$\frac{M_2}{2\overline{W}^2} - \frac{M_3}{3\overline{W}^3}$
$-\frac{1}{W}$	$\phi = \frac{\pi}{W(W-\pi)}$	$\phi = \sum_{k=2}^{\infty}\frac{(-1)^k M_k}{\overline{W}^{k+1}}$	$\frac{M_2}{\overline{W}^3} - \frac{M_3}{\overline{W}^4}$
$\sqrt{W}$	$\phi = 1 - \sqrt{1 - \frac{\pi}{W}}$	$\phi = \sum_{k=2}^{\infty}\frac{(-1)^k(2k-2)!\,\overline{W}^{-[(2k-1)/2]}M_k}{k!(k-1)!2k}$	$\frac{\overline{W}^{-(3/2)}M_2}{6} - \frac{\overline{W}^{-(5/2)}M_3}{16}$

观察到所有例子中右偏都会降低风险测度 ϕ。同时注意到所有 $\pi=0$ 的位置 ϕ 均等于 0。一些效用函数不是在所有的 W 上都有定义，比如，$\log W$ 只定义在 $W>0$，而 $-W^{-1}$ 只有在 $W>0$ 时作为效用函数才有意义。因此，以概率分布中心矩表示 ϕ 的序列式只对 W 不可能取负值的分布是有效的。对数正态分布是可以排除负的 W 的分布之一，并且在描述资产组合分布时具有一定的实证有效性。

四、正态分布下的一般风险测度

如果 W 服从正态分布，则期望效用可以表示为分布均值和方差的函数，即对于特定函数 g：

$$E[U(W)] = g(\overline{W}, V) \tag{2.19}$$

其中，V 为方差。这个事实常被用来证明方差作为资产组合的风险度量是合理的。

期望效用可以由均值和方差表示，这个事实意味着风险可以被表示为均值和方差的函数，并且有可能只是方差的函数。接下来，我们将要推导正态分布下的指数效用函数对应的 ϕ。

对于正态分布，奇数距是 0，偶数距由式（2.20）给出：

$$M_k = (k-1)!! \ s^k \tag{2.20}$$

其中，s 是标准差，且：

$$(k-1)!! \equiv (k-1)(k-3)(k-5)\cdots 5 \cdot 3 \cdot 1 \tag{2.21}$$

$$\phi = -\sum_{k=1}^{\infty} \frac{U^{(2k)}(\overline{W}) M_{2k}}{(2k)!} \tag{2.22}$$

将式（2.20）给出的 M_k 表达式代入并化简，得到：

$$\phi = -\sum_{k=1}^{\infty} \frac{U^{(2k)}(\overline{W}) s^{2k}}{2^k k!} \tag{2.23}$$

由于正态分布的范围是从 $-\infty$ 到 $+\infty$，回忆效用函数 $U(W)$ 必须在所有有限的 W 处收敛才能使 Taylor 序列展开式成立。

为了说明式（2.23）的应用，再次考虑指数效用函数，则偶数阶导数为：

$$U^{(2k)}(\overline{W}) = -c^{2k} e^{-c\overline{W}} \qquad k = 1, 2, 3, 4, \cdots$$

$$\therefore \phi = e^{-cW} \sum_{k=1}^{\infty} \frac{c^{2k} s^{2k}}{2^k k!} = e^{-cW} \sum_{k=1}^{\infty} \frac{1}{k!} \left(\frac{c^2 s^2}{2} \right)^k$$

$$\Rightarrow \phi = e^{-cW}(e^{c^2 s^2/2} - 1) \qquad \left(由于 \sum_{n=1}^{\infty} \frac{x^n}{n!} = e^x - 1 \right) \tag{2.24}$$

从式（2.11）可知

$$\pi = cs^2/2 \tag{2.25}$$

由式（2.24）推断出 ϕ 以指数方式随方差增加而增加。注意到当 $s = 0$ 时，$\phi = 0$。同时注意到 ϕ 的确取决于分布的均值 $\overline{W}$。

很有意思的是由式（2.25）给出的 π 的表达式与 Pratt 近似给出的 π 是相同的，其原因是 $r(W) = -U^{(2)}(\overline{W})/U^{(1)}(\overline{W}) = +c$，$\pi$ 由表达式 $\pi = 1/2 r(\overline{W}) s^2 = cs^2/2$ 给出。

第三节 两参数的效用函数

引入风险度量 ϕ 的目的是使用预期未来财富 $\overline{W}$ 和风险 ϕ 表示出期望效用而不需要对效用函数和分布函数施加严格的限制。在对 ϕ 分析的过程中，我们发现在很多情况下现有的均值方差的模型并不符合风险度量 ϕ 的结构——正如我们预想的——因为均值方差模型需要相当严格的约束（比如正态分布）才能严格有效。

为了建立一个一般的资产选择和资产定价模型，使该模型包含本章对风险的研究成果以及 Sharpe、Lintner 和 Mossin 的均值—方差模型，我们需要假定一个一般的期望效用表达式。这样的表达式的定义将在后文中与基于风险测度 ϕ 的期望效用表达式的正式定义一起给出。

定义 2.7 两参数函数（TPFR）是指期望效用的如式（2.26）所示：

$$E(U(W)) = f(\overline{W}, \psi) \tag{2.26}$$

其中，f 是某个函数，$\overline{W}$ 是分布的均值，ψ 是某风险的测度。

定义 2.8 广义马柯维兹准则（GMC）是期望效用表达式。

$$E(U(W)) = U(\overline{W}) - \varphi \tag{2.27}$$

其中，φ 是一般风险测度。

GMC 是由风险测度 ψ 引起，且如果可接受 ψ 作为正确的风险测度，那么随之而来是正确的风险—收益表示，TRER 是最简单的将期望效用作为收益和某个风险测度 ψ 的函数的表示。对于给定的风险测度 ψ 并没有保证 TRFR 存在或者有任何给定的性质，而引进 TPFR 的原因不是描述准确性而是一般性；它应该是可能去表示在 TPFR 形式下的期初效用的任何两参数的表示，对任何特殊意义的 ψ 和（$U(W)$），人们必须确定 TPFR 的特殊函数的形式 f。

GMC 显然是 $\psi = \varphi$ 和 $f(\overline{W}, \psi) = U(\overline{W}) - \psi$ 的特殊情况。根据风险补偿 π，$U(\overline{W} - \pi)$ 的期望效用的表示也是 TPFR 在 $\psi = \varphi$ 和 $f(\overline{W}, \psi) = U(\overline{W} - \psi)$ 的另一个特殊形式。

第四节 TPFR 和 M－V 模型

现有的 Sharpe、Lintner 和 Mossin 模型均为 TPFR 的特例。为了得到夏普或林特纳模型，令 $\psi = s$，即财富的标准差。则对于某个未指定的函数 f 有 $\overline{U} = f(\overline{W}, s)$。夏普和林特纳都以资产组合收益和其标准差作为变量。为了得到表达式，令 ρ 和 σ 为资产组合收益和标准差，令 V_0 为财富的初始禀赋，则：

$$\overline{W} = (1 + \overline{\rho}) V_0, \quad s = \sigma V_0 \tag{2.28}$$

此时 $f(\overline{W}, s)$ 变为 $f((1 + \overline{\rho}) V_0, \sigma V_0) \equiv F(\overline{\rho}, \sigma)$，这里 F 是一个新的函数。

将 F 写作 $F(\overline{\rho}, \sigma) = \dfrac{\overline{\rho} - r_n}{\sigma}$，其中，$r_n$ 是无风险资产的期望回报，我们就得到了 Lintner 在他的诸多研究中所使用的函数 $F(\overline{\rho}, \sigma)$ 的具体形式。

为了得到 Mossin 目标函数，令 $\psi = V$，其中，V 是财富的方差，则 $f(\overline{W}, \psi) = f(\overline{W}, V)$。Mossin 并未将函数进一步具体化，而是使用了均值—方差模型的一般函数表示。

如果想要研究诸如均衡状态蕴含的证券风险或是市场均衡时的风险收益关系的一类问题，我们必须格外留心以确保能够正确指定投资组合的风险度量和期望效用对风险度量的函数依赖关系，因为蕴含的证券风险度量和均衡风险收益关系显然取决于上述因素。

V 模型的问题在于其适用性非常有限，而且并没有明确说明风险测度具体应该是标准差还是方差，甚至还有可能是二者的线性组合。对这些问题将在后续章节中进行更为详细的讨论。

第三章

在险价值的测度与应用

在险价值（value at risk，VaR）是测度市场风险的一种方法，它将投资组合价值的敏感度同市场因素变化概率相结合，其中投资组合价值的敏感度也与市场因素变化有关。虽然这种方法需要持续性的压力测试与情景测试作为支持，但从整体上说，VaR 方法是最适用的度量独立风险的技术之一。正因如此，VaR 方法得到巴塞尔委员会的认可，将它作为确定防范市场风险所需的最低资本标准的方法。本章首先分别对基于正态分布假设和 T 分布假设下的 VAR 模型进行概述。其次，对 VAR 的计算方法进行深入探讨，涵盖方差—协方差法、历史数据模拟法以及蒙特卡洛模拟法等多种技术途径。最后，鉴于各类投资组合之间可能存在的关联性问题，本章还将对 VAR 贡献度技术进行概述，并对每种独立风险因素在各类次组合中 VARC 的推导方法进行详细阐述。

第一节　VaR 的定义

研究风险前首先要度量风险。只有将市场风险准确有效地度量出来，才能使用各种风险管理手段实现投资组合的最优化。早在半个世纪前，西方各金融机构普遍认识到传统的金融风险管理工具已不再符合金融市场的需要，开始思考怎样用单个模型对整个金融机构所面对的市场风险进行度量。其中，摩根

（Morgan，1996）[①] 提出的风险模型 Risk Metrics 最为成功。

摩根提出的风险模型起源于该公司员工每天下午 4 点 15 分提交的一份报告，这份报告要反映公司在未来 24 小时内可能遭受的损失。VaR 就是在风险模型 Risk Metrics 中使用的风险度量指标。目前，VaR 已成为金融机构日常风险管理中最常用的一种风险度量方法。它是指给定正常的市场条件和置信水平下，某种金融资产或资产组合在未来一段持有期内最坏的预期损失值（Jorion，1996）[②]。若用 H 表示持有期，置信度表示为 $(1-\alpha)$，那么某项金融资产的 VaR 就是预期在持有期 H 内最多以 α 的概率被超过的损失值。数学表达为：

$$P(W_{t+H} - W_t \leq -VaR_{W,t}(H, \alpha)) = \alpha \quad (3.1)$$

其中，W_t 是金融资产在 t 时刻的价值，$VaR_{W,t}(H, \alpha)$ 就是该金融资产 W 在持有期为 H、置信度为 $(1-\alpha)$ 下的 VaR。

式（3.1）表明，在未来一个持有期内金融资产价值的损失值超过 $VaR_{W,t}(H, \alpha)$ 的概率为 α。

如果用金融资产的收益率来计算 VaR，其数学表达式为：

$$P(R_{t,H} \leq -VaR_{R,t}(H, \alpha)) = \alpha \quad (3.2)$$

其中，$R_{t,H} = \dfrac{W_{t,H} - W_t}{W_t}$ 是该金融资产在 $t+H$ 时刻持有期为 H 的收益率。

$VaR_{W,t}(H, \alpha)$ 与 $VaR_{R,t}(H, \alpha)$ 之间的关系为：

$$VaR_{W,t}(H, \alpha) = W_t VaR_{R,t}(H, \alpha) \quad (3.3)$$

因为连续复合收益率存在关系：

$$r_{t,H} = Ln(W_{t+H}) - Ln(W_t) = Ln(1 + R_{t,H}) \quad (3.4)$$

由于具有更好的统计性质，并且 $r_{t,H} \approx R_{t,H}$，我们使用 $r_{t,H}$ 代替 $R_{t,H}$，相应地将 VaR 记为 $VaR_{r,t}(H, \alpha)$。

如果将金融资产的收益率看作一个随机变量，那么 VaR 就是该收益率概率分布的一个特定分位数（见图 3-1）。假设我们已知 $r_{t,H}$ 的概率分布密度为 f，则该金融资产收益率置信度为 $(1-\alpha)$ 的 VaR 就是分布 f 的 α 下分位点，即 $VaR_{r,t}(H, \alpha)$ 应满足式（3.5）：

$$\int_{-\infty}^{-VaR_{r,t}(H,\alpha)} f(x)\,dx = \alpha \quad (3.5)$$

---

① Morgan J. P. 1996. *Risk Metrics*.

② Jorion P. 1996. *Value at Risk: A New Benchmark for Measuring Derivatives Risk* [M]. Irwin Professional Publishers.

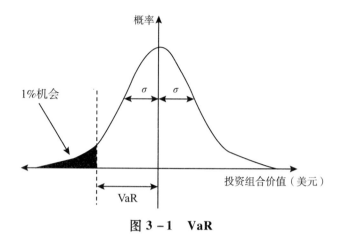

图 3 - 1　VaR

一、基于正态分布计算 VaR

如果金融收益序列 L 的分布 F 是正态分布，其中均值为 μ、方差为 σ^2，在置信水平 $\alpha \in (0, 1)$ 下的 VaR（绝对 VaR）为：

$$P(r_{t,H} \leqslant - VaR_{r,t}(H, \alpha)) = \alpha \qquad (3.6)$$

又可以写为：

$$P\left(\frac{r_{t,H} - \mu}{\sigma} \leqslant \frac{- VaR_{r,t}(H, \alpha) - \mu}{\sigma}\right) = \alpha \qquad (3.7)$$

因其服从正态分布，所以有：

$$\Phi\left(\frac{- VaR_{r,t}(H, \alpha) - \mu}{\sigma}\right) = \alpha \qquad (3.8)$$

得到：

$$\frac{- VaR_{r,t}(H, \alpha) - \mu}{\sigma} = \Phi^{-1}(\alpha) \qquad (3.9)$$

于是有表达式：

$$- VaR_{r,t}(H, \alpha) = \mu + \Phi^{-1}(\alpha)\sigma \qquad (3.10)$$

当 $\mu = 0$ 时计算得到的 VaR 称为中心 VaR，简称为 VaR。该方法的一个基本假设是，市场因素的变化概率呈正态分布。VaR 表明产生的损失大于 2.32 倍标准差的可能性为 1%。在正态分布下，99% 的 VaR 可以定义为：

$$VaR_T = 2.32\sigma_T \qquad (3.11)$$

其中，σ_T 是投资组合价值的标准差，如图 3 - 2 所示。下标 T 表示回报标准差的计算周期。我们可以在任何时间水平上计算其在险价值。

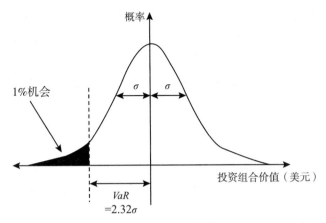

图 3 – 2　VaR 与标准差之间的关系99%，VaR

对于日常买卖交易，我们通常采用一天作为时间单位。每日的在险价值通常又可称为在险日收入（daily earning at risk）。

利用式（3.11）考虑日标准差为 1 000 万美元的股票投资组合。在正态分布下，置信区间为 99% 的在险价值为 2 300 万美元。那么我们就可以预测在占总天数 1% 的交易日内，也就是每年大约 2~3 个交易日，此投资组合的损失可能会超过 2 300 万美元。

二、基于 t 分布计算 VaR

如果金融收益序列 L 的分布 F 为均值 μ、方差 σ^2 的 t 分布时，$(L-\mu)/\sigma$ 为标准 t 分布，在置信水平 $\alpha \in (0, 1)$ 下的 VaR（绝对 VaR）为：

$$VaR_\alpha = \mu + \sigma_t t^{-1}(\alpha) \qquad (3.12)$$

第二节　VaR 的计算

计算 VaR 有三种基本方法：方差—协方差方法、历史数据模拟法以及蒙特卡洛模拟方法。

一、方差—协方差方法（variance-covariance method）

完整的方差—协方差 VaR 方法计算过程可以表述为：

（1）选定风险因素集合，这些集合应该能满足投资组合价值计算的需要；

（2）找出投资组合中的每种资产对于每种风险因素的敏感度；

（3）收集有关风险因素的历史数据，计算变化的标准差及相关系数；

（4）将每种风险因素以标准差数据表现出来的敏感度乘以相关系数、加总，最终估算出投资组合价值的标准差。

假定损失分布是正态的，那么99%置信水平下的在险价值近似等于投资组合价值标准差的2.32倍。

方差—协方差VaR方法有两项优点：

（1）同蒙特卡洛模拟方法或历史数据模拟法相比，其计算速度通常要快100～1 000倍；

（2）采用方差—协方差VaR方法，可以计算出VaR贡献度。

但方差—协方差VaR方法也存在着很大的局限性：

（1）对非线性风险的描述很差；

（2）对极少数极端事件的描述很差，比如发生了经济危机的情况。由于方差—协方差VaR方法需要风险因素变化分布是呈正态的，而现实中的风险因素分布呈现很高的峰值，因此很多极端事件超出了正态分布的预测范围。

方差—协方差VaR方法使用了协方差矩阵，这其实又隐含着一个假设，即风险因素之间的相关性在一段时间内是稳定不变的。

假设我们持有一个包含两种资产的投资组合，投资组合损失 L_p 是两种资产损失之和：

$$L_p = L_1 + L_2 \qquad (3.13)$$

投资组合损失的标准差 σ_p 表示为：

$$\sigma_p^2 = \sigma_1^2 + \sigma_2^2 + 2\rho_{1,2}\sigma_1\sigma_2 \qquad (3.14)$$

其中，σ_p 是资产1的损失标准差，$2\rho_{1,2}$ 是在资产1与资产2损失的相关系数。可以用求和算式写成：

$$\begin{aligned}
\sigma_p^2 &= \sum_{i=1}^{2}\sum_{j=1}^{2}\sigma_{i,j}\sigma_i\sigma_j = \sum_{i=1}^{2}(\sigma_{i,1} + \rho_{1,2}\sigma_1\sigma_2) \\
&= \rho_{1,1}\sigma_1\sigma_1 + \rho_{1,2}\sigma_1\sigma_2 + \rho_{2,1}\sigma_2\sigma_1 + \rho_{2,2}\sigma_2\sigma_2 \\
&= \sigma_1^2 + \sigma_2^2 + 2\rho_{1,2}\sigma_1\sigma_2
\end{aligned} \qquad (3.15)$$

用矩阵式可表示为：

$$\sigma_p^2 = SRS^T \qquad (3.16)$$

其中：

$$S = (\sigma_1 \quad \sigma_2) \qquad (3.17)$$

$$R = \begin{pmatrix} 1 & \rho_{12} \\ \rho_{21} & 1 \end{pmatrix} \qquad (3.18)$$

在矩阵表示式（3.16）下，容易推广到一般多资产的情形。

（1）持有股票多头时的独立分布在险价值。

所谓独立分布在险价值（stand-alone VaR）是指不考虑其他头寸相关性和风险分散的情况下，计算某项单一头寸的在险价值。头寸的现值可简单表示为股票数（N）乘以每股价值（V_s）。

$$PV_s = N \times V_s \qquad (3.19)$$

因此，头寸的价值变化可简单表示为股数乘以每股的价值变化：

$$\Delta PV_s = N \times \Delta V_s \qquad (3.20)$$

头寸价值变化的标准差就可以表示为股数乘以每股价值的标准差：

$$\sigma_v = N \times \sigma_s \qquad (3.21)$$

现在我们假设价值变化呈正态分布，那么损失大于 2.32 倍标准差的概率为 1%。我们可以按照下式计算 99% 置信水平下的在险价值为：

$$Var = 2.32 \times N \times \sigma_s \qquad (3.22)$$

通过这个简单的例子，我们可以看到两个元素在起作用：N，头寸对于风险因素变化的敏感度；σ_s，风险因素的波动性。

（2）一次性偿本付息债券的在险价值。

债券的现值表示为在时点 t 的现金流 C_p 按照到期日的基准利率 r_p 折现：

$$PV_p = \frac{C_p}{(1 + r_p)^1} \qquad (3.23)$$

债券价值对于利率变化的敏感度表示为债券现值对到期日标准利率 r_p 的偏导数：

$$\frac{\sigma \rho V_p}{\sigma r_p} = \left[\frac{-tC_p}{(1 + r_p)^{t+1}} \right] \qquad (3.24)$$

除了前面多了一个负号，同久期公式基本一样。为简便起见，我们用 d_r 来表示偏导数：

$$d_r = \left[\frac{-tC_p}{(1 + r_p)^{t+1}} \right] \qquad (3.25)$$

债券的价值变化可表示为敏感度乘以利率变化量：

$$\Delta pv_p = d_r \times \Delta r_p \qquad (3.26)$$

那么 pv_p 的标准差为利率的标准差同 d_r 之积，这样 99% 置信水平下的在险价值等于：

$$VaR = 2.32 \times d_r \times \sigma_{rp} \qquad (3.27)$$

更具体一些，我们假设持有的是 5 年期面值为 100 元（C_p）的贴息债券。5 年期的折现率为 6%（r_p），利率的标准差为 0.5%（σ_{rp}）。那么，债券的现值为

74 元, 利率上涨 100% 的敏感度 (d_r) 是 352 元, 在险价值 (VaR) 为 4.1 元:

$$PV_p = \frac{100}{(1.06)^5} = 74 \, , \quad d_r = \frac{-5 \times 100}{(1.06)^6} = -352 \, , \quad VaR = \left| 2.32 \times \frac{-5 \times 100}{(1.06)^6} \times 0.5\% \right| = $$

4.1。

注意,在算式中我们使用了绝对值,也就是说消除了负号,这么做是为了简化计算。从下一个例子中我们将会发现,参数 VaR 实际上是价值标准差的 2.32 倍,而标准差等于方差的平方根,因此结果总为正。正像在上例中我们看到的那样,当只考虑一项风险因素时,可以直接采用平方根计算,但在此之前,需要确认结果不为负。

(3) 以美元表示的英镑债券的在险价值。

现在考虑更复杂一些的情形:对于一只由美国银行持有的英镑债券,银行现在面临两种风险:英镑利率的变化和英镑兑美元的汇率变化。直接用债券的英镑价值乘以汇率即为债券的美元价值:

$$PV_s = FX \times PV_p \tag{3.28}$$

$$= FX \times \frac{C_p}{(1 + r_p)^t} \tag{3.29}$$

利率变化所引起的价值变化同前例相同,但现在我们要将它转化成美元:

$$\frac{\sigma \rho V_s}{\sigma r_p} = FX \frac{-tC_p}{(1 + r_p)^{t+1}} \tag{3.30}$$

$$\Delta PV_s = FX \frac{-tC_p}{(1 + r_p)^{t+1}} \Delta r_p \tag{3.31}$$

汇率变动引起的债券价值的线性变化可以通过对汇率求偏导数求得:

$$\frac{\partial PV_s}{\partial FX} = \frac{C_p}{(1 + r_p)^t} \tag{3.32}$$

这样,由汇率变动引起的债券价值的变化可以由式(3.33)求得:

$$\Delta PV_s = \Delta FX \frac{C_p}{(1 + r_p)^t} \tag{3.33}$$

利率变动和汇率变动引起的债券价值的变化可表示为两者变化之和:

$$\Delta PV_s = \frac{C_p}{(1 + r_p)^t} \Delta FX + FX \frac{-tC_p}{(1 + r_p)^{t+1}} \Delta r^p \tag{3.34}$$

为简化起见,我们定义汇率偏导数为 d_{FX},英镑利率的偏导数为 d_{rp},即:

$$d_{FX} = \frac{C_p}{(1 + r_p)^t} \tag{3.35}$$

$$d_{rp} = FX \frac{-tC_p}{(1 + r_p)^{t+1}} \tag{3.36}$$

注意此处的 d_{rp} 同上例中的含义有所不同，债券是由美国银行持有，所以要用美元计价。因此可以将债券价值的变化简化为：

$$\Delta PV_s = d_{FX}\Delta FX + d_{rp}\Delta r_p \tag{3.37}$$

下一步，我们希望得到债券当前价值的方差，其难点在于汇率变化同利率变化是彼此关联的。为了解决相关性变量的方差问题，我们要用到早先讨论过的关系式：

$$L_p = L_1 + L_2 \tag{3.38}$$

$$\sigma_p^2 = \sigma_1^2 + \sigma_2^2 + 2\rho_{1,2}\sigma_1\sigma_2 \tag{3.39}$$

经过替换，得到债券价值的标准差为：

$$L_1 = d_{FX}\Delta FX \tag{3.40}$$

$$L_2 = d_{rp}\Delta r_p \tag{3.41}$$

$$L_p = \Delta PV_s \tag{3.42}$$

其中，d_{FX}、d_{rp} 是固定乘数，而 ΔFX 和 Δr_p 则取随机值。方差 ΔFX 和 Δr_p 可以通过历史数据估算出来。汇率的方差为：

$$\Delta FX_1 = FX_1 - FX_{t-1} \tag{3.43}$$

$$\sigma_{FX}^2 = \frac{1}{N-1}\sum_{T=1}^{N}(\Delta FX_t)^2 \tag{3.44}$$

假定均值为零，利率的方差也同样可以推导出来：

$$\Delta r_{p,t} = r_{p,t} - r_{p,t-1} \tag{3.45}$$

$$\sigma_{rp}^2 = \frac{1}{N-1}\sum_{t=1}^{N}(\Delta r_{p,t})^2 \tag{3.46}$$

相关系数可以由变化值的乘积求得：

$$\rho_{FX,rp} = \frac{1}{N-1}\left(\frac{\sum_{t=1}^{N}\Delta_{p,t\Delta FX_1}}{\sigma_{rp}\sigma FX}\right) \tag{3.47}$$

分别代入 $\sigma_1\sigma_2$ 和 $\rho_{1,2}$：

$$\sigma_1 = d_{FX}\sigma_{FX} \tag{3.48}$$

$$\sigma_1 = d_{r_p}\sigma_{r_p} \tag{3.49}$$

$$\rho_{1,2} = d_{FX,r_p} \tag{3.50}$$

我们得到债券价值的方差：

$$\sigma_p^2 = (d_{FX}\sigma_{FX})^2 + 2\rho_{FX,r_p}(d_{FX}\sigma_{FX})(d_{r_p}\sigma_{r_p}) + (d_{r_p}\sigma_{r_p})^2 \tag{3.51}$$

标准差是方差的平方根，在险价值为 2.32 倍的标准差，因此：

$$CaR = 2.32\sigma_p = \sqrt[2.32]{(d_{FX}\sigma_{FX})^2 + 2\rho FX,\ r_p(d_{FX}\sigma_{FX})(d_{r_p}\sigma_{r_p}) + (d_{r_p}\sigma_{r_p})^2} \tag{3.52}$$

47

我们根据具体数值：5 年期（t）总额为 1 亿英镑债券，每期现金流（c_t）100 英镑 5 年的折现率（r_p）为 6%，利率的标准差（σ_{r_F}）为 0.5%。假定英镑兑美元的汇率（FX）为 1.6，汇率波动（σ_{FX}）为 0.02，汇率与利率间的相关系数（ρ_{FX,r_p}）为 -0.6。将具体数值代入上式计算最终得到：$PV_s = 119$，$d_{FX} = 74.7$，$d_r = -564.0$，$VaR = 9.05$。

我们可以推而广之，得到多风险因素的资产在险价值为：

$$VaR = \sqrt{\begin{array}{c}(d_1\sigma_1)^2 + 2\rho_{1,2}(d_1\sigma_1)(d_2\sigma_2) + (d_2\sigma_2)^2 + \cdots \\ + 2\rho_{N-1,N}(d_{N-1}\sigma_{N-1})(d_N\rho_N) + (d_N\rho_N)^2\end{array}} \tag{3.53}$$

其中，N 是所使用的风险因素的个数，d_j 是投资组合价值对第 j 种风险因素的偏导数：

$$d_j = \frac{\partial V}{\partial f_j} \tag{3.54}$$

式（3.53）用求和式可表示为：

$$VaR = \sqrt{\sum_{i=1}^{N}\sum_{j=1}^{n}\left[\sigma_{i,j}(d_i\sigma_i)(d_j\sigma_j)\right]} \tag{3.55}$$

采用矩阵式，可以将偏导数放到一个向量中，统计值放入协方差矩阵中：

$$D = (d_{FX}, \ d_{FX}) \tag{3.56}$$

$$C = \begin{pmatrix} \sigma_{FX}^2 & \sigma_{FX}\sigma_{rp}\rho_{FX,r_p} \\ \sigma_{FX}\sigma_{rp}\rho_{FX,r_p} & \sigma_{rp}^2 \end{pmatrix} \tag{3.57}$$

协方差矩阵的主对角线上排列着风险因素的方差，非主对角线上排列着风险因素的协方差。可以看出矩阵是对称的。我们通过计算向量与矩阵的乘积求得投资组合的方差 σ_{PV}^2：

$$\sigma_{PV}^2 = DCD^T \tag{3.58}$$

其中，D^T 是向量 D 的转置（转置矩阵指行和列过行互换）。这样就得到了 VaR 的矩阵式表达：

$$VaR = 2.32\sqrt{DCD^T} \tag{3.59}$$

代入具体数值 D、C 以及 D^T 值，我们得到：$D = (74.7 \quad -563)$，$C = \begin{pmatrix} 0.0004 & -0.00006 \\ -0.00006 & 0.000025 \end{pmatrix}$，$D^T = \begin{pmatrix} 74.7 \\ -563 \end{pmatrix}$。通过计算矩阵乘积求得 VaR 为：$VaR = 2.32\sqrt{DCD^T} = 9.05$。

考虑多种风险因素，我们可以对敏感度向量及协方差矩阵进行扩展：

$$D = (d_1 \quad d_2 \quad \cdots \quad d_N)$$

$$C = \begin{pmatrix} \sigma_1\sigma_1 & \rho_{12}\sigma_1\sigma_2 & \cdots & \rho_{1,N}\sigma_1\sigma_N \\ \rho_{2,1}\sigma_2\sigma_1 & \sigma_2\sigma_2 & \cdots & \rho_{2,N}\sigma_2\sigma_N \\ \vdots & \vdots & \ddots & \vdots \\ \sigma_{N,1}\sigma_N\sigma & \sigma_{N,2}\sigma_N\sigma_2 & & \sigma_N\sigma_N \end{pmatrix} \quad (3.60)$$

（4）方差—协方差 VaR 方法中多种头寸的敏感度计算。

在上面的例子中，我们假设影响银行持有的债券价值的风险因素只有两种。如果投资组合是由多只证券构成的，并且都受到一些相同的风险因素的影响，那么投资组合对风险因素的敏感度可以简单地表示为每种证券头寸的敏感度之和。例如：假设投资组合由 100 英镑的 5 年期限债券同 100 英镑现金组成。以美元计价的债券价值为：

$$债券价值 = FX\frac{100}{(1-6\%)^5} \quad (3.61)$$

现金头寸的价值为 100 英镑兑换成美元后的价值：

$$现金头寸价值 = FX \times 100 \quad (3.62)$$

投资组合的当前价值为两种资产的价值之和：

$$PV_p = FX\frac{100}{(1-6\%)^5} + FX \times 100 \quad (3.63)$$

价值对于汇率变化的敏感度可以通过对汇率求导得到：

$$D_{FX} = FX\frac{100}{(1-6\%)^5} + 100 \quad (3.64)$$

对利率的敏感度同前面的例子是一样的。用矩阵式表示，其中一个向量对应债券，一个向量对应现金，它们相加即为投资组合的敏感度，这时，$D_{债券} = (74.7 \quad -563)$，$D_{现金} = (100 \quad 0)$，$D_{组合} = D_{债券} + D_{现金} = (174.7 \quad -563)$，VaR 为 13.11 美元。

考虑更一般的情况，如果存在着 N 种风险因素，记为 1 到 N；投资组合包含多种证券，记为 A 到 Z，投资组合向量即为多种证券的向量和：

$$D_1 = (d_{1,1} \quad d_{1,2}, \cdots, d_{1,N}) \quad (3.65)$$

$$D_2 = (d_{2,1} \quad d_{2,2}, \cdots, d_{2,N}) \quad (3.66)$$

$$D_m = (d_{m,1} \quad d_{m,2}, \cdots, d_{m,N}) \quad (3.67)$$

$$D_{组合} = D_1 + D_2 + \cdots + D_m$$
$$= (d_{1,1} + d_{1,2} + \cdots + d_{1,N} \quad d_{2,1} + d_{2,2} + \cdots + d_{2,N} \quad d_{m,1} + d_{m,2} + \cdots + d_{m,N})$$
$$(3.68)$$

那么，投资组合的 VaR 为：

$$VaR_{组合} = \sqrt{D_{组合}CD_{组合}^T} \quad (3.69)$$

二、历史数据模拟法

VaR 的三类计算方法中，历史模拟法是最简单和直观的。这一方法的核心是根据市场因子的历史样本变化和证券组合的未来损益分布进行模拟，利用分位数给出一定置信度下的 VaR 估计。首先，历史模拟方法是一种非参数方法，它不需要事先假设市场因子的统计分布，因此可以较好地处理非正态分布的情形。其次，该方法是一种全值估计，可以有效地处理像包含期权的组合这样的非线性组合。最后，该方法简单直观，并且易于解释，常被监管者用来计算资本充足性。事实上，历史数据模拟法是 1993 年 8 月巴塞尔委员会制定的银行充足性资本协议的基础。

市场因子模型采用的是历史模拟的方法——用给定历史时期上所观测到的市场因子的变化，来表示市场因子的未来变化。在估计模型中，历史模拟法采用的是全值估计方法，即根据市场因子的未来价格水平对头寸进行重新估值，计算出头寸的价值变化，即损益。最后，在历史模拟法中，将组合的损益从最小到最大排序，得到损益的分布，通过给定置信度下的分位数求出 VaR。例如，考虑一个证券组合 VP，其市场因子为 $F(i)$，$i = 1, 2, \cdots, n$，用历史模拟法计算其 95% 置信度下的日 VaR。首先，预测市场因子的日波动性，选取市场因子过去 101 个交易日的历史价格序列，得到市场因子价格的 100 个日变化（见图 3–3）。

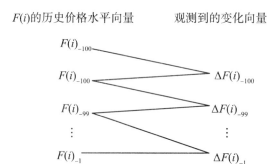

$F(i)$的历史价格水平向量　　　　观测到的变化向量

图 3–3　市场因子价格的 100 个日变化

假定这 100 个变化在未来的一天都可能出现。于是，对于每一个市场因子，将市场因子的当前值 $F(i)$ 和观测到的变化向量相加，可以得到市场因子的未来可能价格水平，以向量 $AF(i)$ 来表示：

$$AF(f)_1 = F(i)_0 + AF(i)_{-1}$$
$$AF(f)_2 = F(i)_0 + AF(i)_{-2}$$

$$\cdots$$
$$AF(f)_{100} = F(i)_0 + AF(i)_{-100} \tag{3.70}$$

根据相关的定价公式，可以计算出市场因子当前价值和未来的可能价值。于是，可求出组合的未来损益：

$$F(1)_0, \ F(2)_0, \ \cdots, \ F(n)_0$$
$$AF(1)_1, \ AF(2)_1, \ \cdots, \ AF(n)_1$$
$$AF(1)_2, \ AF(2)_2, \ \cdots, \ AF(n)_2$$
$$\cdots$$
$$AF(1)_{100}, \ AF(2)_{100}, \ \cdots, \ AF(n)_{100} \tag{3.71}$$

将损益从小到大排列得到组合的未来损益分布，根据95%的置信度下的分位数（由于有100个变化样本，则95%的分位数对应的是第5个最不利的变化），可以求出VaR值（见图3-4）。

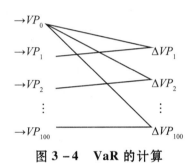

图3-4　VaR 的计算

历史模拟法具体计算步骤为：第一，映射，即识别出基础的市场因子，收集市场因子适当时期的历史数据（典型的是3~5年的日数据），并利用市场因子表示出证券组合中各个金融工具的盯市价值（对于包含期权的组合，可使用BS公式进行计算）。第二，根据市场因子过去$N+1$个时期的价格时间序列，计算市场因子过去$N+1$个时期价格水平的实际变化（得到N个变化水平）。假定未来的价格变化与过去完全相似，即过去$N+1$个时期价格的变化在未来都可能出现，这样结合市场因子的当前价格水平可以直接估计（模拟）市场因子未来一个时期的N种可能价格水平。第三，利用证券定价公式，根据模拟出的市场因子的未来N种可能价格水平，求出证券组合的N种未来盯市价值，并与当前市场因子的证券组合价值比较，得到证券组合未来的N个潜在损益，即得到损益的分布。第四，根据损益的分布，通过分位数求出给定置信度下的VaR。

这种方法采用市场因子的历史价格模拟其未来的可能价格水平，因此被称为历史模拟法。从概念上讲，历史数据模拟法是最简单的VaR计算方法。但用历史数据模拟方法计算VaR所花费的时间要比参数VaR多很多。通常，历史数据模拟法需要获得过去 250 天（大约是一年的交易天数）的市场数据，逐天计算每一种风险因素的变化。用每一天的变化百分比与当日的市场价值相乘，得到下一交易日市场价值可能出现的 250 种取值情景。利用完全非线性定价模型对 250 种价值情景下的投资组合价值进行估算，得到全部结果之后，按照从优到劣排序，倒数第三天的数据就是 99% 置信度下的 VAR。

表 3-1 显示了 5 年期、面额 100 美元的零息债券计算结果，相邻两天的利率相对变化率为：

$$\Delta_t = \frac{r_{t+1} - r_1}{r_1} \tag{3.72}$$

根据利率的相对变化率计算下一交易日的利率情景：

$$r_{情景,k} = r_{今日}(1 + \Delta_T) \tag{3.73}$$

式（3.73）中利率 r 的下标从 t 换成了 k 标志着概念的改变。我们现在要做的是利用历史的市场利率（历史利率）构造未来的利率情景。利率情景不是用来描述历史利率的变化，而是要预测未来利率可能发生的变化。得到了未来的利率情景之后，我们就可以计算出债券未来的价值：

$$V_{情景,k} = \frac{100}{(1 + r_{情景,k})^5} \tag{3.74}$$

那么，债券的价值变化为：

$$\Delta V_k = V_{情景,k} - V_{今日} \tag{3.75}$$

表 3-1 列出了 11 天（而非 250 天）的利率及其对应的债券价值数据。除了列出每天营业终了的利率数据之外，还给出了变动率以及由变动率推导出来的下一工作日的情景利率。最后两列是同利率情景对应的债券价值以及价值变动。其中，最坏的情况下损失 39 美分，即 10% 的损失。

表 3-1   **历史数据模拟计算 VaR**

日期	利率	变动比例（%）	情景利率	债券价值	价值变动
7 月 9 日	5.02	0.6	5.03	78.25	-0.10
7 月 10 日	5.05	-0.9	4.96	78.52	0.17
7 月 11 日	5.01	1.9	5.09	78.00	-0.35
7 月 12 日	5.10	0.2	5.01	78.32	-0.03
7 月 13 日	5.11	-0.8	4.96	78.50	0.14
7 月 16 日	5.07	2.1	5.11	77.96	-0.39
7 月 17 日	5.18	1.0	5.05	78.17	-0.19
7 月 18 日	5.23	-0.2	4.99	78.40	0.05

日期	利率	变动比例（%）	情景利率	债券价值	价值变动
7月19日	5.22	−0.2	4.99	78.39	0.04
7月20日	5.21	−4.0	4.80	79.10	0.75
7月23日	5.00			78.35	

采用历史数据模拟法计算 VaR 有两个优点：其一，计算结果比较容易被接受，因为计算过程和概念很容易加以解释。其二，这种方法不需要做出某些假设，比如，假定风险因素变化呈结构性的参数化概率分布（稳定相关的联合正态分布）。

然而，这种方法在使用历史数据时还是略显粗放，这也给历史数据模拟法造成一些缺陷：用这种方法计算出的结果经常会受到近期某些孤立危机事件的影响，而又很难测试其他假设条件。这势必造成历史数据模拟法得到的结论在很大程度上是后视的，运用到实际工作中，银行可以避免某些已经发生过的危机，却无法为未来可能出现的危险做好准备。历史数据模拟法存在着"窗口效应"。在一场危机爆发 250 个工作日之后，危机阶段的历史数据就会被屏蔽在采集窗口之外，这势必会造成 VaR 结果的急剧变化。这种结果会使交易员对 VaR 数据产生不信任感，因为他们知道近期的交易没有太大变化，但风险数据却出现了显著变化。

三、蒙特卡洛模拟方法

蒙特卡洛模拟也可称为蒙特卡洛评价法（Monte – Carlo Evaluation，MCE）。这套方法随机地创建众多情景，针对每种情景，使用非线性定价模型来估算资产价值的变化，得到的最大损失即为 VaR。

蒙特卡洛模拟有两个显著的优点：与参数 VaR 不同，蒙特卡洛模拟采用的是完全定价模型，因而能够展现风险因素的非线性特征。与历史数据模拟 VaR 不同，蒙特卡洛模拟可以创建无数个情景，因而能够测试更多可能的结果。蒙特卡洛模拟方法也存在两项重大缺陷：蒙特卡洛模拟 VaR 的计算时间会超出参数 VaR 运行时间 1 000 倍以上，因为投资组合的可能价格会被计算数千次。与历史数据模拟不同，蒙特卡洛模拟方法要求风险因素呈正态或对数正态分布。

蒙特卡洛模拟的一个假设条件是风险因素呈现已知的概率分布。在执行蒙特卡洛模拟时，常常会进一步假设风险因素呈稳定的联合正态分布，这一点同参数 VaR 中所做的假设是相同的。蒙特卡洛模拟方法中涉及的风险因素协方差矩阵的分析求解过程也类似于参数 VaR。但蒙特卡洛模拟会用一些算法将矩阵分解，这样做能够保证风险因素在每一种情景下都是相关的。模拟过程将从当日市场条件构成的情景开始，一天接着一天构造出每一天的市场条件情景，直到日期结束。然后使用充分的非线性定价模型计算每一种（日终）情景下的投资组合的价值。对于债券，非线性定价意味着必须采用债券定价模型而不是久期。对于期权，非线性定价意味着要使用类似于布莱克—斯克尔斯的定价公式，而不是仅使用希腊字母序列度量方法。图 3 - 5 归纳了蒙特卡洛方法的计算过程。

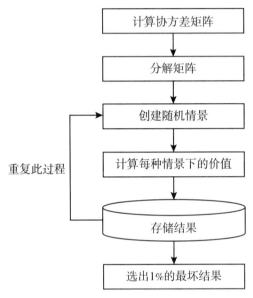

图 3 - 5　蒙特卡洛方法的计算过程

从概念上说，蒙特卡洛模拟方法还是很简单的。但到了具体的数学计算过程，其中涉及的协方差矩阵分解还是比较困难的，因为矩阵分解的目的是要创建同市场历史数据具有同样相关性的随机情景。就像我们在前面的例子里提到的，如果一家美国银行持有英国债券，假设利率与汇率间的相关系数为 - 0.6，也就是说，如果利率上涨，预计汇率就会下跌。我们也可以认为汇率变化的 60% 受到利率变化的影响，剩下的 40% 受独立的随机因素的影响。做这种假设是为了能够创建恰当反映这种相关性的随机情景。

如果只考虑汇率和利率这两项风险的因素，那么我们可以很容易地得到随机数。

从标准正态分布中选择随机数 z_1，z_1 乘以第一项风险因素的标准差（σ_A），得到该情景下第一种风险因子 f_A：

$$f_A = \sigma_A z_1, \quad z_1 \sim N(0, 1) \tag{3.76}$$

选取独立的第二个随机数 $z_2 \sim N(0, 1)$，构造随机变量：

$$y = z_1 \rho_{A,B} + z_2 \sqrt{1 - \rho_{A,B}^2} \tag{3.77}$$

则 y 与 f_A 有相同的标准差和相关系数 $\rho_{A,B}$，y 乘以第二项风险因素的标准差 σ_B，得到该情景下的第二项风险因子 f_B：

$$f_B = \sigma_B y \tag{3.78}$$

综上我们得到：

$$f_A = \sigma_A z_1 \quad z_1 \sim N(0, 1) \tag{3.79}$$

$$f_B = \sigma_B (z_1 \rho_{A,B} + z_2 \sqrt{1 - \rho_{A,B}^2}) z_2 \sim N(0, 1) \tag{3.80}$$

对于上面的债券实例，我们把风险因素替换成 r_p 及 FX，得到：

$$\sigma_{r_p} = 0.5\%$$

$$\sigma_{FX} = 0.02$$

$$\rho_{FX, r_p} = -0.6$$

$$\delta FX = 0.02 \times z_1, \quad z_1 \sim N(0, 1)$$

$$\delta_{r_p} = 0.005(-0.6 z_1 = z_2 \sqrt{1 - 0.36}), \quad z_2 \sim N(0, 1)$$

如果存在多个风险因素，我们就无法这么简单地获得风险因素间的相关性。此时，可以通过矩阵特征值分解（eigen-value decomposition）从协方差矩阵中获得风险因素间的相关性。

特征值分解也称为主成分分析（principal components analysis，PCA）。特征值分解的目的是要寻求两个矩阵 A 和 E，使下列方程成立：

$$C = E^T A E \tag{3.81}$$

C 为初始协方矩阵。A 为对角方阵，除了主对角线上的元素外，其他元素全为 0：

$$A = \begin{pmatrix} \lambda_1 & 0 & \cdots & 0 \\ 0 & \lambda_2 & \cdots & 0 \\ \vdots & \vdots & \ddots & \vdots \\ 0 & 0 & \cdots & \lambda_N \end{pmatrix} \tag{3.82}$$

矩阵 E 满足：$I = E^T E$，I 为单位矩阵（identity matrix）。

A 是对角方阵，很容易求得矩阵的平方根 $A^{1/2}$，因此，我们能够分解协方差矩阵 C：

$$C = B^T B \tag{3.83}$$

$$B = A^{1/2} E \tag{3.84}$$

$$A^{1/2} = \begin{pmatrix} \sqrt{\lambda_1} & 0 & \cdots & 0 \\ 0 & \sqrt{\lambda_2} & \cdots & 0 \\ \vdots & \vdots & \ddots & \vdots \\ 0 & 0 & \cdots & \sqrt{\lambda_N} \end{pmatrix} \qquad (3.85)$$

$$E = \begin{pmatrix} e_{11} & e_{12} & \cdots & e_{1N} \\ e_{21} & e_{22} & \cdots & e_{2N} \\ \vdots & \vdots & \ddots & \vdots \\ e_{N1} & e_{N2} & \cdots & e_{NN} \end{pmatrix} \qquad (3.86)$$

为了获得相关的随机数，我们使用特征值分解得到矩阵 B，令：

$$F = ZB \qquad (3.87)$$

$$(\delta f_A \quad \delta f_B) = (z_1 \quad z_2)\begin{pmatrix} e_{11}\sqrt{\lambda_1} & e_{12}\sqrt{\lambda_1} \\ e_{21}\sqrt{\lambda_2} & e_{22}\sqrt{\lambda_2} \end{pmatrix} \qquad (3.88)$$

运用到前面的债券实例，我们有：$(\delta f_{FX} \quad \delta f_{rp}) = (z_1 \quad z_2)\begin{pmatrix} 0.004 & 0 \\ 0 & 0.02 \end{pmatrix}$

$\begin{pmatrix} 0.154 & 0.988 \\ 0.988 & -0.154 \end{pmatrix}$。

执行过矩阵乘法，可以得到：$\delta f_{FX} = -0.154 \times 0.004 \times z + 0.02 \times 0.988 z_2$，$\delta f_{rp} = 0.004 \times 0.988 \times z_1 - 0.02 z \times 0.154 \times z_2$。

特征值向量分解方法对于提升蒙特卡洛模拟的运算速度是非常有用的。每个特征值向量都对应着一种市场变化，这种市场变化同其他变化互为独立（因为要求 $I = E^T E$）。特征值向量呈现的这个特性的最佳表征是收益率曲线的特征值分解。

考虑美国国债的收益率曲线，我们列出了 3 个月、1 年、5 年及 20 年利率绝对变化的标准差（S）、相关系数（R）及协方差矩阵（C）。我们要求解矩阵 B：

$$S = (0.051 \quad 0.052 \quad 0.061 \quad 0.054), \quad R = \begin{pmatrix} 1 & 0.61 & 0.42 & 0.31 \\ 0.61 & 1 & 0.83 & 0.67 \\ 0.42 & 0.83 & 1 & 0.88 \\ 0.31 & 0.67 & 0.88 & 1 \end{pmatrix}, \quad C =$$

$$S^T R S = \begin{pmatrix} 0.0026 & 0.0016 & 0.0013 & 0.0008 \\ 0.0016 & 0.0027 & 0.0026 & 0.0019 \\ 0.0013 & 0.0026 & 0.0038 & 0.0029 \\ 0.0008 & 0.0019 & 0.0029 & 0.0029 \end{pmatrix}$$。C 的特征值分解如下：$A^{1/2} =$

$$\begin{pmatrix} 0.016 & 0 & 0 & 0 \\ 0 & 0.025 & 0 & 0 \\ 0 & 0 & 0.046 & 0 \\ 0 & 0 & 0 & 0.094 \end{pmatrix}, \quad E = \begin{pmatrix} 0.097 & -0.480 & 0.01 & -0.486 \\ 0.407 & -0.694 & -0.124 & 0.581 \\ -0.847 & -0.195 & 0.264 & 0.417 \\ 0.327 & 0.500 & 0.625 & 0.502 \end{pmatrix},$$

$$B = A^{1/2}E = \begin{pmatrix} 0.00 & -0.01 & 0.01 & -0.008 \\ 0.01 & -0.02 & 0.00 & 0.01 \\ -0.04 & -0.01 & 0.01 & 0.02 \\ 0.03 & 0.05 & 0.06 & 0.05 \end{pmatrix}$$。接下来，我们矩阵 B 用于创建随机情

形影响：$(\delta r_{3mo} \quad \delta r_{1yr} \quad \delta r_{5yr} \quad \delta r_{20yr}) = (z_1 \quad z_2 \quad z_3 \quad z_4) \begin{pmatrix} 0.00 & -0.01 & 0.01 & -0.01 \\ 0.01 & -0.02 & 0.00 & 0.01 \\ -0.04 & -0.01 & 0.01 & 0.02 \\ 0.327 & 0.500 & 0.06 & 0.05 \end{pmatrix}$。

可以看出，矩阵 B 的行向量描述了利率的变化，我们称为利率摆动（wiggle）、利率扭曲（flex）、利率交叉（twist）和利率平移（shift）：利率摆动 $= z_1[0.01 \quad -0.01 \quad 0.01 \quad -0.01]$、利率扭曲 $= z_2[0.01 \quad -0.02 \quad 0.01 \quad 0.02]$、利率交叉 $= z_3[-0.04 \quad -0.01 \quad 0.01 \quad 0.02]$、利率平移 $= z_4[0.03 \quad 0.05 \quad 0.06 \quad 0.05]$。

对于一项随机因子（z），平移效应最显著，而摆动效应最弱。如果把 z_4 加 1，那么所有利率都会根据矩阵 B 中最后一行所列的数值发生平移，即三个月期利率上涨 3 个基点，1 年期利率上涨 5 个基点，5 年期利率上涨 6 个基点，20 年期利率上涨 5 个基点。当 z_3 增加 1，3 个月期及 1 年期利率出现下跌，而 5 年期及 20 年期利率反而增长，增长及下跌的量为第三行所列的数值。当 z_2 增加 1，1 年期利率小幅度下降，其他利率则保持不变或略微增长，如矩阵 B 中第二行所示，曲线呈现扭曲。当 z_1 加 1，1 年期及 20 年利率会有小幅度下降，3 个月期及 5 年利率会出现上升。

总之，矩阵 B 显示了收益曲线的变化趋势，这些趋势可以被看作互为独立的平移、交叉、扭曲以及摆动等效应。

图 3-6 绘出了美国国债利率矩阵 B 的数值曲线。它们构成了利率变化的主要分量。从图 3-6 中我们可以看出，随机因子 z 每发生一个单位的变化，平移曲线受到的影响最大，而摆动曲线只是在其最后部分出现了很小的变化。如果 $z1$ 和 $z2$ 是常数，保持不变，$z3$ 和 $z4$ 变动是随机的，那么采用这套模型就可以描述利率变动中的绝大部分不确定性，因为相对而言，扭曲和摆动的变动效应是最小的。

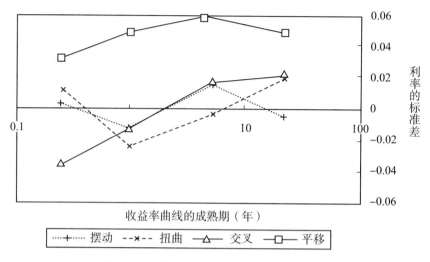

图 3 - 6　美国国债利率曲线的主成分

图 3 - 6 展示了一个 4 行 6 列的美国国债利率矩阵曲线。采用蒙特卡洛模拟方法时，分别用符合标准正态分布的随机数乘以每一行，再按行加总，就能得到一系列的利率变动情景，分别描述了利率平移（最大变动）、利率交叉（中等变动）、利率扭曲（较小变动）以及利率摆动（更小变动）等形态。

第三节　VaR 的贡献度

采用上节介绍的几种 VaR 计算方法，得到前四项报告所需要的数据还是比较容易的，而一旦涉及某个方面的整体 VaR，需要考虑的就不仅仅是某个单项因素那么简单了。整体 VaR 要考虑到银行涉及的所有投资工具与风险因素。投资组合的独立 VaR 是指在不考虑银行其他投资组合的情况下，计算某一类投资组合的 VaR。计算某种单一风险因素的独立 VaR 的前提是把所有其他风险因素的标准差设为零。投资组合对风险因素变化的敏感度可以用参数 VaR 计算过程中用到的导数向量来表示。

同独立 VaR 有关的另一个主要难题在于独立 VaR 加总通常并不等于总体 VaR。也就是说，我们在计算独立 VaR 时，常常需要忽略各类投资组合之间的关联。因此，在计算整体在险价值的过程中，除了要考虑所有独立在险价值之外，还要考虑到独立在险价值之间的相关性。为更好地说明其中的差别，我们可以表达得更清楚一些：假设投资组合中包含有两项次组合 A 和 B，我们要计算组合的参数 VaR，SVaR 表示独立在险价值，我们有：

$$VaR_p = \sqrt{SVaR_A^2 + 2\rho_{AB}SVaR_A VaR_B + SVaR_B^2} \qquad (3.89)$$

VaR 贡献度（VaRC）技术为我们提供了解决问题的方法。利用 VaRC，我们可以对次组合之间存在着关联性的投资组合进行风险度量。也就是说，VaRC 为我们展现了一种新的方法，所有次组合的 VaRC 加总就等同于投资组合的总体 VaR。这么做也使我们可以直截了当地说"银行总的在险价值是 80 亿美元，其中 20 亿美元来自股票账户，30 亿美元来自债券，20 亿美元来自固定存款，10 亿美元来自衍生品"。

在本节，我们将讨论每种独立风险因素在每类次组合中 VaRC 的推导方法。我们从仅包含两项风险因素的投资组合开始，最后归纳出涉及多项风险因素的投资组合 VaRC 的通用计算方法。

一、VaRC 的代数法推导

假定投资组合有两种风险敞口，分别是 A 和 B。投资组合价值的方差等于两种风险敞口的方差同二者协方差之和：

$$\sigma_P^2 = \sigma_A^2 + 2\rho_{A,B}\sigma_A\sigma_B + \sigma_B^2 \qquad (3.90)$$

变换等式，可以得到：

$$\sigma_P^2 = \sigma_A(\sigma_A + \rho_{A,B}\sigma_B) + \sigma_B(\sigma_B + \rho_{A,B}\sigma_A) \qquad (3.91)$$

将等式两边同时除以投资组合的标准差，我们可以得到：

$$\sigma_P = \left(\frac{\sigma_A + \sigma_{A,B}\sigma_B}{\sigma_P}\right) + \sigma_B\left(\frac{\sigma_B + \sigma_{A,B}\sigma_A}{\sigma_P}\right) \qquad (3.92)$$

括号内的部分可以看成是某种风险因素同投资组合中其他部分之间的平均相关系数。如果采用参数 VaR，置信水平为 99% 时的在险价值等于 2.32 倍标准差，我们有：

$$VaR_p = 2.32\sigma_P = 2.32\sigma_A\left\{\frac{\sigma_A + \sigma_{A,B}\sigma_B}{\sigma_P}\right\} + 2.32\sigma_B\left\{\frac{\sigma_B + \sigma_{A,B}\sigma_A}{\sigma_P}\right\} \qquad (3.93)$$

这样，我们就得到了针对两种敞口 A、B 的在险价值贡献度，二者相加就得到了总体 VaR：

$$VaRC_A = 2.32\sigma_A\left(\frac{\sigma_A + \sigma_{A,B}\sigma_B}{\sigma_P}\right) \qquad (3.94)$$

$$VaRC_B = 2.32\sigma_B\left(\frac{\sigma_B + \sigma_{A,B}\sigma_A}{\sigma_P}\right) \qquad (3.95)$$

$$VaR_p = VaRC_A + VaRC_B \qquad (3.96)$$

注意，每一种风险因素的在险价值贡献度都包含了同其他风险因素之间的相关性，也考虑到了其他风险因素的方差。采用参数 VaR，每一种风险因素的变化等于敏感度乘以风险因素的标准差：

$$\sigma_A = d_1 \sigma_1 \tag{3.97}$$

$$\sigma_B = d_2 \sigma_2 \tag{3.98}$$

替换后，可以得到投资组合价值的方差及其在险价值贡献度为：

$$\sigma_p^2 = (d_1 \sigma_1)^2 + 2\rho_{1,2}(d_1 \sigma_1)(d_2 \sigma_2) + (d_2 \sigma_2)^2 \tag{3.99}$$

$$VaRC_1 = 2.32 \times d_1 \sigma_1 \frac{[d_1 \sigma_1 + \rho_{1,2} d_2 \sigma_2]}{\sigma_p} \tag{3.100}$$

$$VaRC_2 = 2.32 \times d_2 \sigma_2 \frac{[d_2 \sigma_2 + \rho_{1,2} d_1 \sigma_1]}{\sigma_p} \tag{3.101}$$

在上一节，我们曾经研究过债券的例子，它的风险主要来自利率与汇率，我们已经得到：$d_{FX} = 74.7$，$d_{r_p} = 563$，$\sigma_{FX} = 0.02$，$\sigma_{r_p} = 0.5\%$，$\rho_{FX,r_p} = -0.6$，$VaR = 9.05$，$\sigma_p = 3.09$。

把上述结果代入，那么我们可以得出在险价值贡献：$VaRC_{FX} = \$2.82$，$VaRC_{r_p} = \$6.21$。

可以看出，由这种债券利率变化所带来的风险是汇率变化造成风险的两倍。

如果面临的风险多于两种，也可以按照上述步骤，将它们整合在一起，获得在险价值贡献度一般式：

$$VaRC_i = 2.32 d_i \sigma_i \left(\frac{d_1 \sigma_1 + \rho_{i,2} d_2 \sigma_2 + \cdots + \rho_{i,N} d_N \sigma_N}{\sigma_P} \right)$$

$$= 2.32 \times d_i \sigma_i \times \frac{\sum_{j=1}^{N} \rho_{i,j} d_j \sigma_j}{\sigma_p} \tag{3.102}$$

采用矩阵式形式，我们可以把两个风险因素的在险价值等式写成：

$$VaR = 2.32 \sigma_p \tag{3.103}$$

$$\sigma_p^2 = DCD^T \tag{3.104}$$

$$D = [d_1 d_2] \tag{3.105}$$

$$C = \begin{bmatrix} \sigma_1^2 & \rho_{1,2} \sigma_1 \sigma_2 \\ \rho_{1,2} \sigma_1 \sigma_2 & \sigma_1^2 \end{bmatrix} \tag{3.106}$$

为了定义在险价值贡献度，我们可以把 D 分解成两个向量 D_1 和 D_2。每一个向量对应其中一种风险因素的价值敏感度：

$$D_1 = [d_1 \quad 0] \tag{3.107}$$

$$D_2 = [0 \quad d_2] \tag{3.108}$$

$$D = D_1 + D_2 \tag{3.109}$$

方差表达式就可以写成：

$$\sigma_p^2 = DCD^T \tag{3.110}$$

$$\sigma_p^2 = (D_1 + D_2) CD^T = D_1 CD^T + D_2 CD^T \tag{3.111}$$

标准差则可以定义为价值方差的平方根或价值方差除以标准差：

$$\sigma_p = \sqrt{DCD^T} \tag{3.112}$$

$$\sigma_P = \frac{DCD^T}{\sigma_P} \tag{3.113}$$

可以将标准差写成仅包含 D 和 C 的形式：

$$\sigma_p = \frac{DCD^T}{\sqrt{DCD^T}} \tag{3.114}$$

现在我们就可以完全不使用代数形式（注：指仅使用矩阵符号）来定义在险价值贡献度了：

$$\sigma_p = \frac{D_1 CD^T}{\sqrt{DCD^T}} + \frac{D_2 CD^T}{\sqrt{DCD^T}} \tag{3.115}$$

$$VaRC_1 \equiv 2.32 \frac{D_1 CD^T}{\sqrt{DCD^T}} \tag{3.116}$$

$$VaRC_2 \equiv 2.32 \frac{D_2 CD^T}{\sqrt{DCD^T}} \tag{3.117}$$

$$VaRC = VaRC_1 + VaRC_2 \tag{3.118}$$

一般而言，如果希望计算多风险因素的在险价值贡献度，我们可以把敏感度向量拆解开来，这时，除了对应利率风险因素的元素不为零外，其他元素都为零：

$$D = \begin{bmatrix} d_1 & d_2 & \cdots & d_N \end{bmatrix} \tag{3.119}$$

$$D_1 = \begin{bmatrix} d_1 & 0 & \cdots & 0 \end{bmatrix} \tag{3.120}$$

$$D_2 = \begin{bmatrix} 0 & d_2 & \cdots & 0 \end{bmatrix} \tag{3.121}$$

$$D_N = \begin{bmatrix} 0 & 0 & \cdots & d_N \end{bmatrix} \tag{3.122}$$

二、矩阵式求解 VaRC 实例

现在，用我们前面已经提到的例子说明如何通过矩阵式求解 VaRC。对于一家美国银行持有的英镑债券而言，主要存在两项风险因素：汇率与利率。利用矩阵式，债券的在险价值贡献度可以按以下步骤进行推导。

首先，对敏感度向量 D 进行分解：

$$D = \begin{bmatrix} d_{FX} & d_{r_p} \end{bmatrix} \qquad (3.123)$$

$$D_{FX} = \begin{bmatrix} d_{FX} & 0 \end{bmatrix} \qquad (3.124)$$

$$D_{r_p} = \begin{bmatrix} 0 & d_{r_p} \end{bmatrix} \qquad (3.125)$$

$$C = \begin{bmatrix} \sigma_{FX}^2 & \sigma_{FX}\sigma_{r_p}\rho_{FX,r_p} \\ \sigma_{FX}\sigma_{r_p}\rho_{FX,r_p} & \sigma_{r_p}^2 \end{bmatrix} \qquad (3.126)$$

再将这些向量代入 VaRC 公式，得到：

$$VaR = 2.32\frac{D_{FX}CD^T}{\sqrt{DCD^T}} + 2.32\frac{D_{r_p}CD^T}{\sqrt{DCD^T}} \qquad (3.127)$$

代入具体数值，计算过程如下：$D = \begin{bmatrix} 74.7 & -563 \end{bmatrix}$，$D_{FX} = \begin{bmatrix} 74.7 & 0 \end{bmatrix}$，$D_{r_p} = \begin{bmatrix} 0 & -563 \end{bmatrix}$，$C = \begin{bmatrix} 0.0004 & -0.00006 \\ -0.00006 & 0.000025 \end{bmatrix}$，$D^T = \begin{bmatrix} 74.7 \\ -563 \end{bmatrix}$。

计算矩阵乘积，我们得到整体在险价值及在险价值贡献度：$VaR = \$9.05$，$VaRC_{FX} = \$2.82$，$VaRC_{r_p} = \$6.21$。

三、次组合的 VaRC 的计算

经过上面的推导过程，我们已经得出了不同风险因素下的在险价值贡献度。银行不同业务部门之间，资产的次组合之间都会面临共同的一些风险因素。针对不同的业务部门、不同的次组合，也可以分别推导出各自的 VaRC。我们可以把向量 D 拆分为每种次组合的敏感度向量。假设一家银行的投资组合由多个组合 a 到 z 构成。作为一个整体，银行的敏感度向量中存在从 1 到 N 种的风险因素：

$$D = \begin{bmatrix} d_1 & d_2 & \cdots & d_N \end{bmatrix} \qquad (3.128)$$

每种敏感度都可以表示成从 a 到 z 的每一种次组合的敏感度之和：

$$d_1 = d_{1,a} + d_{1,b} + \cdots + d_{1,z} \qquad (3.129)$$

$$d_N = d_{N,a} + d_{N,b} + \cdots + d_{N,z} \qquad (3.130)$$

其中，$d_{1,a}$ 指次组合 a 到 z 对风险因素 1 的导数。我们可以把每一项次组合的敏感度放到各自的独立向量中：

$$D_a = \begin{bmatrix} d_{1,a} + d_{2,a} + \cdots + d_{N,a} \end{bmatrix} \qquad (3.131)$$

$$D_b = \begin{bmatrix} d_{1,b} + d_{2,b} + \cdots + d_{N,b} \end{bmatrix} \qquad (3.132)$$

$$D_z = \begin{bmatrix} d_{1,z} + d_{2,z} + \cdots + d_{N,z} \end{bmatrix} \qquad (3.133)$$

银行整体的敏感度向量就等于组合的敏感度向量之和：

$$D = D_a + D_b + \cdots + D_z \qquad (3.134)$$

投资组合价值变化的两种表达方式是等价的：

$$\sigma_p^2 = DCD^T = (D_a + D_b + \cdots + D_z) CD^T \tag{3.135}$$

我们可以用定义风险因素 VaRC 的相同过程来定义次组合的 VaRC，得到：

$$VaRC_a = \frac{2.32 \times D_a CD^T}{\sqrt{DCD^T}} \tag{3.136}$$

让我们来考察一个例子，一项投资组合由两种头寸构成：英镑债券和 100 英镑的现金。债券头寸的导数向量为：

$$D_{Bond} = \begin{bmatrix} d_{Bond,FX} & d_{Bond,r_p} \end{bmatrix} \tag{3.137}$$

现金的导数向量为：

$$D_{Cash} = \begin{bmatrix} d_{cash,FX} & 0 \end{bmatrix} \tag{3.138}$$

总头寸的向量为两种单独向量之和：

$$D = \begin{bmatrix} d_{Bond,FX} + d_{cash,FX} & d_{Bond,r_p} \end{bmatrix} \tag{3.139}$$

基于此，我们可以计算出在险价值以及在险价值贡献度：

$$VaR = 2.32 \sqrt{DCD^T} \tag{3.140}$$

$$VaRC_{Bond} = \frac{2.32 \times D_{Bond} CD^T}{\sqrt{DCD^T}} \tag{3.141}$$

$$VaRC_{Cash} = \frac{2.32 \times D_{Cash} CD^T}{\sqrt{DCD^T}} \tag{3.142}$$

代入具体数据得到：$D = \begin{bmatrix} 174.7 & -563 \end{bmatrix}$，$D_{Bond} = \begin{bmatrix} 74.7 & -563 \end{bmatrix}$，$D_{Cash} = \begin{bmatrix} 100 & 0 \end{bmatrix}$，$C = \begin{bmatrix} 0.0004 & -0.00006 \\ -0.00006 & 0.000025 \end{bmatrix}$。最终得到：$VaR = \$ 13.12$，$VaRC_{Bond} = \$8.86$，$VaRC_{Cash} = \$4.26$。

四、模型化概率分布的回归检验

回归检验通常要用到多交易日的数据，因此这种测试通常一个月或一个季度才会执行一次。回归检验的目的是确保概率分布（如 VaR）是符合实际损失状况的。回归检验是将任意一天的损失数据同 VaR 预测的损失数据相比较。通过比对，我们可以确认概率分布的正确性。图 3 - 7 中描述了超过 100 天的在险价值数据和实际损失数据。从图 3 - 7 中我们可以看到，在险价值随着每天头寸的变化及市场波动在发生着缓慢变化，损益也跟随着每天实际的交易情况发生改变。

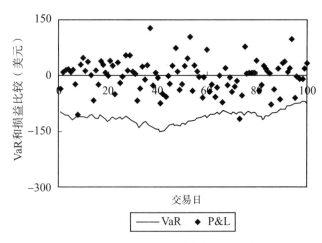

图 3 - 7　100 天的实际损失同 VaR 的比较

　　我们可以先把"异常"这个概念解释清楚。所谓"异常"是指在任意一天里，实际的损益（P&L）下滑到低于当日在险价值设定的置信水平。在 100 个交易日内，预计只会出现一次"异常"，如图 3 - 7 中的第 73 天。在一年 250 个交易日中，预计会出现 2 ~ 3 次的"异常"。

　　如果我们可以确定在获得典型样本中，发生异常的时间等于总时间的 1%，那么我们就可以认为 VaR 比较好地反映了实际的损失分布。如果异常出现次数过多或过少，那么就可以认定在险价值并没有真实地反映实际的损失分布。

　　不幸的是，由于出现异常的情形是独立且随机的，我们不得不考虑其他一些复杂因素。更何况，即使 VaR 能正确地反映损失的概率分布，也还存在因为市场因素随机性变化或者银行的好运气使得损失低于常值的情况，也可能存在偶尔银行又会不那么幸运，使得遭受的损失又会超出常值等例外情形。样本的这种不确定性也意味着我们其实很难确认出现的异常是由模型不准确造成，还是由于运气不佳而导致的。

　　幸运的是，业界已经发展出了一套框架，让我们可以计算出确定数量的异常情况出现的概率。通常，异常出现次数是一个服从二项分布的随机变量。所谓二项分布随机变量是指其值只取 0 或者 1 的变量。之所以服从二项分布，原因在于在任意给定的一天，要么发生了异常，要么正常。如果在险价值计算软件功能正确，那么每天发生异常的概率为 1%，不发生的概率为 99%。

　　交易日总数超过 250 个后，出现异常的情况服从伯努利分布。伯努利分布描述的是当二项分布随机变量重复发生多次时，那些等于 1 的次数之和等于某个一个确定的概率。

　　利用伯努利分布，我们可以计算给定异常天数时的损失分布，如表 3 - 2 所示。从表3－2中，我们可以发现如果在险价值计算软件正确，那么在250个交易日中，发生4次异常的概率为13.4%，0～4之间的异常概率为89.2%。我们还可以看出，异常天数为10天或超过10天的概率仅为0.01%。这就是说，如果在险价值模型正确，那么发生10次或超过10次异常的可能性是比较小的。换句话说，如果所发生的异常次数大于或等于10，那么计算模型很可能是错误的。

表3－2　　　　VaR 模型正确的情况下，250 日内出现异常的概率　　　单位：%

异常次数	概率	累计概率
0	8.1	8.1
1	20.5	28.6
2	25.7	54.3
3	21.5	75.8
4	13.4	89.2
5	6.7	95.9
6	2.7	98.6
7	1.0	99.6
8	0.3	99.9
9	0.1	99.98
10 +	0.01	99.99

可以看出，如果 VaR 模型正确无误，那么250日内出现异常的次数应该不大于 10 次。

上述原理也被巴塞尔银行监督委员会用来检查银行运行的在险价值计算软件状态是否正常。如果在过去的250个交易日里，发生的异常超过了4次，那么巴塞尔资本协议的市场风险部分就会要求银行增加资本以弥补银行计算软件可能存在的瑕疵。表3－3列出了各种异常出现次数情况，可以把计算软件分为绿色、黄色以及红色三种状况。根据异常出现的次数，对应着应增大的市场风险资本乘子。

表3－3　　　　　　回归测试出现异常的次数同银行市场
风险监管资本要求之间的关系

异常次数	计算软件状况	风险资本乘子
0	绿色	1.00

续表

异常次数	计算软件状况	风险资本乘子
1	绿色	1.00
2	绿色	1.00
3	绿色	1.00
4	绿色	1.00
5	黄色	1.13
6	黄色	1.17
7	黄色	1.22
8	黄色	1.25
9	黄色	1.28
10 +	红色	1.33

回归测试除了要检查银行整体投资组合的 VaR 和实际损失状况，还要检查银行的次组合风险是否得到了正确度量。这么做可以避免出现某些次组合不正确的计算结果被其他投资组合的影响掩盖掉。

第四章

系统性风险的测度及方法

比利等（Billio et al.，2010）[①] 认为系统性风险是指任何威胁金融体系稳定或公众信心的情况。欧洲中央银行（2009）[②] 则将系统性风险定义为金融不稳定的风险，"这种风险非常广泛，以至于损害金融系统的功能，甚至严重损害经济增长和福利"。其他的定义则更强调具体机制，比如失衡（Caballero，2010）[③]、风险敞口（Acharya et al.，2010）[④]、信息中断（Mishkin，2007）[⑤]、反馈行为（Kapadia et al.，2012）[⑥]、资产泡沫（Rosengren，2010）[⑦]、传染性（Moussa，2011）[⑧] 以及负外部性（金融稳定委员会，2009）[⑨]。

[①] Billio M.，Getmansky M.，Lo A. W.，Pelizzon L. 2010. Econometric Measures of Systemic Risk in the Finance and Insurance Sectors [J]. *Social Science Electronic Publishing*，104（3）：535 – 559.

[②] European Central Bank. 2009. Financial Stability Review [R]. December，Frankfurt am Main：European Central Bank.

[③] Caballero R. J. 2010. The "other" imbalance and the financial crisis [R]. National Bureau of Economic Research.

[④] Acharya V.，Pedersen L.，Philippon T.，Richardson M. 2010. Measuring Systemic Risk [R]. NYU Working Paper.

[⑤] Mishkin F. S. 2007. Is Financial Globalization Beneficial [J]. *Journal of Money，Credit and Banking*，39（2 – 3）：259 – 294.

[⑥] Kapadia S.，Drehmann M.，Elliott J.，Sterne G. 2012. *Liquidity Risk，Cash Flow Constraints，and Systemic Feedbacks* [M]. In Quantifying Systemic Risk，University of Chicago Press.

[⑦] Rosengren E. S. 2010. Asset Bubbles and Systemic Risk. Eric Rosengren.

[⑧] Moussa A.，2011. Contagion and Systemic Risk in Financial Networks. Columbia University.

[⑨] Board F. S. 2009. Report to G20 Finance Ministers and Governors' Guidance to Assess the Systemic Importance of Financial Institutions，Markets and Instruments [R]. Initial Considerations-background Paper.

本书对系统性风险度量方法的调查结果表明，要想捕获金融系统的复杂性和适应性，将需要采用多种的风险度量方式。由于对系统性风险的理解尚未完全，对系统性风险的度量明显具有挑战性，对金融稳定威胁的很多定义也是竞争性的甚至有时是相互矛盾的。此外，对系统性风险形成单一的共识度量是不可能的也是不可取的，因为这种单一度量的"Maginot"策略会招致某些无法预见或新出现的危机机制的突然袭击。相反，建立一个监管金融稳定的健全框架必须吸收多样性的观点，还要重新评估不断演变的金融体系结构，根据这些变化调整系统性风险度量方式。另外，为了更好地度量系统性风险，还必须在度量过程中将经济概念转化为具体内容，比如确定测量实体、测量属性、测量频率以及观测间隔，甚至还包括以什么样的粒度和精度级别。概括性的度量则涉及如何筛选、转换以及汇总初始输入等进一步的决策。

2007~2009 年的金融危机引起了异常激烈的学术探讨和监管反应。金融系统的规模和复杂性意味着无时无刻不存在着各种法律和制度约束、市场惯例、参与者异质性以及影响这一系统的其他外在因素等。因此，存在着相应的各种模型和度量方法以强调系统性风险的不同方面。这种差别很重要，例如，本章节调查的很多方法都假设系统性风险是金融系统内生的。如果这一假设正确，意味着在系统稳定性中应该存在可测量的跨期模式，这一模式可能构成早期风险识别和补救的基础。相反，如果金融系统仅对无法预料的外来冲击敏感，则需要采取其他类型的政策应对措施。系统性冲击发生的频率相对较低，这使得为金融危机建立有用的经验和统计直觉变得更具挑战性。

第一节　研究视角

一、概念框架和计量经济问题

令 R_t 表示所有系统性相关实体或证券在时间 t 的资产收益向量，令 X_t 表示经济和商业状态在时间 t 的状态向量。E_t 表示一个 0/1 指示变量，表示在时间 t 发生系统性事件，那么任何系统性风险度量都是以下三种概率分布中的一种或多种：

$$prob(E_t \mid R_{t-1}, X_{t-1}, R_{t-2}, X_{t-2}, \cdots) \equiv pre-event\ distribution \quad (4.1)$$

$$prob(R_t, X_t \mid E_{t-1}) \equiv post-event\ distribution \quad (4.2)$$

$$prob(R_t, X_t, E_t) \equiv contemporaneous\ distribution \tag{4.3}$$

第一种分布最适合从监管角度考虑，给定当前和过去的信息，未来有多大可能会发生系统性事件；第二种分布对于确定应对系统性冲击的适当措施至关重要；第三种分布则与评估和完善什么是系统性事件的理解有关。

特别地，我们须首先确定 R_t 的研究范围（相关机构和证券），将研究视角缩小到一组特定、与我们希望捕捉的系统性风险 E_t 相关的状态变量 X_t，确定这些变量的时间范围和数据频率，然后对式（4.1）~式（4.3）的概率分布进行适当的参数化，以便进行参数估计和统计推断。

显然，以这种公式化的方式描述，我们无法得到单一的系统性风险度量指标；式（4.1）~式（4.3）的维度和复杂性意味着，必须使用多种度量方式结合起来构成一种对金融稳定威胁的描述。例如，如果我们指定 R_t 为公开交易的金融机构的收益率，并将一系列系统性事件定义为多个金融机构同时遭到损失，那么度量方法包括阿德里安和布鲁内迈尔（Adrian and Brunnermeier，2010）[①] 的 CoVaR，陈—劳（Chan-Lau et al.，2009）[②] 的 Co-Risk，以及阿查里亚等（Acharya et al.，2010）[③] 的系统性预期损失。然而，如果我们关注金融系统资产收益的网络拓扑结构，那么比利等（2010）[④] 的格兰杰关系网络和克里兹曼等（Kritzman et al.，2010）[⑤] 的吸收率更相关。通过缩小式（4.1）~式（4.3）中分布的可能的自由参数，我们能够推断关于系统性风险特定方面的更为精确的信息。

二、非平稳性

即使缩小式（4.1）~式（4.3）中的参数空间，在得到可估计、易处理的参数之后，仍然存在如何进行估计和统计推断的问题。几乎所有的估计和推断方法都依赖平稳性假设：

---

① Adrian T.，Brunnermeier M. 2010. CoVaR：A Systemic Risk Contribution Measure ［R］. Technical Report，Princeton Univ.，Princeton，NJ.

② Chan-Lau J. A.，Espinosa M.，Giesecke K.，Solé J. A. 2009. Assessing the Systemic Implications of Financial Linkages ［R］. IMF Global Financial Stability Report.

③ Acharya V.，Pedersen L.，Philippon T.，Richardson M. 2010. Measuring Systemic Risk ［R］. NYU Working Paper.

④ Billio M.，Getmansky M.，Lo A. W.，Pelizzon L. 2010. Econometric Measures of Systemic Risk in the Finance and Insurance Sectors ［J］. *Social Science Electronic Publishing*，104（3）：535-559.

⑤ Kritzman M.，Li Y. 2010. Skulls，Financial Turbulence，and Risk Management ［J］. *Financial Analysts Journal*，66（5）：30-41.

$$\forall t_1, t_2, t_3, k: prob(R_{t_1}, X_{t_2}, E_{t_3}) = prob(R_{t_1+k}, X_{t_2+k}, E_{t_3+k}) \quad (4.4)$$

也就是说，相关变量的联合分布随着时间的推移是稳定的。这样一种假设的动机是明确的：利用历史数据来推断系统性风险的结构，如果这种结构随着时间的推移而不稳定，历史数据可能无法准确地指导未来的情况。

非平稳性不是计量经济学领域的新挑战，大量的文献已经发展到解决特定类型的非平稳性，如确定性和随机趋势以及协整关系。然而，这些是非常具体的非平稳性类型，影响系统性风险的一些非平稳性类型可能不太容易参数化，例如政治、制度和文化的变化等。事实上，系统性风险的概念本身就是非平稳性的一个很好的例子。20 年前，信用违约互换 CDS、债务抵押债券 CDO、ETFs、战略抵押贷款违约和高频交易不会出现在系统性风险的任何理论或实证分析中。如今，它们是系统性风险相关的市场和活动，必须加以谨慎对待。

系统性风险的本质就意味着一定程度的非平稳性，这可能不与通常估计风险度量的计量经济学框架一致。虽然金融创新在面对眼前的挑战时可以发挥作用，但是它可能会降低系统的透明度，增加系统的复杂性，从而产生意想不到的后果。重大的创新可能会扰乱经验关系，不能提供可靠的统计估计。因此，与其他计量分析领域相比，用于处理系统性风险的可用数据数量在本质上更为有限。美国次级抵押贷款市场出现问题的几年，对抵押贷款支持证券的违约概率的估计是这种限制的一个具体例证。违约概率估计的一个关键参数是在地理分散池中单个抵押贷款违约的相关性。由于在美国房价过去 20 年中全国住宅房地产的价值并没有显著下降，估计的违约相关性极低，导致多种抵押贷款池的违约概率估计更低，信用评级更高。

然而，识别非平稳性要比解决它容易得多。维度的诅咒并没有简单的解决办法。金融行业从业者常用的一种方法是在估计模型和参数时使用滚动窗口数据，在某些情况下，权重呈指数下降，从而更加强调当前观察的结果，而较少强调过去的观察结果。虽然这种实践确实捕捉了简单的非平稳性，但它是一种粗糙的方式，因此可能产生其他类型的误导性推论。例如，罗和纽维（Lo and Newey，1985）[①] 指出，如果一个时间序列确实是平稳的，那么指数加权均值是对总体期望的不一致估计，这意味着即使样本容量无限制地增加，估计量也不会在概率上收敛，而是继续随机波动。这表明，即使在经济条件稳定的情况下，用指数权重估计的系统性风险指标也可能定期地产生"误报"。

这些考虑强调了在建模和衡量系统性风险时结合现实的制度特征和约束的重

---

① Lo A. W., Newey W. K. 1985. A Large – Sample Chow Test for the Linear Simultaneous Equation [J]. *Economics Letters*, 18（4）：351 – 353.

要性，也强调了对新的计量经济学方法的需求，能够以更高级的方式处理非平稳性。

三、其他研究方向

"非标准"方法是基于主体的建模技术 ABM，允许具有相对简单行为规则的经济主体在计算机模拟中自由交互，目的是研究这些交互在模拟过程中的动态特性。ABM 有着深厚的知识根基，可以追溯到 20 世纪 40 年代冯·诺伊曼（Von Neumann，1966）[1] 创造的"细胞自动机"（cellular automata）。由于大量经济主体之间现实互动的动态过于复杂，无法进行分析计算，模拟是一种自然而有效的替代方法，特别是考虑到近年来计算能力的巨大增长。阿克墨尔罗德（Axelrod，1997）[2] 提供了对这一文献的有用介绍。法默和福利（Farmer and Foley，2009）[3] 对使用 ABM 技术来研究金融危机提出了一个令人信服的观点。

另一个可能相关的研究领域是金融资产极端收益的经验特征，即尾部概率。尽管许多技术都涉及尾部概率和极端事件，但是经济物理学文献采取了不同的策略，通过仔细度量金融数据的尾部概率的数学特征，经济物理学家已经计量了幂律，为这些非高斯概率如何在更极端的情况下衰减提供了更准确的描述。这些发现对于传统的风险度量（如在险价值和预期损失）具有重要意义，它们指出，大多数标准的计量估计量往往表现出缓慢衰减的自相关、长期依赖性和非正态渐进分布的特性。曼特格纳和斯坦利（Mantegna and Stanley，2000）[4] 对这方面的文献做了很好的总结，法默等（Farmer et al.，2009）[5] 提出了这些技术在微观市场结构上的一个极好的应用，可能与高频交易环境尤为相关。

第三个可能有用的研究方向是行为经济学和金融学，这似乎与系统性风险度量的量化研究相反。首先，可以观察到的是，在金融市场及其监管环境的许多非稳定性中，始终不变的是人类行为。事实上，可以认为系统性风险的最终来源是

---

[1] Von Neumann J., Burks A. W. 1966. *Theory of Self-reproducing Automata* [M]. Urbana：University of Il-linois Press.

[2] Axelrod R. 1997. The Dissemination of Culture：A Model with Local Convergence and Global Polarization [J]. *Journal of Conflict Resolution*，41（2）：203 – 226.

[3] Farmer J. D.，Foley D. 2009. The Economy Needs Agent-based Modelling [J]. *Nature*，460（7256）：685 – 686.

[4] Mantegna R.，Stanley E. 2000. *An Introduction to Econophysics：Correlations and Complexity in Finance* [M]. Cambridge University Press，Cambridge，UK.

[5] Bouchaud J. P.，Farmer J. D.，Lillo F. 2009. How Markets Slowly Digest Changes in Supply and Demand [A]. *In Handbook of Financial Markets：Dynamics and Evolution* [C]. North – Holland，57 – 160.

人类行为与现代文明的许多创新技术的内在不兼容性。其次，可以观察到的结果是，行为文献的进展远远超过了对行为偏差和行为异常的早期实验。认知神经学科的最新进展为人类行为及其对金融决策的影响提供了更为具体的基础，这对于系统性风险的度量可能具有重要意义。例如，在从认知神经科学的角度回归金融危机时，风险感知可能不同于风险实现，金融危机可能是企业自由的必然结果。引用所谓的"佩尔茨曼效应"（Peltzman effect）（Peltzman，1975）[①] 的例子，规定强制安装各种汽车安全装置可能会产生意想不到的后果，鼓励人们莽撞驾驶，因为他们觉得更安全。虽然这一效应受到了一系列后续研究的挑战，这些研究控制了各种混杂因素，如执法实践、驾驶年龄、农村/城市道路、车辆重量，佩尔茨曼效应得到了证实。如今，认知神经科学为诸如理性预期等经济学思想提供了神经生理学的微观基础。通过更好地理解这种行为模式的认知基础——包括他们的上下文依赖的微妙之处——我们可能构建信息更丰富的系统性风险度量方法，采取更敏感的政策以促进金融稳定。

第二节　宏观经济方法

金融稳定面临的重大威胁通常意味着，在广泛的宏观加总指标中，重大的系统性事件应该是显而易见的。莱因哈特和罗格夫（Reinhart and Rogoff，2009）[②] 广泛地检验了宏观经济总量指标，如股票、房地产等资产价格指数，GDP 增长率和公共债务。该研究指出在危机期间，上述指标所显示的经济运行的反常态势反复地出现在不同国家的不同时间点上。阿尔法罗和德雷曼（Alfaro and Drehmann，2009）[③] 基于莱因哈特和罗格夫（2009）[④] 的成果作为 GDP 压力测试的出发点展开研究，后文会进行详细描述。就监管政策而言，综合测度可能有助于识别大规模失衡，并就此提出解决这些失衡的战略性政策调整建议。莱因哈特和罗格夫（2009）[⑤] 的方法也强调了历史分析对指导监管政策制定的有用性。

从政策角度看，宏观经济风险监管对应于宏观审慎监管。博里奥（Borio，

---

① Peltzman S. 1975. The Effects of Automobile Safety Regulation [J]. *Journal of Political Economy*, 83（4）：677 – 725.

②④⑤ Reinhart C. M., Rogoff K. 2009. *This Time is Different：Eight Centuries of Financial Folly* [M]. Princeton University Press, Princeton.

③ Alfaro R., Drehmann M. 2009. Macro Stress Tests and Crises：What Can We Learn [J]. *BIS Quarterly Review*, 29 – 41.

2010)① 将宏观审慎框架定义为自上而下的校准监管，而不是基于对单个机构的监管。如果风险对系统而言是内生的，但对单个企业是外生的，那么这种观点有助于解决风险监管过程中的合成谬误。该监管框架对于两个层面的风险监管具有很大帮助，一是在时间维度上的演变，如顺周期性；二是在横截面维度上的风险分配，如共同风险敞口和相互联系。博里奥（2010）② 强调在时间和截面两个维度上，最优的风险度量方法是不同的，前者更适合用预警系统或领先指标测度，而后者更适合每个机构对系统性风险贡献的一些稳健测度。目前，没有一项措施可以同时兼顾上述两个方面，许多现存的测度方法可能甚至会产生误导。博里奥认为，政策执行应尽可能地推动规则，以抵消政治经济压力和低估风险的诱惑。然而，规则应该简单易懂，并允许一定程度的自由裁量权。

卡鲁阿纳（Caruana，2010）③ 认为，如果在 2008 年金融危机时存在《巴塞尔协议Ⅲ》，那么银行将以更强大的资本基础面对危机，因此信贷损失对信贷供应的负面反馈（即金融危机导致的商业周期顺周期恶化）将更温和，纳税人的负担也会更小。由于在实际中，大量过快的私人信贷增长普遍以违约告终，因此《巴塞尔协议Ⅲ》的一个重要方面是建立逆周期资本缓冲。在早期版本中，巴塞尔银行监管委员会（2010）④ 将信贷与 GDP 之比作为整个系统积累缓冲的基准，并通过限制资本分配来鼓励这种做法。这个变量的优点主要是，几乎每个国家都可以计算这一指标，因此使跨国比较和协调更容易。然而，对于以央行行长和监管者为代表的决策者来说，过于深奥的政策措施往往带来很大的疑惑。如果系统性威胁不能可靠地传达给普通民众的政治代表，那么先发制人的行动就会变得更加难以证明其合理性。

在此之后，关于系统风险的测度重点转向了基于公司"系统足迹"的"预期影响"方法，其支持者认为该方法更适用于国际谈判（巴塞尔银行监管委员会，2011）⑤。与此同时，值得注意的是，国际清算银行继续以各种风险暴露来规定资本要求，其中包括市场风险、信用风险和操作风险，并将系统性风险也囊括其中。与资本有关的风险都是用误差进行度量，而实际上误差具有潜在的顺周

---

① ② Borio C. 2010. Implementing a Macroprudential Framework：Blending Boldness and Realism ［R］. Working Paper，Bank for International Settlements，Keynote Address for the BIS – HKMA Research Conference，Honk Kong SAR.

③ Caruana J. 2010. Macroprudential Policy：Could It Have Been Different this Time ［Z］. Speech at the People's Bank of China Seminar on Macroprudential Policy.

④ Basel Committee on Banking Supervision（BCBS）. 2010. Countercyclical Capital Buffer Proposal ［Z］. Bis Consult. doc，Bank for International Settlements.

⑤ Basel Committee on Banking Supervision. 2011. Global Systemically Important Banks：Assessment Methodology and the Additional Loss Absorbency Requirement ［Z］. Bis Consult. Doc，Bank for International Settlements.

期相关性，因此在这一过程中可能会产生意想不到的后果和错误的引导。

阿莱西和德特肯（Alessi and Detken，2009）[1] 将宏观经济数据应用于预警模型，并大范围纳入实体和金融指标，其中包括 18 个 OECD 国家在 1970 年和 2007 年间的 GDP 及其组成部分、通胀、利率和货币总量。当给定指标超过其自身分布的指定百分位数时，该模型会发出"是/否"警告，预测在即将到来的 6 个季度内会出现一个繁荣/萧条周期（或没有繁荣/萧条周期）。该模型的预测精度由Ⅰ类错误和Ⅱ类错误的一个简单的线性混合来表示，通过变量参数的差异设定来表现监管者对错误的选择偏向（即最小损失）。作者得出结论，上述预测精度的设置影响了"最佳"指标的预测结果。如在考虑了狭义货币（M1）或私人信贷的趋势后，导致了 GDP 的偏离。同样，基于 1970～2007 年 18 个工业化国家的经济数据，博里奥和德雷曼（Borio and Drehmann，2009）[2] 提出了一个类似的方法，该方法通过运用二元指标的联立极值来定义信号。这种组合是房地产价格缺口、股票价格缺口和信用缺口的三种可能组合。作者的结论是，对风险预测表现最好的信号出现在信用缺口超过 6% 时，此外，股票缺口超过 60% 或房地产缺口超过 15%～25% 也具有一定的预警作用。

一、高成本的资产价格繁荣/萧条周期

阿莱西和德特肯（Alessi and Detken，2009）[3] 使用信号方法来预测高成本的总资产价格繁荣/萧条周期，检验了实体和金融变量作为高成本的总资产价格繁荣/萧条周期的预警指标的表现，该检验使用了 18 个 OECD 国家在 1970～2007 年的数据，使用信号方法来预测对实体经济造成相对严重后果的资产价格繁荣。作者提出一个损失函数来分类检验指标，通过政策制定者关于错过危机和错误警报的相对偏好对测试指标进行排序。该文分析了各种指标的适用性，以及金融与房地产、全球与国内、货币与信贷流动性指标的相对表现。

在决定指标的可接受表现时，作者决定考虑监管机构对Ⅰ类和Ⅱ类错误的相对厌恶。当指标超过阈值时发出警告信号，该阈值由指标自身分布的指定百分位数定义。每个指标的每个季度的评价样本都落在表 4－1 的信号象限之中。

---

①③ Alessi L. , Detken C. 2009. Real Time Early Warning Indicators for Costly Asset Price Boom/bust Cycles: A Role for Global Liquidity [R]. ECB Working Paper, No. 1039.

② Borio C. , Drehmann M. 2009. Assessing the Risk of Banking Crises – Revisited [J]. *BIS Quarterly Review*, (2): 29 – 46.

表 4 - 1 信号矩阵

	昂贵繁荣/衰退周期 (6 个季度内)	非昂贵繁荣/衰退周期 (6 个季度内)
信号发布	A	B
信号不发布	C	D

用来分析指标有效性的损失函数为:

$$L = \theta \frac{C}{A + C} + (1 - \theta) \frac{B}{B + D} \qquad (4.5)$$

这里 θ 是揭示政策制定者在类型 Ⅰ 和类型 Ⅱ 误差之间的相对风险厌恶的参数。基于此,一个指标的有效性可以被定义为:

$$\min[\theta, 1 - \theta] - L \qquad (4.6)$$

注意到,监管者总是可以通过忽略某些指标的结果来实现 $[\theta, 1 - \theta]$ 中较小的一个损失。因此,对于一个给定的 θ,当某个指标产生一个比 $[\theta, 1 - \theta]$ 中较小的一个还要低的损失,那么该指标是有效的。

为了检验上述指标发出信号的有效性,首先需要定义资产价格的繁荣/衰退。作者使用 18 个 OECD 国家在 1970 年第一季度到 2007 年第四季度的数据。实际总资产价格指数由 BIS 提供,该指数通过股票价格以及住宅和商业房地产价格进行加权,并通过国家消费价格指数进行平减。总资产价格繁荣定义为,在至少三个季度内,资产价格指数的实际价值超过回归趋势加上 1.75 倍的序列回归标准差。回归趋势通过一个非常慢的 HP 滤波($\lambda = 100\ 000$)来调整。作者将对实体经济几乎没有影响和那些有显著影响的总资产价格繁荣进行划分。一个高成本的繁荣被定义为其随后三年期间总的实际 GDP 增长率至少比潜在增长率低三个百分点。通过这种方法,样本内 45 个可分类的繁荣周期,被分割成 29 个高成本样本和 16 个低成本繁荣样本。

最终,阿莱西和德特肯构建了上述 18 个实体和金融变量及其六种转换共 89 个指标的指标体系,并检验其在预测范围内作为高成本资产价格繁荣/衰退周期在六个季度预测范围内预警指标的适用性(见表 4 - 2 列举的变量)。

表 4 - 2 作为信号检验的变量分类

变量分类	变量
经济变量	GDP,消费,投资,房地产投资,CPI

续表

变量分类	变量
金融变量	经 CPI 调整后的股票指数，房地产价格，期限扩张的实际汇率，实际或者名义三个月利率，实际或者名义 10 年期债券利息，实际 M1，实际 M3，实际私人和国内信贷
GDP（PPP）加权全球变量	GDP 中的私人信贷，M1/GDP，名义短期利率对 M1 的 VAR 冲击，M3，私人信贷增加

实际货币和信贷增长率已通过递归向量自回归（VAR）模型从内生商业周期和资产价格成分中校正过来。此外，除总房地产价格、股票价格、汇率和利率外，所有其他变量都经过季节性调整。

二、资产价格、股票价格与信用缺口指标

博里奥（2009）[1] 扩展了博里奥和罗（Borio and Lowe，2004）[2] 所构建的用于预测银行业危机的宏观经济预警指标。使用的三个指标分别为房地产价格缺口，（实际）股票价格缺口和信用缺口。这种方法基于金融不稳定的内生周期观点。作者认为，异常快速的信贷增长和资产价格并存，表明金融失衡的累积，增加了随后发生金融危机的可能性。这种方法类似阿莱西和德特肯（Alessi and Detken，2009）[3] 的方法。

为定义股票价格、房地产价格和信贷缺口指标，需要估计对应变量的趋势。对于所有三个时间序列，使用 $\lambda = 1\,600$ 的单侧 Hodrick - Prescott（HP）滤波器，该滤波器仅使用预测期之前的历史信息。利用这三个变量的缺口作为预警指标，博里奥试图预测一组信号突破某个阈值后 3 年内发生的危机的可能性。博里奥使用两种方式来定义国家危机：

（1）如果在一个给定国家中一家或者多家大型银行破产或者不得不依靠国家的应急程序进行支撑。

---

① Borio C. 2009. The Macroprudential Approach to Regulation and Supervision [J]. *Bank of France Financial Stability Review*，9.

② Borio C.，Lowe P. 2004. Securing Sustainable Price Stability：Should Credit Come Back from the Wilderness？[R]. BIS Working Paper 157，Bank for International Settlements.

③ Alessi L.，Detken C. 2009. Real Time Early Warning Indicators for Costly Asset Price Boom/bust Cycles：A Role for Global Liquidity [R]. ECB Working Paper，No. 1039.

（2）如果一个国家至少采用了以下任意一项政策操作：将存款保险担保扩展到家庭部门之外、购买资产或注入资本。

博里奥使用了两个目标函数来定义最优指标的阈值。第一个目标是最小化噪声信号的比率（nts），定义为：

$$nts = \frac{\mathrm{II}\,类错误}{1 - \mathrm{I}\,类错误} \tag{4.7}$$

第二个目标是最大限度地增加预测的危机数量，即预测真实率。

博里奥对评估联合信号指标的性能较为关注，即如果指标 A 超过其阈值 x%，指标 B 超过其阈值 y%，则发出信号。为此，对于一对指标，使用网格搜索来找到最大化其目标函数的 x 和 y 水平。

三、宏观审慎监管

根据博里奥（2010）[①]，宏观审慎框架从整个系统的角度，而不是从单个机构的角度进行风险监管。这意味着宏观审慎监管要明确考虑这样一个事实，即风险驱动因素内在地依赖于金融机构的集体行为。宏观审慎监管的短期目标是避免出现系统性金融风险。其最终目标是控制系统性金融风险为实体经济带来的成本，例如产出损失。

为了便于分析，分别考虑以下两个维度。其一为时间维度，处理金融系统中随时间积累的风险。其二为截面维度，处理一个时间点金融系统内的风险是如何分布的。每个维度都相应地有一个系统范围内金融困境的来源。在时间维度，来源是金融系统的周期性；在横截面维度，来源是在金融系统中的一般暴露和机构之间的相互关联。要解决顺周期问题，需要建立逆周期缓冲。为了解决常见的风险暴露和相互关联，原则是根据每个机构对系统风险的贡献来校准审慎工具。这种校准可以帮助确保每个机构为其强加于系统的外部性付费。

由于时间和截面维度也不同，用于评估相应风险的措施也不同。在时间维度上，理想的衡量标准应该是一个稳妥的财务困境先行指标，该先行指标让人们有充足的时间采取补救行动。在这个限度内，人们可以设想一个类似于通胀目标制的框架：调整工具，以便将指标维持在可接受的范围内。在横截面维度中，理想的衡量方法将允许对每个机构对系统性风险的贡献进行稳健的量化。事实上，在时间维度上运行良好的测度，在截面上并没有提供指导；那些在横截面上工作的

---

① Borio C. 2010. Implementing a Macroprudential Framework：Blending Boldness and Realism［R］. Working Paper，Bank for International Settlements，Keynote Address for the BIS – HKMA Research Conference，Honk Kong SAR.

可能在时间维度上提供错误的信号。如果试图用基于市场的系统性风险衡量方法来解决时间维度问题，将会出现两个问题。这些度量手段很可能将提供错误的信号，即可能出现系统风险看上去很低，而实际上却很高。而针对个别机构对系统性风险的贡献进行的调整，实际上可能会加剧金融风险的顺周期性。这意味着市场化的措施，除非是经过适当的规范化后用作反向投资的风险指标，否则不应成为风险领先指标的一部分。

关于实施宏观审慎监管政策，博里奥（2010）[①] 主张采取大胆的方法，寻求尽可能地制定规则。特别是在时间维度上，政治经济压力和贴现风险的诱惑可能过于强大。此外，该规则应该简单易懂。卡鲁阿纳（Caruana，2010）[②] 在中国关于《巴塞尔协议Ⅲ》的宏观审慎政策的演讲上认为，如果《巴塞尔协议Ⅲ》在危机之前就已经存在，银行将面临更强大的资本基础，并且能够更好地将其加以利用。在此基础上，金融体系可以更好地抵御房价下跌和证券化资产损失的冲击。因此，信贷供应损失的负面反馈将更加温和。金融系统危机而导致的商业周期恶化（顺周期性）将大大减少。

《巴塞尔协议Ⅲ》在设计上为银行建立了一种全系统的反周期缓冲，这是基于私营部门的信贷增长与历史经验不符，最终往往会使贷方蒙受损失的事实。因此，信贷与国内生产总值的比率将作为缓冲区建立阶段的共同参考，通过限制资本分配来鼓励建立缓冲区。

卡鲁阿纳（2010）认为，在美国，自 21 世纪初以来，私人信贷与 GDP 和房地产价格的比率都开始高于其趋势；在同一时期，英国和西班牙也出现了类似的现象。如果这三个国家的政策当局以符合新的反周期缓冲的方式对这些现象做出回应，那么反周期资本要求将在几年内或多或少地保持在最高水平。例如，本可以降低贷款价值比，或者限制第二套住房抵押贷款利率的税收减免。简言之，反周期缓冲区的最大值应作为进一步行动的信号。在这三个经济体中，逆周期缓冲可能在 2007 年年中之后的一段时间释放，以应对金融压力和不断累积的损失。

① Borio C. 2010. Implementing a Macroprudential Framework：Blending Boldness and Realism ［R］. Working Paper, Bank for International Settlements, Keynote Address for the BIS – HKMA Research Conference, Honk Kong SAR.

② Caruana J. 2010. Macroprudential Policy：Could It Have Been Different this Time ［R］. Speech at the People's Bank of China Seminar on Macroprudential Policy.

第三节 前瞻性风险度量

一、未定权益分析

阿雷和纳布斯（Gray and Jobst，2010）[1] 提出一种衡量市场隐含预期损失的系统性风险的新方法，称作未定权益分析法（CCA），还将其应用于分析政府或有负债（即担保）的问题上。此外，该方法还有助于量化金融机构在发生系统性危机时对总体或有负债的个人贡献。该方法基于 36 家最大的金融机构（银行、保险公司和资产管理公司）的样本，根据市场隐含的政府支持估算联合或有负债。它不仅度量向政府转移的潜在风险，而且还有助于量化单个机构对或有负债的贡献。

以默顿（1973）[2] 为基础，CCA 方法将公司股权看作其资产的看涨期权，将公司的负债视为基于无风险利率的资产看跌期权。CCA 根据资产负债表的特征确定风险调整后的公司资产负债表，即在每个时刻，公司的资产（A_t）应等于其未偿债务（D_t）和未偿权益（E_t）的市值之和。数学表示为：

$$A_t = D_t + E_t \tag{4.8}$$

注意，在 T 期末偿债务的市场价值 D_t 不同于负债的账面价值 B。为了估计公司负债的看跌期权，我们首先需要估计资产的价值和波动率。这里的资产价值是资产的市场价值，而不是资产的账面价值。股权的市场价值（E_t）和波动率（σ_t）是可以观测的。作者使用了 Black – Scholes – Merton（BSM）期权定价模型（Black and Schole，1973）[3]，假定资产市场价值随机波动，并服从几何布朗运动，具体形式如下：

$$\frac{dA_t}{A_t} = rdt + \sigma_A dZ_t \tag{4.9}$$

① Gray D. , Jobst A. 2010. Systemic CCA – A Model Approach to Systemic Risk ［Z］. Technische Universität Dresden Conference：Beyond the Financial Crisis：Systemic Risk, Spillovers and Regulation.

② Merton R. 1973. Theory of Rational Option Pricing ［J］. *Journal of Economics and Management Science*, 4（1）：141 – 183.

③ Black F. , Scholes M. 1973. The Pricing of Options and Corporate Liabilities ［J］. *Journal of Political Economy*, 81（3）：637 – 654.

其中，r 为 A_t 的漂移参数，σ_t 为波动率参数，Z_t 为标准几何布朗运动。注意在风险中性的条件下漂移参数等于无风险利率。给定以上资产价格模型，公司股权价值（E_t）可以看作以资产市场价值为标的，以公司负债账面价值 B 为执行价格的欧式看涨期权：

$$E_t = A_t \phi(d_t) - B\exp(-r(T-t)\phi(d_2)) \qquad (4.10)$$

$$d_1 = \frac{\ln(A_t/B) + (r + \sigma_A^2/2)(T-t)}{\sigma_A \sqrt{T-t}}$$

$$d_2 = d_1 - \sigma_A \sqrt{T-t}$$

其中，$\phi(\cdot)$ 表示标准正态概率密度的累积分布函数。此外，资产市场价值波动率与股权价值波动率存在如下关系：

$$E_t \sigma_E = A_t \sigma_A \phi(d_1) \qquad (4.11)$$

因此，我们可以解出未知参数（A_t 和 σ_t）。给定参数，风险债务价值等于无违约债务的现值与市场隐含违约预期损失的差，即基于资产的看跌期权为：

$$D_t = B\exp(-r(T-t)) - P_E(t) \qquad (4.12)$$

因此，在风险中性假定下，根据 B-S 期权定价公式，市场隐含预期损失为：

$$P_E(t) = B\exp(-r(T-t)\phi(d_2)) - A_t \phi(d_t) \qquad (4.13)$$

利用未定权益分析方法从股票市场和资产负债表信息中计算出各金融机构的隐含看跌期权，结合 CDS 市场的信息可以估计出政府的或有负债。若股权的价值不受政府担保的影响，CDS 利差仅能刻画去除政府的隐含担保之后的金融机构期望损失。股票看跌期权 $P_E(t)$ 由公司的股价推导而得，CDS 看跌期权的价值由公司的 CDS 价差推导而得。因此，政府的隐含担保定义两种看跌期权得到的总期望损失的差值。CDS 看跌期权的价格为：

$$P_{CDS}(t) = (1 - \exp(-s_{CDS}(B/D(t)-1)(T-t)))Be^{-r(T-t)} \qquad (4.14)$$

给定 CDS 看跌期权，我们能够估计这部分：

$$\alpha(t) = 1 - P_{CDS}(t)/P_E(t) \qquad (4.15)$$

换句话说，$\alpha(t)P_E(t)$ 是由政府平仓的违约风险部分，定义了政府隐性担保所涵盖的预期损失份额，这些担保压低了 CDS 价差，使之低于股票隐含违约风险的水平，从而政府的风险或有负债和金融机构持有的风险都能够进行度量。系统 CCA 框架被用来说明政府暗中承担的金融部门的系统风险。

系统性风险的度量通过加总样本中 n 个机构的担保而得：

$$\sum_{i=1}^{n} \alpha_i(t) P_E^i(t) \qquad (4.16)$$

格雷和约布斯在研究中还讨论了一种系统 CCA 的扩展，它应用极值理论（EVT）的概念来指定一个多元极限分布，描述或有负债的潜在极端情况。

二、马氏距离

克里兹曼等（Kritzman et al.，2010）[①] 将"金融动荡"定义为价格激烈波动、相关资产动荡、不相关资产收敛的一种状态。动荡的程度用马氏距离进行衡量（Merton，1973）[②]。该度量方法具有普遍性，能够运用到具有时间序列性质的资产收益率数据中来。

给定 n 个资产的收益率，我们将金融动荡用马氏距离的平方来进行度量，即：

$$d_t = (y_t - m)' \Sigma^{-1} (y_t - m) \qquad (4.17)$$

其中：

$d_t = t$ 期的动荡指数

$y_t = t$ 期的资产收益率（$n \times 1$）向量

$m =$ 历史资产收益率的（$n \times 1$）样本均值向量

$\Sigma =$ 历史资产收益率的（$n \times n$）样本协方差矩阵

随时间运行该度量制，我们能得到金融动荡路径和在 75% 分位数水平上定义的"金融动荡"日（其余的称为"平常日"）。这种系统性风险的度量方法能够用来进行资产组合的压力测试。在估计投资组合的在险价值时，只使用金融动荡时期的数据而不是全样本数据。因此，经过"动荡"修正的在险价值能够更好地描述动荡时期资产的相关性和收益率。从而，可以得到一个更加符合现实的损失估计量。

三、期权的隐含违约概率

期权隐含违约概率（iPoD）（Capuano，2008）[③]，基于最小交叉熵的原理（Cover and Thomas，2006）[④] 通过股票期权推断出基于市场的违约概率。最大

[①] Kritzman M.，Li Y. 2010. Skulls，Financial Turbulence，and Risk Management [J]. *Financial Analysts Journal*，66（5）：30 – 41.

[②] Merton R. 1973. Theory of Rational Option Pricing [J]. *Journal of Economics and Management Science*，4（1）：141 – 183.

[③] Capuano C. 2008. The Option – iPoD. The Probability of Default Implied by Option Prices Based on Entropy [R]. IMF Working Paper 08/194，International Monetary Fund.

[④] Cover T. M.，Thomas J. A. 2006. Elements of Information Theory Second Edition Solutions to Problems [Z]. Internet Access，19 – 20.

熵和最小交叉熵的性质使包含随机变量的概率分布成为可能。因此，既不需要假定资产的分布，也不需要指定任何关于收益率的假设。此外，违约阈值也是内生的。

该方法利用了由期权价格而得到的所有可利用信息集来刻画波动率微笑曲线和偏度。我们还可以得到与"Greeks"相类似的股票的隐含期望值。

违约概率定义为：

$$PoD(x) = \int_0^x f_v dv \tag{4.18}$$

其中，f_v 为资产价值的概率密度函数，x 是违约阈值，当资产价值低于 x 时，公司违约。求解 PoD 使用库尔贝克和莱布勒（Kullback and Leibler）引入的交叉熵函数（Kullback and Leibler, 1951）[1]。只要真实分布反映在可观测数据中，最大熵分布是最接近真实分布的。

该问题通过以下模型进行求解：

$$\min_D \left\{ \min_{f(V_T)} \int_{V_T=0}^{\infty} f(V_T) \log\left[\frac{f(V_T)}{f^0(V_T)} \right] dV_T \right\} \tag{4.19}$$

其中，$f^0(V_T)$ 表示在时刻 T 之前的资产价值的概率密度函数，为 $f(V_T)$ 的先验知识信息。$f(V_T)$ 为后验的知识信息。整合了先验和后验信息的交叉熵反映了后验的不确定程度。最小化问题遵循以下三个约束：

资产负债表的约束：股权可以看作基于资产的看涨期权。

$$E_0 = e^{-rT} \int_{V_T=D}^{\infty} (V_T - D) f(V_T) dV_T \tag{4.20}$$

可观测的期权定价的约束：概率密度函数能够为可观测的期权定价。

$$C_0^i = e^{-rT} \int_{V_T=D+K_i}^{\infty} (V_T - D - K_i) f(V_T) dV_T \tag{4.21}$$

式（4.21）表明看涨期权在到期日偿付的现值必须对应于今日看涨期权 C_0^i 的价值（$i=1, 2, \cdots, n$，n 为可利用的期权合约）。每一个期权的价格依据该期权合约的交易量占所有基于同一股票和到期日的期权合约的比例进行加权而得。在这里权重表示为 ω_i。

标准化的约束：概率分布密度函数加总为 1。

$$1 = \int_{V_T=0}^{\infty} f(V_T) dV_T \tag{4.22}$$

依据拉格朗日乘法，得到如下结果：

① Kullback S., Leibler R. A. 1951. On Information and Sufficiency [J]. *The Annals of Mathematical Statistics*, 22（1）：79－86.

$$f(V_T, \lambda) = \frac{1}{\mu(\lambda)} f^0(V_T) \times \exp[\lambda_1 e^{-rT} 1_{V_T > D} (V_T - D)$$

$$+ \sum_{i=1}^{n} \omega_i \lambda_{2,i} e^{-rT} 1_{V_T > D + K_i} (V_T - D - K_i)] \tag{4.23}$$

$$\mu(\lambda) = \int_{V_T = 0}^{\infty} f^0(V_T) \times \exp[\lambda_1 e^{-rT} 1_{V_T > D} (V_T - D)$$

$$+ \sum_{i=1}^{n} \omega_i \lambda_{2,i} e^{-rT} 1_{V_T > D + K_i} (V_T - D - K_i)] dV_T \tag{4.24}$$

其中，$1_{x > y}$ 是一个示性函数，当 $x > y$ 时函数取值为 1，反之则取 0。对于式 (4.23)，λ 由约束条件得出，等价于求解如下系统：

$$\frac{1}{\mu(\lambda)} \frac{\partial \mu(\lambda)}{\partial \lambda_1} = E_0 \tag{4.25}$$

$$\frac{1}{\mu(\lambda)} \frac{\partial \mu(\lambda)}{\partial \lambda_{2,i}} = C_0^i \quad i = 1, 2, \cdots, n \tag{4.26}$$

该系统是高度非线性的，依据牛顿最小化方法进行数值求解。需要注意的是该系统假定其服从先验分布。

当我们试图求解该密度时，至少需要 2 个期权合约来解决问题。一个合约用来确定 D，而另一个用来得到密度 $f^*(V_T, D)$。为了得到质量更高的数据，合约越多越好。

假定有两个可利用的期权合约，并且这两个合约的标的资产为同一股票且具有相同的到期日。我们用一个期权合约来求解式 (4.19) 的最优化问题，塑造 $f^*(V_T, D)$，用第二个期权合约来搜寻决定第二个期权合约价格的 D。具体算法过程如下：

(1) $V_{\max}$ 是根据资产的账面价值、近四个季度资产账面价值的平均增长率和偏差来计算的 V 可以取的最大值。

(2) 从 D 的适当初始猜测开始，将 V 分为两个子区间：$DS^0 = [0; D_0]$ 表示违约状态，$NDS^0 = [D_o + \in; V_{\max}]$ 表示非违约状态。

(3) 当 $V_T \in DS^0$ 时，V_T 仅能取 0 和 D_0 两个值。开始时先验设置 $f^0(V_T = 0) = 0$，$f^0(V_T = D_0) = 0$，要求 $PoD(D_0 = 0)$。

(4) 当 $V_T \in NDS^0$，通过构造 100 个等距离散值 V_T。每个值都满足相同的可能性（先验是均匀分布）。从而在 $f^0(V_T)$ 下，$\Pr(V_T \in NDS^0) = 1 - PoD(D_0) = 1$。

(5) 求解得到一个新的 D' 和 $f(V_T, D')$，对于 $f(V_T = 0) = 0$，$PoD(D') = f(V_T = D')$，$\Pr(V_T \in NDS') = 1 - PoD(D') = 1 - f(V_T = D')$。

注意第一个迭代过程，它的意思如下：假定在 NDS^0 中 V_T 服从均匀分布，利用一个期权合约求解式 (4.21) 可得 D'；给定 D'，由式 (4.23) ~ 式 (4.26)

可以求得 $f(V_T, D')$。

在接下来的迭代中，利用先前迭代得到的概率密度求解期权合约的约束方程得到新的 D。用新的 NDS 的意义在于处于左尾的概率大一些。一旦得到了新的 D 值，由式（4.23）~式（4.26）可以求得新的概率密度。

（6）一旦得到了一个解就重复（3）~（5）过程。确定 V 的取值范围在 $DS' = [0; D']$ 和 $NDS' = [D' + \in; V_{\max}]$ 之间，进而确定新的 $f(V_T, D'')$ 和 D''。

（7）当 $D'' = D' = D^*$，$f^*(V_T, D') = f^*(V_T, D'') = f^*(V_T, D^*)$，$\Pr(V_T \in NDS^*) = 1 - PoD(D^*) = 1 - f^*(V = D^*)$，停止迭代过程。

（8）期权的隐含违约概率对应于 $PoD(D^*)$。

请注意，应用上述算法可用于推断 $iPoD$ 的"期限结构"，因为可以使用具有不同期限的期权组，并为每个期限获得 $iPoD$。

第四节　横断面测量

前文描述的前瞻性措施的一个补充理念是跨部门措施：这种方法旨在检查机构对彼此的相互依赖性，例子包括阿德里安和布鲁内迈尔（Adrian and Brunnermeier，2010）[1] 的条件风险值（CoVaR）模型，以及陈—劳等（2009）[2] 提出的密切相关的 Co - Risk 度量。在最简单的形式中，CoVaR 涉及两个机构，并被定义为一个机构在特定概率分位数的风险值，条件是另一个机构在同一分位数的风险阈值。换句话说，高 CoVaR 意味着一个机构陷入困境，往往会使另一个机构也同样陷入困境，但这种影响关系可能是非对称的。例如，一家系统重要性银行的困境可能会扰乱一家小型代理银行，而后者的问题不会对前者产生实质性影响。对于系统性风险度量，在应用 CoVaR 技术时，人们可以简单地将金融系统视为一个大型机构。陈—劳等（2009）[3] 的 Co - Risk 度量在结构上类似 CoVaR，Co - Risk 检验的是一家公司的信用违约互换利差，条件是另一家公司的信用违约互换利差位于其经验分布的第 95 个百分点。阿德里安和布鲁内迈尔（2010）[4] 使用分位数回归来捕捉联合分布尾部的 VAR 之间的经验关系（作为最小二乘回归

①④　Adrian T., Brunnermeier M. 2010. CoVaR: A Systemic Risk Contribution Measure [R]. Technical Report, Princeton Univ., Princeton, NJ.

②③　Chan - Lau J. A., Espinosa M., Giesecke K., Solé J. A. 2009. Assessing the Systemic Implications of Financial Linkages [R]. IMF Global Financial Stability Report.

的替代，最小二乘回归侧重于分布均值处的关系）。阿德里安和布鲁内迈尔[①]将条件分布估计为状态变量的函数，包括利率、信用利差、股本价格和波动指数。陈—劳等（2009）[②] 对其 Co‐Risk 模型采用了类似的程序[③]。

一、CoVaR

阿德里安和布鲁内迈尔（2010）[④]提出用金融系统的条件风险值（CoVaR）度量系统性风险，条件是机构处于困境中。一个机构对系统性风险的贡献可以用该机构处于困境的 CoVaR 和该机构处于中间状态的 CoVaR 之间的差异来表示。一方面，CoVaR 系统性风险度量可以识别单个"系统重要"机构对系统的风险贡献，这些机构规模庞大且相互关联，可能对其他机构造成负面风险溢出效应。另一方面，CoVaR 也能够识别作为群体一部分的较小机构对系统的风险。此外，CoVaR 不依赖于同期价格变动，可用来预测系统性风险。CoVaR 衡量标准捕捉了制度外部性，如"太大而不能倒""太相互关联而不能倒"和拥挤的贸易头寸。

机构 i 在 q 百分位的风险值定义为：

$$\mathrm{Pr}(X^i \leqslant VaR_q^i) = q \tag{4.27}$$

其中，X^i 表示机构 i 的资产回报值。VaR_q^i 是一个负数。机构 j（或金融系统）的风险值取决于事件（$X^i = VaR_q^i$），即机构 i 的资产回报率达到其 VaR 值，用 $CoVaR_q^{j|i}$ 表示，其中 q 是分位数。表示为：

$$\mathrm{Pr}(X^j \leqslant CoVaR_q^{j|i} \mid X^i = VaR_q^i) = q \tag{4.28}$$

机构 i 对 j 的风险贡献定义为：

$$\Delta CoVaR_q^{j|i} = CoVaR_q^{j|i} - CoVaR_{50\%}^{j|i} \tag{4.29}$$

其中，$CoVaR_{50\%}^{j|i}$ 表示当 i 的回报处于中间值（即第 50 个百分位数）时，j 资产回报的 VaR。此时需要关注的是所有金融机构的投资组合的收益处于其 VaR 值的情况。因此，$\Delta CoVaR^i$ 表示以特定金融机构 i 的困境为条件的金融系统的 VaR 与以

---

①④ Adrian T. , Brunnermeier M. 2010. CoVaR：A Systemic Risk Contribution Measure ［R］. Technical Report, Princeton Univ. , Princeton, NJ.

② Chan‐Lau J. A. , Espinosa M. , Giesecke K. , Solé J. A. 2009. Assessing the Systemic Implications of Financial Linkages ［R］. IMF Global Financial Stability Report.

③ 一个在概念上密切相关的模型是 Huang 等（2009）的不良保险费（DIP），它以系统性的不良为条件来衡量一个机构的条件预期缺口（CoES）。存款保险计划代表一种针对系统性困境的假设保险费，定义为总损失超过银行总负债15%的门槛水平。然而，这种实施与刚刚描述的 CoVaR 和 Co‐Risk 模型有很大不同，它基于单个银行的事前违约概率和预测资产回报相关性，这些相关性来自市场数据，包括已实现的（高频）相关性、利率、股票价格和波动指数。

机构 i 的中位状态为条件的金融系统的 VaR 之间的差。因此，$\Delta CoVaR^i$ 量化了机构增加整体系统性风险的程度。

在讨论如何估算 CoVaR 之前，我们将介绍如何估算金融机构资产收益的市场价值。用 ME 表示机构 i 的总权益的市场价值，用 LEV 表示账面资产总额与账面权益的比率。市值总资产 X_t^i 的增长率为：

$$X_t^i = \frac{ME_t^i \cdot LEV_t^i - ME_{t-1}^i \cdot LEV_{t-1}^i}{ME_{t-1}^i \cdot LEV_{t-1}^i} = \frac{A_t^i - A_{t-1}^i}{A_{t-1}^i} \tag{4.30}$$

其中 $A_t^i = ME_t^i LEV_t^i$，本质上是用市净率来将账面价值资产转换为市场价值资产。

为了捕获 X^i 和 X^{system} 的联合分布中的时间变化，估计状态分布是状态变量的函数。以下两个分位数回归基于每周数据：

$$X_t^i = \alpha^i + \gamma^i M_{t-1} + \varepsilon_t^i \tag{4.31}$$

$$X_t^{system} = \alpha^{system \mid i} + \beta^{system \mid i} X_t^i + \gamma^{system \mid i} M_{t-1} + \varepsilon_t^{system \mid i} \tag{4.32}$$

其中 M_t 表示状态变量的向量，具体如表 4-3 所示。分位数回归包括针对式（4.31）中的分位数回归优化以下所示的函数：

$$\min_{\alpha_q, \beta_q, \gamma_q} \sum_t \begin{cases} q \mid X_t^i - \alpha_q - M_{t-1}\gamma_q \mid & if(X_t^i - \alpha_q - M_{t-1}\gamma_q) \geqslant 0 \\ (1-q) \mid X_t^i - \alpha_q - M_{t-1}\gamma_q \mid & if(X_t^i - \alpha_q - M_{t-1}\gamma_q) \leqslant 0 \end{cases}$$

$$\tag{4.33}$$

表 4-3   CoVaR 估计中使用的状态变量

M_t 状态变量	来源
VIX	CBOE 网站
3M 回购率 - 3M UST	Bloomberg（回购利率） FRBNY 网站（国库券利率）
S&P 500 收益率 - 3M UST	CRSP（S&P），FRB H15（3M UST）
每周 3M 国库债券利率变动	FRB H15 Release
美国国债收益率价差周变化（10Y - 3M）	FRB H15 Release
每周信用价差变化（10Y BAA 债券 - 10Y UST）	FRB H15 Release
每周 VW 股票市场收益	CRSP
1 年房地产行业收益	CRSP
VW 地产公司的平均收益率	SIC code 65 - 66

式（4.32）的分位数回归是类似的。在估计了分位数回归参数之后，VaR 和 CoVaR 的预测值为：

$$VaR_t^i = \alpha^i + \gamma^i M_{t-1} \tag{4.34}$$

$$CoVaR_t^i = \alpha^{system \mid i} + \beta^{system \mid i} VaR_t^i + \gamma^{system \mid i} M_{t-1} \tag{4.35}$$

最后，每个机构的 $\Delta CoVaR_t^i$ 计算如下：

$$\Delta CoVaR_t^i(q) = CoVaR_t^i(q) - CoVaR_t^i(50\%)$$
$$= \beta^{system \mid i}(VaR_t^i(q) - VaR_t^i(50\%)) \tag{4.36}$$

因此，为了估算机构 i 对系统性风险的贡献 $\Delta CoVaR_t^i$，必须对等式中的分位数进行两次回归：一次针对所需的 q，一次针对 $q = 0.5$。阿德里安和布鲁内迈尔（2010）在研究中估计了 $q = 1\%$ 和 $q = 5\%$ 情况下的 $\Delta CoVaR_t^i$。

二、Co – Risk

国际货币基金组织在 2009 年《全球金融稳定报告》（*Global Financial Stability Review*）中首次提出了"Co – Risk"措施（Chan – Lau et al. , 2009），该措施研究了各种金融机构的 CDS 之间的相互依赖性。它比无条件风险度量提供了更多信息，因为它提供了市场评估，该评估是从一个公司与另一家公司的联系直接或间接地引起的一家公司信用风险的比例增加。所使用的方法基于分位数回归，CoVaR 中也使用了这一概念。分位数回归方法可以考虑到金融机构风险因素之间的非线性关系，从而更准确地估计金融机构风险因素的共同变动（或 Co – Risk 估计）。

陈—劳（2009）[①] 使用 2003 年 7 月 1 日至 2008 年 9 月 12 日期间各种金融机构的 5 年期 CDS 利差。直观地，当一家机构的 CDS 利差位于其第 5 分位数（分布的左尾）时，这表明这些机构正在经历一个非常良性的时期，当 CDS 价差达到其 95t 分位数（其分布的右尾）时，这表明其正在经历一种困境时期。进行的每日频率分位数回归为：

$$CDS_{i,t} = \alpha_q^i + \sum_{m=1}^{K} \beta_{q,m}^i R_{m,t} + \beta_{q,j}^i CDS_{j,t} + \varepsilon_{i,t} \tag{4.37}$$

其中，$CDS_{i,t}$ 是机构 i 在 t 天的 CDS 传播，$R_{m,t}$ 是时间 t 的风险因子 m 的值，q 表示分位数。参数估计值 $\beta_{q,j}^i$ 提供了一种度量，该度量表示企业 j 在不同分位数下如何（直接和间接）影响企业 i 的信用风险。表 4 – 4 列出了该研究中使用的

---

① Chan – Lau J. A. , Espinosa M. , Giesecke K. , Solé J. A. 2009. Assessing the Systemic Implications of Financial Linkages [R]. IMF Global Financial Stability Report.

一组风险因子 Rm。分位数回归包括优化函数：

表 4 – 4 　　　　　 **Co-Risk 风险估计中使用的风险因素**

风险因子	来源
VIX	CBOE 网站
3M 回购率 – 3M UST	Bloomberg（回购利率） FRBNY 网站（国库券利率）
S&P 500 收益率 – 3M UST	CRSP（S&P），FRB H15（3M UST）
收益率曲线的斜率（10Y – 3M）	FRB H15 Release
LIBOR 利差（1 年期 LIBOR – 1 年期 UST 收益率）	Bloomberg（回购利率） FRB H15 Release（UST 收益率）

$$\min_{\alpha_q^i,\beta_{q,m}^i,\beta_{q,j}^i} \sum_t \rho_q \left(CDS_{i,t} - \alpha_q^i - \sum_{m=1}^{K} \beta_{q,m}^i R_{m,t} - \beta_{q,j}^i CDS_{j,t} \right) \tag{4.38}$$

其中：

$$\rho_q(t) = \begin{cases} q|t| & if\ t \geq 0 \\ (1-q)|t| & if\ t < 0 \end{cases} \tag{4.39}$$

在估计分位数回归系数之后，将条件 Co – Risk 度量定义为：

$$CoRisk_t^{i,j} = 100 \times \left(\frac{\alpha_{95}^i + \sum_{m=1}^{K} \beta_{95,m}^i R_{m,t} + \beta_{95,j}^i CDS_j(95)}{CDS_i(95)} - 1 \right) \tag{4.40}$$

其中，CDS_i（95）是机构 i 的 CDS 传播，对应于其经验样本的第 95 个百分位数，并且使用分位数回归（$q = 0.95$）估算了 alpha 和 beta。较高的 Co – Risk 度量表明，机构 i 信用对机构 j 信用的困扰更加敏感。

三、SES

阿查里亚等（2010）[①] 认为，每个金融机构对系统性风险的贡献都可以用

---

① Acharya V., Pedersen L., Philippon T., Richardson M. 2010. Measuring Systemic Risk ［R］. NYU Working Paper.

其系统性预期缺口（SES）来衡量，即当整个系统的资本不足时其资本不足的倾向。SES 是一种理论构造，作者使用以下 3 种方法来替代它：

（1）监管机构进行压力测试的结果。此外，公司的 SES 指标定义为由于 2009 年 2 月的压力测试而需要筹集的建议资本。

（2）危机期间大型金融公司的股票估值下降，以其从 2007 年 7 月至 2008 年 12 月的累计股票收益率来衡量。

（3）从 2007 年 7 月至 2008 年 12 月，按大型金融公司的累积 CDS 利差衡量的信用违约掉期利差扩大。

在此基础上，阿查里亚等开发了领先指标用来预测机构的 SES，包括边际预期缺口（MES）和杠杆（LVG），提供了关于这两个指标与 SES 的理论关系的微观基础论证。作者测试了 MES 和 LVG 对上述三个 SES 代理的预测能力，并发现了不错的可预测性。

公司的 MES 定义为在总市场回报率（R_m）最坏的 5% 情况下，其股票平均回报率（R_b），其中市场由 CRSP 价值加权指数来代表：

$$MES_b = \frac{1}{number\ of\ days}_{\{t:system\ is\ in\ its\ 5\%\ tail\}} \sum R_{bt} \qquad (4.41)$$

由于有限的和不频繁的市场数据（尤其是表外和表内融资的细分），测量真实杠杆并不容易，因此，采用杠杆的标准近似值：

$$LVG_b = \frac{quasi - market\ value\ of\ assets}{market\ value\ of\ equity}$$

$$= \frac{book\ assets - book\ equity + market\ equity}{market\ value\ of\ equity} \qquad (4.42)$$

阿查里亚对 MES 和 LVG 上的公司 SES 进行横截面回归分析：

$$SES_i = a + bMES_i + cLVG_i + \varepsilon_i \qquad (4.43)$$

在生成系统性风险指标方面，针对 SES 的特定指标估算（a，b，c）。例如，对于 SES 的第二个指标，使用 2006 年 6 月至 2007 年 6 月的收益数据来估计相应的 MES，使用 2007 年 6 月以来的适当资产负债表数据来估计相应的 LVG。然后，利用每个公司从 2007 年 7 月到 2008 年 12 月的累计股权收益来获得每个公司的 SES。在式（4.43）中进行横截面回归以估计（a，b，c）之后，公司 i 在未来时间 t 所构成的系统性风险计算如下：

$$Systemic\ Risk\ of\ Firm\ i = \frac{\hat{b}}{\hat{b} + \hat{c}}MES_i^t + \frac{\hat{c}}{\hat{b} + \hat{c}}LVG_i^t \qquad (4.44)$$

第五节　流动性不足和破产衡量

一、噪声作为流动性不足的信息

格蕾丝等（2010）[1] 考虑了市场中套利资金的数量以及对美国国债市场价格偏差的潜在影响。在市场危机期间，套利资金的短缺使得收益率相对于曲线的波动更大，产生更多的"噪声"。因此，国债市场的低内在噪声特征（即高流动性和低信用风险），使得国债市场的噪声可以提供较为广泛的市场流动性信息。

利用 CRSP 每日国债数据库，作者通过首先日复一日地退出平滑的零息票收益率曲线来构建噪声测度，使用在某一天所有的到期日在 1 个月到 10 年之间的债券。这个零息票曲线被用来给当天所有可用的债券定价。与每种债券相关的是其市场收益率与模型收益率的偏差。通过计算均方根误差来聚集所有的偏差，就可以得到它们的噪声度量。

依赖于斯文森（Svennson，1994）[2] 模型，格蕾丝等构建模型假设瞬时远期利率 f 由式（4.45）给出：

$$f(m,\ b) = \beta_0 + \beta_1 \exp\left(-\frac{m}{\tau_1}\right) + \beta_2 \frac{m}{\tau_1}\exp\left(-\frac{m}{\tau_1}\right) + \beta_3 \frac{m}{\tau_2}\exp\left(-\frac{m}{\tau_2}\right) \quad (4.45)$$

其中，m 表示到期的时间，$b = (\beta_1,\ \beta_2,\ \beta_3,\ \tau_1,\ \tau_2)$ 是需要估计的模型参数。使用参数化的曲线，零息票收益率曲线可以通过以下方式导出：

$$s(m,\ b)\ =\ \frac{1}{m}\int_0^m f(m,\ b)\,dm \quad (4.46)$$

因此，通过观察某一天的息票债券，可以得出每个到期日的零息票利率。假设 N_t 是在第 t 天可用于曲线拟合的期限在 1 个月到 10 年之间的债券的数量，并且 P_t^i，$i=1,\ \cdots,\ N_t$，为各自市场观察价格。通过最小化实际价格和模型隐含价格之间的平方偏差和来选择模型参数 b_t：

$$b_t\ =\ \underset{b_t}{\operatorname{argmin}} \sum_{i=1}^{N_t} \left[P^i(b_t)\ -\ P_t^i\right]^2 \quad (4.47)$$

---

① Hu X., Pan J., et al. 2010. Noise as Information for Illiquidity [R]. NBER Working Paper, No. 16468.

② Svensson L. E. 1994. Estimating and Interpreting Forward Interest Rates：Sweden 1992 – 1994 [R]. NBER Working Paper 4871, National Bureau of Economic Research.

其中，$P^i(b_t)$ 是给定模型参数 b_t 的债券 i 在 t 日的模型隐含价格。因此，在每一天 t，曲线拟合的最终产品是模型参数 b_t 的向量。

在构建某一特定日的"噪声"指标时，作者使用了该日到期的所有 1 至 10 年期债券。"噪声"计量不使用期限小于 1 年的债券，因为其信息可能会受到限制，空头通常不是套利资本的对象，短端仅用于校准。

使用 n_t 表示第 t 天可用的债券数量，以及第 i 天观察到的市场收益率，将噪声定义为：

$$Noise_t = \sqrt{\frac{1}{n_t} \sum_{i=1}^{n_t} \left[y_t^i - y^i(b_t) \right]^2} \tag{4.48}$$

二、外汇基金中拥挤的交易

波贾尔列夫和列维奇（Pojarliev and Levich，2008）[①] 提出了一种检测货币基金领域"拥挤交易"的方法，他们的方法可以用来衡量任何具有可识别的时间序列收益率的交易的受欢迎程度或拥挤程度。样本中的高频数据使他们能够在与经济相关的范围内制定拥挤程度的衡量标准。他们将类型拥挤度定义为对某一特定类型有显著正向敞口的基金的百分比减去对同一类型有显著负向敞口的基金的百分比。为了估计拥挤程度，使用了 107 位货币经理 2005 年 4 月至 2010 年 6 月期间的数据。

使用提出的四因素模型估计类型贝塔：

$$R_t = \alpha + \sum_i \beta_i F_{i,t} + \varepsilon_t \tag{4.49}$$

其中：

R_t = 由外汇经理产生的超额周回报

$F_{i,t}$ = 在 t 时刻的因子 i 的值

β_i = 因子 i 的系数

作者使用的四个风险因素是：

（1）套利因子：利用德意志银行（Deutsche Bank）货币收益 G10 指数来衡量利差策略的回报率。该指数反映了做多 10 国集团货币中三种高收益货币的趋势回归。

（2）趋势因子：AFX 货币管理指数被用作趋势跟踪因子的代理。AFX 指数基于 7 种货币对的交易，以它们在现货市场的成交量为权重，每一种货币对应的

---

① Pojarliev M. , Levich R. M. 2008. Do Professional Currency Managers Beat the Benchmark? [J]. *Financial Analysts Journal*, 64（5）: 18 – 32.

回报基于三个移动平均规则（32 天，61 天和 117 天）的平均加权组合。

（3）价值因子：德意志银行 G10 估值指数被用作价值策略回报的代理。

（4）汇率波动因子：德意志银行（每周）货币波动指数的第一个差值被用作外汇波动率的代理。

对于一个给定的因素，该方法提出了两个类似的拥挤定义：

定义 4.1　因子 F 在 t 期的拥挤度（$C_{F_i,t}$）定义为对因子具有统计显著正风险的基金的百分比对同一因子具有统计显著负风险的基金的百分比：

$$C_{F_i,t} = a_{F_i,t} - b_{F_i,t} \qquad (4.50)$$

在这里，$a_{F_i,t}$ 是在 $t-25$ 周至 t 期间对风险因素具有统计显著正风险敞口的基金的百分比，而 $b_{F_i,t}$ 是在 $t-25$ 周至 t 期间对风险因素具有统计显著负风险敞口的基金的百分比。对于负风险敞口和正风险敞口，波贾尔列夫和列维奇使用了标准的 95% 置信区间，这意味着 t 统计绝对值大于 1.96。

定义 4.2　因子 F 在 t 期的拥挤度（$C_{F_i,t}^*$）定义为对因子具有统计显著正风险的基金的百分比对同一因子具有统计显著负风险的基金的百分比：

$$C_{F_i,t}^* = a_{F_i,t}^* - b_{F_i,t}^* \qquad (4.51)$$

三、股票市场流动性不足

坎达尼和罗（Khandani and Lo，2011）[1] 提出了两种不同的股票市场流动性指标。该研究分析了反向交易策略，即买入输家股票和卖出赢家股票。这种策略通过提供流动性来纠正暂时的供需失衡。虽然这是一种营利策略，但自 20 世纪 90 年代末以来，其营利能力一直在稳步下降，大概是因为越来越多的市场参与者参与了这种提供流动性的交易，从而降低了这种交易的流动性溢价。可以通过观察这种交易策略的表现来衡量股票市场的流动性：可以推测，当它表现得好时，市场上的流动性就会减少。该研究对市场流动性的第二个衡量标准与凯尔（Kyle，1985）[2] 的 "lambda" 有关，在该模型中，流动性是通过对证券价格变动 1 美元所需的成交量的线性回归估计来衡量的。

（一）反向策略流动性度量指标

该研究提出了一个简单的均值回归策略，这一策略最初由罗和麦金雷（Lo

①　Khandani A. E.，Lo A. W. 2011. What happened to the quants in August 2007? Evidence from factors and transactions data ［J］. *Journal of Financial Markets*，14（1）：1 – 46.

②　Kyle A. 1985. Continuous Auctions and Insider Trading ［J］. *Econometrica*，53（6）：1315 – 1335.

and MacKinlay，1988）[1] 提出，用来代表做市商即流动性准备利润。这种高频均值回归策略是基于滞后的 m 分钟回报率（m 从 5 分钟到 60 分钟不等），在此基础上买入冷门股票，卖出热门股票。具体地说，通过观察样本中所有股票在前 m 分钟内的收益，在 t 时刻形成一个多头投资组合和一个空头投资组合。股票按绩效十分位数进行分类，策略是形成一个投资组合，做多前 m 分钟区间内回报率最低十分位数的股票，做空前 m 分钟区间内回报率最高十分位数的股票。这个美元中性的投资组合被持有 q 分钟，即直到时间 $t+q$，在此之后，通过对前 m 分钟的收益形成十分位数的重复组合过程，即 $t+q-m$ 到 $t+q$ 的区间，然后保持头寸 q 分钟，直到 $t+2q$，以此类推。

值得注意的是，多头和空头投资组合中的股票权重相等，因此整体投资组合中美元是中性的。此外，不允许隔夜头寸。最后，在每 m 分钟间隔内使用证券的最后交易价格来计算收益；因此，每天的第一组价格是上午 9：30 + m 分钟前基于交易的价格，而第一组头寸是在上午 9：30 + $2m$ 分钟建立的。

（二）价格影响流动性度量指标

这种方法的动机是凯尔（1985）[2] 的模型，在该模型中，流动性是通过对证券价格变动 1 美元所需要的交易量的线性回归估计来衡量的。该度量是流动性的反向代理，lambda 值越高意味着流动性和市场深度越低。通过使用每天正常交易时间内的所有交易，在每天的基础上估计这一指标。给定对于某一天的证券 i 的日内收益序列 $[R_i，1，R_i，2，\cdots，R_i，T]$，价格 $[p_i，1，p_i，2，\cdots，p_i，T]$ 和交易量 $[v_i，1，v_i，2，\cdots，v_i，T]$，回归估计如下：

$$R_{i,t} = \hat{c}_i + \hat{\lambda}_i \cdot Sgn(t) \log(v_{i,t} p_{i,t}) + \varepsilon_{i,t} \tag{4.52}$$

其中，$Sgn(t) \equiv -1$ 或 $+1$ 取决于交易的方向，即，"买入"或"卖出"，根据以下规则确定：如果 $R_i，t$ 为正值，则将值 +1 赋给该交易（表示净买入）；如果 $R_i，t$ 为负值，则值 -1 赋给该交易（表示净卖出）。任何收益为零的间隔都将收到与最近一次收益非零的交易相同的符号。然后，市场流动性的总量度（MLI）由估计价格影响系数的每日横截面平均值给出：

$$MLI = \frac{\sum_{i=1}^{N} \lambda_i}{N} \tag{4.53}$$

其中 N 是当天计算的股票数量。

① Lo A. W.，MacKinlay A. C. 1988. Stock Market Prices Do Not Follow Random Walks：Evidence from a Simple Specification Test [J]. *The Review of Financial Studies*，1（1）：41 – 66.

② Kyle A. 1985. Continuous Auctions and Insider Trading [J]. *Econometrica*，53（6）：1315 – 1335.

四、对冲基金收益的序列相关性与非流动性

对冲基金和其他替代投资的收益率往往具有高度的序列相关性，这是一个得到充分证明的经验事实，格特曼斯基等（2004）[①]探索了这种序列相关性的几个来源，最可能的解释是流动性不足的风险敞口和平滑的收益率。格特曼斯基等提出了一种收益率平滑系数的计量模型；他们发现，不同类型对冲基金的序列相关性存在很大差异，并假设它们可能是量化非流动性风险敞口的一个有用指标。对这种情况的解释如下：对于流动性不足的证券，价格并不容易获得，通常使用线性外推定价方法，从而获得更持久、更平滑的收益率。即使是从经纪人或经销商处获得报价，这种现象仍然存在，因为经纪人或经销商也经常使用线性外推定价方法。此外，来自多个经纪人或经销商的平均报价可以导致更平滑的配置情况。因此，投资于流动性较差的证券或领域的对冲基金，其报酬率应表现出较高的序列相关性。

对冲基金收益的基本模型区分了真实收益 Rt 和观察到的收益 R_t^o，i，e，即对冲基金向其投资者报告的收益。

观察到的收益是该基金一段时间内真实收益的加权平均值：

$$R_t^o = \theta_0 R_t + \theta_1 R_{t-1} + \cdots + \theta_k R_{t-k}, \ \theta_j \in [0, 1], \ j = 0, \cdots, k$$
$$1 = \theta_0 + \theta_1 + \cdots + \theta_k \tag{4.54}$$

我们将上述模型称为"平滑"模型。根据以上分析，可以看到：

$$E[R_t^o] = E[R_t]$$
$$Var[R_t^o] \leqslant Var[R_t]$$

$$Corr[R_t^o, R_{t-m}^o] = \frac{Cov[R_t^o, R_{t-m}^o]}{Var[R_t^o]} = \frac{\sum_{j=0}^{k-m} \theta_j \theta_{j+m}}{\sum_{j=0}^{k} \theta_j^2} \tag{4.55}$$

因此，尽管观察到的平均收益与真实的平均收益相同，但平滑处理会导致观察到的方差更低，序列相关性更高。因此，更分散的 θs 的基金将进行更多的收益平滑。量化此效果的方法如下：

$$\xi \equiv \sum_{j=0}^{k} \theta_j^2 \in [0, 1] \tag{4.56}$$

ξ 越小，进行的平滑越多。因此，问题就变成了如何估计 θs。格特曼斯基等

---

① Getmansky M., Lo A. W., Makarov I. 2004. An Econometric Model of Serial Correlation and Illiquidity in Hedge Fund Returns [J]. *Journal of Financial Economics*, 74（3）：529 – 609.

提出了两种方法：最大似然方法（MLE）和回归方法。

（一）MLE 方法

给定式（4.56）中的平滑处理规范，可以使用最大似然估计 θs，其方式类似于对标准移动平均（MA）时间序列模型的估算。令 X_t 表示去均值的观测收益序列。式（4.56）中的模型暗含 X_t 的以下属性：

$$X_t = \theta_0 \eta_t + \theta_1 \eta_{t-1} + \cdots + \theta_k \Lambda_{t-k}$$
$$1 = \theta_0 + \theta_1 + \cdots + \theta_k$$
$$\eta_k \sim N(0, \sigma_\eta^2) \tag{4.57}$$

将给定的一组实际观测值表示为 $X = [X_1 \cdots X_T]'$。令 $\hat{X} = [\hat{X}_1 \cdots \hat{X}_T]'$，其中 $\hat{X}_1 = 0$ 且 $\hat{X}_j = E[X_j | X_{j-1}, \cdots, X_1]$，其中 $j \geq 2$，并将 X_{t+1} 预测值的均方误差 r_t 定义为：

$$r_t = \frac{E[(X_{t+1} - \hat{X}_{t+1})^2]}{\sigma_\eta^2} \tag{4.58}$$

给定以上表示法，可以证明方差的估计值为：

$$\hat{\sigma}_\eta^2 \equiv S(\theta) = \frac{\sum_{t=1}^{T} (X_t - \hat{X}_t)^2}{Tr_{t-1}} \tag{4.59}$$

有了上面的表达式，在 θs 的参数空间上需要最大化的似然函数：

$$L(\theta) = \log(S(\theta)) + T^{-1} \sum_{t=1}^{T} \log(r_{t-1}) \tag{4.60}$$

函数 $L(\theta)$ 在满足以下约束的情况下被最大化：

归一化约束：$\theta_0 + \theta_1 + \cdots + \theta_k = 1$。

可逆性约束：由于 XT 的过程应该是可逆的移动平均过程，因此估计的 θs 需要满足 $\theta_1 < (1/2)$、$\theta_2 < (1-\theta_1)/2$ 等。

格特曼斯基等在研究中提到，他们使用 Matlab 优化工具箱来解决 MLE 问题。他们还通过在 Stata 中运行 $MA(k)$ 估计例程来验证结果。

（二）回归方法

如果将线性因子模型强加给以下形式的真实收益过程：

$$R_t = \mu + \beta \Lambda_t + \varepsilon_t, \quad E[\Lambda_t] = E[\varepsilon_t] = 0, \quad \varepsilon_t, \Lambda_t \sim IID \tag{4.61}$$

如果真实收益取决于公因子 Λ_t，均值为 μ，方差为 σ^2，那么存在一种更简单的 θs 估算方法。通过将式（4.63）替换为式（4.56），可以将观察到的收益写成滞后因子的函数：

$$R_t^0 = \mu + \beta(\theta_0 \Lambda_{t-1} + \cdots + \theta_k \Lambda_{t-k}) + \mu_t = \mu + \gamma_0 \Lambda_{t-1} + \cdots + \gamma_k \Lambda_{t-k} + \mu_t$$

$$\mu_t = \theta_0 \varepsilon_t + \theta_1 \varepsilon_{t-1} + \cdots + \theta_k \varepsilon_{t-k} \tag{4.62}$$

通过运行上述回归，可以估算 γ_s，从而估算 θs：

$$\hat{\beta} = \hat{\gamma}_0 + \hat{\gamma}_1 + \cdots + \hat{\gamma}_k, \quad \hat{\theta}_j = \hat{\gamma}_j / \hat{\beta} \tag{4.63}$$

尽管使用回归方法估算 θs 要容易得多，但是该方法的缺点是采用了特定的线性因子结构，因此会带来因素错误指定的风险。此外，即使是在合理的因素下，由于采用 MA 处理，所以普通最小二乘（OLS）估计法也不会有效，并且通常的标准误差也不正确。MLE 方法更为通用，可以产生更可靠的标准误差。

五、基于对冲基金的更广泛系统性风险衡量

格特曼斯基等（2006）[1] 通过研究对冲基金在个人基金和总体行业两个层面上的独特风险和收益状况，来考虑对冲基金对系统性风险的更广泛影响，并提出三种新的风险对冲基金投资措施。第一种措施是一种基于自相关的方法，用于代理对冲基金的流动性不足，类似于格特曼斯基等（2004）[2] 的方法。第二种措施量化了对冲基金清算的可能性。第三种措施是基于制度转换的模型，用于量化对冲基金部门的整体困境水平。上述措施的一个很好的特点是它们是间接的风险措施，需要对冲基金的收益和规模作为主要输入，因此从数据需求的角度来看，它们很容易实现。三个主要指标如下。

（一）基于自相关的度量

对于给定的对冲基金月度回报系列，估计前 6 个自相关系数。利用扬和博克斯（Ljung and Box, 1978）[3] 提出的 Q 统计量，根据以下公式计算：

$$Q = T(T + 2) \sum_{j=1}^{k} \hat{\rho}_j^2 / (T - j) \tag{4.64}$$

在没有自相关的零假设下，Q 统计量以 χ_k^2 的形式渐近分布，具有自相关性大的基金将显示出更大的 Q 统计量。

在定义对冲基金部门系统性风险（或非流动性）的总体衡量标准方面，使用

① Chan N., Getmansky M., Haas S. M., Lo A. W. 2006. Do Hedge Funds Increase Systemic Risk? [J]. *Economic Review – Federal Reserve Bank of Atlanta*, 91（4）：49.

② Getmansky M., Lo A. W., Makarov I. 2004. An Econometric Model of Serial Correlation and Illiquidity in Hedge Fund Returns [J]. *Journal of Financial Economics*, 74（3）：529 – 609.

③ Ljung G., Box G. 1978. On a Measure of Lack of Fit in Time Series Models [J]. *Biometrika*, 65：297 – 303.

对冲基金滚动的一阶自相关的横截面加权平均值。令 $\rho_{t,i}$ 表示对冲基金在 t 个月内使用过去收益窗口（使用 36 个月）的一阶自相关。流动性 ρ_t^* 的总度量由式（4.67）给出：

$$\rho_t^* \equiv \sum_{i=1}^{N_t} \omega_{i,t} \rho_{t,i} \tag{4.65}$$

其中 N_t 表示在时间 t 样本中对冲基金的数量，$\omega_{i,t}$ 表示对冲基金 i 的权重，由式（4.68）给出：

$$\omega_{i,t} \equiv \frac{AUM_{i,t}}{\sum_{j=1}^{N_t} AUM_{j,t}} \tag{4.66}$$

其中，$AUM_{j,t}$ 是在时间 t 基金 j 的管理资产。

（二）对冲基金清算概率

通过对驱动对冲基金业绩的一系列因素，运用 logit 模型来创建对冲基金清算概率的度量。单个对冲基金收益始于实时数据库。为了便于处理，只关注年度观测，因此因变量 $Z_{i,t}$ 指基金 i 在 t 年是存续期（$Z_{i,t}=0$）还是已清算（$Z_{i,t}=1$），对于每个对冲基金，其 $Z_{i,t}$ 的时间序列将为 $[0, 0, \cdots, 0, 1]$。与每个 $Z_{i,t}$ 相关联的是表 4-5 中列出的一组解释变量。

表 4-5 用于估计清算概率的解释变量

变量	定义
AGE	基金的当前年龄（以月计）
$ASSETS$	基金资产总市值的对数
$ASSETS-1$	截至上一年度 12 月 31 日的基金资产总市值对数
$RETURN$	基金的到期收益率
$RETURN-1$	去年的总收益
$RETURN-2$	两年前的总收益
$FLOW$	基金当前的 YTD 美元流入除以前一年的 AUM，其中第 k 个月的流入为：$FLOW_k = AUM_k - AUM_k - 1(1+R_k)$，其中 R_k 是第 k 个月的收益
$FLOW-1$	去年的流入量超过前年的 AUM
$FLOW-2$	2 年前的流入量超过 3 年前的 AUM

因此，要估计的 logit 模型为：

$$Z_{it} = G(\beta_0 + \beta_1 AGE_{it} + \beta_2 ASSETS_{it-1} + \beta_3 RETURN_{it} + \beta_4 RETURN_{it-1}$$
$$+ \beta_5 RETURN_{it-2} + \beta_6 FLOW_{it} + \beta_7 FLOW_{it-1} + \beta_8 FLOW_{it-2} + \varepsilon_{it})$$

$$(4.67)$$

通过用于 logit 模型的标准最大似然方法估计上述模型（Woolridge，2002）[①]。在估计了贝塔系数之后，可以估计在时间 t 对冲基金清算的概率为：

$$\hat{p}_{it} = \frac{\exp(X'_{it}\hat{\beta})}{1 + \exp(X'_{it}\hat{\beta})}$$

$$(4.68)$$

对冲基金行业的系统性风险指标是每只基金"获利"的平均值或中位数。

（三）基于制度转换的系统性风险度量

笔者使用两种状态制度转换模型。用 R_t 表示在 t 期间对冲基金指数的回报，并假设满足以下条件：

$$R_t = I_{it} \cdot R_{1t} + (1 - I_t) \cdot R_{2t}, \quad R_{it} \sim N(\mu_i, \sigma_i^2)$$

$$I_t = \begin{cases} 1 \ with \ probability \ p_{11} \ if \ I_{t-1} = 1 \\ 1 \ with \ probability \ p_{21} \ if \ I_{t-1} = 0 \\ 0 \ with \ probability \ p_{12} \ if \ I_{t-1} = 1 \\ 0 \ with \ probability \ p_{22} \ if \ I_{t-1} = 0 \end{cases}$$

通过上述模型的最大似然估计转移概率 p_{ij} 以及 R_{1t} 和 R_{2t} 的均值和方差。请注意 I_t 过程的规范是马尔可夫链。由于马尔可夫链的 k 阶跃迁矩阵仅由 P^k 给出，在给定时间 t 之前的收益下，I_{t+k} 体制的条件概率为：

$$Prob(I_{t+k} = 1 | R_t) = \pi_1 + (p_{11} - p_{21})^k [Prob(I_t = 1 | R_t) - \pi_1]$$

$$\pi_1 \equiv \frac{p_{21}}{p_{12} + p_{21}}$$

其中，$Prob(I_t = 1 | R_t)$ 是给定日期 t 之前（包括 t）的历史数据，日期 t 体制为 1 的概率。使用马尔可夫链的类似递归，R_{t+k} 的条件期望为：

$$E[R_{t+k} | R_t] = a'_t P_k \mu$$
$$a_t = [Prob(I_t = 1 | R_t) \ Prob(I_t = 2 | R_t)]'$$
$$\mu \equiv [\mu_1 \mu_2]'$$

因此，一旦估计了上述模型，就将整个对冲基金行业的对冲基金系统性风险指标（HF SRI）计算为每个对冲基金指数在时间 t 处在低均值状态的概率之和：

$$HFSRI_t = \sum_{i=1}^{n} Prob(I_t^i = low - mean \ state \ of \ i | R_t^i)$$

[①] Wooldridge J. M. 2002. *Econometric Analysis of Cross Section and Panel Data* [M]. Cambridge：MIT Press.

其中，n 表示对冲基金指数的数量。即使将总和概率重新归一化为位于单位区间中，也不能将其形式上正式地解释为概率，因为针对每个指数单独指定了转换过程，而不是针对所有指数共同指定。因此，对可转换套利的低均值状态的解释可能与对股票市场中立的低均值状态的解释完全不同。但是，作为对冲基金行业状况的总体衡量指标，合计概率可能包含有关系统性风险敞口的有用信息。

第五章

股票市场资产价格泡沫测度

关于资产价格泡沫的理论研究主要从其产生的理性因素和非理性因素展开。其中，理性资产价格泡沫的理论研究试图在理性预期与有效市场假设前提下探讨资产价格泡沫是否存在，以及其存在的条件为何。由于理性资产价格泡沫具有严格的前提假设、完美的分析框架以及规范的资产价格泡沫形式，受到众多理论与实证研究者的青睐。本章重点介绍了理性资产价格泡沫的理论基础与主要类型划分，其中类型划分依据为资产价格泡沫与基本面形成是否相关。

虽然，关于理性资产价格泡沫的研究成果众多，但就泡沫实际发生的情况来看，理性资产价格泡沫的研究框架很难明确地将资产价格的变动归因于泡沫成分的存在或是由基本面引起的错误定价。此外，投资者也并非总是理性，很多已发生的资产价格泡沫典型事实是由投资者心理因素以及群体心理导致，如美国互联网泡沫、日本的泡沫经济等。因此，关于资产价格泡沫的非理性因素得到进一步发展。由于非理性资产价格泡沫目前尚未形成较为统一的理论框架，在探讨资产价格泡沫的非理性成因方面，研究者通常从不同的侧面加以考虑，尽管从行为金融角度可以较好地解释某些市场中发生的现象，但其解释不具备普遍性。且由于非理性资产价格泡沫的理论基础薄弱、数据获得受限等因素，其缺乏实证支持。鉴于此，本章首先从局部均衡下理性资产价格泡沫、内生性资产价格泡沫、外生性资产价格泡沫视角对理性资产价格泡沫理论进行分析。其次，从异质信念、有限套利、噪声交易以及泡沫骑乘视角对非理性资产价格泡沫理论进行分析。在上述理论分析的基础上，基于 GSADF 模型对中国 A 股市场分行业资产价格泡沫进行测度，为进一步探讨不同行业间资产价格泡沫的传染机制，本章进一步采用基于带有时变波动率的时变参数向量自回归模型（TVP – SV – VAR）构建的动态连通性指数分析了行业间资产价格泡沫的传染效应。

第一节　理性资产价格泡沫基础

理性资产价格泡沫的理论基础主要来自布兰察德（Blanchard，1979）[①]、迪巴和格鲁斯曼（Diba and Grossman，1988）[②]、布兰查德和费希尔（Blanchard and Fisher，1989）[③] 的研究，关于资产价格泡沫的理论界定通常基于局部均衡下的现值模型展开。资产价格泡沫的类型划分则是通过对理性资产价格泡沫的标准形式的扩展得以进行，通过对资产价格泡沫的形式进行变形，使之符合特定的泡沫事件。

一、局部均衡下理性资产价格泡沫理论基础

本节首先在只存在消费者的局部均衡框架下，通过消费优化问题，推导基本的资产定价关系。在理性预期与无套利假设下，假设经济中的投资者均为风险中性。其中，β 为常数折现率，处于 $0 \sim 1$；Q_t 为资产持有量；c_t 为资产收益；$u(c_t)$ 为金融资产的效用函数；P_t 为资产价格；D_t 为外生给定的现金红利随机变量（股利、利息、租金等）。在无限期模型中，风险中性的理性投资者其资产收益效用最大化可以描述为式（5.1）。

$$\text{Max } E_t \left\{ \sum_{j=0}^{+\infty} \beta^j u(c_{t+j}) \right\}$$

$$\text{s. t.} \quad c_t = D_t Q_t - P_t (Q_{t+1} - Q_t) \tag{5.1}$$

上述最优化问题的一阶条件如式（5.2）所示：

$$E_t \left\{ \beta u'(c_{t+j}) [P_{t+j} + D_{t+j}] \right\} = E_t \left\{ \beta u'(c_{t+j-1}) P_{t+j-1} \right\} \tag{5.2}$$

式（5.2）表明，在均衡情况下，无限期投资者无法通过买卖资产并在下期出售或回购资产增加其预期效用。

[①]　Blanchard O. 1979. Speculative Bubbles，Crashes and Rational Expectations ［J］. *Economics Letters*，3（4）：387 – 389.

[②]　Diba B.，Grossman H. 1988. The Theory of Rational Bubbles in Stock Prices ［J］. *Economic Journal*，98（392）：746 – 754.

[③]　Blanchard O.，Fisher S. 1989. *Lectures on Macroeconomics* ［M］. Cambridge：MIT Press.

在线性效用函数的假设下，上述一阶条件可以表示为式（5.3）所示：

$$\beta E_t(P_{t+j} + D_{t+j}) = E_t(P_{t+j-1}) \tag{5.3}$$

在无套利假设下有 $\beta = 1/(1 + r_f)$，其中 r_f 为无风险利率。因此式（5.3）可以表示为：

$$E_t(P_{t+j-1}) = \frac{1}{1 + r_f} E_t(P_{t+j} + D_{t+j}) \tag{5.4}$$

布兰查德等（1979）[①] 通过对式（5.4）进行迭代得到式（5.2）的特解，为：

$$P_t = \sum_{j=1}^{\infty} \left(\frac{1}{1 + r_f} \right)^j E_t(D_{t+j}) + \lim_{i \to \infty} \left(\frac{1}{1 + r_f} \right)^j P_{t+j} \tag{5.5}$$

式（5.5）的含义为资产价格等于预期股利的净现值之和再加上预期的转售价值。式（5.5）等价于 $P_t = P_t^F + P_t^B$。其中，P_t^F 为该特解形式下资产价格的基础价值成分，其表示为未来股息的折现值，P_t^B 为理性泡沫成分。在该情况下，理性泡沫成分不是由错误定价引起的，而是资产价格的基本组成部分。只要代理人期望在未来以更高的价格出售资产，资产的价格就可能超过其基本价值。

$$P_t^F = \sum_{j=1}^{\infty} \left(\frac{1}{1 + r_f} \right)^j E_t(D_{t+j}) \tag{5.6}$$

$$E(P_{t+1}^B) = (1 + r_f) P_t^B \tag{5.7}$$

式（5.6）至式（5.8）为局部均衡条件下，无限期模型中关于泡沫的一般定义。

$$P_t^B = \lim_{i \to \infty} \left(\frac{1}{1 + r_f} \right)^j P_{t+j} \tag{5.8}$$

梯若尔（Tirole，1982）[②] 认为在无限期模型中，根据横截条件，如式（5.8）所示的泡沫成分在均衡状态下为 0。假设泡沫成分不为 0 并为一个正值，那么具有无限期的投资者如果卖掉资产将会损失效用，这是因为股利折现值将低于资产的当期价格。

二、内生性资产价格泡沫

根据资产价格泡沫与基础价值之间是否存在影响关系，可以将其划分为内生性资产价格泡沫和外生性资产价格泡沫，其中内生性资产价格泡沫是与基础价值成分相关的泡沫类型，而外生性资产价格泡沫不仅受基础价值影响还受外界因素

① Blanchard O. 1979. Speculative Bubbles, Crashes and Rational Expectations [J]. *Economics Letters*, 3（4）：387 – 389.

② Tirole J. 1982. On The Possibility of Speculation Under Rational Expectations [J]. *Econometrica*, 50：1163 – 1182.

影响，或者只受外界因素影响。

福鲁特和奥布斯菲尔德（Froot and Obstfeld，1991）[1] 提出的内在泡沫为内生性泡沫的特殊例子。该模型设定资产价格泡沫的规模与基本价值相关，该设定将泡沫成分与股息相挂钩，在已知式（5.7）的情形下，假设对数股利 d_t 服从一个带漂移的随机游走过程，

$$d_t = \mu + d_{t-1} + \varepsilon_t \tag{5.9}$$

$\varepsilon_t \sim N(0, \sigma^2)$，结合式（5.7）和式（5.9）则可以得到泡沫成分的具体形式，

$$B(D_t) = cD_t^\lambda \tag{5.10}$$

λ 是方程 $\lambda^2 \sigma^2 / 2 + \lambda\mu - \ln(1+r) = 0$ 的正值解，c 为一个满足式（5.7）的任意正值。

该泡沫过程意味着资产价格泡沫的规模完全依赖于股息水平，因此股价水平也会对股息冲击更为敏感，根据股息的设定结合式（5.6）和式（5.9）可得：

$$P_t^F = \sum_{j=1}^{\infty} \left(\frac{1}{1+r_f}\right)^j E_t(D_{t+j}) = \kappa D_t \tag{5.11}$$

$$\kappa = \frac{e^{(\mu + \sigma^2/2 - \ln(1+r_f))}}{(1+r_f) - e^{(\mu + \sigma^2/2)}}$$

内生性泡沫模型意味着资产价格和股息的比率是非线性的，而在无泡沫的情况下，资产价格与股息之间应该是线性关系，因此在泡沫识别中也经常通过判断股息与价格之间的非线性关系成立与否来判断资产价格泡沫的存在。

三、外生性资产价格泡沫

布兰查德和沃森（Blanchard and Waston，1982）[2] 根据资产价格泡沫的运行特征，将资产价格泡沫分为确定性资产价格泡沫和随机性资产价格泡沫。其中，确定性泡沫通常按照确定的趋势运行，而随机性泡沫则服从一定的随机分布运行。

（一）确定性资产价格泡沫

确定性资产价格泡沫假设泡沫成分按照特定的比率增长，根据式（5.7）其

---

[1]　Froot K. A., Obstfeld M. 1991. Intrinsic Bubbles：The Case of Stock Prices [J]. *American Economic Review*，81（5）：1189–1214.

[2]　Blanchard O., Watson M. 1982. Bubbles, Rational Expectations, and Financial Markets [J]. *Crises in the Economic and Financial Structure*：295–315.

具体形式可以表示为:

$$P^B_{t+1} = (1 + r_f) P^B_t \qquad (5.12)$$

经迭代后,资产价格形式如下:

$$P_t = \sum_{j=1}^{\infty} \left(\frac{1}{1 + r_f} \right)^j E_t(D_{t+j}) + (1 + r_f)^t P^B_0 \qquad (5.13)$$

在此形式下,如果存在一个不为零的泡沫成分,资产价格的泡沫成分将以指数级速度增加或减少,资产价格也将呈指数级上升或下降到无穷（Diba and Grossman,1988)[1],因此,该确定性泡沫也可以被称作确定性爆炸型资产价格泡沫。

在代理投资者均为理性的情形下,确定性资产价格泡沫的收缩和膨胀是投资者理性预期的自我实现,而与资产价格的基本面因素不相关。确定性泡沫的正向发展捕捉到了资产价格运行过程中的特定阶段,但由于该设定下资产价格泡沫不会破灭,并且仅呈指数速度上升和下降的特点在实际情况中并不常见,因此其无法刻画资产价格泡沫的整体运行特征。

(二) 随机性资产价格泡沫

随机性资产价格泡沫通常假设泡沫成分服从某种随机过程,如根据不同的运行特征一般可以将资产价格泡沫分为带有爆炸性周期破灭型资产价格泡沫、爆炸性周期存续型资产价格泡沫等。通常,随机性泡沫的一般形式为式（5.14)所示:

$$P^B_{t+1} = (1 + r_f) P^B_t + z_{t+1} \qquad (5.14)$$

其中,z_{t+1} 是一个随机变量并满足 $E_t(z_{t+j}) = 0 \quad \forall j \geqslant 1$。随机性泡沫是式（5.7)所示的泡沫一般形式的随机形式。与确定性泡沫相比,随机性泡沫通常与现实的资产价格运行更为接近,因为随机性泡沫的规模会因受到外生冲击的影响而在不同的时刻发生趋势变化。迪巴和格罗斯曼（Diba and Grossman,1988)认为,形如式（5.14)所示的随机性泡沫如果存在,那么泡沫一定在交易的第一期便存在。虽然随机性泡沫的刻画较确定性泡沫更为精准,但随机泡沫的一般形式与现实的资产价格泡沫的运行情况仍存较大差距。

(三) 爆炸性周期破灭型泡沫

在现实中,资产价格泡沫通常不会一直存续,其可能会存在指数型上涨后发

---

① Diba B., Grossman H. 1988. The Theory of Rational Bubbles in Stock Prices [J]. *Economic Journal*, 98 (392): 746 – 754.

生破灭的情形，因此布兰查德（1979）[①] 和布兰查德和沃森（1982）[②] 给出了一个随机性泡沫的具体形式，即爆炸性周期破灭型泡沫，如式（5.15）所示。

$$P_{t+1}^B = \begin{cases} \left(\dfrac{1+r_f}{\pi} \right) P_t^B + z_{t+1} & p = \pi \\ z_{t+1} & p = 1 - \pi \end{cases} \tag{5.15}$$

该设定中，资产价格泡沫将以概率 π 呈现爆炸性趋势，或者以 $1-\pi$ 的概率崩溃。当其持续存在时，他的平均收益是高于无风险利率的，以此作为对泡沫破灭风险的补偿。该周期型泡沫有诸多扩展，其中比较典型的即为爆炸型泡沫，如式（5.16）所示。

$$P_{t+1}^B = \begin{cases} \left(\dfrac{1+r_f}{\pi} \right) P_t^B & p = \pi \\ 0 & p = 1 - \pi \end{cases} \tag{5.16}$$

（四）爆炸性周期存续型泡沫

上述爆炸型泡沫意味着在有限时间内，资产价格破灭的概率极高，而泡沫一旦破灭后，按照随机泡沫的一般形式可知，新的资产价格不会产生泡沫。因此伊万斯（Evans，1991）[③] 给出了另一种周期型资产价格泡沫，该泡沫始终以正值存续，因此可称之为爆炸性周期存续型泡沫，具体形式如下：

$$P_{t+1}^B = \begin{cases} (1+r_f) P_t^B u_{t+1}, & \text{如果 } P_t^B \leqslant \alpha \\ [\delta + \pi^{-1}(1+r_f)\theta_{t+1} \times (P_t^B - (1+r_f)^{-1}\delta)] u_{t+1}, & \text{如果 } P_t^B > \alpha \end{cases} \tag{5.17}$$

其中，δ 和 α 是两个正值参数，并且满足 $0 < \delta < (1+r_f)\alpha$。$u_{t+1}$ 是一个外生的独立同分布正随机变量，并满足 $E_t u_{t+1} = 1$。θ_{t+1} 是一个外生的独立同分布伯努利随机变量，并满足与 u_{t+1} 相互独立。且当 $p = \pi$ 时，$\theta_{t+1} = 1$；$p = 1 - \pi$ 时，$\theta_{t+1} = 0$。

在该设定下，资产价格泡沫的运行过程为，当资产价格泡沫在小于 α 的规模运行时，其增加的速度相对较慢，一旦其规模超过 α 时，其扩张的速度将大幅度增加，并且在每一期以 $p = 1 - \pi$ 的概率破灭，以 $p = \pi$ 概率存续。但当资产价格泡沫破灭时，其规模不会像周期性爆炸型泡沫那样收缩至 0，而是收缩至一个很

[①] Blanchard O. 1979. Speculative Bubbles, Crashes and Rational Expectations [J]. *Economics Letters*，3（4）：387 – 389.

[②] Blanchard O.，Watson M. 1982. Bubbles, Rational Expectations, and Financial Markets [J]. *Crises in the Economic and Financial Structure*：295 – 315.

[③] Evans G. 1991. Pitfalls in Testing for Explosive Bubbles in Asset Prices [J]. *American Economic Review*，31（9）：922 – 930.

小的正值 δ。在这种情况下，资产价格泡沫的运行机制不会受到迪巴和格鲁斯曼（Diba and Grossman，1988）① 关于泡沫重新启动的批评，因为它永远不会破裂，它只会周期性地离散变小。这个泡沫的例子利用了这样一个事实：预期的资产价格泡沫的总收益总是 $1+r$，但现实中其会发生崩溃。

关于理性资产价格泡沫是否存在，其存在条件为何以及其运行机制为何一直是理论研究中的重点问题。上述关于理性资产价格泡沫的讨论均为局部均衡下得到的理性资产价格泡沫的标准形式的扩展。诸多学者试图通过对理性资产价格泡沫进行变形使之更贴近现实经济。受理性资产价格泡沫影响的资产价格其变化路径是爆炸性的，只有当泡沫的存在使得在没有泡沫的经济中的配置得到改善时，泡沫通常才能持续。这意味着，在这些理性模型中，某些类型的金融摩擦的存在是十分必要的，如世代交叠模型中隔代代理人无法交易导致的时间摩擦，以及一般均衡模型中由于市场不完全导致的信贷摩擦等。

第二节　非理性资产价格泡沫理论基础

目前关于非理性资产价格泡沫的理论研究主要从引发资产价格泡沫形成的非理性因素以及资产价格泡沫崩溃的非理性因素展开。在形成因素方面主要从投资者异质信念、投资者情绪、噪声交易等角度对资产价格泡沫的形成机制加以论证。而在资产价格泡沫演化机制的非理性因素方面，主要从交易者的同步风险以及噪声交易者的正反馈机制加以论证。

一、异质信念与有限套利理论

在资产价格泡沫的非理性形成机制中，关于异质信念的研究具有相对比较完整的理论框架，并且对资产价格泡沫事件具有比较普遍的解释能力。如投资者异质信念与卖空约束的相互作用被认为是 2000 年美国互联网泡沫的重要产生机制。鉴于此，本章节对投资者异质信念泡沫进行理论介绍。在依赖于投资者之间的异质信念来产生泡沫的理论模型中，通常假设投资者的先验信念分布是不同的，这种信念差异可能是由心理偏差导致的。

---

① Diba B., Grossman H. 1988. The Theory of Rational Bubbles in Stock Prices [J]. *Economic Journal*, 98 (392)：746 – 754.

关于异质信念的代表性研究来自舍因克曼和熊伟（Scheinkman and Xiong, 2003）[①]、Hong 等（2003）[②] 等。该类研究考虑一个单一资产模型，这种资产可能为一只股票或者一个资产组合。将市场分为三期即 $time = 0$，1，2，其中 $time = 0$，1 时投资者进行交易，而在 $time = 2$ 时该资产支付股利 f，该股利服从正态分布。假设存在 A 和 B 两类投资者，对未来的股利分布持有不同的预期，即我们前文中提到的投资者异质信念。如 Hong 等（2003）[③] 所设定的那样，该异质信念由投资者的过度自信所致。

在 $time = 0$ 时，投资者 A 关于 f 的信念服从均值为 f_0^A，方差为 σ_0^2 的正态分布表示为 $f^A \sim N(f_0^A, \sigma_0^2)$。投资者 B 关于 f 的信念服从均值为 f_0^B，方差 σ_0^2 的正态分布可以表示为 $f^B \sim N(f_0^B, \sigma_0^2)$。即 A 和 B 对 $time = 2$ 时股利分配具有不同的预期，但具有相同的信号精度，使用 $\tau_0 = 1/\sigma_0^2$ 表示信号精度。在 $time = 1$ 期两类投资者接收到一个新的公共信号，并对该公共信号有着不同的自信程度，其中投资者 A 的自信程度为 s_f^A，投资者 B 的自信程度为 s_f^B，如式（5.18）所示。

$$s_f^A = f + \varepsilon_f^A, \quad s_f^B = f + \varepsilon_f^B \tag{5.18}$$

ε_f^A 和 ε_f^B 表示投资者 A 和 B 关于该公共信号不同的噪声成分，为均值为 0 方差为 σ_ε^2 相互独立的正态分布 $N(0, \sigma_\varepsilon^2)$。使用 $\tau_\varepsilon = 1/\sigma_\varepsilon^2$ 表示两类投资者针对该公共信号的精度。当投资者过度自信时，他将高估自己的信号精度。如当投资者 A 高估自己的信号精度而投资者 B 未高估自己的信号精度时，A 的信号精度将变为 $\phi\tau_\varepsilon$，此处 ϕ 代表过度自信程度，是一个大于 1 的常数；当 B 高估自己的信号精度而投资者 A 未高估自己的信号精度时，B 的信号精度将变为 $\phi\tau_\varepsilon$。根据标准的贝叶斯信息更新法则，可以得到 $time = 1$ 时，A 投资者信念服从均值为 f_1^A，方差为 σ_1^2 的正态分布表示为 $N(f_1^A, \sigma_1^2)$。B 投资者的信念服从均值为 f_1^B，方差为 σ_1^2 的正态分布表示为 $N(f_1^B, \sigma_1^2)$，此时 $time = 1$ 时的信号精度为 τ_1，如式（5.19）所示。

$$\tau_1 = 1/\sigma_1^2 = \tau_0 + (1 + \phi)\tau_\varepsilon \tag{5.19}$$

此时投资者的异质信念主要来源于两个方面，其一为投资者不同的初始信念，其二为对公共信号自信程度的差异。$time = 1$ 时两个代表性投资者的信念均值为：

---

① Scheinkman J., Xiong W. 2003. Overconfidence and Speculative Bubbles [J]. *Journal of Political Economy*, 111（6）: 1183 – 1219.

②③ Hong H., Stein J. C. 2003. Differences of Opinion, Short – Sales Constraints, and Market Crashes [J]. *Review of Financial Studies*, 16（2）: 487 – 525.

$$f_1^A = f_0^A + \frac{\phi \tau_\varepsilon}{\tau}(s_f^A - f_0^A) + \frac{\tau_\varepsilon}{\tau}(s_f^B - f_0^A)$$

$$f_1^B = f_0^B + \frac{\tau_\varepsilon}{\tau}(s_f^A - f_0^B) + \frac{\phi \tau_\varepsilon}{\tau}(s_f^B - f_0^B)$$

当投资者在 $time = 0$ 的初始信念相同时，若定义 $l_1 = f_1^A - f_1^B$ 为 1 期的投资者异质信念，那么 A 与 B 两类投资者异质信念 l_1 异质信念方差 $\sigma_{l_1}^2$ 分别为：

$$l_1 = \frac{(\phi - 1)\tau_\varepsilon}{\tau_1}(\varepsilon_f^A - \varepsilon_f^B) \tag{5.20}$$

$$\sigma_{l_1}^2 = \frac{(\phi - 1)^2 \tau_\varepsilon (\phi + 1)}{\phi \tau_1^2} \tag{5.21}$$

根据上述分析，在存在卖空约束的情况下，若总的资产供给固定为 Q，投资者服从均值方差偏好，那么在 $time = 0$，1 投资者 A 和 B 的需求函数为如下形式：

$$x_0^A = \max\left[\frac{\eta(E_0^A(p_1) - p_0)}{\Sigma^A}, 0\right], \quad x_0^B = \max\left[\frac{\eta(E_0^B(p_1) - p_0)}{\Sigma^B}, 0\right]$$

$$\tag{5.22}$$

$$x_1^A = \max\left[\eta\tau_1(f_1^A - p_1), 0\right], \quad x_1^B = \max\left[\eta\tau_1(f_1^B - p_1), 0\right] \tag{5.23}$$

其中，E_0^A、E_0^B 分别表示投资者 A 和 B 在 $time = 0$ 期对 $time = 1$ 期变量的期望值，x_0^A 为 0 期投资者 A 的资产需求，x_0^B 为 0 期投资者 B 的资产需求，x_1^A 为 1 期投资者 A 的资产需求，x_1^B 为 1 期投资者 B 的资产需求。p_0 为 0 期的资产价格，p_1 为 1 期的资产价格，且 $x_0^A + x_0^B = Q$，$x_1^A + x_1^B = Q$。η 为风险承受能力，Σ^A 为投资者 A 在 0 期的价差方差，Σ^B 为投资者 B 在 0 期的价差方差，表示为：

$$\Sigma^A = Var_0^A[p_1 - p_0], \quad \Sigma^B = Var_0^B[p_1 - p_0] \tag{5.24}$$

当投资者在 $time = 0$ 初始信念相同时，$E_0^A(P_1) = E_0^B(P_1)$，且 $\Sigma^A = \Sigma^B = \Sigma$，由此可以得到初始信念相同时，0 期的资产价格为：

$$p_0 = f_0 - \frac{\Sigma}{2\eta}Q - \frac{Q}{2\eta\tau_1} + E\left[\left(l_1 - \frac{Q}{2\eta}\right)I_{|l_1 > \frac{Q}{\eta\tau_1}|}\right] \tag{5.25}$$

可以看到，0 期资产价格由四个部分组成，其中 f_0 为资产内在价值的期望值，$\Sigma Q/2\eta$ 为 $time = 0$ 期到 $time = 1$ 期持有资产的风险溢价，$Q/2\eta\tau_1$ 为 $time = 1$ 期到 $time = 2$ 期持有资产的风险溢价，最后一项则是资产的泡沫成分，也称资产的再售期权，E 为期望符号。结合式（5.19）与式（5.25）可以得出资产的泡沫成分 P^B，如下所示：

$$P^B = E\left[\left(l_1 - \frac{Q}{2\eta}\right)I_{|l_1 > \frac{Q}{\eta\tau_1}|}\right] = \frac{\sigma_{l_1}}{\sqrt{2\pi}}e^{-\frac{Q^2}{2\eta^2\tau_1^2\sigma_{l_1}^2}} - \frac{Q}{\eta\tau}N\left(-\frac{Q}{\eta\tau_1\sigma_{l_1}}\right) \tag{5.26}$$

其中，N 为标准正态分布的累积概率函数。结合式（5.19）与式（5.21）可得：

$$\frac{\partial P^B}{\partial \phi} > 0, \quad \frac{\partial P^B}{\partial \sigma_{l_1}^2} > 0 \tag{5.27}$$

上述的理论分析结果显示，存在卖空约束情况下，资产价格泡沫随投资者自信程度的上升而上升，即随着投资者异质信念的上升而上升。该作用机制可以理解为，资产价格是在均衡状态下确定的，在一定程度上反映了投资者关于收益的异质信念。但是卖空限制的存在迫使悲观的投资者离开市场，只剩下乐观的投资者，从而抬高了资产价格水平。因此，当卖空约束不再限制投资者的投资活动时，市场价格会广泛反映不同情绪投资者的信念，进而使得价格回归其内在价值。

二、噪声交易理论与泡沫乘骑理论

泡沫的演化与崩溃事件一直令经济学家着迷。尽管许多学者、实践者和政策制定者都研究过与资产价格泡沫破裂有关的问题，但对其原因和影响还没有达成共识，本节主要基于噪声交易理论与泡沫乘骑理论对其加以论述。

（一）噪声交易者的正反馈交易

非理性泡沫的早期研究来自布莱克（Black，1986）[1] 提出的"噪声"概念，布莱克认为噪声交易是在没有掌握内部信息的情况下，将自己获得的信息作为精确信息来对待，并据此做出非理性的交易行为。因此噪声交易者对市场价格的判断可能出现系统偏差，做出过激的反应或遵从正反馈交易策略，进而形成自我强化机制。此后，许多学者利用这一概念，在理性资产价格泡沫理论中引入理性交易主体和非理性交易主体，通过引入异质交易主体来扩展标准的现值模型。德隆等（De Long et al.，1990）[2] 提出了一个刻画市场泡沫和崩溃的噪声交易模型（DSSW 模型），该模型利用了噪声交易者在泡沫发展中可能扮演的角色这一观点，作为资产价格在相当长时间内偏离基本面的可能机制。该研究的灵感来自对乔治·索罗斯（George Soros）等成功投资者的观察，乔治·索罗斯对自己投资策略的描述中强调，自己成功的关键不是对抗金融市场上出现的非理性热情浪

---

① Black F. 1986. Noise ［J］. *The Journal of Finance*，41（3）：529－543.

② Long J. B. D.，Shleifer A.，Summers L. H.，et al. 1990. Noise Trader Risk in Financial Markets ［J］. *J. Bradford De Long's Working Papers*，98（4）：703－738.

潮，而是在这股浪潮中度过一段时间，然后再抛售出去。

德隆等发现，成功的投资者经常利用那些遵循正反馈策略或动量投资策略的天真投资者，该类投资者通常会在价格上涨时买入证券，当价格下跌时卖出证券，在 Black 的定义下，动量交易者为典型的噪声交易者。噪声交易者所导致的资产价格泡沫的作用机制在于，当理性投机者收到好消息并以此消息进行交易时，他们会意识到初始价格上涨将刺激噪声交易者的购买，因为噪声交易者遵循正反馈交易策略。理性的投机者在预期噪声交易者的购买之后，会进一步买入资产以推高资产价格使其高于基本价格，以吸引更多的噪声交易产生。这一机制的关键在于，理性套利者和遵循正反馈交易的噪声者之间的交易会产生类似泡沫的价格模式。理性的投机者会破坏价格的稳定，因为他们的交易会触发其他噪声投资者的正反馈交易，这导致了短期内资产价格泡沫的大幅膨胀。最终，理性投机者的抛售或卖空将把价格拉回到基本面，导致资产价格泡沫的崩溃。

（二）泡沫乘骑理论

泡沫乘骑理论的引入基于这样一个事实前提，研究者们通常认为对冲基金是最老练的投资者之一，该类型的投资者比任何其他类别的投资者都更接近"理性套利者"。但众多的泡沫事件表明，在市场出现资产价格泡沫化现象时，对冲基金经理往往不会立即通过套利机制将资产价格纠正至其内在价值，而是继续乘骑泡沫。阿布鲁和布伦纳梅尔（Abreu and Brunnermeier, 2003）[①] 是泡沫乘骑理论中最具影响力的研究之一。他们提出了理性交易者的同步失败理论来解释为什么理性的交易者会乘骑泡沫而不是套利泡沫。

理性的套利者应该知道市场最终会崩溃。他们知道，一旦足够数量的（理性的）交易者抛售，泡沫就会破灭。然而，理性套利者关于同步抛售时机的看法存在分散性，这一分散性为抛售同步性带来了极大的不确定性，因此众多的理性代理人都在拖延这种崩溃，让泡沫得以扩大。阿布鲁和布伦纳梅尔（2003）[②] 假设理性代理人从随机选择的某个日期 T 开始依次被告知资产被高估，但是没有代理观察到 T。因此从个人投资者的角度来看，泡沫的起点和规模都是未知的。这就导致了这样一种情况，即每个交易者都试图抢占崩溃的先机，同时尽可能长时间地驾驭泡沫。通过这样做，交易者的同步风险延缓了泡沫的破裂，使得泡沫规模变得更大。

在这一框架下，由于卖空者面临同步风险，单个交易者的卖出压力没有完全

---

①② Abreu D., Brunnermeier A. M. K. 2003. Bubbles and Crashes [J]. *Econometrica*, 71 (1).

反映在价格过程中，因此调整时机的不确定性使得资产价格泡沫在短期和中期都会持续存在。经验上看，也有大量事实支持这一观点，如 1998~2000 年美国互联网泡沫期间，美国股市中有大批对冲基金投资科技股。我国 2015 股市异常波动期间，有大量的公募基金持有白酒股等。虽然泡沫乘骑理论在一定程度上刻画了特定的资产价格泡沫事件，但其弊端在于仅能证明存在泡沫时代理人将从事投机性交易，但并不能证明该泡沫的存在。

第三节　股票市场资产价格泡沫的测度

一、GSADF 模型

本章节采取菲利普斯等 （Phillips et al.，2015）[①] 的研究中提出的广义右尾 ADF 检验 （GSADF，又称 PSY 方法检验程序），对中国 A 股市场分行业股市泡沫进行测算。该方法允许我们对泡沫的开始和结束日期进行 "日期标记"，并可以给出泡沫规模的代理变量。

　　该检验的原假设 H0 为：分行业股票市场资产价格序列为单位根序列 （无资产价格泡沫），备择假设 H1 为：分行业股票市场资产价格序列为爆炸序列 （存在资产价格泡沫）。ADF 单位根检验的回归方程为：

$$\Delta y_t = \alpha + \beta y_{t-1} + \sum_{i=1}^{K} \gamma_i \Delta y_{t-i} + \varepsilon_t \qquad (5.28)$$

其中，y_t 是 t 时刻的资产价格序列，K 是滞后阶数 （在应用中设为 5），ε_t 是误差项。原假设为 $\beta = 0$，备择假设为 $\beta > 0$。ADF 统计量被定义为 β 的最小二乘估计的 t 值。

　　PSY 检验需要进行子样本回归。其目的是考虑样本期内任何潜在的结构突变或状态转移。已知全部样本长度为 T，设 r 为样本长度分数变量，且有 $t = [Tr]$，即时点 t 是 $[Tr]$ 的整数部分。现假设，$t_1 = [r_1 T]$ 和 $t_2 = [r_2 T]$ 是子样本回归的起点和终点，相应的 ADF 统计量表示为 $ADF_{r_2}^{r_1}$。首先固定子样本起点 r_1，逐步向前递归改变样本终止点 r_2 位置，$r_2 \in [r_0, 1]$，进而得到 ADF 统计量序列，对

　　① Phillips P. C. B.，Shi S.，Yu J. 2015. Testing for Multiple Bubbles：Limit Theory of Real – Time Detectors [J]. *International Economic Review*，56 （4）：1079 – 1134.

其取上确界得到 SADF 统计量。然后，依次改变样本初始点 r_1，得到 SADF 统计量序列，对 SADF 统计量序列取上确界，则得到 GSADF 统计量。其中 r_0 是启动回归所需的最小窗口。对于实际应用，参考菲利普斯等（2015）的研究，根据 $r_0 = 0.01 + 0.8/\sqrt{T}$ 的原则来设置 r_0 以降低尺寸失真的概率。在所有可行域上关于 r_1 和 r_2 广义双侧倒向滚动回归的 sup – ADF 统计量记为 $GSADF(r_0)$。

$$GSADF(r_0) = \sup_{\substack{r_1 \in [0, r_2 - r_0] \\ r_2 \in [r_0, 1]}} \{ADF_{r_2}^{r_1}\} = \sup_{r_2 \in [r_0, 1]} \{BSADF_{r_2}(r_0)\} \quad (5.29)$$

根据菲利普斯等（2015）[①] 的研究设定，$GSADF(r_0)$ 的渐进极限分布如式（5.30）所示：

$$\sup_{\substack{r_2 \in [r_0, 1] \\ r_1 \in [0, r_2 - r_0]}} \left\{ \frac{\frac{1}{2} r_w [W(r_2)^2 - W(r_1)^2 - r_w] - \int_{r_1}^{r_2} W(r) \mathrm{d}r [W(r_2) - W(r_1)]}{r_w^{1/2} \{r_w \int_{r_1}^{r_2} W(r)^2 \mathrm{d}r - [\int_{r_1}^{r_2} W(r) \mathrm{d}r]^2\}^{1/2}} \right\}$$

$$(5.30)$$

其中，$W(\cdot)$ 表示维纳过程，r_w 为窗宽。

相应地，采用倒向滚动递归策略对泡沫周期进行测算。首先确定子样本回归终止点 r_2，向后滚动递归样本初始点 r_1，其中 $r_1 \in [0, r_2 - r_0]$，得到的 ADF 统计量记作 $BSADF_{r_2}(r_0)$。

$$BSADF_{r_2}(r_0) = \sup_{r_1 \in [0, r_2 - r_0]} \{ADF_{r_1}^{r_2}\} \quad (5.31)$$

$$GSADF(r_0) = \sup_{r_2 \in [r_0, 1]} \{BSADF_{r_2}(r_0)\} \quad (5.32)$$

然后依次向前递归结束子样本终止点 r_2，进而到得 $BSADF_{r_2}(r_0)$ 统计序列。该方法识别泡沫区间的内在逻辑在于，当 $BSADF_{r_2}(r_0)$ 首次超出临界值时，将该时点视作一个泡沫区间的初始点，其后超出临界值时点视作该泡沫区间的结束时点，由此得到一个泡沫周期。起止时间分别为：

$$\hat{r}_e = \inf_{r_2 \in [r_0, 1]} \{r_2 : BSADF_{r_2} > scv_{r_2}^{\beta_T}\} \quad (5.33)$$

$$\hat{r}_f = \inf_{r_2 \in [\hat{r}_e + \delta \log(T)/T, 1]} \{r_2 : BSADF_{r_2} < scv_{r_2}^{\beta_T}\} \quad (5.34)$$

其中，$scv_{r_2}^{\beta_T}$ 为 BSADF 统计量的 $100(1 - \beta_T)\%$ 临界值，$\hat{r}_e$ 为泡沫周期的初始时点，$\hat{r}_f$ 为泡沫周期的结束时点。

本章节采用随机自举的方法来获得有限样本临界值。该方法可以复制原始冲击中的异方差模式，因此有望减少尺寸失真的可能性。此外，在测算过程中产生的 $BSADF_{r_2}(r_0)$ 统计序列可以用来衡量资产价格泡沫规模，该统计序列值的上升

---

① Phillips P. C. B., Shi S., Yu J. 2015. Testing for Multiple Bubbles：Limit Theory of Real – Time Detectors [J]. *International Economic Review*, 56（4）：1079 – 1134.

代表泡沫规模的增大，反之则越小。

二、中国股票市场分行业资产价格泡沫测度结果

本章节选取时间区间为 2011 年 5 月 7 日至 2020 年 7 月 25 日的中证一级行业指数动态滚动市盈率①作为股票的估值指标，该市盈率指标作为资产价格变量进入到 GSADF 检验程序中，用以测算中国股票市场分行业资产价格泡沫，数据来源于 Wind 数据库。各行业指数动态滚动市盈率的行业简称和统计结果如表 5 - 1 所示，结合变量均值以及分位数统计结果，本章节将金融地产、公用事业设为低估值类行业；将能源、工业、可选消费、主要消费设为中等估值类行业，将原材料、医药卫生、信息技术以及电信业务设为高估值类行业。

表 5 - 1　　　　　　　　　　统计描述

变量名	变量符号	均值	标准差	10% 分位数	90% 分位数
能源	Energy	18.88	9.41	11.27	33.19
原材料	Materials	28.96	12.19	15.53	48.51
工业	Industry	23.36	7.47	16.60	32.06
可选消费	Opti con	22.02	5.18	16.71	28.34
主要消费	Main con	28.46	5.62	19.87	34.90
医药卫生	Medi & Heal	37.77	8.19	28.08	46.74
金融地产	Fina & Esta	8.98	1.41	6.75	10.68
信息技术	Info & Tech	47.99	15.28	32.21	65.23
电信业务	Tele & Busi	41.16	10.93	29.45	56.83
公共事业	Utilities	18.31	3.94	12.30	23.16

基于 GSADF 方法，关于分行业股票市场资产价格泡沫的测度结果如图 5 - 1 和表 5 - 2 所示。总体来看，除原材料行业外②，其余九个行业均检测到股票价格泡沫（见图 5 - 1 中阴影标记）。上述九个行业在 2015 年 3 月至 6 月期间均发生泡沫集聚与破灭情形，该结果与我国实际相符，2015 年第二季度受场外配资等

①　中证行业指数系列以中证 800 指数为样本空间，依据中证行业分类，分别选取能源、原材料、工业、可选消费、主要消费、医药卫生、金融地产、信息技术、电信业务以及公用事业行业的股票，构成 10 条中证行业指数。

②　此外，由于 BSADF 统计量临界值的设置过大，原材料行业未出现泡沫周期。

杠杆交易的影响，我国股市经历了普遍性暴涨暴跌。该检测结果再一次印证了
2015 年中国股市异常波动的影响范围之广，此次异常波动几乎波及所有行业。

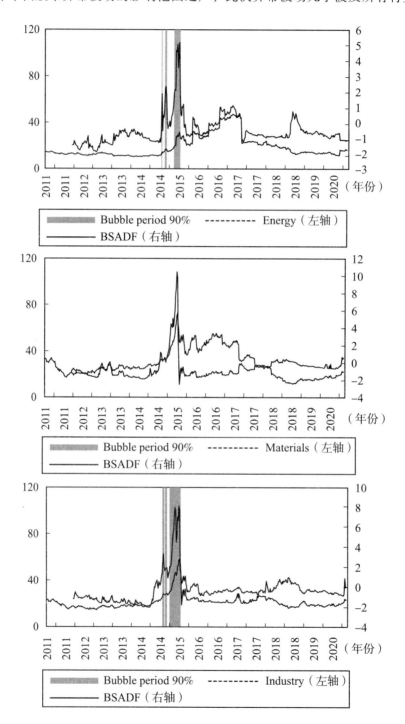

资本市场的系统性风险测度与防范体系构建研究

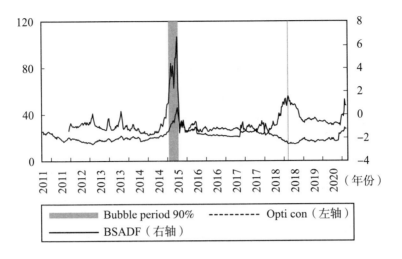

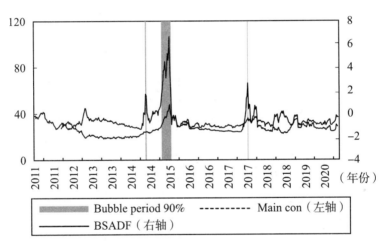

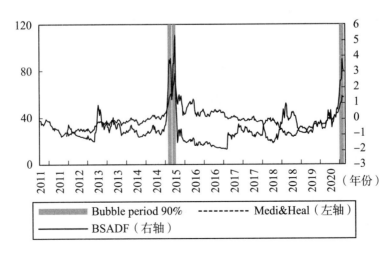

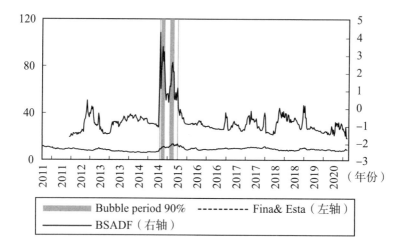

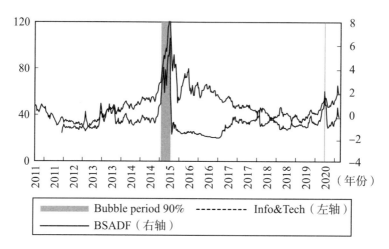

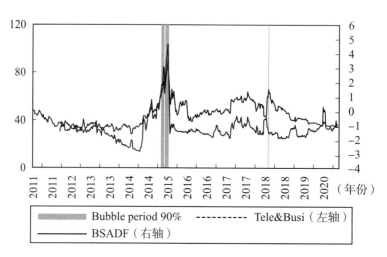

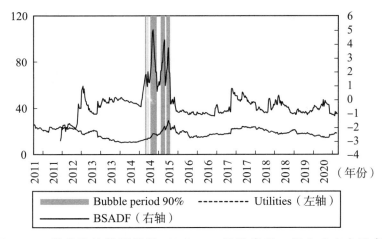

图 5 - 1　股价泡沫检测结果（BSADF 统计序列、行业动态市盈率）

表 5 - 2　　　　　　中国股票市场分行业资产价格泡沫周期测度

变量	周期 1	周期 2	周期 3	周期 4	周期 5
Energy	2014 - 12 - 06 2014 - 12 - 06	2015 - 01 - 10 2015 - 01 - 24	2015 - 04 - 18 2015 - 06 - 20		
Materials	无泡沫				
Industry	2014 - 12 - 13 2014 - 12 - 27	2015 - 01 - 10 2015 - 01 - 24	2015 - 02 - 28 2015 - 06 - 20		
Opti con	2015 - 03 - 14 2015 - 06 - 20	2018 - 10 - 20 2018 - 10 - 20			
Main con	2014 - 09 - 27 2014 - 10 - 04	2015 - 03 - 21 2015 - 06 - 27	2017 - 10 - 28 2017 - 10 - 28		
Medi & Heal	2015 - 03 - 28 2015 - 05 - 02	2015 - 05 - 16 2015 - 06 - 13	2020 - 06 - 13 2020 - 07 - 25		
Fina & Esta	2014 - 12 - 06 2014 - 12 - 06	2014 - 12 - 20 2015 - 01 - 24	2015 - 03 - 21 2015 - 05 - 02	2015 - 06 - 13 2015 - 06 - 13	
Info & Tech	2015 - 03 - 14 2015 - 06 - 20	2020 - 02 - 22 2020 - 02 - 22			
Tele & Busi	2015 - 04 - 04 2015 - 05 - 02	2015 - 05 - 16 2015 - 06 - 20	2018 - 06 - 23 2018 - 06 - 23		
Utilities	2014 - 10 - 04 2014 - 10 - 11	2014 - 11 - 01 2014 - 11 - 01	2014 - 11 - 29 2015 - 01 - 31	2015 - 03 - 21 2015 - 05 - 02	2015 - 05 - 23 2015 - 06 - 27

注：数据来源于 GSADF 模型测算。

从泡沫周期角度，同属于低估值行业的金融地产与公用事业行业经历测泡沫周期较多，其中公用事业行业经历的泡沫周期最多，共经历五次泡沫集聚与破灭过程，仅 2014 年就发生三次泡沫事件。其次为金融地产行业，共经历四次泡沫周期。而能源、工业、主要消费、医药卫生、电信业务在样本期内均经历三次泡沫周期，可选消费、信息技术经历两次泡沫周期。结合泡沫周期的初始时间可以发现，以金融地产、能源代表的低估值行业的股价泡沫韧性不足，因此对市场冲击反应较为灵敏，因此呈现多周期状态，且泡沫周期较为领先，该类行业可以作为股票价格泡沫危机的预警行业。而以医药卫生、信息技术为代表等高估值行业则对流动性冲击反应较为滞后，其股价泡沫具有较强韧性，对市场冲击反应灵敏性较差。

从泡沫规模角度，在 2015 年股市异常波动期间，原材料行业的泡沫规模最大其 BSADF 统计值的最大值达到 10 以上。工业行业其次，其 BSADF 统计值的最大值达到 8 以上，再次为可选消费、主要消费、医药卫生和信息技术的最大值均高于显著 5，而能源、电信业务、金融地产、公用事业行业的最大值接近 5。这一结果表明，以市盈率为代表的估值指标不能完全反映股票的内在价值与泡沫价值。如工业行业的市盈率均值为 23.36 处于中等估值水平，而其泡沫规模则最大。可选消费、主要消费行业等中等估值行业的泡沫规模仅次于工业行业，因此依然存在较大程度的定价偏差。而原材料、医药卫生、电信业务与信息技术等高估值行业本应存在较大规模泡沫价值的行业的定价偏差则相对弱于上述行业。

除此之外，2015 年股市异常波动后，GSADF 检验程序还分别识别出，主要消费行业在 2017 年 10 月 28 日时点、可选消费行业在 2018 年 10 月 20 日时点、信息技术行业在 2020 年 2 月 22 日时点以及通信业务行业在 2018 年 6 月 23 日时点的短暂泡沫破灭事件。较新发生的最为显著的泡沫周期则为医药卫生行业 2020 年 6 月 27 日至 7 月 25 日期间的泡沫膨胀事件，此次泡沫周期的发生源自近期暴发的全球性新冠疫情导致的医药资源供应紧张，医药资源的供求失衡引发了投资者对医药卫生行业的整体高估。目前，医药行业依然蕴含较大的投机情绪，应谨防医药行业的泡沫破灭危机及其对其他关联行业的恶性信息溢出影响。

第四节　证券行业间风险传染识别

为进一步探讨不同行业间资产价格泡沫传染机制，本章节进一步采用基于带有时变波动率的时变参数向量自回归模型（TVP – SV – VAR）构建的动态连通性指数来描述行业间资产价格泡沫的传染效应。

区别于采用滚动窗口进行时变动态连通性构建，对于窗口的过度依赖以及缺乏可靠的窗口选择办法。本章节基于 TVP – SV – VAR 进行动态连通性指数构建有效规避了非时变波动率所引致的条件异方差影响，该方法使得各时点的估计结果更具可比性，因此更适用于动态连通性指数构建，进而精准捕捉时变的连通效应。此外，区别于基于传统 Cholesky 分解的溢出指数构建，本章节参考迪博尔德和伊尔马兹（2012；2014）[①] 的基于广义预测方差分解的溢出指数构建，使得所构建的连通性指数不受到变量排序的影响。

一、TVP – SV – VAR 模型

TVP – SV – VAR 模型由普里米切里（2005）[②] 提出，该模型是在传统的向量自回归模型的基础上同时考虑了随机误差项方差的时变特征和回归参数的时变特征。时变滞后系数用以捕捉模型滞后时可能出现的非线性特征和时变特征，而多元随机波动率的设定使得该模型不仅更大限度地使用数据决定冲击的结构性变化来精准地刻画变量的非线性特征，同时具有良好的向后预测功能，因此得到广泛应用。该计量模型的形式如下：

$$Y_t = B_{0,t} + B_{1,t}Y_{t-1} + B_{2,t}Y_{t-2} + \cdots + B_{k,t}Y_{t-k} + \mu_t \qquad (5.35)$$

其中，Y_t 为由已观测到的内生变量组成的 $n \times 1$ 维向量，本章节将其设定为七个中国股市行业资产价格泡沫指标，$B_{0,t}$ 为时变的 $n \times 1$ 维截距向量；$B_{i,t}$，$i = 1, \cdots, k$ 为 $n \times n$ 维时变系数矩阵；μ_t 为不可观测的具有异方差性质的随机误差冲击，其服从均值为 0，方差为 Ω_t 的高斯白噪声序列。在上述设定下，引入随机误差冲击 ε_t，满足 $E\{\varepsilon_t\varepsilon_t^T\} = I_n$，$E\{\varepsilon_t\varepsilon_{t-k}^T\} = 0$，且假定存在线性变换 $C_t\Omega_tC_t^T = \Sigma_t\Sigma_t^T$，其中 C_t 为对角线元素为 1 的下三角矩阵，Σ_t 为对角矩阵。那么式（5.33）可以变换为如下形式：

$$Y_t = B_{0,t} + B_{1,t}Y_{t-1} + B_{2,t}Y_{t-2} + \cdots + B_{k,t}Y_{t-k} + C_t^{-1}\Sigma_t\varepsilon_t \qquad (5.36)$$

令 $\theta_t = (B_{0,t}, B_{1,t}, \cdots, B_{k,t})$，且 $B_t = vec(\theta_t^T)$，其中 $vec(\cdot)$ 为将矩阵转化

① Diebold F. X. , Yilmaz K. 2012. Better to Give Than to Receive: Predictive Directional Measurement of Volatility Spillovers [J]. *International Journal of Forecasting*, 28（1）: 57 – 66. Diebold F. X. , Yilmaz K. 2014. On The Network Topology of Variance Decompositions: Measuring the Connectedness of Financial Firms [J]. *Journal of Econometrics*, 182（1）: 119 – 134.

② Primiceri G. E. 2005. Time Varying Structural Vector Autoregressions and Monetary Policy [J]. *Review of Economic Studies*, 72（3）: 821 – 852.

为列矩阵的运符，设 $X_t^T = I_n \otimes [(1, Y_{t-1}^T, \cdots, Y_{t-k}^T)]$，符号 $\otimes$ 表示克罗内克积。可得式（5.37）简约形式：

$$Y_t = X_t^T B_t + C_t^{-1} \Sigma_t \varepsilon_t \tag{5.37}$$

另外假设 α_t 表示由 C_t 非对角元素按照行堆叠而成的向量，σ_t 是由误对角矩阵 Σ_t 中对角元素组合的向量，此时式（5.37）中的时变参数可以进行如下自回归设定：

$$B_t = B_{t-1} + \omega_t, \quad \alpha_t = \alpha_{t-1} + \nu_{i,t}, \quad \log \sigma_t = \log \sigma_{t-1} + \zeta_t \tag{5.38}$$

其中，B_t 与 α_t 以及变量 σ_t 均设定为随机游走过程，且其随机误差项方差服从如方差协方差矩阵 V：

$$V = Var\left(\begin{bmatrix} \varepsilon_t \\ \omega_t \\ \nu_t \\ \zeta_t \end{bmatrix}\right) = \begin{bmatrix} I_n & 0 & 0 & 0 \\ 0 & W & 0 & 0 \\ 0 & 0 & V & 0 \\ 0 & 0 & 0 & Z \end{bmatrix}$$

针对上述高维的状态空间模型形式，可以借助贝叶斯蒙特卡洛模拟方法实现参数估计。具体的抽样算法我们参考内格罗等（2015）[①] 对于 TVP – SV – VAR 模型的修正算法来更新抽样过程，该 MCMC 抽样算法在一定程度上克服了估计过程中由于参数过多导致的估计精度下降等问题。

二、时变动态连通性指数构建

根据郑挺国和刘堂勇（2018）[②] 以及迪博尔德和伊尔马兹（2014）[③] 可以进一步构建行业间资产价格泡沫的时变广义方差分解矩阵，进而合成多种动态连通性指数，具体过程如下：

第一步，将 TVP – SV – VAR 模型的后验估计系数向量 $\hat{B}_t$ 重新排列得到系数矩阵 $\hat{B}_{0,t}$，$\hat{B}_{1,t}$，$\cdots$，$\hat{B}_{k,t}$，利用递推关系式（5.37）可得 TVP – SV – VMA（∞）模型的预测期为 h 的系数矩阵 $A_{h,t}$。

[①] Del, Negro. M., Primiceri G. E. 2015. Time Varying Structural Vector Autoregressions and Monetary Policy: A Corrigendum [J]. *Review of Economic Studies*, 82: 1342 – 1345.

[②] 郑挺国、刘堂勇:《股市波动溢出效应及其影响因素分析》, 载于《经济学》（季刊）2018 年第 2 期。

[③] Diebold F. X., Yilmaz K. 2014. On The Network Topology of Variance Decompositions: Measuring the Connectedness of Financial Firms [J]. *Journal of Econometrics*, 182 (1): 119 – 134.

$$A_{h,t} = \hat{B}_{1,t}A_{h-1,t} + \hat{B}_{2,t}A_{h-2,t} + \cdots + \hat{B}_{k,t}A_{h-k,t} \tag{5.39}$$

第二步，将 TVP‒SV‒VAR 模型的后验估计系数向量 $\hat{\alpha}_t$ 重新排列成下三角矩阵 $\hat{C}_t$，并将向量 $\hat{\sigma}_t$ 重新排列得到 $\hat{\Sigma}_t$，并根据 $\hat{C}_t\hat{\Omega}_t\hat{C}_t^T = \hat{\Sigma}_t\hat{\Sigma}_t^T$ 得到扰动项 μ_t 的条件协方差矩阵估计值 $\hat{\Omega}_t$，其中 $\hat{\sigma}_{ij,t}$ 为条件方差协方差矩阵 $\hat{\Omega}_t$ 中的 i 行 j 列元素。

第三步，基于广义脉冲函数可得到 $N \times N$ 维向前预测 H 步的广义方差分解矩阵 $\Theta_t(H)$，矩阵中的每个元素可由下面的公式计算得到。

$$\theta_{ij,t}(H) = \frac{\hat{\sigma}_{jj,t}^{-1} \sum_{h=0}^{H-1} (e_i'\hat{A}_{h,t}\hat{\Omega}_t e_j)^2}{\sum_{h=0}^{H-1} (e_i'\hat{A}_{h,t})\hat{\Omega}\hat{A}_{h,i}' e_i} \tag{5.40}$$

广义方差分解中的元素可以有效地度量某一变量受外部冲击时，该变量的 H 步向前预测的误差方差中由另一变量所解释的比例，反映一个变量受其他变量的影响程度。其中，$\theta_{ij,t}(H)$ 为 $\Theta_t(H)$ 中第 i 行 j 列的元素，表示第 i 个变量的 H 步向前预测方差中来自第 j 个变量的影响比例；$\hat{\sigma}_{jj,t}$ 为矩阵 $\hat{\Omega}_t$ 中的第 j 个对角元素，表示第 j 个扰动项的方差；e_i 和 e_j 分别表示单位矩阵中第 i 个列向量和第 j 个列向量，起到选择向量的作用。

直接根据式（5.40）计算得到的广义方差分解矩阵 $\Theta_t(H)$ 往往不满足行和等于1。因此，为了与传统方差分解的经济含义相符，一般是将 $\Theta_t(H)$ 再进行行标准化，从而得到变换后的广义方差分解矩阵 $\tilde{\Theta}_t(H)$，$\tilde{\Theta}_t(H)$ 矩阵中每个元素的计算公式为：

$$\tilde{\theta}_{ij,t}(H) = \frac{\theta_{ij,t}(H)}{\sum_{j=1}^{N} \theta_{ij,t}(H)} \tag{5.41}$$

根据时变广义方差分解矩阵 $\Theta_t(H)$ 以及变换后的时变广义方差分解矩阵 $\tilde{\Theta}_t(H)$ 中的元素，可得到如下动态连通性指数：

（1）总体动态连通性指数：该指数用以度量所有行业资产价格泡沫的关联程度。该指数数值越大，表明所度量的行业间资产价格泡沫相互作用程度越大，传染性越强。其构造思路为，将广义方差矩阵 $\tilde{\Theta}_t(H)$ 中的所有非对角元素求和，并进行平均处理，如式（5.42）所示。

$$TOTAL(H) = \frac{\sum_{i,j=1,i\neq j}^{N} \tilde{\theta}_{ij,t}(H)}{N} \tag{5.42}$$

（2）总的带有方向的动态连通性指数：该类指数反映某个行业与其他所有行业的整体连通关系。其中，溢入动态连通性指数为将 $\tilde{\Theta}_t(H)$ 矩阵中第 i 行中非对角元素进行求和，用以表示行业 i 受到其他所有行业的总溢出作用，记作 $FROM_{i,t}(H)$；溢出动态连通性指数为将 $\tilde{\Theta}_t(H)$ 矩阵中第 i 列中非对角元素进行求和，表示行业 i 对其他所有行业的总信息溢出作用，记为 $TO_{i,t}(H)$；溢出指数减去溢入指数得到的净溢出动态连通性指数记为 $NET_{i,t}(H)$，表示行业 i 对其他所有行业的净溢出作用。

$$FROM_{i,t}(H) = \sum_{j=1,j\neq i}^{N} \tilde{\theta}_{ij,t}(H) \qquad (5.43)$$

$$TO_{i,t}(H) = \sum_{i=1,j\neq i}^{N} \tilde{\theta}_{ij,t}(H) \qquad (5.44)$$

$$NET_{i,t}(H) = \sum_{i=1,j\neq i}^{N} \tilde{\theta}_{ij,t}(H) - \sum_{j=1,j\neq i}^{N} \tilde{\theta}_{ij,t}(H) \qquad (5.45)$$

相比于总体动态连通性指数，该三类带有方向性的动态连通性指数有助于进一步理解不同行业间信息传递方向以及传递强度，为考察不同行业间溢出影响与溢入影响的非对称性、不确定性以及影响程度提供便利。此外，$NET_{i,t}(H)$ 指数还可以重点考察单个行业资产价格泡沫的整体净溢出影响，可以用于甄别信息传染的中心来源。

（3）两两行业间净溢出动态连通性指数：该指数反映某个行业对另一行业的净溢出影响，为使数据更具可减性，直接使用变换前的广义方差分解矩阵 $\Theta_t(H)$ 进行测算。该指数记为 $PNET_{ij,t}(H)$，表示行业 i 对行业 j 的净溢出影响。

$$PNET_{ij,t}(H) = \theta_{ji,t}(H) - \theta_{ij,t}(H) \qquad (5.46)$$

该类连通性指数能更为细致地给出两两行业间的资产价格泡沫的溢出影响方向以及影响程度，进而识别出两个行业在资产价格泡沫传导过程中的信息先导、滞后关系，这为深入理解行业间的泡沫溢出网络机制，从而为泡沫的精确治理提供较为翔实的实证基础。

三、实证分析

TVP – SV – VAR 模型待估参数以及迭代次数较多，因此在参数估计方面具有维数限制。为此，本章节在计算动态连通性指数时，对所测得的行业资产价格泡沫进行筛选，选取能源、工业、主要消费、医药卫生、金融地产、信息技术以及公用事业七个行业，使用 TVP – SV – VAR 模型中进行模型估计。根据贝叶斯信息准则（BIC），将回归模型滞后阶设为 1，并设置 MCMC 预烧期为 10 000 次，迭代期为 50 000 次；广义方差分解的向前预测期数分别为 $H = 3$，6，9。具体的先验设定参考普里米切里（Primiceri，2005）[①]、阿布鲁和普里米切里（2015）[②]。

1. 总体动态连通性指数

如图 5 - 2 所示，首先，所选行业的资产价格泡沫指标之间的 $TOTAL(H)$ 指数是随时间的变化而变化的，且其变化趋势存在一定的周期性特征，行业间的泡沫联动具有较大的波动性。其次，行业泡沫指标间 $TOTAL(H)$ 均处于 20% ~ 90% 之间，高度的总体连通性表明行业间的泡沫变动存在较大程度的传染效应。最后，$TOTAL(H)$ 指标捕捉到了样本期间内发生的多次较为严重的股价泡沫传染事件，这也在一定程度说明本章节所测度的时变动态连通指数较为准确地捕捉到市场整体资产价格泡沫的信息传递。具体如下：

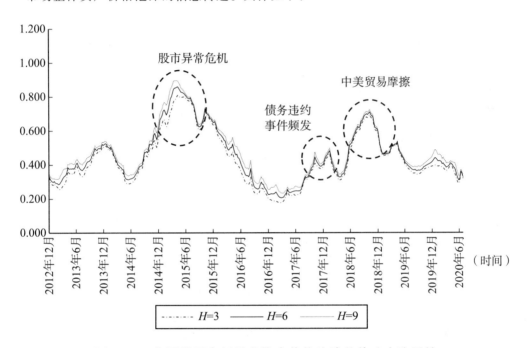

图 5 - 2　中国股票市场行业资产价格泡沫总体动态连通性

（1）2015 年中国股市异常波动。

2014 年下半年，在宽松的货币政策以及宽松监管政策刺激下，受"场外配资"以及杠杆交易等因素的影响，中国股市经历了大规模的普遍上涨。而后，随着严监管时代的到来，以及强监管所带来的股市降温信号，投资者的预期不断下

① Primiceri G. E. 2005. Time Varying Structural Vector Autoregressions and Monetary Policy [J]. *Review of Economic Studies*，72（3）：821 - 852.

② Del，Negro. M.，Primiceri G. E. 2015. Time Varying Structural Vector Autoregressions and Monetary Policy：A Corrigendum [J]. *Review of Economic Studies*，82：1342 - 1345.

调，这导致 A 股市场一度出现"千股跌停"的局面。行业间资产价格泡沫的 $TOTAL(H)$ 指数精准捕捉到了这一次重要的股市泡沫传染事件，在 2015 年 3 月至 2015 年 9 月期间，总体动态连通性指数均大于 70%，并在 2015 年 5 月达到最大峰值 89.68%（预测期 $H=9$）。此次股市异常波动虽未引发全局性的金融危机，但在股价泡沫崩盘后，我国股市仍经历了较长的严冬期。

（2）2017 年下旬至 2018 年上旬，债务违约事件频发。

在 2017 年 10 月至 2018 年 3 月期间，行业间资产价格泡沫的 $TOTAL(H)$ 指数普遍高于 40%，且在 2018 年 2 月 10 日达到最大峰值 48.21%。此次股票市场行业间泡沫风险连通性的上升主要是在金融监管趋严的情况下，债券市场违约与影子银行频繁"暴雷"所致。2017～2018 年是为我国债务违约的高发年。在供给侧结构性改革以及金融去杠杆的浪潮下，大量企业的流动性不断趋紧甚至难以为继，收紧的流动性引发了大规模的债务违约，以及以 P2P 互联网金融公司代表的影子银行公司的暴雷事件。伴随着金融去产能的不断推进，2018 年上旬金融市场问题全面爆发。由此，此次政策冲击导致了股票市场行业间资产价格泡沫的整体连通性的小幅上升。

（3）2018 年中美贸易摩擦。

总体动态连通性指数还捕捉到了 2018 年 6 月至 12 月期间的小规模泡沫传染事件，在此区间内 $TOTAL(H)$ 指数均高于 50%，且最大峰值达到 72.30%。此次泡沫事件源自中美贸易摩擦的负面冲击。2018 年 3 月以来，美国对从中国进口的农产品加征关税，拉开了此次贸易摩擦的序幕，2018 年 7 月以来伴随着中美贸易摩擦的不断升级，美方对华加征关税的规模不断扩大，这对整个"中概股"市场造成较大的强烈的负向冲击，并导致了小规模的泡沫膨胀与破灭事件。由于这一阶段并未发生多行业的资产价格泡沫破灭，仅个别行业出现资产价格大幅下跌，如 2018 年 6 月通信业务行业的泡沫破灭以及 2018 年 10 月的主要消费行业的泡沫破灭，因此这一阶段的行业间的总体连通性弱于 2015 年股市异常波动期间。

2. 总的带有方向的动态连通性指数

图 5-3～图 5-5 分别给出了股市行业间资产价格泡沫总的带有方向的动态连通性指数[①]。总体来看，各个行业三类带有方向的总体动态连通性指数，均具有典型的时变特征。且同类型指数不同行业间的时变特征也具有较大差异。由于带有方向的连通性指数不同预测期的走势差异较小，因此本部分仅以预测期

---

① 泡沫溢入动态连通性指数和泡沫溢出动态连通性指数的预测期为 $H=3，6，9$，泡沫净溢出动态连通性指数的预测期为 $H=6$。

为 $H=6$ 为例展开分析。

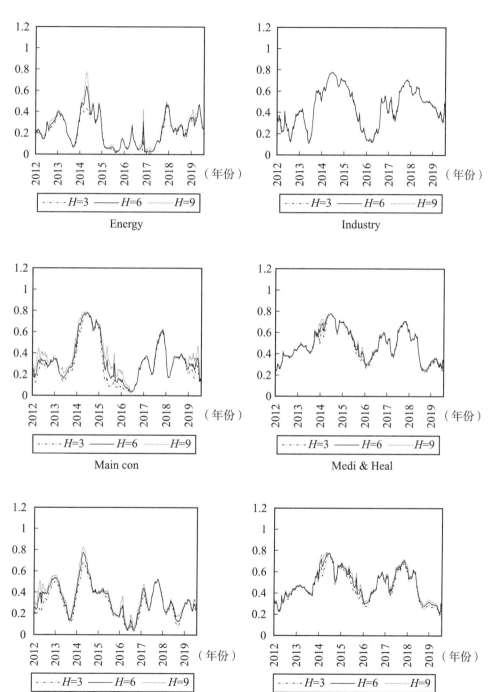

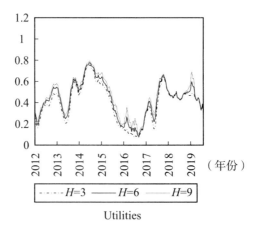

Utilities

图 5 - 3　中国股票市场行业资产价格泡沫总体泡沫溢入动态连通性指数

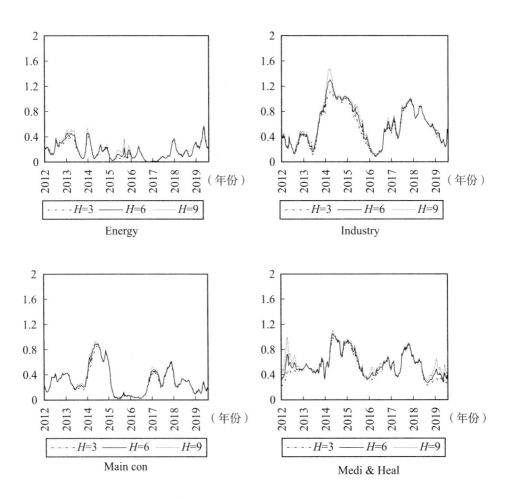

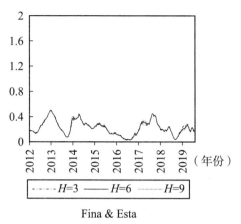

Fina & Esta

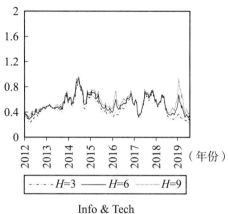

Info & Tech

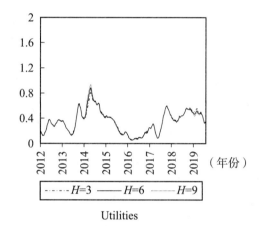

Utilities

图 5 - 4　中国股票市场行业资产价格泡沫

总体泡沫净溢出动态连通性指数

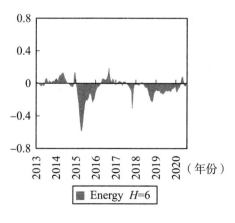

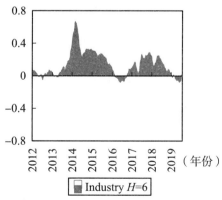

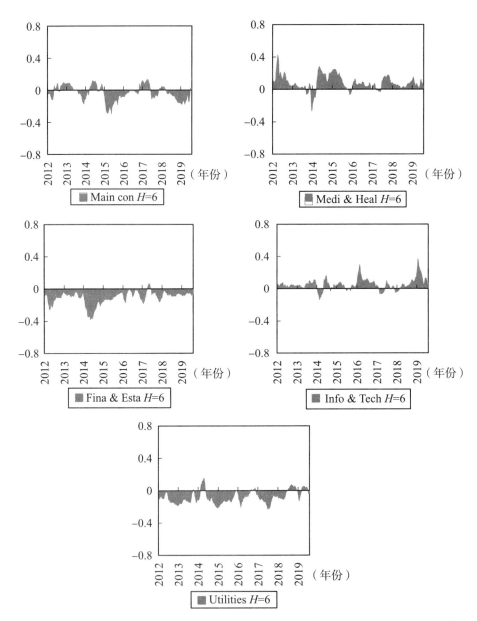

图 5 – 5　中国股票市场行业资产价格泡沫总体泡沫净溢出动态连通性指数

就 $FROM_{i,t}(H)$ 指数而言（见图 5 – 3），首先，在总体影响程度上，工业、医药卫生、信息技术以及公用事业四个的 $FROM_{i,t}(H)$ 指数在 2014 年 9 月至 2016 年 5 月之间普遍高于 50%，因此该四个行业在股市异常波动阶段是股票市场整体资产价格泡沫溢出影响的主要承担者。其次为主要消费行业，其 $FROM_{i,t}(H)$ 指数在 2015 年 1 月至 2016 年 1 月区间均高于 50%，为泡沫溢出效应的次要承担者。此外，在 2018 年 6 月至 2019 年 7 月之间，工业行业与信息技术行业的 $FROM_{i,t}(H)$ 指数普遍高于 50%，因此该两个行业是中美贸易摩擦期间的主要泡沫溢出效应的承担者。在此期间，主要消费、医药卫生与公用事业行业也出现短暂的高溢入影响状态，因此其为中美贸易摩擦泡沫溢出影响的次要承担者。而相比于上述五个行业，能源行业与金融地产行业在两次主要泡沫 $SES_i = a + bMES_i + cLVG_i + \varepsilon_i$ 期间所受的总溢入影响则相对较小。

在时变特征方面，7 个行业中的最大峰值出现在医药卫生行业，其最大峰值为 78.11%，对应时点为 2015 年 6 月 20 日，该时点也为工业（77.96%）、主要消费（78.06%）、信息技术（77.57%）以及公用产品（77.76%）行业的最大峰值。结合前文中的泡沫度量结果可知，该时点也对应上述行业的泡沫破灭时期。而能源行业的最大峰值为 64.19%，对应时点为 2015 年 4 月 18 日；金融地产行业的最大峰值为 77.72%，对应时点为 2015 年 4 月 11 日，也处于泡沫周期终端，因此，各行业在泡沫破灭阶段承受的泡沫溢出影响普遍达到峰值。该结论表明当股票市场出现外生泡沫冲击或某一行业发生内生泡沫冲击时，这一冲击对各个行业资产价格泡沫的泡沫溢入影响表现出时间共振特征。

相比于 $FROM_{i,t}(H)$，行业间的 $TO_{i,t}(H)$ 指数在峰值、波动性以及影响程度方面均与其具有较大差异（见图 5 - 4）。首先，在总体溢出影响程度方面，工业、医药卫生以及信息技术三个行业资产价格泡沫的 $TO_{i,t}(H)$ 指数在 2014 年 6 月至 2016 年 9 月期间均有较长区间高于 50%，因此该三个行业为 2015 年股市异常波动期间资产价格泡沫产生较大的泡沫溢出效应。其中，由于工业行业的溢出影响规模较大且高规模影响区段最长，其产生的泡沫溢出效应最为显著。在此期间，主要消费以及公用事业行业 $TO_{i,t}(H)$ 指数高于 50% 的主要时间区间位于 2014 年 10 月至 2016 年 1 月，短于上述三个行业，为产生资产价格泡沫溢出效应的次要行业。此外，在 2017 年 6 月至 2019 年 12 月期间，工业、医药卫生、信息技术三个行业的溢出影响普遍高于 50%，因此该三个行业为中美贸易摩擦期间资产价格泡沫溢出效应的主要产生者。而能源行业与金融地产行业的 $TO_{i,t}(H)$ 指数在样本区间鲜有高于 50% 时间区段，因此其溢出影响最弱。

在 $TO_{i,t}(H)$ 指数的时变特征方面，除能源行业以及金融地产行业外均呈现波动下降趋势。其中，在 2015 年股市异常波动期间，工业行业作为主要的资产价格泡沫输出行业，其 $TO_{i,t}(H)$ 指数在 2015 年 3 月 14 日其最大值达到 130.39%。医药卫生行业的在 2015 年 5 月 23 日，达到最大峰值 105.31%。而主要消费、信息技术以及公用事业行业的最大值点均为 90% 左右，对应时点处于 2015 年 4 月 18 日至 6 月 20 日之间。能源、金融地产行业泡沫溢出指数的最大峰值最小处于 50% 附近，对应时点分别为 2020 年 5 月 9 日以及 2013 年 12 月 14

日。结合行业的泡沫周期我们发现，各个行业的 $TO_{i,t}(H)$ 指数的峰值通常位于泡沫区间的中后段，与 $FROM_{i,t}(H)$ 指数的峰值相比，$TO_{i,t}(H)$ 指数的影响峰值较为领先，因此多数行业在泡沫信息传递中，大多先产生较大水平的泡沫输出效应，而后产生较大水平的泡沫输入效应。

相比于上述两类带有方向性的动态连通性指数，图 5 - 5 所示的各行业资产价格泡沫的 $NET_{i,t}(H)$ 指数，则能更清晰地刻画不同行业总体泡沫溢入效应在影响方向以及影响程度方面的非对称性，并据此甄别出在资产价格泡沫传导机制中的核心行业。其中，$NET_{i,t}(H)$ 指数正向净溢出规模越大说明该行业产生的泡沫传染效应较大，反之，其负向净溢出规模越大则说明该行业受泡沫传染影响程度越大。

从泡沫净溢出的方向来看，工业、医药卫生、信息技术行业资产价格泡沫的 $NET_{i,t}(H)$ 指数在样本区间普遍为正值。结合 $FROM_{i,t}(H)$ 与 $TO_{i,t}(H)$ 指数的测度结果可以发现，工业、医药卫生以及信息技术三个行业所产生的泡沫溢出效应、溢入效应与净溢出效应在影响规模、影响时段上均处于领先位置，因此该三个行业最具泡沫传染性，在资产价格泡沫传导过程中处于信息先导地位。

其中，工业行业净溢出影响规模最大，影响范围最广，其 $NET_{i,t}(H)$ 指数在 2014 年 9 月至 2016 年 10 月、2018 年 2 月至 2019 年 7 月之间普遍高于 15%。并且在其行业自身处于泡沫区间时其净溢出规模最大，在 2015 年 2 月 21 日达到其最大值 66.77%。此外在债券违约以及中美贸易摩擦阶段，其溢出峰值分别为17.33%（对应时点为 2018 年 2 月 24 日）、29.08%（对应时点为 2018 年 11 月10 日），因此在三次主要的泡沫事件中，工业行业为最主要的泡沫风险净输出者。结合我国工业行业的发展轨迹可以发现，工业行业突出的泡沫传染性源于与其他行业的高度关联性以及其自身所具备的较高泡沫风险。在中国主板上市公司中，从属于工业行业的上市公司有 1 000 余家，约占全部上市公司的 1/4，其所包含的二级行业如交通运输、商业服务与用品、资本品行业均为生产生活的重要组成部分。庞杂的企业构成以及与其他行业的高度相关性导致工业行业在泡沫传染中处于核心的信息先导地位。此外，伴随着我国经济的高速发展，工业行业发展过程中出现了严重的产业结构失衡问题，传统工业行业高度的产能过剩导致其行业整体估值虚高，出现了较高的泡沫风险，较高的泡沫规模为其泡沫传染性提供了较强动力。2016 年供给侧结构性改革以来，伴随着工业行业产业结构不断得到优化以及产能过剩企业的产业结构调整压力不断下降，其泡沫溢出效应也相应减弱。

其次，医药卫生行业的 $NET_{i,t}(H)$ 指数的整体规模仅次于工业行业，是泡沫传导机制中的次要净输出行业。纵观医药行业的 $NET_{i,t}(H)$ 指数的整体走势，共出现四次周期过程，分别为 2013 年 3 月至 2013 年 8 月、2015 年 4 月至 2016 年 2 月、2018 年 8 ~ 11 月以及 2020 年初至今，该四个阶段其 $NET_{i,t}(H)$ 指数普遍高于 15%。

近年来，在人口结构调整、医药改革以及科学技术进步等多重因素的共同驱动下，加之精准医疗、互联网医疗等多项对医疗行业发展产生重大利好的政策实施为医疗产业不断赋能，医药卫生行业得到了长足发展。2008～2018 年，医疗卫生行业的投融资额从 23 亿元人民币增长至 826 亿元。截至 2020 年 6 月，主板市场中从属于医药卫生行业的上市公司有 355 家，其中包括生物科技、医药器械、医药用品与服务提供商与制药等多个三级行业。医疗行业的繁荣发展也为其带来了泡沫，由此可见医药卫生行业的泡沫传染效应主要源自其自身的泡沫风险的大量囤积。

最后，信息技术行业在泡沫传染性方面弱于上述两个行业，其净溢出效应共存在三个周期过程分别为 2015 年 6 月、2017 年 1～3 月以及 2020 年 1～4 月，在此期间其 $NET_{i,t}(H)$ 指数普遍高于 15%。结合三个阶段的 $NET_{i,t}(H)$ 指数峰值可以发现，在 2015 年股市异常波动期间产生较大的净溢出效应较小，而在 2020 年 1 月至 4 月以来其净溢出效应规模最大，该变化走势与我国信息技术行业的发展过程具有紧密相关性。信息技术行业作为我国发展最快的新兴行业，截至 2020 年 6 月共有 631 家上市企业，其上市公司数量仅低于工业行业，主要包含半导体、计算机及电子设备、计算机运用三个二级行业。在诸如能源、原材料以及工业行业等传统行业在宏观经济调控以及经济结构转型中面临的长期增长压力，信息技术行业承担着我国经济高质量发展的关键角色，因此信息技术行业的泡沫传染性较大源于其自身的泡沫膨胀。

相比于上述三个行业，能源、主要消费、金融地产以及公用事业行业的 $NET_{i,t}(H)$ 则普遍为负值，均为资产价格泡沫净输入行业。值得注意的是，能源行业与金融地产行业 $FROM_{i,t}(H)$ 指数与 $TO_{i,t}(H)$ 指数的总体规模均显著低于其他行业，但其 $NET_{i,t}(H)$ 指数在多次泡沫事件中均到达较大的负值，面对泡沫冲击其反应最为强烈，为泡沫风险传染的最主要承担行业，$F(x)SES_i = a + bMES_i + cLVG_i + \varepsilon_i$，其中，能源行业在 $NET_{i,t}(H)$ 指数有三个典型的负向净溢出周期，分别为 2015 年 2～10 月、2018 年 9～12 月、2019 年 3～6 月，在此期间，$NET_{i,t}(H)$ 指数普遍处于 -15% ～ -10% 之间，并且在 2015 年 4 月 18 日能源行业达到其最大负向峰值 -58.94%。能源行业主要包含煤炭、能源开采设备与服务以及石油与天然气等三级行业，其上市公司数量为 81 家。能源行业中的上市公司多为诸如中石化、中石油等规模体量较大的公司。由于其行业构成的单一性以及处于上游行业位置，导致其面对泡沫冲击具有一定脆弱性，加之其本身不易产生大规模的资产价格泡沫，因此无法产生正向泡沫传染效应，反而成为泡沫风险的接受行业。

金融地产行业，在 2015 年 5 月 9 日金融地产行业到达其最大负向峰值 -38.41%，为 2015 年泡沫事件中的泡沫净溢出效应的主要承担者。金融地产行业面对泡沫冲击的脆弱性主要由其行业本身不易囤积泡沫以及外生的政策监管所致。金融地产行业主要包含保险、银行、证券以及房地产等二级行业，截至 2020 年 6 月已有上市公司 260 家。由于其特殊的行业地位以及强管制特征导致其面临金融风险冲击时反应最为快速和强烈。尤其在 2015 年股市异常波动期间该现象最为显著，2015 年伴随着金融市场去杠杆、"8.11 汇改"政策的实施，我国金融行业受到了较强的负向冲击，加之 2018 年以来的中美贸易摩擦以及房地产市场管制政策的陆续实施，使得金融地产行业的始终处于负向净溢出影响之中。

其中主要消费行业 $NET_{i,t}(H)$ 指数在 2016 年 1~6 月、2019 年 1 月至 2020 年 2 月普遍低于 -15%，在两次泡沫事件中其 $NET_{i,t}(H)$ 指数滞后于能源与金融地产行业。而公用事业行业的 $NET_{i,t}(H)$ 指数在 2015 年 10 月至 2016 年 3 月期间、2018 年 5~8 月期间普遍低于 -15%，其负向溢出规模相对较小。该两个行业的泡沫净溢出特征源自于该两个行业本身不易集聚泡沫。主要消费行业包含家庭与个人用品、食品、饮料与烟草、食品与主要用品零售四个必要消费二级行业。公用事业行业主要包含电力电网、燃气、水务以及供热三个三级行业。上述行业均有与人民生产、生活相关性较高领域，同属于防御型行业，在市场热度过高时，投资者更倾向于配置如信息科技、通信业务等成长性较高的行业，因此其不易集聚泡沫。此外其行业的单一性也导致其极易受到泡沫冲击影响，如近期的中美贸易摩擦事件中，主要消费行业作为贸易冲击的直接影响对象，其行业整体受到了较大程度的泡沫溢出影响。

3. 两两行业间泡沫净溢出动态连通性指数

上述的带有方向性的总体连通性指数在总体上明确了不同行业在泡沫传染过程中的信息先导与滞后关系，为进一步明晰两两行业间资产价格泡沫一对一的时变连通性关系，计算得到两两行业间 $PNET_{ij,t}(H)$ 指数。其中，在特定时点下某一行业资产价格泡沫对另一行业的正向净溢出，也表现为另一行业对该行业的负向净溢出。

本章节分别给出了单一行业对其他行业 $PNET_{ij,t}(H)$ 指数在样本区间的均值、最大值、最小值，并在此基础上对上述分行业统计特征值进行行业平均化处理得到的行业平均值、行业平均最小值以及行业平均最大值（见表 5-3），用以说明各个行业资产价格泡沫净溢出效应在整个样本区间内的平均特征。如表 5-3 所示，在整个样本区间内，工业行业、医药卫生行业与信息科技行业的 $PNET_{ij,t}(H)$ 指数多为正值。其中，工业行业产生的资产价格泡沫对公用事业以及主要消费行业形成较大平均正向净溢出影响，对应的 $PNET_{ij,t}(H)$ 指数的均值分别为 5.82%、4.50%；医药卫生行业对主要消费与公用事业行业形成较大规模平均净溢出影响，对应 $PNET_{ij,t}(H)$ 指数的平均值分别为 2.65%、3.24%；信息技术行业对金融地产和公用事业行业形成较大溢出影响，其 $PNET_{ij,t}(H)$ 指数的平均值分别为 2.57%、5.35%。

表 5-3　中国股票市场两两行业间泡沫净溢出动态连通性指数分行业统计特征描述　　单位：%

变量	Energy	Industry	Main con	Medi & Heal	Fina & Esta	Info & Tech	Utilities
	平均值						
Energy	0	0.14	2.04	0.13	-0.96	0.17	-0.35
Industry	-0.14	0	-4.50	-2.27	-3.61	-3.04	-5.82
Main con	-2.04	4.50	0	2.65	-0.92	1.42	-3.65
Medi & Heal	-0.13	2.27	-2.65	0	-1.50	-2.01	-3.24
Fina & Esta	0.96	3.61	0.92	1.50	0	2.57	3.76
Info & Tech	-0.17	3.04	-1.42	2.01	-2.57	0	-5.35
Utilities	0.35	5.82	3.65	3.24	-3.76	5.35	0
行业平均值	-0.17	2.77	-0.28	1.04	-1.90	0.64	-2.09
	最大值						
Energy	0	30.74	23.39	20.26	18.74	12.62	19.53
Industry	9.62	0	3.10	14.96	4.23	12.22	3.53
Main con	6.72	29.69	0	14.06	7.04	16.48	8.81
Medi & Heal	28.27	18.27	5.47	0	12.69	11.28	7.70
Fina & Esta	11.45	37.53	12.62	23.93	0	24.94	32.07
Info & Tech	13.35	37.58	7.46	14.12	2.21	0	12.74
Utilities	17.53	20.70	17.56	19.58	2.28	30.96	0
行业平均值	12.42	24.93	9.94	15.27	6.74	15.50	12.06
	最小值						
Energy	0	-9.62	-6.72	-28.27	-11.45	-13.35	-17.53
Industry	-30.74	0	-29.69	-18.27	-37.53	-37.58	-20.70
Main con	-23.39	-3.10	0	-5.47	-12.62	-7.46	-17.56
Medi & Heal	-20.26	-14.96	-14.06	0	-23.93	-14.12	-19.58
Fina & Esta	-18.74	-4.23	-7.04	-12.69	0	-2.21	-2.28
Info & Tech	-12.62	-12.22	-16.48	-11.28	-24.94	0	-30.96
Utilities	-19.53	-3.53	-8.81	-7.70	-32.07	-12.74	0
行业平均值	-17.90	-6.81	-11.83	-11.96	-20.36	-12.50	-15.52

注：表中数值表示为行中变量所对应的行业对列中变量所对应行业的净溢出连通性指数，该数值由笔者计算所得。

　　而剩余行业则主要表现为负向平均净溢出影响，其中能源行业主要对金融地产与公用事业行业形成正向平均净溢出影响；主要消费行业对能源、金融地产与公用事业形成正向平均溢出影响。此外，所有行业均对金融地产行业形成平均正向净溢出影响。且除金融地产行业外，其余所有行业均对公用事业行业形成正向平均净溢出影响。

　　接下来重点分析两两行业间资产价格泡沫净溢出影响的时变特征（见图 5-6）①。图 5-6 重点给出两两行业间 $PNET_{ij,t}(H)$ 的具体走势，较为直观的给出了随着时间的变化不同行业资产价格泡沫净传染效应的"集聚"与"扩散"情况。

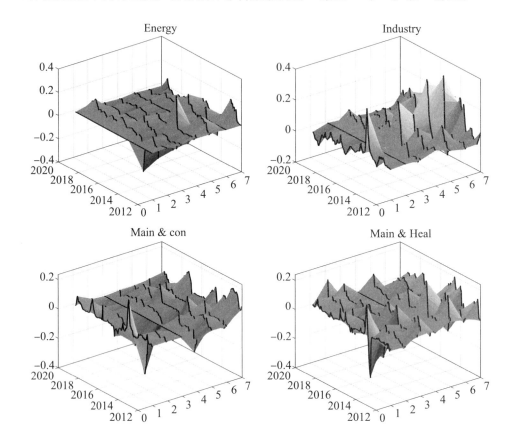

　　① 为便于分析，本章将两两行业间的 $PNET_{ij,t}(H)$ 指数数值大小进行划分。将 $PNET_{ij,t}(H)$ 绝对值低于 5%、5%~10%、大于 10% 三个区间分别定义为低水平净溢出影响（低连通度）、中等水平净溢出影响（中连通度）以及高水平净溢出影响（高连通度）。其中产生中高水平正向净溢出影响的行业则起到信息先导作用，产生中高水平负向净溢出影响的行业则起到信息承接作用。

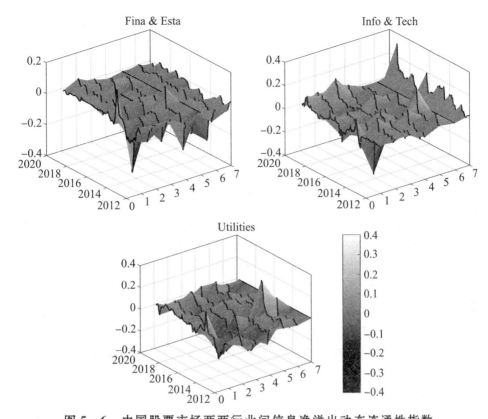

图 5 - 6　中国股票市场两两行业间信息净溢出动态连通性指数

注：图中 X 轴表示行业类型，其中数字 1～7 分别代表能源、工业、主要消费、医药卫生、金融地产、信息技术与公用事业行业；Y 轴表示时间，时间区间为 2012 年 12 月 29 日至 2020 年 7 月 25 日，数据频度为周；Z 轴表示两两行业间资产价格泡沫净信息溢出连通性指数。

第一，在 2015 年股票泡沫事件之前，能源行业对金融地产和公用事业两个行业均产生了中等规模持续期较长的中高水平的正向净溢出。在 2014 年 11 月至 2015 年 2 月期间对医药卫生、通信技术行业也产生了短暂的大规模正向净溢出。因此，在此次泡沫风险发生之前，能源行业表现出一定程度的泡沫传染效应。但在 2015 年的股市泡沫期间，其正向泡沫传染效应大幅减弱，在此阶段能源行业资产价格泡沫的传染效应出现了明显的负向"集聚"现象，虽然该负向"集聚"伴随着此次泡沫危机的结束而快速得到恢复。能源行业在资产价格泡沫传染过程中的信息轮动与该行业的实际发展过程较为吻合。在过去粗犷的经济发展模式中，传统能源行业发挥着重要作用。与其他行业的高度相关性以及行业自身的泡沫化，导致其对其他行业产生一定程度的净溢出影响。但伴随着能源低碳化和清洁化的发展趋势，传统能源行业出现了严重的产能过剩、供求失衡以及利润大幅下滑等现象。也正因如此，在供给侧结构性改革之前，能源行业表现出较高的行业脆弱性。加之，近年来石油价格争端的间断发生对能源行业的利润空间造成进一步挤压，也一定程度加剧其行业脆弱性。

第二，在 2015 年、2018 年，工业行业的泡沫传染效应出现显著的正向"集聚"现象，其中 2015 年股市泡沫期间，这一现象更为显著。这一结果与总体带有方向性连通性指数的刻画结果相一致，即工业行业在泡沫传染机制中发挥着核心的信息先导作用。其中，在 2015 年泡沫期间，工业行业产生的高水平的正向净溢出影响对主要消费以及公用事业行业具有较长的作用周期。而在中美贸易摩擦期间，对信息技术行业的正向溢出影响周期较长，影响规模较大。工业行业在正向净溢出影响方面的行业轮动也在一定程度说明了在工业行业整体的结构性改革取得了显著成效。在"供给侧"改革不断得到推进后，工业行业对传统行业的溢出影响显著减弱，而对信息技术行业资产价格泡沫的正向溢出得以持续。

第三，主要消费行业在整个资产泡沫传染网络中是其他行业资产价格泡沫传染效应的主要接收方，具有较强的行业脆弱性。而其正向溢出影响主要集中于对公用事业行业在 2012 年 12 月至 2014 年 10 月、2015 年 1 月至 5 月以及 2017 年 12 月至 2019 年 9 月几乎涵盖整个样本区间内的正向溢出。伴随着我国居民收入不断增长以及城市化进程加快，消费结构升级不断得到推进，消费行业逐步成为拉动经济增长的主要动力。相比于公用事业行业的普遍价格管制，主要消费行业更容易滋生资产价格泡沫，且具有较强的周期穿越能力和行业影响力，因此主要消费行业资产价格泡沫对公用事业行业产生较大规模的净溢出效应。

第四，医疗卫生行业具有较强的泡沫传染效应，除工业行业以及信息技术行业外，医疗卫生行业对其他四个行业的正向净溢出影响几乎涵盖整个样本区间，且其泡沫传染效应具有较强的不确定性。具体来看，医药卫生行业在 2014 年 8 月至 2015 年 3 月期间出现了短暂的负向泡沫传染效应"集聚"现象，紧随其后出现了持续期较长的正向泡沫传染效应"集聚"现象。此次泡沫传染效应的"V型"反弹便是其不确定性的典型体现。值得注意的是 2020 年以来受新冠疫情的影响，医药行业的热点和投资机会显著增多。疫情催化下，我国医药行业进入了一个新的泡沫阶段，从其传染性来看，目前对工业、主要消费以及金融地产行业的溢出影响均有小幅上升。虽然医药行业是最具发展潜力的行业之一，但也是最具风险性的行业之一。鉴于两次泡沫周期中医药行业的较大净溢出影响，未来应谨防医药行业过度泡沫化所产生的泡沫溢出效应，进而引发泡沫传染事件的发生。

第五，如图 5-6 所示，除能源与医药卫生以及主要消费行业外，金融地产行业对其他行业资产价格泡沫净溢出在整个样本期间几乎全部为负值。因此该行业为其他行业资产价格泡沫传染效应的主要接收方。尤其在 2015 年泡沫期间，金融地产行业资产价格泡沫传染效应出现大规模的负向"集聚"，就集聚程度和广度来看金融地产行业在此次危机中所受负向影响最为深重。此外，其正向净溢出影响主要集中于对能源行业在2015年2月至5月期间的中高水平正向溢出；对主要消费以及医药卫生行业在2018年5月至10月的中高水平正向溢出。在我国金融地产行业以大型银行为主[①]，而银行业作为我国金融业的基石，在面临市场波动时，其更具防御性质。因此在其发展过程中鲜有泡沫膨胀过程的出现，其行业股票价值始终处于低估状态。较低的泡沫规模使其不容易产生泡沫传染效应。其二，虽然我国房地产价格一度出现较大规模的泡沫化，但这恰恰提升了房地产上升公司的基础价值，而导致房地产上市公司的泡沫规模较小，因此房地产行业不易出现大规模的泡沫集聚。其三，作为金融地产行业重要构成的证券、保险等金融服务行业，是股票交易的直接或间接参与者，因此面对其他行业的泡沫冲击时反应最为灵敏。由此可以看出，金融地产行业本身不易累积较大规模泡沫，且其对泡沫冲击的快速反应，导致其成为了其他行业的泡沫溢出的主要承担者。

第六，信息技术行业具有较强的泡沫传染性，其正向净溢出影响主要包括对金融地产、公用行业几乎涵盖全样本区间内的正向净溢出以及2020年1月以来对能源、工业、主要消费以及医疗卫生的普遍正向影响。近年来伴随着我国互联网行业的不断壮大，尤其以5G通信为代表的高端信息技术不断走向世界前沿，导致信息技术行业得到繁荣发展，为此该行业也出现的了一定的泡沫化。而且产业联结导致的新兴行业的出现，使得信息技术行业的关联性也在显著上升，并间接导致其泡沫溢出效应的增强，其中最为典型的当数互联网医疗的提出与发展导致的信息技术行业对医疗卫生行业资产价格泡沫的净溢出影响显著上升。

第七，公用事业行业是泡沫传染效应的主要接收方，由前文分析可知，公共事业自身的防御性行业特征导致其不但不易囤积泡沫反而更易受其他行业的资产价格泡沫的正向溢出影响。而其正向净溢出影响集中于对金融地产行业几乎涵盖全样本区间的正向溢出；对主要消费行业的正向溢出主要集中在2014年12月至2015年5月、2019年2月至2020年3月；对工业行业高水平的正向溢出则集中体现在2015年1月至6月。其中最为突出的则为公用事业对金融地产行业的普遍正向溢出，这源自于金融地产行业虽同样不易集聚泡沫风险，相比于公用事业的防御性行业特征，金融地产行业更具脆弱性，其对泡沫冲击反应更为剧烈。

---

① 中证金融地产行业十大权重股票分别为：中国平安（15.46%）、招商银行（7.15%）、中信证券（4.88%）、兴业银行（3.66%）、万科（3.44%）、工商银行（3.21%）、东方财富（2.98%）、海通证券（2.71%）、平安银行（2.56%）、交通银行（2.40%）（截止日期：2020年8月14日）。

第五节 结 论

在金融风险乃至金融危机的发展过程中，资产价格泡沫的传染在进一步加剧危机方面发挥重要作用，因此在当前国际、国内金融风险频繁发生阶段，有效度量资产价格泡沫的传染效应则显得十分必要。本章节首先基于 GSADF 方法对我国主板上市公司的十个一级行业资产价格泡沫进行测算。而后，在时变框架下，基于 TVP－SV－VAR 模型以及广义方差分解方法，构建了度量我国股票市场行业间资产价格泡沫信息传递的总体动态连通性指标，总体带有方向的连通性指标以及两两市场之间的净连通性指标，并对 2012 年 12 月至 2020 年 6 月期间行业间资产价格泡沫的传染性进行测算。

首先，通过行业资产价格泡沫测度发现，中证一级行业市场普遍存在资产价格泡沫周期，且不同行业的泡沫周期的初始时点、结束时点以及持续期均有差别；此外，不同行业的泡沫规模也有显著差别，在 2015 年股市异常波动期间原材料、工业、信息技术、医药卫生以及主要消费行业的泡沫规模相对较大，而剩余行业的泡沫规模则相对较小。

其次，总体动态连通性捕捉到 2012 年以来我国股市发生的三次典型的泡沫事件，分别为 2015 年股市异常波动、2017～2018 年上旬的债券市场大规模债务违约以及 2018 年以来的中美贸易摩擦，该结果表明在金融风险爆发期间，股票泡沫的溢出效应显著加强。

再次，结合 $FROM_{i,t}(H)$、$TO_{i,t}(H)$ 以及 $NET_{i,t}(H)$ 指数的测度结果可以发现，工业、医药卫生以及信息技术三个行业所产生的泡沫溢出效应、溢入效应与净溢出效应在影响规模、影响时段上均处于领先位置，因此该三个行业最具泡沫传染性，在资产价格泡沫传导过程中处于信息先导地位。而主要消费以及公用事业两个行业在资产价格泡沫溢出影响以及溢出影响方面均弱于上述三个行业，且其净溢出连通性普遍为负并在两次泡沫区间均处于中等规模水平，因此在泡沫信息传递过程中处于信息滞后位置，是泡沫传染效应的主要承担行业。值得一提的是，能源行业与金融地产行业，其溢出连通性、溢入连通性指数的总体规模均显著低于其他行业，但其净溢出连通性指数在两次泡沫冲击中均到达较大的负值，面对泡沫冲击其反应最为强烈，为泡沫风险传染的最主要承担行业。

最后，两两行业间的净溢出动态连通性指数的测度结果表明，由于行业自身泡沫规模变化所产生的投资者情绪引导作用以及与其他行业业务关联性的变动导致行业间的泡沫传染具有显著的行业轮动特征。其中，在 2015 年股市异常波动期间，工业行业最具泡沫传染性，而 2020 年伴随着新冠疫情以及中美贸易摩擦、科技摩擦的不断升级，信息技术以及医药卫生行业的泡沫传染性显著上升。

上述结论对于我国的金融风险管理以及经济金融稳定具有如下政策启示：第一，基于资产价格泡沫在引发金融风险的重要作用，无论是基于宏观审慎监管的金融风险管理，还是基于货币政策金融风险管理，明晰资产价格泡沫传染机制中的行业风险敞口是施行精准的风险防范的关键环节。第二，在进行泡沫事后清理过程中，要谨慎防范由泡沫传染效应所引发的链式反应。

第六章

无模型隐含波动率的尾部极值风险测度

金融市场的尾部风险控制是我国金融管理工作者的关注重点，由于其存在突发性和偶然性，对资本市场的破坏是巨大的、超预期的，因此，评估资产价格的尾部风险一直是大家关注的重要课题。特别是近年来，中美贸易摩擦和新冠疫情等极端风险事件频发，造成了全球资本市场各类资产价格剧烈波动，频繁发生尾部风险事件，给全球金融市场和实体经济带来了巨大的冲击和损失。历史中每次极端风险事件的发生，都会给全世界资本市场造成不小的冲击，造成连锁反应。例如 1987 年 10 月 19 日，美国道琼斯指数一天之内重挫 508.32 点，跌幅达到 22.6%，创下了自 1941 年以来单日跌幅最高纪录。此次股市崩盘不仅限于美国，而是在全世界股票市场产生"多米诺骨牌"效应，伦敦、法兰克福、东京、新加坡等地股市均受到强烈冲击，股票跌幅多达 10% 以上。再如 1994 年 12 月 19 日，墨西哥政府突然宣布比索贬值 15%，这一决定在市场上引起了巨大恐慌，外国投资者疯狂抛售比索转而购买美元，导致比索汇率急剧下降，引发了经济的严重衰退。2020 年初新冠疫情在全世界暴发和不断扩散，引发了全球的恐慌，短期内各类生产活动停滞，世界经济整体下滑，这也引起了全球金融市场的波动。一方面，投资者对未来过于悲观，恐慌指数攀升，投资者情绪严重影响着金融市场的波动；另一方面，当金融市场受到新冠病毒这样巨大冲击时，整个金融市场都暴露于风险之下，产生同步共振，引发系统性风险，市场流动性紧缺，发生了相互踩踏的现象，造成了更严重的经济损失。

从以上例子中可以发现，当资本市场发生剧烈波动，出现极端风险事件时，资本市场产生的尾部风险会给对市场造成严重的破坏，且带来一系列的负面影响，甚至对实体经济造成冲击，影响人们的政策生活。近期，新冠疫情对全球经济造成的影响仍未过去，世界格局发生着剧烈的变化，全球贸易保护主义抬头，政治经济政策存在很大的不确定性，潜在的极端风险事件很有可能再次发生，所以，当前学者们和风险管理者更加重视对于极端风险的研究，对于极值理论的深入研究也更加迫切。

从现有文献看，目前使用极值理论对于尾部风险测度的研究中，普遍通过对历史数据建模得到对于资产收益率的方差进行估计，很少有通过期权价格数据得到的 VIX 数据作为资产收益率的方差估计，但从市场有效性理论出发，期权价格所包含的未来市场波动率预期应该更全面、效果更好，导致这种情况的部分原因是我国期权市场发展起步较晚，近几年才慢慢开始成熟，近期也有学者关注到了我国期权市场的发展，使用期权价格数据作为计算市场风险测度指标，但将其与极值理论相结合的研究较少。本章运用方差互换理论推导出的无模型隐含波动率和尾部风险极值理论构造了 GVIX – EVT 尾部风险测度，基于我国期权市场 2015年上市以来的期权市场交易数据和上证 50 指数历史数据作为样本，对于无模型隐含波动率在我国期权市场的适用性，及其与广义帕累托分布相结合构造的 GVIX – EVT 尾部极值风险测度方法进行了实证检验，并将 GVIX – EVT 尾部风险测度与传统尾部风险测度进行对比对该方法的有效性进行了检验，丰富了学界在尾部风险测度领域的相关研究。

第一节　波动率与尾部风险的关系

尾部风险主要研究标的资产在未来一段时间可能的最大损失，以在险价值和预期损失（excepted shortfall）为代表指标。对于这两种指标的计算方法主要有历史仿真法和参数法两种。历史仿真法假设历史情况会重演，认为在过去一段时间发生的尾部极端风险可以作为未来尾部极端风险事件的参考。历史仿真法概念简单、直观、不依赖参数假设，适用于任何收益率分布结构，没有维度诅咒等问题，其缺点是非常依赖于历史数据和样本采集期窗口的时间长短，且受到鬼影效应（ghost effect）影响，一个极端值会在一段较长时间内影响整个尾部风险预期的值。参数法假设收益率服从某种分布，通过分布的累计概率函数得到相应的分位点，并对超过阈值区间的数据做计算，得到衡量市场尾部风险的指标。在参数法中，通常模拟资产收益序列的整体分布为正态分布，但在实践中，投资者和学者们发现，采用正态分布预测资产尾部风险存在一些问题，首先其需要对正态分布的均值标准差做比较准确的判断，特别是标准差，即资产的波动率，对于尾部风险的衡量判断起到重要作用。其次，在现实的资本市场中，资产收益系列呈现显著的尖峰肥尾的特征，这与正态分布存在一定偏差，特别是对于极端损失部分，正态分布对于资产损失描述的准确性存在偏差。所以，本章节考虑对资本市场的波动率和尾部分布两方面做研究和优化，结合我国近年来逐步发展成熟的期权市场，从更全面的角度对市场风险情况做评估，进而得到对描述资本市场极端风险事件相对更有效的尾部风险测度。

波动率是参数法计算尾部风险的核心变量，从现有文献来看，学者们对波动率的预测主要从两类方向展开，一类是根据历史数据，通过对历史数据进行处理建模去预测分析市场未来的波动率，其理论依据是认为波动率存在聚类效应，而且波动率以连续方式随时间变化，即波动率的跳跃不常见，另外一个原因是波动率不是发散到无穷的，是在一个固定范围内变化，故可根据历史数据对未来波动率的情况做预测。博勒斯列夫（Bollerslev，1986）[1]、尼尔森（Nelson，1991）[2]等学者研究的 GARCH 族模型在随后金融风险问题研究中应用非常广泛，GARCH族模型在我国市场也有较多应用，如陈守东和高艳（2012）[3] 对二元 GED - GARCH 模型的研究，袁芳英（2013）[4] 使用 GARCH 模型对黄金期货价格做实证分析，发现其波动率有集聚现象等。此外，还有其他一些描述了金融时间序列波动率演变的方法，如随机波动率 SV 模型等。安德森等（Andersen et al.，2001）[5]等提出基于高频数据来计算已实现波动率测度（RV），发现其对当前波动率信息估计的精确性明显优于日度收益率数据。库普曼和沙斯（Koopman and Scharth，2013）[6] 构建了对日度收益率与实际波动率联合建模的已实现随机波动率模型，该模型具有动量和均值回复效应，并且它们能迅速适应进化过程中的结构性变化。另一类是根据市场期权的交易价格用期权定价公式反推出隐含波动率去预测市场的波动率。隐含波动率不同于历史波动率，隐含波动率是一种前瞻性的指标，表现了投资者对于未来一段时间波动率情况的预期，同时隐含波动率也可以

① Bollerslev T. 1986. Generalized Autoregressive Conditional Heteroscedasticity ［J］. *Journal of Econometrics*, 31 （3）：307 – 327.

② Nelson D. B. 1991. Conditional Heteroskedasticity in Asset Returns：A New Approach ［J］. *Econometrica*.

③ 陈守东、高艳：《二元 GED - GARCH 模型的利率与汇率波动溢出效应研究》，载于《管理学报》2012 年第 7 期。

④ 袁芳英：《资产收益率的波动对黄金期货风险的影响——基于 GARCH 模型的研究》，载于《湖南农业大学学报》（社会科学版）2013 年第 4 期。

⑤ Andersen T. G.，Bollerslev T.，Diebold F. X.，et al. 2001. The distribution of Realized Stock Return Volatility ［J］. *Journal of Financial Economics*, 61 （1）：43 – 76.

⑥ Koopman S. J.，Scharth M. 2013. The Analysis of Stochastic Volatility in The Presence of Daily Realized Measures ［J］. *Journal of Financial Econometrics*, 11 （1）.

作为一种反映投资者情绪的指标。根据有效市场假设理论，历史交易数据对未来市场起不到预测作用，隐含波动率对于未来市场的预测效果相对更有效。自从布莱克和舒尔兹（Black and Scholes，1973）[1] 的期权定价公式得到广泛应用以来，学者们对于隐含波动率的特点以及其对未来波动率的预测能力等进行了大量研究。对于中国的期权市场，杨晓辉和王裕彬（2019）[2] 使用中国最早的权益类场内期权——上证 50ETF 期权的数据，对比分析了隐含波动率和历史波动率对于未来的预测能力，分析结果表明使用隐含波动率的效果更佳。郑振龙和黄薏舟（2010）[3] 对香港指数期权市场也做过类似研究，得到同样的结论。

在计算隐含波动率时，学者发现根据不同行权价的期权价格计算得到的隐含波动率是不同的，波动率呈现一种微笑曲线的形态，所以选取哪个隐含波动率或以什么权重对这些隐含波动率做加权可以更准确地反映当前市场波动率的真实预期成为学界研究的课题。1999 年，德梅特里菲（Demeterfi）等在研究波动率互换和方差互换的定价方法时证明可以用期权组合充分对冲资产未来的方差风险。他们指出，不同行权价的期权对于标的资产的方差的敏感程度不同，只要标的资产的价格变动，期权价格对于标的资产的方差的敏感程度就会发生变化。所以单个期权合约无法完全对冲标的的方差风险，需要建立一个期权组合并根据不同期权合约对方差的敏感程度复权，这个组合在标的资产价格发生变化时对于标的资产的方差的敏感程度不变，既这个组合可以完全对冲标的资产未来的方差风险，所以也可以用来反映标的资产未来的波动率水平。随后布里滕—琼斯和纽伯格（Britten - Jone and Neuberger，2000）[4] 对该方法进行了整理，并将该方法首次命名为无模型隐含波动率法（model-free implied volitility）。Jiang 和 Tian（2005；2007）[5] 给出了无模型隐含波动率的一种更简单的推导使其推广到带跳跃的过程，并使用单变量回归和包含回归方法研究了无模型隐含波动率的预测能力和信息含量，研究结果表明无模型隐含波动率包含了 BS 公式计算的隐含波动率和历史波动率所包含的全部信息，是对未来已实现波动率更有效的预测。他们还对该

① Black F. , Scholes M. 1973. The Pricing of Options and Corporate Liabilities [J]. *Journal of Political Economy*, 81（3）：637 – 654.

② 杨晓辉、王裕彬：《基于 GARCH 模型的波动率与隐含波动率的实证分析——以上证 50ETF 期权为例》，载于《金融理论与实践》2019 年第 5 期。

③ 郑振龙、黄薏舟：《波动率预测：GARCH 模型与隐含波动率》，载于《数量经济技术经济研究》2010 年第 1 期。

④ Britten - Jones M. , Neuberger A. 2000. Option Prices, Implied Price Processes, and Stochastic Volatility [J]. *The Journal of Finance*, 55（2）：839 – 886.

⑤ Jiang G. J. , Tian Y. S. 2005. The Model - Free Implied Volatility and Its Information Content [J]. *Review of Financial*, 4（18）：1305 – 1342. Jiang G J. , Tian Y. S. 2007. Extracting Model - Free Volatility from Option Prices [J]. *Journal of Derivatives*, 14（3）：35 – 60.

方法做了进一步的稳健性分析，分析发现不同时段的波动率序列以及对于不同预测未来已实现波动率的其他方法，无模型隐含波动率都是稳健的。2003 年，芝加哥期权交易所与高盛合作对原有的波动率 VIX 指数的编制方法进行改进，改为采用无模型隐含波动率的计算方法计算 VIX 指数，以便更准确地反映市场对未来的预期以及投资者的情绪，此后有多家交易所都推出了与之相关的波动率指数。我国学者也对无模型隐含波动率计算方法做过研究，黄薏舟和郑振龙（2009）[①]使用无模型隐含波动率方法对恒生指数期权进行了分析和研究，实证结果发现无模型隐含波动率在对未来一个月的预测比 BS 隐含波动率和历史波动率更有效，且无模型隐含波动率还完全包含了 BS 隐含波动率的信息以及历史波动率的信息。此后，很多学者对该方法做了进一步拓展研究，屈满学和王鹏飞（2017）[②] 基于我国上证 50ETF 的历史数据使用上交所公布的无模型隐含波动率计算中国波指，即上证 50ETF 波动率指数（该指数于 2018 年 2 月停止更新）对我国期权市场进行了分析，分析结果表明该方法对未来一个月的市场风险的预测能力要强于历史实现波动率和 GARCH 族波动率，但是由于我国期权市场非完全有效，所以预测能力不如发达国家的期权市场有效。还有一些学者认为无模型隐含波动率还存在改进的空间。郑振龙等（2017）[③] 在无模型隐含波动率方法中加入了随机波动率的半鞅过程，中国上证 50ETF 期权市场的数据分析表明新的无模型隐含波动率方法（AVIX）相对于原方法能更好地表现市场波动和反映投资者情绪指标。周昆等（2020）[④] 指出在没有假设条件的一般情况下，无模型隐含波动率方法计算出的 VIX 指数显著低估了市场的实际波动情况，特别是在市场剧烈波动的情况下低估越严重，他们指出原无模型隐含波动率方法是基于资产收益率是连续的且基于几何布朗运动或指数布朗运动和伊藤引理假设，当资产价格出现大幅跳跃的时候这种估计会产生误差，随后他们给出了广义无模型隐含波动率法 GVIX，并指出原无模型隐含波动率是广义无模型隐含波动率法的一种特殊情况，认为 GVIX 模型可以更好地反映市场波动率水平。

---

① 黄薏舟、郑振龙：《无模型隐含波动率及其所包含的信息：基于恒生指数期权的经验分析》，载于《系统工程理论与实践》2009 年第 11 期。

② 屈满学、王鹏飞：《我国波动率指数预测能力研究——基于隐含波动率的信息比较》，载于《经济问题》2017 年第 1 期。

③ Zheng Z., Jiang Z., Chen R. 2017. AVIX: An Improved VIX Based on Stochastic Interest Rates and An Adaptive Screening Mechanism [J]. *Journal of Futures Markets*, 37 (4): 374 –410.

④ Chow K. V., Jiang W., Li J. 2020. Does VIX Truly Measure Return Volatility? [J]. *World Scientific Book Chapters*.

一、历史仿真法

历史仿真法，假设历史情况会重演，认为在过去一段时间发生的尾部极端风险可以作为未来尾部极端风险事件的参考。历史仿真法概念简单、直观、不依赖于参数假设，适用于任何收益率分布结构，不需要协方差矩阵等大量运算，没有维度诅咒等问题。此外，历史仿真法的改进潜力也较大，如果加入一些条件或用参等方法，可以使其计算得到显著的改进。历史仿真法的缺点也非常明显，其缺点是非常依赖于历史数据和样本采集期窗口的时间长短，且受到鬼影效应（ghost effect）影响，一个极端值会在一段较长时间内影响整个尾部风险预期的值，在跳出样本区间后，这个机制的影响突然消失，又会使 VaR 值突然变低；如果所选的数据周期异常平静，历史仿真法可能会产生过低的在险价值 VaR 和期望损值估计，相反，如果所选择数据周期波动比较大，那么历史仿真法可能会产生过高的在险价值和期望值损失估计，对于一个尾部损失风险测度指标与实际情况过高或过低，都不是我们希望看到的。

二、参 数 法

参数法假设收益率服从某种分布，通过分布的累计概率函数得到相应的分位点，并对超过阈值区间的数据做计算，得到衡量市场尾部风险的指标。在参数法中，通常模拟资产收益序列的整体分布为正态分布，但在实践中，投资者和学者们发现，采用正态分布预测资产尾部风险存在一些问题，首先其需要对正态分布的均值标准差做比较准确的判断，特别是标准差，即资产的波动率，对于尾部风险的衡量判断起到重要作用。其次，在现实的资本市场中，资产收益系列呈现显著的尖峰肥尾的特征，这与正态分布存在一定偏差，特别是对于极端损失部分，正态分布对于资产损失描述的准确性存在偏差。

三、极值理论法

极值理论（EVT）或极值分析（EVA）是统计的一个分支，处理与概率分布中值的极端偏差。极值理论从给定随机变量的给定有序样本中评估比以前观察到的任何事件都更极端的事件的概率。极值理论（EVT）已应用于水文、保险等领域。它是一种用于考虑与极端事件和罕见事件相关的概率的工具。极值理论可用于模拟崩溃或极端压力情况对于市场的影响。

在对资产尾部收益率的分布做分析时，极值理论（Extreme Value Theory，EVT）是常用且有效的参数分析法，极值理论在无须了解收益率分布的情况下，可以对尾部进行概率估计。极值理论模型包括两大类，分别是基于广义极值分布（GEV）的分块样本极大值模型 BMM 模型和基于广义帕累托分布（GPD）的 POT 模型。超越门限值模型（Peaks of Threshold，POT）通过设定一个极值阈值，将超过阈值数据看作极值，这样就会在小样本数据中提取到充分的信息，进行尾部分布的模拟，从而得到尾部渐进分布。研究表明，作为风险管理建模的重要理论基础和关键工具，极值理论能够准确有效地测度金融市场或资产的尾部风险。

参数法虽然解决了历史访问法中存在的部分问题，但是在实际应用中仍然会存在一些困惑，例如尾部测度的时间窗口怎么选？目前通常的做法是根据资产的性质和流动性等因素选择尾部测度的时间窗口，例如对于以债券标的投资为主的尾部风险测度一般以年为单位，以股票或者期货作为投资标的的市场风险的往往是以天为单位。此外，在对参数得到的尾部风险测度进行回测时，也会存在困难，例如，在对在险价值进行回测时，如果回测数据有限，导致最终超过在险价值指标的样本较少时，基于统计检验方法得到的回测检验往往是没有效果的。

从现有的参考文献中可以发现，在极端尾部风险的研究中普遍将波动率与机制理论相结合构造尾部风险测度，但目前在使用极值理论对于我国资本市场的极端风险测度的研究中，虽然有通过日间数据或高频数据构造不同波动率预测模型以及机制理论结合，但都是基于历史数据建模得到对于资产波动率估计，很少有通过期权价格去估计资产波动率，在我国期权市场的研究成果中与极值理论相结合的研究较少，其客观原因是我国期权市场起步较晚。从市场有效性理论出发，期权市场价格包含未来波动率预期，其信息更全面，且我国期权市场以专业的机构投资者为主，对市场的判断相对更加准确，期权市场价格反映的信息相对更可靠。我国期权市场经过近七年的发展，在价格和信息传导效率上有了显著提升，为通过期权市场数据研究我国资本市场提供了必要条件。故本章基于极值理论，将方差互换理论导出的无模型隐含波动率方法与广义帕累托分布相结合，并针对我国期权市场特点对广义无模型隐含波动率 GVIX 计算方法做了调整，构造了 GVIX - EVT 尾部极值风险测度方法，丰富了学界在该领域的研究，并分析研究该方法在国内市场的有效性和适用性，为市场参与者和科研工作者提供了一个有效的尾部极端风险衡量指标。

极值理论在金融风险管理中就是研究资产价格变化的极值分布及其特征的模型技术。极值理论最早由弗雪和蒂培特（Fisher - Tippett）在 1928 年提出。假设

$\{X_1,\ \cdots,\ X_n\}$ 是独立同分布的随机变量序列，分布函数为 $F(x)$。对于序列中的最大值 $M_n = \max\{X_1,\ \cdots,\ X_n\}$，如果存在常数列 $\{a_n > 0\}$，$\{b_n\}$，使得：

$$\lim_{n \to \infty} P\left(\frac{M_n - b_n}{a_n} \leq x\right) = H(x),\ x \in R \tag{6.1}$$

成立，且 $H(x)$ 是非退化的分布函数，则 $H(x)$ 必属于如下的广义极值分布函数（Generalized Extreme Value，GEV）：

$$H(x) = \begin{cases} \exp(-(1+kx)^{-1/k}), & k \neq 0,\ 1+kx > 0 \\ \exp(-\exp(-x)), & k = 0 \end{cases} \tag{6.2}$$

其中，k 是形状参数。其包含了三种形式：

当 $k = 0$ 时，称为 Gumbel 分布：

$$H(x) = \exp(-\exp(-x)),\ -\infty < x < +\infty \tag{6.3}$$

当 $k > 0$ 时，称为 Frechet 分布：

$$H(x) = \begin{cases} 0, & x \leq -1/k \\ \exp(-(1+kx)^{-1/k}), & x > -1/k \end{cases} \tag{6.4}$$

当 $k < 0$ 时，称为 Weibull 分布：

$$H(x) = \begin{cases} \exp(-(1+kx)^{-1/k}), & x \leq -1/k \\ 0, & x > -1/k \end{cases} \tag{6.5}$$

$H(x)$ 的密度函数 $h(x)$ 为：

$$h(x) = \begin{cases} (1+kx)^{-1/k-1}\exp(-(1+kx)^{-1/k}), & k \neq 0,\ 1+kx > 0 \\ \exp(-x - \exp(-x)), & k = 0 \end{cases} \tag{6.6}$$

极值理论主要有分块样本极大值模型（Block Maximum Model，BMM）和超越阈值的极值理论（Peaks Over Threshold，POT）。

（一）分块样本极大值模型

BMM 模型将一组独立随机观测序列依据先后顺序等依据分成若干个非重叠的子区域，再在每个区域中选极大值，再以这些极大值构成的极值样本数据序列进行极值理论中的参数估计，该模型会忽略一些具有丰富信息的数据，其对于有明显季节性数据的极值问题有比较好的预测能力。该模型的数学表达形式如下：

假设将原来 T 个数据分为 g 个子区域：

$$\{r_1,\ \cdots,\ r_n | r_{n+1},\ \cdots,\ r_{2n} | \cdots | r_{(g-1)n+1},\ \cdots,\ r_{gn}\} \tag{6.7}$$

令 $r_{n,i} = \max\{r_{(i-1)n+j} | 1 \leq j \leq n\}$，$1 \leq i \leq g$，这样可以得到 g 个最大值，假设这些极大值是独立同分布的，根据极值理论，若存在 $\{a_n > 0\}$，$\{b_n\}$，使得 $x_i = (r_{n,i} - \beta_n)/\alpha_n$ 服从某一极值分布，通过转换可以得到 $r_{n,i}$ 的分布为：

$$H(r) = \begin{cases} \exp\left(-\left(1 + \dfrac{k_n(r - \beta_n)}{\alpha_n} \right)^{-1/k_n} \right), & k_n \neq 0 \\[3mm] \exp\left(-\exp\left(-\dfrac{r - \beta_n}{u_n} \right) \right), & k_n = 0 \end{cases} \tag{6.8}$$

k_n，α_n，β_n 的小标 n 表示三个阐述的选择是和子区域中赝本个数 n 有关的。科尔斯（Coles，2001）[①] 指出在 $r_{n,i}$ 独立同分布的假设下，可以用极大似然函数估计参数 k_n，α_n，β_n，这些估计在 $k < 0.5$ 时是无偏的、渐进正态且有效的。

（二）超越阈值的极值理论

POT 模型是以超过某一阈值的数据组作为研究对象，这样就可以有效地使用了有限的极端观察值，阈值的选取在 POT 模型中至关重要，此模型用于给出在未来一段小的时间内 VaR 和 ES 的估计值。极值理论中第一个重要模型被称为 POT 方法，又名超阈值模型，它是对样本中所有超过某个充分大的阈值的数据进行建模的方法。在建立 POT 模型之前先需要了解一类分布函数——广义 Pareto 分布函数（Generalized Pareto Distribution，GPD）。

据 Pickands – Balkema-de Haan 定理（Balkema and Haan，1974；Pickands，1975）[②]，给定足够大的阈值 μ，y 为超过阈值的超量，则关于 y 的函数 $F_\mu(y)$ 收敛于 GPD：

$$F_\mu(y) \approx G_{\xi,\beta}(y) = \begin{cases} 1 - \left(1 + \dfrac{\xi}{\beta} y \right)^{-\frac{1}{\xi}}, & \xi \neq 0 \\[3mm] 1 - e^{-y/\beta}, & \xi = 0 \end{cases} \tag{6.9}$$

其中，ξ 表示形状参数，ξ 越大则尾部越厚；$\beta > 0$ 表示尺度参数；

$$y \in \begin{cases} [0, \infty), & \xi \geq 0 \\[2mm] \left[0, -\dfrac{\beta}{\xi}\right], & \xi < 0 \end{cases} \tag{6.10}$$

在式（6.9）中，当 $\xi > 0$ 时，$F_\mu(y)$ 为 Frechet 分布族，$G_{\xi,\beta}(x)$ 为普通帕累托分布，此时 GPD 是厚尾的；当 $\xi = 0$ 时，$F_\mu(y)$ 为 Gumbel 分布族，$G_{\xi,\beta}(x)$ 为指数分布；当 $\xi < 0$ 时，$F_\mu(y)$ 处于 Weibull 分布族，尾部较薄，此时 $G_{\xi,\beta}(x)$ 为 Pareto II 型分布。在这三类中，在经济学领域通常更关注 $\xi > 0$ 的情况，因为这种分布可以描述厚尾的特征，复合金融市场或金融资产的价格变化的特征。

---

① Stuart Coles. 2001. *An Introduction to Statistical Modeling of Extreme Values* [M]. Springer，London.

② Balkema A. A.，De H. L. 1974. Residual Life Time at Great Age [J]. *The Annals of probability*，792 – 804；Pickands，III. J.，et al. 1975. Statistical Inference Using Extreme Order Statistics [J]. *The Annals of Statistics*，3（1）：119 – 131.

第二节 证券市场波动率和尾部风险测度的实证检验

一、GVIX-EVT 尾部风险测度

(一) GVIX-EVT 方法综述

定义 r_t 为资产对数收益率，则 r_t 可以表示为如下均值方差过程：

$$r_t = \mu_t + \sigma_t \boldsymbol{\epsilon}_t$$
$$\mu_t = f(\mathcal{F}_{t-1})$$
$$\sigma_t^2 = h(\mathcal{H}_{t-1}) \tag{6.11}$$

其中，μ_t 和 σ_t 分别是条件均值和方差，在本章节中 σ_t 通过调整后的无模型隐含波动率 VIX 估计得到。$\mathcal{F}_{t-1}$ 和 $\mathcal{H}_{t-1}$ 是历史信息集函数，残差 $\boldsymbol{\epsilon}_t \sim F$ 是一个均值为 0 方差为 1 的独立同分布过程 (i.i.d.)，大量实证研究表明在资本市场中，资产收益率分布呈现尖峰厚尾的特征。

假设分布 F 有上确界 $v_F : = \sup\boldsymbol{\epsilon}_t : F(\boldsymbol{\epsilon}_t) < 1$，在给定一个比较大的阈值 u，$u < v_F$，皮坎兹 (Pickands, 1975) 证明当 $u \to v_F$ 时，超过阈值部分 $(\boldsymbol{\epsilon}_t - u)_+$ 收敛于形状参数为 ξ，尺度参数为 $\nu > 0$ 的广义帕累托分布 G (Generalized Pareto)，即概率 $P(\boldsymbol{\epsilon}_t - u \leqslant x \mid \boldsymbol{\epsilon}_t > u)$ 趋于

$$G(x; \xi, \nu) = \begin{cases} 1 - \{1 + \xi x/\nu\}^{-\frac{1}{\xi}} & \text{for } \xi \neq 0 \\ 1 - \exp\{-x/\nu\} & \text{for } \xi = 0 \end{cases} \tag{6.12}$$

其中，x 为序列中超出阈值 u 的量的上界。

对于服从于 F 分布的尾部收益率残差 $\boldsymbol{\epsilon}$，有 $F_u(y) = P(\boldsymbol{\epsilon}_t - u \leqslant y \mid \boldsymbol{\epsilon}_t > u)$，即

$$F_u(y) = \frac{F(u+y) - F(u)}{1 - F(u)} \tag{6.13}$$

对式 (6.13) 进行变换得到：

$$F(y)(1 - F(u)) = F(\boldsymbol{\epsilon}) - F(u)$$

即

$$F(\epsilon) = F(y) + F(u) - F(y)F(u)$$

用 1 减去等式两边得到：

$$1 - F(\epsilon) = 1 - F(y) - F(u) + F(y)F(u)$$

即

$$1 - F(\epsilon) = (1 - F(u))(1 - F(y)) \qquad (6.14)$$

其中 $F(y)$ 可以表示为广义帕累托分布 $G(\epsilon - u; \xi, \nu)$，$(1 - F(u))$ 可以通过样本数量 n，和样本中超过阈值 u 的数量 N 得到 N/n 去估计，所以可以得到 $\overline{F} = 1 - F$ 的估计：

$$\hat{\overline{F}}(\hat{\epsilon}) = \frac{N_u}{T}\left(1 + \hat{\xi}\frac{\hat{\epsilon} - \hat{u}}{\hat{\nu}}\right)^{-\frac{1}{\hat{\xi}}} \qquad (6.15)$$

其中 $\hat{u}$ 为一个近似有效阈值，$\hat{\xi}$ 和 $\hat{v}$ 是通过 Smith 和 Azzalini 给出的极大似然估计方法得到参数估计，具体方法如下：

$$L(\xi, \nu | x_i - u) = \begin{cases} -n(u)\log(\nu) - \dfrac{1+\xi}{\xi}\sum_{i=1}^{n}\log\left(1 + \xi\left(\dfrac{x_i - u}{\nu}\right)\right), & \xi \neq 0 \\[3mm] -n(u)\log(\nu) - \dfrac{1}{\nu}\sum_{i=1}^{n}(x_i - u), & \xi = 0 \end{cases}$$

$$(6.16)$$

最大化对数似然函数 $L(\xi, \nu | x_i - u)$，分别对 ξ 和 ν 求偏导，令其等于 0 求极值，得到如下等式：

$$\begin{cases} \dfrac{\partial L(\xi, \beta | x_i - u)}{\partial \xi} = \dfrac{1}{\xi^2}\sum_{i=1}^{n(u)}\log\left(1 + \xi\dfrac{(x_i - u)}{\beta}\right) - \left(\dfrac{1}{\xi} + 1\right)\sum_{i=1}^{n(u)}\dfrac{(x_i - u)}{\beta + \xi(x_i - u)} = 0 \\[4mm] \dfrac{\partial L(\xi, \beta | x_i - u)}{\partial \beta} = -\dfrac{k(u)}{\beta} + \left(\dfrac{1}{\xi} + 1\right)\sum_{i=1}^{n(u)}\dfrac{\xi(x_i - u)}{\beta^2 + \beta\xi(x_i - u)} = 0 \end{cases}$$

$$(6.17)$$

解上述方程可以得到广义帕累托分布参数估计。

令 $\alpha > 1 - N/n$，有 $F(\epsilon) = \alpha$，求其逆函数 $F^{-1}(\alpha)$ 则

$$(1 - \alpha) = \frac{N_u}{T}\left(1 + \hat{\xi}\frac{\hat{\epsilon} - \hat{u}}{\hat{\nu}}\right)^{-\frac{1}{\hat{\xi}}} \qquad (6.18)$$

对式（6.18）进行变换得到：

$$\left(\frac{(1 - \alpha)}{\frac{N_u}{T}}\right)^{-\hat{\xi}} = 1 - \hat{\xi}\frac{\hat{\epsilon} - \hat{u}}{\hat{\nu}} \qquad (6.19)$$

通过计算得到：

$$\hat{\epsilon} = \hat{u} + \frac{\hat{\nu}}{\hat{\xi}}\left(\left(\frac{1 - \alpha}{N_u/S}\right)^{-\hat{\xi}} - 1\right) \qquad (6.20)$$

根据以上结果可以得到对于未来 1 天在 α 置信度下的预期 VaR 和 ES，分别为：

$$\widehat{VaR}^{\alpha}_{t,t+1} = \hat{\mu}_{t,t+1} + \hat{\sigma}_{t,t+1}\left(\hat{u} + \frac{\hat{\nu}}{\hat{\xi}}\left(\left(\frac{1-\alpha}{N_u/S}\right)^{-\hat{\xi}} - 1\right)\right) \tag{6.21}$$

$$\widehat{ES}^{\alpha}_{t,t+1} = \hat{\mu}_{t,t+1} + \hat{\sigma}_{t,t+1}\hat{\epsilon}_{\alpha}\left(\frac{1}{1+\hat{\xi}} + \frac{\hat{\nu}-\hat{\xi}\hat{u}}{(1-\hat{\xi})\hat{\epsilon}_{\alpha}}\right) \tag{6.22}$$

其中，$\hat{\mu}_{t,t+1}$ 和 $\hat{\sigma}_{t,t+1}$ 是未来一天的预测均值和标准差，$\hat{\epsilon}_{\alpha}$ 为当前尾部残差的 $(1-\alpha)$ 分位数。

（二）尾部风险测度的检验方法

为了分析 VIX - EVT 模型对于预测尾部风险的效果，避免出现过度拟合问题，本章节通过 Kupiec 检验和动态分位数 DQ 检验对模型样本外数据进行检验。

库皮耶茨（1995）引入了二项式检验的一种变体，称为失效比例检验（POF-test）。POF-test 使用二项式分布方法，使用似然比来测试异常概率是否与 VaR 置信水平所隐含的概率 p 同步。如果数据表明异常概率不同于 p，则拒绝 VaR 模型，其构造似然比的非条件检验统计量为：

$$LR = -2\ln\left[(1-p)^{N-n}\times p^n\right] + 2\ln\left[(1-n/N)^{N-n}\times(n/N)^n\right] \xrightarrow{d} \chi^2(1) \tag{6.23}$$

式（6.23）中，N 为观察次数；n 为失败次数。当 LR 统计量大于给定置信水平下卡方分布的临界值时，则拒绝原模型。相反，当统计量小于临界值时，则接受该模型。

为了做进一步研究，除了检验失败比率还应检验击中事件是否存在相关性，恩格尔和曼加涅利（Engle and Manganelli，2004）[1] 提出了动态分位数检验（Dynamic Quantile test，DQ test），它不仅测试超过阈值的数量是否接近 VaR 置信水平，而且还反映了超量是否与时间相关，该检验首先定义一个新的击中序列：

$$HIT_{\theta,t} = I(y_t < -VaR_{\theta,t}) - \theta \tag{6.24}$$

式（6.24）中，θ 为给定的分位数，当 $y_t < -VaR_t$ 时，$HIT_{\theta,t} = 1-\theta$；当 $y_t > -VaR_{\theta,t}$ 时，$HIT_{\theta,t} = -\theta$。显然，如果模型参数估计正确，那么 $E(HIT_{\theta,t}) = 0$，而且 $HIT_{\theta,t}$ 对于任何滞后的信息都不具有相关性，即 $E(HIT_{\theta,t}|\Omega_{t-1}) = 0$，所以 $HIT_{\theta,t}$ 对于任何滞后的 $HIT_{\theta,t-k}$ 以及预测的 $VaR_{\theta,t}$ 还有常数项都应不具备相关性。

---

① Engle Robert F.，Manganelli S. 2004. CAViaR：Conditional Autoregressive Value at Risk by Regression Quantiles [J]. *Journal of Business & Economic Statistics*，22.

构造如下检验回归方程：

$$HIT_{\theta,t} = \beta_0 + \beta_1 HIT_{\theta,t-1} + \beta_2 HIT_{\theta,t-2} + \cdots + \beta_p HIT_{\theta,t-p} + \beta_{p+1} VaR_{\theta,t} + u_t$$

$$(6.25)$$

把上述模型表述成矩阵形式：$HIT_{\theta,t} = X\beta + u_t$，其中

$$u_t = \begin{cases} -\theta & prob(1-\theta) \\ (1-\theta) & prob\theta \end{cases}$$

$$(6.26)$$

X 是 $n \times (p+2)$ 矩阵向量，β 是 $(p+2) \times 1$ 向量。设原假设：$\beta = 0$，根据中心极限定理可以得到普通最小二乘法估计量的渐进分布如下：

$$\hat{\beta}_{ols} = (X'X)^{-1} X' HIT_{\theta,t} \rightarrow N(0, \theta(1-\theta)((X'X)^{-1}))$$

$$(6.27)$$

由正态分布和卡方分布的性质，可以构造如下的 DQ 检验统计量为：

$$DQ = \frac{\beta'_{ols} X'X \beta_{ols}}{\theta(1-\theta)} \rightarrow \chi^2(p+2)$$

$$(6.28)$$

二、GVIX - EVT 模型的实证分析

(一) 样本数据的选取

我国期权市场起步较晚，2015 年才开始有可以在二级市场正式交易的期权——华夏上证 50ETF 期权。上证 50ETF 期权是我国资本市场正式交易的以权益类资产为标的的期权品种。直到 2019 年 12 月，中国资本市场才上市了新的可以交易的以权益类资产为标的的期权，上海证券交易所的华泰柏瑞沪深 300ETF 期权、深圳证券交易所的嘉实 300ETF 期权以及中金所的沪深 300 指数期权。

为了尽可能使用更多的数据减少模型参数预测的方差，提高模型的预测效果，本章节选取上证 50ETF 期权上市首日 2015 年 2 月 9 日至 2021 年 6 月 23 日的上证 50ETF 指数数据和相应各行权价的期权数据，共计 1 550 个交易日的数据，该数据期间包含了中美贸易摩擦和新冠疫情对资本市场冲击的两大市场极端风险事件，可以更充分地检验尾部风险模型预测效果的准确性。期权价格选用当日期权合约的结算价计算。无风险利率选用上海银行间同业拆放利率（Shibor）的隔夜利率，以上数据均来自 Wind 终端和 Tushare 数据平台。

本章节取各市场指数的收盘价对数一阶差分来计算每日的指数收益，计算公式如下：

$$R_t = 100 \times \ln\left(\frac{p_t}{p_{t-1}}\right)$$

$$(6.29)$$

式（6.29）中 p_t 为市场中对应指数每日收盘价格。表 6-1 给出了上证 50 指数收益率的描述性统计结果。从表 6-1 中的结果发现 JB 统计量可知上证 50 收益率不服从正态分布，且峰度值等于 6.75 > 3，说明收益率呈现尖峰肥尾的形态。这个结果表明，在用参数计算收益率的尾部风险时，如果用正态分布去计算风险指标会存在较大误差，这种情况更适合采用极值理论的广义帕累托分布去对收益率的尾部风险进行估计，其中包括本章节介绍的 GVIX - EVT 模型。

表 6-1 **上证 50 日收益描述统计**

平均	标准误差	中位数	标准差	峰度	偏度	JB	p-value	观测数
0.026	0.038	0.049	1.482	6.464	-0.671	2.7943	0.001	1550

（二）模型的参数估计

在使用极值理论建立模型时，确定尾部阈值 u 的大小是关键点。如果阈值选取过高，则用于分析的样本数据过少，虽然分析的数据比较接近广义帕累托分布（见图 6-1）的尾部，参数估计偏差相对较低，但超过阈值的数据个数过少，就会导致应用这些数据进行模型分析时模型参数的方差过大，预测结果不稳定。如果阈值选取太小，虽然用于分析的数据增多可以使模型估计的方差降低，但是极值理论定理的成立条件就会受到质疑，可能会使得到的参数估计是一个有偏的参数估计，所以阈值选取是一个平衡偏差和方差的问题。对于选取阈值的方法，学界中给出了多种不同的方法，但哪一种是最好的，目前没有统一的定论，大量研究表明，对于资产收益率序列的尾部极值风险进行研究时，对收益序列占比为 5% 或 10% 得到的阈值 u 进行广义帕累托分布估计所得到的拟合效果更好（杨坤等，2017；魏宇，2008）[①]。在股票市场中，市场参与者和科研工作者更加关注分位数为 95% 的极端风险指标，故本章节在尾部风险部分的实证分析时，用 95% 分位数的在险价值 VaR 作为尾部分析指标，所以在建立广义帕累托模型时选用 10% 对应的阈值进行分析。最终得到广义帕累托分布的形状参数 ξ 的估计值为 0.197，尺度参数 ν 的估计值为 0.742。

---

① 杨坤、于文华、魏宇：《基于 R-vine copula 的原油市场极端风险动态测度研究》，载于《中国管理科学》2017 年第 8 期。魏宇：《股票市场的极值风险测度及后验分析研究》，载于《管理科学学报》2008 年第 1 期。

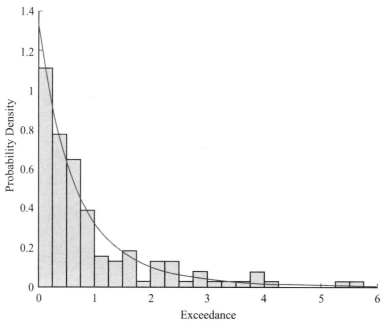

图 6-1 广义帕累托分布拟合情况

（三）模型的回测分析

在对 GVIX-EVT 模型进行回测分析时，本章节分别对历史仿真法（HS）、基于历史波动率正态分布参数法（normal）、基于期权数据计算 GVIX 正态分布法（GVIX-normal）、基于历史波动率的极值理论法（EVT）和本章节提出的 GVIX-EVT 这 5 种方法得到 VaR 值进行对比分析和检验，计算得到的结果如图 6-2 所示。

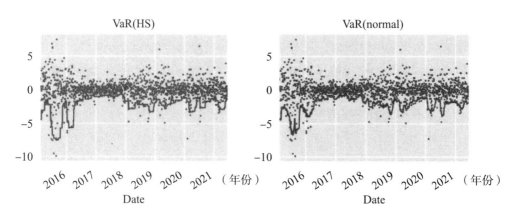

资本市场的系统性风险测度与防范体系构建研究

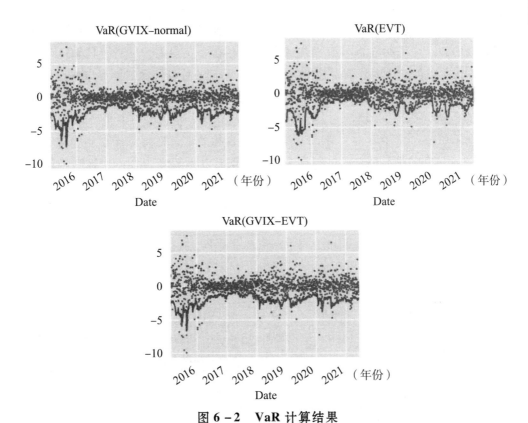

图 6 - 2   VaR 计算结果

根据计算结果,从图 6 - 2 中可以发现采用历史仿真法得到的 VaR 值存在严重滞后拖尾性,说明计算结果存在鬼影效应(ghost effect),VaR 的估计结果存在偏差,而对于使用历史波动率计算得到 VaR 指标(normal 和 EVT)中,指标的敏感程度也相对较弱。从表 6 - 2 中可以发现历史仿真法超出数偏高,正态分布参数法超出数偏低,采用历史波动率正态分布和极值理论得到的超出数相对更接近于理论值。所以,综合图表和超出数据来看,使用极值理论的方法得到的尾部风险预测指标较好。

表6-2   超出次数结果

	HS	normal	GVIX - normal	EVT	GVIX - EVT
超出阈值次数	95	71	49	89	63
理论超出阈值次数	75.5	75.5	75.5	75.5	75.5

为了进一步验证模型对于样本外数据的适用性,本章节对于模型的样本外结果分别进行了 Kupiec 似然比检验和动态分位数(DQ)检验。Kupiec 检验的主要

衡量指标是 LR 统计量，一般情况下，如果该统计量大于 3.84 则拒绝模型预测结果有效的假设，说明样本外数据与预期结果存在一定误差。动态分位数（DQ）检验不仅可以检验样本外数据超出阈值次数，而且还可以检验这些超出事件是否存在时间上的自相关性，对于动态分位数（DQ）检验方法，主要观察 DQ 统计量的 p 值，如果 p 值较小，则说明结果显著，说明"击中事件"发生次数与预期不符或"击中事件"存在一定程度的自相关性，模型对样本外数据的解释性在某方面存在不足，反之则认为模型的预测效果较好，具体检验结果如表 6 – 3 所示。

表 6 – 3　　　　　　　　　　模型检验结果

回测检验		HS	normal	GVIX – normal	EVT	GVIX – EVT
Kupiec 检验	LR 统计量	3.893	0.590	12.619	1.718	3.042
	结果	拒绝	接受	拒绝	接受	接受
动态分位数（DQ）检验	DQ 统计量	149.16	85.46	51.10	119.18	85.24
	P 值	0	9.99E – 16	8.79E – 09	0	1.22E – 15
	结果	显著	显著	显著	显著	显著

在表 6 – 3 中可以发现在 Kupiec 检验结果中，采用极值理论的 EVT 和 GVIX – EVT 都通过了检验，而用正态分布做参数拟合法的 Normal 和 GVIX – Normal 中，GVIX – Normal 没有通过检验，且指标偏高，历史仿真法的 HS 同样没有通过检验。综合几组 Kupiec 检验结果，说明使用极值理论得到的 VaR 相对于正态分布作为参数得到结果更好。这个结果也符合金融资产收益率呈现尖峰厚尾的特征，导致这种结果的原因是，随着金融系统的发展，市场有效性变强，市场中金融风险管理者维护市场稳定，这些因素导致正常情况下的金融资产的收益趋于稳定，导致了尖峰的现象；但是市场中一旦遇到极端风险事件，市场恐慌和羊群效应就会导致市场过度反应，又因为平时波动率不够，投资者风险意识不足，进一步加剧了市场在极端环境下的波动，产生了金融资产收益率的厚尾现象。

在动态分位数（DQ）检验的结果中，虽然五组 VaR 值都显著，说明"击中事件"发生次数与预期不符或"击中事件"存在一定程度的自相关性，导致这种结果的一个原因是，尾部风险事件的发生本身存在聚集效应进而导致风险事件存在自相关性，另一个原因是，我国期权市场起步较晚，可以用来测试的数据相对有限，数据较少导致模型的参数估计一致性较低，参数结果可能存在误差。虽然 DQ 检验的结果都显著，但从 P 值看，使用参数法的几组 VaR 的 P 值比历史法的 P 值大，从某种程度说明使用参数法相对于历史仿真法更容易符合尾部风险事件的预期，在极值理论中，GVIX – EVT 方法得到的 VaR 比 EVT 的结果更符合预期。综合 Kupiec 检验和动态分位数（DQ）检验的结果，可以得到在历史仿真法、正态分布参数法和极值理论中，极值理论得到尾部极值风险测度较好，在极值理论方法中，GVIX – EVT 方法相对更有效。

第三节　结　　论

本章运用方差互换理论推导出的无模型隐含波动率和尾部风险极值理论构造了 GVIX – EVT 尾部风险测度，基于我国期权市场 2015 年上市以来的交易数据和上证 50 指数历史数据作为样本，对于无模型隐含波动率在我国期权市场的适用性，及其与广义帕累托分布相结合构造的 GVIX – EVT 尾部极值风险测度方法的有效性做了实证分析，将 GVIX – EVT 尾部风险测度与传统尾部风险测度进行对比并作有效性检验，得出了以下几个结论：第一，根据历史仿真法对上证 50 指数计算得到 VaR 指标发现，对于我国资本市场，采用历史仿真法计算得到结果存在滞后拖尾现象，符合历史仿真法会受到鬼影现象影响的理论预期。第二，在参数法中，如果所用的波动率预测指标是基于历史波动率，同样会存在计算得到 VaR 指标不敏感，相对于使用 GVIX 方法得到 VaR 存在滞后的现象。第三，通过对不同风险测度方法计算得到的尾部风险指标的检验中发现，在几种方法中，参数法优于历史仿真法；在参数法中，极值理论的结果优于正态分布假设的结果，其中本章节介绍的加入期权市场价格包含市场隐含波动率预期的 GVIX – EVT 模型比传统的 EVT 模型相对更有效。

通过本章节研究得到如下启示：第一，在预测和防范极端风险事件造成的资本市场尾部风险时，不能单纯地依赖历史数据，无论是使用历史仿真法还是参数法，在用历史数据计算到的结果中都能发现存在一定的信息滞后情况，特别是历史仿真法，因其存在严重的滞后性，在实际运用对于未来风险的预测存在偏差，风险管理者和投资机构在使用该方法时需要特别谨慎，避免因使用该方法低估市场潜在的极端风险而造成损失。第二，从本章节的实证分析结果来看，无论是对于未来市场的波动率预测还是对于尾部风险的预测，基于隐含波动率的几组预测指标相对都要强于基于历史波动的指标，包含的信息更全面，这一定程度上也验证了市场有效性理论，所以建议进一步丰富和发展金融衍生品市场，从而提升资本市场信息传递效率，充分发挥资本市场价值发现这一重要职能，对于相关领域的学术研究学者也可以从更多角度去研究中国市场，丰富国内学界在相关领域的研究与国际相关领域研究接轨，从而为风险管理者和投资者提供更多关于中国市场的指标，并将理论与实际结合，更好地处理现实市场中出现的问题。第三，从实证分析的结果看，虽然广义无模型隐含波动率提高了波动率预测的准确性，并结合极值理论构造的 GVIX – EVT 的尾部风险测度对于极端风险事件冲击有较好的预测性，但预测结果仍然会与实际情况有所差别，所以在面对市场风险提高预测方法构造有效的风险测度的同时，仍然需要对于非预期的极端风险事件做事前准备，尽量减少预期外的风险所造成的损失，减少其对金融市场和实体经济的破坏。

第七章

证券投资基金系统性风险测度

长期以来，以散户居多的证券市场投资者结构为中国股市的有效运行带来了诸多弊端。为进一步优化投资者结构，促进金融市场服务实体经济能力，在过去几年，以基金公司为代表的机构投资得到长足发展。根据中国证券投资基金业协会在 2019 年 11 月发布的《公募基金市场数据》，截至 2019 年 11 月底，我国境内共有基金管理公司 128 家，管理的公募基金资产合计 14.20 万亿元，环比增长 2.15%。此外，投资基金进入其所投公司前十大股东的现象更是屡见不鲜。由于投资基金拥有较大的资产规模且其资产管理者均为具有丰富专业知识的基金经理，在维护市场稳定方面，投资基金承担着比中小投资者更多的责任。但伴随着基金交易影响的不断上升，投资基金经理一旦出现投资失误或者产生风险事件，则可能会对金融市场造成较大的负面冲击，进而影响市场稳定，甚至引发系统风险与金融危机的爆发。因此有效度量、防范基金风险是防范系统性金融风险的重要组成部分。

为有效度量基金风险，厘清基金风险的成因。本章节运用马尔科夫区制转移模型对中国基金市场的 807 只开放式基金的基金风险进行度量，并在此基础上运用面板 Logit 模型分析基金经营管理、宏观经济因素与基金风险的内在关联。

第一节 基金业系统性风险的影响因素分析

为了分析基金经营管理、宏观经济因素对基金风险的潜在影响，本章选取基金经理胜任力、基金经理的更换与基金的投资资产配置作为描述基金经营管理的变量；另外，选取经济政策不确定性指数作为宏观经济因素的代表变量，且对相关文献进行了总结分析。

一、基金经理胜任力对基金风险的影响

随着中国基金业的逐渐发展和壮大，特别是开放式基金的快速发展，一批具有丰富专业知识的基金经理也开始走向台前，其作为特定的群体价值开始显露。基金经理的投资决策行为是基金治理结构中最重要的一个环节，"买基金就是买基金经理"的理念已经深入人心。从我国现有的开放式基金运作方式来看，基金资产的投资以投资决策委员会所制定的投资战略为依据，基金经理作为具体的执行者和决策者，负责从资产池挑选资产，并决定交易金额和价位。由于在基金资产的配置方面，基金经理具有较大的决策效力和执行力，其交易行为对基金的业绩与风险均具有极重要影响。

鉴于基金经理投资行为的重要性，诸多文献从基金经理所创造的业绩出发，探讨基金经理胜任力特征与基金业绩、基金风险的相关关系。胜任力概念最早被提出是用来替代智力指标，更精准地指代某个个体就担任某个职位或某种工作的能力水平（McClelland，1973）[1]。基金经理胜任力包含自我认知、情绪管理、知识与技能等9类一级胜任特征；抗压能力、研究能力、宏观分析和资讯收集等12类二级胜任特征（李雨濛等，2019）[2]。

首先，一些学者分析了基金经理的知识与技能和基金业绩、基金风险之间的关系，研究发现基金经理管理能力对基金业绩有重要的经济影响（Zaur and Gaurav，2019）[3]，选股能力与择时能力较强的基金经理的未来业绩更好（Grinblatt and Titman，1993）[4]。最近几年，很多学者研究发现能力较强的基金经理不仅可以在经济扩张时期选对股票和预测市场走势，在经济衰退时期也能很好地把握市场时机，而且在存在普遍噪声交易、效率较低的市场中能更准确地识别错误定价的证券，做出更好的投资组合选择，从而在市场情绪高涨时期能够获得较高收

---

[1]　McClelland D. C. 1973. Testing for Competence Rather Than for "Intelligence" [J]. *The American Psychologist*，28（1）.

[2]　李雨濛、孟祥莺、刘蓉辉、魏先华：《股票型基金管理者投资能力股票型基金经理胜任力模型构建研究》，载于《管理评论》2019年第10期。

[3]　Zaur Rzakhanova. , Gaurav Jetleyb. 2019. Competition，Scale and Hedgefund Performance：Evidence from Merger Arbitrage [J]. *Journal of Economics and Business*，105：105841.

[4]　Grinblatt M，Titman S. 1993. Performance Measurement without Benchmarks：An Examination of Mutual Fund Returns [J]. *The Journal of Business*，66（1）：47 – 68.

益，而在市场情绪低迷时期的损失要远远小于能力较弱的基金经理的损失（钱淑芳等，2015）①；从基金风险的控制方面来看，基金经理在极端逆境中的主动管理能力越强，基金未来的崩盘风险越小（徐龙炳和顾力绘，2019）②。此外，研究发现基金经理的学历越高、毕业学校越优秀、经验越丰富，基金的业绩会越好，风险控制得也会更好（赵秀娟和汪寿阳，2010）③。

其次，在胜任力特征的其他方面，韩燕和崔鑫（2014）④ 从代理成本与赎回压力两个角度解释了基金经理的短视行为，并认为基金经理的短视损害了基金的长期绩效；基金经理的过度自信会造成其在市场中的过度反应与反应不足，导致其交易较多数量的风险资产，结果使得基金获得了较高的收益，但同时基金的风险也较高（Wang，2001）⑤；职业忧虑会促使基金经理更倾向于跟随大众的投资选择，由此导致了投资过程中的羊群行为（Scharfstein and Stein，1990）⑥，而羊群行为会引起股价过度反应，提高了股票崩盘的风险（许年行等，2013）⑦，进而对基金的业绩与风险产生负面冲击。

基于以上分析我们认为，首先，基金经理的胜任力越强，其投资策略越成熟，对于证券的选择和投资时机把握得更恰当，对于整个市场的动向把握越准确，其所管理基金的抗风险能力越强。其次，基金经理的胜任力越强，其自我认知越准确，情绪管理越好，不会因为过度自信而过度反应或反应不足，不会持有过量的风险资产，因此可以较好地控制基金的风险水平。再次，基金经理的胜任力越强，其抗压能力会越强，不会因为职业忧虑而产生羊群行为或为了追求高收益而盲目持有高风险资产。最后，从投资者方面来看，基金经理的胜任力越强，其浓厚的亲和力与优秀的个人品德和金融素质会在市场波动时期稳定投资者情绪，较少发生大量赎回事件，可以在市场动荡时期尽可能地降低基金风险。基于此，提出假设 H7.1：

---

① 钱淑芳、许林、吴栩：《宏观经济环境对股票型基金投资风格漂移的影响研究》，载于《投资研究》2015 年第 9 期。

② 徐龙炳、顾力绘：《基金经理逆境投资能力与基金业绩》，载于《财经研究》2019 年第 8 期。

③ 赵秀娟、汪寿阳：《基金经理在多大程度上影响了基金业绩？——业绩与个人特征的实证检验》，载于《管理评论》2010 年第 7 期。

④ 韩燕、崔鑫：《基金行业的委托代理关系与基金经理的短视行为研究》，载于《管理评论》2014 年第 9 期。

⑤ Wang F. A. 2001. Overconfidence, Investor Sentiment, and Evolution [J]. *Journal of Financial Intermediation*, 10 (2).

⑥ Scharfstein D. S., Stein J. C. 1990. Herd Behavior and Investment [J]. *The American Economic Review*, 6 (1): 465 – 479.

⑦ 许年行、于上尧、伊志宏：《机构投资者羊群行为与股价崩盘风险》，载于《管理世界》2013 年第 7 期。

H7.1：基金经理的胜任力与基金处于高风险状态的可能性呈反向关系，基金经理的胜任力越强，基金处于高风险状态的可能性越小。

二、基金经理的更换对基金风险的影响

国内基金市场不成熟的一个重要表现就是经理更换的频率过快。基金经理是基金运作管理的灵魂与核心，其更换过于频繁必将对基金业绩、风险等方面产生重要的影响。

国内外众多学者对此进行了研究发现，基金经理更换产生的影响一方面是由基金经理本身带来的。首先，基金经理更换后，新上任的基金经理倾向于更换投资组合（Chou et al.，2016）[1]。这种现象可以用私人信息假说（Jensen and Michael，1968）[2] 和声誉假说（Chevalier and Ellison，1999）[3] 来解释。而李科等（2019）[4] 发现后继基金经理更换投资组合这一行为会影响股票收益率相关性，进而影响了股票价格，产生系统性风险。其次，基金经理的频繁更换会对后继者产生较严重的离职压力。当面临离职压力时，经理们可能愿意承担更大的风险，选择高风险投资策略，进行更加频繁的交易，产生超额收益（Ang et al.，1998）[5]，也可能期望购买与其他经理相同的股票，发生羊群效应（Scharfstein and Stein，1990）[6]，此外，离职压力也会给基金经理带来生理和心理问题，影响经理的工作状态，从而导致了基金业绩和风险水平的变化。再次，基金经理的工作年限较长，更换率较低，说明基金经理对于该基金的工作环境、对薪酬待遇和职业前景比较满意，经理任期较长的基金拥有相对稳定的管理团队，能够给经理提供满意的工作环境以减少委托代理成本，基金经理对于该基金投资风格和理念下的投资决策更有经验，这些都有助于基金投资组合质量和业绩的提高（江萍等，2011）[7]。最

---

① Chou D. W.，Huang P. C.，Lai C. W. 2015. New Mutual Fund Managers：Why Do They Alter Portfolios？[J]. *Journal of Business Research*.

② Jensen，Michael. C. 1968. The Performance of Mutual Fund in the Period of 1945～1946 [J]. *The Journal of Finance*，23：389－416.

③ Chevalier J.，Ellison G. 1999. Career Concerns of Mutual Fund Managers [J]. *The Quarterly Journal of Economics*，114（2）：389－432.

④ 李科、陆蓉、夏翊、胡凡：《基金经理更换、股票联动与股票价格》，载于《金融研究》2019 年第 1 期。

⑤ Ang J. S.，Chen C. R.，Lin J. W. 1998. Mutual Fund Managers' Efforts and Performance [J]. *The Journal of Investing*，7（4）：68－75.

⑥ Scharfstein D. S.，Stein J. C. 1990. Herd Behavior and Investment [J]. *The American Economic Review*，6（1）：465－479.

⑦ 江萍等：《基金管理公司股权结构与基金绩效研究》，载于《金融研究》2011 年第 6 期。

后，对于前期业绩较差的基金来说，其总风险在基金经理更换后出现了明显的上升，而且总风险水平的增加主要是由于非系统风险水平的升高，造成基金非系统风险升高的主要原因在于更换后的基金经理增加了持股的集中度，降低了投资组合的分散度（Khorana，2001）[①]。

另一方面，基金经理的更换也会对投资者的预期和行为产生影响。近来行为金融研究指出，绝大多数基金投资者的选择都是由信任促成的，投资者倾向于选择自己信任的管理者，把钱放在可靠人的手中会让他们感到放心（Gennaioli et al.，2015）[②]。但基金经理过于频繁的更替不禁让投资者担心基金业绩的稳定性，这种现象会降低投资者对基金公司的信任而令公募基金业逐步丧失管理资产的机会，导致传统基金行业陷入前所未有的信任危机和基金资产的大规模流失（刘亚琴，2018）[③]。大量赎回事件发生，投资者情绪的变化也会对市场风险有显著的正向影响（王宜峰和王燕鸣，2014）[④]。

综上所述，一方面，频繁地更换基金经理会对后继者产生离职压力，对基金经理的生理、心理、投资行为和工作效率均会产生不良影响，从而导致基金的风险水平发生变化，而且后继基金经理投资行为的改变也会对股票价格产生影响，引起股票市场波动，进而影响基金风险。另一方面，基金经理的频繁更换会影响投资者的预期和行为，降低了投资者对基金公司的信任度，不利于基金风险的控制。基于此，提出假设 H7.2：

H7.2：基金经理的更换对基金处于高风险状态的概率有正向影响，基金经理更换得越频繁，基金处于高风险状态的概率越大。

三、资产配置对基金风险的影响

证券投资基金资产配置是指基金管理人决定如何在可投资的资产之间分配资金的过程。资产配置策略一般分为战略性资产配置策略与战术性资产配置策略。资产的配置是证券投资基金管理中最重要、最核心的部分，是决定投资收益最重要的因素（蒋晓全和丁秀英，2007）[⑤]。随着金融市场的发展和金融产品种类越来越丰富，资产的配置对证券投资基金业绩和风险的影响越来越重要，如何及时

[①]　Khorana A. 2001. Performance Changes Following Top Management Turnover: Evidence from Open – End Mutual Funds [J]. *Journal of Financial and Quantitative Analysis*，36 (3).

[②]　Gennaioli N.，Shleifer A.，Vishny R. 2015. Money Doctors [J]. *The Journal of Finance*，70 (1).

[③]　刘亚琴：《信任断裂：投资者—基金经理关系对投资者行为的影响》，载于《经济管理》2018 年 12 期。

[④]　王宜峰、王燕鸣：《投资者情绪在资产定价中的作用研究》，载于《管理评论》2014 年第 6 期。

[⑤]　蒋晓全、丁秀英：《我国证券投资基金资产配置效率研究》，载于《金融研究》2007 年第 2 期。

优化基金投资组合，并坚持长期投资，是分散投资风险和取得长期收益的关键。一般说来，随着基金投资集中度的提高，基金业绩也会提高，而且在机构投资者持有比例较少和投资者情绪低迷的情况下，基金投资集中度与基金业绩的相关性更强。但也有学者发现，无论是否扣除费用，当基金经理对投资组合进行调整时，投资分散度高的基金每年的收益都比投资分散度低的基金要好 2% 以上（Hong，2016）①。另外，基金投资组合多元化有助于降低对冲基金的风险承担（Gao et al.，2017）②。

一方面，合理有效的资产配置有利于提高基金业绩；另一方面，通过选择不同的资产配置方式有助于防范风险，进而提高投资收益率。因此合理的资产配置可以在提高基金收益的同时，有效地将风险维持在合理水平，对于基金风险的控制有重要意义。按照投资标的进行分类，投资基金基本可以分为偏股型基金、偏债型基金和货币市场基金。相比于货币市场基金投资的低风险、低波动证券，股票和债券的波动性相对来说较高，风险和收益也相对来说较高。而且相比于债券，股票的市场价格变动幅度更大，投机性更大，周转率较高，风险也更高。因此，基金在股票和债券之间投资资金的分配必然会影响到基金的风险水平。基于此，提出假设 H7.3：

H7.3：同比例的股票投资会比同比例的债券投资更可能导致基金处于高风险状态。

四、经济政策不确定性对基金风险的影响

经济政策不确定性是指经济主体无法确切预知政府是否、何时以及如何改变现行经济政策（Gulen and Ion，2015）③。经济政策不确定性会对经济产生诸多影响，首先从微观层面看，经济政策的频繁调整使公众和企业无法准确把握政府部门是否、何时以及如何改变现行政策，难以对宏观经济政策形成持续稳定的一致预期，增加了企业经营的不确定性，从而提高了企业非生产性支出和税费支出，挤占民营企业生产性资源，降低民营企业经营活力，增大了民营企业交易成本，致使民营企业决策失误风险和经营风险提高，减少民营企业预期收益（于文超和

---

① Hong C. Y. 2016. Mutual Fund Disproportionate Portfolio Adjustment. Available at SSRN 2774595.

② Gao L., Wang Y., Zhao J. 2017. Does Local Religiosity Affect Organizational Risk – Taking？Evidence from The Hedge Fund Industry ［J］. *Journal of Corporate Finance*，47：1 – 22.

③ Gulen H.，Ion M. 2015. Policy Uncertainty and Corporate Investment ［J］. *Review of Financial Studies*，29 （3）.

资本市场的系统性风险测度与防范体系构建研究

梁平汉，2019）[1]，此时固定资产投资的风险将提高，不利于实体企业的投资信心，会对企业投资产生抑制作用，导致企业的投资效率下降（李凤羽和杨墨竹，2015）[2]。此外，经济政策不确定性升高将增加企业的银行贷款成本（宋全云等，2019）[3]，会导致因代理成本上升和信息不对称程度加剧而增加违约风险。另外，经济政策不确定性的增加会导致投资风险加剧，投资者避险情绪上升，利率变动带来的投资需求变动幅度下降，进一步导致社会总需求变动幅度下降，继而影响到经济产出与价格水平，从而弱化了货币政策工具的调控效果（苏治等，2019）[4]。

其次从宏观层面看，经济政策不确定性的升高对市场波动存在显著的正效应，尤其是对市场的长期波动影响更为显著（雷立坤等，2018）[5]。经济政策不确定性可能引发金融市场波动，加大金融系统风险（Bonaime et al.，2018）[6]。具体来说，经济政策不确定性上升时，股票市场波动会显著加剧，股票市场价格也会受到显著影响（陈国进等，2018）[7]。与此同时，经济政策不确定性也会改变经济主体对宏观经济基本面的预期，从而加剧股票市场的波动（雷立坤等，2018）[8]。另外，在经济政策不确定性处于较高水平时，商业银行的信贷配给通常会降低，金融市场的流动性风险会显著增加（Chi and Li，2017）[9]。

综上所述，我们认为，随着经济政策不确定性的增加，股票市场的波动性会增强，未来的股市收益也会下降，这会导致主要投资于股票市场的基金的收益率下降，基金的单位净值下跌，基金处于高风险状态的可能性变大。此外，经济政策不确定性的提高会导致企业投资和投资效率的下降，这会影响企业的经营业绩，经营业绩的下降会导致企业偿还债券的可能性下降，违约风险上升，从而导致主要投资于债券市场的基金的风险水平上升。另外，经济政策不确定性也会影

———————————

① 于文超、梁平汉：《不确定性、营商环境与民营企业经营活力》，载于《中国工业经济》2019 年第 11 期。

② 李凤羽、杨墨竹：《经济政策不确定性会抑制企业投资吗？——基于中国经济政策不确定指数的实证研究》，载于《金融研究》2015 年第 4 期。

③ 宋全云、李晓、钱龙：《经济政策不确定性与企业贷款成本》，载于《金融研究》2019 年第 7 期。

④ 苏治、刘程程、位雪丽：《经济不确定性是否会弱化中国货币政策有效性》，载于《世界经济》2019 年第 10 期。

⑤ 雷立坤、余江、魏宇、赖晓东：《经济政策不确定性与我国股市波动率预测研究》，载于《管理科学学报》2018 年第 6 期。

⑥ Bonaime A.，Gulen H.，Ion M. 2018. Does Policy Uncertainty Affect Mergers and Acquisitions？ [J]. *Journal of Financial Economics*，129（3）.

⑦ 陈国进、张润泽、赵向琴：《经济政策不确定性与股票风险特征》，载于《管理科学学报》2018 年第 4 期。

⑧ 雷立坤、余江、魏宇、赖晓东：《经济政策不确定性与我国股市波动率预测研究》，载于《管理科学学报》2018 年第 6 期。

⑨ Chi Q.，Li W. 2017. Economic Policy Uncertainty，Credit Risks and Banks' Lending Decisions：Evidence from Chinese Commercial Banks [J]. *China Journal of Accounting Research*，10（1）：33 – 50.

响经济主体的行为与预期和银行的信贷配给，从而导致了金融市场波动和流动性风险的增加，进而对基金的风险水平产生影响。最后，经济政策不确定性的上升也会降低基金经理的主动管理能力，不利于基金风险的控制（徐龙炳和顾力绘，2019）[1]。当经济政策的不确定性升高时，市场信息中会包含很多"噪声"，经济主体的行为决策效率会降低，尤其是对通过分析各种信息来进行投资的基金经理来说，此时他们的投资决策会比以往更低效，因此会导致基金更高的风险水平。基于此，提出假设 H7.4：

H7.4：经济政策不确定性的提高会加大基金处于高风险状态的可能性。

第二节　中国基金业系统性风险分析

一、研究设计

（一）样本选择与数据

本章节选取的样本为 2012 年 1 月 1 日之前成立的 807 家开放式基金的季度数据，区间为 2012 年 1 月 1 日至 2018 年 12 月 28 日，一共 28 个季度，每个变量有 22 596 个观测值，除中国经济政策不确定性指数外，其余数据均来源于 Wind 数据库。

（二）模型设计

以往基金风险与业绩的评价方法主要有以下几种：第一，早期的基金业绩评价研究主要是基于 CAPM 理论框架下进行的。比较重要的有用于衡量投资组合单位系统风险溢价的 Treynor 指数（Treynor，1965）[2]，单位总风险的超额收益率评估基金表现的 Sharpe 指数（Sharpe，1966）[3]，通过估算基于资本市场线的基金超

---

① 徐龙炳、顾力绘：《基金经理逆境投资能力与基金业绩》，载于《财经研究》2019 年第 8 期。

② Treynor J. L. 1965. How to Rate Management of Investment Funds [J]. *Harvard Business Review*，2：63 – 77.

③ Sharpe W. F. 1964. Capital Asset Prices：A Theory of Market Equilibrium under Conditions of Risk [J]. *The Journal of Finance*，19（3）：425 – 442.

额收益率来衡量基金的业绩的 Jensen 指数（Jensen and Michael，1968）[1]，以及这三种指数的改进。第二，穆尔蒂等（Murthi et al.，1997）[2] 第一次运用数据包络分析（DEA）模型构造了新的基金业绩评价指数 DPEI。之后有大量学者运用 DEA 模型对基金的业绩进行了评价研究，如加拉格德拉等（Galagedera et al.，2016）[3] 等。第三，在博勒斯列夫（Bollerslev，1986）[4] 将 ARCH 模型发展成为 GARCH 模型之后，GARCH 模型就被学者广泛地运用于各种金融问题的研究中，逐渐的 GARCH 模型也被应用于基金风险的度量上。如郭晓亭（2005）[5] 等采用不同的 GARCH 类模型进行了基金的系统风险研究。

本章节参照盖特曼斯基等（Getmansky et al.，2006）[6] 的做法，使用马尔科夫区制转移模型来度量基金风险。马尔科夫区制转移模型（Hamilton，1989）[7] 被认为是处理非线性问题的有效手段。具体应用到基金风险的度量中，马尔科夫区制转移模型在提高金融风险度量准确性的同时也存在合理经济含义，该模型不仅能够较好地刻画时间序列的结构性突变，而且与其他非线性模型相比，马尔科夫区制转移模型可以计算不同状态间的转移概率，并能够推断出各个时点处于某个状态的概率，进而描述各个时点所处的经济状态。同时马尔科夫区制转移模型简化了标准模型的假设，可以描述危机期的内生性，也可以应用于多个基金，对基金未来几期的风险状况进行预测，以此构建的风险度量指标具有较强的实时性。因此本章选择马尔科夫模型来构建度量基金风险水平的指标。

具体来说，本章选择两区制马尔科夫区制转移模型对基金进行分析，我们将基金的高波动区制定义为高风险区制，低波动区制定义为低风险区制，而将每只基金每个季度处于高风险区制的概率看作其处于高风险状态的可能性，此概率越大，基金处于高风险状态的可能性就越大，反之越小。以此概率作为度量基金风险水平的指标。

---

① Jensen，Michael. C. 1968. The Performance of Mutual Fund in the Period of 1945 ~ 1946 [J]. *The Journal of Finance*，23：389 – 416.

② Murthi B. P. S.，Choi Y. K.，Desai P. 1997. Efficiency of Mutual Funds and Portfolio Performance Measurement：A Non-parametric Approach [J]. *European Journal of Operational Research*，98（2）：408 – 418.

③ Galagedera D. U.，Watson J.，Premachandra I. M.，Chen，Y. 2016. Modeling Leakage in Two-stage DEA Models：An Application to US Mutual Fund Families [J]. *Omega*，61：62 – 77.

④ Bollerslev T. 1986. Generalized Autoregressive Conditional Heteroscedasticity [J]. *Journal of Econometrics*，31（3）：307 – 327.

⑤ 郭晓亭：《基于 GARCH 模型的中国证券投资基金市场风险实证研究》，载于《国际金融研究》2005 年第 10 期。

⑥ Chan N.，Getmansky M.，Haas S. M.，Lo A. W. 2006. Do Hedge Funds Increase Systemic Risk？[J]. *Economic Review – Federal Reserve Bank of Atlanta*，91（4）：49.

⑦ Hamilton J. D. 1989. A New Approach to the Economic Analysis of Nonstationary Time Series and The Business Cycle [J]. *Econometrica*，57（2）：357 – 384.

167

此外，我们关心的问题是基金经营管理、经济政策不确定性对于基金的风险有何影响以及各变量是如何影响基金风险的。因此我们采用固定效应的面板Logit模型对此进行分析，模型的具体形式如下：

$$Y_{it}^* = explanatory_{it}'\beta + control_{it}'\gamma + u_i + v_{it} \tag{7.1}$$

$$P(Y_{it} = 1) = P(Y_{it}^* > 0) = P(v_{it} > - explanatory_{it}'\beta - control_{it}'\gamma - u_i)$$

$$= F(explanatory_{it}'\beta + control_{it}'\gamma + u_i)$$

其中，Y_{it} 为基金风险代理变量，$explanatory_{it}$ 为基金 i 在 t 时期的主要解释变量，$control_{it}$ 是基金 i 在 t 时期的控制变量，u_i 为个体效应。

（三）变量定义

1. 被解释变量：基金风险代理变量

通过马尔科夫区制转移模型对基金数据进行分析，得出每个季度每只基金处于高风险状态的概率。当基金风险概率大于等于 0.5 时，我们认为基金处于高风险状态，此时基金风险代理变量（FR）记为 1，当基金风险概率小于 0.5 时，我们认为基金处于低风险状态，此时基金风险代理变量记为 0。

$$FR_{it} = \begin{cases} 1 & 若基金风险概率 \geq 0.5 \\ 0 & 若基金风险概率 < 0.5 \end{cases}$$

2. 解释变量

（1）基金经理的胜任力。

信息比率是用于衡量某一投资组合优于一个特定指数的风险调整超额报酬水平的指标，该指标是从主动管理的角度来描述风险调整后收益。因此我们可以用信息比率这一指标来表示基金经理的胜任力，信息比率越大表示基金所获得的超额报酬越高，即基金经理的胜任力越强。基金 i 在 t 季度的信息比率（$IR_{i,t}$）计算方式如下：

$$IR_{i,t} = \frac{TD_{i,t}}{TE_{i,t}}$$

其中，$TD_{i,t}$ 代表基金 i 在 t 季度跟踪偏离度的样本均值，$TE_{i,t}$ 代表基金 i 在 t 季度的跟踪误差。

（2）基金经理的更换。

基金经理是基金经营管理的核心，频繁地更换基金经理会对基金业绩表现与风险水平产生影响。我们采用团队稳定性这一指标来度量基金经理更换的频率，基金经理更换的频率越高，基金管理团队越不稳定。团队稳定性这一指标一般在 0~1，越小代表基金管理团队越稳定。团队稳定性（TS）计算方式如下：

$$团队稳定性 = \frac{Max(期间新经理数, 期间离任经理人数)}{期间平均在任经理数}$$

$$期间平均在任经理数 = \frac{(期初在任基金经理数 + 期末在任基金经理数)}{2}$$

（3）资产配置。

资产配置管理是现代证券投资基金决策中首要的也是最核心的环节，战略性资产配置是系统风险的最强有力免疫手段，基金的投资资产配置会对基金的风险产生重要影响。为了研究基金的投资资产配置会如何影响基金的风险，我们选取股票、债券投资市值占基金资产净值比来描述基金经理的资产配置倾向。股票占比（SIP）与债券占比（BIP）的计算方式如下：

$$SIP_{i,t} = \left(\frac{Stock_{i,t}}{TNA_{i,t}}\right) \times 100\% \ , \ BIP_{i,t} = \left(\frac{Bond_{i,t}}{TNA_{i,t}}\right) \times 100\%$$

其中，$Stock_{i,t}$是基金 i 在 t 季末的股票投资市值，$Bond_{i,t}$是基金 i 在 t 季末的债券投资市值，$TNA_{i,t}$是基金 i 在 t 季末的资产净值总额。

（四）中国经济政策不确定性指数

本章节采用贝克等（Baker et al.，2016）[①] 构建的中国经济政策不确定性指数作为衡量指标。该指数为斯坦福大学与芝加哥大学联合发布，以中国香港最大的英文报刊《南华早报》做文本分析，以月度为单位识别出关于中国经济政策不确定性的文章数量，并与当月《南华早报》刊登的总文章数量相除，得到中国经济政策不确定性指数的月度数据。本章节将每季度三个月份的中国经济政策不确定指数的平均数作为当季的中国经济政策不确定性指数（EPU）。

在分析基金经营管理、经济政策不确定性与基金风险之间的关联时还需要控制一些其他变量来保证模型的解释能力。

（1）基金规模。

基金规模不仅会影响基金资金的流入，也会对基金的业绩产生显著的负面影响（Zhu，2018）[②]，所以我们认为基金的规模会影响基金的风险水平。借鉴李志冰和刘晓宇（2019）[③]，基金规模（AUM）的计算方式如下：

$$AUM_{it} = \log(TNA_{i,t-1})$$

其中，$TNA_{i,t-1}$是基金 i 在 $t-1$ 季末的资产净值总额，单位为万元。

[①] Baker S. R.，Bloom N.，Davis，S. J. 2013. Measuring Economic Policy Uncertainty [J]. *The Quarterly Journal of Economics*，131（4）.

[②] Zhu M. 2018. Informative Fund Size，Managerial Skill，and Investor Rationality [J]. *Journal of Financial Economics*，130（1）：114−134.

[③] 李志冰、刘晓宇：《基金业绩归因与投资者行为》，载于《金融研究》2019 年第 2 期。

（2）机构投资者持有比例。

机构投资者是指用自有资金或者从分散的公众手中筹集的资金专门进行有价证券投资活动的法人机构，这类投资者一般具有投资资金量大、收集和分析信息的能力强等特点。相对于个人投资者而言，机构投资者更稳定一些，而且对风险敞口的识别更严格（李志冰和刘晓宇，2019）[1]，此外，在对基金未来业绩的预判上，机构投资者也强于个人投资者（左大勇和陆蓉，2013）[2]。因此，本章节认为机构投资者持有比例也会影响到基金的风险水平，故将此指标包含在模型中。机构投资者持有比例（PHII）计算方式如下：

$$机构投资者持有比例 = \frac{机构投资者每季末持有基金份额数}{每季末基金总份额数}$$

（3）基金年龄。

基金成立日到当期的季度数记为基金的年龄，理论认为成立时间越长的基金会有更好的管理经验，可以通过恰当的方式降低基金的风险，故基金成立时间越长，基金的风险越小。为控制基金年龄对基金风险的影响，本章节决定将基金年龄（AGE）加入模型中。

（4）基金费率。

基金费率是投资者的一个重要考量指标，基金费率会影响投资者的行为。另外，较高的基金费率会降低基金业绩，使得基金业绩波动更大、基金风险更高（王霞和高翔，2005）[3]。所以我们将基金费率（FEE）也纳入模型中，费率的计算方式如下：

$$FEE_{it} = \frac{F_{it}}{N_{it}}$$

其中，F_{it} 是基金 i 在 t 季度的费用，N_{it} 是基金 i 在 t 季末的总份额数。

（5）基金的单位分红。

胡振飞等（2019）[4] 研究发现基金分红生息率越高，基金的资产净流入越多。此外，盛积良和马永开（2008）[5] 发现资金流动量的增加可以激励基金管理者持有更多的高风险资产，导致基金的风险上升。因此我们将基金的单位分红

① 李志冰、刘晓宇：《基金业绩归因与投资者行为》，载于《金融研究》2019年第2期。
② 左大勇、陆蓉：《理性程度与投资行为——基于机构和个人基金投资者行为差异研究》，载于《财贸经济》2013年第10期。
③ 王霞、高翔：《我国开放式基金费率模型实证研究》，载于《金融研究》2005年第1期。
④ 胡振飞、陈娴、陈欣：《基金分红迎合了机构投资者的避税需求吗?》，载于《证券市场导报》2019年第7期。
⑤ 盛积良、马永开：《两类不对称对基金风险承担行为的影响研究》，载于《系统工程学报》2008年第4期。

（*DIV*）也考虑到模型之中，使模型更具有解释力。

$$DIV_{it} = \frac{D_{it}}{N_{it}}$$

其中，D_{it} 是基金 i 在 t 季度内发放的分红总额，N_{it} 是基金 i 在 t 季末的总份额数。

各变量的描述性统计列于表 7 - 1，从描述性统计上可以看到，信息比率的均值为 0.72，说明开放式基金整体上获得了超额回报，但其最大值为 40.86，最小值为 - 39.83，二者具有较大差距，结合标准差可以看出，基金经理胜任力差距较大；基金管理团队稳定性的均值为 0.08，相对较小，这意味着基金市场的基金管理团队整体具有较高的稳定性；不同基金的股票投资占比和债券投资占比相差较大，而且总体来说，基金投资于股票的比例要大于债券的比例。此外，经济政策不确定性指数均值为 16.78，相对来说较低，但标准差较大，说明经济政策的不确定性波动较大。机构投资者持有比例的最小值为 0，最大值为 1，标准差也高达 0.32，说明根据机构投资者和个人投资者在选择基金上存在较大差异。机构投资者持有比例均值为 0.30，意味着总体而言机构投资者持有开放式基金的比例小于个人投资者持有的比例。基金规模、基金分红和基金费率的最小值和最大值之间相差较大，而且标准差也比较高，说明不同的基金之间或者同一基金不同时期的状况差别很大。其他控制变量均在正常取值范围内。

表 7 - 1　　　　　　　　　　变量的描述性统计

变量	观测数	平均值	标准差	最小值	最大值
IR	22 596	0.72	9.23	- 39.83	40.86
TS	22 596	0.08	0.076	0.00	1.00
SIP	22 596	0.52	0.41	0.00	1.20
BIP	22 596	0.36	0.51	0.00	2.61
EPU	22 596	16.78	178.94	19.01	699.69
AUM	22 596	4.79	0.74	0.28	7.45
PHII	22 596	0.30	0.32	0.00	1.00
AGE	22 596	27.16	12.72	1.00	69.00
FEE	22 596	0.24	0.14	0.00	11.49
DIV	22 596	0.00	0.56	0.00	3.10
FR	22 596	0.21	0.41	0.00	1.00

各变量的相关性统计见表 7 - 2。显然各个变量之间的相关性较低，普遍在 - 0.1 ~ 0.1 之间。相关性最高的两个变量是 *SIP* 和 *BIP*，相关系数达到了 - 0.7477，说明二者之间存在较强的负相关，这很容易理解，当一只基金提高股票投资比例时，其必然会降低其他证券的投资比例，反之亦然。

表 7 - 2 相关变量的相关性检验

	FR	IR	TS	SIP	BIP	EPU	AUM	PHII	AGE	FEE	DIV
FR	1										
IR	-0.0504*	1									
TS	0.0434*	-0.0348*	1								
SIP	-0.0740*	0.0918*	0.0209	1							
BIP	0.0461*	-0.0894*	-0.0033	-0.7477*	1						
EPU	-0.1237*	0.0319*	-0.1701*	-0.0091	-0.0293*	1					
AUM	-0.0458*	0.0138	-0.1491*	-0.0490*	0.0202	0.2361*	1				
PHII	0.0326*	-0.0013	-0.0094	-0.2602*	0.2607*	-0.0067	0.0022	1			
AGE	-0.1027*	-0.0122	-0.0953*	0.0149	-0.0579*	0.4417*	0.2740*	-0.1264*	1		
FEE	0.0227*	-0.0240*	-0.0069	-0.0770*	0.0810*	0.0294*	-0.0101	-0.0351*	0.0070	1	
DIV	-0.0059	0.0094	0.0034	0.0170	-0.0034	-0.0078	0.0184	0.0465*	0.0536*	-0.0038	1

注：*** 表示 $p < 0.01$，** 表示 $p < 0.05$，* 表示 $p < 0.1$。

资本市场的系统性风险测度与防范体系构建研究

二、基于面板 Logit 模型的实证结果分析

我们运用面板 Logit 模型对基金经营管理、经济政策不确定性与基金风险的关联进行了分析，基金经理胜任力、基金经理的更换对基金风险影响的结果列于表 7－3；资产配置、经济政策不确定性对基金风险影响的结果列于表 7－4，可以发现：

首先，在 7－3 的（1）、（2）列中信息比率系数均为负数，说明基金经理胜任力对基金处于高风险的概率呈负向影响，在其他变量不变的情况下，基金经理的胜任力越强，信息比率越大，基金处于高风险状态的可能性越小，假设 H7.1 得到验证。

其次，在表 7－3 的（3）、（4）列中团队稳定性的系数均是正数，这说明基金经理的更换对基金处于高风险的概率呈负向影响，在其他变量不变的情况下，基金管理团队稳定性越好，团队稳定性指数越小，基金处于高风险状态的可能性就越小。假设 H7.2 得到验证。

表 7－3　　　　基金经理能力、团队稳定性对基金风险的影响

变量	（1）	（2）	（3）	（4）
IR	-0.0122^{***} (0.0019)	-0.0121^{***} (0.0020)		
TS			1.6646^{***} (0.2340)	0.9398^{***} (0.2375)
AUM		0.4918^{***} (0.1085)		0.4744^{***} (0.1082)
$PHII$		-0.2506^{**} (0.1052)		-0.2663^{**} (0.1051)
AGE		-0.0633^{***} (0.0036)		-0.0616^{***} (0.0036)
FEE		0.3256^{*} (0.1819)		0.3473^{*} (0.1899)
DIV		0.9443^{***} (0.3389)		0.9533^{***} (0.3414)
FE	Yes	Yes	Yes	Yes

注：括号内为标准误值，*** 表示 $p < 0.01$，** 表示 $p < 0.05$，* 表示 $p < 0.1$。

再次，在表7-4的（1）、（2）列中股票占比和债券占比系数均为正数，说明在其他变量不变的情况下，随着股票和债券投资占比增加，基金处于高风险状态的可能性变大。最重要的是，股票投资占比的系数要远高于债券投资占比的系数，这意味着在基金投资中，同市值比例的股票会比债券更可能导致基金处于高风险状态。假设H7.3得证。

最后，在表7-4的（3）、（4）列中经济政策不确定性的系数均是正数，这说明在其他变量不变的情况下，经济政策不确定性对基金处于高风险的概率呈正向影响，经济政策不确定性越高，基金处于高风险状态的可能性越大，假设H7.4得证。

表7-4　　　　资产配置、经济政策不确定性对基金风险的影响

变量	（1）	（2）	（3）	（4）
SIP	2.6714*** (0.2946)	2.6091*** (0.3032)		
BIP	0.9982*** (0.1270)	0.5737*** (0.1301)		
EPU			0.0025*** (0.0001)	0.0014*** (0.0002)
AUM		0.4999*** (0.1087)		0.4122*** (00.1097)
PHII		-0.2427** (0.1056)		-0.3251*** (0.1058)
AGE		-0.0618*** (0.0036)		-0.0433*** (0.0043)
FEE		0.3381* (0.1884)		0.3573* (0.1886)
DIV		1.1297*** (0.3573)		0.8383*** (0.3339)
FE	Yes	Yes	Yes	Yes

注：括号内为标准误值，*** 表示 $p<0.01$，** 表示 $p<0.05$，* 表示 $p<0.1$。

除此之外，机构投资者持有比例与基金成立时间系数在表7-3和表7-4的（1）~（4）列中均为负数，而基金规模、基金费率和基金单位分红的系数均为正数。这说明在其他变量不变的情况下，随着机构投资者持有比例的增加和基金成

立时间的增长，基金处于高风险状态的可能性就越小，而随着基金规模的增大、基金费率和基金单位分红的增加，基金处于高风险状态的可能性就越大。首先，相对于个人投资者来说，机构投资者更稳定，收集和处理信息的能力也会更强，因此机构投资者持有比例的增加对于基金的业绩和风险水平都会产生积极的影响。其次，成立时间越长的基金会有更好的管理经验，可以通过恰当的方式降低基金的风险，故基金成立时间的系数为负数，即基金成立时间越长，基金风险代理变量取 0 的概率越大、基金的风险越小。再次，由于基金管理的资产规模越大，对基金经理的管理能力要求越高，受到基金受托条款的限制也相应越大，导致基金经理在选择投资机会的时候往往无法实现最优的交易方案。此外，基金的交易规模越大，越易受到市场中流动性的限制增加交易成本，使得基金的业绩受到影响，同时也会提高基金的风险水平。基金的费率与基金处于高风险状态的概率呈正向关系，我们认为根本原因在于基金公司的收入主要在于管理基金所得费用，因此当费率越高时，基金经理为了获得更高的收入会持有更多的高风险资产，从而提高了基金风险的总体水平，使得基金处于高风险状态的可能性增加。最后，基金单位分红的系数也是正数，这是因为基金的分红会对资金的流入产生正效应，而资金流动量的增加可以激励基金管理者持有更多的高风险资产，从而导致基金的风险上升、基金处于高风险状态的概率变大。

三、基金风险指标替换分析

我们运用固定效应面板数据模型，并将基金收益波动率作为基金风险新的度量指标重新对基金经营管理、经济政策不确定性与基金风险的关联进行了回归分析。

借鉴李志冰和刘晓宇（2019）[1]，本章节将每季度基金收益的标准差作为基金风险的衡量指标，标准差越大，基金风险水平越高。

$$sigma_{it} = \sigma_{it}\sqrt{n}$$

其中，$sigma_{it}$是季度基金收益的波动率，σ_{it}是基金 i 在 t 季度的日度收益标准差，n 为 t 季度的交易日数量。

在控制了相关变量之后，基于 Hausman 检验和对时间效应的考虑，我们运用固定效应面板回归模型进行分析，具体的回归方程如下：

$$y_{it} = \alpha + \beta explanatory_{it} + \gamma control_{it} + \delta t + \varepsilon_{it} \tag{7.2}$$

其中，y_{it}为被解释变量，即基金 i 在 t 时期的基金收益波动率，$explanatory_{it}$

---

① 李志冰、刘晓宇：《基金业绩归因与投资者行为》，载于《金融研究》2019 年第 2 期。

为基金 i 在 t 时期的主要解释变量，分别为信息比率、团队稳定性、股票占比和债券占比与经济政策不确定性指数。$control_{it}$ 代表基金 i 在 t 时期的控制变量，t 为时间效应变量。

替换基金风险指标后，模型的回归结果如表 7−5 所示，从估计结果来看，表 7−5 中参数符号与表 7−3、表 7−4 中的符号一致。且除基金经理胜任力指标之外，其余主要解释变量的估计结果依旧十分显著。这一结果不仅表明，本章节所使用的 Logit 面板具有一定稳健性，且表明本章节使用的马尔科夫区制转移模型构建的基金风险度量指标可以有效度量基金风险。

表 7 −5　　　　　　　基金经营管理、经济政策不确定性
对基金风险（替换指标）的影响

变量	（1）	（2）	（3）	（4）
IR	-0.0001^{**} (2.87×10^{-5})			
TS		0.1179^{***} (0.0072)		
SIP			0.0537^{***} (0.0087)	
BIP			0.0088^{***} (0.0019)	
EPU				0.0001^{***} (2.82×10^{-6})
AUM	0.0295^{***} (0.0034)	0.0278^{***} (0.0033)	0.0298^{***} (0.0034)	0.0228^{***} (0.0022)
PHII	-0.0019 (0.0032)	-0.0018 (0.0031)	-0.0014 (0.0032)	-0.0058^{**} (0.0021)
AGE	-0.0009^{***} (8.78×10^{-5})	-0.0007^{***} (8.61×10^{-5})	-0.0009^{***} (8.56×10^{-5})	-0.0006^{***} (8.5×10^{-5})
FEE	0.0073^{*} (0.0057)	0.0073^{*} (0.0055)	0.0071^{*} (0.0056)	0.0073^{*} (0.0029)
DIV	0.0555^{***} (0.0133)	0.0543^{***} (0.0131)	0.0597^{***} (0.0139)	0.0465^{***} (0.0066)

续表

变量	（1）	（2）	（3）	（4）
FE	Yes	Yes	Yes	Yes
聚类	基金	基金	基金	基金
F 值	22.8	62.02	26.19	229.04
R^2	0.0122	0.0370	0.0171	0.0539

注：括号内为标准误值，*** 表示 $p < 0.01$，** 表示 $p < 0.05$，* 表示 $p < 0.1$。

第三节 结 论

为有效防范、量化基金投资行业市场风险，明晰基金风险的引发因素和影响机制。本章节首先利用马尔科夫区制转移模型对中国基金市场 807 只开放式基金进行分析，构建了基金风险的度量指标，然后利用面板 Logit 模型对基金风险与基金经营管理、经济政策不确定性的关联进行了实证研究。研究发现，基金经理胜任力越强、基金管理团队稳定性越高，基金处于高风险状态的可能性就越小；股票投资占比越高、经济政策不确定性越高，基金处于高风险状态的可能性就越大，而且同比例的股票投资会比债券更可能导致基金处于高风险状态；除此之外我们还发现，机构投资者持有比例越大、基金成立时间越长，基金处于高风险状态的可能性就越小，而基金规模越大、基金费率越高、基金单位分红越多，基金处于高风险状态的可能性就越大。最后，本章节通过面板数据模型对研究结果进行了稳健性分析，进一步验证了所得结论的有效性。本章研究结论对我国证券市场防范基金投资行业市场风险，监管部门控制基金风险的力度和完善基金管理者对基金的风险管理具有重要理论意义与现实意义。

基于上述研究结论，本章节提出如下建议：首先，应充分认识基金风险，分层次、分角度来量化基金风险，考察宏、微观层面诱发基金风险因素，便于从源头管理基金风险。其次，针对当前风险管理制度不健全现状，应加强相关风险管理配套措施建设以优化基金风险管理结构。最后，在基金风险发生后，应加强风险应对措施，增强风险处置能力，以防基金风险的进一步传染。

第八章

金融业系统性风险测度

金融机构健康是否可以代表整体市场可以消除风险隐患？除金融业以外其他行业是否存在引发整体系统风险的潜在能力？显而易见，单个金融机构运行良好并不意味着整个金融系统势必安全（Borio，2003；周小川，2011）[1]，换言之，仅加强金融机构的监管不足以维护金融稳定，应该关注整个金融体系的风险（Borio，2009）[2]。甘泰和库皮耶茨（Guntay and Kupiec，2014）[3] 的研究证明，部分实体企业或非金融部门的收益数据中蕴含了相当程度的系统风险信息。鉴于此，能够有效测度不同行业的潜在系统风险并准确识别出系统重要性行业已显得至关重要。

本章节选用巴努勒斯库和杜米特雷斯（Banulescu and Dumitrescu，2015）[4]提出的系统风险测量方法 CES（component expected shortfall），该指标既包含对边际风险的刻画，同时又纳入了规模因素且满足可加性（可分性），因此，既能刻画出短期系统风险爆发时期的波动，又能分别描述各个行业对系统风险的贡献。另外，该方法能很好地与宏观审慎监管理论相结合，从而实现对系统性风险的有效预警和防范。本章从行业系统风险贡献角度出发，通过构建 DCC – GJR –

---

① Borio C. E. V. 2003. Towards A Macroprudential Framework for Financial Supervision and Regulation？［J］. *BIS Working Papers*，49（2）：1 – 18. 周小川：《金融政策对金融危机的响应——宏观审慎政策框架的形成背景、内在逻辑和主要内容》，载于《金融研究》2011 年第 1 期。

② Borio C. 2009. The Macroprudential Approach to Regulation and Supervision［Z］.

③ Guntay L. , Kupiec P. 2014. Taking the risk out of systemic risk measurement［J］. *SSRN Electronic Journal*，2375236.

④ Banulescu G. D. , Dumitrescu E. I. 2015. Which Are the Sifis？ A Component Expected Shortfall Approach to Systemic Risk［J］. *Journal of Banking & Finance*，50：575 – 588.

GARCH（1，1）模型计算时变的 MES、CES 和 CES% 指标，分析行业对中国股市整体系统风险的贡献程度，进而识别出行业系统风险贡献较高的行业，并依据其行业系统风险贡献历史走势对未来风险变化做出预测分析，为宏观调控与政策实施提供操作的理论依据与参考方向。

第一节　边际期望损失与成分预期损失

一、边际期望损失（MES）的计算

阿查里亚等将期望损失（ES）推广到了整体金融系统，提出了边际期望损失（MES）的概念，用来测度市场未发生与发生金融危机时期金融机构对整个金融系统期望损失的边际贡献程度。

假设金融系统是由 N 个金融机构组成，那么整体金融系统的收益 r_{mt} 可以分解为单个金融机构的收益 r_{it} 的加权的和，即 $r_{mt} = \sum_{i=1}^{N} w_{it} r_{it}$ ，其中 w_i 为单个金融机构占整个系统的权重，定义 C 为当出现超过给定阈值 α 的负冲击时的预期下行损失，是一个负的常数。于是整个金融系统的期望损失可以表示为：

$$ES_{\alpha,t}(C) = -\sum_i w_{it} E[r_{it} \mid r_{mt} \leqslant C] \tag{8.1}$$

每个机构对整体系统性风险的边际贡献被确定为边际预期缺口（MES）：

$$MES_{it}^{\alpha}(C) = \frac{\partial ES_{\alpha,t-1}}{\partial w_{it}} = -E[r_{it} \mid r_{mt} \leqslant C] \tag{8.2}$$

因此，我们将上述概念扩展到资本市场指数，即行业指数加权和，并扩展阿查里亚等（Acharya et al.，2017）[①] 的方法，计算出每个行业的 MES 对整个市场系统性风险的贡献。

对于 MES 的计算，本章节通过构建二元动态条件异方差模型和非参数估计法（GARCH/DCC/非参数核估计）进行建模，该方法的一个明显优势在于没有特定的假设分布，更适用于一般化的情形，根据其定义的收益率模型，市场指数收益率与单个部门收益率如下：

$$r_{mt} = \sigma_{mt} \varepsilon_{mt}$$

---

① Acharya V.，Pedersen L.，Philippon T.，Richardson M. 2017. Measuring Systemic Risk [J]. *Rev. Financ. Stud.*，30：2 – 47.

$$r_{it} = \sigma_{it}\rho_{imt}\varepsilon_{mt} + \sigma_{it}\sqrt{1 - \rho_{imt}^2}\xi_{it}$$
$$(\varepsilon_{mt}, \xi_{it}) \sim F \qquad (8.3)$$

其中，r_{mt}、r_{it} 分别对应表示市场指数收益率股票收益率，σ_{mt}、σ_{it} 分别表示市场指数收益率的条件标准差和行业收益率的条件标准差，ρ_{imt} 表示市场和行业 i 间的动态条件相关系数，$(\varepsilon_{mt}, \xi_{it})$ 表示均值为 0，方差为 1，协方差为 0 的扰动项，F 为一个未指定具体分布的二变量分布函数。结合式（8.2）、式（8.3）可推导单个行业 MES 表示为：

$$MES_{it}^{\alpha}(C) = -\sigma_{it}\rho_{imt}E_{t-1}(\varepsilon_{mt}\,|\,\varepsilon_{mt} \leqslant C/\sigma_{mt}) - \sigma_{it}\sqrt{1 - \rho_{imt}^2}E_{t-1}(\xi_{it}\,|\,\varepsilon_{mt} \leqslant C/\sigma_{mt})$$
$$(8.4)$$

其中 σ_{mt}、σ_{it}、ρ_{imt} 通过构建 DCC – GJR – GARCH（1，1）模型运用极大似然估计法得到，而尾部期望 $E_{t-1}(\varepsilon_{mt}\,|\,\varepsilon_{mt} \leqslant C/\sigma_{mt})$ 与 $E_{t-1}(\xi_{it}\,|\,\varepsilon_{mt} \leqslant C/\sigma_{mt})$ 则需采用斯卡雷特（Scaillet，2005）[1] 提出的非参数估计量 k 进行计算得到，其中 $k = \dfrac{C}{\sigma_{mt}}$，阈值 C 为 5% 极端状况下的风险价值，本章节采用历史模拟法得到在 5% 极端状况下的风险价值 $C = -2.3439$。

$$E_{t-1}(\varepsilon_{mt}\,|\,\varepsilon_{mt} \leqslant k) = \frac{\sum\limits_{t=1}^{T}\varepsilon_{mt}K_h\left(\dfrac{k - \varepsilon_{mt}}{h}\right)}{\sum\limits_{t=1}^{T}K_h\left(\dfrac{k - \varepsilon_{mt}}{h}\right)}$$

$$E_{t-1}(\xi_{it}\,|\,\varepsilon_{mt} \leqslant k) = \frac{\sum\limits_{t=1}^{T}\xi_{it}K_h\left(\dfrac{k - \varepsilon_{mt}}{h}\right)}{\sum\limits_{t=1}^{T}K_h\left(\dfrac{k - \varepsilon_{mt}}{h}\right)} \qquad (8.5)$$

$$K(t) = \int_{-\infty}^{t}k(u)\,\mathrm{d}u \qquad (8.6)$$

式（8.6）中 $k(u)$ 为非参核函数，本章节选用标准正态分布密度函数作为核函数。h 为正的带宽参数，将其固定在 $T^{-\frac{1}{5}}$，最后合并计算得到 MES 值。

二、成分预期损失（CES）的度量优势

巴努勒斯库等（Banulescu et al.，2015）[2] 认为在评价各组成部分对系统总

① Scaillet O. 2005. Nonparametric Estimation of Conditional Expected Shortfall [J]. *Insurance and Risk Management Journal*，74：639 – 660.

② Banulescu G. D.，Dumitrescu E. I. 2015. Which Are the Sifis? A Component Expected Shortfall Approach to Systemic Risk [J]. *Journal of Banking & Finance*，50：575 – 588.

风险的相对重要性时，权重因素是具有决定性意义的因素。因此他们在 MES 的基础上引入权重 ω_{it}，提出了 CES 的概念：

$$CES_{it}^{\alpha} = -\omega_{it}E[r_{it} \mid r_{mt} \leqslant C]$$

$$= -\omega_{it}\{\sigma_{it}\rho_{imt}E_{t-1}(\varepsilon_{mt} \mid \varepsilon_{mt} \leqslant C/\sigma_{mt}) + \sigma_{it}\sqrt{1-\rho_{imt}^2}E_{t-1}(\xi_{it} \mid \varepsilon_{mt} \leqslant C/\sigma_{mt})\}$$

$$(8.7)$$

该指标有三个优点：第一，CES 将 "Too Interconnected To Fail" 和 "Too Big To Fail" 的双重逻辑完美融合到了一起，同时又不像 SRISK 指标那样包含了太多 "金融属性"，是一个适用范围更广的一般化指标；第二，CES 能够评估特定行业在确切日期内对系统风险的贡献，保留了 MES 对相对变化敏感性刻画的优点；第三，CES 衡量的是特定企业或行业对整体金融系统风险预期损失的 "绝对贡献"，是一个绝对值的概念，市场中所有企业对应 CES 的加总即为系统总的期望损失，即 $ES_{m,t-1}(C) = \sum\limits_{i=1}^{N} CES_{it}(C)$。

除此之外，还使用调整 CES 指标，它等于 $\dfrac{CES_{it}}{\sum\limits_{i} CES_{it}}$ 表示企业 i 在 t 时刻所引起的系统风险的比例，计算为按总损失归一化的成分损失：

$$CES\%_{it} = \frac{CES_{\alpha}^{i}}{ES_{\alpha}^{i}} = \frac{\omega_{it}E[r_{it} \mid r_{mt} \leqslant C]}{\sum\limits_{i}\omega_{it}E[r_{it} \mid r_{mt} \leqslant C]} \times 100 \tag{8.8}$$

研究选择 CES 和 CES% 方法来分析我国股市中行业系统风险贡献。

第二节 中国金融业系统性风险分析

一、研究设计

本章节研究样本包括了 Wind 资讯行业数据库中共 11 个行业[①]从 2009 年 6 月 1 日至 2019 年 6 月 11 日十年日指数收盘价，并计算其对数收益率，$r_{it} =$

---

① Wind 行业分类为：能源、材料、工业、可选消费、日常消费、医疗保健、金融、信息技术、电信服务、公用事业、房地产。

$\ln\left(\dfrac{P_{it} - P_{it-1}}{P_{it-1}} + 1\right) \times 100$，其中 P_{it} 是指部门 i 在第 t 日指数收盘价[①]。市场收益率选用沪深 300 指数收益率，权重 w_i 的计算采用各行业指数所对应的成份股流通市值总和，之所以选择流通市值而非总市值是因为流通市值与资本市场收益率波动关系更为密切，同时流通市值在一定程度上也隐含了资本市场的流动性风险信息。

系统风险是无法消除的，它无时无刻不处在由"积聚"到"爆发"的过程之中。积聚的过程是"漫长而平静"的，但爆发时却是"短暂且剧烈"的。月度收益波动所反映的信息连续性相比日度波动会逊色很多，所以仅从周或月的情况测度行业收益率将会严重低估系统风险爆发时期"短暂且剧烈"的特点。定义上，考夫曼（Kaufman，1996）[②] 与十国集团（2001）都将系统风险视为受单个事件冲击影响，进而造成整个市场或金融体系出现类似多米诺骨牌效应的严重危害的事件。因此，结合上证综指日对数收益率（见图 8-1），本章节选用 2009 年 8 月 3 日至 8 月 31 日，2015 年 6 月 15 日至 7 月 14 日，2016 年 1 月 4 日至 2 月 1 日，2019 年 4 月 22 日至 5 月 23 日四次等交易日作为系统风险爆发的时期，值得注意的是所选的四次样本分别代表引发资本市场剧烈动荡的四种主要原因，在此样本下的研究结果具有更全面的说服力。

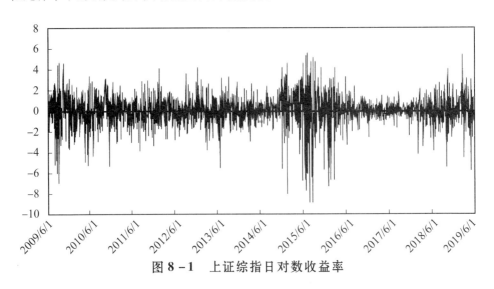

图 8-1 上证综指日对数收益率

表 8-1 列举了本章节所选系统风险爆发时间段样本、样本期间涨跌幅、对

---

① 样本选用的四次系统风险爆发时间段，每段包括 21 个交易日，代表系统风险释放时间整一个月。
② Kaufman G. G. 1996. Bank Failures, Systemic Risk, and Bank Regulation [J]. *Cato Journal*, 16 (1): 17-45.

应事件及其原因分类。从原因的纵向分类来看，主要有两种原因——内部因素和外部因素。而从横向比较来看，内部因素可再细分为两类，分别是内在资本市场资金流动性风险和国内政策方面异质波动风险；外部因素亦可划分为两类，分别是全球性金融危机旳传染溢出效应和国外突发性利空事件冲击风险。通过样本期间涨跌幅，可以发现内在因素对市场造成的波动更大，21 个交易日内高达 −24% 以上，对该样本期内行业系统风险贡献的测度将具有十分重要的指导意义。因此，监管部门应高度重视内在事件冲击对市场风险的影响程度，将防范化解重大金融系统风险重心转向国内市场自身的平稳健康发展，同时精确甄别系统重要性行业，加强对该行业的监管力度。

表 8 - 1　　　　　　　　系统风险爆发时期及对应事件

样本时期	样本期间涨跌幅	对应事件	原因分类
2009 年 8 月 3 日至 8 月 31 日	−21.81% −744.31	美国次贷危机背景下的全球金融海啸	外在全球性普遍风险
2015 年 6 月 15 日至 7 月 14 日	−24.04% −1 241.86	2015 年 6 月 17 日迎来最大规模申购，预计冻结资金 7 万亿元	内在证券市场资金流动性风险
2016 年 1 月 4 日至 2 月 1 日	−24.03% −850.33	2016 年 1 月 1 日"指数熔断"机制正式实施	内在政策异质波动风险
2019 年 4 月 22 日至 5 月 23 日	−12.79% −418.28	美国单方面宣布对中国价值 2 000 亿美元的输美商品所征收的关税从 10% 增加到 25%	外在突发性利空风险

注：第二列样本期间涨跌幅中第二行表示上证综指变动点数。

对 Wind 行业划分的 11 个行业总体样本期内收益率做描述性统计（见表 8 - 2）发现信息技术行业的平均回报率明显高于其他行业，同时信息技术部门的波动性也最高，标准偏差达到了 2.160，金融行业的收益率标准差为 1.640，是行业最低水平。比较而言，能源行业的回报率最低，平均日收益率仅有 0.016%，而日常消费行业的日平均回报率很高达到 0.077%，仅次于信息技术行业，同时波动程度较小，仅有 1.681，是相对稳定增长的行业，这可能与中国市场巨大的消费潜力与资本市场公认的"白马""蓝筹"企业（如贵州茅台、五粮液）等的示范效应相关。除此之外，所有行业的收益率峰度均大于 3，且 J.B. 统计量值很大，这意味着各行业收益呈现显著的正偏态。

表 8 - 2　　　　　　　　　　行业收益描述性统计

行业	均值	极小值	极大值	标准差	方差	偏度	峰度	J. B.
能源	0.016	-9.918	8.437	1.793	3.216	-0.445	4.294	2 024.117
材料	0.045	-9.684	9.796	1.940	3.764	-0.635	3.931	1 794.242
工业	0.044	-9.783	9.899	1.840	3.387	-0.692	4.949	2 783.084
可选消费	0.063	-9.885	9.894	1.808	3.267	-0.649	4.432	2 239.952
日常消费	0.077	-9.705	9.779	1.681	2.825	-0.514	3.851	1 678.596
医疗保健	0.073	-9.817	9.960	1.787	3.193	-0.453	4.079	1 838.141
金融	0.059	-9.461	8.194	1.640	2.691	-0.172	4.381	2 030.555
信息技术	0.084	-9.929	9.906	2.160	4.667	-0.507	3.009	1 060.998
电信服务	0.037	-10.038	10.067	2.094	4.386	-0.122	3.598	1 369.999
公用事业	0.035	-9.947	9.912	1.646	2.709	-0.671	7.335	5 849.711
房地产	0.059	-9.474	9.864	2.006	4.024	-0.439	3.069	1 073.862

二、行业系统风险测度与系统风险贡献

我们记 2009 年 8 月 3 日至 8 月 31 日、2015 年 6 月 15 日至 7 月 14 日、2016 年 1 月 4 日至 2 月 1 日、2019 年 4 月 22 日至 5 月 23 日四次系统风险爆发期分别为 B1、B2、B3、B4，通过 GARCH/DCC/非参数核估计和行业流通市值权重计算出样本时期内各个行业 CES 日均值列于表 8 - 3。表 8 - 3 结果表明，平均而言金融行业的系统风险仍然是所有行业中最高的为 6.533，工业与材料行业紧随其后，分别为 5.352 和 3.618，从 CES 数值上看金融业并没有占据绝对的主导地位，这点与本章节的推断相契合。

表 8 - 3　　　　　　系统风险爆发时期各行业 CES 日均值

行业	Mean	Mean_B1	Mean_B2	Mean_B3	Mean_B4
能源	3.327	4.024	6.473	4.661	2.135
材料	3.618[3]	8.557[2]	7.362	6.507	3.784
工业	5.352[2]	7.480[3]	15.434[1]	12.879[1]	5.967[2]
可选消费	2.895	3.310	7.520[3]	7.675[3]	3.912
日常消费	1.326	1.792	2.979	2.767	2.841
医疗保健	1.262	1.139	3.410	3.636	2.153
金融	6.533[1]	9.932[1]	13.188[2]	11.641[2]	8.396[1]

续表

行业	Mean	Mean_B1	Mean_B2	Mean_B3	Mean_B4
信息技术	2.343	1.697	6.345	6.891	4.215[③]
电信服务	0.158	0.627	0.310	0.246	0.143
公用事业	0.849	2.314	2.776	2.048	0.819
房地产	1.560	3.575	3.155	3.607	1.760

注：Mean_Bi（i＝1，2，3，4）分别为四次系统性风险爆发时期各行业对应 CES 日均值，其最大值都用①标记，次高值用②标记，第三高用③标记。

在系统风险爆发的四个样本时间段内，B2、B3 时期为内部因素引起的最严重也最具代表性的两次系统风险爆发时期（见表 8-1），而在此期间，金融业的系统风险小于工业。根据系统风险重要行业[①] CES 时序图（见图 8-2），认为在 2015 年 6 月至 2017 年 6 月长达两年的时间内，工业对于整体系统风险的贡献均高于金融业，在此期间，工业对金融系统总体风险的贡献维持在 20% 以上（见图 8-3），工业成为资本市场系统风险的主要行业。这是由于 2015 年后中国工业增速显著放缓，制造业增速持续减弱，2015 年全年 GDP 增速 6.9%，GDP 增速正式"破7"，同比下降 0.4%，正式宣布进入"6 的时代"，工业系统风险值呈现显著攀升并超过金融业。同年 12 月，我国围绕供给侧结构性改革，针对性地提出"三去一降一补"五大任务，金融业在"去杠杆"的背景之下，经历了"过热—低迷—逐渐回暖"的变化。简言之，在 2015 年我国资本市场剧烈动荡过程中，工业明显成为了所有行业中系统风险贡献最大的行业，然而最重要的是，工业增速的放缓与工业内在风险的积聚是中国股票市场全局性崩盘的直接原因和内在因素。

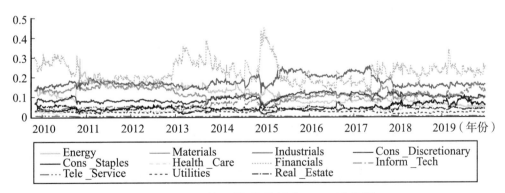

图 8-2 系统风险重要行业 CES 时序图

---

① 本章将总样本期内日平均 CES 值前 3 的行业记为系统风险重要行业。

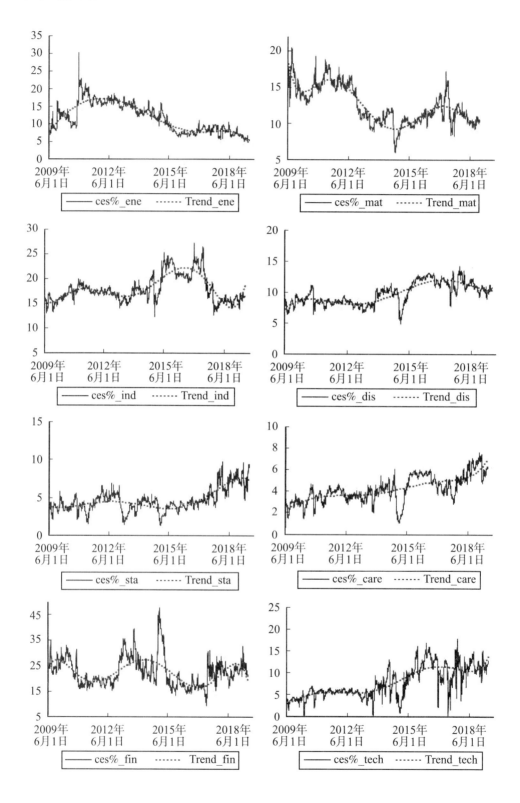

资本市场的系统性风险测度与防范体系构建研究

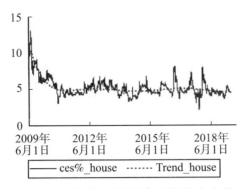

图 8 - 3　行业系统风险贡献历史走势

注：ene、mat、ind、dis、sta、care、fin、tech、house 分别表示能源、材料、工业、可选消费、日常消费、医疗保健、金融、信息技术、房地产行业。

　　值得一提的是，研究发现在 B4 时期信息技术产业首次跻身为系统风险前三的行业，这与该时期系统风险爆发的原因（见表 8 - 1）相吻合。B4 时期美国单方面升级中美贸易摩擦，意味着我国长期依赖于进口零部件进行生产的信息技术行业面临停工、涨价等严峻挑战，致使信息技术行业对总体系统风险的贡献在此期间跃至第三。根据行业系统风险贡献（见表 8 - 4），日常消费行业所代表的农产品及生活必需品，在近十年间系统风险贡献稳定维持在 4.5% 左右，然而在 B4 时期出现了显著的"跃升"，系统风险贡献增长到了 7.86%，这与贸易摩擦期间我国对美国农产品限制进口的反制措施密切相关，使得国内资本市场中农产品出现短期的显著波动，这一点与现实情况相符，从而更加证实了该指标对行业系统风险测度的效果与合理性。

表 8 - 4　　　　　　　系统风险爆发时期各行业系统风险贡献　　　　　　单位：%

行业	Mean	Mean_B1	Mean_B2	Mean_B3	Mean_B4
能源	11.4	9.05	9.39	7.45	5.91
材料	12.4	19.25	10.68	10.40	10.47
工业	18.3	16.83	22.38	20.59	16.52
可选消费	9.9	7.45	10.91	12.27	10.83
日常消费	4.5	4.03	4.32	4.42	7.86
医疗保健	4.3	2.56	4.95	5.81	5.96
金融	22.4	22.35	19.13	18.61	23.24
信息技术	8.0	3.82	9.20	11.02	11.67

续表

行业	Mean	Mean_B1	Mean_B2	Mean_B3	Mean_B4
电信服务	0.5	1.41	0.45	0.39	0.40
公用事业	2.9	5.21	4.03	3.27	2.27
房地产	5.3	8.04	4.58	5.77	4.87

三、行业系统风险对整体风险贡献趋势分析

通过行业系统风险（见表 8-3）分析认为，我国资本市场中行业系统风险随着时间的推移发生了变化，从 2009~2019 十年间日平均 CES 结果来看，电信服务业与公用事业日平均 CES 均小于 1，在讨论行业系统风险对整体风险贡献时将其剔除，并对剩下的 9 个行业进行研究，与此同时结合各行业系统风险贡献历史趋势对其未来进行预测。

预测显示（见图 8-3），能源行业自 2011 年以来对系统风险的贡献呈持续显著的下行态势，从 30.1% 的整体系统风险贡献持续 8 年下滑至 5.15%，这是由于 2008 年全球金融危机后，国际原油价格持续低迷，给中国市场的能源行业带来了很大的不确定性。类似地，材料行业也呈现较为明显的下降趋势，而与之不同的是自 2013~2017 年末出现了一定程度的反弹，这种现象的原因可能是"一带一路"刺激下，基建相关的水泥、钢铁、建材等周期性行业迎来了一定程度的繁荣，增加了材料业对整体系统风险的贡献。2015 年末中央经济工作会议正式提出"去产能"并将其列为 2016 年五大结构性改革任务之首，对于工业与材料业来说，去产能的推进能够有效化解产能过剩带来的风险，降低其对总体系统风险贡献度，然而，中国作为制造业第一大国，工业增长速度依然强劲，工业对全局性金融系统风险的贡献长期内仍将维持高位振荡向上的趋势。我们注意到，医疗保健行业、日常消费行业以及信息技术行业呈显著的上升态势，其中，日常消费业对总体系统性风险贡献的增长最稳健，说明在国民经济的"三驾马车"中，消费仍然是稳定的驱动力，中国自有的内需市场依然庞大；信息技术产业系统风险贡献波动最大，这与创业板的剧烈波动密不可分，近年来，中美贸易摩擦的不确定性导致信息技术行业的系统风险攀升，在未来一段时期内仍不乐观；同样受影响与美国关税压力的医疗保健行业也有类似的趋势发生，但其行业本身随着"补短板"与"健康中国"政策的向前推进，加之行业自身高毛利率的特点，整体行业在逐步扩张，未来相当一段时期内将继续保持增长趋势。

随着 2015 年末去杠杆化的逐步推进，金融行业对资本市场系统风险的贡献

连续两年维持在了历史低位，我国资本市场在充分释放风险后也迎来了长达两年的"健康牛"，然而，一味地去杠杆化很难促进实体经济的快速发展，同时，过于保守的杠杆率也会催生影子银行和地方性债务等。简言之，金融业风险防范的重心应该在供给侧而不是在需求侧，实行金融供给侧改革，提供合理的杠杆资金才能够使金融业回归服务实体经济健康平稳发展的"初心"。因此在当前和未来一段时期内，金融行业仍会维持历史较低的系统风险贡献。有趣的是，房地产行业自2008年全球次贷危机泡沫破灭以来，长期维持在5%左右的系统风险贡献水平上，上述特点意味着未来房地产市场稳定性依然较高，在"房住不炒"的政策背景下，房地产市场短期内过热或过冷现象出现的可能性都较小，大概率会维持现状。

第三节 结 论

随着中国经济进入新常态，我国经济发展正处在从高速增长转为中高速增长的"换档期"，经济结构不断调整，产业结构不断优化，人民生活质量不断改善。然而，近年来伴随我国改革进入"攻坚期"和"深水区"，全球经济增速的普遍放缓，国际社会关系的日趋紧张，中国经济下行压力加大。对资本市场系统风险的防控已成为现阶段中国金融经济稳定运行的重大现实问题，其中对于行业系统风险的识别与监管则是重要前提条件。本章从行业系统风险贡献角度出发，通过构建 DCC‑GJR‑GARCH（1，1）模型计算时变的 MES、CES 和 CES% 指标，行业对中国股市整体系统风险的贡献程度，进而识别出行业系统风险贡献较高的行业，并依据其行业系统风险贡献历史走势对未来风险变化做出预测分析，为宏观调控与政策实施提供操作的理论依据与参考方向。本章研究结论如下：

（1）本章认为系统风险爆发时期的原因有内部因素和外部因素之分，相比而言，对中国资本市场造成冲击与危害更大的是内因。因此，防范化解重大金融系统风险应立足国内，通过识别行业系统风险贡献，从而进行有效监管。

（2）中国资本市场中行业的系统风险正随着时间的推移而发生变化。金融业在2008年金融危机后的十年间，虽然大部分时间仍为系统风险贡献最高的行业，但是工业在近30%的时间内对整体市场风险的贡献超过了金融业，尤其在资本市场异常波动最剧烈的 B2、B3 时期，工业对资本市场整体系统风险贡献最大，并在其后两年多时间里维持在金融业之上。

（3）近年来面临"去产能"风险的压力，工业增长率出现了一定程度的放缓甚至衰退，这被认为是资本市场系统风险和不确定性的一个重要来源。在2015年我国资本市场异常波动过程中，工业已然成为了所有行业中系统风险贡献最大的行业，然而最重要的是，工业增速的放缓的信息冲击与工业内在风险的积聚导致投资者信心崩溃，金融系统不确定性增强，这成为了该时期中国股票市场崩盘的直接原因和内在因素。

（4）本章节在各行业系统风险贡献的历史走势中发现，受国际原油价格和中东局势的不确定性，能源行业自2011年以来对系统风险的贡献呈持续显著的下行态势，对整体系统风险贡献萎缩高达83%，而与之恰恰相反的是信息技术产业、日常消费行业以及医疗保健行业正处于扩张阶段，这意味着未来在一段时期内，这些行业成为我国关键性行业的更替与新的经济增长潜力点。金融业在"去杠杆"和"金融供给侧改革"背景下，其系统重要性已呈现阶段性下降，而工业与制造业等受周期性波动影响，未来一段时间可能仍会有比较强劲的增长动能。

在系统风险的评价过程中，平均而言金融业的系统风险最大，但是却并未在所有时期内都占据绝对地位，工业在我国资本市场的发展过程中的潜在风险贡献依然具有相当大的比重，甚至在数年间对于资本市场的系统风险贡献处于主导地位。在宏观审慎监管过程中应理性看待金融业的系统风险，重视其他行业在扩张过程中系统风险的积聚情况，从而更有效地防范化解重大金融系统风险事件的发生。此外，本章节仅从"自上而下"的视角对于系统风险贡献的可分性与可加性作出探讨与研究，并未设计"自下而上"的行业关联性角度进行测度，后续研究可以从这一点出发，丰富我国行业系统风险的研究内容。

第九章

金融机构系统性风险传染识别

当金融市场处于极端情形时，单个资产与市场往往出现大幅的同涨同跌现象，由此产生了尾部系统风险（systematic tail risk）概念，它表示资产价格随市场暴涨暴跌的概率，或单个资产和市场收益之间的相关性（李志生等，2019）[①]。近年来，关于极端情形下的尾部系统风险测度与实证研究也取得了积极的进展。凯利和郝江（Kelly and Jiang，2014）[②] 利用动态幂率构建了一种时变尾部风险度量方法，以研究极端事件对资本市场的影响，发现尾部风险对市场收益具有较强的预测能力。埃尔根等（Ergen et al.，2014）[③] 研究了美国大型存款机构资产收益损失间的极值相关性，发现基于尾部依赖的系统风险指标能够很好地跟踪金融稳定和动荡期。范奥尔特和陈周（Van and Zhou，2016）[④] 基于极值理论度量了资产价格对于极端市场风险的敏感程度，发现尾部系统风险高的资产遭受损失更大。查比－约等（Chabi－Yo et al.，2016）[⑤] 通过以 Copula 为基础的尾部依赖指

① 李志生、金凌、张知宸：《危机时期政府直接干预与尾部系统风险——来自 2015 年股灾期间"国家队"持股的证据》，载于《经济研究》2019 年第 4 期。

② Kelly B. T.，Jiang H.，2014. Tail Risk and Asset Prices [J]. *Social Science Electronic Publishing*，27（10）：2741 – 2871.

③ Ergen I.，Balla E.，Migueis M.，2014. Tail Dependence and Indicators of Systemic Risk for Large US Depositories [J]. *Journal of Financial Stability*，15：195 – 209.

④ Van O. M. R. C.，Zhou C.，2016. Systematic Tail Risk [J]. *Journal of Financial & Quantitative Analysis*，51（2）：21.

⑤ Chabi – Yo F.，Ruenzi S.，Weigert F.，2016. Crash Sensitivity and The Cross – Section of Expected Stock Returns [R]. Working Papers on Finance.

数，捕捉市场处于低迷条件下，股票对市场波动的依赖度。斯特拉曼斯和乔杜里（Straetmans and Chaudhry，2015）[①] 基于极值理论构建尾部系统风险测度指标，对美国和欧元区银行的尾部依赖性进行比较发现，无论样本期如何，美国的尾部系统风险均高于欧元区。

本章节通过将单变量和多变量极值理论（Extreme Value Theory，EVT）应用于金融机构资产收益的尾部，首先测算预期损失 ES 指标来度量尾部风险，进而采用 Tail $-\beta$ 指标识别不同类型金融机构的尾部系统性风险，以估计个体金融机构在极端情形下随市场异常波动的概率；其次，从静态与动态两个角度探究银行、证券、保险、房地产部门的不同尾部系统风险程度与时间异质性；再次，基于 Tail $-\beta$ 指标分析部门间的有向风险关联效应，探索极易受其他行业极端异常波动影响的机构，并利用滚动估计探究部门间风险关联动态；最后，与当前在科研以及实务中广泛使用的系统风险指标 ES、MES、ΔCoVaR 进行对比分析，以验证其有效性与预警作用。该方法既能从整体上测度各金融机构的尾部系统性风险，又考察了两两金融行业间的有向风险关联效应，丰富了系统风险分析工具箱及微观层面金融机构系统风险研究，且为维护极端事件发生时的风险治理提供了相应的政策建议。

传统研究中金融资产收益服从正态分布，而近年来的大量实证研究表明，资产收益呈现厚尾特征，非正态分布的尾部风险可以更准确地刻画极端金融事件发生的概率。因此，我们首先引入单变量尾部指标 ES 以确定金融机构收益损失尾部风险，随后构建反映个体金融机构资产收益和市场收益极值相关性的尾部系统风险指标 Tail $-\beta$。

第一节　基于尾部相依性的风险测度

一、单变量尾部风险度量与估计

利用金融机构股票收益率呈现尖峰后尾的经验化事实，为金融机构定义极端下行风险测度。令 S_t 代表金融机构股价，$X = -\ln(S_t/S_{t-1})$ 即为负对数收益损

---

① Straetmans S. T. M., Chaudhry S. M. 2015. Tail Risk and Systemic Risk of US and Eurozone Financial Institutions in The Wake of The Global Financial Crisis [J]. *Journal of International Money & Finance*, 58: 191 – 223.

失，由曼德尔布罗特（Mandelbrot，1963）[1] 对厚尾分布的研究表明，如果想要对金融危机、机构倒闭等极端事件进行概率估计，X 的边际尾部概率可以近似地用 X 的幂函数来描述：

$$P\{X > x\} \sim ax^{-\alpha}, \quad x \rightarrow \infty \tag{9.1}$$

其中，$\alpha > 0$，且 $0 < a < \infty$，α 为尾部衰减发生的速率，也称为尾部指数，较高的 α 意味着尾部较快的衰减。显然，式（9.1）中的尾部概率 p 是针对损失序列给定分位数 x_p 得到的，求解尾部分位数 x_p 作为 p 的函数：

$$x_p \sim \left(\frac{p}{a}\right)^{-1/\alpha} \tag{9.2}$$

则在 EVT 框架内，期望损失 ES 与 VaR 呈线性关系，表示为：

$$E(X - x_p \mid X > x_p) = \frac{x_p}{\alpha - 1} \tag{9.3}$$

条件期望损失表示在极端情形下，收益超出阈值的严重程度。在机构股本方面，它反映了损失一旦超过一个临界门槛，股票资本预计出现的下降。

为避免对金融资产收益进行过于严格的分布假设，我们引入极端下行风险的半参数估计。定义收益损失如下：X_t，$t = 1，\cdots，n$，其中 $X_{n,1}^{(i)} \leqslant \cdots \leqslant X_{n,n-m}^{(i)} \leqslant \cdots \leqslant X_{n,n}^{(i)}$ 表示在收益损失样本上定义的升序统计量，$X_{n-m,n}(i)$ 是股票 i 的负对数收益的第 $m+1$ 个次序统计量，m 为估计中使用的极端值数，因此可以将尾部概率（9.1）估计为：

$$P(X > x) \simeq \frac{m}{n}(X_{n-m,n})^{\alpha} x^{-\alpha} \tag{9.4}$$

为此，我们实现了哈恩等（Haan et al.，1994）[2] 的半参数分位数估计：

$$\hat{x}_p \simeq X_{n-m,n}\left(\frac{m}{np}\right)^{1/\alpha} \tag{9.5}$$

分位数估计式（9.5）仍然需要估计尾部指数 α。根据大量关于非正态、极端事件的实证研究，我们用流行的希尔等的研究（Hill and Bruce，1975）[3] 统计量估计尾部指数。

$$\hat{\alpha}_i = \left(\frac{1}{m}\sum_{j=0}^{m-1}\ln\left(\frac{X_{n,n-j+1}^{(i)}}{X_{n,n-m}^{(i)}}\right)\right)^{-1} \tag{9.6}$$

其中 n 为观察到的收益个数，通过在预期损失的定义中嵌入 Hill 统计量和分位数

① Mandelbrot B., 1963. The Variation of Certain Speculative Prices [J]. The Journal of Business, 36 (4): 394 – 419.

② De Haan L., Jansen D. W., Koedijk K., et al. 1994. *Safety First Portfolio Selection*, *Extreme Value Theory and Long Run Asset Risks* [M]. Dordrecht: Kluwer Academic Publishers, 471 – 487.

③ Hill, and Bruce M. 1975. A Simple General Approach to Inference About the Tail of A Distribution [J]. *The Annals of Statistics*, 3 (5): 1163 – 1174.

估计量，可以很容易地得到预期损失 ES 的估计量：

$$\hat{E}(X - \hat{x}_p \mid X > \hat{x}_p) = \frac{\hat{x}_p}{\hat{\alpha} - 1} \tag{9.7}$$

Hill 统计量及其伴随的分位数和预期损失估计值仍然取决于选择参数 m 的值，通过最小化 Hill 统计量的渐近均方误差（AMSE）（Danielsson et al.，2001）[1] 选择该阈值。至此，我们得到单变量尾部风险测度 ES。

二、尾部系统风险指标 Tail－β 估计

为衡量极端情况下各金融机构资产收益与市场收益之间的联动性，我们定义 Tail－β 指标，用来度量单个资产随市场暴跌的条件概率，即统计意义上市场收益损失超出阈值条件下的单个资产收益损失处于极端值的概率，以反映在市场总体压力时期，单个资产损失与市场损失的相依性。

假设 X_1、X_M 分别为单个资产价格、市场投资组合的对数收益损失。为研究联合损失，我们选择尾部分位数 Q_1 和 Q_M，使两个随机变量具有相同的尾部概率即 $P\{X_1 > Q_1(p)\} = P\{X_M > Q_M(p)\} = p$。在一个共同的显著性水平 p 值下，将尾部系统风险指标 Tail－β 表示为：

$$
\begin{aligned}
\tau_\beta &\equiv P\{X_1 > Q_1(p) \mid X_M > Q_M(p)\} \\
&= \frac{P\{X_1 > Q_1(p), X_M > Q_M(p)\}}{P\{X_M > Q_M(p)\}} = \frac{P\{X_1 > Q_1(p), X_M > Q_M(p)\}}{p}
\end{aligned} \tag{9.8}
$$

该指标反映了存在极端负面市场冲击时，个别资产大幅下跌的可能性。概率测度 τ_β 即 Tail－β 反映了当两个变量共同超过危机阈值 Q_1 和 Q_M 时，损失 X_1 和 X_M 的相互依赖程度。在完全统计独立性下，τ_β 降为 p，作为极端系统风险的下界。Tail－β 将个别股票收益变动与市场投资组合变动联系起来，估计了联合分布的尾部概率。

估计式（9.8）中的 Tail－β，主要计算分子中的联合概率，为避免对边际收益分布及其（尾部）依赖结构做出非常具体的分布假设，我们选择半参数方法（Poon，2004；Hartmann et al.，2006；Straetmans et al.，2008）[2]，对原始收益率

① Danielsson J., Haan L. D., Peng L., et al. 2001. Using A Bootstrap Method To Choose The Sample Fraction in Tail Index Estimation [J]. *Journal of Multivariate Analysis*, 76（2）：226－248.

② Poon S. H., 2004. Extreme Value Dependence in Financial Markets: Diagnostics, Models, and Financial Implications [J]. *Review of Financial Studies*, 17（2）：581－610. Hartmann P., Straetmans S., De Vries C. G. 2006. Banking System Stability: A Cross－Atlantic Perspective [J]. *Social Science Electronic Publishing*, 133－193. Straetmans S., Verschoor W. F. C., Wolff C. C. P. 2008. Extreme US Stock Market Fluctuations in The Wake of 9/11 [J]. *SSRN Electronic Journal*, 17－42.

序列进行转换，使其呈现相同的边际分布，消除边际方面对联合尾部概率的可能影响，联合尾部概率的差异仅仅归因于尾部依赖结构的差异，因此，将单个资产损失变量转换为单位帕累托边际（Draisma et al.，2004）：

$$\tilde{X}_i = \frac{1}{1 - F_i(X_i)}, \quad i = 1, 2 \tag{9.9}$$

$F_i(\cdot)$ 表示 X_i 的边际累积分布函数，我们用它们的经验分布代替，即对于每一个 X_i：

$$\tilde{X}_i = \frac{1}{1 - R_{X_i}/(n+1)}, \quad i = 1, 2 \tag{9.10}$$

其中，$R_{X_i} = rank(X_{il}, l = 1, \cdots, n)$ 为时间序列中观察到的股票收益 i 的等级。应用此单位帕累托边际变换，可以将式（9.4）中分子的二元分布归结为：

$$P\{X_1 > Q_1(p), X_M > Q_M(p)\} = P\{\tilde{X}_1 > s, \tilde{X}_M > s\} \tag{9.11}$$

其中，对于大样本，$s = 1/p$（Hartmann et al.，2006）[1]，因此，通过考虑变换后两个收益序列横截面的最小值，公共分位数 s 能将双变量概率的估计化简到单变量的概率估计。

$$P\{\tilde{X}_1 > s, \tilde{X}_2 > s\} = P\{\min(\tilde{X}_1, \tilde{X}_2) > s\} = P\{Z_{\min} > s\} \tag{9.12}$$

其中，辅助变量 $Z_{\min} \equiv \min(\tilde{X}_1, \tilde{X}_2)$，辅助变量的尾部具有原始金融机构收益的厚尾属性：

$$P\{Z_{\min} > s\} \approx as^{-\alpha}, \quad \alpha \geqslant 1 \tag{9.13}$$

因此联合概率的估计，可以映射到单变量估计问题：

$$\hat{p} = \frac{m}{n}(Z_{n-m,n})^\alpha s^{-\alpha} \tag{9.14}$$

通过将式（9.14）除以 p，容易得出式（9.8）中的共同超越概率 τ_β 的估计量：

$$\tau_\beta = \frac{p_S}{p} = \frac{m}{n}(Z_{n-m,n})^\alpha s^{1-\alpha} \tag{9.15}$$

很明显，尾部指数 α 在尾部 β 的估计中起双重作用：它驱动辅助变量 Z 的尾部厚度和原始收益对 (X_1, X_2) 的尾部依赖程度，由以上程序最终得到 Tail $-\beta$ 的估计结果。

① Hartmann P., Straetmans S., De Vries C. G. 2006. Banking System Stability: A Cross – Atlantic Perspective [J]. *Social Science Electronic Publishing*, 133 – 193.

第二节　金融机构尾部系统风险异质性识别

由于各机构上市时间差别较大，某些大型银行、证券公司在 2010 年前未上市，因此，为避免忽略此类机构，本章节选取了 2010 年 10 月时已上市的 35 家金融机构，其中银行机构 16 家，证券机构 16 家，保险机构 3 家[①]。房地产部门作为典型的资金密集型行业，其产品具有抵押品和投资品的双重属性，与金融行业密切相关，其价格波动的潜在风险会对金融体系稳定造成巨大冲击（陈湘鹏等，2019；杨子晖等，2018）[②]。考虑到房地产行业的类金融属性，本章节选取 15 家房地产机构[③]纳入我们的研究样本。样本区间为 2010 年 10 月至 2019 年 7 月，涵盖 2015 年中国股市异常波动，此次波动与之前的多次大跌不同，其传播速度快，范围广，仅半年就出现 16 次千股跌停现象，表现出极强的尾部系统风险。因此，为明晰此次异常波动前后金融风险的动态演化，我们将样本区间划分为两个子样本：2010 年 10 月至 2015 年 6 月 11 日为危机前样本，2015 年 6 月 12 日至 2017 年 5 月 12 日为危机样本，选取沪深 300 指数收益率代理市场收益率。数据来源于 Wind 数据库。所有尾部系统风险指标均针对完整样本、危机前和危机样本进行估计。

一、尾部系统风险估计

基于前文给出的估计程序，我们首先根据式（9.1）~ 式（9.7）估算出单变量尾部风险测度指标：尾部指数 α、分位数 q 以及期望损失 ES。其中，q 为 p 值等于 0.1% 的分位数，该值意味着每 1 000 天（3.85 年）就有一次预期损失超过 VaR。进而通过式（9.8）~ 式（9.15）得到 Tail $-\beta$ 的估计结果。

---

① 银行机构：中国银行、交通银行、建设银行、农业银行、工商银行、招商银行、光大银行、浦发银行、中信银行、华夏银行、兴业银行、民生银行、平安银行、北京银行、南京银行；证券机构：招商证券、长江证券、中信证券、光大证券、广发证券、国元证券、海通证券、华泰证券、东北证券、太平洋、国投资本、西南证券、国金证券、兴业证券、爱建集团、安信信托；保险机构：中国人寿、中国太保、中国平安。

② 陈湘鹏、周皓、金涛、王正位：《微观层面系统性金融风险指标的比较与适用性分析——基于中国金融系统的研究》，载于《金融研究》2019 年第 5 期。杨子晖、陈雨恬、谢锐楷：《我国金融机构系统性金融风险度量与跨部门风险溢出效应研究》，载于《金融研究》2018 年第 10 期。

③ 房地产：光城、金融街、荣盛发展、金地集团、中南建设、保利地产、泛海控股、泰禾集团、金科股份、华夏幸福、雅戈尔、华侨城 A、万科 A、新湖中宝、中天金融。

表9-1给出了各行业风险指标在样本区间内的均值、中位数和标准差。由表9-1可知，危机前尾部指数 α 均值多处于 $2\sim3$ 之间，而在危机时刻基本下降到2以下，厚尾特征越发显著，尾部风险增加；尾部分位数 q 在股市动荡时期均上涨2倍左右，危机阈值显著增加，个体金融机构遭受更大损失。进而观察一致风险度量指标 ES 的估计结果可以发现，动荡前证券部门 ES 值为15.01，略高于其他三个行业，尾部风险较高，而在危机时期所有行业尾部风险大幅度增加，保险和证券部门均表现出更强的尾部风险，ES 值分别大幅攀升至76.94、74.83，表明在危机期间金融机构收益损失处于尾部的概率大幅增加，预计的资本下跌概率显著上升，凸显出极端事件给机构带来的巨大尾部风险。不同类型金融机构危机期间 Tail-β 值也存在明显的异质性，危机前银行、证券和保险机构行业均值相差不大，危机时期均大幅攀升，表明在股市异常波动时期，个体金融机构和市场收益率的尾部依赖性显著增强。而证券部门 Tail-β 值更是由27.05上涨至71.77，上涨幅度明显高于其他行业，说明相比银行和保险部门，证券行业更容易受到市场股市异常波动等宏观不利冲击的影响，抗风险能力较弱。证券行业是资本市场的主体结构，且随着行业的发展，金融衍生产品的增多，行业内部易发生较强的传导效应，极易受到市场行情与监管政策的影响。而房地产机构危机前 Tail-β 均值仅为9.36，远低于三个金融行业，危机时期却上涨到40.54，在股市异常波动时期，房地产机构与市场收益的尾部联动性逐渐显现出来。

表9-1 　　　　　　　　　　　**各行业指标估计结果描述统计**

统计	危机前				危机时			
	α	q	ES	Tail-β	α	q	ES	Tail-β
银行业								
平均值	2.4470	15.33	11.52	32.10	1.6567	27.92	53.05	36.51
中位数	2.4221	15.40	10.84	31.72	1.6202	27.47	49.19	33.20
标准差	0.3682	2.68	4.26	8.41	0.2715	7.20	30.87	15.13
证券行业								
平均值	2.7024	21.33	15.01	27.05	1.7384	44.25	76.94	71.77
中位数	2.6759	19.55	11.74	28.52	1.6571	41.28	62.82	75.54
标准差	0.4949	6.76	11.34	8.01	0.3074	13.80	53.33	14.84
保险行业								
平均值	2.6659	15.57	9.78	36.15	1.6713	34.85	74.83	44.11
中位数	2.7245	14.29	8.29	36.30	1.5727	39.54	69.04	43.76
标准差	0.3113	2.42	3.53	4.78	0.3924	15.03	61.59	3.86

续表

统计	危机前				危机时			
	α	q	ES	Tail$-\beta$	α	q	ES	Tail$-\beta$
	房地产行业							
平均值	3.1491	16.99	9.93	9.36	1.8520	38.97	64.44	40.54
中位数	3.4206	14.77	6.47	9.98	1.8400	36.74	43.39	37.87
标准差	0.6144	5.95	8.82	4.38	0.3205	15.03	73.43	20.38

注：除尾部指数外，其余指标均为百分比。

表 9-2 给出了各行业部分机构在两样本区间内的 Tail$-\beta$ 估计结果，对比分析各行业子部门可以发现，银行和保险业的 Tail$-\beta$ 差值变化相对较小，在极端金融事件爆发期，具有一定的稳定性。而证券部门整体 Tail$-\beta$ 变化较大，危机时期的 Tail$-\beta$ 值基本均为危机前的 2~3 倍，在市场异常波动中对外部冲击非常敏感，抗风险能力较弱，金融风险似乎更容易在证券部门形成。对于房地产部门，其危机时期随市场暴跌的概率虽然低于其他三个行业，但危机前 Tail$-\beta$ 值较小，危机时上升幅度大，对于股市异常波动冲击依然敏感。

表 9-2 各行业机构危机前、危机时 Tail$-\beta$ 结果对比

银行			证券			保险、房地产		
公司	危机前	危机时	公司	危机前	危机时	公司	危机前	危机时
中国银行	21.94	35.63	招商证券	30.47	77.03	中国人寿	31.29	40.44
工商银行	24.48	19.13	长江证券	29.41	81.39	中国太保	36.30	43.76
建设银行	27.21	29.84	中信证券	34.68	72.15	中国平安	40.84	48.14
农业银行	33.01	36.51	广发证券	33.59	81.04	荣盛发展	13.27	24.08
浦发银行	40.97	32.59	海通证券	36.94	74.06	中南建设	9.98	45.58
华夏银行	40.44	31.99	华泰证券	35.49	79.12	泰禾集团	8.78	23.20
平安银行	30.42	30.63	东北证券	27.63	81.87	金科股份	10.55	37.87
宁波银行	24.70	59.43	西南证券	18.85	68.95	华夏幸福	6.05	25.20
南京银行	29.83	70.06	招商证券	30.47	77.03	华侨城 A	14.79	52.34

值得一提的是，具体分析表 9-2 可以看出银行业内部的尾部系统风险异质性。中国银行、交通银行、工商银行、建设银行等国有银行的 Tail$-\beta$ 值危机前较低，危机时变化较小，此类银行国有股权较高，其内部也偏好谨慎、稳健的商

业模式和风险控制，经营总体上比较稳健，因此在抵御市场风险方面，国有银行具有较高稳定性，能够发挥银行系统稳定器作用，尤其工商银行在危机时期不升反降，具备更高的抵御外界风险冲击能力。而城市商业银行在不利市场冲击下则较敏感，如南京银行与宁波银行在危机时 Tail $-\beta$ 值发生较大变化，增长近40%。对于冲击反应十分灵敏，应对风险能力明显不足，单从对于风险抵抗的脆弱性角度来看，城市商业银行似乎是风险的主要来源。股份制商业银行虽然危机时 Tail $-\beta$ 值小于动荡前，但危机前大部分股份制商业银行的尾部系统风险值均高于国有银行和城市商业银行，所以其仍然是非极端情形下银行系统风险的主要来源。

二、动态时变滚动估计

为了进一步考察金融机构尾部系统风险的时变特征，本章节采用滚动分析方法，以 300 天固定窗口对各行业机构样本数据进行滚动估计，第一个周期涵盖 2010 年 10 月到 2011 年 12 月，样本期跨越 9 年。图 9 - 1 为各行业子部门滚动估计的 Tail $-\beta$ 均值时序图。

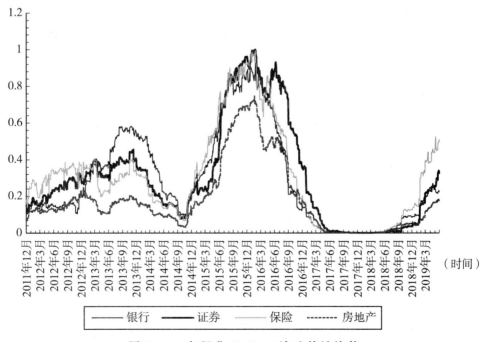

图 9 - 1　各行业 Tail $-\beta$ 滚动估计均值

滚动估计结果进一步证实了不同行业机构尾部系统风险的异质性。纵观各行业，指标均值表现明显的时变特征，变动趋势高度一致。在 2013 年 6 月"钱荒"事件发生时期，各行业尾部系统风险均受到一定冲击向上攀升，更验证了机构间的风险依赖性与传染特征。且银行业在此次危机中占据风险的主导地位，究其本源，金融机构间相近的资产负债表扩张与收缩节奏，使得整个银行行业呈现出休戚相关的密切关联特征，钱荒事件的冲击令银行外部性成本无法彻底的内部化，各类银行被迫承担风险，形成了风险传播的网络效应。而在 2015 年 6 月股市异常波动时期，各行业的 Tail $-\beta$ 指标更急剧攀升，达到历史峰值，银行、证券、保险行业均在此次危机中表现出更高的尾部系统风险，此次股灾与之前的多次局部金融市场大跌不同，整个金融系统表现出巨大的系统风险。其中，证券行业尾部系统风险攀升幅度最大，并持续成为四个行业中风险较高的部门。危机时期，证券行业存在明显的金融风险隐患，股市波动的极端金融事件对证券部门的冲击更易使其与市场共同暴跌。其次，保险行业在股市大幅动荡时期亦表现出明显的尾部风险，仅次于证券部门。我国保险行业虽然发展历史较短，但产品创新和与资本市场的融合度不断攀升，其投资业绩易受整个资本市场环境的冲击，近年来的风险隐患日益凸显。房地产行业尾部系统风险相对其他三部门较低，但由于其与其他金融机构的深度融合，亦使其对极端金融冲击表现较高的敏感性。此后，当股市大跌所处的危机时期逐步退出样本区间，各行业尾部系统风险也开始逐渐降低，并向一起积聚趋于平缓，于2019 年有小幅度回升。

第三节　行业间尾部风险关联效应识别

一、静态行业尾部风险关联水平

伴随着我国金融开放水平的不断提高以及金融科技的快速发展，银行、证券、保险等金融机构加速融合渗透，交叉性金融业务和产品不断推出，也加剧了风险的跨部门、跨市场传染，探究不同行业间的风险关联程度具有一定现实意义。而随着中国金融混业经营发展，地产与传统金融部门之间的风险传导不断增强，对房地产与金融行业间的尾部风险关联效应展开深入研究也十分必要（杨子晖等，2018）[1]。因此，本章节选取申银万国二级行业指数的银行、证券、保险、房地产行业指数作为分部门的代理变量，定义此时的 Tail$-\beta$ 值为各行业机构资产随其他行业指数暴跌的条件概率[2]，以反映两两部门间的尾部风险关联水平，样本区间划分与指标估计方法同前文。表 9 - 3 给出了不同行业指数条件下各类型机构的 Tail$-\beta$ 均值。

表 9 - 3　　　　不同行业指数条件下各类型机构的 Tail$-\beta$ 均值

行业	全样本	危机前	危机
银行指数			
证券	20.53	25.50	26.44
保险	34.57	34.61	35.41
房地产	11.17	13.34	17.41
证券指数			
银行	24.18	30.54	43.50
保险	33.49	37.78	53.79
房地产	12.04	10.22	39.33
保险指数			
银行	28.94	30.49	49.36
证券	24.97	28.90	39.23
房地产	10.01	10.06	20.07
房地产指数			
银行	13.87	15.06	31.20
证券	19.16	10.61	62.40
保险	15.00	14.81	27.22

观察表 9 - 3 中估计结果可知，各部门之间存在明显的风险关联效应，关联程度存在部门差异且具有非对称性。由危机前样本估计结果，证券对银行、保险部门的 Tail$-\beta$ 均值分别为 30.54、37.78，而银行、保险对证券仅为 25.50、28.90，表明在非极端情形时，其他行业更容易受到证券部门尾部风险的冲击。证券行业出现危机时，由于金融机构间资产互相持有行为，金融风险通过行业间

---

①　杨子晖、陈雨恬、谢锐楷：《我国金融机构系统性金融风险度量与跨部门风险溢出效应研究》，载于《金融研究》2018 年第 10 期。

②　行业指数收益损失大于阈值的条件下金融机构收益损失为极端值的概率。

资产、交易等金融活动传染扩散至银行、保险行业。而危机时期，受股市异常波动影响，部门间 Tail $-\beta$ 值上升，说明当一个部门从正常状态向极端状态变化时，与其他部门的风险关联效应显著增强。对比危机前后估计值可以发现，银行部门对于其他行业的 Tail $-\beta$ 值增长较小，而以证券指数为条件时的 Tail $-\beta$ 值具有明显变化，增长在 10% ~ 30% 之间，意味着证券指数处于极端值的条件下，其他三个行业暴跌的条件概率均较高，说明极端事件发生时，证券部门依然是系统风险的主要发送者。近年来，证券公司、保险公司等非银行业金融机构迅速发展壮大，虽然一定程度上扩大了社会融资来源，但却未能摆脱本质上与银行业金融机构及"影子银行"业务交叉、产品同质竞争的发展思路，银行业与非银行金融机构相互间关系千丝万缕、错综复杂。越发紧密的关联度，使得危机期间金融机构与金融行业间的传导与扩散更加快速，且风险更容易在证券部门形成，通过直接关联、间接关联和信息关联等多种渠道迅速形成跨机构、跨行业的传染扩散。

值得一提的是，证券与房地产部门在危机前相互关联程度较小，分别为 10.22、10.61，但在股市异常波动时期，证券对房地产部门 Tail $-\beta$ 值达到 39.23，反之增加到 62.40，说明证券部门易受到房地产部门极端风险事件的冲击。自我国住房管理体制市场化改革以来，证券市场和房地产市场也表现出明显的联动关系，而房地产部门对银行、证券部门的影响在危机时期也分别由 15.06、14.81 增长至 31.20、27.22。近年来房地产行业与金融市场深度融合，其风险隐患极易导致其他部门的资产质量进一步恶化，使得房地产部门在股市动荡期间也成为金融风险的输出者，对于金融行业的风险传染应逐渐引起重视。综上分析，单一部门出现异常波动往往会通过多种关联渠道引发各个部门风险的上升，进而引发整个金融系统风险水平的大幅上升。

表 9 - 4 为危机时期不同行业指数条件下各部门风险排名前列机构。在银行系统内部，国有银行与本行业指数尾部相依性最强，占据着银行系统网络中至关重要的位置。国有银行与其他银行间业务往来密切，资产组合复杂，银行间关联程度较大，传染路径不断增多，个体银行风险会通过金融关联渠道传染至其他银行，国有银行便是银行体系内风险的主要接收者。而城商行随银行指数暴跌的概率不在银行系统前列，受本行业极端风险的影响明显小于市场总体极端低迷情况的冲击。反观城市商业银行受其他行业的风险传导影响可以发现，南京银行、宁波银行均是与其他三个行业尾部相关性最高的机构，在股市异常波动时期，极易受其他行业极端异常波动的冲击而陷入困境，证明了城商行与证券、保险、房地产行业的高关联度与抵抗风险的脆弱性。实际上，政府、企业、金融机构等实体的融资需求一直都严重依赖商业银行等金融机构的货币创造，银行部门债权过于集中，担保、抵押和资产持有是风险传递的关键渠道，城商行受到其他非银行业

风险传染程度较高，且一旦出现风险爆发，抵抗能力也远远不及稳定的国有银行及股份制银行。

表9-4   股市动荡时期不同行业指数条件下
各部门风险值排名前列机构

银行指数		证券指数		保险指数		房地产指数	
交通银行	64.23	交通银行	44.45	光大银行	50.33	交通银行	18.66
建设银行	60.18	中信银行	41.08	中信银行	57.05	中信银行	20.44
农业银行	59.07	北京银行	39.20	华夏银行	51.69	北京银行	21.67
工商银行	60.56	南京银行	65.34	南京银行	54.48	南京银行	42.97
华夏银行	74.35	宁波银行	58.37	宁波银行	49.81	宁波银行	30.80
招商证券	28.60	招商证券	80.70	招商证券	40.74	中信证券	48.45
长江证券	25.31	光大证券	93.31	长江证券	36.13	光大证券	59.36
光大证券	34.66	广发证券	82.28	中信证券	36.98	广发证券	48.67
广发证券	26.04	华泰证券	80.07	光大证券	47.34	国元证券	62.40
西南证券	26.96	西南证券	87.41	华泰证券	38.42	东北证券	56.91
中国人寿	38.48	中国人寿	49.90	中国人寿	67.26	中国人寿	16.58
中国太保	22.92	中国太保	41.06	中国太保	46.74	中国太保	20.42
中国平安	42.37	中国平安	37.60	中国平安	82.87	中国平安	28.19
金融街	30.53	金融街	54.01	金融街	26.87	金融街	86.63
金地集团	34.45	保利地产	51.45	保利地产	32.03	保利地产	66.91
保利地产	24.58	泛海控股	47.71	泛海控股	18.22	雅戈尔	81.72
雅戈尔	22.30	雅戈尔	69.74	雅戈尔	37.52	华侨城 A	84.00

证券行业中招商证券、光大证券、广发证券出现在排名前列的频率较高，不仅在行业内部是尾部系统风险的主要来源，也极易受其他行业极端风险的影响，值得重点关注。中国平安在保险行业内部占据着风险的主导地位，且受银行、房地产行业的影响也是三个保险公司里最高的，应更注重与其他行业交叉业务的监控管理。非银行类金融机构因其内部经营模式、业务结构失衡、发展战略过快等问题造成经营风险，在期限错配、清偿力和资本结构方面出现重大问题，导致金融机构破产或倒闭，进而又会向其他金融部门传递，形成区域金融体系共振效应。

房地产行业中金融街、保利集团、雅戈尔地产均进入四个部门尾部风险关联水平的前列，与金融机构的深入融合最高。房地产行业是企业部门中影响力最大、与其他行业关联度最高的产业，在金融稳定中扮演重要角色，一旦房地产市场泡沫破裂，借贷的巨额资金无法偿还，关联企业的经营效益和偿债能力也受到严重冲击，风险间接向金融部门传导，反过来又形成了向房地产行业传导的恶性循环态势。因此，对于房地产行业重点机构的风险监控，有助于及时切断风险传播来源。

二、行业间尾部风险关联动态

在以上静态分析的基础上，进一步采用滚动估计从动态角度分析跨行业、跨市场的尾部风险关联效应。如图9-2所示，在2013年6月"钱荒"时期，各部门间风险关联效应均有小幅攀升，风险依赖性增强，随后"钱荒"带来的风险释放，指标值下降到低点。而在股市异常波动前的风险累积阶段，金融机构间更大的信贷与投资，为风险的传染累积了潜在因素，一旦出现股市异常波动，繁荣时期累积的内生性风险，就会在巨大的负面冲击下爆发，由某个或某几个金融机构扩散至其他金融体系甚至实体经济，指标值在2015年6月开始迅速攀升，直至历史最高点。金融系统中所有个体参与的高负债、高投资行为是金融业系统风险的根本来源。

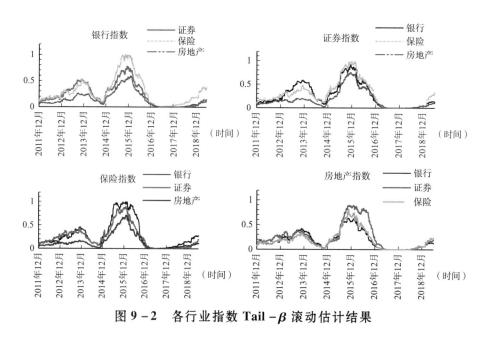

图9-2 各行业指数 Tail-β 滚动估计结果

具体比较行业间影响可知，证券部门对保险和银行部门的 Tail-β 值均较高，在危机时期对于房地产的冲击也略高于其他两部门对房地产的影响，是风险传染的主要来源。银行和保险部门在股灾时期行业关联度最深，近些年两部门业务来往密切，交叉业务监管不足，职责模糊，而保险公司销售产品的重要渠道便是通过银行代销，两部门业务合作密切，一旦发生违规违约行为，出现重大问题或破产时，客户不仅会对保险公司进行索赔，同时会对代理银行有挤兑行为，导致风险在两部门间传播。房地产部门在危机前对三个金融部门的尾部风险影响基本没有差别，而动荡时期对证券行业的影响开始凸显，$\text{Tail} - \beta$ 值相对低于金融部门两两间的影响力，但危机时期其对金融行业的风险传导也不可忽视。综上分析，风险一般在经济繁荣时期积累扩大，而当经济下行时期，某些机构的损失通过资产负债表传导至其他金融机构，羊群效应放大了系统中个体的关联性，风险便通过资产负债表、投资者恐慌情绪传染扩散开来。日益增强的金融机构关联性为风险的扩散提供了"温床"，使得危机累积阶段看似稳健的金融机构在危机时期风险状况突升。

当前在度量微观机构系统性风险边际贡献方面，边际损失预期 MES、长期边际预期损失 LRMES、增量条件在险价值 ΔCoVaR 被国内外学者广泛运用（Adrian and Brunnermeier，2016；Acharya et al.，2017；Benoit et al.，2017；陈湘鹏等，2019）[①]。其中，MES 为市场大幅下跌时，单个机构股权价值的预期损失，考察单个机构对系统金融风险的贡献程度；LRMES 指长期内整个系统收益率下跌幅度超过 40% 时，单个机构股权价值的预期损失；ΔCoVaR 关注个体机构在危机时期对系统风险的边际贡献。然而这些指标较高并不意味着个体极端事件的发生，未关注各个微观金融机构个体的尾部事件，且不能度量行业的有向关联性。因此，本章采用 $\text{Tail} - \beta$ 指标测度系统性风险，并与上述三种系统风险度量指标进行对比分析。首先在原有数据基础上增加各机构的市值以及季度资产负债表数据得到 MES、LRMES 和 ΔCoVaR 估计结果，然后通过各样本期间 $\text{Tail} - \beta$ 的风险排序与上述指标排序的斯皮尔曼等级相关性，来检验指标构建对于中国金融机构风险度量的适用性。其中，斯皮尔曼等级相关系数是衡量两个变量依赖性的非参数指标，具体系数结果如表 9 - 5 所示。由表 9 - 5 可知，基于 $\text{Tail} - \beta$ 指标的风险排序与 MES、LRMES、ΔCoVaR 风险排序在各样本期均具有显著的相关性，该结果表明 $\text{Tail} - \beta$ 指标在测度系统风险方面与其他风险指标较为一致，是可信赖的系统风险度量指标。

① Adrian T, Brunnermeier M. K. 2016. Covar [J]. *American Economic Review*, 106 (7): 1705 - 1741. Acharya V., Pedersen L., Philippon T., Richardson M. 2017. Measuring Systemic Risk [J]. *Rev. Financ. Stud.*, 30: 2 - 47. Benoit S., Colliard J. E., Hurlin C., et al. 2017. Where The Risks Lie: A Survey on Systemic Risk [J]. *Review of Finance*, 21 (1): 109 - 152. 陈湘鹏、周皓、金涛、王正位：《微观层面系统性金融风险指标的比较与适用性分析——基于中国金融系统的研究》，载于《金融研究》2019 年第 5 期。

表 9 – 5　　Tail – β 与其他指标风险排序的斯皮尔曼等级相关系数

指标	Tail – β		
	全样本	危机前样本	危机时样本
MES	0.546 ***	0.475 ***	0.826 ***
LRMES	0.543 ***	0.447 ***	0.815 ***
ΔCoVaR	0.822 ***	0.776 ***	0.658 ***

注：*** 、** 、* 分别表示在1%、5%、10%水平上显著。

为验证构建指标的优势，进一步采用回归分析方法，分别以 Tail – β、MES、LRMES 和 ΔCoVaR 危机时的系统风险估计值为因变量，危机前的估计结果为自变量，计算各测度指标回归系数，以验证风险指标是否具有前瞻性。由表 9 – 6 可知，各指标在每个金融行业对极端冲击事件的预测效果存在差异，尾部风险指标 ES 对各行业风险均没有预测作用，MES、LRMES 只在银行业有一定的预警效果，对于其他三个行业没有明显的预测能力。ΔCoVaR 在证券和保险部门预测效果较好，而本章节的 Tail – β 指标在证券、保险、房地产部门均有良好的预测作用，回归系数在统计上显著。而银行系统整体危机前后风险排名没有显著相关性，这可能是由于银行系统规模、经营模式、业务特征具有明显差异，因此各类型银行对于冲击的反应差别较大，例如某些城市商业银行对极端事件冲击较敏感，尾部系统风险增幅较大，所以危机前后风险排名出现明显变化。而单独检验国有银行的系数结果为 0.7，可知五大行危机前后的风险排名具有较高相关性，危机前风险最大的银行仍然是危机时期风险最大的银行。综上所述，尾部系统风险 Tail – β 指标具有一定的稳健性与预警效果。

表 9 – 6　　　　各行业危机前、危机时风险的回归分析系数

行业	ES	MES	LRMES	ΔCoVaR	Tail – β
银行	– 0.05	0.445 *	0.481 *	– 0.186	– 0.26
证券部门	– 0.25	0.476 *	0.45 *	0.680 ***	0.646 ***
保险部门	0.069	– 0.901	– 0.935	0.993 **	0.994 **
房地产	– 0.12	0.009	– 0.011	0.243	0.533 **
国有银行	– 0.17	0.824 *	0.788	– 0.093	0.728 *

注：*** 、** 、* 分别表示在1%、5%、10%水平上显著。

第四节　结　　论

本章节基于极值理论，通过半参数估计得到预期损失（ES）和尾部系统风险（Tail $-\beta$）指标，测度银行、证券、保险、房地产部门不同样本区间内的风险异质性，并与国际认可程度较高的几类风险指标对比，得到如下结论：（1）在极端事件冲击下，金融机构会产生巨大的尾部风险，危机期间，所有行业尾部风险（ES）均大幅度增加、厚尾特征显著，其中，保险和证券部门表现出更强的尾部风险。（2）银行总体在应对极端事件冲击时具有一定的稳定性，抵御风险能力较强。但因银行体系组织架构庞大，类型众多，部分银行仍对冲击表现出较高的敏感性，其中，城市商业银行危机前、危机时系统风险指标增幅较高，应对风险能力最弱。（3）证券部门在极端情形下，更易受到股市异常波动等宏观不利冲击的影响，较于其他行业表现出更强的脆弱性，存在着较明显的金融风险隐患，是系统金融风险的最重要来源。（4）部门间风险关联均随极端金融事件的发生明显上升，且存在不对称性；证券部门对于其他行业尾部风险影响均较高，是风险传染的主要来源；银行和保险部门行业关联度最深；房地产部门危机期间也成为金融系统风险的主要输出者。（5）各部门中南京银行、宁波银行、招商证券、光大证券、广发证券、中国平安、金融街、保利集团、雅戈尔等机构与其他行业关联度高，极易受其他行业极端异常波动的冲击而陷入困境，值得重点关注。（6）通过与国际较认可的MES、LRMES、ΔCoVaR 系统风险度量指标对比分析，证实了 Tail $-\beta$ 指标的有效性，并且相比以上指标对于证券、保险和房地产部门具有更好的预警作用。

鉴于以上结论，本章提出以下几点建议：（1）从风险抵抗的脆弱性角度来看，在银行业方面，我国系统金融风险主要源于城市商业银行，这类银行经营机制较灵活、鼓励金融创新，但它们应对金融风险的能力不足，极易受到极端事件冲击，引发系统金融风险，因此在督促其加强内部控制，规范业务经营的同时，应加强对城市商业银行的监管，以防范风险于未然。（2）对于证券部门，防范重点应当在于增强证券部门的抗风险冲击能力，提高其经营的稳定性，有效降低部门脆弱性。在风险爆发阶段，严格监控信息披露来降低信息不对称，稳定投资者情绪，避免羊群效应等大范围风险传染。健全风险监测预警和早期干预机制，尽量避免大规模的风险外溢，及时阻断风险跨机构、跨行业传导。（3）由于银行与保险业在资产结构、投资组合、交叉业务等多方面具有相似性，会导致二者共同暴露程度的加深。因此，加强对银行、保险个体机构的针对性监控，可以有效地控制银行与保险个体的风险程度，及时防范系统风险的爆发。

第十章

超预期冲击与中国资本市场安全

2022年，新冠疫情演变加速，逆全球化趋势上升，局部冲突和动荡频发，全球问题加剧，世界经济面临重大不确定性和衰退风险（Chinazzi et al.，2020；Uddin et al.，2022；张占斌和毕照卿，2022）[1]。新冠疫情大流行和俄乌战争的爆发构成了对当前全球金融体系的两大超预期冲击[2]，严重威胁到主权国家的金融市场安全。例如，2020年3月9日至3月18日的短短7个交易日内，S&P500指数触发了4次熔断机制；2022年2月24日俄乌战争爆发当天，俄罗斯股市单日暴跌48%，随后原油价格在3月7日开盘时飙升超过20%，突破了130美元大关。11月4日，人民币汇率在一个交易日内飙升1 500点，成为历史上单日最大增幅。

当金融市场面临超预期因素的冲击时，充分估计困难、风险和不确定性，是防范和化解重大金融风险的前提条件。但目前的研究是否充分估计了风险？金融网络的拓扑结构被认为是现代金融风险测量和金融资产管理的核心（Diebold and Yilmaz，2014；Barunik and Krehlik，2018；Lin and Chen，2021；

---

① Chinazzi M.，Davis J. T.，Ajelli M.，et al. 2020. The effect of travel restrictions on the spread of the 2019 novel coronavirus（COVID - 19）outbreak ［J］. *Science*（*American Association for the Advancement of Science*），368（6489）：395 - 400. Uddin G. S.，Yahya M.，Goswami G. G.，Lucey B.，Ahmed A. 2022. Stock Market Contagion During The COVID - 19 Pandemic in Emerging Economies ［J］. *International Review of Economics & Finance*，79：302 - 309. 张占斌、毕照卿：《经济高质量发展·2022》，载于《经济研究》2022年第4期。

② 资料来源：中国国家统计局，http：//www. stats. gov. cn/tjsj/zxfb/202207/t20220715_1886417. html.

资本市场的系统性风险测度与防范体系构建研究

Ando et al.，2022）①。网络具有"稳健而脆弱"的特点，网络之间的高度互联可以有效地缓冲和平滑大部分冲击，但同时，在极端状态下，也会迅速放大网络中的风险（Grant and Yung，2021）②。当受到大规模冲击时，金融市场可能出现"过度反应"现象，短期内出现较大的异常波动，从而放大了金融体系的脆弱性，增加了有效估计和防范市场风险的难度（Lasfer et al.，2003；Di et al.，2017；Zhang et al.，2020）③。FSB（2019）进一步指出，低估金融系统的系统性风险程度和高估金融系统中的个体弹性，可能会引发全球金融危机，这将产生严重的经济、社会和政治后果。现有文献广泛采用戴博和伊尔马兹（Diebold and Yilmaz，2014）④ 提出的基于 VAR 模型的溢出指数法来衡量溢出效应（Barunik and Krehlik，2018；Lin and Chen，2021；Umar et al.，2022；Antonakakis et al.，2023；Mensi et al.，2023）⑤。然而，VAR 模型依赖于条件均值的估计，基于 VAR 模型的溢出指数只能衡量条件均值下金融市场的溢出水平。系统性冲击与平均冲击不同，考虑到冲击可大可小，可正可负，基于条件均值的溢出指数很容易忽略这种

① Diebold F. X.，Yilmaz K. 2014. On The Network Topology of Variance Decompositions：Measuring the Connectedness of Financial Firms ［J］. *Journal of Econometrics*，182（1）：119 – 134. Barunik J.，Krehlik T. 2018. Measuring The Frequency Dynamics of Financial Connectedness and Systemic Risk ［J］. *Journal of Financial Econometrics*，16（2）：271 – 296. Lin S.，Chen S. 2021. Dynamic Connectedness of Major Financial Markets in China and America ［J］. *International Review of Economics & Finance*，75：646 – 656. Ando T.，Greenwood – Nimmo M.，Shin Y. 2022. Quantile connectedness：Modeling tail behavior in the topology of financial networks ［J］. *Management Science*，68（4）：2401 – 2431.

② Grant E.，Yung J. 2021. The double-edged sword of global integration：Robustness，fragility，and contagion in the international firm network ［J］. *Journal of Applied Econometrics*（Chichester，England），36（6）：760 – 783.

③ Lasfer M. A.，Melnik A.，Thomas D. C. 2003. Short-term reaction of stock markets in stressful circumstances ［J］. *Journal of Banking & Finance*，27（10）：1959 – 1977. Di Maggio M.，Kermani A.，Song Z. 2017. The value of trading relations in turbulent times ［J］. *Journal of Financial Economics*，124（2）：266 – 284. Zhang W.，Zhuang X.，et al. 2020. Spatial linkage of volatility spillovers and its explanation across G20 stock markets：A network framework ［J］. *International Review of Financial Analysis*，71，101454.

④ Diebold F. X.，Yilmaz K. 2012. Better to Give Than to Receive：Predictive Directional Measurement of Volatility Spillovers ［J］. *International Journal of Forecasting*，28（1）：57 – 66.

⑤ Barunik J.，Krehlik T. 2018. Measuring The Frequency Dynamics of Financial Connectedness and Systemic Risk ［J］. *Journal of Financial Econometrics*，16（2）：271 – 296. Lin S.，Chen S. 2021. Dynamic Connectedness of Major Financial Markets in China and America ［J］. *International Review of Economics & Finance*，75：646 – 656. Umar Z.，Riaz Y.，Aharon D. Y. 2022. Network Connectedness Dynamics of The Yield Curve of G7 Countries ［J］. *International Review of Economics & Finance*，79：275 – 288. Antonakakis N.，Cunado J.，Filis G.，Gabauer D.，De Gracia F. P. 2023. Dynamic Connectedness among the Implied Volatilities of Oil Prices and Financial Assets：New Evidence of the COVID – 19 Pandemic ［J］. *International Review of Economics & Finance*，83：114 – 123. Mensi W.，Aslan A.，Vo X. V.，Kang S. H. 2023. Time – Frequency Spillovers and Connectedness Between Precious Metals，Oil Futures and Financial Markets：Hedge and Safe Haven Implications ［J］. *International Review of Economics & Finance*，83：219 – 232.

差异（Balcilar et al.，2021；Chatziantoniou and Gabauer.，2021；Saeed et al.，2021；Ando et al.，2022）[1]，扭曲了测量结果。

因此，极端条件下的风险估计必须充分和准确，低估风险和冲击的程度将进一步积累不确定性，增加金融危机的概率（White et al.，2015；Dicks and Fulghieri，2019）[2]。通过思考，我们可以知道，超预期冲击可能包括以下两层含义：第一，超预期冲击可能是一种由突发事件引起的力量，能够激起大范围的经济周期波动。从这个角度看，超预期冲击与未预期到的冲击相近，但在未预期到的冲击中侧重于更大的影响。第二，超预期冲击是一个相对于适应性预期和一般预期的概念。它指的是根据历史和信息对未来金融市场估计的扭曲，也就是说，实际发展应该更激进或更糟糕。但不管是哪种含义，超预期因素的影响在金融市场上体现为短时间内波动性的急剧增加，造成一种极端的市场状态。

近年来，发展中国家的金融市场对世界金融体系的影响备受关注（Al Nasser and Hajilee，2016；Yavas and Dedi，2016；Uddin et al.，2022）[3]。中国是一个新兴国家，其金融市场发展迅速。十年来，股票市场的规模增加了238.9%，债券市场的规模增加了444.3%，两个市场都跃居世界第二。此外，中国还是世界上最大的石油进口国，拥有世界第二大商品市场和举足轻重的地位（Dai et al.，2022）[4]。对于中国来说，2020年以来极端波动频繁发生，但与2008年金融危机下的金融市场特征相比，存在明显的差异。在图10-1中，我们展示了2006～2022年样本期间中国股票市场、债券市场、商品市场和汇率市场的单日收益率

---

① Balcilar M.，Gabauer D.，Umar Z. 2021. Crude Oil Futures Contracts and Commodity Markets：New Evidence from A TVP - VAR Extended Joint Connectedness Approach [J]. *Resources Policy*，73，102219. Chatziantoniou I.，Gabauer D. 2021. EMU Risk - Synchronisation and Financial Fragility Through the Prism of Dynamic Connectedness [J]. *The Quarterly Review of Economics and Finance*，79：1 - 14. Saeed T.，Bouri E.，Alsulami H. 2021. Extreme Return Connectedness and Its Determinants Between Clean/Green and Dirty Energy Investments [J]. *Energy Economics*，96，105017. Ando T.，Greenwood - Nimmo M.，Shin Y. 2022. Quantile connectedness：Modeling tail behavior in the topology of financial networks [J]. *Management Science*，68（4）：2401 - 2431.

② White H.，Kim T.，Manganelli S. 2015. VAR for VaR：Measuring Tail Dependence Using Multivariate Regression Quantiles [J]. *Journal of Econometrics*，187（1）：169 - 188. Dicks D. L.，Fulghieri P. 2019. Uncertainty Aversion and Systemic Risk [J]. *The Journal of Political Economy*，127（3）：1118 - 1155.

③ Al Nasser O. M.，Hajilee M. 2016. Integration of Emerging Stock Markets with Global Stock Markets [J]. *Research in International Business and Finance*，36：1 - 12. Yavas B. F.，Dedi L. 2016. An Investigation of Return and Volatility Linkages Among Equity Markets：A Study of Selected European and Emerging Countries [J]. *Research in International Business and Finance*，37：583 - 596. Uddin G. S.，Yahya M.，Goswami G. G.，Lucey B.，Ahmed A. 2022. Stock Market Contagion During The COVID - 19 Pandemic in Emerging Economies [J]. *International Review of Economics & Finance*，79：302 - 309.

④ Dai Z.，Zhu J.，Zhang X. 2022. Time - Frequency Connectedness and Cross - Quantile Dependence Between Crude Oil，Chinese Commodity Market，Stock Market and Investor Sentiment [J]. *Energy Economics*，114，106226.

绝对值超过 0.9 分位数水平的频率。显然，自 2022 年初至 9 月底，中国商品市场和汇率市场出现极端上涨或下跌的频率已经超过了历史最高水平。面对重大的外部冲击，快速扩张下的中国金融体系的抗风险能力关系到全球金融市场的安全和社会稳定。

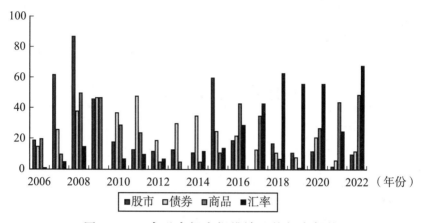

图 10 - 1 金融市场大规模波动的年度频数

因此，本章的主要工作和贡献如下：首先，利用新开发的基于条件分位数的连通性技术（Ando et al. ，2022）[①]，有效地衡量了中国金融市场在极端条件下的风险溢出情况，并探讨了不同规模冲击水平下各市场的定向溢出水平。研究发现，中国金融市场在面对冲击时具有明显的非对称性特征。即在极端大规模冲击下，金融系统的整体风险溢出明显放大，远高于条件均值下的整体溢出水平。这表明，基于条件向量自回归模型（基于 DY 框架）的波动性溢出测量，仅限于滚动窗口期的条件均值水平。它将严重低估超预期影响下的金融风险，留下巨大的安全隐患。其次，由于超预期冲击定义的桎梏，以往的研究对极端冲击下的研究不够充分。在本章中，金融市场波动的强度代表了冲击的规模。在从左尾到右尾的增加过程中，冲击的规模不断上升，90% 被设定为阈值。超过 0.9 的量化水平意味着金融市场经历了超预期的冲击，以考察极端状态下的风险溢出特征。再次，我们发现金融市场波动性的突然增加代表了冲击规模在很短的时间窗口内的突然放大。这意味着市场经历了突发事件的冲击，相应的金融系统的整体风险溢出水平也处于高位。然而，波动性的急剧下降并不代表风险的减少。相反，在一定程度上意味着投资者情绪达到冰点，金融市场交易疲软甚至出现流动性问题，整体联动水平仍高于中间状态；最后，基于阿德里安和布鲁内迈尔（Adrian and

---

① Ando T. ，Greenwood - Nimmo M. ，Shin Y. 2022. Quantile connectedness：Modeling tail behavior in the topology of financial networks [J]. *Management Science*，68（4）：2401 - 2431.

Brunnermeier，2016)[1] 的思路，本章构建了一个相对溢出强度指数，反映金融市场溢出水平从正常状态到极端状态的变化。此外，我们还展示了各金融子市场的时变动态风险热图，用来解释不同冲击规模下各金融市场净风险溢出的时间、程度和方向变化。我们的研究结果对决策者和投资者在极端条件下识别具有突发性风险溢出的市场和规避风险有意义。它也为监管机构确定金融风险防范的重点提供了依据。

第一节 分位数溢出指数模型与研究样本

一、QVAR 模型

在 QVAR 模型下，本章构建了基于不同条件分位数的溢出指数。金融市场波动率的不同分位数可以反映出影响的大小，金融市场的波动率急剧上升，说明冲击规模越大，资产价格的变化越大，对金融体系安全的挑战也越严重。因此，从左尾分位数（ =0.01）到右尾分位数（ =0.99）代表了波动率的增加。在左尾，金融市场的波动性很低，可以认为此时金融系统没有受到刺激，波动性非常小。相反，当它处于右尾状态时，金融系统正经历着由超预期冲击引起的波动性急剧上升。本章用条件中位数来表示中间状态，将右尾量值 90% 以上所对应的冲击定义为超预期冲击。

在条件分位数 τ 下 N 维 $QVAR(p)$ 过程如下：

$$y_t = c(\tau) + \sum_{i=1}^{p} B_i(\tau) y_{t-i} + \varepsilon_t(\tau), t = 1, \cdots, T \qquad (10.1)$$

其中，$\tau \in (0, 1)$；$y_t = (y_{1t}, \cdots, y_{Nt})'$ 为 N 维列向量，y_{it} 表示 t 时期金融子市场 i 的 GARCH 波动率；$c(\tau)$ 表示与条件分位数 τ 相对应的 N 维截距列向量；$B_i(\tau)$ 表示与条件分位数 τ 相对应的 $N \times N$ 维系数矩阵；$\varepsilon_t(\tau) \sim i.i.d.$ $(0, \sum(\tau))$ 表示与条件分位数 τ 相对应的 N 维误差列向量；模型的待估参数取决于因变量条件分布的不同分位水平。

为得到系数矩阵 $B_i(\tau)$ 和截距项 $c(\tau)$ 的估计，假定误差项 $\varepsilon_t(\tau) = (\varepsilon_{1t}(\tau), \cdots, \varepsilon_{Nt}(\tau))'$ 满足 $Q_\tau(\varepsilon_t(\tau) | y_{t-1}, \cdots, y_{t-p}) = 0$。在此条件下，因变

---

① Adrian T., Brunnermeier M. K. 2016. Covar [J]. *American Economic Review*, 106 (7)：1705 – 1741.

量 y_t 在条件分位数 τ 下的回归函数为：

$$Q_\tau(y_t | y_{t-1}, \cdots, y_{t-p}) = \hat{c}(\tau) + \sum_{i=1}^{p} \hat{B}_i(\tau) y_{t-i} \tag{10.2}$$

由于在式（10.2）的每个方程中，其右边的变量是相同的，该估计问题具有似不相关回归（SUR）结构，考虑到条件分位数 τ，我们可通过分位数回归方法对逐个方程（equation-by-equation）进行估计。

二、基于 QVAR 模型的溢出指数

对于式（10.1）的 $QVAR(p)$ 模型，当其满足稳定性条件时，可将其转化为无限阶的分位数向量移动平均 $QVMA(\infty)$ 过程：

$$y_t = \mu(\tau) + \sum_{s=0}^{\infty} A_s(\tau) \varepsilon_{t-s}(\tau), \ t = 1, \cdots, T \tag{10.3}$$

其中，$\mu(\tau) = (I_N - B_1(\tau) - \cdots - B_p(\tau))^{-1} c(\tau)$，$A_s(\tau)$ 表示与条件分位数 τ 相对应的 $QVMA$ 系数矩阵，其服从 $A_s(\tau) = \begin{cases} 0, \ s < 0; \ I_N, \ s = 0 \\ B_1(\tau) A_{s-1}(\tau) + \cdots + B_p(\tau) A_{s-p}(\tau), \ s > 0 \end{cases}$。

根据广义方差分解，在变量 i 的 H 步预测误差方差中，由变量 j 引起的比例为 $\theta_{ij}^H(\tau)$：

$$\theta_{ij}^H(\tau) = \frac{\sigma(\tau)_{jj}^{-1} \sum_{s=0}^{H-1} (e_i' A_s(\tau) \sum(\tau) e_j)^2}{\sum_{s=0}^{H-1} (e_i' A_s(\tau) \sum(\tau) A_s'(\tau) e_j)} \tag{10.4}$$

其中，$\sum(\tau)$ 为 $\varepsilon_t(\tau)$ 的方差协方差矩阵；$\sigma(\tau)_{jj}$ 为 $\sum(\tau)$ 的第 j 个对角元素；e_i 为选择列向量，第 i 个元素取值为 1，其余元素为 0。由于广义方差分解中 $\sum_{j=1}^{N} \theta_{ij}^H(\tau) \neq 1$，式（10.4）可通过行加总进行标准化处理：

$$\tilde{\theta}_{ij}^H(\tau) = \frac{\theta_{ij}^H(\tau)}{\sum_{j=1}^{N} \theta_{ij}^H(\tau)} \tag{10.5}$$

现在 $\sum_{j=1}^{N} \tilde{\theta}_{ij}^H(\tau) = 1$，$\sum_{i=1}^{N} \sum_{j=1}^{N} \tilde{\theta}_{ij}^H(\tau) = N$，$\tilde{\theta}_{ij}^H(\tau)$ 衡量了在预测期 H 下金融子市场 j 对金融子市场 i 的溢出水平。在此基础上，构建在分位数 τ 下的总溢出指数和方向性溢出指数，具体公式如下所示：

$$FSL(\tau) = \frac{\sum_{i=1}^{N} \sum_{j=1, i \neq j}^{N} \tilde{\theta}_{ij}^H(\tau)}{N}$$

$$To_i(\tau) = \sum_{j=1,i\neq j}^{N} \tilde{\theta}_{ij}^{H}(\tau)$$

$$From_i(\tau) = \sum_{j=1,i\neq j}^{N} \tilde{\theta}_{ij}^{H}(\tau) \qquad (10.6)$$

$FSL(\tau)$ 是与条件分位数 τ 相对应的总溢出，该指数越高意味着该金融系统关联程度越高，因此本章将 $FSL(\tau)$ 指数用作市场风险的替代指标，衡量在分位水平 τ 下金融体系波动变化的总溢出水平，它体现了整个金融系统的总体安全水平（financial security level）。$To_i(\tau)$、$From_i(\tau)$ 是对条件分位数 τ 相对应的方向性溢出指数，分别衡量在分位水平 τ 下金融子市场 i 对其他金融子市场的溢出和接受其他金融子市场溢出的水平。

除此之外，通过从金融子市场 i 对其他市场主体溢出指数减溢入指数的方向性连通性可以视为评估市场 i 对整个系统的净影响（Greenwood - Nimmo et al.，2019）[①]：

$$NET_{i,t}(\tau) = To_{i,t}(\tau) - From_{i,t}(\tau) \qquad (10.7)$$

为考察从中间状态到极端状态下各金融市场方向性溢出以及超预期冲击下总体金融安全的极端变化，本章借鉴阿德里安和布鲁内迈尔（Adrian and Brunnermeier，2016）[②] 中 $\Delta CoVaR$ "增量变化" 的构建思想和安藤等（Ando et al.，2022）[③] 的尾部相依性思想，基于式（10.6）的 $To_i(\tau)$、$From_i(\tau)$、$FSL(\tau)$，构建如下相对溢出强度指数和尾部相依性指数；

$$\Delta To_{i,L} = To_i(\tau=0.05) - To_i(\tau=0.5), \quad \Delta To_{i,R} = To_i(\tau=0.95) - To_i(\tau=0.5) \qquad (10.8)$$

$$\Delta From_{i,L} = From_i(\tau=0.05) - From_i(\tau=0.5),$$
$$\Delta From_{i,R} = From_i(\tau=0.95) - From_i(\tau=0.5) \qquad (10.9)$$

$$RTD_{10\%,t} = FSL_t(\tau=0.9) - FSL_t(\tau=0.1)$$

$$RTD_{5\%,t} = FSL_t(\tau=0.95) - FSL_t(\tau=0.05)$$

$$RTD_{1\%,t} = FSL_t(\tau=0.99) - FSL_t(\tau=0.01) \qquad (10.10)$$

式（10.8）为左、右尾相对溢出指数，ΔTo_L 和 ΔTo_R 分别衡量极端小规模冲击与极端大规模冲击状态下各金融子市场溢出水平相较于中间状态的相对强度；式（10.9）为左、右尾相对溢入指数，$\Delta From_L$ 和 $\Delta From_R$ 分别衡量极端小规模冲击与极端大规模冲击状态下各金融子市场溢入水平相较于中间状态的相对强度

① Greenwood - Nimmo M. J.，Huang J.，Nguyen V. H. 2019. Financial Sector Bailouts，Sovereign Bailouts，and The Transfer of Credit Risk [J]. *Financial Markets*，42：121 - 142.

② Adrian T.，Brunnermeier M. K. 2016. Covar [J]. *American Economic Review*，106（7）：1705 - 1741.

③ Ando T.，Greenwood - Nimmo M.，Shin Y. 2022. Quantile connectedness：Modeling tail behavior in the topology of financial networks [J]. *Management Science*，68（4）：2401 - 2431.

变化；式（10.10）中，$RTD_{1-\tau,t}$ 代表时变尾部相对依存度，突出表现超预期冲击下（$\tau \geq 0.9$）与几乎无冲击状态下（$\tau \leq 0.1$）总溢出水平的差异，代表着以尾部为基础的金融脆弱性综合衡量指标。RTD 很大程度上捕捉到了超预期冲击下金融体系的安全水平随时间而发生的微妙变化，该值在某一特定时期越小意味着超预期冲击在该时期对金融体系造成的影响被较好地平抑，进而表现出我国当前金融体系的韧性强度。

三、研究样本

本章根据何枫等（2022）[①] 选取的 6 个金融子市场构成我国金融市场体系，分别为股票市场（stock）、债券市场（bond）、基金市场（fund）、商品市场（goods）、货币市场（money）、外汇市场（exchange）。由于金融子系统各自有不止一个市场指数，因此，本书将首先根据文献和统计数据选择每个市场最具代表性的指数分别为：上证综合指数、中证全债指数、上证基金指数、南华商品指数、银行间隔夜 SHIBor 利率和人民币兑美元中间价的指数收盘价作为各个市场指数的代理变量。考虑到每日形成方式和发布时间不一致，同时为保证数据量的充足和结论的说服力，本章以日对数收益率为基础数据，交易时间以上海证券交易所交易日为基准，最终得到 3 708 个样本数据。本章样本区间为 2007 年 7 月 1日~2022 年 9 月 30 日，覆盖了含俄乌冲突和新冠疫情在内的多个极端大规模冲击事件，上述数据均来自 Wind 资讯数据库，波动率采用日频 GARCH（1，1）波动率的自然对数代表金融市场波动率。

表 10 - 1 列出了我们数据集的汇总统计。根据表 10 - 1，货币市场的波动率明显大于其他金融子市场，说明货币市场的波动率是最明显的。债券市场的对数波动率较低，表明与其他金融子市场相比，债券市场的风险相对较低。货币市场和股票市场的对数波动率表明两者的风险都明显高于债券市场。每个市场的偏度值表明，所有金融子市场的偏度值都大于零。

表 10 - 1　　　　日 GARCH 波动率的自然对数的描述性统计

变量	Mean	Median	Min	Max	Std. Dev.	Skewness	Kurtosis
Fund	- 9.316	- 9.276	- 6.179	- 13.470	1.299	- 0.304	3.125
Stock	- 8.698	- 8.837	- 6.328	- 10.527	0.844	0.474	2.632

---

①　何枫、郝晶、谭德凯等：《中国金融市场联动特征与系统性风险识别》，载于《系统工程理论与实践》2022 年第 2 期。

续表

变量	Mean	Median	Min	Max	Std. Dev.	Skewness	Kurtosis
Commodity	-9.375	-9.445	-7.518	-11.026	0.605	0.391	2.676
Bond	-14.208	-14.398	-9.363	-15.438	0.877	1.246	4.912
Exchange	-9.126	-9.119	-7.213	-11.672	1.022	-0.393	2.570
Money	-5.343	-5.658	-0.550	-6.836	1.337	0.732	2.590

第二节　不同冲击规模下中国资本市场的溢出效应

一、不同冲击规模下中国资本市场的静态溢出效应

我们首先考虑在条件平均数、条件中位数（$\tau = 0.5$）和极端条件分位数（$t- = 0.05$，$\tau = 0.95$）进行全样本估计。基于对极端和中间状态的比较分析，以确定在不同的极端冲击大小下，每个市场的溢出效应如何变化。这种下尾（$\tau = 0.05$）和上尾（$\tau = 0.95$）之间的量化联系的区分，有助于我们更好地区分极端负面冲击和严重正面冲击。根据赤池信息准则（AIC），实证分析基于滞后阶数为 4，预测范围为 10。

表 10-2 显示了不同规模的极端冲击下六个金融市场的静态溢出效应。在中间阶段，金融子市场是紧密联系在一起的。基金市场和股票市场的溢出强度要比其他市场大得多。更重要的是，基金市场的溢出水平比股票市场低。通过比较和评估不同尺度的极端冲击，我们将研究不同的金融市场在应对不同的冲击幅度时，其溢出水平如何变化。这种高尾和低尾之间的量化连接性的区分，使我们能够区分出极端的正面冲击和极端的负面冲击。

表 10-2　　　各金融市场在不同状态下的静态溢出效应

变量	TO					FROM				
	(1)	(2)	(3)	(4)	(5)	(6)	(7)	(8)	(9)	(10)
	ESS		IS	ELS		ESS		IS	ELS	
	$\tau = 0.01$	$\tau = 0.05$	Mean	$\tau = 0.95$	$\tau = 0.99$	$\tau = 0.01$	$\tau = 0.05$	Mean	$\tau = 0.95$	$\tau = 0.99$
Fund	69.18	69.04	59.46	81.30	82.35	57.93	57.83	52.56	81.16	82.53
	(1)	(1)	(1)	(3)	(3)	(1)	(1)	(2)	(2)	(3)

续表

变量	TO					FROM				
	（1）	（2）	（3）	（4）	（5）	（6）	（7）	（8）	（9）	（10）
	ESS		IS	ELS		ESS		IS	ELS	
	$\tau=0.01$	$\tau=0.05$	Mean	$\tau=0.95$	$\tau=0.99$	$\tau=0.01$	$\tau=0.05$	Mean	$\tau=0.95$	$\tau=0.99$
Stock	68.81	68.70	59.44	81.84	85.17	57.89	57.82	52.90	81.12	81.74
	（2）	（2）	（2）	（2）	（2）	（2）	（2）	（1）	（3）	（5）
Commodity	38.73	38.44	22.53	73.48	75.56	42.35	42.18	28.55	82.39	83.15
	（3）	（3）	（3）	（6）	（6）	（3）	（3）	（3）	（1）	（1）
Bond	33.58	33.27	17.09	79.87	79.38	39.73	39.35	23.89	81.01	82.59
	（4）	（4）	（4）	（5）	（5）	（4）	（4）	（4）	（4）	（2）
Exchange	21.64	21.56	15.85	84.70	88.70	27.04	26.90	15.98	76.53	80.24
	（5）	（5）	（5）	（1）	（1）	（5）	（5）	（5）	（6）	（6）
Money	19.39	19.10	10.76	80.35	81.03	26.40	26.04	11.25	79.34	81.95
	（6）	（6）	（6）	（4）	（4）	（6）	（6）	（6）	（5）	（4）

对表 10-2 的观察表明，极端分位数下的冲击，无论是大的还是小的，都大大增加了中国金融市场之间的风险溢出程度。极低的分数表明，当冲击的规模极小时，冲击的正溢出影响更容易从一个金融子市场传递到其他金融市场。对于条件分布的左尾和右尾，关联性指标的数值都大于平均值或中位数的数值。基于条件均值的金融市场溢出效应水平测量的风险溢出将被低估。在小规模极端冲击下，各金融市场的溢出强度排序趋于一致，在大规模极端冲击下，各子市场的溢出指数明显增加，大规模极端冲击带来的风险更容易从单一金融市场扩散。此外，从溢出水平来看，在极端低分位数冲击下风险溢出水平最大的是基金市场，而商品市场是在受到大规模极端冲击的影响时的主要风险溢出者。

比较发现，从 TO 水平来看，各金融子市场的溢出指数在不同的极端冲击规模下表现出不同程度的上升，其中外汇市场和债券市场的溢出水平在极端大规模冲击的状态下表现出最明显的变化。在 FROM 水平方面，除外汇市场和债券市场外，商品市场作为风险的接受者，其溢出水平位居第三，在应对极端大冲击时变化明显。上述分析表明，外汇市场和债券市场更容易受到极端大规模冲击的影响。

二、不同冲击规模下中国资本市场的动态溢出效应

到目前为止，我们已经在静态背景下分析了整个样本的连通性情况。在本节中，我们在分位数 VAR 的基础上进行滚动分析，以揭示极端情况下中国金融子市场的动态溢出效应。我们使用 200 天的固定窗口长度和 10 步的预测范围。

图 10 - 2 描述了基于条件平均数、条件中位数和极端分位数下金融市场的动态总溢出水平。首先，极端冲击下的总溢出水平在整个时间段内都是不同的，只有少数情况下会出现明显的波动。基于条件均值的总溢出指数在 21.20% ~ 76.74% 的范围内波动，基于条件中位数的总溢出指数在 18.53% ~ 65.69% 的范围内波动，两个指数似乎都遵循类似的路径，表现出非常大的波动，2010 年到 2020 年，溢出水平有两个明显的上升趋势。特别是在大规模冲击下，基于极端条件分位数的振幅范围在 61.57% ~ 89.84% 之间。

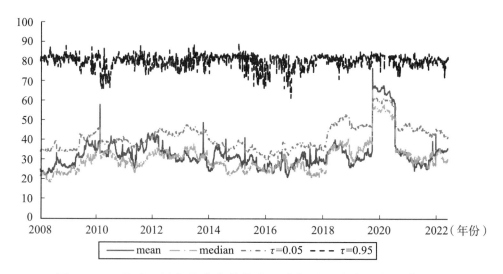

图 10 - 2　基于不同条件分位数的金融市场总溢出水平的时序特征

其次，在整个样本区间内，大规模冲击下的尾部溢出水平几乎明显高于中间状态的水平。基于 0.95 条件四分位数的总溢出指数始终高于基于条件均值和条件中位数的同期测量，表明在极端规模冲击下跨市场溢出效应增加。在这种情况下，用条件平均数和条件中位数计算的总溢出指数会低估跨市场溢出的程度。图 10 - 2 显示，中国的金融市场总溢出水平经历了 4 次明显上升。首先，2008 年国际金融危机爆发造成了第一次风险溢出的明显跳跃；其次，2014 ~ 2015 年中国资本市场异常波动造成了一段时期以来 0.95 分位数下总体市场溢出水平的强烈振

荡；再次，2019 年新冠疫情的暴发造成中国资本市场条件均值下的总溢出水平大幅增长，这表明新冠疫情对我国金融市场的影响深度已处于历史最高水平；最后，2022 年俄乌冲突的爆发使我国资本市场风险溢出强度发生第四次强烈波动。

第三节　不同条件分位数下中国资本市场风险溢出

一、不同条件分位数下金融市场的总溢出

基于条件均值计算的总溢出指数尽管部分体现了极端时点的溢出强度，然而与基于条件分位数估计的总溢出水平相比，还是低估了真正的溢出量，尤其是在近年来新冠疫情和俄乌冲突等极端大规模冲击的背景下。随着中国金融市场开放程度的提高和内在子市场互联程度的增强，在金融市场一体化的大环境下，不同规模的极端风险冲击的巨大变化将不再局限于单一的金融子市场，每个子市场的溢出强度将因冲击规模的不同而不同。

由于中位数和条件平均数的衡量标准缺乏敏感性，以及左右尾部捕捉风险的能力不同，本章将重点研究极端规模冲击下各子市场的定向溢出的不对称问题。

图 10-3 描述了不同分位数设置下的总溢出水平的趋势。极端条件下的总溢出水平明显高于中间状态下的溢出水平，而且在不同规模的极端冲击下，总溢出水平存在明显的非对称性特征。基于条件均值下的总溢出水平为 30.85%，然而当条件分位数设置为极端低分位时，总溢出水平跃升了 10 多个百分点。这表明在严重的幅度冲击下，金融市场之间的溢出效应更强。特别是，在极端大冲击的条件下，溢出效应的强度增加了 50 多个百分点，这比极端小冲击的条件下要大得多。

此外，我们发现冲击的规模越大，总溢出水平越高。不同四分位数的极端冲击幅度的总溢出水平存在明显的变化，从中间四分位数到左右两边的尾部逐渐增加。这种"U"形结构表明，在两种极端规模冲击之后，金融子市场之间存在着实质性的联系。此外，溢出效应的强度与冲击的规模近似正相关，两种极端规模冲击下的溢出效应总量都比中间状态要高一些。本章认为，出现这种现象的原因是，在极端状态下，不同规模的冲击对各金融子市场的溢出效应随着其自身冲击强度的增加而增加，并通过各种相关渠道导致相互联系，进而增加相互依赖。

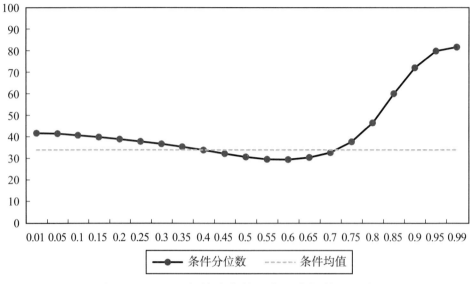

图 10-3 不同条件分位数下金融市场的总溢出

总之，极端的大规模冲击和小规模冲击对总体溢出效应的大小有着不对称的影响。在 0.05 条件分位数时，总体溢出率为 41.69%，而在 0.95 条件分位数时总溢出率为 80.26%，表明超预期冲击对金融子市场的影响更为明显。每个金融子市场的交易活动和参与主体对冲击方向的敏感性将影响该市场在不同冲击幅度下的溢出效应的差异。

前面的结论再次说明，在不对称状态下，使用条件平均数和条件中位数得出的溢出指数在度量精度上有一定的局限性。毫无疑问，精准估计极端冲击下的风险溢出水平需要条件分位数连通性方法，能更好地捕捉尾部溢出特征。

二、不同条件分位数下各金融子市场的风险溢入溢出水平

图 10-4 和图 10-5 分别描述了在不同的极端冲击规模下，我国金融体系中六个市场的溢出水平的特征。从各市场定向溢出指数的总体趋势可以看出，各市场定向溢出指数存在一定的波动性和不确定性，受极端事件影响较大。在溢出水平方面，各金融子市场的溢出水平都随冲击规模呈现出先下降后上升的规律。

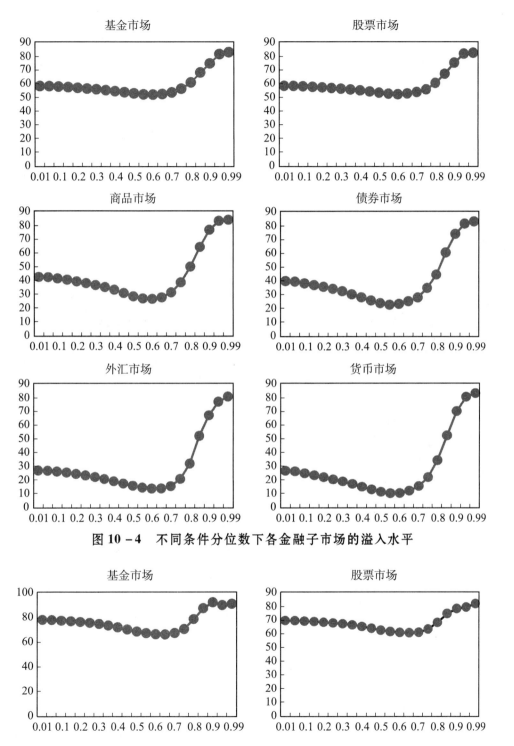

图 10 - 4   不同条件分位数下各金融子市场的溢入水平

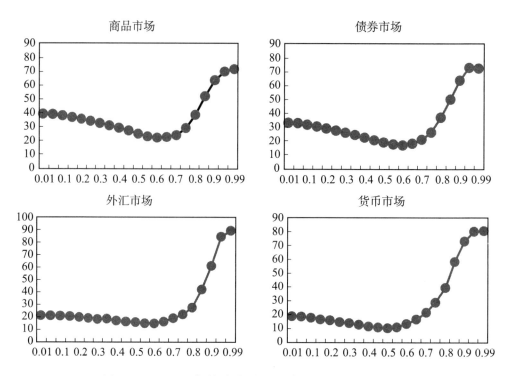

图 10-5　不同条件分位数下各金融市场的溢出水平

图 10-4 和图 10-5 发现，极端小规模冲击和极端大规模冲击下的溢入溢出水平明显高于中间状态，并且是不对称的，图形的凹陷程度代表了各金融子市场对冲击规模的变化的敏感程度，即风险—冲击弹性。具体而言，基金市场和股票市场的风险溢入溢出水平凹陷程度较小，整体风险溢出指数处于 50~90，但外汇市场和货币市场凹陷程度大，整体风险溢出指数处于 10~90。这说明，外汇市场与货币市场对冲击规模的变化更加敏感，当经历超预期冲击时，其对其他市场的风险溢出水平远高于正常状态，相对脆弱性更高，应成为重点监管市场。

与溢入水平相比，基金市场和股票市场的波动明显放缓，各子市场的溢价指数呈 "U" 形结构。溢出水平的走势是复杂多变的，其最小值不一定出现在条件中位数，往往出现在 0.65 分位数水平，溢出强度也不一定与冲击幅度完全正相关。其次，上分位数和下分位数溢出效应之间的不对称性比溢入水平的不对称性更明显，即每个子市场的溢出程度对高冲击幅度的反应比溢入水平更敏感。极端大规模冲击和极端小规模冲击对溢出效应水平的影响具有更明显的不对称性，这一点从两种状态下的溢出效应水平趋势的不对称性可以看出。极端冲击的规模加剧了整个金融子市场的溢出效应，其中外汇市场和货币市场受到的影响依然最大。

第四节　极端冲击下各金融市场
相对溢出和溢入强度

　　因此，基于条件平均数和条件中位数对跨金融子市场的尾部定向溢出效应的测量是有偏差的。超预期冲击下风险溢出的强度和方向导致了跨金融子市场的联系增加，导致市场风险网络中的金融参与者的弹性发生了变化。为了揭示不同极端规模冲击下定向溢出水平的跨市场异质性，本章为六个金融子市场分别构建了左尾和右尾的相对溢入溢出强度指数。本研究为六个金融子市场中的每一个市场产生左尾和右尾的相对溢入和溢出指数，以突出方向性溢出水平在应对不同极端规模的冲击时的跨市场异质性。

　　从表 10 - 3 和表 10 - 4 可以看出，极端情况下对债券市场和货币市场的定向溢出影响最大。首先，在极端小规模冲击下，债券市场的方向性溢出强度最大。其左尾 0.01 和 0.05 的 FROM 和 TO 指数的条件四分位数分别为 16.50%、16.18%、15.83% 和 9.07%，一致排名第一。极端小冲击下的相对溢出水平表明债券市场对外部风险的敏感性和相对缺乏独立性，在极端大冲击的情况下，极端冲击对货币市场的定向溢出效应最强。货币市场的右尾条件量化 FROM 和 TO 指数分别为 70.27%、69.59%、70.70% 和 68.09%，位于每个金融子市场的第一和第二位置。在极端的大规模冲击下，债券市场和货币市场的定向溢出效应最为显著。

表 10 - 3　1% 极端冲击下各金融市场相对溢出和溢入强度估计

市场类型	ΔTo_L		ΔTo_R		$\Delta From_L$		$\Delta From_R$	
	均值	标准差	均值	标准差	均值	标准差	均值	标准差
基金市场	9.72（3）	5.94	22.89（6）	25.37	5.37（5）	2.78	29.97（5）	9.31
股票市场	9.38（4）	5.96	25.74（5）	30.15	4.99（6）	2.50	28.84（6）	9.92
商品市场	16.20（2）	7.02	53.02（4）	26.30	13.81（3）	7.29	54.60（4）	15.43
债券市场	16.50（1）	5.88	62.30（3）	30.56	15.83（1）	9.24	58.70（3）	15.16
外汇市场	5.80（6）	7.26	72.85（1）	44.77	11.07（4）	5.63	64.26（2）	15.69
货币市场	8.63（5）	8.40	70.27（2）	36.51	15.15（2）	5.65	70.70（1）	12.88

表10-4　5%极端冲击下各金融市场相对溢出和溢入强度估计

市场类型	ΔTo_L		ΔTo_R		$\Delta From_L$		$\Delta From_R$	
	均值	标准差	均值	标准差	均值	标准差	均值	标准差
基金市场	9.58（3）	5.94	21.84（6）	24.91	2.76（5）	5.37	28.60（5）	9.60
股票市场	9.27（4）	5.93	22.41（5）	27.06	2.48（6）	4.99	28.22（6）	9.83
商品市场	15.91（2）	6.96	50.94（4）	24.07	7.33（2）	13.81	53.84（4）	15.15
债券市场	16.18（1）	5.84	62.78（3）	29.22	9.07（1）	15.83	57.12（3）	15.57
外汇市场	5.72（6）	7.25	68.86（2）	47.19	5.57（4）	11.07	60.56（2）	16.24
货币市场	8.34（5）	8.44	69.59（1）	31.02	5.68（3）	15.15	68.09（1）	13.85

其次，在0.05分位数的条件下，我国股票市场的相对溢入强度无论是在左尾还是右尾，都处于最后一名。可以发现，无论是在极端的大规模冲击下，还是在极端的小规模冲击下，与其他金融子市场相比，我国股票市场在整个金融体系中是相对独立的，不容易受到其他子市场风险溢出的影响。不可否认的是，近年来中国股市的风险承受能力越来越强，韧性正逐步上升。此外，与其他金融市场在0.01条件分位数下估算的相对溢出指数相比，债券市场在小规模冲击下的相对溢出水平仍居首位，印证了关注债券市场在低波动和低流动性下的高风险观点。

第五节　不同时期不同冲击规模下各金融市场的风险角色

到目前为止，我们重点研究了全样本时期的动态连通性溢出网络，其中结果明显展示出在极端规模冲击影响下，中国各金融子市场的定向溢出存在明显的异质性，这导致了各子市场在风险网络中的排名存在明显差异和时变特征。传统的溢出指数可能无法有效地刻画不同金融市场面对不同分位数波动冲击水平下的跨市场溢出情况，更难以捕捉随时间和冲击规模变化下各金融市场所承担的风险角色等定性特征。为解决这一问题我们构建了风险热力图，其中横轴表示时间，纵轴表示冲击规模的分位数，颜色表示子市场所承担的风险角色。

图10-6的面板（a）和面板（c）显示了基金市场和商品市场的净连通性结果。2014~2016年，基金市场作为中国金融体系的风险源，成为了主要风险溢出者。在中美贸易摩擦的背景下，2019年底后发生的新冠疫情、全球能源价格大

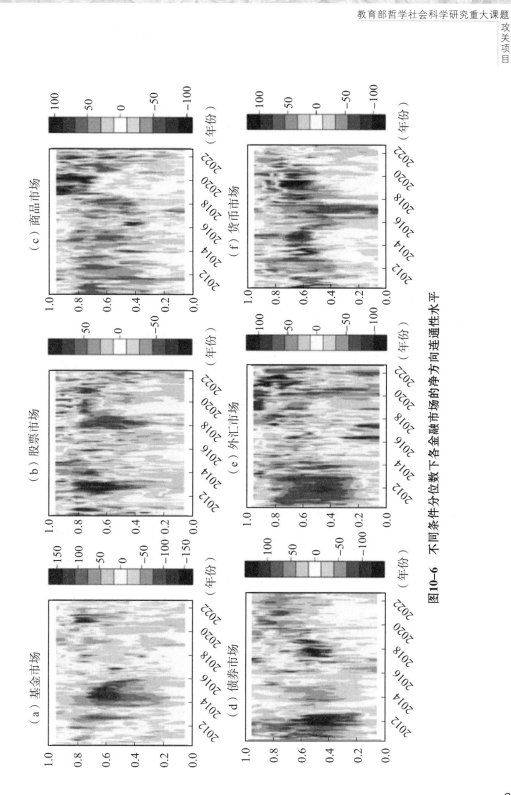

图10—6　不同条件分位数下各金融市场的净方向连通性水平

幅波动等超预期冲击事件，使世界范围内的商品市场发生了重大变化，对中国商品市场产生了重大影响。特别是，在极端大规模冲击下，中国商品市场对金融系统的溢出水平在2020年后逐步提高，这揭示了面对超预期冲击时中国商品市场是主要风险溢出者的重要结论。

面板（b）和面板（d）显示了股票和债券市场的净连通性结果。2008年下半年，次贷危机爆发，许多股票市场的投资者已经开始清算他们的持股，并转向风险更高的债券市场。2012年欧债危机的爆发使债券市场在任何条件的量化水平上都表现出显著的风险溢出，成为我国资本市场的主要风险源。2014年连续的去杠杆使中国股票市场经历了一段"杠杆牛"的异常波动，上证指数大涨积累了更多的风险，成为该时期的主要风险溢出者。此外，在2018年中美贸易摩擦时期，我国股票市场成为风险的净接受者，承受系统内其他金融子市场的风险溢入，而债券市场成为条件中位数冲击水平下的主要风险溢出者。

面板（e）和面板（f）是外汇市场与货币市场的净连通性结果。由于中国的货币市场和外汇市场政策相对灵活，与其他金融子市场相比，对整个金融体系的溢出水平较弱。2014年以前，汇率市场是主要的系统性风险接受者，2015年以来，极端分位数下的汇率市场呈现出风险外溢的趋势。随着时间的推移，外汇市场对金融系统的溢出强度增加，直至2018年之后中美贸易摩擦背景下，我国汇率市场和货币市场在超预期冲击下成为明显的风险溢出者，而货币市场则在中高条件分位数冲击下担任主要风险来源。

通过分析2007年7月1日至2022年6月30日中国金融市场的尾部风险依存度，我们可以得出以下结论。首先，在不同条件分位数水平下计算的尾部依存度为正，说明各金融子市场之间存在正向依存度（见图10-7）。在条件均值和条件中值下的极端风险冲击强度要弱于基于条件分位数计算的冲击强度，这表明传统的DY溢出指数可能存在严重低估定向溢出水平的问题。2008年美国次贷危机的蔓延加剧了我国的金融风险。为应对全球金融危机，我国出台了"四万亿"计划，不断降低存款准备金和利率，放松银行信贷抵抗风险，表现为2009年以后，依存度逐渐呈现下降趋势，表明极端事件冲击对中国金融市场造成的负面影响不断减弱，中国金融体系的抗风险能力得到增强。2012年的欧债危机、2015年的股市动荡以及美联储退出量化宽松政策，对中国金融体系产生了下行影响。连续两年，大量资本外流，人民币对美元的汇率一路贬值。与上次2018年下半年的中美贸易摩擦相比，此次负面冲击的持续时间大大短于前两次，再次显示了中国规避和抵御金融风险的能力。2019年底暴发的新冠疫情和2022年的俄乌冲突再次给中国资本市场带来挑战，表现为尾部相依性明显攀升，并且这一风险在样本期内并没有得到明显缓解，这说明在当前和未来一段时期，如何有效应对资本市场的异常波动、缓释国际市场的外部冲击、精准处置重点领域风险，仍是我国"十四五"期间的重要任务，守住不发生系统性金融风险的底线是永恒课题。

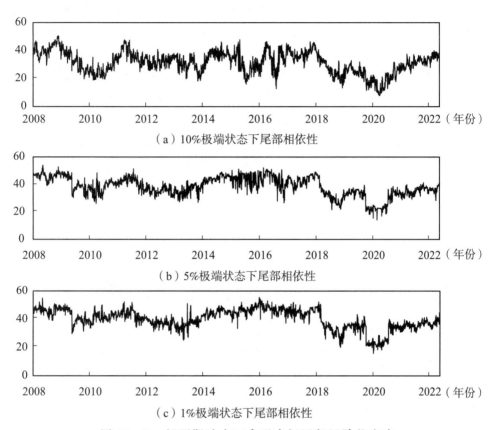

（a）10%极端状态下尾部相依性

（b）5%极端状态下尾部相依性

（c）1%极端状态下尾部相依性

图 10 - 7 超预期冲击下金融市场尾部风险依存度

第六节 结 论

本章的主要研究结论如下：第一，基于 QVAR 模型的溢出指数能够较好地捕捉不同冲击规模及方向下各金融市场的溢出效应，基于条件均值的溢出指数可能错判或者低估市场真实的溢出水平，表现在各市场相对溢入、溢出强度指数以及尾部相依性指数显著为正。第二，金融市场溢出效应在左右尾状态下呈现非对称性，右尾的总溢出均远高于左尾及中间状态。在超预期冲击下，总体溢出指数一度突破80％，说明中国金融市场面对大规模冲击时的韧性和抗风险能力仍需提高。第三，相比股票市场和基金市场，随着冲击规模的上升，商品市场、债券市场、外汇市场和货币市场的方向性溢出水平上升更为显著，其中货币市场和外汇市场溢入、溢出水平上升幅度最大，说明二者的风险—冲击弹性最大，对于外部冲击的反馈更加敏感。第四，不同金融子市场在不同时期面对超预期冲击存在显著的时变的异质性特征，且风险的来源与主导均不相同。例如在欧债危机时期，债券市场明显成为整体金融系统的主要净风险溢出者，而在 2014～2015 年资本市场异常波动时期，股票市场和基金市场成为我国金融系统的主要风险源。在 2022 年爆发的俄乌战争时期，汇率市场和商品市场成为主要净波动溢出者，值得注意的是，商品市场往往只在遭受大规模冲击下才会成为风险的主要溢出者。政策制定者除了要充分认识风险估计不足问题外，更要熟悉不同市场在面对不同级别规模冲击时的主要风险来源，根据市场特征动态调整监管着力点，精准施策，防范化解重大金融系统性风险的发生。

第十一章

中美资本市场时变动态连通性识别

全球金融一体化的不断深入，使得国家（地区）间的金融联系在不断加强。从全球经济和金融的发展现实来看，金融国际化在推动全球金融发展的同时也加强了金融市场跨市场、跨区域的联动。典型的金融系统联动事件有 1997 年的亚洲金融危机，2007 年由美国次贷危机引发的全球金融危机等。纵观金融风险的发生轨迹，似乎总是从一个市场产生，然后传导至另一市场，继而引发多市场金融风险共振，最终引发全局性金融危机甚至经济危机（Benoit et al.，2017）①。现如今，伴随着全球经济不确定性的加大以及中国金融市场开放程度的不断加深，国家之间贸易摩擦频繁发生的当下，准确地度量金融系统联动并识别其发展过程则变得尤为重要。这不仅有利于了解金融危机的传播机制，为政策制定者进行风险治理政策的制定、实施提供参考，而且有助于指导投资者进行投资决策的制定。鉴于此，本章节通过构建动态连通性模型，试图捕捉中国和美国主要金融市场间的收益溢出效应以及动态收益连通性，从而为金融市场开放过程中金融市场防范和化解系统性金融风险提供实证支撑。

金融市场之间联动性主要以金融市场间的信息传递为主要途径，而金融市场间信息传递主要体现在收益（价格）溢出与波动溢出两个方面。该理论框架发展至今产生了诸多研究观点对金融市场间的联动进行阐释，代表性的理论如经济基础说、资本流动说以及市场传染理论等。其中经济基础说和资本流动说强调，金

---

① Benoit S．，Colliard J. E．，Hurlin C．，et al. 2017. Where The Risks Lie：A Survey on Systemic Risk [J]. *Review of Finance*，21（1）：109－152.

融市场间的联动性尤其是国际市场间的联动性取决于不同经济体经济基本面之间的联系以及跨国投资者的资产配置（Solnik，1974；René and Stulz，1981；Adler and Dumas，1983）[1]。市场传染理论的内涵则是，在经济基本面未发生明显波动的情况下，单个金融市场的波动也可能引发金融风险传染事件。众多研究发现，经济基础理论仅能解释很小部分的金融市场联动，尤其对极端风险爆发以及传染事件解释能力更是不足。而金融市场的联动更多源自金融市场本身所具有的传染性，如资产负债表联动、投资者情绪、羊群效应以及有限理性等（King and Wadhwani，1990；Connolly and Wang，1999；Kodres and Pritsker，2003）[2]。金融市场间以及金融机构之间复杂的业务往来，导致金融机构之间的信息传导以金融资产负债表途径进行传导。即当一家金融机构倒闭或面临资金周转危机时，则会导致其相关业务受到影响，如发生违约或不能及时兑付等情况，这会对与其有业务往来的金融机构造成经济损失，甚至使对方陷入破产危机，此种链式反应的不断传递则被称为金融风险传染的资产负债表渠道（Andersen et al.，2007；Ehrmann et al.，2011；Alagidede et al.，2011；Bae et al.，2003）[3]。从投资者情绪角度解释金融风险传导的理论则认为，当单个板块或金融市场发生金融风险事件时，由于信息不对称、投资者羊群效应等因素的存在，投资者产生恐慌心理并提前赎回或卖出其资产以避免损失，进而保持自身流动性，这会对其他板块造成冲击，进而导致金融风险的传染（Andersen et al.，2007；Dean et al.，2010）[4]。

相比于理论研究，实证研究成果则更为丰硕。尽管金融市场是一个复杂多变的系统，市场间的信息传递难以捉摸，但依然有众多学者根据信息传播的规律，

---

① Solnik B. H. 1974. An Equilibrium Model of the International Capital Market [J]. *Journal of Economic Theory*, 8 (4): 0 – 524. René M., Stulz. 1981. A Model of International Asset Pricing [J]. *Journal of Financial Economics*, 9 (4): 383 – 406. Adler M., Dumas B. 1983. International Portfolio Choice and Corporation Finance: A Synthesis [J]. *Journal of Finance*, 38 (3): 925 – 984.

② King M. A., Wadhwani S. 1990. Transmission of Volatility between Stock Markets [J]. *Review of Financial Studies*, 3 (1): 5 – 33. Connolly R. A., Wang F. A. 1999. International Equity Market Comovements: Economic Fundamentals or Contagion? [J]. *Pacific – Basin Finance Journal*, 11 (1): 23 – 43. Kodres L. E., Pritsker M. 2003. A Rational Expectations Model of Financial Contagion [J]. *The Journal of Finance*, 57 (2): 769 – 799.

③ Andersen T. G., Bollerslev T., Diebold F. X., et al. 2007. Real-time Price Discovery in Global Stock, Bond and Foreign Exchange Markets [J]. *Journal of International Economics*, 73 (2): 251 – 277. Ehrmann M., Fratzscher M., Rigobon R. 2011. Stocks, Bonds, Money Markets and Exchange Rates: Measuring International Financial Transmission [J]. *Journal of Applied Econometrics*, 26 (6): 948 – 974. Alagidede P., Panagiotidis T., Zhang X. 2011. Causal Relationship between Stock Prices and Exchange Rates [J]. *The Journal of International Trade & Economic Development*, 20 (1): 67 – 86. Bae K., Karolyi G. A., Stulz R. M. 2003. A New Approach to Measuring Financial Contagion [J]. *The Review of Financial Studies*, 16 (3): 717 – 763.

④ Warren G., Dean A., Robert W., et al. 2010. Asymmetry in Return and Volatility Spillover between Equity and Bond Markets in Australia [J]. *Pacific – Basin Finance Journal*, 18 (3): 272 – 289.

试图捕捉金融市场间的联动机制。在金融系统联动性的研究中，基于"联通性"的研究被认为是现代金融风险度量和金融资产管理的核心（Diebold and Yilmaz，2014；Baruník and Křehlík，2018）[①]。关于连通性的研究中，基于金融机构系统违约概率的测度方法是该研究的重要研究方面。如阿德里安和布鲁内迈尔（2016）[②] 提出的条件在险价值（CoVar），用以度量整个金融系统和特定机构之间的尾部依赖关系。阿查里亚等（2012a）[③] 提的边际期望短缺（MES）方法，用于测度系统在极端事件下，个体企业收益率的变化。阿查里亚等（2012b）[④] 提出的系统性风险指数 SRISK，研究在金融危机发生时，预期某个金融机构所需的资本。而基于连通性测度的另一角度则为利用主成分分析和格兰杰因果检验度量金融系统的连通性程度（Billio et al.，2010）[⑤]。虽然关于金融系统连通性的度量方法众多，但是都存在一定的缺陷。例如，较高的 MES 并不一定意味着极端事件的发生；CoVaR 方法无法有效度量金融风险的网络结构；而相关系数以及主成分分析虽然可以度量金融风险的网络结构特征，但无法给出明确的金融风险传递方向。

鉴于上述研究的不足，基于金融网络的连通性度量方法开始被广泛应用（Allen and Gale，2000；Huang et al.，2013；Levy et al.，2015）[⑥]。在众多的网络研究方法中，迪博尔德和伊尔马兹（Diebold and Yilmaz，2009；2012；2014）[⑦] 提出的基于 VAR 模型的连通性测度（以下简称 DY）是被应用得最为广泛的方法

① Diebold F. X.，Yilmaz K. 2014. On The Network Topology of Variance Decompositions：Measuring the Connectedness of Financial Firms ［J］. *Journal of Econometrics*，182（1）：119 – 134. Baruník J.，Křehlík T. 2018. Measuring the Frequency Dynamics of Financial Connectedness and Systemic Risk ［J］. *Journal of Financial Econometrics*，16（2）：271 – 296.

② Adrian T.，Brunnermeier M. K. 2016. Covar ［J］. *American Economic Review*，106（7）：1705 – 1741.

③ Acharya V.，Engle R.，Richardson M. 2012. Capital Shortfall：A New Approach to Ranking and Regulating Systemic Risks ［J］. *The American Economic Review*，102（3）：59 – 64.

④ Acharya V.，Pedersen L. H.，Philippon T.，et al. 2012. Measuring Systemic Risk ［J］. *CEPR Discussion Papers*，29（1002）：85 – 119.

⑤ Billio M.，Getmansky M.，Lo A. W.，Pelizzon L. 2010. Econometric Measures of Systemic Risk in the Finance and Insurance Sectors ［J］. *Social Science Electronic Publishing*，104（3）：535 – 559.

⑥ Allen F.，Gale D. M. 2000. Financial Contagion ［J］. *Journal of Political Economy*，1：1 – 33. Huang D.，Pan Y.，Liang J. Z. 2013. Cascading Failures in Bipartite Coupled Map Lattices ［J］. *Applied Mechanics & Materials*，198 – 199，1810 – 1814. Levy C. S.，Kenett D. Y.，Avakian A.，Stanley H. E.，Havlin S. 2015. Dynamical Macroprudential Stress Testing Using Network Theory ［J］. *Journal of Banking & Finance*，59：164 – 181.

⑦ Diebold F. X.，Yilmaz K. 2009. Measuring Financial Asset Return and Volatility Spillovers，with Application to Global Equity Markets ［J］. *The Economic Journal*，119（534）：158 – 171. Diebold F. X.，Yilmaz K. 2012. Better to Give Than to Receive：Predictive Directional Measurement of Volatility Spillovers ［J］. *International Journal of Forecasting*，28（1）：57 – 66. Diebold F. X.，Yilmaz K. 2014. On The Network Topology of Variance Decompositions：Measuring the Connectedness of Financial Firms ［J］. Journal of Econometrics，182（1）：119 – 134.

之一。该方法将金融系统视作一个大型的复杂网络同时基于 VAR 模型广义方差分解矩阵定义连通度，进而给出带有方向性的连通性指数。目前 DY 方法被广泛应用于金融市场信息连通性方面的研究，如应用于跨地区的股票市场、债券市场和大宗商品市场等同类市场间的收益或波动溢出效应研究（Chevallier and Ielpo，2013；Antonakakis and Vergos，2013；Collet and Ielpo，2018）[①]，并且由于新的具有金融属性的资产的出现，还有一些论文将其应用于比特币和房地产等市场（Yilmaz et al.，2018；Liow and Huang，2018）[②]。此外，DY 连通性的理论框架应用的另一重要领域为跨市场的信息溢出效应研究（Wang et al.，2016；Diebold and Yilmaz，2016）[③]，但该方面研究相对较少。

在方法改进上，主要围绕以下几个方面展开。首先针对 VAR 模型中变量的维数过高导致的估计精度不足问题，Demirer 等（2018）[④] 提出采用 LASSO - VAR 的方法有效地降低了所需估计的参数个数，进而提高模型估计精度。第二，以 Baruník 等（2016；2017）[⑤] 为主的研究结合 DY 连通性测度和 RSV（Realized Semivariance）方法，通过测度收益的正、负向波动更加灵活地量化动态的非对称连通性。此外，布鲁尼克和克雷赫利克（Baruník and Křehlík，2018）[⑥] 还引入了方差分解谱表示框架。最后，以往研究中，在进行时变 DY 连通性指数构建时，多采用滚动窗口估计，但该方法的研究结论会因窗口宽度的选择不同而出现较大差异。例如，窗宽选择过短会导致估计结果的异常值较多，估计结果稳健性

---

① Chevallier J.，Ielpo F. 2013. Volatility Spillovers in Commodity Markets [J]. Applied Economics Letters，20（13）：1211 – 1227. Antonakakis N.，Vergos K. 2013. Sovereign Bond Yield Spillovers in the Euro Zone During the Financial and Debt Crisis [J]. *Journal of International Financial Markets*，26：258 – 272. Collet J.，Ielpo F. 2018. Sector Spillovers in Credit Markets [J]. *Journal of Banking and Finance*，94：267 –278.

② Demirer M.，Diebold F. X.，Liu L.，Yilmaz K. 2018. Estimating Global Bank Network Connectedness [J]. *Journal of Applied Econometrics*，33（1）：1 – 15. Liow K. H.，Huang Y. 2018. The Dynamics of Volatility Connectedness in International Real Estate Investment Trusts [J]. *Journal of International Financial Markets*，55：195 –210.

③ Wang G. J.，Xie C.，Jiang Z. Q.，Stanley H. E. 2016. Who are the Net Senders and Recipients of Volatility Spillovers in Chinese Financial Markets [J]. *Finance Research Letters*，18：255 – 262. Diebold F. X.，Yilmaz K. 2016. Trans – Atlantic Equity Volatility Connectedness：U. S. and European Financial Institutions，2004 – 2014 [J]. *Journal of Financial Econometrics*，14（1）：81 – 127.

④ Demirer M.，Diebold F. X.，Liu L.，Yilmaz K. 2018. Estimating Global Bank Network Connectedness [J]. *Journal of Applied Econometrics*，33（1）：1 – 15.

⑤ Baruník J.，Kočenda E.，Vácha L. 2016. Asymmetric Connectedness on the US Stock Market：Bad and Good Volatility Spillovers [J]. *Journal of Financial Markets*，27：55 – 78. Baruník J.，Kočenda E.，Vácha L. 2017. Asymmetric Volatility Connectedness on the Forex Market [J]. *Journal of International Money and Finance*，77：39 – 56.

⑥ Baruník J.，Křehlík T. 2018. Measuring the Frequency Dynamics of Financial Connectedness and Systemic Risk [J]. *Journal of Financial Econometrics*，16（2）：271 – 296.

不足。如果窗宽选择过长，则会导致样本估计结果较平滑，进而无法捕捉较大的结构变化。此外，滚动窗口 VAR 方法通常会损失初始窗口的样本，进而导致估计结果的完整性不足。安东纳基斯和加博尔（Antonakakis and Gabauer，2017）[①]在迪博尔德和伊尔马兹（2009；2012；2014）[②] 的基础上进一步提出了基于 TVP – VAR 模型的连通性测度，该方法克服了时变连通性指数构建过程中采用滚动窗口估计时任意选择窗口宽度的问题。

本章节借鉴安东纳基斯和加博尔（2017）[③]时变连通性的测度框架，提出基于普里米切里（2005）[④] 的 TVP – SV – VAR 模型构建的时变联通指数。该模型在考虑时变滞后系数的同时，增加了随机误差项方差的时变特征，进而更为精准地刻画用于测量连通性指标的非线性特征。该方法不仅能从整体上有效地测度金融系统动态全局连通性指数进而捕捉其传染效应，还能考察单个金融市场（金融机构）的溢出效应，进而分析资产价格（或金融波动）在各个市场之间的传递路径、传递强度、传递方向和关联程度等，最终甄别风险传染的中心来源。此外，以往的研究多基于同类市场展开，缺少针对多类型市场的跨国研究。作为对现有研究的补充，本章节基于上述方法测算了中美主要金融市场的动态连通性，试图捕捉两国金融市场间的信息关联动态，并在此基础上深入剖析两国金融连通性的交互影响机制和传导渠道。

第一节 计量模型以及时变溢出指数构建

一、TVP – SV – VAR 模型

带有时变波动率的时变参数向量自回归模型（TVP – SV – VAR）模型由普里

---

①③　Antonakakis N. , Gabauer D. 2017. Refined Measures of Dynamic Connectedness Based on TVP – VAR [J]. *MPRA Working Paper*, 78282.

②　Diebold F. X. , Yilmaz K. 2009. Measuring Financial Asset Return and Volatility Spillovers, with Application to Global Equity Markets [J]. *The Economic Journal*, 119（534）：158 – 171. Diebold F. X. , Yilmaz K. 2012. Better to Give Than to Receive: Predictive Directional Measurement of Volatility Spillovers [J]. *International Journal of Forecasting*, 28（1）：57 – 66. Diebold F. X. , Yilmaz K. 2014. On The Network Topology of Variance Decompositions: Measuring the Connectedness of Financial Firms [J]. *Journal of Econometrics*, 182（1）：119 – 134.

④　Primiceri G. E. 2005. Time Varying Structural Vector Autoregressions and Monetary Policy [J]. *Review of Economic Studies*, 72（3）：821 – 852.

米切里（2005）① 提出，该模型是在传统的向量自回归模型基础上同时考虑了随机误差项方差的时变特征和回归参数的时变特征。时变滞后系数用以捕捉模型滞后时可能出现的非线性特征和时变特征，而多元随机波动率的设定使得该模型不仅更大限度地使用数据决定冲击的结构性变化来精准地刻画变量的非线性特征，同时具有良好的向后预测功能，因此得到广泛应用。

模型的形式如下：

$$Y_t = c_t + B_{1,t} Y_{t-1} + B_{2,t} Y_{t-2} + \cdots + B_{k,t} Y_{t-k} + \mu_t \qquad (11.1)$$

其中，Y_t 为由已观测到的内生变量组成的 $n \times 1$ 维向量，本章节将其设定为七个金融市场的对数收益率向量，c_t 为时变的 $n \times 1$ 维截距向量；$B_{i,t}$，$i = 1$，$\cdots$，k 为 $n \times n$ 维时变系数矩阵；μ_t 为不可观测的随机冲击，是服从均值为 0、方差为 Ω_t 的高斯白噪声序列。

假定存在如下线性变换：

$$C_t \Omega_t C_t^T = \Sigma_t \Sigma_t^T \qquad (11.2)$$

其中，C_t 为下三角矩阵，Σ_t 为对角矩阵，由此可得：

$$Y_t = c_t + B_{1,t} Y_{t-1} + B_{2,t} Y_{t-2} + \cdots + B_{k,t} Y_{t-k} + C_t^{-1} \Sigma_t \varepsilon_t \qquad (11.3)$$

其中，$E\{\varepsilon_t \varepsilon_t^T\} = I_n$，$E\{\varepsilon_t \varepsilon_{t-k}^T\} = 0$。令 $\theta_t = (c_i, B_{1i}, \cdots, B_{ki})$，$B_t = vec(\theta_t^T)$，其中 $vec(\cdot)$ 为将矩阵转化为列矩阵的运符，我们可以将式（11.1）重新写为式（11.4），其中，符号 $\otimes$ 表示克罗内克积。

$$Y^T = X_t^T B_t + C_t^{-1} \Sigma_t \varepsilon_t$$
$$X_t^T = I_n \otimes [(1, Y_{t-1}^T, \cdots, Y_{t-k}^T)] \qquad (11.4)$$

另外假设 α_t 表示由 C_t 中非 0 和非 1 元素按照行堆叠而成的向量，σ_t 为 Σ_t 中对角元素组合的向量，此时式（11.4）中的时变参数可以进行如下设定：

$$B_t = B_{t-1} + \omega_t \qquad (11.5)$$
$$\alpha_t = \alpha_{t-1} + \nu_{i,t} \qquad (11.6)$$
$$\log \sigma_t = \log \sigma_{t-1} + \zeta_t \qquad (11.7)$$

其中，B_t 与 α_t 以及标准差变量 σ_t 均设定为随机游走过程，且式（11.4）~式（11.6）中的随机误差项方差服从如下方差协方差矩阵：

$$V = Var\left(\begin{bmatrix} \varepsilon_t \\ \omega_t \\ \nu_t \\ \zeta_t \end{bmatrix}\right) = \begin{bmatrix} I_n & 0 & 0 & 0 \\ 0 & W & 0 & 0 \\ 0 & 0 & V & 0 \\ 0 & 0 & 0 & Z \end{bmatrix} \qquad (11.8)$$

① Primiceri G. E. 2005. Time Varying Structural Vector Autoregressions and Monetary Policy [J]. *Review of Economic Studies*, 72 (3): 821 – 852.

如式（11.1）至式（11.8）的模型设定，可视为一个线性的非高斯状态空间模型，因此该模型的参数估计可借助 MCMC 方法得以实现。该估计算法的基本思想为，首先，将未知的时变参数看作不可观测的状态向量，其次，利用 MCMC 算法迭代抽取状态向量的随机样本并通过这些随机抽取的样本对时变参数的条件后验分布进行模拟。最后，通过后验分布实现对相关参数的统计推断，同时对未知超参数进行贝叶斯更新。具体的抽样算法我们参考内格罗和普里米切里（Negro and Primiceri，2015）[①] 对于 TVP – SV – VAR 模型的修正算法来更新抽样过程，并获得一系列的贝叶斯后验统计推断。更新的 MCMC 抽样算法在一定程度上克服了估计过程中由于参数过多而存在的估计精度下降问题。

二、时变连通性指数构建

根据上述 TVP – SV – VAR 模型得到的时变参数估计结果，可以进一步计算时变连通性指数，具体过程如下：

首先，将如式（11.4）所示的后验估计系数 $\hat{B}_t$ 重新排列得到式（11.3）中的系数矩阵 $\hat{B}_{1,t}$，$\hat{B}_{2,t}$，$\cdots$，$\hat{B}_{k,t}$，根据式（11.3）的后验系数以及式（11.9）计算得到 TVP – SV – VMA（∞）模型的系数矩阵 $A_{h,t}$。

$$A_{h,t} = \hat{B}_{1,t}A_{h-1,t} + \hat{B}_{2,t}A_{h-2,t} + \cdots + \hat{B}_{k,t}A_{h-k,t} \tag{11.9}$$

根据式（11.6）所示的后验估计系数 $\hat{\alpha}_t$ 得到式（11.3）所示的下三角矩阵 $\hat{C}_t$。

根据 $\log\hat{\sigma}_t$ 的估计结果得到对角阵 $\hat{\Sigma}_t\hat{\Sigma}_t^T$，进而得到扰动项 μ_t 的条件协方差矩阵的估计值 $\hat{C}_t\hat{\Omega}_t\hat{C}_t^T = \hat{\Sigma}_t\hat{\Sigma}_t^T$。

其次，根据珀萨兰和申（Hashem and shin，1998）[②] 的广义脉冲函数的设定以及第一步中的估计结果，可得到式（11.1）至式（11.8）的广义方差分解矩阵 Θ_t，该矩阵的元素构成如式（11.10）所示：

$$\theta_{ij,t}(H) = \hat{\sigma}_{ij,t}^{-1}\sum_{h=0}^{H-1}(e_i'\hat{A}_{h,t}\hat{\Omega}_t e_j)^2 \Big/ \sum_{h=0}^{H-1}(e_i'\hat{A}_{h,t})\hat{\Omega}\hat{A}_{h,i}'e_i \tag{11.10}$$

其中，$\hat{\sigma}_{ij,t}$ 是 $\hat{\Omega}_t$ 的第 j 个对角元素；e_i 表示第 i 个元素为 1 其他元素为 0 的单位向量，起到选向量的作用。广义方差分解矩阵 Θ_t 往往不满足行和为 1 的方差分解

---

① Del Negro. M.，Primiceri G. E. 2015. Time Varying Structural Vector Autoregressions and Monetary Policy：A Corrigendum [J]. *Review of Economic Studies*，82：1342 – 1345.

② Hashem H.，Shin P. Y. 1998. Generalized Impulse Response Analysis in Linear Multivariate Models [J]. *Economics Letters*.

矩阵的标准结论。因此，为提高广义方差分解矩阵的直观经济学含义，通常会对 Θ_t 再进行行标准化，变换后的广义方差分解矩阵 $\widetilde{\Theta}_t$ 中的元素如式（11.11）所示：

$$\widetilde{\theta}_{ij,t}(H) = \theta_{ij,t}(H) \Big/ \sum_{j=1}^{N} \theta_{ij,t}(H) \tag{11.11}$$

最后，矩阵 $\widetilde{\Theta}_t$ 中的元素即代表连通性，我们可以根据连通性的计算结果计算各种时变连通性指数。

（1）总连通性指数：将矩阵 $\widetilde{\Theta}_t$ 中的所有非对角元素进行求和，用以度量总溢出效应。计算公式如式（11.12）所示：

$$Total(H) = \sum_{i,j=1,i \neq j}^{N} \widetilde{\theta}_{ij,t}(H) \times 100 \tag{11.12}$$

（2）总体有向溢出指数：用以反映单一市场与其他所有市场之间的有方向的溢出关系，该类指数通常分为三种，分别为溢出指数（$To_{i,t}(H)$）、溢入指数（$From_{i,t}(H)$）以及净溢出指数（$Net_{i,t}(H)$），如式（11.13）~式（11.15）所示：

$$TO_{i \to \cdot,t}(H) = \sum_{i=1,j \neq i}^{N} \widetilde{\theta}_{ij,t}(H) \times 100 \tag{11.13}$$

$$FROM_{i \leftarrow \cdot,t}(H) = \sum_{j=1,j \neq i}^{N} \widetilde{\theta}_{ij,t}(H) \times 100 \tag{11.14}$$

$$NET_{i \to \cdot,t}(H) = \sum_{i=1,j \neq i}^{N} \widetilde{\theta}_{ij,t}(H) \times 100 - \sum_{j=1,j \neq i}^{N} \widetilde{\theta}_{ij,t}(H) \times 100 \tag{11.15}$$

（3）个体净溢出指数：反映某个市场对其他某个市场的净溢出关系，为了使数据具有统一可减性，本章节在此处直接使用变换前的广义方差分解矩阵 Θ_t 的计算结果，其公式为：

$$NET_{i \to j,t}(H) = \theta_{ji,t}(H) - \theta_{ij,t}(H) \tag{11.16}$$

第二节　中美资本市场时变动态连通性分析

一、研究设计

基于前文中介绍的 TVP – SV – VAR 模型和时变 DY 连通性测度方法，我们对中美主要金融市场对数收益率的连通性指数进行测算，数据周期为 2004 年 6 月 12 日至 2019 年 11 月 23 日的周数据。选取中国具有系统重要性的金融市场，包括债券市场、股票市场、期货市场以及房地产市场；选取美国的系统重要性金融市场，包括外汇市场、股票市场以及货币市场。我们使用中债总净价指数、沪深 300 指数、南华综合指数以及申万房地产行业指数来衡量中国债券市场、股票市场、期货市场以及房地产市场；选取美元指数、标准普尔 500 指数、美国十年期国债收益率来衡量美国外汇市场、股票市场以及债券市场，数据均来源于 Wind 数据库，具体的指标选取与统计性描述见表 11 - 1。

表 11 - 1　　　　　　　　**金融系统划分以及指标选取**

Indices		N	Mean	Sd. Dev	Min	Max	Skewness	Kurtosis
China Bond Aggregate index	cn_bp	807	0.018	0.300	- 1.216	2.112	0.612	9.212
CSI 300 Index	cn_sp	807	0.145	3.201	- 18.598	10.491	- 0.514	5.544
Nanhua commodity Index	cn_fp	807	0.048	1.672	- 8.207	6.363	- 0.382	4.852
SWS Industry Index (Real estate)	cn_hp	807	0.179	4.003	- 21.302	13.588	- 0.555	5.555
USDX	us_di	807	0.012	0.870	- 5.387	3.567	- 0.113	5.342
S&P 500 Index	us_sp	807	0.127	1.792	- 15.278	7.056	- 1.482	12.484
10 - Year U.S.A Treasury Bond	us_bi	807	0.972	0.875	- 0.844	3.066	0.151	2.189

对于上述金融市场连通性的研究，有助于厘清金融市场间影响关系的领先滞后以及影响强度的大小。由于各市场交易日期并不是完全一致，因此为保证时间序列的一致性和连续性，令没有发生交易的市场数据用前一天的数据进行替代处理。此外，由于原始指数数据多为非平稳的 I（1）序列，因此除十年期美国国债收益率外，其余变量我们均使用一阶对数差分 $r_t = \ln(y_t) - \ln(y_{t-1})$ 来获得对数收益率序列。根据贝叶斯信息准则（BIC），我们采用一个具有时变波动率的平稳 TVP - VAR（1）。设置 MCMC 预烧期为 10 000 次，迭代期为 50 000 次。广义方差分解的向前预测期数分别为 $H = 3$，6，9。具体的先验设定参考普里米切

里 （2005）①、德尔和普里米切里 （Del and Primiceri，2015）②。

二、动态连通性指数

基于 TVP – SV – VAR 模型 MCMC 抽样得到的待估参数后验均值以及式 （11.8），可以计算得到时变的总动态连通性指数 （the Dynamic Total Connectedness Index，TCI） （见图 11 – 1）。总体来看，中美主要金融市场的总体连通性是随时间的变化而变化的，并且存在一定的周期性特征。总体连通性处于 20% ~ 45% （TCI 与市场总数的比值） 之间，这表明各金融市场的整体连通性较强。此外，总体连通性测度指标捕捉到了测度期间发生的几次重大的金融市场联动事件，这也在一定程度上说明我们所测度的时变连通指数能够较为准确地测度市场整体的信息传递。具体如下：

**图 11 – 1　2005 年 6 月 12 日至 2019 年 11 月 23 日
中美金融市场总体连通性**

全球金融危机 （2007 ~ 2011 年）。本次危机爆发的根源在于美国央行加息周期的启动刺破了美国的房地产泡沫，继而导致各类次级贷款机构和投资基金相继

---

① Primiceri G. E. 2005. Time Varying Structural Vector Autoregressions and Monetary Policy ［J］. *Review of Economic Studies*，72 （3）：821 – 852.

② Del Negro. M. ，Primiceri G. E. 2015. Time Varying Structural Vector Autoregressions and Monetary Policy：A Corrigendum ［J］. *Review of Economic Studies*，82：1342 – 1345.

倒闭引发金融危机，最后由于美国金融市场在全球金融市场的重要作用，始于美国的次级贷款危机传染至全球，最终引发全球性金融危机。由图 11 - 1 中可见，此次危机过程中总体连通性指数由最初的 1.8 左右上升至 3 以上，并持续保持高位运行。由此可见，本次危机具有影响程度大、持续时间较长等特征。而出现上述特征的主要原因在于，此次金融危机产生于实体经济，并由经济基本面传染至金融市场所致，并不是单纯由金融市场内部产生的危机导致。实体经济和金融市场的内在关联以及共振，导致此次危机产生了较为深远的影响。

欧债危机（2011 ~ 2012 年）。本次危机是欧洲部分国家（或地区）的政府债务超过其债务负担能力所引发的主权债务危机。由图 11 - 1 可见，欧债危机期间中美两国的总溢出指数紧跟全球金融危机之后，其持续时间较短，规模略小于全球性金融危机，且过程中出现短暂下降后的再次反弹。由于欧债危机并不直接发生于中、美两国，因此对比实际的危机发生时间可以发现，中美两国的总体溢出指数在危机期间的峰值具有相对滞后效应。虽然欧债危机持续时间较短，但世界范围内主要金融市场在未摆脱全球性金融危机下又重新陷入困境，因此其进一步恶化了全球金融环境。

中国股市异常波动（2015 年 5 ~ 8 月）。2014 年下半年，在宽松的货币政策刺激下，中国股市经历了大规模的普遍上涨，2014 年 6 月至 2015 年 6 月期间，上证综指上涨幅度达到 150%。由图 11 - 1 可见，此次危机期间，滞后 9 期的总的波动溢出指数在 2015 年 8 月达到 2.088，峰值水平相对较低，且持续时间较短。从事实来看，此次股市异常波动仅对中国资本市场造成较大冲击，并未引发全局性的金融危机，即便中国股市下跌情况较为明显，也未对以美国为代表的国际市场造成显著的较大冲击。

中美贸易摩擦（2018 年 4 月 ~ 2019 年 10 月）。地缘政治和贸易争端一直是影响资产价格波动的重要因素，2018 年 4 月以来中美贸易摩擦的持续与升级，对中美两国的金融市场风险产生了正向溢出效应，由图 11 - 1 可见，2018 年以来总溢出指数呈现持续性上升，溢出指数规模已超出中国股市异常波动期间，且当前仍表现上升趋势。贸易争端以及贸易保护主义的推动不仅损害争端参与国家的工业周期以及商业投资，进而导致持续上升的金融风险，而且会对其他国家和地区的金融、经济稳定造成较大威胁。从经济事实来看，中美的贸易争端在世界范围内引起了较大影响，出于抵消贸易冲击动机，近期各国央行纷纷放宽货币政策。

三、方向性连通性指数

图 11 - 2 和图 11 - 3 分别报告了中国和美国各金融市场的总方向性连通性指

数，其中溢入指数和溢出指数的预测期为 3 期、6 期和 9 期，净溢出连通性指数的预测期为 6 期。相比于总体溢出指数，该三类带有方向性的连通性指数有助于更为详细地理解不同金融市场间信息的传递方向以及传递强度，从而为考察不同金融市场信息溢出与溢入的非对称性、波动性以及不确定性提供便利。其中，净溢出连通性指数还可以重点考察单个金融市场的整体净信息溢出影响，该连通性指数可以用于甄别信息传染的中心来源。

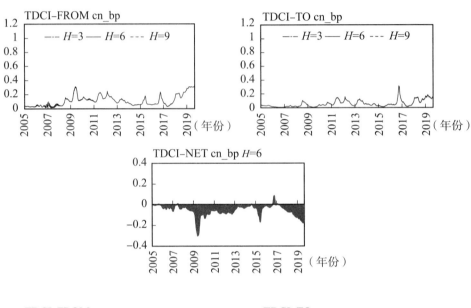

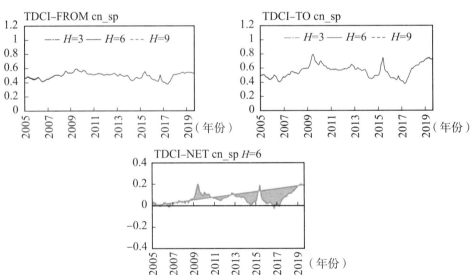

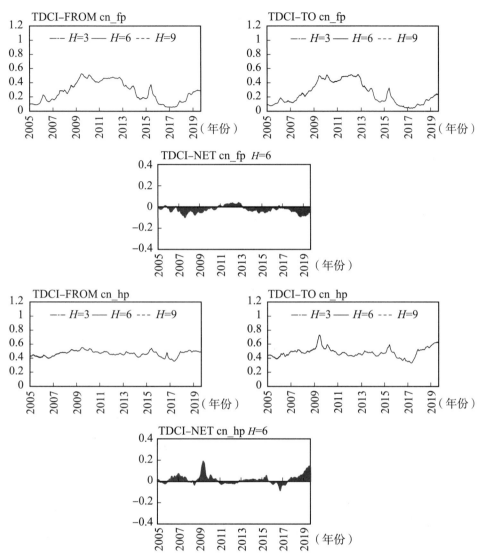

图 11-2　中国各金融市场溢入（FROM）、
溢出（TO）以及净溢出（NET）

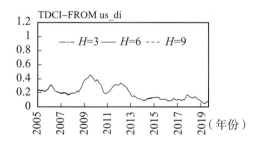

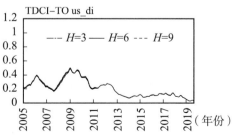

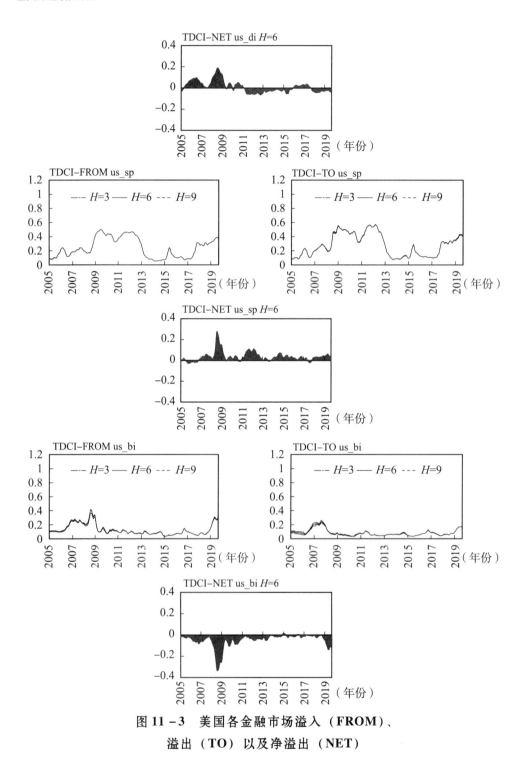

图 11 - 3　美国各金融市场溢入（FROM）、
溢出（TO）以及净溢出（NET）

在中国的四个金融市场的方向性连通性实证结果中（见图11－2），除期货市场外，中国的债券市场、股票市场以及房地产市场的溢出与溢入连通性指数均呈现较强的非对称性。其中，中国债券市场的总净动态连通性指数持续为负，这表明中国债券市场的收益更易受其他金融市场的外生溢出影响。这与中国债券市场的自身特点相吻合，由于中国尚未实现利率市场化，债券市场价格变化无法通过利率传导机制对其他金融市场产生显著影响，因此表现为更易受其他市场的外生影响。在2016年末中国的债券市场净溢出连通性指数有一个正的净溢出，这归因于2016年中国债市一系列大规模信用违约事件以及债市强势去杠杆导致的流动性风险，自此之后中国债券市场的净负向溢出效应震荡加强，表现出较强的脆弱性。中国股票市场的三种连通性指数绝对值均较大，且其净连通性指数持续为正，三个主要峰值分别出现在2009年8~9月、2015年8月以及2019年4月以来，分别对应全球金融危机、中国股市异常波动以及中美贸易摩擦，这与总连通性指数的峰值较为接近。上述证据表明，相比于中国其他金融市场，由于股票市场与其他金融市场的连通性水平较高，因此中国股票市场更具信息敏感性。此外，对其他金融市场的影响显著大于所受外来冲击的影响，因此其具有一定程度的信息先导作用。

中国期货市场的溢出指数与溢入指数呈现出较强的对称性与波动性，表现出较强的独立性特征，其更多充当市场价格变化的传递者。令人意外的是，其溢出指数与溢入指数在2009年金融危机前后出现了高位运行状态，这归因于当时中国的资本市场建设政策。由于中国的期货市场发展较晚，发展规模相对较小，因此导致其净溢出效应较弱，不产生较强的外部影响，呈现较为独立的状态。中国的房地产市场的溢出与溢入连通性指数的整体水平仅低于中国股票市场，其信息敏感性相对较强。整体上中国的房地产市场呈现正向的净溢出效应，这表明中国的房地产市场对其他金融市场具有更强的信息先导示范效应，与中国的股票市场类似。此外，房地产市场的净溢出连通性指数在2010年8月和2019年10月出现正向峰值，这与该时间点前后频繁出现的房地产调控政策息息相关，如2010年4月后的"国十条""国十五条"和"限购令"以及2019年房地产商业贷款利率转换政策等。

我们的研究结果表明，中国的股票市场以及房地产市场具有更强的溢出影响，这也间接印证了中国的股票市场和房地产市场是中国金融系统中最具系统重要性的金融市场。由于二者与其他市场较大的关联强度以及较强的溢出影响，这两个市场较大程度为市场联动产生的源头。但由于股票市场具有的更大的财富效应，在信息先导性方面，股票市场较为领先。相比之下，中国的期货市场更多

243

地充当市场联动的传递者，而债券市场则更多表现为市场联动的终端。

接下来，我们重点分析了美国外汇市场、股票市场以及货币市场的带有方向性的动态连通性指数。如图 11 - 3 所示，美国金融市场的溢出与溢入连通性指数，趋势上呈现一定的对称性。

首先，美国外汇市场的溢出和溢入连通性指数整体上呈现波动下降趋势，并在全球金融危机期间两类指数均达到该所选时间区间内的历史最高点。在全球金融危机前，美国外汇市场的净溢出连通指数整体呈现正值，危机后美国净溢出连通性指数在"0"值附近震荡并持续处于负值状态，并且在 2019 年中美贸易摩擦期间该指数仍处于"0"值之下。该结果表明受金融危机影响，美国外汇市场的影响力有所减弱，并与其所受外生影响趋于平衡。而在本次中美贸易摩擦期间，美元指数的净溢出效应再次转为负值更说明了整体上美元在货币群落中的影响地位有所减弱。由此看来，美国外汇市场由样本初始的金融市场联动的源头不断转化为传递者。美国股票市场的溢出、溢入连通性指数整体运行水平较高，并在 2008～2013 年保持高位运行，之后有所下降，并在 2018 年后有所回升。由此可见，美国股市作为发达金融市场代表与其他金融市场的关联强度较大，因此对其他金融市场会产生较大的信息溢出效应，信息先导地位突出。但其净溢出连通性指数在样本后期呈现波动下降趋势则进一步表明，美国股市的主导作用在逐渐较弱，并趋于平衡。最后，相比上述两个市场，美国货币市场的溢出和溢入连通性指数整体运行水平相对较低，因此与其他金融市场的关联强度相对较大。此外其净溢出指数呈现持续负值状态，且在全球金融危机期间到达峰值。这说明美国的货币市场更易受外来冲击影响，且在金融危机期间其脆弱性更为突出。但在全球金融危机时期外，美国的货币市场净溢出指数绝对值相对较小，并在 0 值附近运行，这也说明了美元作为广泛认同的国际货币其发挥了较好的信号传导作用。

四、净溢出连通性指数

上述的带有方向性的连通性指数仍属于对于金融市场间连通性的全局性分析，无法进一步明晰具体金融市场间一对一的时变影响关系，因此本章节创新性地尝试探讨这一关系。根据式（11.12）我们可以计算得到如图 11 - 4～图 11 - 10 报告的两两市场间的净溢出连通性指数。为便于分析以及图形展示，此处仍然仅报告向前预测期为 6 期的净溢出指数。

资本市场的系统性风险测度与防范体系构建研究

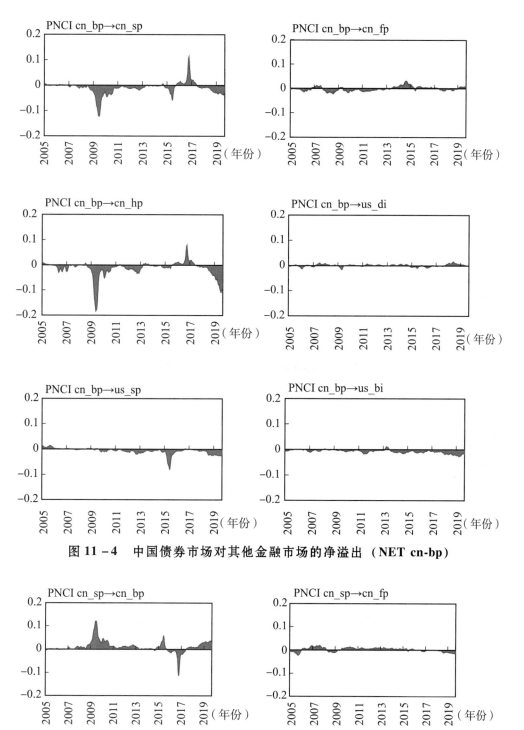

图 11－4　中国债券市场对其他金融市场的净溢出 （NET cn-bp）

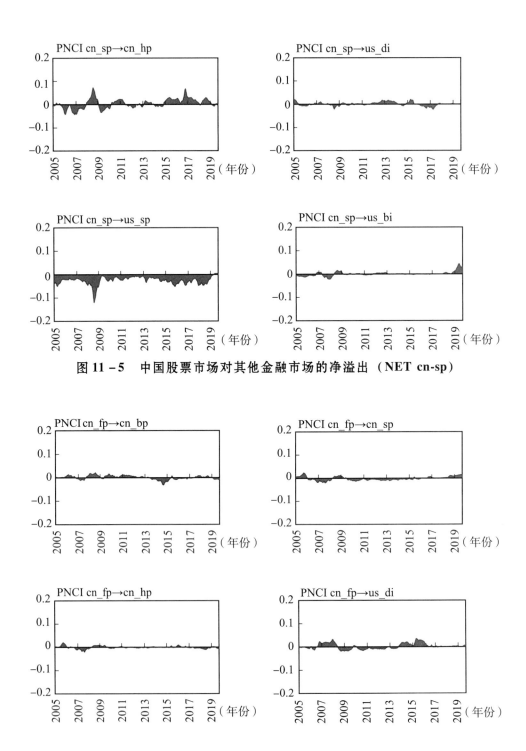

图 11 - 5　中国股票市场对其他金融市场的净溢出 （NET cn-sp）

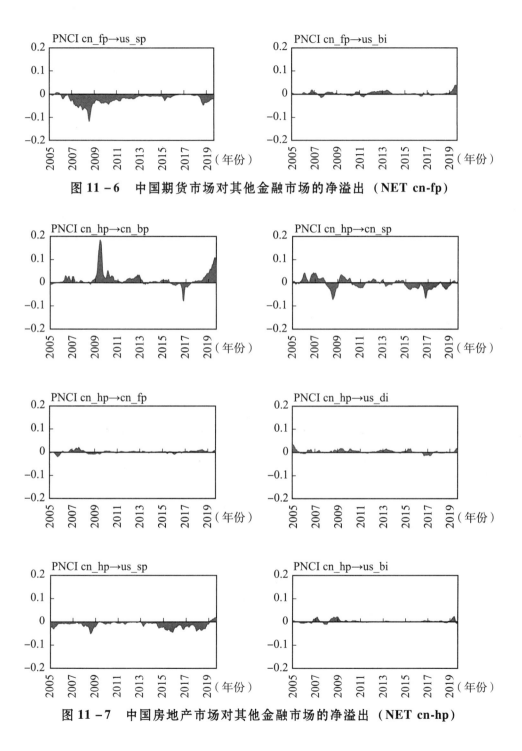

图 11 - 6　中国期货市场对其他金融市场的净溢出 （NET cn-fp）

图 11 - 7　中国房地产市场对其他金融市场的净溢出 （NET cn-hp）

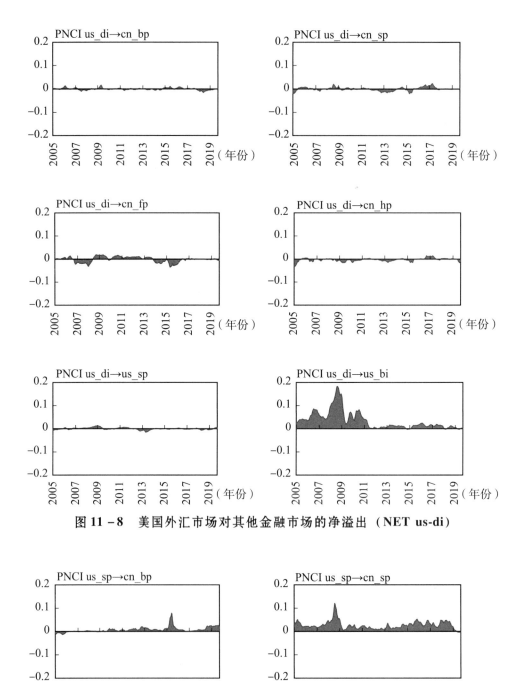

图 11 - 8　美国外汇市场对其他金融市场的净溢出（NET us-di）

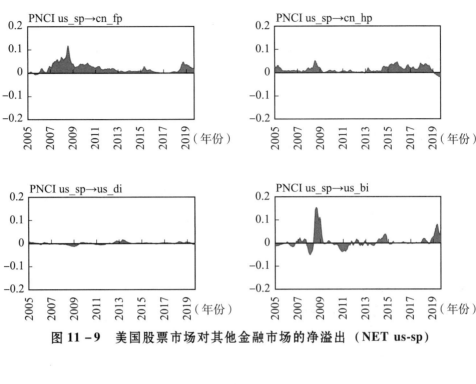

图 11－9　美国股票市场对其他金融市场的净溢出（NET us-sp）

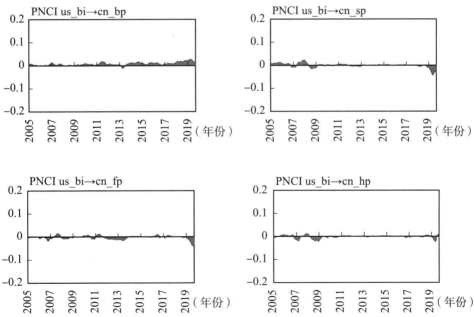

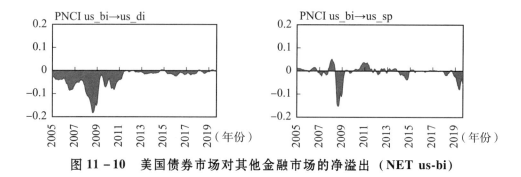

图 11-10　美国债券市场对其他金融市场的净溢出（NET us-bi）

图 11-4 报告了中国债券市场对中美主要金融市场的两两市场间的净溢出连通性指数。由图 11-4 可见，中国债券市场整体上呈现负向的净溢出效应，这表明其更易受其他市场的外生性影响。其中，中国债券市场受中国股票市场以及房地产的外生影响较为显著，与二者的净溢出净连通性溢出指数分别在 2009 年 9 月出现负向峰值，并在 2016 年末至 2017 年初出现正向峰值。此外，美国金融市场中，其股票市场对中国债券市场外生影响较为显著，且在 2015 年 8 月二者的净连通性指数出现一个负向峰值。

图 11-5 揭示了中国股票市场对其他金融市场的净溢出连通性，由图 11-5 可见，除中国债券市场外，中国股票市场与中国房地产市场以及美国股票市场间具有较高的连通性水平。其中，中国股票市场与中国房地产市场之间的净连通性水平呈现正负交替现象，由此可见二者存在交互影响，且影响强度较大。而中国股票市场对美国股票市场的净溢出连通性指数呈现负值，这说明美国股票市场对中国股票市场具有非常显著的外生影响。

图 11-6 揭示了中国期货市场对其他金融市场的净溢出连通性，中国期货市场受美国股票市场的外生影响十分显著，且除美国股票市场外，中国期货市场与其他市场均呈现相对独立的状态。图 11-7 为中国房地产市场对其他金融市场的净溢出连通性，除上述已分析过的市场外，中国房地产市场受美国股票市场的外生影响较为显著，且总体呈现负向净溢出效应。

图 11-8 揭示了美国外汇市场对其他金融市场的净溢出效应。由图 11-8 可见，美国外汇市场与中国的 4 个金融市场以及美国的股票市场之间均呈现相对独立的状态。但其对美国货币市场呈现较强的正向溢出影响，这归因于美国外汇市场较强的信息传导作用。图 11-9 以及图 11-10 分别给出了美国股票市场以及美国债券市场的两两净溢出指数，结合前文的分析可以发现，美国股市处于总体呈现正向的净溢出效应，其仅与美国货币市场呈现正负交替的净溢出影响关系。

为便于进一步呈现样本内全部金融市场两两间的影响关系，本章给出的如表 11-2 所示的净溢出影响均值关系。

表 11 – 2　　　　　两两市场间的净溢出连通性指数的样本均值

指数	cn_bp	cn_sp	cn_fp	cn_hp	us_di	us_sp	us_bi
cn_bp	0.000	1.043	0.117	1.373	− 0.066	0.668	0.692
cn_sp	− 1.043	0.000	− 0.178	− 0.425	− 0.023	2.587	− 0.036
cn_fp	− 0.117	0.178	0.000	0.087	− 0.151	2.009	− 0.269
cn_hp	− 1.373	0.425	− 0.087	0.000	− 0.295	1.314	− 0.173
us_di	0.066	0.023	0.151	0.295	0.000	0.058	− 3.331
us_sp	− 0.668	− 2.587	− 2.009	− 1.314	− 0.058	0.000	− 0.591
us_bi	− 0.692	0.036	0.269	0.173	3.331	0.591	0.000

第三节　结　论

　　本章节在时变框架下，基于 TVP – SV – VAR 模型以及广义方差分解方法，构建了度量金融市场间信息传递的总体动态连通性指数，总体带有方向的连通性指数以及两两市场之间的净连通性指数，并以中国和美国主要金融市场展开实证研究，我们的实证结果表明，首先，中美主要金融市场间具有较高的总体连通性。其次，带有方向性的总体连通指数以及两两市场间的净溢出连通性指数均表明，在我们的样本期内美国的股票市场处于信息传递的核心地位，能大概率地引起金融市场间的共振。最后，中国国内的金融市场中，股票市场和房地产市场对其他金融市场具有较强的溢出影响，处于中国金融市场信息传递的核心地位。

第十二章

中美资本市场风险溢出结构性变化识别

本章旨在对中美资本市场风险溢出的结构性变化进行识别。首先，对尾部风险溢出的相关理论基础进行了分析，主要包括资本市场风险溢出成因和资产价格风险溢出成因。其次，对传统资本市场相关性与风险溢出的检验方法进行了概述，主要包括基于 Pearson 相关系数的风险溢出检验、基于 VAR 模型的风险溢出检验以及基于 Copula 方法的风险溢出检验。进一步地，本章对多元多分位数回归 MVMQ－CAViaR 方法的模型估计、样本外回测以及脉冲分析等内容进行了概述。最后，基于多元分位数模型 MVMQ－CAViaR 模型与引入无模型隐含波动率 VIX 的多元分位数模型 MVMQ－CAViaR 模型，对中美贸易摩擦前后阶段中国和美国各自股票市场与债券市场之间的风险溢出进行了测度与分析。

第一节 尾部风险溢出的理论基础

一、资本市场风险溢出成因

从资本市场发展成熟的角度，资本市场经过多年的发展，金融创新不断深入，新的金融衍生品工具一方面向投资者和风险管理者提供了控制风险的途径，为投资者进行全球资产配置提供了多种投资与避险工具，并为不同地区资本市场间的资产转换与资本流通搭建了桥梁，促使大量资金在国际市场间自由流动。但另一方面，这些金融衍生品工具也增加了不同资产和不同市场之间的关联，相应地，也助推了金融市场间的相依性与风险溢出，为金融市场间的相依性与风险溢出提供了制度背景和存在基础。

从信息技术发展的角度，互联网在全球范围内的普及，为进入资本市场提供了强有力的知识，加速了市场信息的传递，使资本市场的信息可以在全球迅速传递，资本市场的效率显著提高。互联网的快速发展也使不同地区不同资本市场的投资者进行跨境跨区域操作变得可能，执行交易的成本大大降低。如今的市场存在着大量程序化交易者，一个区域市场信息在本地资本市场通过价格反映后，信息系统可以迅速将信息传递到另外一个资本市场实现资产的跨市场跨区域套利交易。资产配置效率的提升使全球资本市场实现一体化，也使得市场与市场之间的相依性变得更高，更容易出现市场之间的风险溢出效应。

从资本市场一体化中市场参与者的角度，资本市场一体化进程加快，全球金融市场中的金融产品、投资理念等趋于一致。当发生风险事件时，全球资本市场中市场参与者行为一致，投资者的心理预期及其行为助推了金融市场间的相依性与风险溢出。根据行为金融学理论，非理性投资者的投资策略往往会受到其他地区资本市场走势与其他投资者的影响，产生仿效、从众心理，并表现出羊群效应、趋同效应等行为特征，这些特征会使市场参与者产生一致性预期和同类操作。如今，在信息时代，多数市场参与者获取信息的渠道以及掌握的投资知识具有很强的相似性，他们所获取的投资信息以及据此产生的预期通常是趋于一致的，这会导致其做出的投资决策趋同。当市场发生重大制度变革或遭受重大风险事件冲击时，新闻媒体的报道、专业人士的言论以及投资者情绪的传染也会促使大多数市场参与者对宏观经济基本面持有基本一致的预期，从而做出类似的投资决策，导致不同资本市场间产生相依性与风险溢出。

从国际资本流动的角度，国际投资者为获取投资收益、分散风险或套利等目的的跨境资本流动可用以解释不同地区资本市场之间的相依性与风险溢出，国际资本既可能是跨国投资等生产性资本，也可能是国际游资、热钱等非生产性资本。其中，由跨国投资引发不同地区资本市场产生相依性与风险溢出的机制与经济基础说中的贸易传导机制类似，国际空闲资本主要通过投资者调整或改变其在国际金融市场上的资金配置来影响资本输入与输出地区资本市场的相依性与风险溢出。长期资本流动主要依托于所投资国家的宏观经济环境、经济发展潜力以及政府政策等较为稳定的因素，因此通常不会导致金融市场出现大幅波动。而短期资本则具有强烈的投机性与流动性，其往往会根据投资环境的变化在国际金融市场间迅速地流入或撤出，从而对所涉地区的金融市场及其相依性与风险溢出造成

253

较大的影响。短期资本的规模越大，它的快进快出就越有可能会导致相应金融市场发生动荡，甚至引发严重的金融风险。

二、资产价格风险溢出成因

资本市场经过多年的发展，金融创新不断深入，新的金融衍生品工具一方面向投资者和风险管理者提供了控制风险的方法，另一方面其也增加了不同资产和不同市场之间的关联。资产与资产之间的风险溢出关系不再是传统的线性关系，而是存在着非对称性、尾部风险相关性等特征。如今，随着社会的发展、互联网普及、信息传递的速度加快，在一个市场发生风险事件后，其他市场很快就会做出相应的反应，这也进一步加速加深了风险溢出的效果。

近年来，由极端风险事件引起的全球金融风险溢出事件时有发生，最典型的几个案例就是1997年亚洲金融危机、2008年由美国次贷引起的金融危机、2020年由新冠疫情引起的全球资本市场大幅下跌等，这些风险事件的发生使风险管理者和学术研究者更加关注风险溢出的问题。股票市场和债券市场作为两个重要的资产配置市场，股市与债市之间的风险溢出关系对于资产配置和市场风险管理具有重要影响。如果股市与债市之间不存在风险溢出关系，甚至它们之间存在负相关的关系，对股市与债市多元配置可以优化资产组合；当两者之间存在风险溢出关系时，分散投资就无法起到分散风险特别是系统性风险的作用，因此，无论市场投资者还是学术界都十分关注两者之间的关系。目前有很多种对于股市与债市风险传导关系的研究理论，从资产组合配置的角度，假设当市场中投资于股票市场和债券市场的资金总量不发生较大变化时，股票和债券作为资本市场中两个相互替代的金融资产，其市场价格理论上会呈现负相关关系，如果股票市场中的利好消息被披露，则会导致投资者将组合中的债券持仓换成股票持仓；如果披露的信息有利于债券市场，则投资者会趋于变卖股票头寸改为持有债券。在对股市与债市之间的风险溢出关系研究中，学者们使用的方法不尽相同。其中，克里斯蒂安森等（Christiansen et al.，2005）[1] 通过使用高频数据研究发现，在西方国家，股票市场和债券市场的收益率之间的关系受预期通货膨胀率的影响较为显著，但非预期通货膨胀率和真实利率对其相关性的影响并不显著。迪恩等（Dean et al.，2010）[2] 通过双变量 GRACH 模型方法研究了澳大利亚股票市场与债券市场的风

---

① Christiansen C.，Ranaldo A. 2005. Realized Bond – Stock Correlation：Macroeconomic Announcement Effects [J]. *Finance Research Group Working Papers*，27（5）：439 – 469.

② Warren G.，Dean A.，Robert W.，et al. 2010. Asymmetry in Return and Volatility Spillover between Equity and Bond Markets in Australia [J]. *Pacific – Basin Finance Journal*，18（3）：272 – 289.

险溢出效应，研究结果发现，来自股票市场的风险事件会对债券市场产生风险溢出效应，但如果风险事件来自债券市场，债券市场对于股票市场的风险溢出效应则不那么显著。王茵田和朱英姿（2011）[①] 对中国 A 股市场通过 Fama – MacBeth 两步回归法，建立了基于市场风险溢价、账面市值比、盈利股价比、现金流股价比、投资资本比、工业增加值变化率以及回购利率和期限利差的八因素模型，发现回购利率和期限利差等债市指标对股市风险溢价的截面数据具有显著解释能力。陈学彬和曾裕峰（2016）[②] 基于多元多分位数 MVMQ – CAViaR 模型分析了中美股票市场和债券市场在不同市场状态下的风险溢出关系，发现中国股票市场和债券市场在早期牛市和熊市中不存在显著的风险溢出效应，但随着金融改革的不断深化，股票市场与债券市场间的极端风险溢出效应有所增加；美国的股票市场和债券市场相互关联性较强，高风险溢出效应明显，而且对于不同信用等级的债券，股票市场的风险溢出程度也有所不同，其中企业债对于股票始终保持着风险溢出效应，国债与股票因 "Flight-to – Quality" 效应只在熊市阶段才会发生风险溢出的情况。

第二节 传统的资本市场相关性与风险溢出的检验方法

一、基于 Pearson 相关系数的风险溢出检验

在统计学中，Pearson 相关系数衡量的是两组数据之间线性相关性。Pearson 相关系数是两个变量的协方差与其标准差的乘积之比，因此在本质上是对协方差的归一化度量，这就使得相关系数值始终介于 $-1 \sim 1$。在金融风险溢出问题的研究中，自相关系数是一种对于风险溢出的直观判断方法，通过计算不同资产之间的相关系数可以判断资产之间是否存在金融风险溢出情况。金和瓦德瓦尼（King and Wadhwani，1990）[③] 在 1987 年用 Pearson 相关系数分析了美国市场在发生尾

① 王茵田、朱英姿：《中国股票市场风险溢价研究》，载于《金融研究》2011 年第 7 期。
② 陈学彬、曾裕峰：《中美股票市场和债券市场联动效应的比较研究——基于尾部风险溢出的视角》，载于《经济管理》2016 年第 7 期。
③ King M. A., Wadhwani S. 1990. Transmission of Volatility between Stock Markets [J]. *Review of Financial Studies*, 3（1）: 5 – 33.

部风险事件后，其对其他主要资本市场的风险溢出情况，并基于相关系数的变化情况，得出在这段时间存在风险溢出的结论。

与协方差本身一样，Pearson 相关系数只能反映变量的线性相关性，而忽略了许多其他类型的关系或相关性。除了 Pearson 线性相关系数，还有其他表述变量之间相关性的指标，例如描述秩次大小的相关性的 Spearman 相关系数（Spearman，1904）[①]。

二、基于 VAR 模型的风险溢出检验

向量自回归（VAR）是一种统计模型，用于捕捉随时间变化的多个变量之间的关系。VAR 是一种随机过程模型，通过允许多变量时间序列来推广单变量自回归模型，经常被应用于经济学和自然科学学科。与自回归模型一样，VAR 模型中每个变量都有一个方程来模拟其随时间的演变，模型中包括变量的滞后值、模型中其他变量的滞后值以及误差项。与具有联立方程的结构模型一样，VAR 模型唯一需要的先验知识是假设可能产生影响的变量列表。考虑一个 p 阶 VAR 模型，其数学表达式可以表示为：

$$y_t = c + A_1 y_{t-1} + A_2 y_{t-2} + \cdots + A_p y_{t-p} + e_t \qquad (12.1)$$

式（12.1）中 y_{t-i} 表示该变量的 i 期滞后值，c 表示截距项，e 为模型的误差项。

三、基于 Copula 方法的风险溢出检验

在概率论和统计学中，Copula 是一个多元累积分布函数，其中每个变量的边际概率在区间 [0，1] 上均匀分布。Copula 用于描述和建模随机变量之间的相关性，在金融领域是一个很好的描述风险溢出的指标。

大量研究表明，金融资产的收益率通常不是一个正态分布，其分布形状呈现出尖峰肥尾的形状，资产与资产之间不仅有简单的线性关系，还存在着非线性关系。因此，近年来，由于 Copula 方法能够对变量的联合分布进行建模，因此该方法受到了广泛的关注，特别是在衍生品定价方面，Copula 的应用性表现得尤为突出。此外，Copula 方法也广泛地用于量化金融建模和最小化投资组合尾部风险。

假设 X_1，X_2，$\cdots$，X_N 是 N 个随机变量，它们各自的边缘分布分别为

[①] Spearman C. 1904. The Proof and Measurement of Correlation between Two Things [J]. *American Journal of Psychology*，15.

$F_1(x_1)$, $F_2(x_2)$, $\cdots$, $F_N(x_N)$, 联合分布为 $H(x_1, x_2, \cdots, x_N)$, 则存在一个将边缘分布和联合分布"连接"起来的函数 $C(\cdot)$, 使得:

$$H(x_1, x_2, \cdots, x_N) = C(F_1(x_1), F_2(x_2), \cdots, F_N(x_N)) \qquad (12.2)$$

根据边缘分布的 CDF 逆变换 $x_i = F_i^{-1}(u_i)(i = 1, 2, \cdots, N)$, 可以进一步得到 Copula 函数的表达形式:

$$C(u_1, u_2, \cdots, u_N) = H[F^{-1}(u_1), F_2^{-1}(u_2), \cdots, F_N(x_N)] \qquad (12.3)$$

第三节　多元多分位数回归（MVMQ – CAViaR）方法

参考怀特等（White et al. , 2015）[1] 和叶五一等（2018）[2] 对 MVMQ – CAViaR 模型的介绍, 假设 $\{(Y'_t, X'_t)\}$ 是概率空间（$\boldsymbol{\Omega}$, $\boldsymbol{F}$, $\boldsymbol{P}$）上的一个平稳的随机过程, Y_t 是一个 $n \times 1$ 的向量, X_t 是元素的有限维向量, 那么可以认为在回归框架中, Y_t 是因变量, X_t 是解释变量。令 $\boldsymbol{F}_{t-1}$ 是由 $\{(Y'_{t-1}, X'_{t-1}), (Y'_{t-2}, X'_{t-2}), \cdots\}$ 生成的 σ 域, 即:

$$\boldsymbol{F}_{t-1} = \sigma(\{(Y'_{t-1}, X'_{t-1}), (Y'_{t-2}, X'_{t-2}), \cdots\}) \qquad (12.4)$$

对于 $i = 1, 2, \cdots, n$, 记 $Y_{i,t}$ 是第 i 个元素在 t 时刻的随机变量, 在 $\boldsymbol{F}_{t-1}$ 上的条件分布函数 CDF 为 $F_{i,t}(y) = P(Y_{i,t} \leqslant y | \boldsymbol{F}_{t-1})$。对于第 i 个对象, 假设有 p_i 个分位（对于不同的对象 i, 分位点的数量 p_i 可以是不同的）, 即 $j = 1, 2, \cdots, p_i$, 定义 $\theta_{i,j} \in (0, 1)$ 是第 i 个对象的第 j 个分位, 使得 $0 < \theta_{i1} < \cdots < \theta_{ip} < 1$。记 $Y_{i,t}$ 在条件 $\boldsymbol{F}_{t-1}$ 上的 $\theta_{i,j}$ 分位数为 $q_{i,j,t}$, 即:

$$q_{i,j,t} = inf\{y: F_{i,t}(y) \geqslant \theta_{i,j} | \boldsymbol{F}_{t-1}\} \qquad (12.5)$$

可以发现 $q_{i,j,t}$ 表示第 i 个资产在 t 时刻 $1 - \theta_{i,j}$ 置信水平的风险价值 VaR, 故 $q_{i,j,t}$ 表示第 i 个资产在 t 时刻的风险。

记 $q_t = (q'_{1,t}, q'_{2,t}, \cdots, q'_{n,t})'$, 其中 $q_{i,t} = (q_{i,1,t}, q_{i,2,t}, \cdots, q_{i,p_i,t})'$, 有公式如下（公式在叶五一等（2018）[3] 的基础上添加了常数项）:

$$q_{i,j,t} = c_{i,j} + \sum_{\tau=1}^{k} \boldsymbol{\Psi}'_{t-\tau} \boldsymbol{\beta}_{i,j,\tau} + \sum_{\xi=1}^{m} \sum_{\eta=1}^{n} q'_{\eta,t-\xi} \boldsymbol{\gamma}_{i,j,\xi,\eta} \qquad (12.6)$$

---

[1]　White H. , Kim T. , Manganelli S. 2015. VAR for VaR: Measuring Tail Dependence Using Multivariate Regression Quantiles [J]. *Journal of Econometrics*, 187 (1): 169 – 188.

[2][3]　叶五一、张浩、缪柏其：《石油和汇率间风险溢出效应分析——基于 MV – CAViaR 模型》, 载于《系统工程学报》2018 年第 1 期。

式（12.6）是本章重点讨论的多元多分位数回归模型（MVMQ – CAViaR）的一般形式，随着 i，j 的变化，完整的模型共有 $\sum_{i=1}^{n} p_i$ 个方程。式（12.6）前部分 $c_{i,j}$ 是常数项，$\boldsymbol{\Psi}_t$ 是 F_{t-1} 可测的，取值一般为 Y_t 及其滞后值，其中 Y_t 可表示为 X_t 的函数，令 $\boldsymbol{\Psi}_t$ 是 $n \times 1$ 的列向量，k 为 Y_t 的滞后的阶数；系数 $\beta_{i,j,\tau}$ 是 $n \times 1$ 的参数向量，其中 $\beta_{i,j,\tau,s}(s=1,2,\cdots,n)$ 表示的是第 s 个资产的 τ 阶滞后值对第 i 个资产的 $\theta_{i,j}$ 分位数（VaR）的影响。当 $s \neq i$ 时，$\beta_{i,j,\tau,s}$ 衡量的是第 s 个资产对第 i 个资产的风险溢出效应；当 $s = i$ 时，$\beta_{i,j,\tau}$ 衡量的是第 i 个资产自身的风险冲击效应。

对于公式后部分，$q_{i,t} = (q_{i,1,t}, q_{i,2,t}, \cdots, q_{i,p_i,t})'$ 则表示尾部风险指标的 VaR，即在 t 时刻，第 i 个资产在各个水平上的分位数，m 为模型中 $q_{i,t}$ 的滞后阶数；系数 $\gamma_{i,j,\xi,\eta} = (\gamma_{i,j,\xi,\eta,1}, \gamma_{i,j,\xi,\eta,2}, \cdots, \gamma_{i,j,\xi,\eta,p_\eta})$ 是一个 p_η 的参数向量，$\gamma_{i,j,\xi,\eta,1}(s=1,2,\cdots,p_n)$ 衡量的是第 η 个资产 ξ 阶滞后的 $\theta_{i,s}$ 分位数（VaR），对 t 时刻第 i 个资产的 $\theta_{i,j}$ 分位数（VaR）的影响，当 $\eta = i$ 时，表示第 i 个资产风险聚集效应。

综上可知，通过式（12.3）中的系数，可以得到资产或市场间的风险溢出效应和资产或市场内的风险聚集效应，该模型是 MQ – CAViaR 模型在 CAViaR 模型基础上向多分位点的一个拓展后，进一步向多元情形的进一步拓展。模型中的参数 $\boldsymbol{\beta}$ 共包含 $\sum_{i=1}^{n} p_i + \sum_{i=1}^{n} p_i nk$ 个参数，参数 $\boldsymbol{\gamma}$ 共包含 $\sum_{i=1}^{n} p_i \sum_{\eta=1}^{n} p_\eta m$ 个参数。MVMQ – CAViaR 模型可通过对参数数量的固定简化为以下几种特殊简式：

当 $n=1$ 且 $p=1$ 时，为单变量单分位点的 CAViaR 模型，此时模型中共有 $1+k+m$ 个参数；

当 $n=1$ 时，为单变量多分位点 MQ – CAViaR 模型，此时模型中共有 $p_1 + p_1 k + p_1^2 m$ 个参数；

当 $j=1$ 时，为多变量单分位点 MV – CAViaR 模型，此时模型中共有 $n + n^2 k + n^2 m$ 个参数。

本章将基于多元多分位点条件自回归风险值模型（MVMQ – CAViaR）重点考虑市场风险管理中常用的 $\theta_i = 1\%$ 分位数即风险价值 VaR（99%）、两个经济变量之间的风险溢出效应及各自的风险聚集效应。

一、模型及 QMLE 估计

关于 MVMQ – CAViaR 模型式（12.3）的估计，可通过凯恩克和巴西特

（Koenker and Bassett，1978）[1] 提出的一般线性分位点回归模型的估计方法来估计，怀特等（2015）[2] 进一步将该模型应用到多元情况，采用伪极大似然估计的方法得到参数估计。首先，令 $\alpha_{ij}^{*\prime} = (\beta_{ij}^{*\prime}, \gamma_{ij}^{*\prime})$，接着构造如下方程：

$$\min_{\alpha \in \mathbb{A}} \overline{S}_T(\alpha) = T^{-1} \sum_{t=1}^{T} \left\{ \sum_{i=1}^{n} \sum_{j=1}^{p} \rho_{\theta_{ij}}(Y_{it} - q_{ij,t}(\cdot, \alpha)) \right\} \quad (12.7)$$

其中：

$$\rho_{\theta_{ij}}^{*}(Y_{it} - q_{i,j,t}(\cdot, \alpha)) = (\theta_{ij} - 1_{[Y_{it} - q_{i,j,t}(\cdot, \alpha) \leq 0]})(F_{it}(Y_{it}) - F_{it}(q_{i,j,t}(\cdot, \alpha)))$$

$$(12.8)$$

式（12.8）是一个渐进有效的分位数估计，通过优化求解的方法找出使得式（12.7）$\overline{S}_T(\alpha)$ 最小的一组 α 便得到了我们需要的参数估计，在实际计算过程中通过递归的方法计算求解。

除此之外，叶五一和缪柏其（2012）[3] 提到采用非对称拉普拉斯分布，非对称拉普拉斯分布是与分位点回归估计相关的一种分布，是运用极大似然的方法估计分位点回归模型的前提。科恩可和马查多（1999）[4] 介绍了分位点回归的拟合优度检验和相关推断过程，分析了残差服从 ALD 分布时的似然比统计量；菲利普斯等（2015）[5] 介绍了估计的 Bayesian 方法。根据叶五一和缪柏其（2012）[6] 给出的拉普拉斯分布中的一种形式，如果随机变量 X 的密度函数为如下形式：

$$f(x; \mu, \sigma, p) = \frac{p(1-p)}{\sigma} \exp\left\{ -\frac{x-\mu}{\sigma}[p - I_{(x \leq \mu)}] \right\} \quad (12.9)$$

则称随机变量 X 服从参数为 μ、σ 和 p 的拉普拉斯分布，记为 $X \sim ALD(\mu, \sigma, p)$，其中 $-\infty < \mu < +\infty$ 为位置参数，$0 < p < 1$ 为偏度参数，$\sigma > 0$ 为刻度参数，$I(\cdot)$ 为示性函数。

假定分位点回归模型的残差服从非对称的拉普拉斯分布，即 $Y_{i,t} - q_{i,j,t} \sim ALD(0, \sigma, \theta_{i,j})$，则有：

$$f(Y_{i,t} - q_{i,j,t}) = \frac{\theta_{i,j}(1-\theta_{i,j})}{\sigma} \exp\left\{ -\frac{\rho_{\theta_{i,j}}(Y_{i,t} - q_{i,j,t})}{\sigma} \right\} \quad (12.10)$$

其中 $\rho_{\theta(e)} = e(\theta - I_{e \leq 0})$ 为标准检验函数。含有 T 个观测值的似然函数为：

---

① Koenker R.，Bassett G. 1978. Quantile Regressions［J］. *Econometrica*，46（1）：33 – 50.

② White H.，Kim T.，Manganelli S. 2015. VAR for VaR：Measuring Tail Dependence Using Multivariate Regression Quantiles［J］. *Journal of Econometrics*，187（1）：169 – 188.

③⑥ 叶五一、缪柏其：《基于动态分位点回归模型的金融传染分析》，载于《系统工程学报》2012 年第 2 期。

④ Koenker R.，Machado J. A. 1999. Goodness of fit and related inference processes for quantile regression ［J］. *Journal of the American Statistical Association*，94（448）：1296 – 1310.

⑤ Phillips P. C. B.，Shi S.，Yu J. 2015. Testing for Multiple Bubbles：Limit Theory of Real – Time Detectors［J］. *International Economic Review*，56（4）：1079 – 1134.

$$L(\alpha) \propto \sigma^{-T\sum_{i=1}^{n}p_i} \exp\left\{ -\sum_{t=1}^{T}\sum_{i=1}^{n}\sum_{j=1}^{p_i} \frac{\rho_{\theta_{i,j}}(Y_{i,t} - q_{i,j,t})}{\sigma} \right\} \qquad (12.11)$$

如果假设刻度参数 σ 是一个多余参数不予考虑，那么参数向量 α 的极大似然估计为：

$$\hat{\alpha} = \arg\min_{\alpha \in R} \sum_{t=1}^{T}\sum_{i=1}^{n}\sum_{j=1}^{p_i} \rho_{\theta_{i,j}}(Y_{i,t} - q_{i,j,t}) \qquad (12.12)$$

鉴于式（12.12）中存在示性函数，是不连续的，因此采用伪极大似然估计。具体的计算过程如下：首先给出一组对于参数向量 α 的初值 α_0，代入式（12.12）中的示性函数来保证目标函数的连续性；其次对第一步得到的目标函数求导得到参数向量 α 的估计值 α_1；最后以 α_1 为新的初值重复以上两步，当第 i 步和第 $i-1$ 步之间的 α 的每个分量差的绝对值都小于 ϵ 时，停止迭代并得到估计结果 α_i。

二、模型样本外回测检验方法

为了分析 MVMQ – CAViaR 模型对于尾部风险的预测效果，避免出现过度拟合问题，怀特等（2015）[①]、陈学彬和曾裕峰（2016）[②] 都提到了通过 Kupiec 检验和动态分位数 DQ 检验对模型样本外数据进行检验。

库皮耶茨（Kupiec，1995）[③] 引入了二项式检验的一种变体，称为失效比例检验（POF – Test）。POF-test 使用二项式分布方法，使用似然比来测试异常概率是否与 VaR 置信水平所隐含的概率 p 同步。如果数据表明异常概率不同于 p，则拒绝 VaR 模型。其构造似然比的非条件检验统计量为：

$$LR = -2\ln\left[(1-p)^{N-n} \times p^n \right] + 2\ln\left[(1-n/N)^{N-n} \times (n/N)^n \right] \xrightarrow{d} \chi^2(1)$$

$$(12.13)$$

式（12.13）中，N 为观察次数，n 为失败次数。当 LR 统计量大于给定置信水平下卡方分布的临界值时，则拒绝原模型。相反，当统计量小于临界值时，则接受该模型。

为了做进一步研究，除了检验失败比率还应检验击中事件是否存在相关

① White H., Kim T., Manganelli S. 2015. VAR for VaR: Measuring Tail Dependence Using Multivariate Regression Quantiles [J]. *Journal of Econometrics*, 187 (1): 169 – 188.

② 陈学彬、曾裕峰：《中美股票市场和债券市场联动效应的比较研究——基于尾部风险溢出的视角》，载于《经济管理》2016 年第 7 期。

③ Kupiec P. H. 1995. Techniques for Verifying the Accuracy of Risk Measurement Models [J]. *Finance & Economics Discussion*, 3 (2): 73 – 84.

性，恩格尔等（Engle et al., 2004）[①] 提出了动态分位数检验（Dynamic Quantile Test，DQ Test），它不仅能够测试超过阈值的数量是否接近 VaR 置信水平，还能反映超量是否与时间相关。该检验首先定义一个新的击中序列：

$$HIT_{\theta,t} = I(y_t < -VaR_{\theta,t}) - \theta \qquad (12.14)$$

式（12.14）中，θ 为目标分位数，当 $y_t < -VaR_t$ 时，$HIT_{\theta,t} = 1 - \theta$；当 $y_t > -VaR_{\theta,t}$ 时，$HIT_{\theta,t} = -\theta$。如果模型有效，则 $E(HIT_{\theta,t}) = 0$，而且 $HIT_{\theta,t}$ 对于任何滞后的信息都不具有相关性，即 $E(HIT_{\theta,t}|\Omega_{t-1}) = 0$，所以 $HIT_{\theta,t}$ 对于任何滞后的 $HIT_{\theta,t-k}$ 以及预测的 $VaR_{\theta,t}$ 还有常数项都应不具备相关性。构造如下的检验回归方程：

$$HIT_{\theta,t} = \beta_0 + \beta_1 HIT_{\theta,t-1} + \beta_2 HIT_{\theta,t-2} + \cdots + \beta_p HIT_{\theta,t-p} + \beta_{p+1} VaR_{\theta,t} + u_t$$
$$(12.15)$$

把上述模型表述成矩阵形式：$HIT_{\theta,t} = X\beta + u_t$，其中：$u_t = \begin{cases} -\theta & \text{prob } (1-\theta) \\ (1-\theta) & \text{prob } \theta \end{cases}$。

X 是 $n \times (p+2)$ 的矩阵向量，β 是 $(p+2) \times 1$ 的向量。设原假设：$\beta = 0$，根据中心极限定理可以得到普通最小二乘法估计量的渐进分布：

$$\hat{\beta}_{ols} = (X'X)^{-1}X'HIT_{\theta,t} \rightarrow N(0, \theta(1-\theta)(X'X)^{-1}) \qquad (12.16)$$

根据正态分布和卡方分布的性质，可以构造如下的 DQ 检验统计量：

$$DQ = \frac{\beta'_{ols}X'X\beta_{ols}}{\theta(1-\theta)} \rightarrow \chi^2(p+2) \qquad (12.17)$$

三、MVMQ－CAViaR（1,1）模型及脉冲分析方法

（一）模型选择

考虑到模型的解释性和模型参数估计的准确性、复杂性以及过度拟合等因素，国内外学者在使用 MVMQ－CAViaR 进行建模时大多采用含有滞后一期信息的单分位数 MVMQ－CAViaR（1，1）模型进行分析。本章节中我们考虑两个变量之间的风险溢出，观察两个随机变量 $Y_{1,t}$ 和 $Y_{2,t}$。其中，$Y_{1,t}$ 表示一个国家的股票市场收益率，$Y_{2,t}$ 表示一个国家的债券市场收益率。关于 Y_t 的一个可能的数据生成过程，表示如下：

---

① Engle, Robert F., Manganelli S. 2004. CAViaR: Conditional Autoregressive Value at Risk by Regression Quantiles [J]. *Journal of Business & Economic Statistics*, 22.

$$\begin{bmatrix} Y_{1t} \\ Y_{2t} \end{bmatrix} = \begin{bmatrix} \alpha_t & 0 \\ \beta_t & \gamma_t \end{bmatrix} \begin{bmatrix} \varepsilon_{1t} \\ \varepsilon_{2t} \end{bmatrix} \tag{12.18}$$

其中 α_t、β_t 和 γ_t 是 F_t 可测量的，并且 ε_t 的每个元素 $(\varepsilon_{1t}, \varepsilon_{2t})'$ 都服从标准正态分布 $N(0, 1)$，且是相互独立同分布。式（12.15）中的三角形结构合理地限制了大冲击事件的影响，即某个资产的收益冲击可以直接影响另一个特定资产收益，但对另一个特定资产的冲击没有直接影响到某个资产的收益。

我们注意到 $Y_{1,t}$ 和 $Y_{2,t}$ 的标准偏差分别可以表示为 $\sigma_{1t} = \alpha_t$ 和 $\sigma_{2t} = \sqrt{\beta_t^2 + \gamma_t^2}$。此外，令 α_t、β_t 和 γ_t 被指定为满足以下 GARCH 模型：

$$\sigma_{1t} = \tilde{c}_1 + \tilde{a}_{11} |Y_{1t-1}| + \tilde{a}_{12} |Y_{2t-1}| + \tilde{b}_{11} \sigma_{1t-1} + \tilde{b}_{12} \sigma_{2t-1}$$
$$\sigma_{2t} = \tilde{c}_2 + \tilde{a}_{21} |Y_{1t-1}| + \tilde{a}_{22} |Y_{2t-1}| + \tilde{b}_{21} \sigma_{1t-1} + \tilde{b}_{22} \sigma_{2t-1} \tag{12.19}$$

我们注意到 $q_{it} = \sigma_{it} \Phi^{-1}(\theta)$，$i = \{1, 2\}$，其中 $\Phi(z)$ 是 $N(0, 1)$ 的累积分布函数。因此，通过替换式（12.16）中的 $\sigma_{it} = \Phi(\theta) q_{it}$，关于分位数 θ 的 MVMQ – CAViaR (1, 1) 表现形式如下：

$$q_{1t} = c_1(\theta) + a_{11}(\theta) |Y_{1t-1}| + a_{12}(\theta) |Y_{2t-1}| + b_{11}(\theta) q_{1t-1} + b_{12}(\theta) q_{2t-1}$$
$$q_{2t} = c_2(\theta) + a_{21}(\theta) |Y_{1t-1}| + a_{22}(\theta) |Y_{2t-1}| + b_{21}(\theta) q_{1t-1} + b_{22}(\theta) q_{2t-1}$$

$$\tag{12.20}$$

其中，$c_i(\theta) = \tilde{c}_i \Phi^{-1}(\theta)$，$a_{ij}(\theta) = \tilde{a}_{ij} \Phi^{-1}(\theta)$，$b_{ij}(\theta) = \tilde{b}_{ij} \Phi^{-1}(\theta)$。式（12.17）的双变量分位数模型可以更紧凑地写成如下矩阵形式：

$$q_t = c + A |Y_{t-1}| + B q_{t-1} \tag{12.21}$$

在式（12.21）中可以明显发现 q_t、Y_{t-1}、c 是二维向量，A 和 B 是 2×2 矩阵。

（二）模型的脉冲分析

对于 MVMQ – CAViaR (1, 1) 模型的脉冲分析，不同于标准脉冲响应分析中的干扰项 δ 被赋予误差项 ε_t 中。我们假设仅在 t 时刻将一次干预 δ 赋予可观察的 Y_{1t}，使得 $\tilde{Y}_{1t} = Y_{1t} + \delta$，即当没有干扰时序列为 $\{\cdots, Y_{1t-2}, Y_{1t-1}, Y_{1t}, Y_{1t+1}, Y_{1t+2}, \cdots\}$，有干扰时则变为 $\{\cdots, Y_{1t-2}, Y_{1t-1}, \tilde{Y}_{1t}, Y_{1t+1}, Y_{1t+2}, \cdots\}$。这个设定相当严格，因为它忽略了式（12.17）中设定指定的 Y_{1t} 的第二时刻的动态变化，即当 $s \geqslant 1$ 时，$Y_{1,t+s}$ 保持不变。但是这似乎是目前获得冲动反应的唯一可行方法，在讨论实证结果时，应该注意这里存在的局限性。为了统一标准，现将对于 Y_{1t} 的单次扰动 δ 的影响的推导函数称为伪冲激响应函数。

我们定义在 t 时刻，Y_{1t} 的扰动对于 Y_{it} 的 θ 分位数的伪冲击响应函数为 $\Delta_{i,s}(\tilde{Y}_{1t})$，其表示形式如下：

$$\Delta_{i,s}(\widetilde{Y}_{1t}) = \widetilde{q}_{i,t+s} - q_{i,t+s}, \quad s = 1, 2, 3, \cdots \quad (12.22)$$

其中，$\widetilde{q}_{i,t+s}$是受影响$\widetilde{Y}_{i,t+s}$的θ条件分位数，$q_{i,t+s}$是未受影响$Y_{i,t+s}$的θ条件分位数。

首先，我们考虑当$i=1$时，即对于$\Delta_{1,s}(\widetilde{Y}_{1t})$：

当$s=1$时，

$$\Delta_{1,1}(\widetilde{Y}_{1t}) = a_{11}(|\widetilde{Y}_{1t}| - |Y_{1t}|) + a_{12}(|\widetilde{Y}_{2t}| - |Y_{2t}|) \quad (12.23)$$

当$s>1$时，

$$\Delta_{1,s}(\widetilde{Y}_{1t}) = b_{11}\Delta_{1,s-1}(\widetilde{Y}_{1t}) + b_{12}\Delta_{2,s-1}(\widetilde{Y}_{1t}) \quad (12.24)$$

我们考虑当$i=2$时，即对于$\Delta_{2,s}(\widetilde{Y}_{1t})$：

当$s=1$时，

$$\Delta_{2,1}(\widetilde{Y}_{1t}) = a_{21}(|\widetilde{Y}_{1t}| - |Y_{1t}|) + a_{22}(|\widetilde{Y}_{2t}| - |Y_{2t}|) \quad (12.25)$$

当$s>1$时，

$$\Delta_{2,s}(\widetilde{Y}_{1t}) = b_{21}\Delta_{1,s-1}(\widetilde{Y}_{1t}) + b_{22}\Delta_{2,s-1}(\widetilde{Y}_{1t}) \quad (12.26)$$

现在，让我们定义：

$$\Delta_s(\widetilde{Y}_{1t}) = \begin{bmatrix} \Delta_{1,s}(\widetilde{Y}_{1t}) \\ \Delta_{2,s}(\widetilde{Y}_{1t}) \end{bmatrix} \quad (12.27)$$

和

$$D_t = |\widetilde{Y}_t| - |Y_t| \quad (12.28)$$

接着我们可以证明伪脉冲响应函数的紧凑表示形式如下：

$$\Delta_s(\overline{Y}_{1t}) = AD_t \quad \text{for } s = 1 \quad (12.29)$$

$$\Delta_s(\overline{Y}_{1t}) = B^{(s-1)}AD_t \quad \text{for } s > 1 \quad (12.30)$$

对于$\Delta_s(\widetilde{Y}_{2t})$可以用相同的方法得到。

关于伪分位数脉冲响应的标准误差方程，参考汉密尔顿（Hamilton，1994）[①]的文章，分位数脉冲响应函数的标准误差可以通过利用随机向量的连续变换的渐近性质来计算。具体地，对于以上伪分位数脉冲响应方程的参数向量$\hat{\alpha}_T$，有以下结果：

$$T^{1/2}[\Delta_s(\overline{Y}_{1t}; \hat{\alpha}_T) - \Delta_s(\overline{Y}_{1t}; \alpha^*)] \overset{d}{\sim} N(0, G_s(Q^{*-1}V^*Q^{*-1})G_s') \quad (12.31)$$

其中，

$$G_s: = \partial\Delta_s(\widetilde{Y}_{1t}; \alpha)/\partial\alpha' \quad (12.32)$$

---

① Hamilton J. D. 1994. *Time Series Analysis* [M]. Princeton University Press, Princeton, New Jersey.

对于 $s > 1$，矩阵 G_s 解析计算结果为：

$$G_s = \partial(B^{(s-1)}AD_t)/\partial\alpha' = B^{(s-1)}\frac{\partial vec(AD_t)}{\partial\alpha'} + ((AD_t)'\otimes I_2)\frac{\partial vec(B^{(s-1)})}{\partial\alpha'}$$

$$(12.33)$$

其中，$\dfrac{\partial vec(AD_t)}{\partial\alpha'} = (D_t'\otimes I_2)\dfrac{\partial vec(A)}{\partial\alpha'}$，$\dfrac{\partial vec(B^{(s-1)})}{\partial\alpha'} = [\sum\limits_{i=0}^{s-2}(B')^{s-2-i}\otimes B^i]\dfrac{\partial vec(B)}{\partial\alpha'}$。

第四节　基于 MVMQ－CAViaR 方法的实证分析

一、样本数据的选取

在对中国资本市场进行分析时，本章节选取相对能代表中国 A 股走势的沪深 300 指数作为中国股票市场的基准指数；选取中证全债（净价）指数代表中国总债指数。该指数的样本由银行间市场和沪深交易所市场的国债金融债及企业债组成，可以全面地反映我国债券市场的整体波动；选取上证国债指数和上证企业债指数来代表国债指数和企业债指数，以上数据均来自 Wind 数据库。在对美国资本市场进行分析时，本章节选取标普 500 指数作为美国市场的基准指数，选取由巴克莱银行编制的债券指数系列美国总债券指数（LBUSTRUU Index）、国债指数（LUATTRUU Index）和企业债指数（LUACTRUU Index）作为美国债券市场的基准指数，其中巴克莱美国综合债券指数包括美国国债、政府相关债券和公司债券，还有 MBS、ABS 和 CMBS；巴克莱美国国债指数衡量美国国债发行的，以美元计价的固定利率名义债券；巴克莱美国公司债指数衡量的是投资等级、固定利率、应采纳税的公司债市场，它包括美国和非美国工业公共事业和金融发行人公开发行的美元计价证券，所有美国数据都来源于 Bloomberg 数据库。对于以上中国市场和美国市场的数据，样本选取时间段为 2005 年 1 月 1 日至 2020 年 2 月 23 日，并将全样本数据分为样本内和样本外两个数据样本，最后 500 个数据作为样本外数据进行回测检验。

2018 年 3 月，美国贸易代表办公室公布《对华 301 调查报告》，成为中美贸易摩擦的开端。[①] 为了更清晰地分析中美贸易摩擦对于中美市场股票和债券在不同市态下的风险联动特征，将样本数据以此为时间点将贸易摩擦前后两个时间段进行划分：2005 年 1 月 1 日至 2018 年 3 月 23 日为中美贸易摩擦前阶段；2018 年 3 月 24 日至 2020 年 2 月 23 日为中美贸易摩擦阶段。

本章节取各市场指数的收盘价对数一阶差分来计算每日的指数收益，计算公式如下：

$$R_t = 100 \times \ln\left(\frac{p_t}{p_{t-1}}\right) \tag{12.34}$$

式（12.34）中 p_t 为市场中对应指数每日收盘价格。

二、模型的估计及脉冲响应结果

将 2005 年 1 月 1 日至 2018 年 3 月 24 日作为中美贸易摩擦前阶段，剔除最后 500 个交易日后的这段时间作为模型的样本内数据，通过建立股票市场与债券市场的模型，根据模型计算得到各资产的 1% 分位的风险价值 VaR，具体数据如下。

（一）样本内 VaR 图与模型估计结果

我们首先进行中美股票市场与债券市场 VaR 分析，从图 12 - 1 和图 12 - 2 的 VaR 图中可以初步发现在测试的样本期间内，中国市场和美国市场存在几个共同点。首先，股票市场和债券市场波动率和 VaR 指标都表现出一定的聚集效应，特别是对于股票市场收益率的波动情况与 VaR 指标很少发生跳跃，这与学界普遍对于市场波动率和市场风险存在聚集效应的论证相一致。其次，当股票市场出现剧烈波动，风险价值 VaR 较高时，债券市场无论是国债总债还是企业债都会出现较大波动，对应的风险价值 VaR 值也会增加，特别是在 2008 年全球金融危机和 2015 年 5 月中国资本市场剧烈波动期间，股票市场和债券市场表现出一定的同步性。为了更好地分析股票市场与债券市场的风险同步性程度，接下来通过 MVMQ - CAViaR 模型计算得到的参数值以及参数显著性进一步分析中美股债市场之间的风险溢出关系。

---

① 陈定定、康晓蒙、夏雨：《"压舱石"到"导火索"：中美经贸关系分析》，载于《国际政治科学》2019 年第 4 期。

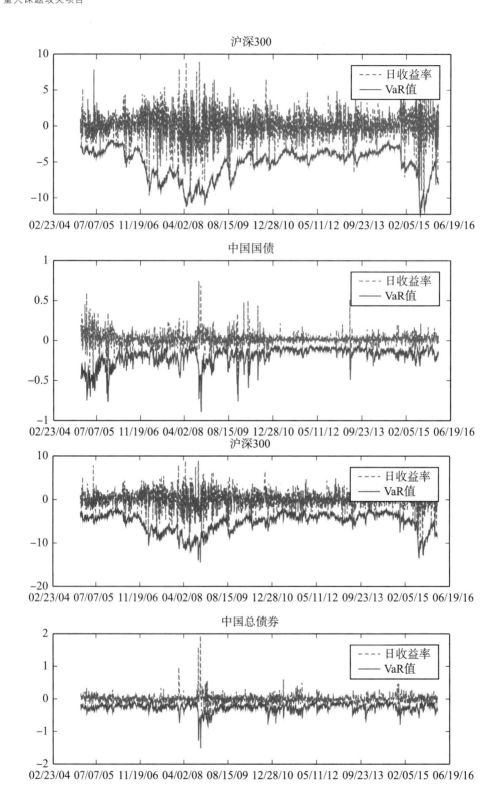

沪深300

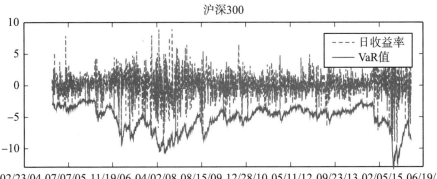

中国企业债

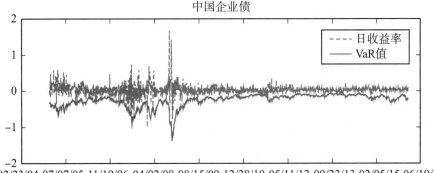

图 12 – 1　中国股票市场与债券市场 VaR

标普500

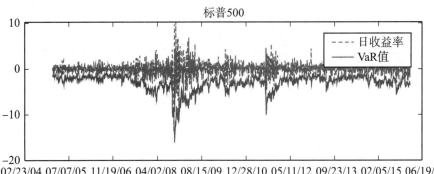

美国国债

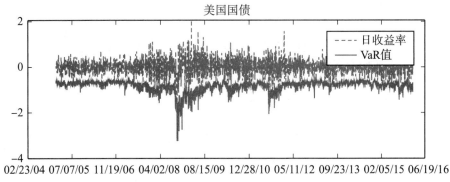

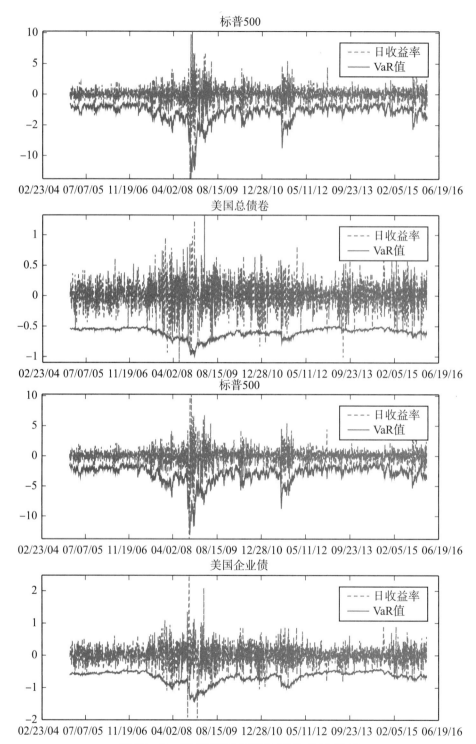

图 12 – 2 美国股票市场与债券市场 VaR

资本市场的系统性风险测度与防范体系构建研究

　　表 12-1、表 12-2、表 12-3 给出的是在贸易摩擦开始前，中国资本市场中沪深 300 分别与中国总债券、中国国债和中国企业债在 1% 分位数水平下模型参数结果。其中，a_{11} 和 b_{11} 表示第 1 个资产的收益率和前一期风险价值 VaR 对自身当期风险价值 VaR 的影响，在模型中表示股票市场的风险价值对于前期收益率与风险价值的自相关性；a_{12} 和 b_{12} 表示第二个资产的收益率和前一期风险价值 VaR 对第一个资产在当期的风险价值 VaR 的影响，在模型中可以理解为股票市场受到债券市场波动所造成的风险溢出程度；同理，a_{22} 和 b_{22} 表示第二个资产对自身的影响即债券市场对于自身风险波动的自相关程度，a_{21} 和 b_{21} 表示其受第一个资产的影响即债券市场受到股票市场波动和风险价值变化所造成的风险变化程度。从表 12-1~表 12-3 的结果可以发现，在中国的资本市场中沪深 300 与中国总债券指数表现风险价值与自身前期的市场冲击以及风险价值情况的自相关程度指标和相互之间的风险溢出指标显著度很高，几乎所有参数都在 1% 水平下显著；沪深 300 与中国国债和中国企业债之间同样也表现出了较强的风险价值。对于市场冲击和自身风险价值的自相关性，而且股票市场对于债券市场的风险溢出指标也都很显著，但债券市场对股票市场的风险溢出显著性较弱。通过以上分析我们可以发现中国资本市场在贸易摩擦开始前，股票市场和债券市场各自在尾部风险表现出较强的自相关性且受自身的市场冲击影响较大，股债之间有一定的尾部风险溢出关系，尤其对于中国总债券指标表现得更加明显。从各参数的正负号可以发现，在市场波动的大小对于尾部风险的关系参数中，无论是对于自身的风险溢出还是对于另外一个市场的风险溢出，都呈现负号，这表示当市场波动较大时，相应的尾部风险损失也会更大，符合基本的理论预期；在滞后一期的尾部风险相对于当期尾部风险的参数中，市场尾部风险对于自身的影响参数符号为正说明市场尾部风险对于自身呈现正向风险溢出，这与用历史数据法计算的风险价值 VaR 性质有关，这种情况下 VaR 指标受"鬼影"效应影响，一个极端值会影响之后较长一段时间的 VaR 值，反映出 VaR 指标的自相关性；而对于另一市场的尾部风险溢出符号为负，说明一个市场上期的尾部风险溢出情况，对于当期其他市场呈现负向风险溢出，反映了一定的"Flight-to-Quality"效应，这一点与波动率的交叉影响不同，说明在一个资产的尾部风险溢出，受另外一个资产波动率的影响较大，在监控和控制尾部风险时，相对于其他资产的尾部风险情况，应当更加关注其他资产的波动水平。

表 12 - 1　　　　　　　　　　沪深 300 与中国总债券

股票受影响方程	c_1	a_{11}	a_{12}	b_{11}	b_{12}
参数值	- 0. 121 **	- 0. 254 ***	- 2. 356 ***	0. 941 ***	- 1. 234 ***
标准差	0. 048	0. 069	0. 772	0. 017	0. 349
债券受影响方程	c_2	a_{21}	a_{22}	b_{21}	b_{22}
参数值	- 0. 014 ***	- 0. 018 ***	- 0. 443 ***	- 0. 004 **	0. 809 ***
标准差	0. 005	0. 005	0. 084	0. 002	0. 041

表头上方标注：参数估计与显著性情况

注：*、**、***分别表示在10%、5%和1%的显著性水平下拒绝原假设。

表 12 - 2　　　　　　　　　　沪深 300 与中国国债

股票受影响方程	c_1	a_{11}	a_{12}	b_{11}	b_{12}
参数值	- 0. 016	- 0. 154 ***	0. 064	0. 961 ***	- 0. 087
标准差	0. 067	0. 043	2. 59	0. 014	0. 882
债券受影响方程	c_2	a_{21}	a_{22}	b_{21}	b_{22}
参数值	- 0. 013 ***	- 0. 007 ***	- 0. 549 ***	- 0. 002 ***	0. 804 ***
标准差	0. 002	0. 002	0. 039	0. 001	0. 015

表头上方标注：参数估计与显著性情况

注：*、**、***分别表示在10%、5%和1%的显著性水平下拒绝原假设。

表 12 - 3　　　　　　　　　　沪深 300 与中国企业债

股票受影响方程	c_1	a_{11}	a_{12}	b_{11}	b_{12}
参数值	- 0. 013	- 0. 155 ***	- 0. 038	0. 966 ***	- 0. 18 *
标准差	0. 013	0. 028	0. 243	0. 007	0. 101
债券受影响方程	c_2	a_{21}	a_{22}	b_{21}	b_{22}
参数值	0. 003 ***	- 0. 006 ***	- 0. 187 ***	0	0. 927 ***
标准差	0. 001	0. 002	0. 027	0	0. 01

表头上方标注：参数估计与显著性情况

注：*、**、***分别表示在10%、5%和1%的显著性水平下拒绝原假设。

表 12 - 4 ～ 表 12 - 6 显示的是在贸易摩擦开始前，美国资本市场中标普 500 分别与美国总债券、美国国债和美国企业债在 1% 分位数水平下模型参数结果。

从三个表格的结果可以发现在美国的资本市场中，美国的股票市场与债券市场也存在着个别风险溢出的关系，其中标普 500 对于美国国债指数的风险溢出效应相对更显著。在观察各参数的正负号时，可以发现与中国市场有很多相似之处，比如波动率对于自身和其他市场尾部风险的负号为负数，说明波动越大，对其自身和其他市场造成的尾部风险也越大。结果中的自身尾部风险 VaR 值同样呈现自相关性，但值得注意的是与中国市场不同，美国市场中的尾部风险对于其他市场尾部风险的指标值多为正数，说明在美国市场中尾部风险交叉风险呈现出正向溢出，尾部风险会与波动率叠加对另一市场的尾部风险产生影响，但从指标的显著度看，尾部风险正向风险溢出的显著度不高、影响有限。总体上在样本内期间，从通过模型计算得到的参数指标的显著程度可以发现，美国的资本市场股票与债券的风险溢出关系没有中国市场显著。

表 12 – 4　　　　　　　　　　标普 500 与美国总债券

参数估计与显著性情况					
股票受影响方程	c_1	a_{11}	a_{12}	b_{11}	b_{12}
参数值	0.044	− 0.364 ***	− 0.401	0.827 ***	0.292
标准差	0.212	0.1	0.358	0.045	0.503
债券受影响方程	c_2	a_{21}	a_{22}	b_{21}	b_{22}
参数值	− 0.003	− 0.009	− 0.02 *	− 0.004	0.996 ***
标准差	0.007	0.008	0.012	0.004	0.02

注：＊、＊＊、＊＊＊分别表示在 10%、5% 和 1% 的显著性水平下拒绝原假设。

表 12 – 5　　　　　　　　　　标普 500 与美国国债

参数估计与显著性情况					
股票受影响方程	c_1	a_{11}	a_{12}	b_{11}	b_{12}
参数值	0.318	− 0.258	− 1.242	0.776 **	0.555
标准差	1.513	0.279	0.914	0.364	3.302
债券受影响方程	c_2	a_{21}	a_{22}	b_{21}	b_{22}
参数值	− 0.583 ***	− 0.149 ***	− 0.191	0.106 **	− 0.297
标准差	0.178	0.032	0.126	0.048	0.345

注：＊、＊＊、＊＊＊分别表示在 10%、5% 和 1% 的显著性水平下拒绝原假设。

表 12 – 6　　　　　　　　　标普 500 与美国企业债

参数估计与显著性情况					
股票受影响方程	c_1	a_{11}	a_{12}	b_{11}	b_{12}
参数值	– 0.031	– 0.28 *	– 1.1 *	0.83 ***	0
标准差	0.181	0.151	0.61	0.117	0.598
债券受影响方程	c_2	a_{21}	a_{22}	b_{21}	b_{22}
参数值	– 0.007 *	– 0.008	– 0.062 *	– 0.002	0.969 ***
标准差	0.004	0.008	0.034	0.008	0.022

注：表内第二行数据是对应系数的标准误，* 、** 、*** 分别表示在 10%、5% 和 1% 的显著性水平下拒绝原假设。

（二）样本外 VaR 图

为了对模型进行稳健性检验测试，我们根据模型参数对样本外 2015 年 12 月至 2018 年 3 月这段时间的数据进行计算，得到根据各配对模型对于相应指数的样本外预测风险价值 VaR 指标，数据结果如下：

从图 12 – 3 和图 12 – 4 中可以初步发现，对于中国资本市场和美国资本市场的样本外数据，数据中日收益率波动超过预测风险价值的次数较少，基本符合模型预期。在各组模型结果中，第一张图显示的是股票市场沪深 300 指数和标普 500 指数的样本外波动率和预测风险价值 VaR，可以发现，不同组模型对于同一指数指标的尾部风险 VaR 预测趋势也基本一致，说明模型预测的一致性较好。为了进一步验证模型对于样本外数据的适用性，本章节对于模型的样本外结果分别进行了 Kupiec 似然比检验和动态分位数（DQ）检验。Kupiec 检验的主要衡量指标是 LR 统计量，一般情况下如果该统计量大于 3.84 则拒绝模型预测结果有效的假设，说明样本外数据与预期结果存在一定误差。动态分位数（DQ）检验不仅可以检验样本外数据超出阈值次数，而且还可以检验这些超出事件是否存在时间上的自相关性。对于动态分位数（DQ）检验方法，主要观察 DQ 统计量的 p 值，如果 p 值较小，则说明结果显著，说明"击中事件"发生次数与预期不符或"击中事件"存在一定程度的自相关性，模型对样本外数据的解释性在某方面存在不足，反之则认为模型的预测效果较好，具体检验结果如表 12 – 7 所示。

沪深300与中国总债券样本外VaR估计

沪深300

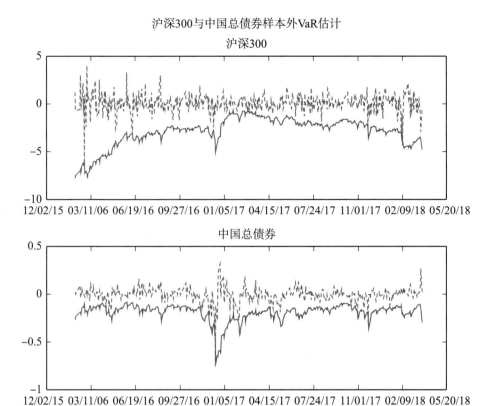

中国总债券

沪深300与中国国债样本外VaR估计

沪深300

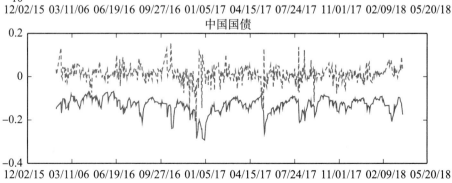

中国国债

沪深300与中国企业债样本外VaR估计

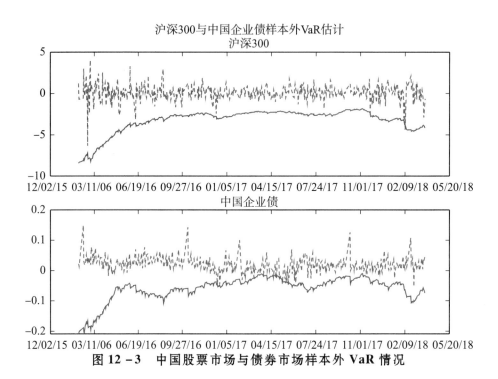

图 12 – 3　中国股票市场与债券市场样本外 VaR 情况

标普500与美国总债券样本外VaR估计

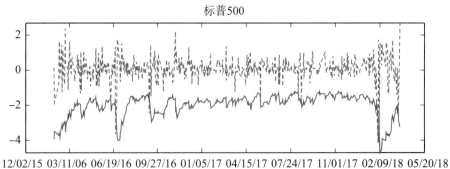

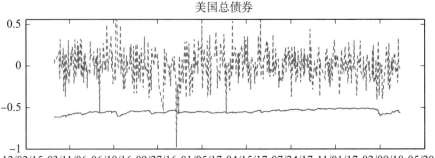

资本市场的系统性风险测度与防范体系构建研究

标普500与美国国债样本外VaR估计

标普500

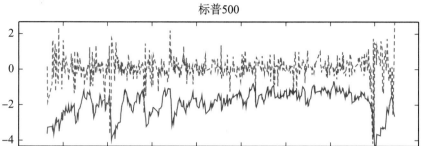

美国国债

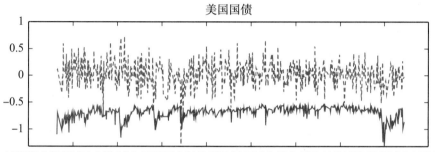

标普500与美国企业债样本外VaR估计

标普500

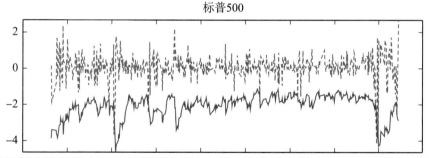

美国企业债

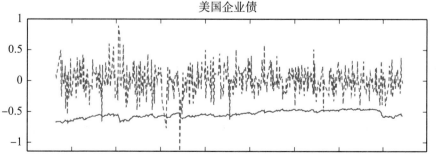

图 12 - 4　美国股票市场与债券市场样本外 VaR 情况

表 12 – 7 样本外风险溢出模型检验结果

模型	指数	kupiec 检验		动态分位数（DQ）检验		
		LR 统计量	结果	DQ 统计量	P 值	结果
沪深 300—中国总债模型	沪深 300	0.190	接受	22.347	0.002	显著
	中国总债	1.538	接受	16.990	0.017	显著
沪深 300—中国国债模型	沪深 300	0.000	接受	23.663	0.001	显著
	中国国债	2.353	接受	0.902	0.996	不显著
沪深 300—中国企业债模型	沪深 300	2.353	接受	0.837	0.997	不显著
	中国企业债	0.190	接受	97.987	0.000	显著
标普 500—美国总债模型	标普 500	2.613	接受	43.346	0.000	显著
	美国总债	0.217	接受	29.246	0.000	显著
标普 500—美国国债模型	标普 500	3.914	拒绝	49.629	0.000	显著
	美国国债	0.943	接受	2.316	0.940	不显著
标普 500—美国企业债模型	标普 500	1.538	接受	44.284	0.000	显著

回测检验结果

在表 12 – 7 的样本外数据检验结果中，中国和美国在 Kupiec 检验的结果显示几乎所有关于股票市场与债券市场的风险溢出模型都通过了检验，只有美国国债对标普 500 影响没有通过检验，说明模型对于各指数的尾部风险有较好的预测能力，对于风险管理和控制可以起到较好的指导作用。另一方面，动态分位数 DQ 检验的结果显示，沪深 300—中国国债模型中对于中国债、沪深 300—中国企业债模型中对于沪深 300 指数、标普 500—美国国债模型中对于美国国债、标普 500—美国企业债模型中对于美国企业债这些指标都不显著，说明模型对这些指数不仅有较为准确的尾部风险预测能力，而且尾部风险的超出事件不存在自相关性。对于其他几组结果，虽然模型都通过了 Kupiec 检验，但 DQ 统计量显示拒绝了原假设，说明这些指数超出模型风险价值的情况在时间上存在自相关性，即有可能在一段时间连续出现超出模型给出的风险价值的尾部风险事件。总体来看，模型对于样本外数据的尾部风险有较好的预测能力，为了进一步更直观地对比样本内外风险溢出模型对于风险价值预测的有效性，表 12 – 8 统计了各资产收益波动超过 1% 的风险价值次数的频率：

表 12 – 8 　　　　　　　　　　　　**描述统计** 　　　　　　　　　　单位：%

	均值	中位数	标准差	最小值	最大值
样本内	1.01	1.01	0.04	0.94	1.05
样本外	1.25	1.20	0.93	0.20	2.80

从表 12 – 8 的统计结果中可以看出，对于样本内数据，资产波动超过 1% 风险价值 VaR 的平均频率为 1.007%，最小值为 0.944%，最大值为 1.045%。都非常接近 1%，与预期相符，而且标准差较低，预测比较准确；对于样本外数据，资产波动超过 1% 风险价值的平均频率为 1.25%，同样比较接近 1%，说明模型对于样本外有一定的预测能力，但标准差较大，说明预测的准确度没有样本内高。需要注意的是，样本外数据频率的最小值仅为 0.2%，而最大值则达到了 2.8%，这与 1% 存在一定误差，说明对于个别模型的某项资产模型的预测能力不佳，这与表 12 – 7 中的模型检验结果基本一致，但总体来说这个误差是在可以接受的范围之内，模型对于多数样本外数据仍然有较好的解释力度，对风险预警和管理起到预警作用。

（三）脉冲响应分析图

本小节我们通过脉冲响应分析的方法，来分析当一个市场受到某个风险事件影响，市场行情受到较大扰动时，该事件对于其他市场的冲击过程和冲击响应时间等。在计算中，我们对模型中的一个市场的初始状态给予两倍标准差的冲击，并根据模型中的参数，计算在未来的一段时间里，该冲击是如何对这个市场产生影响的，以及对于其他市场的影响大小和影响过程。

从图 12 – 5 和图 12 – 6 中可以发现，从脉冲响应的方向看，当一个市场受到扰动时，扰动会给自身和其他市场带来负面的尾部冲击，且无论是在中国还是在美国，股票市场受扰动的影响要大于债券市场，这个结果符合股票与债券的两种资产类别的性质。对于股票市场，虽然中国的股票市场受自身风险事件冲击的影响与美国的股票市场受自身风险事件冲击的影响相差不大甚至更小，但是脉冲对于中国股票市场的影响时间要长于美国市场，图 12 – 5、图 12 – 6 中的结果表明中国股票市场平均需要 30 ~ 40 天，甚至 40 天以上的时间去消化脉冲所带来的影响，而美国股票市场一般只需要 10 ~ 20 天去消化冲击所带来的影响，这个结论与彭选华（2019）[①] 运用 SV – M – t 模型对中美股票市场波

---

① 彭选华：《基于 DCC – Copula – SV – M – t 模型的股市系统性风险溢出分析》，载于《数理统计与管理》2019 年第 5 期。

动率的记忆特征进行分析时得到的结论一致，即国内市场在受到国际重大政治经济事件冲击时，自我修复能力不如国外成熟的股票市场。这在某种程度上与美国的股票市场发展更成熟、更完备以及美国资本市场的投资者专业化程度更高有关。程崇祯和章婷（2005）[1] 提到中国股票市场以个人投资者为主体，缺少专业方面的知识，投资理念以投机、听消息等为主，这些也导致了中国股票市场面对市场冲击时与发达国家相比恢复能力较弱。而对于债券市场，可以发现中国和美国的债券市场对于自身或股票市场的风险事件所带来的冲击所需要的消化时间基本相同，都在 10～20 天左右，中国债券市场与股票市场表现出的对于资产波动导致的风险溢出所需消化时间不同，是因为中国的债券市场主要由机构的专业投资者参与，非专业投资者参与较少，所以对于资产定价相对更准确更迅速。

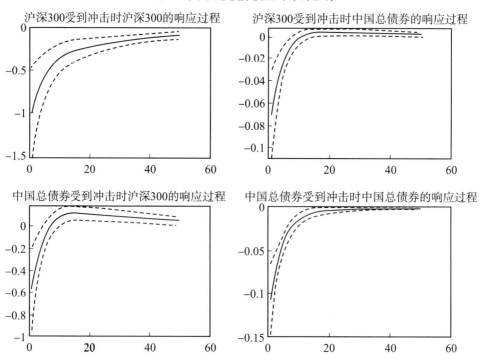

沪深300与中国总债券模型的冲击影响

① 程崇祯、章婷：《CAPM 在我国的适用性探讨》，载于《湖北大学学报》（哲学社会科学版）2005年第 1 期。

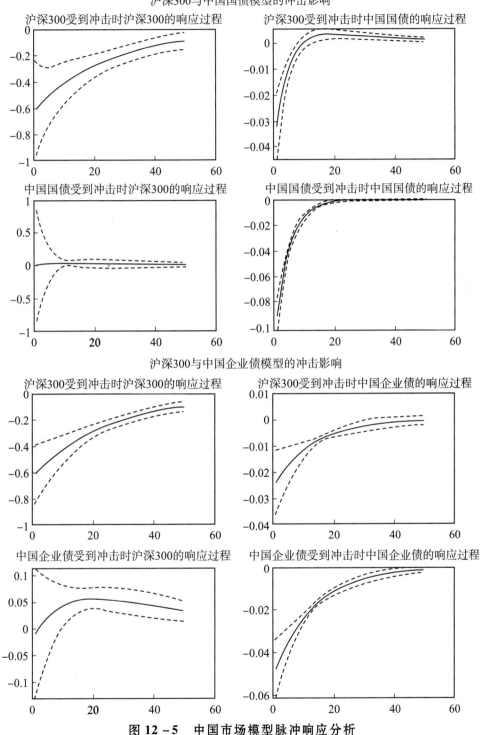

图 12 - 5　中国市场模型脉冲响应分析

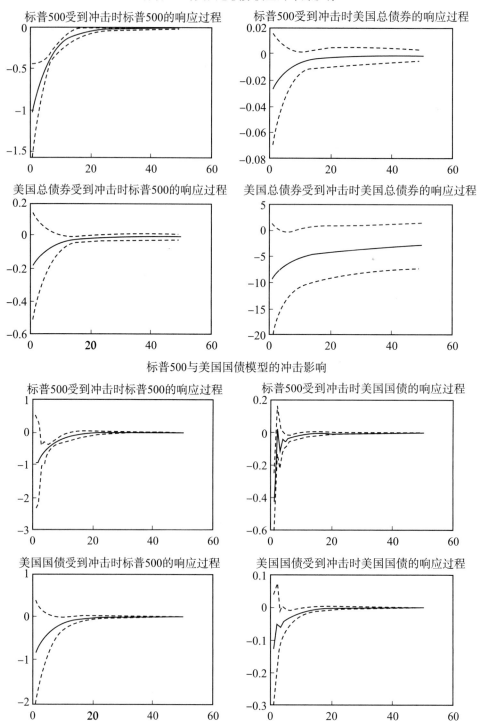

资本市场的系统性风险测度与防范体系构建研究

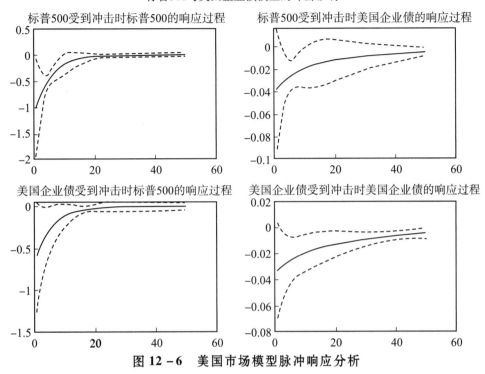

图 12 - 6　美国市场模型脉冲响应分析

（四）VaR 图与模型估计结果（贸易摩擦期间）

从 2018 年 3 月开始中美贸易摩擦进入新阶段，在贸易对抗事件不断升级，双边贸易受到严重影响的背景下，金融风险事件发生的频率和幅度大幅上升，特别是股票市场，沪深 300 指数受到了严重冲击，在 2018 年全年跌幅接近 30%。为了分析模型在贸易摩擦期间的表现，根据这段时间数据建立资产之间的风险溢出模型计算得到各资产的 1% VaR 如图 12 - 7、图 12 - 8 所示。

从图 12 - 7 和图 12 - 8 中可以发现，中国股票市场在 2018 年 5 月和 2018 年 10 月以及 2019 年 5 月由于中美贸易冲突升级出现了较大波动。受 COVID - 19 病毒疫情影响，2020 年 2 月中国股票市场出现剧烈波动，在这段时间模型计算的关于中国股票市场的尾部风险指标 VaR 也相应地增加。但中国总债券指数和中国国债指数的市场价格并未出现较大波动，风险价值也未出现扩大的情况，只有企业债指数与股票市场存在一定的同步性。对于美国股票市场而言，从图 12 - 8 中看标普 500 指数的预测风险价值似乎与美国总债券指数的预测风险价值呈现反向趋势，标普 500 指数与美国国债指数之间没有发现明显的关系，标普 500 指数与美国企业债指数在图中表现出一定的同步性。为了明确股票市场与债券市场是否存在显著的关联，需要对模型中具体参数做进一步分析。

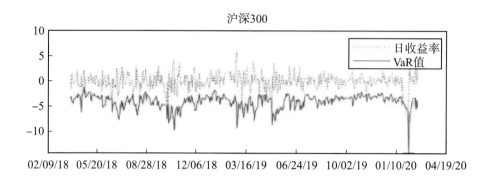

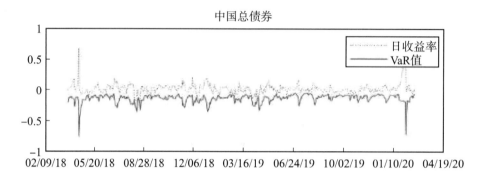

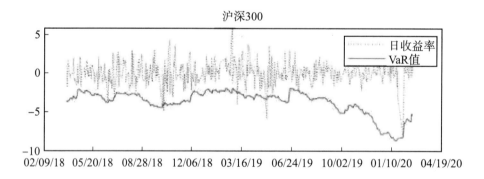

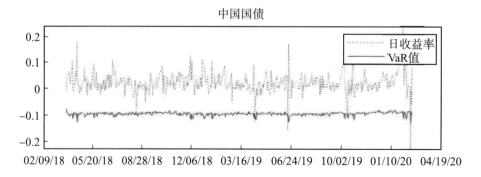

资本市场的系统性风险测度与防范体系构建研究

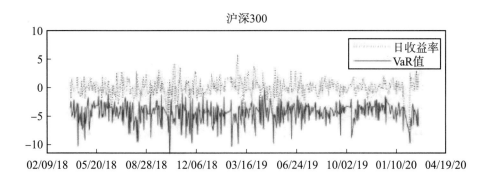

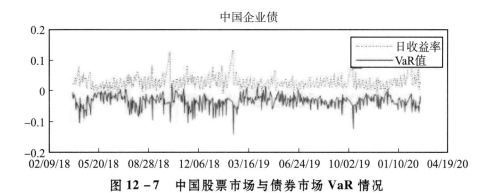

图 12 - 7　中国股票市场与债券市场 VaR 情况

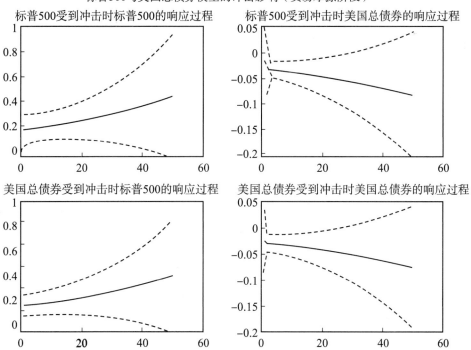

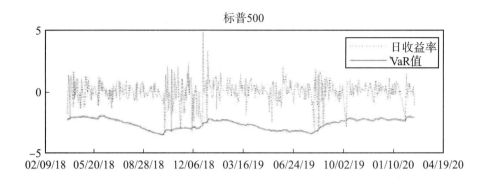

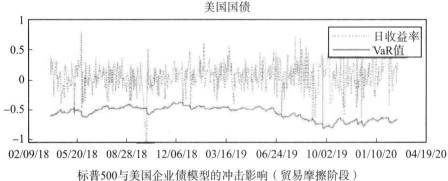

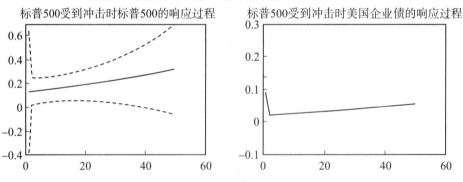

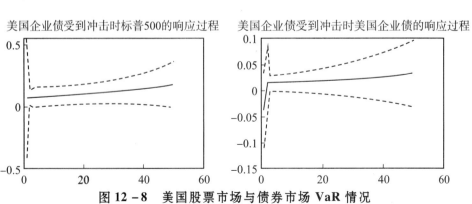

图 12 - 8 美国股票市场与债券市场 VaR 情况

根据表 12-9 至表 12-14 中的参数显著性结果可以发现，在贸易摩擦期间，中国股票市场对债券市场无论是中国总债券指数、国债指数还是企业债指数都未产生显著的风险溢出影响，中国国债指数和中国企业债指数的波动虽仍然对中国股票市场有显著的风险溢出效应，但不如贸易摩擦前影响显著。总体来看，股票市场与债券市场之间的风险传导关系呈现单方向的风险溢出传导状态。对于美国市场，同样表现出股票市场与债券市场之间的相互关联弱化的情况。

表 12-9 沪深 300 与中国总债券

参数估计与显著性情况					
股票受影响方程	c_1	a_{11}	a_{12}	b_{11}	b_{12}
参数值	-0.652	-0.947	-3.919	0.716	-4.552
标准差	1.128	2.097	10.052	0.52	7.686
债券受影响方程	c_2	a_{21}	a_{22}	b_{21}	b_{22}
参数值	-0.015	-0.001	-0.961**	0	0.547
标准差	0.049	0.043	0.465	0.022	0.365

注：*、**、***分别表示在 10%、5% 和 1% 的显著性水平下拒绝原假设。

表 12-10 沪深 300 与中国国债

参数估计与显著性情况					
股票受影响方程	c_1	a_{11}	a_{12}	b_{11}	b_{12}
参数值	-0.169	0.056	5.286***	1.012***	0.059
标准差	0.948	0.041	0.687	0.025	8.96
债券受影响方程	c_2	a_{21}	a_{22}	b_{21}	b_{22}
参数值	-0.096	0.002	-0.211	-0.002	0.015
标准差	0.242	0.017	0.498	0.009	2.538

注：*、**、***分别表示在 10%、5% 和 1% 的显著性水平下拒绝原假设。

表 12 -11   **沪深 300 与中国企业债**

参数估计与显著性情况					
股票受影响方程	c_1	a_{11}	a_{12}	b_{11}	b_{12}
参数值	-1.795	-1.425 **	33.938 **	0.038	61.3 **
标准差	3.661	0.713	14.501	1.025	27.606
债券受影响方程	c_2	a_{21}	a_{22}	b_{21}	b_{22}
参数值	0.009	0.013	-1.073	0.004	0.209
标准差	0.018	0.028	0.951	0.005	1.027

注：*、**、*** 分别表示在 10%、5% 和 1% 的显著性水平下拒绝原假设。

表 12 -12   **标普 500 与美国总债券**

参数估计与显著性情况					
股票受影响方程	c_1	a_{11}	a_{12}	b_{11}	b_{12}
参数值	-0.245	0.06 **	0.392 ***	0.984	-0.185
标准差	3.756	0.029	0.111	0.683	3.583
债券受影响方程	c_2	a_{21}	a_{22}	b_{21}	b_{22}
参数值	-1.155	-0.002	-0.064	-0.215	-0.105
标准差	1.18	0.018	0.08	0.227	1.138

注：*、**、*** 分别表示在 10%、5% 和 1% 的显著性水平下拒绝原假设。

表 12 -13   **标普 500 与美国国债**

参数估计与显著性情况					
股票受影响方程	c_1	a_{11}	a_{12}	b_{11}	b_{12}
参数值	-0.057	0.041	0.172	1.003 ***	-0.01
标准差	0.125	0.046	0.58	0.043	0.263
债券受影响方程	c_2	a_{21}	a_{22}	b_{21}	b_{22}
参数值	0.001	0.003	-0.106 ***	0.001	0.961 ***
标准差	0.009	0.004	0.025	0.002	0.015

注：表内第二行数据是对应系数的标准误，*、**、*** 分别表示在 10%、5% 和 1% 的显著性水平下拒绝原假设。

资本市场的系统性风险测度与防范体系构建研究

表 12 – 14　　　　　　　　标普 500 与美国企业债

股票受影响方程	c_1	a_{11}	a_{12}	b_{11}	b_{12}
			参数估计与显著性情况		
参数值	– 0.017	0.052	0.169	1.017	0.009
标准差	0.897	0.202	0.534	0.787	4.366
债券受影响方程	c_2	a_{21}	a_{22}	b_{21}	b_{22}
参数值	– 0.233	0.062	– 0.082	0.19	– 0.051
标准差	0.246	0.048	0.082	0.265	0.756

注：*、**、*** 分别表示在 10%、5% 和 1% 的显著性水平下拒绝原假设。

在债券市场中，仅美国总债券指数对于标普 500 指数存在风险溢出影响，其他债券指数并未表现出对于股票市场明显的风险溢出影响，此外与中国资本市场相同，美国的股票市场并未表现出显著的对债券市场存在风险溢出的现象。以上结果说明中美贸易摩擦期间，虽然股票市场由于受到贸易摩擦事件的影响产生了剧烈波动，但股票市场的尾部风险增加并未导致债券市场的尾部风险提高。造成这种情况的原因有几个方面：一方面从 2018 年三季度开始，上市公司基本面财务指标受到严重影响，再加上中美贸易摩擦一直未出现减缓的态势，导致股票市场投资者对市场信心不足退出股票市场，部分资金转而流入风险较低的债券市场，这使得股债之间的风险溢出效应有所减轻，股票市场与债券市场呈现"Fight-to-Quality"效应。另一方面也说明在贸易摩擦期间，受到多种因素叠加影响，股票市场与债券市场的联动关系发生变化，风险传导结构不稳定，需要对贸易摩擦发生前的股债之间的风险传导模型进行修正。

（五）脉冲影响分析（贸易摩擦期间）

在贸易摩擦期间用模型建模得到的脉冲响应函数结果来看，与贸易摩擦前的脉冲模型有很大的区别，贸易摩擦期间的脉冲响应预测区间更多的应是呈现风险扩散的态势，模型对于脉冲响应的预测能力减弱，说明当一个市场发生冲击事件引起较大的价格波动时，在使用模型预测其对于另一个市场造成的冲击响应时，所得到的结果的准确性和稳定性不高，说明股市与债市之间的冲击影响减弱，或许受到来自其他方面的政策影响较多，特别是对于美国市场，在几组模型对于冲击所造成的响应都呈现发散的形态（见图 12 – 9、图 12 – 10）。在中国市场的模型脉冲响应分析结果中，有几组脉冲响应图未出现发散的趋势，在这几组模型中可以发现一个市场所受到的脉冲对于另一个市场所造成的冲击有限，且市场对于脉冲的消化速度较快，恢复所需的时间较短。

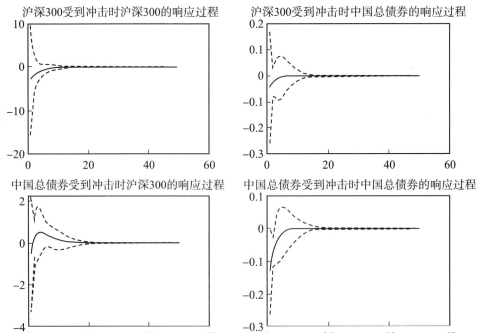

沪深300与中国总债券模型的冲击影响（贸易摩擦阶段）

沪深300受到冲击时沪深300的响应过程　　沪深300受到冲击时中国总债券的响应过程

中国总债券受到冲击时沪深300的响应过程　　中国总债券受到冲击时中国总债券的响应过程

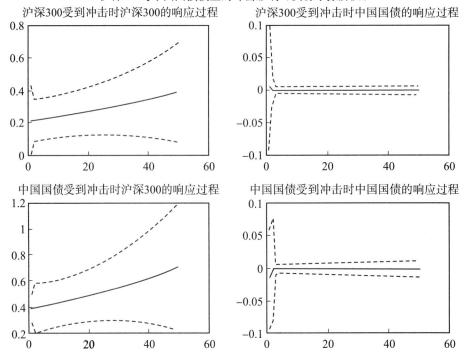

沪深300与中国国债模型的冲击影响（贸易摩擦阶段）

沪深300受到冲击时沪深300的响应过程　　沪深300受到冲击时中国国债的响应过程

中国国债受到冲击时沪深300的响应过程　　中国国债受到冲击时中国国债的响应过程

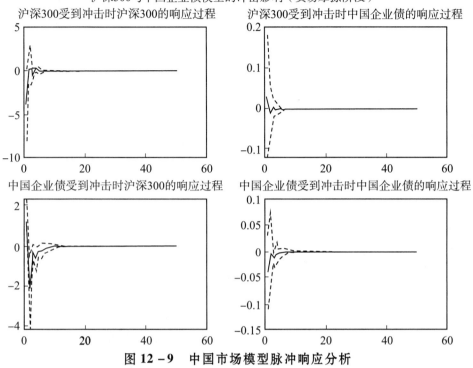

图 12－9　中国市场模型脉冲响应分析

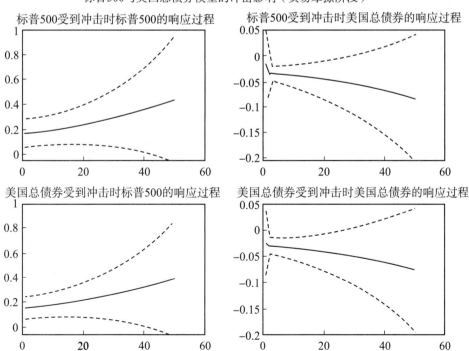

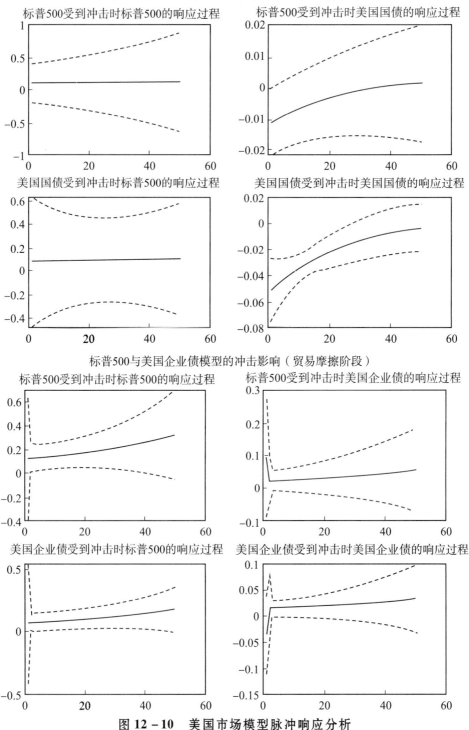

图 12-10 美国市场模型脉冲响应分析

第五节 基于无模型隐含波动率 VIX 的 MVMQ – CAViaR 模型

考虑到 VIX 指数不仅是一个有效的波动率风险测度指标，VIX 指数在资本市场中同时也被称为恐慌指数，可以从一定程度上反映市场参与者的恐慌情绪。所以本章在应用 MVMQ – CAViaR 模型研究风险溢出的时变性问题时，考虑将 VIX 波动率测度嵌入 MVMQ – CAViaR 模型中思路和方法，使其可以反映当市场恐慌情绪发生变化时，由不同市场之间恐慌情绪的传染引起的尾部风险溢出情况。从一个新的角度应用 MVMQ – CAViaR 模型，发挥该模型对于处理资产收益率呈现尖峰肥尾和存在时变特征时的优势，从而得到对市场更加全面的认识，并分析中美贸易摩擦新形势下股票市场之间极端风险溢出的结构性变化。

一、基于 VIX 的 MVMQ –CAViaR 模型构建

本章提到，多元多分位数回归模型（MVMQ – CAViaR）模型的一般形式为：

$$q_{i,j,t} = c_{i,j} + \sum_{\tau=1}^{k} \boldsymbol{\Psi}'_{t-\tau} \boldsymbol{\beta}_{i,j,\tau} + \sum_{\xi=1}^{m} \sum_{\eta=1}^{n} \boldsymbol{q}'_{\eta,t-\xi} \boldsymbol{\gamma}_{i,j,\xi,\eta} \qquad (12.35)$$

式（12.35）前部分 $c_{i,j}$ 是常数项，$\boldsymbol{\Psi}_t$ 是 $\boldsymbol{F}_{t-1}$ 可测的，取值一般为 $\boldsymbol{Y}_t$ 及其滞后值，其中 $\boldsymbol{Y}_t$ 可表示为 $\boldsymbol{X}_t$ 的函数，在原 MVMQ – CAViaR 中并没有给 $\boldsymbol{\Psi}_t$ 一个明确的定义。为了方便起见，使用的是每日收益率的绝对值作为第 i 个资产的标准差测度，这种表述虽然在计算时比较方便，但对标准差的测度缺乏准确性和稳定性，导致第 i 个资产的标准差在几日之内会出现频繁的剧烈波动，与实际情况不符。考虑到这个问题，本小节考虑将无模型隐含波动率测度替代日收益率的绝对值作为第 i 个资产的标准差估计，即将向量 $\boldsymbol{\Psi}_t$，用无模型隐含波动率向量 $\boldsymbol{VIX}_t$ 估计资产的标准差，能够更真实地反映第 i 个资产在各时刻的波动情况，从而提高在使用 MVMQ – CAViaR 模型分析问题时的准确性和可导性。除此以外，其他符号表示的内容不变。

同样参考前文，可以得到基于无模型隐含波动率 VIX 关于分位数 θ 的 MVMQ – CAViaR（1，1）表现形式如下：

$$q_{1t} = c_1(\theta) + a_{11}(\theta)|VIX_{1t-1}| + a_{12}(\theta)|VIX_{2t-1}| + b_{11}(\theta)q_{1t-1} + b_{12}(\theta)q_{2t-1}$$
$$q_{2t} = c_2(\theta) + a_{21}(\theta)|VIX_{1t-1}| + a_{22}(\theta)|VIX_{2t-1}| + b_{21}(\theta)q_{1t-1} + b_{22}(\theta)q_{2t-1}$$

$$(12.36)$$

其中，$c_i(\theta) = \tilde{c}_i \Phi^{-1}(\theta)$，$a_{ij}(\theta) = \tilde{a}_{ij} \Phi^{-1}(\theta)$，$b_{ij}(\theta) = \tilde{b}_{ij} \Phi^{-1}(\theta)$。式（12.36）的双变量分位数模型可以写成如下矩阵形式：

$$q_t = c + A \left| VIX_{t-1} \right| + B q_{t-1} \tag{12.37}$$

在式（12.37）中可以明显发现 q_t、VIX_{t-1}、c 是二维向量，A 和 B 是 2×2 矩阵。在本小节的实证分析中将根据该模型进行讨论。

二、基于 VIX 的 MVMQ—CAViaR 模型的实证分析

与前文相似，本小节将测试分析的时间段分为中美贸易摩擦前和中美贸易摩擦后两个阶段。受到计算 VIX 指数需要期权市场数据的限制，本小节仅考虑中国股票市场与美国股票市场之间的风险，不再对债券市场的风险溢出关系进行研究。实证分析的样本期间为我国 50ETF 期权上市日 2015 年 2 月 9 日至 2021 年 8 月 3 日。与前文相似，为了更清晰地分析中美贸易摩擦对于中美股票市场之间的风险溢出关系是否发生变化，将样本期间划分为两个阶段：以 2015 年 2 月 9 日至 2018 年 3 月 23 日作为中美贸易摩擦前阶段；以 2018 年 3 月 24 日至 2020 年 2 月 23 日作为中美贸易摩擦阶段。

选取各市场指数收盘价对数的一阶差分来计算每日的指数收益，计算公式如下：

$$R_t = 100 \times \ln\left(\frac{p_t}{p_{t-1}}\right) \tag{12.38}$$

式（12.38）中的 p_t 为市场中对应指数的每日收盘价格。

三、模型的估计结果

（一）贸易摩擦前 VaR 图与模型估计结果

我们首先进行中国股票市场与美国股票市场的 VaR 分析。根据图 12-11 的 VaR 图可以初步发现在测试的样本期间内，中国股票市场和美国股票市场波动率与 VaR 指标都表现出一定的聚集效应，股票市场收益率的波动情况与 VaR 指标很少发生跳跃，这与股票市场波动率和市场风险存在聚集效应的学界普遍论证相一致。其次，当中国或美国的股票市场出现剧烈波动、风险价值 VaR 较高时，另一个国家的股票市场同样会出现较大波动，对应的风险价值 VaR 值也会增加，特别是在 2015 年 5 月中国资本市场剧烈波动期间，中国股票市场和美国股票市

场表现出一定的同步性。为了更好地分析中国股票市场与美国股票市场的风险同步性程度，接下来将通过基于 VIX 的 MVMQ – CAViaR 模型计算得到的参数值以及参数显著性进一步分析中美股票市场之间的风险溢出关系。

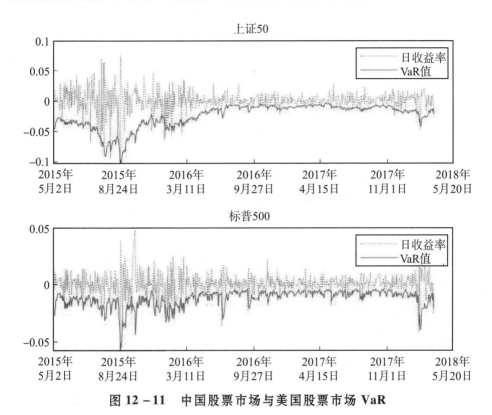

图 12 – 11　中国股票市场与美国股票市场 VaR

　　表 12 – 15 显示的是在贸易摩擦开始前，中国股票市场中上证 50 指数与美国股票市场标普 500 指数在 5% 分位数水平下的模型参数结果。根据表 12 – 15，a_{11}和 b_{11} 分别表示第 1 个资产的恐慌情绪和前一期风险价值 VaR 对自身当期风险价值 VaR 的影响，反映了中国股票市场的风险价值对于前期恐慌情绪与风险价值的自相关性；a_{12} 和 b_{12} 表示第二个资产的恐慌情绪和前一期风险价值 VaR 对第一个资产当期风险价值 VaR 的影响，反映了中国股票市场受到美国股票市场波动所造成的风险溢出程度；同理，a_{22} 和 b_{22} 表示第二个资产对自身的影响以及与自身风险波动的自相关程度，a_{21} 和 b_{21} 表示其受第一个资产的影响，即美国股票市场受到中国股票市场恐慌情绪和风险价值变化所造成的风险变化程度。从表 12 – 15 中的信息可以看出，上证 50 指数与标普 500 指数的风险价值与自身前期的市场恐慌情绪冲击、风险价值的自相关程度以及相互之间的风险溢出指标的显著度都很高，几乎所有参数都在 1% 水平下显著，除了 b_{21} 没有显著性。通过以上

分析我们可以发现，在贸易摩擦开始前，中国股票市场和美国股票市场各自在尾部风险表现出较强的自相关性且受自身市场的恐慌情绪冲击影响较大，其中中国股票市场受美国股票市场的风险溢出情况影响较为明显，美国股票市场受中国股票市场的影响相对较弱。从各参数的正负号可以发现，在市场波动的大小对于尾部风险的关系参数中，无论是对于自身的风险溢出还是对于另外一个市场的风险溢出，都呈现负号，表明当市场波动较大时，相应的尾部风险损失也会更大，符合基本的理论预期。

表 12 – 15　　　　　　　　中国股票市场与美国股票市场

参数估计与显著性情况					
股票受影响方程	c_1	a_{11}	a_{12}	b_{11}	b_{12}
参数值	– 0.001	– 0.192***	– 0.395**	0.985***	– 0.35**
标准差	0.000	0.060	0.169	0.034	0.155
债券受影响方程	c_2	a_{21}	a_{22}	b_{21}	b_{22}
参数值	– 0.001*	– 0.117*	– 0.563***	0.021	0.543***
标准差	0.000	0.064	0.154	0.036	0.015

注：表内第二行数据是对应系数的标准误，*、**、*** 分别表示在10%、5%和1%的显著性水平下拒绝原假设。

（二）贸易摩擦前脉冲响应分析图

从图 12 – 12 中可以发现，从脉冲响应的方向看，无论是在中国还是在美国，当一个市场的恐慌情绪放大受到扰动时，扰动会给自身和其他市场带来负面的尾部冲击。对于中国股票市场，虽然中国股票市场受自身风险事件冲击的影响与美国股票市场受自身风险事件冲击的影响相差不大，但是脉冲对于中国股票市场的影响时间要长于美国股票市场。从图 12 – 12 中的结果来看，中国股票市场平均需要 10 天，甚至 20 天以上的时间去消化恐慌情绪脉冲带来的影响，而美国股票市场一般只需要 5 ~ 8 天去消化恐慌情绪冲击所带来的影响，这个结果与前文提到的彭选华（2019）[①] 运用 SV – M – t 模型对中美股票市场波动率的记忆特征进行分析时得到的结论一致，即国内市场在受到国际重大政治经济事件冲击时，自我修复能力不如国外成熟的股票市场。这在某种程度上与美国的股票市场发展更成熟更完备和美国资本市场的投资者专业化程度更高有关。而在我国股票市场

---

① 彭选华：《基于 DCC – Copula – SV – M – t 模型的股市系统性风险溢出分析》，载于《数理统计与管理》2019 年第 3 期。

中，非专业的散户投资者参与较多，这也导致了与发达国家相比，中国股票市场在面对市场冲击时恢复能力较弱。

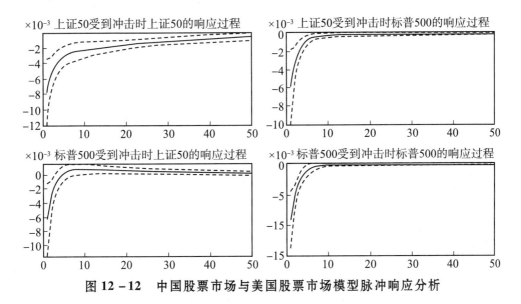

图 12 - 12　中国股票市场与美国股票市场模型脉冲响应分析

（三）贸易摩擦后 VaR 图与模型估计结果

从 2018 年 3 月开始中美贸易摩擦进入新阶段，贸易对抗事件不断升级，本节根据这段时间的数据建立资产之间的风险溢出模型计算得到各资产的 5% VaR，如图 12 - 13 所示。

从图 12 - 13 中可以发现，在中美发生贸易摩擦后，受 2020 年新冠疫情影响，中国股票市场和美国股票市场都出现了剧烈波动，美国股票市场的波动相对更大一些。总体来看中国股票市场和美国股票市场的波动率情况都存在聚类性和同步性，这一点与贸易摩擦前的情况相近。为了进一步明确股票市场与债券市场是否存在显著的关联，需要对模型中具体参数做进一步分析。

表 12 - 16 中的参数显著性结果表明，在贸易摩擦期间，中国股票市场和美国股票市场受自身恐慌情绪和尾部风险影响的程度较高，中国股票市场与美国股票市场表现风险价值与自身前期的市场恐慌情绪冲击以及风险价值情况的自相关程度指标显著度很高，所有参数都在 1% 水平下显著。在相互影响方面，中国股票市场受美国股票市场的影响较为显著，而美国市场受中国市场的影响的指标都不显著，从指标上看呈现美国股票市场向中国股票市场单向风险溢出的情形。

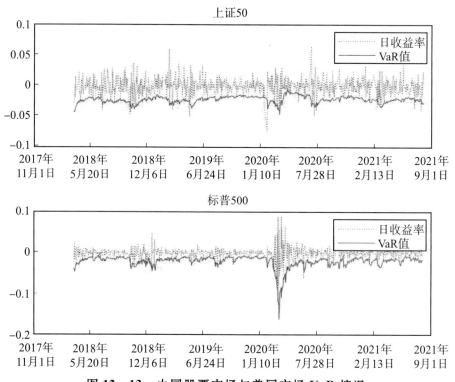

图 12 - 13   中国股票市场与美国市场 VaR 情况

表 12 - 16   沪深 300 与中国总债券

参数估计与显著性情况					
股票受影响方程	c_1	a_{11}	a_{12}	b_{11}	b_{12}
参数值	- 0.001	- 0.188 **	- 0.105 ***	0.908 ***	- 0.082 ***
标准差	0.001	0.088	0.032	0.053	0.026
债券受影响方程	c_2	a_{21}	a_{22}	b_{21}	b_{22}
参数值	0	- 0.173	- 0.526 ***	- 0.003	0.68 ***
标准差	0.002	0.170	0.095	0.101	0.015

注：表内第二行数据是对应系数的标准误，＊、＊＊、＊＊＊分别表示在10%、5%和1%的
显著性水平下拒绝原假设。

（四）贸易摩擦后脉冲影响分析

在贸易摩擦期间，从中国股票市场与美国股票市场建模得到恐慌情绪的脉冲
响应函数结果来看，与贸易摩擦前的脉冲结果相比没有特别大的变化，同样表现

出中国股票市场对于恐慌情绪冲击的消化时间要长于美国股票市场，美国股票市场对于冲击的反响相对更迅速，市场有效性较高。

如图 12 - 14 所示，在贸易摩擦期间，由中国股票市场与美国股票市场建模得到恐慌情绪的脉冲结果，与贸易摩擦前的脉冲结果相比没有特别大的变化，同样表现出中国股票市场对于恐慌情绪冲击的消化时间要长于美国股票市场，美国股票市场对于冲击的反响相对更迅速，市场有效性较高。

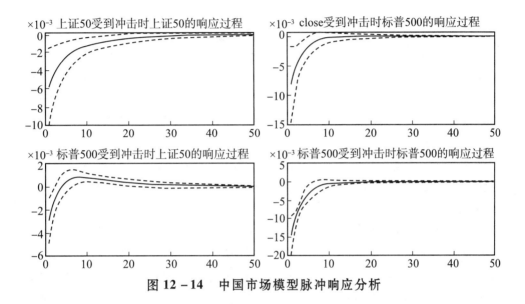

图 12 - 14　中国市场模型脉冲响应分析

第六节　结　　论

为了分析中美贸易摩擦是否会引起中国和美国各自股票市场与债券市场之间的风险溢出情况发生结构性变化，本章节根据中美贸易摩擦新时期的时间点划分为两个阶段，首次通过多元分位数模型 MVMQ - CAViaR 模型进行对比分析，并通过 Kupiec 似然比检验方法和动态分位数（DQ）检验方法对模型的预测能力进行了评估，得到的主要结论有：

（1）中国股票市场与债券市场之间的风险溢出指标显著性较高，资产的波动率对于自身和另一资产都呈现正向风险溢出表现，尾部风险对于自身表现出正向风险溢出，但对于另一资产表现出负向溢出"flight-to-quality"效应，资产自身的波动对其自身的风险价值影响较大，存在一定的自相关性。相比之下，美国的股票市场与债券市场也存在着风险溢出的关系，且都表现为正向风险溢出，极端尾部风险表现出的是"flight-to-liquidity"效应，但是风险溢出关系没有特别显著。

（2）中国资本市场和美国资本市场在受到风险事件冲击时，股票市场所产生的影响要大于债券市场，这与股票和债券两类资产的性质有关。特别是对于中国股票市场，非专业投资者参与占比较高，受信息不对称和非理性预期影响而产生"羊群"行为会造成股票市场产生较大波动，故在发生突发的风险事件时，其对于股票市场可能会造成程度更深、时间更久的冲击影响。

（3）在中美贸易摩擦期间，中国股票市场未对债券市场产生风险溢出影响，中国债券市场的波动仍然对股票市场有比较显著的风险溢出效应，但不如贸易摩擦前影响显著，股票市场与债券市场呈现单方向的风险溢出传导状态。造成这种转变的原因一方面是由于在贸易摩擦开始后，中国资本市场国际游资活跃度相对降低，市场流动性减弱，降低了风险溢出发生的可能。另一方面，投资者对于上市公司经营状况缺乏信心，更倾向于将股票资产转移到风险较低的债券资产，抵消了一部分对于债券资产的风险溢出。对于美国市场，同样表现出债券市场对于股票市场单向风险溢出的状态，而且影响程度相对贸易摩擦前有所下降。

（4）在中美贸易摩擦前，多元分位数模型 MVMQ－CAViaR 模型各项参数指标的显著性较高，可以有效地揭示各自股票市场与债券市场的联动关系及风险溢出情况，模型的预测效果较好。在中美贸易摩擦期间，风险溢出模型参数的显著性不高，说明贸易摩擦期间，中美双方在股票市场与债券市场的联动关系被破坏，风险溢出效应不明显。股票市场与债券市场受自身波动的影响较大，股票市场与债券市场之间的关系受多因素影响不再显著，这对于利用股票市场与债券市场的关系进行资产配置，提出了更大的挑战。

（5）在 MVMQ－CAViaR 模型中加入市场恐慌 VIX 指标，对中美贸易摩擦前后股票市场的实证分析发现，在中国股票市场与美国股票市场之间的风险传导关系中，中国股票市场受到美国股票市场恐慌情绪的风险溢出较明显，而美国市场虽然也受到中国股票市场风险因素的影响，但是不如中国股票市场受美国股票市场的影响显著。脉冲响应分析发现，中国股票对于市场恐慌情绪冲击所需要消化的时间要长于美国股票市场。这从一定程度也反映出我国股票市场相对于美国股票市场存在一定的不成熟性。通过对比中美贸易摩擦前后的模型结果发现中美股票市场相互之间的风险关系没有因中美贸易摩擦而发生特别大的变化。

从以上几个结论中可以发现，一方面，在当前处于贸易摩擦状态的中美股票市场与债券市场之间的传导关系受政策和市场预期等多重因素影响呈现出不确定、不显著的特征，需要寻找新方法和新途径去发现股债之间其他的风险传导规律，以便更好地进行资产配置降低风险。另一方面，由于在贸易摩擦期间股债风险传导关系不再显著，因此在面对系统性风险的防范工作时，要更多地着眼于股市或债市市场本身，在面对某个市场发生风险事件需要对其进行政策干预时，因为政策干预行动对另一市场产生的尾部风险溢出有限，故可以适当加大政策执行力度，做好系统性风险防范工作，维持金融系统稳健运行。

第十三章

基金风格漂移与企业财务风险

新冠疫情下，各国的经济都受到了重创，疫情导致的停工停产，使得上游原材料价格大涨，劳动成本增加，公司经营环境恶化，使得公司面临巨大的财务风险。公司的财务风险是公司经营、公司战略、公司资本结构和经营环境等多方面因素共同作用下的结果，是公司治理和公司内部风险控制举足轻重的内容。公司财务风险不仅跟公司内部因素有关，还与供应链、银行、政府干预、宏观经济形势等外部因素息息相关，而公司财务风险往往是引发公司破产的直接原因，公司破产还会引发连锁反应，使得整个金融体系受到影响。因此，对于财务风险的监控和控制逐渐成为重要的主题。随着金融市场的发展，机构投资者通过股权投资参与公司经营变得普遍，在市场中占据重要的位置。各种类型基金是机构投资者参与市场的主要方式，为提供给不同风险偏好的投资者不同的产品，基金会事先公布自己的投资风格。由于基金内部的投资黑箱，实际的基金风格经常会发生漂移，给投资者、投资标的甚至整个金融市场带来了额外的风险，导致利益相关者可能承受巨大的损失。但是国内外还未有文献从基金风格漂移这一角度研究机构投资者对公司财务风险的影响。

自 20 世纪 60 年代学界就开始对财务风险进行量化，最早期是使用单变量模型对财务危机进行预测，如现金流量/债务总额的债务保障率、净利润/资产总额的资产收益率等。接着发展了多变量模型对财务风险进行刻画，如 Z 模型（Altman，1968）[1]、

---

① Altman E. I. 1968. Financial Ratios, Discriminant Analysis and the Prediction of Corporate Bankruptcy [J]. *Journal of Finance*, 23 (4): 589 – 609.

ZETA 模型（Altman et al.，1977）[①] 和 EMS 模型（Altman et al.，1998）[②]。也有使用聚类分析、Logistic 模型，VaR 模型和 KMV 模型等对公司财务风险进行预测。随着人工智能的发展，人工神经网络、支持向量机（SVM）等计算机模型也逐渐地被使用在财务风险的预测上。除了对财务风险进行量化，对于其影响因素的研究也十分重要。影响公司财务风险的因素可以分为内部因素和外部因素。内部因素上，已有学者在公司法律诉讼（Bhagat et al.，1994）[③]、企业风险管理（Purnanandam，2008）[④]、公司控制权与高管更换频率（Jostarndt and Sautner，2008）[⑤]、税收优惠（Elkamhi et al.，2012）[⑥]、企业生命周期和公司重组（Koh et al.，2015）[⑦]、外部董事和公司税收（Richardson et al.，2015）[⑧]、企业现金流动性（Elnahas et al.，2016）[⑨]、高管薪酬（Jie et al.，2017）[⑩]、融资渠道和资本结构（Evan and Qie，2018）[⑪]、内部员工（Maturana and Nickerson，2020）[⑫]、公司治理（Liang et al.，2020）[⑬]、公司股价崩盘风险（Andreou et al.，2021）[⑭] 等

① Altman E. I. 1977. Predicting Performance in the Savings and Loan Association Industry ［J］. *Journal of Monetary Economics*，3（4）：443 – 466.

② Altman E. I.，Hartzell J.，Peck M. 1998. *Emerging Market Corporate Bonds – A Scoring System* ［M］. Springer US.

③ Bhagat S.，Brickley J. A.，Coles J. L. 1994. The Bosts of Inefficient Bargaining and Financial Distress：Evidence from Corporate Lawsuits ［J］. 35（2）：221 – 247.

④ Purnanandam A. 2008. Financial Distress and Corporate Risk Management：Theory and Evidence ［J］. *Journal of Financial Economics*，87（3）：706 – 739.

⑤ Jostarndt P.，Sautner Z. 2008. Financial Distress，Corporate Control，and Management Turnover ［J］. *Journal of Banking & Finance*，32（10）：2188 – 2204.

⑥ Elkamhi R.，Ericsson J.，Parsons C. A. 2012. The Cost and Timing of Financial Distress ［J］. *Journal of Financial Economics*，105（1）：62 – 81.

⑦ Koh S. K.，Durand R. B.，Dai L. 2015. Financial Distress：Lifecycle and Corporate Restructuring ［J］. *Journal of Corporate Finance*，33，19 – 33.

⑧ Richardson G.，Lanis R.，Taylor G. L. 2015. Financial Distress，Outside Directors and Corporate Tax Aggressiveness Spanning the Global Financial Crisis：An Empirical Analysis ［J］. *Journal of Banking & Finance*，52，112 – 129.

⑨ Elnahas A. M.，Hassan M. K.，Ismail G. M. 2016. Religion and Ratio Analysis：Towards an Islamic Corporate liquidity Measure ［J］. *Emerging Markets Review*，30（3）：42 – 65.

⑩ Jie C.，Cesari A. D.，Hill P. 2017. Initial Compensation Contracts for New Executives and Financial Distress Risk：An Empirical Investigation of UK Firms ［J］. *Journal of Corporate Finance*，48.

⑪ Evan D.，Qie E. Y. 2018 Financial Distress，Refinancing，and Debt Structure ［J］. *Journal of Banking & Finance*，94，185 – 207.

⑫ Maturana G.，Nickerson J. 2020. Real Effects of Workers' Financial Distress：Evidence from Teacher Spillovers ［J］. *Journal of Financial Economics*，136.

⑬ Liang D.，Tsai C. F.，Lu H. 2020. Combining Corporate Governance Indicators with Stacking Ensembles for Financial Distress Prediction ［J］. *Journal of Business Research*，120，137 – 146.

⑭ Andreou C.，Andreou P. C.，Lambertides N. 2021. Financial Distress Risk and Stock Price Crashes ［J］. *Journal of Corporate Finance*，101870.

方面进行研究，包含了公司运营、公司治理、公司风险控制、公司会计、融资政策等多个维度。外部因素上，已有学者在私募股权（Tykvová and Borell，2011）①、企业股票异常交易（Series et al.，2013）②、供应链（Mauro et al.，2017；Lian，2017）③、市场和宏观经济环境（Tinoco et al.，2018）④、竞争者关系（Emilia et al.，2018）⑤、金融危机（Alfaro et al.，2019）⑥、银行与企业关系（Mangena et al.，2020）⑦、破产法（Bose et al.，2021）⑧ 等方面做出研究。随着金融体系的发展，机构投资者通过股权投资等方式逐渐参与公司战略、公司经营、公司治理等方面，并对公司的各个方面产生影响。已有学者在机构投资者与公司价值和公司治理（Borochin and Yang，2017）⑨、企业资本结构（Brown et al.，2019）⑩、企业社会责任（Nofsinger et al.，2019）⑪、企业融资决策（Jiang et al.，2020）⑫、公司人力资源决策（Ghaly et al.，2020）⑬ 和企业董事会决策（Jiang and Liu，2021）⑭ 等方面做出研究。随着人工智能、大数据等技术的运用

① Tykvová T.，Borell M. 2011. Do Private Equity Owners Increase Risk of Financial Distress and Bankruptcy? [J]. *Journal of Corporate Finance*，18（1）：138 – 150.

② Series F. W. P.，Avramov D.，Chordia T. 2013. Anomalies and Financial Distress [J]. *Journal of Financial Economics*，108（1）：83 – 101.

③ Mauro Oliveira.，Palani. R. 2017. Effects of Customer Financial Distress on Supplier Capital Structure [J]. *Journal of Corporate Finance*，42，131 – 149. Lian Y. 2017. Financial Distress and Customer – Supplier Relationships [J]. *Journal of Corporate Finance*，43，397 – 406.

④ Tinoco M. H.，Holmes P.，Wilson. N. 2018. Polytomous Response Financial Distress Models：The Role of Accounting，Market and Macroeconomic Variables – Science Direct [J]. *International Review of Financial Analysis*，59，276 – 289.

⑤ Emilia G. A. 2018. Financial Distress and Competitors' Investment [J]. *Journal of Corporate Finance*.

⑥ Alfaro L.，Asis G.，Chari A.，et al. 2019. Corporate Debt，Firm Size and Financial Fragility In Emerging Markets [J]. *Journal of International Economics*，118，1 – 19.

⑦ Mangena M.，Priego A. M.，Manzaneque M. 2020. Bank Power，Block Ownership，Boards and Financial Distress Likelihood：An Investigation of Spanish Listed Firms [J]. *Journal of Corporate Finance*，64.

⑧ Bose U.，Filomeni S.，Mallick S. K. 2021. Does Bankruptcy Law Improve the Fate of Distressed Firms? The Role of Credit Channels [J]. *Journal of Corporate Finance*，101836.

⑨ Borochin P.，Yang J. 2017. The Effects of Institutional Investor Objectives on Firm Valuation and Governance [J]. *Journal of Financial Economics*.

⑩ Brown S.，Dutordoir M.，Veld C.，Merkoulova Y. V. 2019. What Is the Role of Institutional Investors in Corporate Capital Structure Decisions? A Survey Analysis [J]. *Journal of Corporate Finance*，58，270 – 286.

⑪ Nofsinger J. R.，Sulaeman J.，Varma A. 2019，Institutional Investors and Corporate Social Responsibility [J]. *Journal of Corporate Finance*，58.

⑫ Jiang F.，Zhan J.，Kim K. A. 2020. Capital Markets，Financial Institutions，and Corporate Finance in China [J]. *Journal of Corporate Finance*.

⑬ Ghaly M.，Dang V. A.，Stathopoulos K. 2020. Institutional Investors' Horizons and Corporate Employment Decisions [J]. *Journal of Corporate Finance*，101634.

⑭ Jiang G. J.，Liu C. 2021. Getting on Board：The Monitoring Effect of Institutional Directors [J]. *Journal of Corporate Finance*，101865.

到投资中，机构投资者逐渐以其专业的技术优势、广泛的信息渠道和巨大的资本体量逐渐在市场和公司中占据优势。

证券投资基金是机构投资者参与市场的主要方式，越发达的金融市场中机构投资者投资比重越大。基金自我定位的不同和基金经理对于公司市值、公司市盈率、公司杠杆率和公司所处行业等偏好的不同，形成了不同的投资风格。常见的投资风格识别方法包括基于组合特征的风格分析法（Kacperczyk et al.，2005）[1]和基于基金历史收益率的风格分析法（Sharpe，1992）[2]。但是，资本市场瞬息万变，基金经理无论是出于保护投资者利益还是自身利益，均需要择时对其投资组合的标的股票进行调换，表现为基金投资风格的"漂移"。学术上对于基金风格漂移的定义大体相同，认为风格漂移是指在某一特定研究期间，基金的投资风格发生了转换。如果基金的重仓股经常发生变化，基金的巨大体量和换仓频率等因素可能会给其股价带来较大的波动。进一步，羊群效应的存在也可能会使得更多的机构跟随比较有影响力的基金做出相应的调整，这无疑会增加公司财务风险，但鲜有研究从基金风格漂移的角度阐释公司财务风险（许年行等，2013）[3]。

在中国由计划经济转为市场经济的市场化转变中，经营环境、融资渠道、政府干预、法律体系、资本配置效率等方面都会逐渐改善，不断促进经济的发展。在这一过程中，信息逐渐变得透明，信息不对称程度下降，隐藏在企业内部的信息也逐渐暴露在市场当中。这使得投资者对于企业运营情况有着较之前更为详细的认识。除此之外，市场化带来的金融体系逐渐完善也使得企业能够从更多的渠道融资，进而更好地运营企业。破产保护法的完善也为企业的经营提供支撑。

本章以2011～2020年中国股市创业板中非金融上市公司为目标对象，选取公司前十大流通股中证券投资基金研究基金风格漂移、市场化与公司财务风险的关系。研究发现：（1）基金风格漂移会显著增加公司财务风险；（2）地区市场化水平会显著增加公司财务风险；（3）产权性质对基金风格漂移与公司财务风险的关系中存在调节作用，表现为国企中基金风格漂移对财务风险的关系不明显，非国企中基金风格漂移会增加公司财务风险。

---

① Kacperczyk M.，Sialm C.，Zheng L. U. 2005. On the Industry Concentration of Actively Managed Equity Mutual Funds [J]. *Journal of Finance*，60（4）：1983 – 2011.

② Sharpe W. F. 1992. Asset Allocation：Management Style and Performance Measurement [J]. *The Journal of Portfolio Management*，18（2）：7 – 19.

③ 许年行、于上尧、伊志宏：《机构投资者羊群行为与股价崩盘风险》，载于《管理世界》2013年第7期。

第一节 基金风格漂移与企业财务风险的研究进展

一、机构投资者

在过去的几十年里，机构投资者，如共同基金、对冲基金、养老基金、退休或养老基金、保险公司、主权财富基金和私募股权公司，已经开始主导全球金融市场。在美国，机构投资者在普通公司的持股比例从 1980 年的 20% 升至 2014 年的 60%。因此，机构投资者在公司的各个方面发挥着越来越重要的作用。安和强霆（An and Zhang，2013）[①] 认为相对倾向于交易的短期机构投资者，长期机构投资者由于持有大量股份和较长的投资期限有着较为强烈的动机去监控管理者的行为，降低管理者对于现金流的提取，从而降低企业特有风险。博罗钦和扬（Borochin and Yang，2017）[②] 的研究指出，相对于短视的投资者，持股周期长和持股比较集中的专注投资者对公司未来发展方向和估值更为准确，对公司治理的效果更为明显。布朗等（2019）[③] 通过调查问卷发现机构投资者会对公司资本结构产生影响。诺夫辛格等（Nofsinger et al.，2019）[④] 发现机构投资者对积极环境和社会的股票指标的公司比较漠视，但是会低估具有消极环境和社会的指标的股票。他们将这一现象归结于可能增加破产风险或退市风险的负面经济激励。有学者指出风险资本和私募股权是新兴市场的重要投资者，尤其是中国的创业板市场。但是他们要面临机构专业能力不足、知识产权和法律不完善的情况（Jiang et al.，2020）[⑤]。盖里等（Ghaly et al.，2020）[⑥] 指出长期投资者的视野会降低劳

① An H.，Zhang B. 2013. Stock Price Synchronicity，Crash risk，and Institutional Investors [J]. *Journal of Corporate Finance*，21，1 – 15.

② Borochin P.，Yang J. 2017. The Effects of Institutional Investor Objectives on Firm Valuation and Governance [J]. *Journal of Financial Economics*.

③ Brown S.，Dutordoir M.，Veld C.，Merkoulova Y. V. 2019. What Is the Role of Institutional Investors in Corporate Capital Structure Decisions? A Survey Analysis [J]. *Journal of Corporate Finance*，58，270 – 286.

④ Nofsinger J. R.，Sulaeman J.，Varma A. 2019，Institutional Investors and Corporate Social Responsibility [J]. *Journal of Corporate Finance*，58.

⑤ Jiang F.，Zhan J.，Kim K. A. 2020. Capital Markets，Financial Institutions，and Corporate Finance in China [J]. *Journal of Corporate Finance*.

⑥ Ghaly M.，Dang V. A.，Stathopoulos K. 2020. Institutional Investors' Horizons and Corporate Employment Decisions [J]. *Journal of Corporate Finance*，101634.

动力投资选择的代理成本，减少了公司异常招聘，降低成本。在信息披露方面，有学者发现短期机构投资者对于公司信息披露的反应较大，而长期机构投资者由于和企业内部的熟悉关系能够获得更多企业内部的消息，表现为对公司信息披露不敏感。他们还指出相对于市场正常时期，市场低迷时期披露公司信息降低信息不对称的程度更显著（姚瑶和朱朝晖）[①]。姜近勇和刘畅（Jiang and Liu, 2021）[②]发现长期机构投资者进入董事会使得公司股票收益率显著增加，但是机构投资者会阻止公司开展降低公司价值的项目，并通过降低财务杠杆和回购股票等方式来影响投资者收益。由此可见，机构投资者正在公司的各个方面产生深远的影响。

二、基金风格识别和基金风格漂移

从行为金融学上，个体行为、群体行为、过度自信、动量效应和非效率市场等因素都是形成不同投资风格并发生风格转换的原因。目前学界公认的基金风格识别方法主要是根据投资组合特征的风格分析法，如晨星公司推出的晨星风格箱法（Kacperczyk et al., 2005）[③] 和 Sharp 基于基金历史收益率的多因子风格分析法（Sharp, 1992）[④]。随后法玛和佛伦奇（Fama and French, 1993）[⑤] 在 CAPM 模型的基础上加入价值因子和规模因子构建 Fama – French 三因子模型。卡哈特（Carhart, 1997）[⑥] 在三因子模型的基础上加入动量因素构成 Carhart 四因子模型。法玛和佛伦奇（2014）[⑦] 在三因子模型基础上加入盈利能力因子和投资模式因子构成五因子模型。在基金风格漂移的识别方面，赫尔曼等（Herrmann et al., 2016）[⑧] 设计了多因子模型的基金风格漂移指标 SSA。相比于 SDS 要求市场处

① 姚瑶、朱朝晖：《机构投资者与公司信息披露关系研究及展望》，载于《山东社会科学》2016 年第 9 期。

② Jiang G. J., Liu C. 2021. Getting on Board：The Monitoring Effect of Institutional Directors [J]. *Journal of Corporate Finance*, 101865.

③ Kacperczyk M., Sialm C., Zheng L. U. 2005. On the Industry Concentration of Actively Managed Equity Mutual Funds [J]. *Journal of Finance*, 60（4）：1983 – 2011.

④ Sharpe W. F. 1992. Asset Allocation：Management Style and Performance Measurement [J]. *The Journal of Portfolio Management*, 18（2）：7 – 19.

⑤ Fama E. F., French K. R. 1993. Common Risk Factors in the Returns on Stocks and Bonds [J]. *Journal of Financial Economics*, 33（1）：3 – 56.

⑥ Carhart M. M. 1997. On Persistence in Mutual Fund Performance [J]. *Journal of Finance*, 1997.

⑦ Fama E. F., French K. R. 2015. A Five-factor Asset Pricing Model [J]. *Journal of Financial Economics*, 116（1）：1 – 22.

⑧ Herrmann U., Rohleder M., Scholz H. 2016. Does Style-shifting Activity Predict Performance？Evidence from Equity Mutual Funds [J]. *The Quarterly Review of Economics and Finance*, 2, 112 – 130.

于完备的市场状态，SSA 更适合现在不完备的资本市场。除此之外，赫尔曼和肖尔茨（2013）[1] 的研究将基金收益分为季度内异常收益和风格漂移收益来从新的角度分析基金收益。库尔亚万等（Kurniawan et al.，2016）[2] 的研究发现基金治理水平越高，基金风格漂移越小，管理激励越大，基金风格漂移越大。曹等（Cao et al.，2017）[3] 发现小型股基金更倾向于持有大盘股，但是可能会使投资者面临意想不到的风险。也有学者的研究表明风格漂移会使基金投资者暴露在风险偏好之外的投资组合中，并认为基金风格漂移作为一种未被观察到的风险行为，损害了基金投资者的利益，破坏了市场的完整性（Chua and Tam，2020）[4]。大部分研究都是研究对基金本身研究，而将基金风格漂移与其他层面的研究较少。

三、市 场 化

中国由计划经济向市场经济过渡的市场化过程是经济制度、社会制度、法律制度乃至政治制度的改革，是全方面多层次的改革（樊纲，2007）[5]。樊纲（2007）[6] 认为市场化水平的衡量基本上可以分为五个方面：政府与市场的关系、非国有经济的发展、产品市场的发育程度、要素市场的发育程度、市场中介组织发育和法律环境制度。市场化过程会使公司经营面临的经济环境、信息环境、法律环境、融资环境、政府监管等多方面逐渐改善，使得宏观经济环境更有利于公司成长、信息更加透明、法律更加完善和适用、融资渠道更加广泛、政府监管更加及时和合理。查西恩等（Chahine et al.，2012）[7] 通过分析英美两国风险投资数据证明了地方和非正式的制度会对公司代理冲突和绩效结果产生显著影响。李

---

① Herrmann U.，Scholz Z. 2013. Short-term Persistence in Hybrid Mutual Fund Performance：The Role of Style-shifting Abilities [J]. *Journal of Banking & Finance*.

② Kurniawan M.，How J.，Verhoeven P. 2016. Fund Governance and Style Drift [J]. *Pacific – Basin Finance Journal*，40，59 – 72.

③ Cao C.，Iliev P.，Velthuis R. 2017. Style Drift：Evidence from Small – Cap Mutual Funds [J]. *Journal of Banking & Finance*，78，42 – 57.

④ Chua A.，Tam O. K. 2020. The Shrouded Business of Style Drift in Active Mutual Funds [J]. *Journal of Corporate Finance*.

⑤⑥ 樊纲、王小鲁、朱恒鹏：《中国市场化指数：各地区市场化相对进程 2009 年报告》，经济科学出版社 2007 年版。

⑦ Chahine S.，Arthurs J. D.，Filatotchev I. 2012. The Effects of Venture Capital Syndicate Diversity on Earnings Management and Performance of IPOs in the US and UK：An Institutional Perspective [J]. *Journal of Corporate Finance*，18（1）.

璇和白云霞（2021）[①] 研究发现制度环境导致上市风险信息披露的整体水平显著不同因而显著影响 IPO 抑价水平。戈德列斯基（Godlewski，2020）[②] 的研究表明债权人控制权有更强保护的法律制度会对重新谈判的可能性有积极影响，对金额或到期日的修正有利。法律和制度环境对金融类合同的初始设计与重新谈判的关系具有重要影响。但是，市场化过程不一定给公司带来的都是好处，不同的影响机制也会有不同的影响结果。

四、产权性质与基金风格漂移和公司财务风险的关系

国家是国企的实际控制人，由于以国有企业主导的市场经济体制和国有企业特有的社会责任，国有企业有着特殊的财务支持和政治支持。本—纳斯尔和科赛特（Ben－Nasr and Cosset，2014）[③] 的研究表明国有企业与较低的股价信息含量有关，并在政府对政治权力约束较小的国家情况更为明显。事实上，非国有企业有着更为强烈的多元化经营倾向（关健和李伟斌，2011）[④]。布巴克里等（Boubakri et al.，2017）[⑤] 通过对东亚上市公司进行调查，为国有企业比非国有企业表现更好的市场价值提供了非常充分的证据，并认为这一现象是因为国企有着更具优势的融资渠道和现金流折现率政策。布巴克里等（2020）[⑥] 发现了产权性质与股票流动性之间呈现倒"U"形的关系。刘津宇等（Liu et al.，2021）[⑦] 以中国股权分置改革为节点，发现在股权分置改革之前国企更易优先获得外部融资保护，现金流波动较少，但是在股权分置改革后者这种特权显著减弱。

---

① 李璇、白云霞：《IPO 公司风险信息披露及其对 IPO 抑价的影响——基于中国赴美上市公司和国内 A 股的经验证据》，载于《管理评论》2021 年第 7 期。

② Godlewski C. J. 2020. How Legal and Institutional Environments Shape the Private Debt Renegotiation Process? [J]. *Journal of Corporate Finance*，62.

③ Ben－Nasr H.，Cosset J. C. 2014. State Ownership，Political Institutions，and Stock Price Informativeness：Evidence from Privatization [J]. *Journal of Corporate Finance*.

④ 关健、李伟斌：《所有制、市场化程度与企业多元化》，载于《中央财经大学学报》2011 年第 8 期。

⑤ Boubakri N.，Ghoul S. E.，Guedhami O. 2017. The Market Value of Government Ownership [J]. *Journal of Corporate Finance*，50.

⑥ Boubakri N.，Chen R. Y.，Ghoul E. S.，Guedhami O.，Nash R. 2020. State Ownership and Stock Liquidity：Evidence from Privatization [J]. *Journal of Corporate Finance*，65，101763.

⑦ Liu J. Y.，Wang Z. P.，Zhu W. X. 2021. Does Privatization Reform Alleviate Ownership Discrimination? Evidence from the Split-share Structure Reform in China [J]. *Journal of Corporate Finance*.

第二节　基金风格漂移与企业财务风险的逻辑机制

一、基金风格漂移与公司财务风险

机构投资者作为专业的投资机构，它们往往有着更科学的分析决策机制，有着更加广泛的信息渠道并且具备各方面的专业技能。它们有着相较于个人投资者而言十分强大的资源优势、信息优势、技术优势和投资机制等。机构投资者能够通过监控管理者的行为进而减少管理者对公司现金流的提取（An and Zhang，2013）[①]，减少管理者对企业现金流不合理的操纵，减少公司面临的现金流风险。长期机构投资者会对公司治理产生深远的影响（Borochin and Yang，2017）[②]。他们能够带来外部的经验，从不同的角度去考虑资本结构（Brown et al.，2019）[③]、企业社会责任（Nofsinger et al.，2019）[④]、人才引进（Ghaly et al.，2020）[⑤]、投资策略（Jiang and Liu，2021）[⑥] 等多方面产生影响，降低企业风险和成本。除此之外，他们一般与企业高管更加熟悉，能够了解更多企业内部的信息和行业内部的信息，会根据实际状况对投资机构做出调整。他们的投资份额一般很大，他们有激励和能力去监督管理者的行为，对管理者的行为做出干预，保护自己的投资。无论是用手投票，还是用脚投票，机构投资者的影响作用都在逐渐增大。

基金风格漂移作为机构投资者的行为既是机构投资者用脚投票的表现，同时是公司情况的一种侧面体现。从信号理论和信息不对称理论出发，首先，机构投资者会基于自己掌握的内部信息和对未来的判断对投资结构进行调整。如果机构

---

① An H．，Zhang B. 2013. Stock Price Synchronicity，Crash risk，and Institutional Investors［J］. *Journal of Corporate Finance*，21，1 – 15.

② Borochin P．，Yang J. 2017. The Effects of Institutional Investor Objectives on Firm Valuation and Governance［J］. *Journal of Financial Economics*.

③ Brown S．，Dutordoir M．，Veld C．，Merkoulova Y. V. 2019. What Is the Role of Institutional Investors in Corporate Capital Structure Decisions？ A Survey Analysis［J］. *Journal of Corporate Finance*，58，270 – 286.

④ Nofsinger J. R．，Sulaeman J．，Varma A. 2019，Institutional Investors and Corporate Social Responsibility［J］. *Journal of Corporate Finance*，58.

⑤ Ghaly M．，Dang V. A．，Stathopoulos K. 2020. Institutional Investors' Horizons and Corporate Employment Decisions［J］. *Journal of Corporate Finance*，101634.

⑥ Jiang G. J．，Liu C. 2021. Getting on Board：The Monitoring Effect of Institutional Directors［J］. *Journal of Corporate Finance*，101865.

投资者认为公司与基金的未来投资战略不再符合，就会改变自己的投资风格，调整投资结构，对公司的股票进行抛售。这样的行为直接的结果就是股价下降，公司财务杠杆增加，财务风险上升。其次，机构投资者之间的抱团效应和羊群效应也会使得机构投资者的行为一致，使得投资结构调整的份额变动更大，进一步增加了机构投资者的影响。除了机构投资者之外，由于机构投资者传递的消极信号，个人投资者和融资机构等都会因为信息不对称而跟从消极的信号，做出相应的反应，使得公司财务风险进一步加剧。除此之外，基金风格漂移这一行为既传达了机构投资者的信息，又在一定程度传递了公司的信息，降低了公司信息的不对称性。这会使得公司内部信息更多地暴露在投资者之中，公司的内部状况将难以隐藏，一旦发生危机，基金会迅速地进行投资结构调整，会使得市场恐慌，市场对公司的信心下降，带来非预期的财务成本。同时，非理性的个人投资者由于恐慌也会跟着抛售股票，进一步增加公司的财务成本。除此之外，供应链内也会由于市场的反应对公司产生信任危机，企业现金流收紧，使得财务状况继续恶化。紧张的财务状况就会使得公司的投资受到限制，有碍于公司正常的扩张，使得后续企业正常的投资回收期增加，降低平均资产回报率。银行也会基于信息传达出来的公司状况，使得公司融资约束增加，财务风险增大。

综上分析，我们提出本章的研究假设 13.1：

假设 13.1：基金风格漂移会增加公司财务风险。

二、市场化与公司财务风险

中国的市场化会从多方面影响公司未来发展。第一，政府会逐渐将资源的控制权由政府转移给市场，会逐渐减少政府干预和政府税收，使得企业可能能够拥有更多的资源并在更少的限制和经营成本下进行经营。企业自身可以运作的资源空间、政策空间、经营策略空间变得广阔，但是竞争也会变得更加残酷。需要更多的投资用于开发新产品或进行宣传，这将使得公司的现金流收紧，压缩了利润空间，财务状况下降。第二，虽然国有企业的特权逐渐丧失（Liu et al.，2021）[1]，但是国企本身的独特位置使得其在融资等方面依然占据一定的优势。紧俏的资源被特殊的企业所优先使用，使其在面临更全面的监管和更激烈的竞争时，公司的财务弹性空间受到压缩，财务状况更加脆弱。第三，市场化意味着更加专业的市场中介和更加完善的法律制度，受到来自监管机构、金融机构和投资

---

① Liu J. Y. , Wang Z. P. , Zhu W. X. 2021. Does Privatization Reform Alleviate Ownership Discrimination？ Evidence from the Split-share Structure Reform in China [J]. *Journal of Corporate Finance*.

者等多方面的监督，使得公司面临更加全面和细致的监管。一旦发生不利于公司的状况，市场会迅速了解这一信息，专业化的中介金融机构会迅速做出反应，企业的正常融资、投资都会受到影响，增加企业的财务风险。信息不对称程度下降、严格的监管和健全的法律制度使得公司不能再野蛮生长，要付出更多的成本应对信息不对称程度下降等问题带来额外的财务成本、法律成本和人力成本等，增加了财务负担。

综上分析，我们提出本章的研究假设 13.2：

假设 13.2：市场化水平增加公司财务风险。

三、产权性质与基金风格漂移和公司财务风险的关系

国企作为政府的产业之一，本身就带有优先信贷的优势，能够在面临财务危机时优先获得融资保护。同时，他们还有政府的隐性担保，使得供应链上下游企业对国企更加信任。国企要承担更多的社会责任和税收压力，企业的目标也不全部集中在企业利益最大化上，要更多地从大局考虑。机构投资者在国企中发挥的作用可能会减弱，因为企业的目标和以机构投资者为代表的投资者的目标出现冲突，但是由于国家所有权的存在，机构投资者对于管理者的干预能力减弱，使得机构投资者在一定程度上不能有效地对企业的经营、融资、投资等方面进行干预。即使机构投资者用脚投票，其影响也会由于企业的产权性质、其他投资者的信任和政府的支持大幅度减弱。

综上分析，我们提出本章的研究假设 13.3：

假设 13.3：产权制度对于基金风格漂移与公司财务风险的关系存在调节作用。

第三节　基金风格漂移与企业财务风险的关系分析

一、研究设计

（一）样本选择及数据来源

本章节以 2010~2019 年中国创业板的非金融非 ST 公司为研究对象，选取公

司每年前十大流通股股东作为联结公司财务风险与基金风格漂移的纽带。我们剔除了前十大流通股中没有证券投资基金的公司。公司财务数据来自锐思数据库，基金数据来源于 Wind 数据库，控制变量的数据来自 CSMAR 数据库和锐思数据库。依照惯例，对连续变量进行上下 1% 的 Winsorize 缩尾处理以避免极端异常值对研究结果产生影响。

（二）变量设计

1. 因变量：公司财务风险

阿特曼（1968）[①] 提出了 Z 计分模型来量化公司的财务风险，格莱斯和英格拉姆（2001）[②]、阿尔玛米等（2016）[③] 和基塞尔（2021）[④] 等的研究均证实了 Z 计分模型的可靠性。阿特曼等（1998）[⑤] 随后又提出了适用于新兴市场的 EMS 模型。中国创业板的成立年限较短和市场成熟程度较低，本章节采用 EMS 模型。

$$Z = 6.56 \times X_1 + 3.26 \times X_2 + 6.72 \times X_3 + 1.05 \times X_4 + 3.25 \qquad (13.1)$$

其中，X_1 是企业营运资本与总资产的比值，X_2 是企业期末留存收益与总资产的比值，X_3 是企业的税前收益与总资产的比值，X_4 是企业股东权益总额与总资产的比值。

Z 值越大，企业的财务风险越小。当 Z 值小于 3.75 时，企业的财务风险较高；当 Z 值大于 5.85 时，企业的财务风险较低；当 Z 值介于 3.75 和 5.85 之间时，无法准确判断。

2. 自变量：基金风格漂移程度、市场化程度

（1）基金风格漂移程度。

目前比较流行两种基金风格漂移的计算指标。一种是基于 Sharp 强式风格转换指标 SDS，由伊佐雷克和伯特施（2004）[⑥] 提出，另一种是基于多因子风

---

① Altman E. I. 1968. Financial Ratios, Discriminant Analysis and the Prediction of Corporate Bankruptcy [J]. *Journal of Finance*, 23 (4): 589 – 609.

② Grice J. S., Ingram R. W. 2001. Tests of the Generalizability of Altman's Bankruptcy Prediction Model [J]. *Journal of Business Research*, 54 (1): 53 – 61.

③ Almamy J., Aston J., Ngwa N. L. 2016. An Evaluation of Altman's Z-score Using Cash Flow Ratio to Predict Corporate Failure Amid the Recent Financial Crisis: Evidence from the UK [J]. *Journal of Corporate Finance*, 36, 278 – 285.

④ Fk A. 2021. To Change or Not to Change? The CDS Market Response of Firms on Credit Watch [J]. *Journal of Banking & Finance*.

⑤ Altman E. I., Hartzell J., Peck M. 1998. *Emerging Market Corporate Bonds – A Scoring System* [M]. Springer US.

⑥ Idezorek T. M., Bertsch F. 2004. The Style Drift Score [J]. *The Journal of Portfolio Management*, 31 (1): 76 – 83.

格模型风格识别模型，于 2016 年由赫尔曼等（2016）[①] 提出。相比于两种方法，第一种方法可能会出现多重共线性进而对 SDS 的指标的准确性造成影响，而且第一种方法要求风格资产完备和市场不能卖空，不是十分符合金融市场的实际情况。除此之外，第一种方法只能估计一段时间的各因子的影响大小。而第二种方法克服了上述问题，基于此我们采用第二种方法构建基金风格漂移指标：

$$r_{i,d,t} - r_{f,d,t} = \alpha_t + \sum_{j=1}^n K_{1,m,t}^j F_{i,d,t}^j + e_{i,d,t} \tag{13.2}$$

式（13.2）中 $r_{i,d,t}$ 和 $r_{f,d,t}$ 分别表示基金 i 在 t 年中第 d 天的日收益和 t 年第 d 天的无风险收益率，$r_{i,d,t}$ 和 $r_{f,d,t}$ 的差代表基金的超额收益，α_t 代表基金的超长收益。F 表示风格因子，一般可以采取经典三因子、四因子和五因子模型。根据赵胜民等（2016）的研究三因子模型更适合我国目前的资本市场，所以我们采用三因子模型作为风格因子并进行回归。

根据上述回归结果我们构建 SSA 指标：

$$SSA_{i,t} = \sum_{j=1}^n |K_{i,2,t}^j - K_{i,1,t}^j| \tag{13.3}$$

其中和 $K_{i,2,t}^j$ 分别代表基金 i 的第 j 个指标在上半年和下半年回归的结果，$SSA_{i,t}$ 的值越大，基金风格漂移的程度越大。

（2）市场化指数。

MKT：地区市场化指数。采用樊纲等（2011）[②] 计算方法得到 2010 ~ 2019 年中国各省份市场化指数，以公司注册所在地与当年的地区市场化指数相匹配。

3. 控制变量与调节变量

本章节采用如下调节变量与控制变量。

（1）调节变量：产权性质，分为国企和非国企。

（2）控制变量：本章选取的控制变量包括个股月平均超额换手率（*OTurnover*）、股票年度周收益率的标准差（*Sigma*）、股票年度平均周收益率（*Ret*）、账市比（*BM*）、负债率（*Lev*）以及经营业绩（*ROA*）（见表 13 – 1）。

---

① Herrmann U. , Rohleder M. , Scholz H. 2016. Does Style-shifting Activity Predict Performance? Evidence from Equity Mutual Funds ［J］. *The Quarterly Review of Economics and Finance*, 2, 112 – 130.

② 樊纲、王小鲁、朱恒鹏：《中国市场化指数：各地区市场化相对进程 2009 年报告》，经济科学出版社 2007 年版。

表 13 – 1 　　　　　　　　　　　**变量定义**

变量	变量定义
Z	财务风险
SSA	基金风格漂移
MKT	市场化水平
SIGMA	股票年度周收益率的标准差
OTURNOVER	个股月平均超额换手率
RET	股票年度平均周收益率
BM	账市比
ROA	经营业绩
LEV	杠杆率

（三）模型设计

首先，使用式（13.4）检验假设 13.1。由于 Z 值越大，公司财务风险越小。所以当 β_1 显著且为正数时，基金风格漂移降低公司财务风险，当 β_1 显著且为负数时，基金风格漂移增加公司财务风险。

$$Z_{i,t+1} = \alpha_{i,t} + \beta_1 SSA_{i,t} + \sum_{q=2}^{m} \beta_q (qth \times ControlVariable_{i,t}) + Stkcd_i + \varepsilon_{i,t}$$

$$(13.4)$$

其次，使用式（13.5）来检验假设 13.2。当 β_1 显著且为正数时，市场化水平降低公司财务风险，当 β_1 显著且为负数时，市场化增加公司财务风险。

$$Z_{i,t+1} = \alpha_{i,t} + \beta_1 MKT_{i,t} + \sum_{q=2}^{m} \beta_q (qth \times ControlVariable_{i,t}) + Stkcd_i + \varepsilon_{i,t}$$

$$(13.5)$$

最后，我们使用式（13.6）分组回归验证假设 13.3。对比国企与非国企的回归结果，当国企回归结果与非国企回归结果出现明显系数差异时，则认为产权性质存在调节效应。若不存在明显的差异，要计算 Z 值比较系数差异的显著性。

$$Z_{i,t+1} = \alpha_{i,t} + \beta_1 SSA_{i,t} + \beta_2 MKT_{i,t} + \sum_{q=3}^{m} \beta_q (qth \times ControlVariable_{i,t})$$
$$+ Stkcd_i + \varepsilon_{i,t}$$

$$(13.6)$$

二、经济学阐释

（一）描述性统计

Z 值的平均值为 7.058，最小值为 -2.333，最大值为 12.444，覆盖了从高财务风险，不确定和低财务风险三个阶段的数据，表明了样本数据的跨度较大，结果更加可信（见表 13-2）。Z 值的偏态系数小于 0，说明财务状况较好的公司较多。SSA 的平均值为 0.591，最小值为 0.330，最大值为 2.691，整理了不同公司面临的基金风格漂移的跨度也比较大。市场化指数的平均值为 8.653，最小值为 2.870，最大值为 10.000，说明公司分所在地区市场化水平跨度也较大。

表 13-2　　　　　　　　　　　　描述性统计

变量	MEAN	STD	MIN	Q1	MEDIAN	Q3	MAX	SKEW	KURT	ar1
Z	7.058	1.585	-2.333	6.092	6.977	7.982	12.444	-0.142	1.55	0.85
SSA	0.591	0.33	0.055	0.357	0.524	0.771	2.691	1.592	5.498	0.029
MKT	8.653	1.373	2.87	7.88	9.14	9.718	10	-1.344	1.363	0.955
SIGMA	0.076	0.03	0.023	0.056	0.068	0.085	0.217	1.425	2.095	0.167
OTURNOVER	0.075	0.093	0.085	0.012	0.052	0.11	0.804	2.011	7.357	0.431
RET	0.006	0.013	0.034	0.003	0.004	0.014	0.071	0.877	0.969	0.07
BM	0.423	0.348	0.034	0.203	0.317	0.528	2.773	2.283	7.322	0.562
ROA	0.066	0.065	0.674	0.035	0.062	0.094	0.466	-1.557	19.706	0.721
LEV	0.294	0.167	0.011	0.163	0.267	0.413	0.843	0.604	-0.289	0.875

（二）相关性分析

左下角为 Person 相关系数，右上角为 Sperson 相关系数。从结果来看，Z 值与 SSA 和 MKT 的相关性为负（见表 13-3），初步证明研究假设 13.1、假设 13.2。但是 Z 值与股价收益率波动率、股票换手率、资产收益率和杠杆率存在着显著的相关关系，与以往的研究相契合。

表 13 - 3

相关系数

变量	Z	SSA	MKT	SIGMA	OTURNOVER	SIZE	RET	BM	ROA	LEV
Z	1	-0.080***	-0.071***	-0.087***	0.050*	-0.310***	0.007	-0.056**	0.461***	-0.479***
SSA	-0.017	1	0.076***	0.097***	0.057**	-0.009	0.084***	-0.193***	0.03	0.004
MKT	-0.032	0.053*	1	0.073***	-0.018	0.161***	-0.022	-0.156***	0.005	0.095***
SIGMA	-0.086***	0.064**	0.073***	1	0.442***	-0.186***	0.498***	-0.374***	-0.127***	0.022
OTURNOVER	0.110***	0.095***	-0.016	0.348***	1	-0.39***	0.205***	0.107***	-0.086***	-0.089***
RET	0.016	0.107***	0.035	0.681***	0.214***	-0.172***	1	-0.450***	0.091***	-0.008
BM	0.004	-0.184***	-0.187***	-0.314***	0.102***	0.081***	-0.376***	1	-0.166***	-0.075***
ROA	0.607***	0.036	0.013	-0.073***	-0.017	-0.058**	0.118***	-0.132***	1	-0.251***
LEV	-0.533***	-0.022	0.060**	0.008	-0.092***	0.488***	-0.023	-0.107***	-0.261***	1

注：***、**和*分别表示在 1%、5% 和 10% 水平上显著；均为双尾检验。

如图 13 - 1 所示，从整体趋势上看，Z 值在近十年间整体呈现下降趋势，表现为财务风险增加。而 SSA 在近十年间呈现上升趋势，表现为基金风格漂移程度增加，总体相反的运动趋势与假设相符合。前五年，二者的运动趋势呈现了显著的相反的运动趋势，这一结论与假设 13.1 符合。

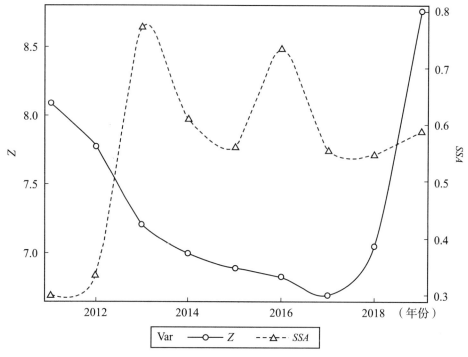

图 13 - 1　Z 值与 SSA 趋势

如图 13 - 2 所示，从整体趋势上看，Z 值在近十年间整体呈现下降趋势，表现为财务风险增加。而 MKT 在近十年间呈现上升趋势，表现为市场化增加，总体相反的运动趋势与假设相符合。前五年，二者的运动趋势呈现了显著的相反的运动趋势，这一结论与假设 13.2 相符合。

（三）两群体差异性检定

将数据样本按国企与非国企分组进行两群体差异性检定，结果如表 13 - 4 所示。结果表明非国企与国企在财务风险、市场化、股票收益率标准差和杠杆率方面出现了显著差异。从财务风险的角度看，非国企比国企面临的财务风险更小，初步验证假设 13.3。

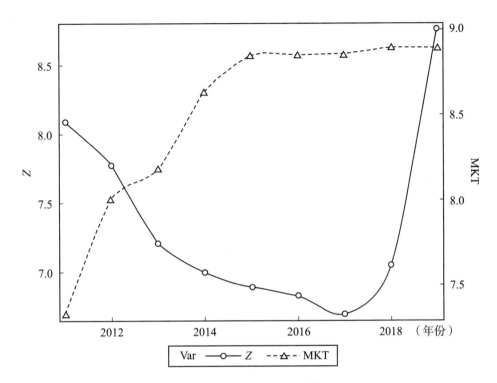

图 13-2 Z 值与 MKT 趋势

表 13-4 两群体差异性检定

变量	非国企	国企	dif	tvalue
Z	7.34	7.04	-0.30	-2.02
SSA	0.59	0.61	0.02	0.64
MKT	8.70	8.22	-0.48	-3.81
SIGMA	0.08	0.07	-0.01	-2.11
OTURNOVER	0.08	0.07	-0.01	-0.63
RET	0.01	0.01	-0.00	-0.59
BM	0.42	0.43	0.01	0.16
ROA	0.07	0.06	-0.00	-0.48
LEV	0.29	0.34	0.05	3.45

（四）回归分析

假设 13.1：由于 Z 值越小财务风险越大，即系数为负，则与财务风险正相关。如表 13-5 所示，从 MODEL2 和 MODEL4 的结果来分析，SSA 分别在 1% 和

5%的显著性水平上与财务风险正相关，回归固定了公司效应，说明基金风格漂移会显著增加新兴市场公司的财务风险。随着机构投资者在市场上的作用越来越大，他们不仅可以通过行使表决权去干预公司的运营或公司决策等，还可以通过调整投资结构的方式影响公司的财务风险，进而影响公司决策、公司治理等，使得机构投资者在公司的话语权得到提升，迫使管理者认真考虑机构投资者的建议，否则就要承担额外的财务风险带来的成本。虽然基金风格漂移仅是机构投资者行为的一种，但是至少从基金风格漂移这一路径对公司财务的影响是正向的。从这方面看，这一机制使得外部治理对公司的监督作用增强，减少管理者的道德风险。

表 13 - 5　　　　　　　　　回归结果

变量	MODEL2	MODEL3	MODEL4	MODEL5
截距	7. 103 *** (17. 70)	12. 075 *** (11. 67)	11. 991 *** (11. 68)	6. 986 *** (17. 30)
SSA	− 0. 291 *** (− 2. 87)		− 0. 232 ** (− 2. 37)	
MKT		− 0. 521 *** (− 5. 19)	− 0. 503 *** (− 5. 06)	
LEV	− 1. 792 *** (− 4. 42)	− 1. 197 *** (− 2. 88)	− 1. 256 *** (− 3. 05)	− 1. 742 *** (− 4. 27)
SIGMA	− 3. 576 ** (− 2. 34)	− 1. 760 (− 1. 14)	− 2. 169 (− 1. 41)	− 3. 123 ** (− 2. 04)
OTURNOVER	1. 126 ** (2. 36)	0. 703 (1. 51)	0. 885 * (1. 89)	0. 906 * (1. 92)
RET	8. 876 ** (2. 34)	4. 624 (1. 19)	4. 852 (1. 26)	8. 771 ** (2. 30)
BM	0. 278 ** (2. 19)	0. 072 (0. 52)	0. 004 (0. 03)	0. 377 *** (3. 01)
ROA	5. 589 *** (4. 37)	5. 539 *** (4. 34)	5. 535 *** (4. 40)	5. 596 *** (4. 30)
stkcd	YES	YES	YES	YES
R^2	78. 57%	79. 38%	79. 52%	78. 35%
N	1 157	1 157	1 157	1 157
F-value	4 154. 753 ***	323 964. 180 ***	4 571. 165 ***	2 293. 389 ***

注：*** 、 ** 和 * 分别表示在 1% 、5% 和 10% 水平上显著；均为双尾检验。

假设 13.2：如表 13 - 5 所示，从 MODEL3 和 MODEL4 的结果看，*MKT* 都在 1% 的水平上显著，回归固定了公司效应，这说明市场化会十分显著地增加公司的财务风险。市场化过程是全面市场化的过程，对于公司来说，这一过程会使得公司信息更加透明、外部监管更加紧密、法律更加全面、融资渠道更加广泛。但是可能受到多方面影响，将由市场更多地决定市场内部竞争。这会使公司内部的信息会更多地暴露在市场当中，一旦发生不利于公司的情况，公司的经营情况就会受到影响，可能会使得公司融资渠道收紧，而供应链内不信任就可能导致现金流出现问题，增加公司的财务风险。当然，本章的实证结果是基于特殊样本的市场化对公司财务风险的总效应，其内部的机制还需进一步探索。

假设 13.3：如表 13 - 6 所示，非国企的回归结果中，*SSA* 分别在 1% 和 5% 的显著水平上与财务风险正相关，*MKT* 在 1% 的水平上与财务风险正相关。但是如表 13 - 7 所示，代表国企的回归结果中，*MKT* 在 1% 的水平上与财务风险正相关，但是 t 值相对于非国企却显著下降。而 *SSA* 在国企的回归结果中均不显著。综合分析分组回归的结果，可以证明产权性质对基金风格漂移与财务风险的关系具有显著的调节作用。国企会使得机构投资者能够发挥对公司的影响显著减弱，即使机构投资者做出投票并向外界传递信息告知其他投资者，其效应也是不显著的。机构投资者的治理作用被减弱，会使机构投资者与国企管理者的制衡出现问题，投资者行为大多数只会给自己带来交易成本，不会得到相应的激励。一方面，由于国企特殊的责任，这样的机制保护了国企的稳定性；另一方面，机构投资者的治理不能发挥作用，会使得国企内部负面消息积累，可能会出现突然大规模爆发的危险。

表 13 - 6 非国企回归

变量	MODEL2	MODEL3	MODEL4	MODEL5
截距	7. 143 *** (16. 69)	12. 165 *** (10. 96)	12. 062 *** (10. 96)	6. 986 *** (17. 30)
SSA	- 0. 312 *** (- 2. 69)		- 0. 244 ** (- 2. 19)	
MKT		- 0. 529 *** (- 4. 86)	- 0. 508 *** (- 4. 73)	
LEV	- 1. 893 *** (- 4. 37)	- 1. 273 *** (- 2. 85)	- 1. 339 *** (- 3. 02)	- 1. 742 *** (- 4. 27)
SIGMA	- 3. 673 ** (- 2. 24)	- 1. 865 (- 1. 13)	- 2. 236 (- 1. 36)	- 3. 123 ** (- 2. 04)

续表

变量	MODEL2	MODEL3	MODEL4	MODEL5
OTURNOVER	1. 112 ** (2. 18)	0. 697 (1. 40)	0. 876 * (1. 75)	0. 906 * (1. 92)
RET	8. 989 ** (2. 21)	5. 018 (1. 21)	5. 076 (1. 23)	8. 771 ** (2. 30)
BM	0. 290 ** (2. 14)	0. 098 (0. 68)	0. 029 (0. 19)	0. 377 *** (3. 01)
ROA	5. 715 *** (4. 27)	5. 688 *** (4. 25)	5. 703 *** (4. 31)	5. 596 *** (4. 30)
stkcd	YES	YES	YES	YES
R^2	78. 29%	79. 09%	79. 23%	78. 35%
Adj R^2	67. 70%	68. 89%	69. 05%	67. 84%
N	1 041	1 041	1 041	1 157
F-value	211 915. 965 ***	4 222. 357 ***	1 152 302. 629 ***	2 293. 389 ***

注：***、**和*分别表示在1%、5%和10%水平上显著；均为双尾检验。

表 13 - 7　　　　　　　　　　国企回归

变量	MODEL2	MODEL3	MODEL4	MODEL5
截距	7. 456 *** (6. 37)	12. 384 *** (4. 68)	12. 608 *** (4. 75)	6. 986 *** (17. 30)
SSA	- 0. 219 (- 1. 21)		- 0. 225 (- 1. 23)	
MKT		- 0. 626 ** (- 2. 27)	- 0. 628 ** (- 2. 26)	
LEV	- 0. 926 (- 0. 84)	- 0. 473 (- 0. 48)	- 0. 529 (- 0. 55)	- 1. 742 *** (- 4. 27)
SIGMA	- 2. 900 (- 0. 73)	- 0. 784 (- 0. 22)	- 1. 878 (- 0. 52)	- 3. 123 ** (- 2. 04)
OTURNOVER	1. 056 (0. 82)	0. 321 (0. 25)	0. 683 (0. 52)	0. 906 * (1. 92)
RET	8. 858 (0. 90)	0. 560 (0. 06)	2. 827 (0. 28)	8. 771 ** (2. 30)

续表

变量	MODEL2	MODEL3	MODEL4	MODEL5
BM	-0.017 (-0.04)	-0.553 (-1.12)	-0.651 (-1.25)	0.377 *** (3.01)
ROA	2.213 (0.57)	0.913 (0.25)	0.318 (0.09)	5.596 *** (4.30)
stkcd	YES	YES	YES	YES
R^2	82.81%	84.43%	84.64%	78.35%
Adj R^2	72.16%	74.78%	74.76%	67.84%
N	116	116	116	1 157
F-value	40.768 ***	133.827 ***	33.844 ***	2 293.389 ***

注: *** 、 ** 和 * 分别表示在 1%、5% 和 10% 水平上显著; 均为双尾检验。

(五) 稳健性检验

首先,本章节选择将企业成立年限作为分组变量放进模型中进行稳健性检验。Year = 0 表示成立年限较短的公司, Year = 1 表示成立年限较长的公司。如表 13 - 8 所示,在成立年限较长的公司中, SSA 与 MKT 依旧保持 5% 和 1% 的显著性水平,回归检验了假设 13.1 和假设 13.2,结果依旧保持一致,基金风格漂移与市场化水平均增加了财务风险显著。

其次,本章节选择将公司股价收益率标准差作为分组变量放进模型中进行稳健性检验。SIGMA = 0 表示股票收益率标准差较小的公司, SIGMA = 1 表示股票收益率标准差较大的公司。如表 13 - 9 所示,在股票收益率标准差较大的公司中, SSA 与 MKT 依旧保持 5% 和 1% 的显著性水平,回归检验了假设 13.1 和假设 13.2,结果依旧保持一致,基金风格漂移与市场化水平均增加了财务风险。

(六) 内生性检验

由于在样本选择过程中,仅选取公司十大流通股股东可能存在样本选择偏误的问题,所以进行内生性检验。选取基金净值增长率作为工具变量,该工具变量符合要求,工具变量回归结果如表 13 - 10 和表 13 - 11 所示。回归结果在 10% 的显著性水平下显著为正, SSA 仍然在 5% 的水平上显著为正,即使均在正向选择偏误,但是回归假设依旧稳健。

表 13 - 8

按照公司年限分组回归

变量	Year = 0				Year = 1			
	MODEL2	MODEL3	MODEL4	MODEL5	MODEL2	MODEL3	MODEL4	MODEL5
截距	7.412*** (11.55)	12.573*** (6.79)	12.602*** (6.79)	7.336*** (11.74)	8.831*** (30.36)	12.624*** (13.52)	12.529*** (13.65)	8.653*** (28.60)
SSA	-0.159 (-0.98)		-0.137 (-0.85)		-0.369*** (-2.82)		-0.295** (-2.37)	
MKT		-0.536*** (-3.08)	-0.532*** (-3.05)			-0.511*** (-4.18)	-0.481*** (-4.02)	
LEV	-3.005*** (-4.30)	-2.402*** (-3.60)	-2.423*** (-3.61)	-2.985*** (-4.30)	-0.982** (-2.08)	-0.396 (-0.78)	-0.487 (-0.98)	-0.906* (-1.88)
SIGMA	-4.764* (-1.81)	-2.719 (-1.04)	-3.011 (-1.15)	-4.438* (-1.70)	-3.167* (-1.70)	-1.547 (-0.82)	-2.024 (-1.07)	-2.653 (-1.42)
OTURNOVER	0.992 (1.35)	0.595 (0.79)	0.689 (0.93)	0.885 (1.20)	1.177* (1.91)	0.733 (1.27)	0.978 (1.63)	0.882 (1.48)
RET	17.086*** (2.71)	12.119* (1.88)	12.257* (1.89)	16.963*** (2.70)	4.602 (0.94)	0.856 (0.17)	1.081 (0.22)	4.599 (0.93)
BM	0.329* (1.74)	0.076 (0.34)	0.045 (0.21)	0.367* (1.94)	0.207 (1.20)	0.048 (0.27)	-0.059 (-0.32)	0.364** (2.20)

续表

变量	MODEL2	MODEL3	MODEL4	MODEL5	MODEL2	MODEL3	MODEL4	MODEL5
	Year = 0				*Year* = 1			
ROA	5.765 ***	5.941 ***	5.964 ***	5.737 ***	5.676 ***	5.493 ***	5.476 ***	5.714 ***
	(4.06)	(3.96)	(4.02)	(3.99)	(3.18)	(3.14)	(3.19)	(3.13)
stkcd	YES	YES	YES	YES	YES	YES	YES	YES
R^2	81.32%	82.11%	82.15%	81.27%	77.05%	77.81%	78.07%	76.64%
Adj R^2	70.65%	71.90%	71.86%	70.67%	66.63%	67.74%	68.05%	66.10%
N	477	477	477	477	680	680	680	680
F-value	116.877 ***	68.009 ***	106.922 ***	59.694 ***	2 560.263 ***	3 827.013 ***	5 978.896 ***	1 450.518 ***

注：*** 、** 和 * 分别表示在 1%、5% 和 10% 水平上显著；均为双尾检验。

表 13 – 9　按照股价收益率标准差分组回归

变量	SIGMA = 0				SIGMA = 1			
	MODEL2	MODEL3	MODEL4	MODEL5	MODEL2	MODEL3	MODEL4	MODEL5
截距	9.502*** (15.43)	13.156*** (10.61)	13.155*** (10.53)	9.496*** (15.36)	8.176*** (11.89)	11.597*** (5.57)	11.797*** (5.75)	7.974*** (11.59)
SSA	-0.105 (-0.59)		-0.001 (0.00)		-0.367** (-2.22)		-0.366** (-2.29)	
MKT		-0.491*** (-3.51)	-0.491*** (-3.44)			-0.365* (-1.80)	-0.364* (-1.84)	
LEV	-3.298*** (-3.89)	-2.700*** (-3.06)	-2.700*** (-3.05)	-3.309*** (-3.91)	-0.547 (-0.72)	-0.173 (-0.24)	-0.324 (-0.44)	-0.396 (-0.52)
SIGMA	-15.900** (-2.04)	-12.300* (-1.66)	-12.298 (-1.64)	-16.339** (-2.12)	-6.821** (-2.41)	-5.221* (-1.87)	-6.060** (-2.12)	-5.981** (-2.17)
OTURNOVER	3.540*** (2.79)	2.917** (2.52)	2.917** (2.55)	3.499*** (2.76)	0.285 (0.36)	-0.149 (-0.19)	0.097 (0.13)	0.039 (0.05)
RET	-10.351 (-1.34)	-13.385* (-1.79)	-13.384* (-1.76)	-10.593 (-1.39)	16.224*** (2.89)	13.559** (2.29)	13.355** (2.27)	16.430*** (2.89)
BM	0.022 (0.09)	-0.247 (-1.00)	-0.247 (-0.99)	0.050 (0.22)	0.300 (1.06)	0.231 (0.74)	0.118 (0.37)	0.414 (1.45)

资本市场的系统性风险测度与防范体系构建研究

续表

变量	SIGMA = 0				SIGMA = 1			
	MODEL2	MODEL3	MODEL4	MODEL5	MODEL2	MODEL3	MODEL4	MODEL5
ROA	6.967**	6.780**	6.780**	6.943**	3.318*	3.293*	3.438*	3.172*
	(2.52)	(2.51)	(2.51)	(2.48)	(1.86)	(1.86)	(1.95)	(1.78)
stkcd	YES	YES	YES	YES	YES	YES	YES	YES
R²	86.84%	87.58%	87.58%	86.83%	87.02%	87.03%	87.31%	86.74%
Adj R²	73.15%	74.66%	74.57%	73.21%	71.38%	71.42%	71.93%	70.88%
N	552	552	552	552	605	605	605	605
F-value	732.284***	1 008.563***	2 645.426***	5 263.140***	3 216.325***	588.156***	7 628.298***	432 635.808***

注: ***、** 和 * 分别表示在 1%、5% 和 10% 水平上显著; 均为双尾检验。

第十三章 基金风格漂移与企业财务风险

表 13 – 10　　　　　　　　　　　工具变量相关系数

变量	Z2P1	SSA	NVG
Z2P1	1.000	0.112***	− 0.023
SSA	− 0.089***	1.000	− 0.099***
NVG	− 0.042	− 0.067**	1.000

注：***、**和*分别表示在1%、5%和10%水平上显著；均为双尾检验。

表 13 – 11　　　　　　　　　　　Heckman 两阶段检验

变量	MODEL1	MODEL2	MODEL3
截距	70.060***	10.592***	9.996***
	(2.63)	(10.79)	(9.71)
SSA		− 0.213**	− 0.218**
		(− 2.18)	(− 2.21)
LAMBDA			0.636*
			(1.67)
NVG	− 13.706***		
	(− 5.40)		
MKT	− 8.045***	− 0.376***	− 0.373***
	(− 3.06)	(− 4.04)	(− 4.02)
LEV	− 12.906***	− 0.778*	− 0.777*
	(− 3.09)	(− 1.84)	(− 1.84)
SIGMA	209.230***	− 2.076	− 2.426
	(5.14)	(− 1.31)	(− 1.50)
OTURNOVER	− 9.334	0.999**	0.965**
	(− 1.25)	(2.11)	(2.03)
RET	− 177.099**	3.873	4.705
	(− 2.11)	(1.01)	(1.21)
BM	0.408	0.232*	0.229*
	(0.18)	(1.79)	(1.75)
ROA	15.232*	4.119***	4.116***
	(1.83)	(3.88)	(3.86)

变量	MODEL1	MODEL2	MODEL3
stkcd	YES	YES	YES
Adj R^2	44.63%	73.91%	73.85%
N	1 143	1 026	1 024
F-value		1 209.457***	671.913***

注：***、**和*分别表示在1%、5%和10%水平上显著；均为双尾检验。

第四节　结　　论

本章节以2011～2020年创业板上市公司为研究对象，研究机构投资者的具体行为——基金风格漂移对于公司财务风险的影响。结论如下：（1）基金风格漂移会增加公司财务风险；（2）市场化水平会使得企业的财务风险增加；（3）产权性质对基金风格漂移与财务风险间的关系存在调节作用，表现为国企内基金风格漂移对财务风险的关系不再显著，而非国企内基金风格漂移会增加公司财务风险。

根据本章的实证结果可以得到如下启示。站在机构投资者的角度，机构投资者通过基金风格漂移这一行为可以对公司财务风险产生影响，一方面增加机构投资者对公司的影响力，但是另一方面使公司可能由于机构投资者自身的投资调整行为对外界传递错误的信号，致使公司承受不必要的财务风险。机构投资者的行为不仅要考虑自己对公司的直接影响，也要考虑自己的行为向外界传递的信号的间接影响。同时，非理性的投资者也需要正确地判断机构投资者行为传递的信息的真实含义。站在企业的角度看，在自身没有问题的情况下，公司面对由于被机构投资者抛售所增加的财务风险，要及时澄清处理，以防事态严重造成财务危机，致使公司遭受财务困境，使得公司价值下降，面临被恶意收购的情况。国有公司由于其特殊的背景，财务风险相对于其他公司的风险要小，但是这会使得国有公司内部的问题长期积累，积累到一定程度突然爆发，那其造成的后果远比一般的公司要严重，所以要切实提高国有企业内部的监督机制，提高公司的管理效率和管理质量，防止出现蒙蔽和腐败的事情导致的损失风险。最后，站在整个市场的角度看，由于机构投资者的抱团效应、羊群效应、杠杆效应以及机器学习技术的参与等因素具有数倍于本身的影响效果，可以理解为机构投资者行为的乘

327

数效应。一个自身的举动就可能引发巨大的灾难，原因归根结底还是市场的效率和非理性人，一方面要归结于中国金融市场还处于不成熟期，另一方面是因为投资者无论是在信息搜集和信息处理方面成本较高，这就需要政府进行金融市场进行紧密监控，在不干预市场正常行为的前提下，提前控制住未来可能引发大灾难的因素，帮助市场和投资者渡过成长期，使金融体系在稳定的前提下健康发展。

第十四章

股市错误定价与企业成长预期

传统的资产定价模型基于理性人假设，夏普（Sharpe，1964）[1] 和林特纳（Lintner，1965）[2] 的资本资产定价模型（CAPM），法玛和佛伦奇（Fama and French，1993）[3] 提出被人们广为接受的三因子模型，认为在完美的市场中股票价格能正确反映资产的真实价值，投资者没有机会获得超额收益，但现实的资本市场并不完美，市场中存在着相当多难以解释的异象，使得股票价格与企业的理论估值水平出现严重偏离，即存在股票错误定价。侯恪惟、薛辰和张橹（Hou，Xue and Zhang，2015）[4] 提出市场因子、规模因子、投资因子、盈利因子的四因子模型，法玛和佛伦奇（2015）[5] 在三因子模型中加入了投资因子和错误定价因子。特伯格和袁宇（Stambaugh and Yuan，2017）[6] 在市场因子和规模因子的基础上加入了两个错误定价因子，从而能解释更多的异象。不同于欧美较为成熟的

① Sharpe W. F. 1964. Capital Asset Prices：A Theory of Market Equilibrium under Conditions of Risk ［J］. *The Journal of Finance*，19（3）：425 – 442.

② Lintner J. 1965. Security Prices，Risk，and Maximal Gains from Diversification ［J］. *The Journal of Finance*，20（4）：587 – 615.

③ Fama E. F.，French K. R. 1993. Common Risk Factors in the Returns on Stocks and Bonds ［J］. *Journal of Financial Economics*，33（1）：3 – 56.

④ Hou K.，Xue C.，Zhang L. 2015. Digesting Anomalies：An Investment Approach ［J］. *The Review of Financial Studies*，28（3）：650 – 705.

⑤ Fama E. F.，French K. R. 2015. A Five-factor Asset Pricing Model ［J］. *Journal of Financial Economics*，116（1）：1 – 22.

⑥ Stambaugh R. F.，Yuan Y. 2017. Mispricing Factors ［J］. *The Review of Financial Studies*，30（4）：1270 – 1315.

资本市场，创业板市场本身存在着起步较晚、市场运作体系相对不完善、"三高一破"等问题，公司股东操纵股价的内幕交易现象也屡见不鲜，创业板市场存在着较为明显的股票错误定价现象。随着研究的深入，大量实证研究表明市场中存在很多与有效市场假说相背离的市场异象。传统的资产定价模型遭受了严峻考验。由于异象在某种程度上反映了错误定价，为解决实证资产研究中存在的异象，需要构建能捕捉大量异象的错误定价的模型，并寻找错误定价现象的来源。

第一节　股市错误定价与企业成长预期的研究进展

错误定价现象普遍存在于资本市场上，错误定价因子既可以捕捉到投资者需要补偿的系统风险，也可以捕捉到错误定价的常见来源，班茨（Banz，1981）[1]发现预期收益率与公司规模负相关的小市值异象，黄兴旺（2002）[2]、杨炘和陈展辉（2003）[3]、李志冰等（2017）[4] 等在研究中国股票市场时均发现中国股票市场上存在显著的规模效应。罗森博格等（Rosenberg et al.，1985）[5] 发现了超额收益与账面市值比正相关的价值异象。赵胜民等（2016）[6] 发现我国股票市场规模效应和账面市值比效应明显。斯隆（1996）[7] 发现固定资产的高应计利润率低于低应计利润率的公司应计异象，关伟和张晓龙（2017）[8] 指出较高应计利润率往往能显著提升股票后两个季度的超额收益。杨开元（2013）[9] 发现应计异象作为一种"系统风险"，来源于投资者的错误定价，且应计异象真实存在于我国资

---

① Banz R. W. 1981. The Relationship Between Return and Market Value of Common Stocks [J]. *Journal of Financial Economics*，9（1）：3 – 18.

② 黄兴旺、胡四修、郭军：《中国股票市场的二因素模型》，载于《当代经济科学》2002 年第 5 期。

③ 杨炘、陈展辉：《中国股市三因子资产定价模型实证研究》，载于《数量经济技术经济研究》2003 年第 32 期。

④ 李志冰、杨光艺、冯永昌、景亮：《Fama – French 五因子模型在中国股票市场的实证检验》，载于《金融研究》2017 年第 6 期。

⑤ Rosenberg B.，Reid K.，Lanstein R. 1985. Persuasive Evidence of Market Inefficiency [J]. *Journal of Portfolio Management*，11（3）：9 – 16.

⑥ 赵胜民、闫红蕾、张凯：《Fama – French 五因子模型比三因子模型更胜一筹吗——来自中国 A 股市场的经验证据》，载于《南开经济研究》2016 年第 2 期。

⑦ Sloan R. 1996. Do Stock Prices Fully Impound Information in Accruals About Future Earnings？ [J]. *Accounting Review*，71.

⑧ 关伟、张晓龙：《股票错误定价模型在 A 股市场的有效性检验》，载于《中国物价》2017 年第 3 期。

⑨ 杨开元、刘斌、王玉涛：《资本市场应计异象：模型误设还是错误定价》，载于《统计研究》2013 年第 10 期。

本市场中。杰加迪什和提特曼（Jegadeesh and Titman，1993）[①]、卡哈特（Carhart，1997）[②] 认为过去的收益能够预测未来收益的动量异象，范龙振和王海涛（2003）[③]、鲁臻和邹恒甫（2007）[④] 发现 A 股市场上存在明显的动量效应。Ritter（1991）[⑤]、法玛和佛伦奇（2008）[⑥] 发现净股票发行与股票持续收益负相关的发行异象。林祺（2016）[⑦] 发现资本市场上存在明显的资产增长异象，并说明了资产增长异象是投资者在处理市场信息的能力时存在系统性偏差导致的，表现为错误定价现象。李志冰等（2017）[⑧] 考察了错误定价因子模型在中国不同时期的应用。游家兴（2019）[⑨] 发现媒体情绪对错误定价的影响显著。徐莉萍（2006）[⑩] 发现股权集中度与企业绩效存在正相关。何青（2012）[⑪] 发现股票市场异象直接受到公司的股权集中度、企业是否为国有等因素的影响。陈曦（2016）[⑫] 指出我国上市公司的股权集中治理效应会受到投资者非理性行为下错误估价的影响。林思涵等（2020）[⑬] 指出投资者异质信念在一定程度会导致错误定价。

国内外股票市场都存在着许多难以解释的异象，学者们不仅试图解释现有的模型是否能解释不断涌现的异象，不断证实这些异象是否存在于中国股票市场，不断验证已有的定价模型是否可以解释股票市场异象，也在试图寻找新因子以构建能更好解释股票横截面差异的新模型，因此，需要寻找可以最大程度解释被错误定价的共同因素。美国等发达国家资本市场成立较早，资产定价理论基本成

---

① Jegadeesh N. ，Titman S. 1993. Returns to Buying Winners and Selling Losers：Implications for Stock Market Efficiency ［J］. *Journal of Finance*，48（1）：65 – 91.

② Carhart M. M. 1997. On Persistence in Mutual Fund Performance ［J］. *Journal of Finance*，1997.

③ 范龙振、王海涛：《上海股票市场行业与地区效应分析》，载于《系统工程学报》2003 年第 2 期。

④ 鲁臻、邹恒甫：《中国股市的惯性与反转效应研究》，载于《经济研究》2007 年第 9 期。

⑤ Ritter J. R. 1991. The Long – Run Performance of Initial Public Offerings ［J］. *Journal of Finance*，46（1）：3 – 27.

⑥ Fama E. F. ，French K. R. 2008. Dissecting Anomalies ［J］. *The Journal of Finance*，63（4）：1653 – 1678.

⑦ 林祺：《资本市场效率与资产增长异象——最优投资效应假说 vs. 错误定价假说》，载于《经济学》（季刊）2016 年第 2 期。

⑧ 李志冰、杨光艺、冯永昌、景亮：《Fama – French 五因子模型在中国股票市场的实证检验》，载于《金融研究》2017 年第 6 期。

⑨ 游家兴、吴静：《沉默的螺旋：媒体情绪与资产定价》，载于《经济研究》2012 年第 7 期。

⑩ 徐莉萍、辛宇、陈工孟：《股权集中度和股权制衡及其对公司经营绩效的影响》，载于《经济研究》2006 年第 1 期。

⑪ 何青：《内部人交易与股票市场回报——来自中国市场的证据》，载于《经济理论与经济管理》2012 年第 2 期。

⑫ 陈曦、朱迪星：《错误定价与股权集中的公司治理效应——基于中国上市公司的经验证据》，载于《金融理论与实践》2016 年第 2 期。

⑬ 林思涵、陈守东、刘洋：《融资融券非对称交易与股票错误定价》，载于《管理科学》2020 年第 2 期。

熟，中国股市的研究相对较晚、市场运作相对不完善、资本市场股东操纵股价的事件频发、股票错误定价现象较明显。再加上我国股票定价的研究主要围绕主板市场展开，创业板市场的研究也比较少，但创业板市场高成长性、高风险性、高收益并存，那么高收益是对风险补偿吗？是否存在错误定价的现象？行为金融学派提出了错误定价模型，我们以错误定价模型为指导检验错误定价因子在中国创业板市场的有效性和适用性。本章研究 2011~2019 年创业板市场错误定价现象，检验了错误定价因子有效性并寻找错误定价的来源。研究结果表明，创业板市场确实存在错误定价现象，进一步研究发现，创业板市场错误定价现象源于投资者情绪、公司治理能力和企业创新能力。

本章的贡献主要有：（1）在研究创业板市场错误定价现象时，进一步比较了 Fama - French 三因子模型和错误定价模型，发现错误定价模型比 Fama - French 三因子模型更有效且更适用于创业板市场；（2）将错误定价现象进行进一步的归因分析，发现错误定价现象源于投资者情绪、公司治理能力和企业创新能力；（3）将上市公司新闻舆情细分为正面新闻、负面新闻、中性新闻，结果显示，投资者对于正面新闻往往反应过度，对于负面新闻往往过度悲观；（4）从高管持股、股权集中度、国有股持股三方面考察公司治理能力，结果表明创业板市场超额收益与股权集中度负相关。创业板市场超额收益与国有股持有比例正相关；（5）从公司专利获得情况和研发费用两方面考察公司创新能力，研究发现，创业板市场超额收益与创新水平正相关，企业创新能力越强，股票收益越高，且随股票收益的正向作用在高科技行业中更大、更显著。

第二节　股市错误定价与企业成长预期的逻辑机制

在上市公司新闻舆情的推波助澜下，投资者与之舞之蹈之，加大了投资决策的非理性倾向，使得股票价格与企业的市场理论估值水平出现偏离，出现了股票错误定价。但现有实证研究未对此展开深入研究，上市公司新闻舆情在资产定价中的作用没有受到广泛重视。人民的有限信息处理能力可能会导致有限注意和认知的偏差，这使得在投资决策过程中会出现系统性的偏差。投资者的非理性使得上市公司新闻舆情很容易在金融市场上传播和扩散，最终会体现在金融资产的价格决定上。媒体日益高涨、过度乐观的情绪在形成股票泡沫方面具有推动作用①。

---

① 罗伯特·J. 希勒著：《非理性繁荣》，中译本，中国人民大学出版社 2007 年版。

弗尔德坎普（Veldkamp，2006）[①] 表明媒体容易在经济繁荣时期走向狂热，而狂热的新闻报道会进一步推动资产价格并加剧收益波动。因此，在正面新闻的带动下，乐观的投资者会积极地参与到市场交易中。悲观的投资者由于卖空限制而不能参与到市场交易中时，乐观的投资者将主导市场，股票价格很大程度上反映了乐观投资者的态度，从而导致股票价格相对其真实价值的高估。负面新闻报道作用机制相反。基于上述分析，本章提出第一个假设：

假设 14.1：媒体情绪越乐观或越悲观，股票价格越容易偏离其内在价值。

赫什拉佛等（Hirshleifer et al.，2013）[②] 认为如果市场没有及时反映创新信息，加上媒体缺乏对创新能力的关注，通常会造成股票的错误定价。基于此，提出企业创新能力应该与滞后的未来收益正相关。杨亭亭等（2017）[③] 发现中国资本市场初步具备为企业技术创新能力定价的能力，企业技术创新的投入产出越多，技术创新能力越强，进而可获得较高的股票收益。且股票收益的正向作用在高科技行业中更显著。陈国进等（2017）[④] 将研发投入对股票收益的影响程度与研发投入产出弹性联系起来，使用研发投入来度量上市公司的创新能力，揭示了企业研发投入有助于公司股票收益的提升。赵国庆（2019）[⑤] 从资本市场如何影响实体经济出发，从创新投入和创新产出两方面度量企业创新能力，发现股票市场错误定价对企业创新具有显著的正向影响。基于上述分析，本章提出第二个假设：

假设 14.2：错误定价情形下，创新能力的提升有助于获得后续高收益。

投资决策的改变可能源于外部治理压力，当公司价值被高估，股东与高管之间的利益发生冲突，从而在利益驱使下，经理人会采取操纵公司业绩等不利的行为决策。市场存在错误定价现象，高管的趋利行为会加剧公司的代理问题，但有效的股权结构治理可以减少这些行为的发生。当公司价值被高估时，高管为谋取私人利益可能会操控并占用公司资源，股权集中度是最具代表性的股权结构特征，因此被广泛关注。詹森（1976）[⑥] 指出股权集中适度有利于提高公司治理水

① Veldkamp L. L. 2006. Media Frenzies in Markets for Financial Information [J]. *American Economic Review*，96：577 – 601.

② Hirshleifer D.，Hsu P. H.，Li D. 2013. Innovative Efficiency and Stock Returns [J]. *Journal of Financial Economics*，107（3）：632 – 654.

③ 杨亭亭、黎智滔、李仲飞：《上市公司技术创新能力与股票收益——来自中国资本市场的证据》，载于《当代财经》2017 年第 8 期。

④ 陈国进、钟灵、首陈霄：《企业 R&D 投资与股票收益——理论建模与实证检验》，载于《经济学动态》2017 年第 7 期。

⑤ 赵国庆、王光辉：《资本市场错误定价与企业创新》，载于《商业经济与管理》2019 年第 1 期。

⑥ Jensen M. C.，Meckling W. H. 1976. Theory of the firm：managerial behavior，agency costs and ownership structure [J]. *Journal of Financial Economics*，3（4）：305 – 360.

333

平进而提升企业价值，如果股权集中的治理机制是有效的，股权占比高的大股东将加强对高管的监督。因此，从某种程度上看，公司价值被高估，股权集中能减少高管自利行为的发生，使得公司治理能力的提高进而会提升企业的价值，当公司价值被低估时则相反。我国上市公司股权结构呈股权较为集中，在此股权结构特征下，错误定价现象可能更为显著。何青（2012）[①] 等的研究表明，股权高度集中的公司，大股东容易侵害小股东权益。基于上述分析，本章提出第三个假设：

假设 14.3：错误定价情形下，创业板市场超额收益与股权集中度负相关。

我国国有企业长期实施计划经济体制发展，存在着观念相对落后的问题，制约着我国经济的发展；同时在国有企业改制过程中，一些既得利益者可能会通过一定措施阻拦改革的运行，也可能会趁机制造混乱，从而导致国有企业资产定价问题。由于创业板市场上国有企业经营性质及治理目标的特殊性，其公司投资决策与其他企业存在本质区别，一方面，国有企业保值增值、就业、经济稳定增长等治理目标可能会造成国有企业的政策性负担。另一方面，国有企业管理层薪资呈行政化特点造成了来自多方的限制，基于上述分析，提出本章的第四个假设：

假设 14.4：错误定价情形下，创业板市场超额收益与国有股持有比例负相关。

第三节　股市错误定价与企业成长预期的关系分析

一、研究设计

（一）样本选择与数据处理

选用 2011 年 1 月至 2019 年 12 月在创业板市场上市的 739 家上市公司的月度数据作为研究样本，样本数据均来自 Wind 客户端和 CNRDS 数据库，并使用 Stata 软件进行数据分析。基于研究实际需要，对样本作了下列处理，最终得到 739 家上市公司 108 个月度共计 48 542 个样本数据，并对数据进行了如下处理：

（1）剔除 ST 股票和退市公司的股票；（2）剔除了交易数据及财务数据不完

---

① 何青：《内部人交易与股票市场回报——来自中国市场的证据》，载于《经济理论与经济管理》2012 年第 2 期。

整的公司；（3）为避免极端值产生极不稳定的结果，我们对数据进行了上下1%的缩尾处理；（4）为避免量纲问题存在，对所有的数据进行最大最小标准化处理。

（二）定价因子的构建

通过在 Fama – French 三因子的基础上加入错误定价因子来检验创业板市场平均月度超额收益。每个错误定价因子按照不同分类分别取主成分得到。

1. 市场超额收益率（*MKT*）的计算

创业板市场月收益率减去月度无风险利率。其中，$R_M - R_F$ 为超额收益率，R_F 为月度无风险利率，R_M 为创业板市场月收益率。

2. 规模因子（*SMB*）和价值因子（*HML*）的计算

首先，将创业板市场股票按照前一年6月末流通市值大小进行排序。其次，按照50%分位数将股票分为 *S*、*B* 两组，同时将创业板市场股票按照前一年12月份账面市值比大小按照30%、70%分位数分为 *L*、*M*、*H* 三组。然后把 *S*、*B* 和 *H*、*M*、*L* 分别取交集，构成了6个组合（*SL*、*SM*、*SH*、*BL*、*BM*、*BH*），组合收益率是流通市值加权的月度收益率。最后，通过上述构造的组合来构建 *SMB*、*HML* 因子，计算公式为：

$$SMB = \frac{SL + SM + SH}{3} - \frac{BL + BM + BH}{3}$$

$$HML = \frac{SH + BH}{2} - \frac{SL + BL}{2} \tag{14.1}$$

3. 错误定价因子的计算

本章将13个异象参考姜富伟等（2018）[①] 的归类方式分为惯性类、投资类、盈利类和交易摩擦类四类，后针对每类异象分别提取一个主成分，13个异象及其构造方式如表14 – 1所示。

表14 – 1   **公司指标名称及构造方式**

分类	缩写	变量	构造方式
惯性类	*r2_1*	1个月动量（*momentum*1）	上月的累积收益
	r12_2	12个月动量（*momentum*2）	$t – 12$ 到 $t – 1$ 月的累积收益

---

① Jiang F., Qi X., Tang G. 2018. Q-theory, Mispricing, and Profitability Premium：Evidence from China [J]. *Journal of Banking & Finance*，87：135 – 149.

续表

分类	缩写	变量	构造方式
投资类	NI	股票发行净额（Net Share Issues）	从 $t-2$ 财年末到 $t-1$ 财年末流通股自然对数的变化
	Investment	投资（Investment）	从 $t-1$ 期到 $t-2$ 期的总资产变动除以 $t-2$ 期总资产
	IA	投资资产比（Investment-to-assets）	总资产的年变化除以滞后一年的总资产
盈利类	OP	营业利润率（Operating Profitability）	年收入减去销货成本、利息费用和销售、一般和管理费用再除以账面权益
	PROF	盈利能力（Profitability）	总盈利能力除以账面价值
	ROA	资产收益率（Return on assets）	非常项目前收入与滞后总资产
	EBIT	息税前收益（Earnings Before Interests and Taxes）	净利润加所得税费用和财务费用
	GP	毛利率（Gross Profitability）	季度营业收入减夫季度营业费用除以当前和上季度总资产均值
	NPOP	净利润（Net Payout Over Profits）	总净支出（净收入减去账面资产变动）除以总利润
交易摩擦类	AT	总资产（Total Assets）	总资产
	LME	规模（Size）	上月月末总市值定义为价格乘以流通股

首先，将创业板市场股票按照前一年 6 月末流通市值大小进行排序后按照 50% 分位数将股票分为 S、B 两组。其次，将异象提取的四个主成分按其值的大小按照 30%、70% 分位数分别分为 L、M、H 三组。再次，把 S、B 和 H、M、L 分别取交集，构成了 SL_1、SM_1、SH_1、BL_1、BM_1、BH_1、SL_2、SM_2、SH_2、BL_2、BM_2、BH_2、SL_3、SM_3、SH_3、BL_3、BM_3、BH_3、SL_4、SM_4、SH_4、BL_4、BM_4、BH_4，按照流通市值加权的月度收益率计算组合收益率。最后，通过上述构造的组合来构建四个错误定价因子，计算公式为：

$$HML_1 = \frac{SH_1 + BH_1}{2} - \frac{SL_1 + BL_1}{2}$$

$$HML_2 = \frac{SH_2 + BH_2}{2} - \frac{SL_2 + BL_2}{2}$$

$$HML_3 = \frac{SH_3 + BH_3}{2} - \frac{SL_3 + BL_3}{2}$$

$$HML_4 = \frac{SH_4 + BH_4}{2} - \frac{SL_4 + BL_4}{2} \tag{14.2}$$

（三）归因变量的构建

本章将 26 个归因变量按照上市公司新闻舆情、公司治理、创新能力分为三大类，其中将上市公司新闻舆情分为正面新闻、中性新闻、负面新闻；将公司治理分为公司高管持股、股权集中度、国有股持有情况三类；将创新能力分为专利和研发费用两类，后针对每类分别提取一个主成分。归因变量及构造方式如表 14-2 所示。

表 14-2　　　　　　　　　　归因变量名称及构造方式

		缩写	变量	构造方式
上市公司新闻舆情	正面新闻	PPN	正面帖子量（Pospostnum）	日内上市公司所在股吧的全部正面帖子数量总计
		PNA	网络正面新闻数（NetPosnews_All）	统计时间段内上市公司全部正面新闻总数
		PA	报刊正面新闻数（Posnews_All）	日内上市公司全部正面新闻总数
	中性新闻	UPN	中性帖子量（Neupostnum）	日内上市公司所在股吧的全部中性帖子数量总计
		UNA	网络中性新闻数（NetNeunews_All）	统计时间段内上市公司全部中性新闻总数
		UA	报刊中性新闻数（Neunews_All）	日内上市公司全部中性新闻总数
	负面新闻	NPN	负面帖子量（Negpostnum）	日内上市公司所在股吧的全部负面帖子数量总计
		NGA	网络负面新闻数（NetNegnews_All）	统计时间段内上市公司全部负面新闻总数
		NA	报刊负面新闻数（Negnews_All）	日内上市公司全部负面新闻总数

续表

		缩写	变量	构造方式
公司治理	高管持股	GSR	高管持股比例（%）（GmShrRat）	高管持股比例占公司总股数的比例
		MSR	管理层持股比例（%）（MShrRat）	管理层持股比例占公司总股数的比例
		BSR	董事会持股比例（%）（BShrRat）	董事会持股比例占公司总股数的比例
		SSR	监事会持股比例（%）（SShrRat）	监事会持股比例占公司总股数的比例
	股权集中度	HFD1	Herfindahl 指数 1（Herfindahl1）	第一大股东持股比例的平方和
		HFD3	Herfindahl 指数 3（Herfindahl3）	公司前三位大股东持股比例的平方和
		HFD5	Herfindahl 指数 5（Herfindahl5）	公司前五位大股东持股比例的平方和
		HFD10	Herfindahl 指数 10（Herfindahl10）	公司前十位大股东持股比例的平方和
		INZ	Z 指数（IndexZ）	公司第一大股东与第二大股东持股比例的比值
		INS	S 指数（IndexS）	公司第二大股东至第十大股东持股比例之和
	国有股持股	SOR	国有股比例（%）（StOwRt）	国有股数量与总股数的比值
		TS	总股数（TotlShr）	上市公司总股份数
创新水平	专利	IVG	当年独立获得的发明数量（Invig）	公司当年独立获得的发明数量
		UMG	当年独立获得的实用新型数量（Umig）	公司当年独立获得的实用新型数量
		DEG	当年独立获得的外观设计数量（Desig）	公司当年独立获得的外观设计数量
		ING	当年联合获得的发明数量（Invjg）	公司当年与其他实体联合获得的发明数量
	研发费用	R&Dexp	研发费用投入额（R&Dexp）	当年研发费用各项目具体投入金额

二、经济学阐释

(一) 描述性统计

首先对传统的 Fama – French 三因子和本章提取的四个主成分构建的错误定价因子进行描述性统计分析,从表 14 – 3 的描述性统计分析结果可以看到,除价值因子 HML 外,其余因子均值均为正,例如,SMB 大于 0,表明创业板平均超额收益大致随规模的增加而减少。HML1、HML2、HML3、HML4 都大于 0,表明创业板市场超额收益大多随主成分增加而增加。同时可以看到最大值和最小值之间的差距不大,这一结果说明对数据进行上下 1% 的缩尾处理是有效的,可以避免极端值造成的不稳定结果。

表 14 – 3 描述性统计

Variable	Obs	Mean	Std. Dev.	Min	Max
MKT	108	0.0092	0.1053	− 0.3119	0.3745
SMB	108	0.0059	0.0289	− 0.0659	0.0991
HML	108	− 0.0002	0.0293	− 0.0719	0.0944
HML1	108	0.0010	0.0210	− 0.0514	0.0936
HML2	108	0.0039	0.0314	− 0.0700	0.1123
HML3	108	0.0069	0.0258	− 0.0419	0.0936
HML4	108	0.0049	0.0492	− 0.1313	0.1628

(二) 相关性分析

为避免多重共线性的发生,本章对七个因子间相关性进行分析 (见表 14 – 4),从结果可看出,错误定价因子间相关系数较小,说明彼此之间相关性并不大且错误定价因子所包含的信息是存在明显差异的,同时还可看到,错误定价因子与传统的 Fama – French 三因子的相关系数不大,说明 Fama – French 三因子可能并没有包含错误定价因子的定价信息,因此,无论是 Fama – French 三因子还是错误定价因子都是有效的,不存在多重共线性问题。

表 14 – 4   因子相关性分析

因子	MKT	SMB	HML	HML1	HML2	HML3	HML4
MKT	1.0000						
SMB	0.2482	1.0000					
HML	0.1189	0.0556	1.0000				
HML1	– 0.0930	– 0.2181	– 0.1104	1.0000			
HML2	– 0.1808	– 0.1447	0.0923	0.0308	1.0000		
HML3	– 0.1859	– 0.4292	– 0.0236	0.2463	0.3967	1.0000	
HML4	– 0.2111	– 0.2532	– 0.0529	0.1689	– 0.0649	0.2231	1.0000

（三）错误定价因子的 Fama – Macbeth 回归分析

Fama – Macbeth 回归分为两步，第一步是使用每个时期 t 的数据，将被研究的因变量对解释变量等的周期性横截面回归，在多数情形下，横截面回归都包含一个截距项，这样可以得到每个自变量每个时期的斜率和截距系数。第二步是分析回归每个回归系数的时间序列，判断平均系数是否异于 0。

在第一步截面回归中，Fama – MacBeth 在每个时间 t 进行一次截面回归。

其中，个股收益率在因子上的暴露为 β_i，R_{it} 是投资品超额收益，f_t 是因子的取值，α_{it} 为截距项。Fama – MacBeth 截面回归时在每个时间 t 做一次独立的截面回归，然后把这 T 次截面回归得到的参数取均值作为回归的估计值。

$$\hat{\lambda} = \frac{1}{T}\sum_{t=1}^{T}\hat{\lambda}_t, \ \hat{\alpha}_i = \frac{1}{T}\sum_{t=1}^{T}\hat{\alpha}_{it} \qquad (14.3)$$

第二步中，通过时间序列回归得到个股收益率在因子上的暴露 β_{ii}。

$$R_{it} = \alpha_{it} + \beta_i' f_t, \ i = 1, 2, \cdots, N, \ \forall t \qquad (14.4)$$

基于 Fama – Macbeth 截面回归模型，研究了股票市场错误定价因子能否较好的解释超额收益率。被解释变量为超额收益率，将传统的 Fama – French 三因子和错误定价因子作为解释变量，检验 Pc1、Pc2、Pc3、Pc4 对股票截面预期收益率的影响的显著性（见表 14 – 5）。可以发现对 Pc1、Pc2、Pc3、Pc4 的（1）（2）（3）（4）中均是显著的，回归截距项明显异于 0，说明单个错误定价因子并不能很好地解释预期超额收益率。将 Fama – French 三因子与错误定价因子作为解释变量进行回归时发现，回归系数显著且截距项明显异于 0，说明错误定价因子模型能较好地解释超额收益率。

表 14 - 5   Fama - Macbeth 截面回归

变量	(1)	(2)	(3)	(4)	(5)
Pc1	0. 1006 ** (1. 6989)				0. 0870 *** (2. 6600)
Pc2 coef t-statistic		- 0. 6079 *** (- 11. 8722)			- 0. 0388 ** (- 1. 8800)
Pc3 coef t-statistic			0. 0199 *** (6. 5611)		- 0. 0627 ** (- 2. 1600)
Pc4 coef t-statistic				- 0. 5382 *** (- 7. 5789)	- 0. 0394 *** (- 3. 3800)
Beta coef t-statistic					0. 9892 *** (32. 1678)
coef Size t-statistic					0. 4743 *** (4. 0589)
Bm coef t-statistic					0. 1953 ** (1. 8311)
Inv coef t-statistic	0. 0218 *** (5. 7778)	0. 0254 *** (7. 8033)	- 0. 5382 *** (- 7. 5789)	0. 0206 *** (6. 4678)	0. 0000 (0. 0322)

注: *** 、 ** 、 * 分别表示在 1% 、5% 、10% 显著性水平下显著。

(四) 错误定价因子模型与 Fama - French 三因子模型的比较

首先,遵循法玛和佛伦奇 (2014)[1],为检验创业板市场平均收益率与构建因子关系,我们把流通市值和账面市值比分别按照 20% 、40% 、60% 、80% 分位数分别将创业板市场股票分为五组,构造了 5 × 5 划分。其次按照流通市值和后

---

① Fama E. F. , French K. R. 2015. A Five-factor Asset Pricing Model [J]. *Journal of Financial Economics*, 116 (1): 1 - 22.

文提取的四个错误定价因子，分别按照20%、40%、60%、80%分位数将创业板市场股票分为五组，将股票进行 $5 \times 5 \times 4$ 划分，总共得到100个投资组合。后构造多空组合，从而计算多空组合的时间序列收益率。

为了检验新加入的错误定价因子模型的表现，采用 25Size – Pc1 portfolios、25Size – Pc2 portfolios、25Size – Pc3 portfolios、25Size – Pc4 portfolios 四组超额收益率进行 Fama – Macbeth 时间序列回归，将错误定价模型与 Fama – French 的 Fama – French 三因子模型的回归结果比较，检验错误定价因子模型是否比 Fama – French 三因子模型具有更好的解释力。对100个投资组合进行回归，回归方程如下：

$$R(t) - R_F(t) = \alpha + \beta[R_M(t) - R_F(t)] + sSMB(t) + hHML(t) + l_1HML_1(t)$$
$$+ l_2HML_2(t) + l_3HML_3(t) + l_4HML_4(t) + e(t) \quad (14.5)$$

其中，$R(t) - R_F(t)$ 为月平均超额收益率，a 为截距项，β 为市场因子系数，$R_M(t) - R_F(t)$ 为市场因子，s 为规模因子系数，$SMB(t)$ 为规模因子，h 为账面市值比因子系数，$HML(t)$ 为账面市值比因子，l_1 为第一个错误定价因子系数，$HML_1(t)$ 为第一个错误定价因子，l_2 为第二个错误定价因子系数，$HML_3(t)$ 为第二个错误定价因子，l_3 为第三个错误定价因子系数，$HML_3(t)$ 为第三个错误定价因子，l_4 为第四个错误定价因子系数，$HML_4(t)$ 为第四个错误定价因子，$e(t)$ 为残差项。

表14 – 6通过比较回归截距项和 R-squared 来判断错误定价因子模型是否较为合理地解释了股票超额收益。受篇幅限制，只讨论第一个主成分的回归截距项和 R-squared，在附录展示基于第二个、第三个、第四个主成分进行的比较，通过比较错误定价模型和 Fama – French 三因子模型的 t 统计量发现，错误定价因子模型截距项大多数比 Fama – French 三因子模型的截距项更接近0，说明虽然两个模型都存在着明显的错误定价现象，但错误定价因子模型较 Fama – French 三因子模型可以包容更多的错误定价信息，理论估值更接近于股票的内在价值，从而说明错误定价因子模型具有更好的定价能力。其次，表14 – 7通过比较错误定价因子模型和 Fama – French 三因子模型的 R-squared 发现，错误定价模型中每一个投资组合的 R-squared 值均大于 Fama – French 三因子模型，说明对于每一个投资组合，错误定价因子模型都比三因子模型有较好的解释力，错误定价模型 Adjusted R-squared 大多数比 Fama – French 三因子的 Adjusted R-squared 大，再一次验证错误定价因子模型相较于 Fama – French 三因子模型有更好的解释力。

表 14 - 6　　　　25Size - Pc1 portfolios 回归截距项和 t 统计量

	变量		LowPc1	2	3	4	HighPc1
FF - 3	c	Small	- 0.0134 ***	- 0.0153 ***	- 0.0179 ***	- 0.0139 ***	- 0.0131 ***
		2	- 0.0139 ***	- 0.0110 ***	- 0.0137 ***	- 0.0130 ***	- 0.0129 ***
		3	- 0.0171 ***	- 0.0147 ***	- 0.0127 ***	- 0.0149 ***	- 0.0134 ***
		4	- 0.0160 ***	- 0.0107 ***	- 0.0137 ***	- 0.0122 ***	- 0.0124 ***
		Big	- 0.0146 ***	- 0.0157 ***	- 0.0145 ***	- 0.0157 ***	- 0.0125 ***
FF - 3	t 统计量	Small	- 10.0600	- 7.9400	- 9.9300	- 11.2900	- 11.0200
		2	- 9.9500	- 9.0400	- 10.0400	- 9.4000	- 7.6000
		3	- 9.4600	- 8.4900	- 12.0400	- 9.0200	- 11.3200
		4	- 7.7200	- 6.3300	- 9.4800	- 12.1700	- 11.4500
		Big	- 12.5400	- 6.5300	- 9.3400	- 11.0900	- 5.4800
M - 7	c	Small	- 0.0135 ***	- 0.0153 ***	- 0.0182 ***	- 0.0137 ***	- 0.0122 ***
		2	- 0.0143 ***	- 0.0112 ***	- 0.0141 ***	- 0.0121 ***	- 0.0132 ***
		3	- 0.0172 ***	- 0.0144 ***	- 0.0123 ***	- 0.0151 ***	- 0.0131 ***
		4	- 0.0162 ***	- 0.0110 ***	- 0.0127 ***	- 0.0121 ***	- 0.0126 ***
		Big	- 0.0142 ***	- 0.0161 ***	- 0.0146 ***	- 0.0154 ***	- 0.0126 ***
M - 7	t 统计量	Small	- 9.4800	- 7.1800	- 9.1800	- 10.1700	- 9.6800
		2	- 9.4500	- 8.6300	- 9.4800	- 8.1700	- 7.1900
		3	- 8.7500	- 7.6500	- 10.8100	- 8.6000	- 10.1900
		4	- 7.1600	- 6.1600	- 8.5100	- 11.0100	- 10.6800
		Big	- 11.3500	- 6.1400	- 8.5800	- 9.9800	- 5.0900

注：***、**、*分别表示在 1%、5%、10% 显著性水平下显著。

表 14 - 7　　　　25Size - Mom portfolios 的 R-squared

和 Adj R-squared

	变量		Low Mom	2	3	4	High Mom
FF - 3	R-squared	Small	0.5083	0.3305	0.4485	0.5915	0.5765
		2	0.4685	0.4474	0.5465	0.4219	0.4163
		3	0.3751	0.3918	0.5668	0.4326	0.4804
		4	0.3931	0.3449	0.394	0.5611	0.5506
		Big	0.5071	0.418	0.4178	0.4996	0.2891

续表

变量			Low Mom	2	3	4	High Mom
FF－3	Adj R-squared	Small	0.4942	0.3112	0.4326	0.5797	0.5643
		2	0.4531	0.4315	0.5334	0.4052	0.3995
		3	0.3571	0.3742	0.5543	0.4162	0.4654
		4	0.3755	0.326	0.3765	0.5485	0.5376
		Big	0.4929	0.4012	0.401	0.4852	0.2686
M－6	R-squared	Small	0.5345	0.3331	0.4546	0.6012	0.612
		2	0.4829	0.4841	0.5516	0.4491	0.4384
		3	0.3943	0.4137	0.5829	0.466	0.4939
		4	0.4079	0.3907	0.4634	0.5705	0.5611
		Big	0.5326	0.4293	0.4215	0.5147	0.3086
M－6	Adj R-squared	Small	0.5019	0.2864	0.4164	0.5733	0.5849
		2	0.4467	0.448	0.5202	0.4105	0.3991
		3	0.3519	0.3727	0.5537	0.4286	0.4584
		4	0.3664	0.3481	0.4258	0.5404	0.5304
		Big	0.4998	0.3893	0.381	0.4808	0.2602

（五）错误定价因子的有效性检验

为了验证新加入的错误定价因子是否能够解释超额收益，表 14 - 8 进行因子的有效性检验，分别用其余因子对其中某个因子进行回归，在对 HML3 因子进行回归时发现，截距项为 0.0068，t 统计量为 3.1200，说明其余没有覆盖 Pc3 包含的风险，说明它包含了其余因子无法定价的信息，在后文的分析中可以发现 Pc3 有效源于公司的创新水平，且创新水平无法用其他变量代替，因此 HML3 是有效的，在 HML1、HML2、HML4 作为被解释变量的回归方程中，虽然截距项不显著为 0，但系的显著性很弱，也可以说明因子无法被其他因子很好解释，再加之因子彼此间相关性较低，由此可判断出新加入的错误定价因子是有效的，但错误定价因子来源不能得到体现，因此还需要进行更深入的研究来判断错误定价现象产生的根源。

表14-8　错误定价因子的有效性检验

变量		MKT	SMB	HML	HML1	HML2	HML3	HML4	Int
Rm-Rf	coef		0.6228*	0.4169	-0.0436	-0.5978**	0.0061	-0.3702*	0.0097
	t-statistic		(1.6200)	(1.2300)	(-0.0900)	(-1.7200)	(0.0100)	(-1.7400)	(0.9000)
SMB	coef	0.0408*		0.0107	-0.1306	0.0164	-0.4008***	-0.0736	0.0087***
	t-statistic	(1.6200)		(0.1200)	(-1.0400)	(0.1800)	(-3.5400)	(-1.3400)	(3.3200)
HML	coef	0.0354	0.0138		-0.1324	0.1213	-0.0272	0.0043	-0.0007
	t-statistic	(1.2300)	(0.1200)		(-0.9300)	(1.1900)	(-0.2000)	(0.0700)	(-0.2300)
HML1	coef	-0.0018	-0.0816	-0.0640		-0.0337	0.1584**	0.0373	0.0003
	t-statistic	(-0.0900)	(-1.0400)	(-0.9300)		(-0.4700)	(1.6900)	(0.8600)	(0.1600)
HML2	coef	-0.0477**	0.0199	0.1140	-0.0656		0.5203***	-0.1131**	0.0012
	t-statistic	(-1.7200)	(0.1800)	(1.1900)	(-0.4700)		(4.2800)	(-1.8900)	(0.4100)
HML3	coef	0.0003	-0.2758***	-0.0145	0.1744**	0.2946***		0.0756***	0.0068***
	t-statistic	(0.0100)	(-3.5400)	(-0.2000)	(1.6900)	(4.2800)		(1.6700)	(3.1200)
HML4	coef	-0.0787**	-0.2384*	0.0109	0.1933	-0.3015*	0.3560**		0.0055
	t-statistic	(-1.7400)	(-1.3400)	(0.0700)	(0.8600)	(-1.8900)	(1.6700)		(1.1100)

注：***、** 和 * 分别表示在1%、5%和10%水平上显著。

(六) 归因分析

基于上述定价能力及有效性检验的研究，下面对错误定价现象及其来源进行分析，从表14-9中可以看到创业板市场存在明显的错误定价现象，在面板A的列中，小盘股到大盘股之间的平均超额收益无规律可循，但在面板B、面板C和面板D，可以观察到平均超额收益随之规模的增加大致呈现下降的趋势，说明创业板市场大致存在规模效应但不明显，这可能与创业板市场上市公司平均规模较小、高成长性有关。除此之外，从面板A中可以看出，随着Pc1的增加，月平均超额收益率大致呈下降的趋势；从面板B中可以看出，随着Pc2的增加，超额收益也是减少的。但对于大盘股来说，平均超额收益是增加的。从面板C中可以看出，小盘股平均超额收益随Pc3的增加而减少，但对于大盘股来说，平均超额收益随Pc3的增加而增加。从面板D中可看出，随着Pc4的增加，平均超额收益大致呈现上升的趋势，说明创业板市场上存在Pc效应。

表 14-9　　　　　　　　月平均超额收益率

Panel A：Size - Pc1 portfolios	Low	2	3	4	High	
Small	-0.0120	-0.0127	-0.0159	-0.0149	-0.0134	
2	-0.0142	-0.0101	-0.0135	-0.0093	-0.0145	
3	-0.0164	-0.0122	-0.0116	-0.0126	-0.0139	
4	-0.0124	-0.0120	-0.0137	-0.0115	-0.0149	
Big	-0.0116	-0.0120	-0.0123	-0.0116	-0.0119	
Panel B：Size - Pc2 portfolios	Low	2	3	4	High	
Small	-0.0136	-0.0127	-0.0140	-0.0135	-0.0156	
2	-0.0098	-0.0107	-0.0121	-0.0120	-0.0125	
3	-0.0130	-0.0120	-0.0119	-0.0092	-0.0149	
4	-0.0115	-0.0122	-0.0137	-0.0112	-0.0154	
Big	-0.0172	-0.0138	-0.0136	-0.0113	-0.0099	

续表

Panel C: Size – Pc3 portfolios	Low	2	3	4	High	
Small	– 0.0111	– 0.0112	– 0.0121	– 0.0147	– 0.0121	
2	– 0.0116	– 0.0102	– 0.0123	– 0.0121	– 0.0134	
3	– 0.0152	– 0.0103	– 0.0105	– 0.0125	– 0.0168	
4	– 0.0136	– 0.0153	– 0.0113	– 0.0100	– 0.0114	
Big	– 0.0213	– 0.0192	– 0.0175	– 0.0143	– 0.0063	
Panel D: Size – Pc4 portfolios	Low	2	3	4	High	
Small	– 0.0600	– 0.0121	– 0.0175	0.0047	– 0.0006	
2	– 0.0140	– 0.0067	– 0.0108	– 0.0064	– 0.0009	
3	– 0.0139	– 0.0094	– 0.0109	– 0.0099	0.0049	
4	0.0027	– 0.0174	– 0.0104	– 0.0072	– 0.0118	
Big	– 0.0247	– 0.0207	– 0.0109	– 0.0143	– 0.0052	

表 14 – 9 验证了创业板市场上存在明显的 Pc 效应，但仍无法得知造成该错误定价现象的原因是什么，因此表 14 – 10 对提取的主成分从上市公司新闻舆情、公司治理、创新能力三大方面分析错误定价因子背后的驱动力，并试图寻找错误定价的来源并进行归因分析。其中，上市公司新闻舆情从积极信息、消极信息、中性信息三方面进行分析，分别定义为 Pos、Neg、Neu；将公司治理从高管持股、股权集中度、国有股持股三方面进行分析，分别定义为 Sr、Hs、Sor；将创新能力从专利和研发投入两方面进行分析，分别定义为 Pat、R&D。

347

表 14 – 10　　　　　　　　　错误定价因子归因分析

变量		Coef.	Std.	Err.	t	P > |t|	[95% Conf. Interval]	
Pc1	Pos	– 0.0190	0.0085	– 2.2300	0.0250	– 0.0356	– 0.0023	
	Neg	0.0186	0.0058	3.2300	0.0010	0.0073	0.0299	
	Neu	– 0.0201	0.0094	– 2.1500	0.0320	– 0.0385	– 0.0018	
	Sr	0.0183	0.0038	4.7600	0.0000	0.0108	0.0259	
	Hs	– 0.0093	0.0029	– 3.2400	0.0010	– 0.0149	– 0.0037	
	Sor	0.0224	0.0054	4.1500	0.0000	0.0118	0.0329	
	R&D	0.0003	0.0039	0.0700	0.9440	– 0.0074	0.0080	
	cons	0.0000	0.0054	0.0000	1.0000	– 0.0105	0.0105	
Pc2	Pos	0.0280	0.0084	3.3400	0.0010	0.0116	0.0445	
	Neg	– 0.0183	0.0057	– 3.2200	0.0010	– 0.0294	– 0.0071	
	Neu	0.0016	0.0093	0.1700	0.8620	– 0.0165	0.0197	
	Sr	– 0.0027	0.0038	– 0.7200	0.4720	– 0.0102	0.0047	
	Hs	0.0069	0.0028	2.4600	0.0140	0.0014	0.0125	
	Sor	– 0.0181	0.0053	– 3.4100	0.0010	– 0.0286	– 0.0077	
	R&D	0.0111	0.0039	2.8400	0.0040	0.0034	0.0187	
	cons	0.0000	0.0053	0.0000	1.0000	– 0.0104	0.0104	
Pc3	Pos	0.0159	0.0139	1.1400	0.2550	– 0.0115	0.0432	
	Neg	0.0034	0.0094	0.3600	0.7210	– 0.0151	0.0219	
	Neu	0.0008	0.0154	0.0500	0.9590	– 0.0293	0.0309	
	Sr	0.0136	0.0063	2.1500	0.0320	0.0012	0.0260	
	Hs	– 0.0071	0.0047	– 1.5100	0.1320	– 0.0163	0.0021	
	Sor	– 0.0049	0.0089	– 0.5600	0.5780	– 0.0223	0.0124	
	R&D	0.0814	0.0065	12.6100	0.0000	0.0688	0.0941	
	cons	– 0.0019	0.0088	– 0.2200	0.8270	– 0.0192	0.0153	
Pc4	Pos	0.0190	0.0098	1.9400	0.0530	– 0.0002	0.0383	
	Neg	– 0.0017	0.0067	– 0.2500	0.8010	– 0.0147	0.0114	
	Neu	– 0.0121	0.0108	– 1.1200	0.2630	– 0.0334	0.0091	
	Sr	– 0.0189	0.0045	– 4.2400	0.0000	– 0.0276	– 0.0102	
	Hs	– 0.0006	0.0033	– 0.1700	0.8640	– 0.0071	0.0059	
	Sor	0.0375	0.0062	6.0200	0.0000	0.0253	0.0497	
	R&D	0.3883	0.0046	85.2600	0.0000	0.3794	0.3972	
	cons	0.0000	0.0062	0.0000	1.0000	– 0.0121	0.0121	

在对 Pc1 的回归中发现，Sr、Hs、Sor 的系数很显著，分别为 0.0183、
−0.0093、0.0224，t 统计量分别为 4.7600、−3.2400、4.1500，说明高管持股
和国有股持股与 Pc1 正相关，国有持股比例越高，市场的惯性越大，获得的超额
收益越小。股权集中度与 Pc1 负相关，当公司价值或高估或低估，股东和高管之
间存在利益冲突，在逐利动机的驱使下，经理人可能会操控并占据公司资源、操
纵公司业绩。但股权越集中越可能减少高管的自利行为和操纵公司业绩的不利的
行为决策，此时大股东更有便利侵害小股东的利益，使得市场上的超额收益减
小。综上，公司治理水平对 Pc1 有显著影响，因此认为 Pc1 这一错误定价现象主
要是由公司治理水平决定的。

在对 Pc2 的回归中发现，Pos、Neg 的系数很显著，分别为 0.0280、−0.0183，
t 统计量分别为 3.3400、−3.2200，可以看出正面新闻与 Pc2 正相关，负面新闻
与 Pc2 负相关，表明上市公司正面新闻越多，负面新闻越少，投资者投资情绪越
高涨，投资越多，这可能是由于投资者的有限注意和认知偏差，同时不完全理性
的参与者通过行为表现对市场信息的错误认知，这可能会导致投资决策中的系统
性偏误，再加之媒体情绪的推动，使得投资者的非理性倾向更容易在市场上传
播，使得投资者在面对利好消息时，投资者更容易关注到乐观的媒体情绪，当情
绪低落时和高涨情形相反。而当情绪平稳时，可以忽略其对市场收益的影响。这
也验证了表 14−9 中面板 B 所展示的情形，对于小公司来说，利好和利空消息可
能并不会或并不能很快引起投资者的注意，尽管在投资者情绪高涨时，平均超额
收益反而下降，但对于大公司来说，随着上市公司新闻舆情的扩散，更能驱动投
资者增加乐观的心理预期，会推动股票价格持续走高，从而可以获得更高的超额
收益。

在对 Pc3 的回归中发现，R&D 的系数很显著，为 0.0065，t 统计量分别为
12.6100，创新能力与 Pc3 正相关，表明上市公司研发投入越多、专利越多，盈
利能力会越强，说明企业的技术创新会在某种程度上提升股票收益，研发投入越
多，越容易获得较高的股票收益。对应于表 14−9 中面板 C 的结果，小公司随着
创新水平的提高，平均超额收益随创新能力提高并不呈现增加趋势，这可能是由
于创业板市场上市公司其高成长性、小规模特点使得小规模公司没有足够的资金
提高创新水平，但大公司有充足的资金和人员支持，这有助于增加企业的创新水
平，从而提高平均超额收益。

在对 Pc4 的回归中发现，R&D 的系数很显著为 0.0046，t 统计量分别为
85.2600，同时，Sr、Sor 的系数也很显著，分别为 0.0045、0.0062，t 统计量分
别为 −4.2400、6.0200，创新能力与 Pc4 正相关，创新能力和公司治理能力对交
易摩擦类的主成分 Pc4 有显著影响，具体分析机制和上述分析一致。

（七）稳健性检验

为了检验错误定价模型与 Fama‐French 的 Fama‐French 三因子模型，参照法玛和佛伦奇（2015a）[1] 的做法，使用吉本斯等（1989）[2] 提出的 GRS 检验将错误定价模型与 Fama‐French 三因子模型回归拟合效果进行对比分析，GRS 检验的原假设为模型所有回归截距项同时为零，GRS 统计量构造如下：

$$GRS = \frac{T}{N} \times \frac{T-N-L}{T-L-1} \times \frac{a'\Sigma^{-1}a}{1+\theta^2} \sim F(N,\ T-N-L) \qquad (14.6)$$

其中，a 是回归截距项的列向量，Σ^{-1} 是回归残差的协方差矩阵，θ^2 是所有组合中夏普比率平方的最大值，L 是模型中的因子个数，N 是进行回归的组合个数。GRS 统计量检验的原假设为 $a_1 = a_2 = \cdots = a_n = 0$。GRS 统计量越小，说明原假设被拒绝的概率越低，即检验的资产定价模型的解释能力越强，其大小差异通常被用来代表两个多因子资产定价模型解释能力的差异。

根据置信度，将 GRS 统计量与表值比较，大于表值，说明截距项存在显著差异，拒绝原假设；小于表值，说明不存在显著差异，不拒绝原假设；p 值接近 0，说明差异显著，拒绝原假设。也就是说 GRS 统计量的值越小，P 值越大，不拒绝截距项联合为零的原假设可能性越大，模型拟合效果越好；Mean abs a ~ a 表示所有回归截距项绝对值的平均值，代表回归中收益不能被因子所解释的部分，其值越小，表明模型解释力越强。

由表 14‐11 可知，25 Size‐B/M portfolios 的 GRS 统计量为 4.2536，25 Size‐Pc1 portfolios 的 GRS 统计量为 3.0634，25 Size‐Pc3 portfolios 的 GRS 统计量为 3.3537，25 Size‐Pc2 portfolios 的 GRS 统计量为 2.2603，25 Size‐Pc4 portfolios 的 GRS 统计量为 2.7027，当被解释变量为月平均超额收益时，Fama‐French 三因子模型的 GRS 统计量均大于错误定价因子模型的三个投资组合，说明错误定价因子模型的拟合效果要比 Fama‐French 三因子模型好，Fama‐French 三因子模型截距项的平均值也大于错误定价五因子模型的，说明错误定价因子模型在解释超额收益方面要比 Fama‐French 三因子模型更好，但错误定价模型仍不能完美解释股票收益的变化。

---

① Fama E. F. , French K. R. 2015. A Five-factor Asset Pricing Model［J］. *Journal of Financial Economics*, 116（1）: 1‐22.

② Gibbons M. , Shanken Ross. 1989. A Test of the Efficiency of a Given Portfolio［J］. *Econometrica*, 57（5）: 1121‐1152.

表 14 – 11 稳健性检验

	变量	GRS	Mean abs a ~ a	P-value
FF – 3	25 Size – B/M portfolios	4. 2536	0. 0378	0. 0000
M – 7	25 Size – Pc1 portfolios	3. 0634	0. 0339	0. 0000
	25 Size – Pc3 portfolios	3. 3537	0. 0064	0. 0000
	25 Size – Pc2 portfolios	2. 2603	0. 0322	0. 0000
	25 Size – Pc4 portfolios	2. 7027	0. 0136	0. 0000

第四节 结 论

本章选取 2011 年 1 月至 2019 年 12 月创业板市场 739 家上市公司为样本，首先将创业板市场存在的 13 种异象按惯性类、投资类、盈利类、交易摩擦类分为五组，每组提取一个主成分，其次通过 Fama – Macbeth 时间序列回归得出创业板市场错误定价模型并将错误定价模型和 Fama – French 的 Fama – French 三因子模型解释力基于解释能力进行比较，最后从上市公司新闻舆情、公司治理、创新能力三个层面分析创业板市场存在错误定价的原因。主要结论如下：

（1）创业板市场存在着明显的错误定价现象。（2）创业板市场错误定价现象主要归因于上市公司新闻舆情、公司治理能力和创新能力。投资者情绪越乐观或越悲观，股票价格越容易偏其内在价值，投资者对于正面新闻往往反应过度，对于负面新闻往往过度悲观。创业板市场超额收益与创新水平正相关，企业创新能力越强，股票收益越高，且随股票收益的正向作用在高科技行业中更大更显著；创业板市场超额收益与股权集中度负相关；创业板市场超额收益与国有股持有比例负相关。（3）错误定价模型比 Fama – French 三因子模型解释力强，但仍不能完全解释创业板市场上存在的异象。

本研究为我们提供了以下启示：第一，股票价格偏离其内在价值的现象常年存在，表明证券市场中存在大量的噪声交易者，他们往往存在着严重的投机心理。因此，培育健康的投资心理，树立正确的价值投资理念是提高资金配置效率的关键。第二，增加研发投入在企业总投入中的比例会提升企业绩效。因此，中国企业应积极进行技术创新，提高创新能力。第三，加强公司治理结构，比如减少大股东持股比例，从而加强对小股东利益的保护。

第十五章

债券融资成本与企业展期风险

第一节 债券融资成本与企业
展期风险的研究进展

　　近年来，债券融资成为除银行贷款外实体企业的重要融资渠道，在我国金融体系中发挥着越来越重要的作用。根据《2020 年债券市场分析研究报告》，截至2020 年末，债券市场托管余额达 104.32 万亿元，发行规模增长迅速，远超股票市场融资规模 79.72 万亿元。然而，频发的债券违约事件不仅加剧了债券市场的波动，而且影响了债券市场融资功能的发挥，截至 2020 年底，共计 195 家主体发生实质性违约。债券市场的持续健康稳定对于防范化解金融风险，实现经济高质量发展具有重大现实意义。党的十九大报告也重点提出"提高直接融资比重，促进多层次资本市场健康发展"，提升债券市场服务实体经济的效率是我国资本市场高质量发展过程中亟待解决的问题。关注企业在债券市场融资成本的变化，能有效提升债券信用风险防范措施的精准性。随着 2014 年"11 超日债"的违约，投资者开始提高对发债企业信息的关注。展期风险是指企业债务即将到期时面临的再融资风险（Almeida et al.，2012；Gopalan et al.，2014；

Li and Zheng，2020）[1]，能够体现企业债务结构的资质。如果利率上升，企业必须以更高的利率为其债务再融资，在未来承担更多的利息损失，对于短期内需要大量债务再融资的公司来说，展期风险显得尤为重要。然而展期风险不同于公司的偿付能力风险，主要捕获企业的短期流动性压力是否能履行即时偿付的义务，有偿付能力的企业也可能因为短期流动性不足而引发违约。实质上，企业违约并不一定是企业长期资不抵债，也许是债务期限结构不合理导致短期内到期债务比例过高，债务无法滚动存续的风险。

为了考察企业展期风险信息对于企业债券融资成本的影响，我们主要关注企业发行债券的信用利差。信用利差代表了企业在债券市场融资所需支付的风险溢价（王雄元和高开娟，2017）[2]，是公司增量债务融资成本的一种直接衡量（韩鹏飞和胡奕明，2014；黄振和郭晔，2021）[3]。关于债券信用利差影响机制的文献已较为丰富，现有研究从公司内外部因素考察了盈余管理（杨大楷和王鹏，2014）[4]、信息环境、公司治理（寇宗来等，2015）[5]、货币政策（于静霞和周林，2015）[6]、经济不确定性（周宏等，2013）[7] 等对债券信用利差的影响。债务期限是公司展期风险的重要决定因素，当大量债务在短期到期时，企业将承担更高的再融资风险。有关债务期限结构的文章，一般从债务期限结构的影响因素（杜春明等，2019）[8]，或者债务结构对公司治理、经营绩效、企业创新等方面进行研究（张顿和修宗峰，2019）[9]。但国内鲜有文献从展期风险视角研究债务期限结

① Almeida H．，Campello M．，Laranjeira B．，et al. 2012. Corporate Debt Maturity and the Real Effects of the 2007 Credit Crisis ［J］. *Critical Finance Review*，1. Gopalan R．，Song F．，Yerramilli V. 2014. Debt Maturity Structure and Credit Quality ［J］. *Social Science Electronic Publishing*，49（4）. Li W. L．，Zheng K. 2020. Rollover Risk and Managerial Cost Adjustment Decisions ［J］. *Accounting and Finance*，60（3）：2843 - 2878.

② 王雄元、高开娟：《客户集中度与公司债二级市场信用利差》，载于《金融研究》2017 年第 1 期。

③ 韩鹏飞、胡奕明：《政府隐性担保一定能降低债券的融资成本吗？——关于国有企业和地方融资平台债券的实证研究》，载于《金融研究》2015 年第 3 期。黄振、郭晔：《央行担保品框架、债券信用利差与企业融资成本》，载于《经济研究》2021 年第 1 期。

④ 杨大楷、王鹏：《盈余管理与公司债券定价——来自中国债券市场的经验证据》，载于《国际金融研究》2014 年第 4 期。

⑤ 寇宗来、盘宇章、刘学悦：《中国的信用评级真的影响发债成本吗？》，载于《金融研究》2015 年第 10 期。

⑥ 于静霞、周林：《货币政策、宏观经济对公司债券信用利差的影响研究》，载于《财政研究》2015 年第 5 期。

⑦ 周宏、徐兆铭、彭丽华、杨萌萌：《宏观经济不确定性对中国公司债券信用风险的影响》，载于《会计研究》2013 年第 12 期。

⑧ 杜春明、张先治、常利民：《商誉信息会影响企业债务期限结构吗？——基于债权人的视角》，载于《证券市场导报》2019 年第 2 期。

⑨ 张顿、修宗峰：《高管金融背景、债务期限结构与企业研发投入》，载于《财会月刊》2019 年第 13 期。

构对企业债券融资成本的作用机制。关于展期风险的研究主要针对美国债券市场、CDS市场或国际债券市场，鉴于与国际企业资本结构、债券市场结构、政策制度背景均存在较大差异，因此有必要在中国的制度体系与研究背景下，检验企业展期风险对于债券融资成本的影响机制。近年来，债券违约的诱因主要是外部流动性紧张，宏观上，流动性为资本市场提供活力。微观上，流动性是投资者在二级市场顺利买卖证券的前提。当外部融资环境较为宽松时，发行人容易获得融资，一旦信贷市场恶化，发行主体短期内有大量到期债务，难以通过再融资偿还旧债，会造成债务违约风险的提升。探讨流动性对于企业展期风险与债券信用利差的调节作用，对于提升债券信用风险防范措施的精准性也具有积极作用。

本章节以2010~2020年发行的企业债、公司债为样本，探讨了企业展期风险对债券信用利差的作用机制。首先，检验了展期风险对债券信用利差的直接影响效应，发现债券投资者会对展期风险较大的企业要求相对较高的债券风险溢价。其次，将信用评级纳入企业展期风险与债券信用利差的框架，检验信用评级是否能体现企业的短期再融资压力，并在债券市场上有效指导投资者投资。结果表明，短期内具有大量的到期债务会通过影响企业信用评级的渠道进而影响债券信用利差。随后从企业内部财务流动性、债务市场流动性以及信贷市场流动性多重角度探寻了流动性在企业展期风险与债券信用利差间的调节作用。研究发现对于杠杆率较高、破产风险较大的公司，展期风险对信用利差的正向扩大效应更强。债券市场流动性不足也会加剧展期风险对于债券信用利差的扩大效应，造成公司进一步的融资困难。而宽松的货币政策会弱化展期风险对于债券信用利差的扩大效应；危机风险事件带来的经济冲击会加剧短期内公司的展期风险，进而扩大债券信用利差。最后，进一步异质性检验发现，非国有、无担保、发行长期债券较多的企业更易受到展期风险对于企业债券市场融资成本的不利影响，且在融资约束高、直接融资占比高的企业中，展期风险对于信用利差的扩大效应更强。

本章的主要贡献在于：首先，国内鲜有文献从债务期限视角，探寻企业短期再融资压力对于债券信用利差的影响效应，而本章关注到企业展期风险在债券市场的定价作用，对于展期风险的经济后果提供了来自中国政策制度背景下的经验证据，为企业降低融资成本拓展了新思路。其次，本章将信用评级纳入展期风险与债券信用利差的统一框架，验证了信用评级是否能够反映企业的短期再融资压力，探寻展期风险对于债券信用利差的具体作用机制，对于企业调整资本结构具有指导意义。最后，区别于已有研究，全面地从企业自身的财务流动性、债券市场流动性以及信贷市场流动性三个角度探索了流动性对于展期风险效应的异质性影响，流动性是降低企业债券融资成本、释放实体经济活力的关键所在，对于提升债券信用风险防范措施的精准性具有积极作用。债券市场的高质量发展，将推动金融更好地为实体经济服务。研究企业展期风险与债券信用利差的关系不仅为企业降低债券融资成本拓展了思路，还有助于提升债券市场融资功能的发挥。

第二节 债券融资成本与企业展期风险的逻辑机制

一、展期风险与债券信用利差

债券信用利差作为能直接反映发行主体信用风险的指标被广泛关注，如何降低信用价差，降低融资成本，是债券市场关注的核心问题。关于信用利差影响机制的文献研究已较为丰富，现有文献主要从外部宏观因素、企业内部因素两方面对信用利差展开研究。以往的研究表明，货币政策是影响信用利差的重要因素之一（郭晔等，2016）[1]，货币政策波动性越大，流动性风险越大，债券信用利差越大（王雄元等，2015）[2]。经济、社会环境等系统性因素也能够直接对债券市场产生影响（杨国超和盘宇章，2019）[3]。另一方面，企业自身如果表现出更高的经营风险水平，债券信用利差会增大（Douglas et al.，2014；王雄元和高开娟，2017）[4]。企业内部信息透明度、会计信息质量也会对债券信用利差产生影响。当企业会计质量较低时，债券投资者只能索取较高的融资成本来弥补承担的违约风险（Bharath et al.，2008）[5]。李天钰和刘艳（2020）[6] 关注了企业短贷长投对于债券信用利差的影响效果。然而，国内目前鲜有文献从企业短期再融资压力的展期风险视角研究债务期限结构对企业债券融资成本作用机制的文献。

---

[1] 郭晔、黄振、王蕴：《未预期货币政策与企业债券信用利差——基于固浮利差分解的研究》，载于《金融研究》2016 年第 6 期。

[2] 王雄元、张春强、何捷：《宏观经济波动性与短期融资券风险溢价》，载于《金融研究》2015 年第 1 期。

[3] 杨国超、盘宇章：《信任被定价了吗？——来自债券市场的证据》，载于《金融研究》2019 年第 1 期。

[4] Douglas A. V. S., Huang A. G., Vetzal K. R., 2016. Cash flow volatility and corporate bond yield spreads [J]. *Review of Quantitative Finance and Accounting*, 46（2）：417 – 458. 王雄元、高开娟：《客户集中度与公司债二级市场信用利差》，载于《金融研究》2017 年第 1 期。

[5] Bharath S. T., Sunder J., Sunder S. V. 2008. Accounting Quality and Debt Contracting [J]. *The Accounting Review*, 83（1）：1 – 28.

[6] 李天钰、刘艳：《投融资期限错配与企业债券信用利差》，载于《金融监管研究》2020 年第 10 期。

莱兰德和托夫特（1996）[1] 提供了基于结构性信用风险模型一个理论框架，在该框架中将企业展期损失纳入信用风险的研究框架中。理论假设债务结构是固定的，当债券到期时，公司会通过以市场价格发行的新债券来代替。如果新发行债券的市场价格低于到期债券的本金，则企业将产生展期亏损。为了避免违约，公司的股权持有人承担展期亏损，债权人到期获得债务全额支付。当公司的股权价值降至零时，就内生地决定违约。默顿（1975）[2] 通过结构化模型研究也表明，当公司资产价值低于公司债务价值时，则认为企业发生违约。然而违约阈值并非固定不变，会随着公司价值与债务水平的变化而变化。理论研究还表明，短期债务融资使公司面临再融资风险并降低了公司价值（Dangl and Zechner, 2016；DeMarzo and He, 2016）[3]，高展期风险会影响到企业的基本价值，进而加剧违约风险。何治国和熊伟（2012）[4] 扩展了莱兰德和托夫特的结构性信用风险模型，发现当债务市场流动性恶化时，会增加公司发行新债券以代替到期债券的展期损失。如果短期内有大量债务到期，股权持有人必须承担更多的展期损失来维持公司的生存，但面对较高的债务再融资成本，股权持有人可能在公司基本价值较高时选择违约，从而增加了公司的违约概率。近些年来的实证研究也表明展期风险会对信用质量（Gopalan et al. , 2014）[5]、违约风险（He and Xiong, 2012；Wang et al. , 2016）[6] 以及债券融资成本信用利差（Gopalan et al. , 2014；Valenzuela, 2016）[7] 产生不利影响。陈辉等（2013）[8] 发现，拥有相对较多短期债务的公司，发行公司债券的成本显著增加。高展期风险造成的经济后果会给公司融资带来巨大的压力，造成的经济成本是非常昂贵的。因此，有必要了解公司展期风险对于债券融资成本的作用机制。基于此，本章提出以下假设：

---

① Leland H. E. , Tofts K. B. 1996. Optimal Capital Structure, Endogenous Bankruptcy, and the Term Structure of Credit Spreads ［J］. *The Journal of Finance*, 51 (3).

② Merton R. C. 1975. On the Pricing of Corporate Debt: The Risk Structure of Interest Rates ［J］. *The Journal of Finance*, 29 (2): 449 – 470.

③ Dangl T. , Zechner J. 2016. Debt Maturity and the Dynamics of Leverage. Cfs Working Paper. DeMarzo P. M. , He Z. 2021. Leverage Dynamics without Commitment ［J］. *The Journal of Finance*, 76 (3): 1195 – 1250.

④ He Z. , Xiong W. 2012. Rollover Risk and Credit Risk ［J］. *The Journal of Finance*, 67: 391 – 430.

⑤ Gopalan R. , Song F. , Yerramilli V. 2014. Debt Maturity Structure and Credit Quality ［J］. *Social Science Electronic Publishing*, 49 (4).

⑥ Wang G. J. , Xie C. , Jiang Z. Q. , Stanley H. E. 2016. Who are the Net Senders and Recipients of Volatility Spillovers in Chinese Financial Markets ［J］. *Finance Research Letters*, 18: 255 – 262.

⑦ Gopalan R. , Song F. , Yerramilli V. 2014. Debt Maturity Structure and Credit Quality ［J］. *Social Science Electronic Publishing*, 49 (4). Valenzuela P. 2016. Rollover Risk and Credit Spreads: Evidence from International Corporate Bonds ［J］. *Review of Finance*, 20: 63.

⑧ Chen H. , Xu Y. , Yang J. 2013. Systematic Risk, Debt Maturity, and the Term Structure of Credit Spreads ［J］. *Social Science Electronic Publishing*, 12.

假设 15.1：企业展期风险对债券信用利差具有显著的正向影响。

二、展期风险、信用评级与债券信用利差

信用评级是否能体现企业的短期再融资压力，并在债券市场上有效指导投资者投资，是评级有效性检验的一方面。对于展期风险与信用评级间的关系，绝大部分文献从企业的长短期债务结构角度，针对发达国家债券市场展开研究。布吉亚斯（2006）[1] 对英国制造业的研究发现，信用评级水平与债务水平显著负相关，短期债务越少的企业拥有越高的信用评级。沃耶斯基等（2018）[2] 使用国际数据研究发现，信用评级较差的企业资本结构调整得更快，高评级企业为避免评级下降在债务融资时会更加谨慎。展期风险从短期内再融资压力角度对企业债务融资进行剖析，侧重于公司管理层调整企业债务期限结构形成的经济后果。若信用评级能够反映企业展期风险信息，展期风险较大的企业会面临着较低的信用评级。针对中国债券市场债务结构与信用评级、展期风险与企业融资成本的研究尚处于初步阶段，评级是否能反映出企业短期内的再融资压力，有效指导债券市场投资者选择债项，还有待于进一步研究。而国内外有关信用评级与债券发行定价关系的文献已较为丰富。信用评级可以向市场提供发债企业的增量信息，影响发债企业的融资成本（Kisgen，2006；Jiang et al.，2017）[3]，高信用评级可以有效降低债券发行成本，为企业进入债券市场提供更好的渠道（Tang，2009；王雄元和张春强，2013）[4]。麦安和桑托斯（2012）[5] 表明，只有信誉良好的公司才能选择以较低的利率进行再融资，而信用质量较低的公司以合理的成本获得新资本的机会较少。理论上，企业拥有更高的信用评级，债务融资能力越强。也就是说相比低评级的企业，高评级的企业有能力在债券市场以更低的成本获得债务融资。但高评级企业对负债水平变动也更加敏感，负债水平较小的上升就可能会引起评

---

① Bougheas S., Mizen P., Yalcin C. 2006. Access to external finance：Theory and Evidence on the Impact of Monetary Policy and Firm-specific Characteristics [J]. *Journal of Banking & Finance*, 30 (1)：199 – 227.

② Wojewodzki M., Poon W. P. H, Shen J. 2018. The Role of Credit Ratings on Capital Structure and Its Speed of Adjustment：An International Study [J]. *The European Journal of Finance*, 24 (9)：735 – 760.

③ Kisgen D. J. 2006. Bond Ratings and Capital Structure [J]. *Journal of Finance*, 61 (3)：1035 – 1072. Jiang X., Packer F. 2017. Credit Ratings of Domestic and Global Agencies：What Drives the Differences in China and how are They Priced? BIS Working Papers.

④ Tang T. T. 2009. Information Asymmetry and Firms' Credit Market Access：Evidence from Moody's Credit Rating Format Refinement [J]. *Journal of Financial Economics*, 93 (2)：325 – 351. 王雄元、张春强：《声誉机制、信用评级与中期票据融资成本》，载于《金融研究》2013 年第 8 期。

⑤ Mian A., Santos J. 2012. Liquidity Risk and Maturity Management Over the Credit Cycle [J]. *Journal of Financial Economics*, 127 (2)：264 – 284.

级的变动。一旦评级下降，便会导致对外披露负担加重，甚至引发短期内财务危机，进一步在债券市场造成违约风险溢价。Gopalan 等（2014）[1] 研究也发现，面临更大展期风险的企业信用评级越差，并在债券市场上面临更高的利差。因此，本章认为短期内拥有大量到期债务的企业会通过影响信用评级的渠道进而引致信用利差上升。基于此，本章提出以下假设：

假设 15.2：展期风险会促使企业的信用评级恶化，并在债券市场上面临更高的信用价差，融资成本提升。

三、流动性、展期风险与债券信用利差

默顿（1975）[2] 提出的结构化模型认为收益利差完全由信用风险解释，然而进一步的资产定价文献认识到流动性对公司信用利差的重要性，将流动性溢价纳入信用利差的影响因素中（Imbierowicz and Rauch，2014；Pelizzon ct al.，2016）[3]，现有研究主要从市场流动性（王雄元等，2015）[4] 或个券流动性（Chen et al.，2007；Bao et al.，2012）[5] 两个方面直接探讨流动性对于债券市场信用利差溢价的影响。然而流动性不仅会直接对债券融资成本造成流动性风险溢价，也会影响企业的违约风险。Leland 和 Tofts（1996）[6] 以及 He 和 Xiong（2012）[7] 构建的理论模型一致证明公司的违约阈值会随着展期风险的增加而增加，持有大量短期到期债务的企业由于展期损失较大将面临更高的违约风险；而流动性的恶化会加剧展期风险效应，进一步导致违约阈值的上升及违约溢价的增加。总之，流动性冲击在造成流动性溢价的同时，也会通过展期风险途径引起违约风险的上

① Gopalan R.，Song F.，Yerramilli V. 2014. Debt Maturity Structure and Credit Quality [J]. *Social Science Electronic Publishing*，49（4）.

② Merton R. C. 1975. On the Pricing of Corporate Debt：The Risk Structure of Interest Rates [J]. *The Journal of Finance*，29（2）：449 – 470.

③ Imbierowicz B.，Rauch C. 2014. The Relationship Between Liquidity Risk and Credit Risk in Banks [J]. *Journal of Banking & Finance.* Pelizzon L.，Subrahmanyam M. G，Tomio D.，et al. 2016. Sovereign Credit Risk，Liquidity，and European Central Bank Intervention：Deus Ex Machina? [J]. *Journal of Financial Economics*，122（1）：86 – 115.

④ 王雄元、张春强、何捷：《宏观经济波动性与短期融资券风险溢价》，载于《金融研究》2015 年第 1 期。

⑤ Chen L.，Lesmond D. A.，Wei J. 2007. Corporate Yield Spreads and Bond Liquidity [J]. *Journal of Finance*，62（1）：119 – 149. Bao J.，Pan J.，Wang J. 2012. The Illiquidity of Corporate Bonds [J]. *Journal of Finance*，66（3）：911 – 946.

⑥ Leland H. E.，Tofts K. B. 1996. Optimal Capital Structure，Endogenous Bankruptcy，and the Term Structure of Credit Spreads [J]. *The Journal of Finance*，51（3）.

⑦ He Z.，Xiong W. 2012. Rollover Risk and Credit Risk [J]. *The Journal of Finance*，67：391 – 430.

升，从而提高企业的债券信用利差。厘清流动性风险不仅对于企业调整资本结构具有指导意义，也有助于监管流动性风险以使债务融资更好地服务实体经济。因此，本章从企业内部财务流动性、债券市场流动性以及信贷市场流动性多重视角探寻流动性在企业展期风险与债券信用利差间的调节作用。

（一）企业财务流动性

首先考虑企业内部财务流动性对展期风险效应的异质性影响。企业的偿债能力或财务困境可能会影响展期风险对债券融资成本的作用程度。如果再融资发生在企业基本面恶化时，企业再融资风险也会变得更高（Diamond，1991；Titman，1992）[1]。偿付能力风险大的公司更容易受到流动性的影响，短期资金的可用性也随着偿付能力风险而降低（Pierret，2013）[2]。过高的资产负债率容易诱发企业的流动性风险，当不能清偿到期债务或明显缺乏清偿能力时，企业就会面临破产的风险，内生资金不足会放大展期风险对信用利差的扩大效应。而基本面较弱的公司更接近违约边界，公司内部资金流动性不足，展期风险的不利影响更强，债务再融资变得更加困难（He and Xiong，2012b）[3]。展期风险效应会随着企业的财务困境程度而放大，而较高的财务流动性可以缓冲展期风险效应（Almeida et al.，2012；Harford，2014）[4]。因此，由于企业内部财务流动性枯竭，再加上较高的展期风险，进行再融资的成本会变得非常高昂，双重加剧了企业的违约风险，债券投资者也会要求更高的风险溢价。基于此，本章提出以下假设：

假设15.3：对于杠杆率较高、破产风险较大的公司，展期风险对信用利差的正向扩大效应更强。

（二）债务市场流动性

微观上，流动性是发行人降低融资成本的关键因素。我国债券市场起步较晚，且相对于发达国家具有交易不活跃、流动性状况差的普遍现象，因此，有必要探讨债券市场流动性对于展期风险与债券信用利差的调节作用。现有学者已经

① Diamond D. 1991. Debt Maturity and Liquidity Risk [J]. *Quarterly Journal of Economics*，106：709 - 737. Titman S. 1992. Interest Rate Swaps and Corporate Financing Choices [J]. *The Journal of Finance*，47：1503 - 1516.

② Pierret D. 2013. Systemic Risk and the Solvency - Liquidity Nexus of Banks [J]. *Staff Reports*，11 (3)：16 - 23.

③ He Z.，Xiong W. 2012. Rollover Risk and Credit Risk [J]. *The Journal of Finance*，67：391 - 430.

④ Almeida H.，Campello M.，Laranjeira B.，et al. 2012. Corporate Debt Maturity and the Real Effects of the 2007 Credit Crisis [J]. *Critical Finance Review*，1. Harford J.，Klasa S.，Maxwell W. F. 2014. Refinancing Risk and Cash Holdings [J]. *Journal of Finance*，69 (3)：975 - 1012.

表明非流动性和信用利差间存在显著的正相关关系（何志刚和邵莹，2012）[1]，且流动性溢价与违约风险溢价之间具有相互作用，并不相互独立（Acharya and Viswanathan，2011；He and Milbradt，2014）[2]。何治国和熊伟（2012）[3] 从理论上构建的债券内生违约定价模型，揭示了债券市场的流动性冲击不仅导致流动性溢价，也会影响企业的违约风险，形成信用利差中的违约风险溢价。瓦伦苏埃拉（2016）[4] 也发现债务市场非流动性会通过展期风险增加企业的债券信用利差。债券市场流动性不足，投资者所要求的风险补偿越大，信用价差越大。基于此，本章提出以下假设：

假设 15.4：债券市场流动性不足会加剧展期风险对于债券信用利差的扩大效应，造成企业债券融资成本的提升。

（三）信贷市场流动性

金融体系无法在公司的整个生命周期内以相同的条件保证其融资，公司在信贷紧张时期对现有债务进行再融资将面临更高的流动性风险和成本。以往的研究表明，货币政策是影响信用利差的重要因素之一（Zhu，2013；郭晔等，2016）[5]，货币政策波动性越大，信贷市场流动性风险越大，债券信用利差越大（王雄元等，2015）[6]。戴蒙德（1991）[7] 和蒂特曼（1992）[8] 提出信贷市场摩擦降低了公司展期其到期债务的能力。如果采取宽松的货币政策，投资者交易行为增多，短期内再融资需求较高的企业能够有更多机会进行直接融资。而在紧缩的货币政策下，信贷市场压力较大，资产在市场上交易的能力下降，企业短期融资

---

[1] 何志刚、邵莹：《流动性风险对我国公司债券信用利差的影响——基于次贷危机背景的研究》，载于《会计与经济研究》2012 年第 1 期。

[2] Acharya V. V. , Viswanathan S. X. 2011. Leverage, Moral Hazard, and Liquidity [J]. *The Journal of Finance*, 66 (1): 99 – 138. He Z. , Milbradt K. 2014. Endogenous Liquidity and Defaultable bonds [J]. *Econometrica*, 82 (4): 1443 – 1508.

[3] He Z. , Xiong W. 2012. Rollover Risk and Credit Risk [J]. *The Journal of Finance*, 67: 391 – 430.

[4] Valenzuela P. 2016. Rollover Risk and Credit Spreads: Evidence from International Corporate Bonds [J]. *Review of Finance*, 20: 63.

[5] Zhu X. 2013. Credit Spread Changes and Monetary Policy Surprises: The Evidence from the Fed Funds Futures Market [J]. *Journal of Futures Markets*, 33 (2): 103 – 128. 郭晔、黄振、王蕴：《未预期货币政策与企业债券信用利差——基于固浮利差分解的研究》，载于《金融研究》2016 年第 6 期。

[6] 王雄元、张春强、何捷：《宏观经济波动性与短期融资券风险溢价》，载于《金融研究》2015 年第 1 期。

[7] Diamond D. 1991. Debt Maturity and Liquidity Risk [J]. *Quarterly Journal of Economics*, 106: 709 – 737.

[8] Titman S. 1992. Interest Rate Swaps and Corporate Financing Choices [J]. *The Journal of Finance*, 47: 1503 – 1516.

的机会减少，信贷成本较高，此时拥有大量债务再融资需求的公司可能无法通过增量债务安然渡过难关，企业违约风险增加，提升信用利差的违约风险溢价部分。而资本市场不利的外部冲击会导致企业的经济环境衰退，信贷市场压力骤增，流动性风险较高。资本市场危机事件的存在使公司的债务期限结构显得尤为重要，不利冲击加剧大量短期债务到期公司的展期风险，例如股市异常波动时期、中美贸易摩擦、新冠疫情等影响。市场低迷时期通过股票和债券发行获得外部融资的成本较高，加剧企业违约风险，扩大企业在债券市场的融资成本。更宽松的货币政策会促进经济发展，并降低违约风险，而资本市场危机事件的冲击则会加剧信贷市场压力，增大违约风险。探究信贷市场流动性对于企业展期风险效应的调节效应有助于监管流动性风险以使债务融资更好地服务实体经济。具有前瞻性的公司管理债务期限结构也可以避免在经济不景气时期被迫进行过多的再融资。基于此，本章提出以下假设：

假设 15.5：宽松的货币政策会弱化展期风险对于债券融资成本的扩大效应；不利事件冲击会加剧短期内公司的展期风险，进而扩大债券融资成本。

以上理论分析框架整体结构如图 15 - 1 所示。

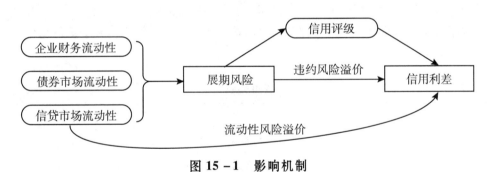

图 15 - 1   影响机制

第三节   债券融资成本与企业展期风险的关系分析

一、研究设计

（一）样本选择与数据来源

本章研究样本包括 2010 ~ 2020 年在银行间和交易所上市公司发行的企业债

和公司债，为保证数据结果的准确，构建样本时进行了如下处理：（1）剔除发债公司为非上市公司的样本；（2）剔除被 ST 的发债企业样本；（3）剔除含权债券；（4）剔除浮动利率债券；（5）剔除金融机构所发行的债券，由于受制于不同的会计规则。经筛选后共得到 538 个上市公司发行的 1 507 个债券的季度指标数据。为避免极端值的影响，对所有连续变量进行上下 1% 的 Winsorize 处理。公司债券数据与财务数据来自 Wind 数据库，GDP 数据来自国家统计局，M2 数据来自中国人民银行。

（二）模型设计与变量定义

（1）被解释变量：信用利差代表了企业在债券市场融资所需支付的风险溢价（王雄元和高开娟，2017）[①]，是公司增量债务融资成本的一种直接衡量（韩鹏飞和胡奕明，2015；黄振和郭晔，2021）[②]。因此，本章使用公司债券的信用利差（CS）来衡量债券融资成本（见表 15–1）。国债和政策性金融债都可以作为无风险利率，但由于国债免所得税与信用债相比存在税收差异，故信用利差定义为债券到期收益率与相同剩余期限的中债国开债收益率之差。缺失的国开债到期收益率数据采用插值法计算得出，并利用以国债为标尺计算出的信用利差进行稳健性检验。

表 15–1　　　　　　　　　　　　变量定义

变量		定义
信用利差	CS	债券到期收益率与相同剩余期限的国开债收益率之差
	CS_gz	债券到期收益率与相同剩余期限的国债收益率之差
	DD	一年内到期的长期负债/长期负债总额
	DDA	一年内到期的长期负债/总负债
	DDB	一年内到期的长期负债/总资产
	DDT	（短期负债 + 一年内到期的长期负债）/总负债

---

① 王雄元、高开娟：《客户集中度与公司债二级市场信用利差》，载于《金融研究》2017 年第 1 期。

② 韩鹏飞、胡奕明：《政府隐性担保一定能降低债券的融资成本吗？——关于国有企业和地方融资平台债券的实证研究》，载于《金融研究》2015 年第 3 期。黄振、郭晔：《央行担保品框架、债券信用利差与企业融资成本》，载于《经济研究》2021 年第 1 期。

变量			定义
债券特征	债券规模	*Amount*	债券发行规模的对数（亿元）
	债券期限	*Period*	债券发行期限（年）
	债券评级	*Rating*	债券发行时的主体信用评级，AAA 为 4，AA + 为 3，AA 为 2，AA - 及以下为 1
	债券担保	*Guarantee*	债券是否有担保人，1 为有担保，0 为无担保
	非流动性	*Amihud*	当天收益的绝对值/当天成交金额，按季度取均值
	换手率	*Turnover*	季度换手率均值
公司特征	公司规模	*Assets*	总资产（亿元），取自然对数
	产权性质	*SOE*	发债主体为中央国有企业取值为 3、地方国有企业取值为 2、非国有企业取值为 1
	资产负债率	*Lev*	总负债/总资产
	总资产报酬率	*ROA*	净利润×2/（期初总资产 + 期末总资产）
	销售收现比	*SI*	销售商品提供劳务收到的现金/营业收入，反映企业现金回收速度
	现金流量利息保障倍数	*CI*	经营活动产生的现金流量净额/利息费用
	研发投入	*R&D*	研发支出/总资产
	四大审计	*Big4*	是否经由四大会计师事务所审计，是为 1，否为 0
	持股比例	*Top*1	第一股东持股比例
宏观层面	收益率曲线斜率	*Slope*	10 年期和 3 年期国债到期收益率之差
	经济总量	*GDP*	债券发行所在城市的季度 GDP，取自然对数
	货币政策	*M2*	季末 M2 同比增速
	年份变量	*Year*	虚拟变量，债券发行所处某年份时，取值为 1，否则为 0
	行业变量	*Industry*	虚拟变量，债券发行主体所属行业

（2）核心解释变量：公司的短期债务选择是与公司特征相关的内生性决策，而长期债务源于过去的融资选择，其到期部分对于当前的管理决策是外生的，因此本章采用一年内到期的长期债务的比例来代理展期风险（Almeida et al.，

2012；Gopalan et al.，2014；Wang et al.，2016；Li and Zheng，2020)①。长期债务再融资需求仅反映了公司的展期风险，与公司当前的风险特征或信用质量没有直接关系，因此，该指标很大程度上没有短期指标潜在的内生性。为了确保研究结果的可靠性，我们在稳健性检验部分进一步构建了一年内到期的长期负债/总负债、一年内到期的长期负债/总资产以及（短期负债＋一年内到期的长期负债)/总债务三种替代方法来衡量企业的债务展期风险。

（3）控制变量：控制变量的选择主要基于结构性信用风险模型和有关公司债券利差决定因素的经验文献，主要选取了债券层面、公司层面、宏观因素三个层面的控制变量。在债券层面上，选取债券规模、期限、评级、担保、债务市场非流动性 Amihud 以及换手率指标。公司层面选取公司规模、产权性质、资产负债率、总资产报酬率、销售收现比、现金流量利息保障倍数、研发投入、四大审计、持股比例。宏观层面上选取了收益率曲线斜率、经济总量、货币政策。此外，本章控制了债券和时间固定效应，并在债券层面进行了 Cluster 处理。

（三）模型设计

为检验假设 15.1 展期风险对债券信用利差的直接影响效应，本章构建回归模型，见式（15.1）：

$$CS_{it} = \alpha + \beta_1 DD_{it} + \beta_1 Controls_{it} + Industry_i + year_t + \varepsilon_{it} \tag{15.1}$$

其中，下标 i 代表债券，t 代表时期，被解释变量 CS_{it} 为债券 i 在 t 期的信用利差，DD_{it} 为企业的展期风险衡量变量，$Controls_{it}$ 为控制变量总称。$Industry_i$ 为行业固定效应，$year_t$ 为时间固定效应，ε_{it} 为随机误差项。

为检验假设 15.2，进一步考察展期风险驱使债券信用利差扩大的渠道机制，对于解释展期风险对债券信用利差间接影响的模型，构建回归模型，见式（15.2）：

$$M_{it} = \alpha_0 + \alpha_1 DD_{it} + \alpha_2 Controls_{it} + Industry_i + year_t + \varepsilon_{it}$$

$$CS_{it} = \beta_0 + \beta_1 M_{it} + \beta_2 DD_{it} + \beta_3 Controls_{it} + Industry_i + year_t + \varepsilon_{it} \tag{15.2}$$

影响展期风险对债券信用利差作用效果的调节变量构建以下回归模型：

① Almeida H.，Campello M.，Laranjeira B.，et al. 2012. Corporate Debt Maturity and the Real Effects of the 2007 Credit Crisis [J]. *Critical Finance Review*，1. Gopalan R.，Song F.，Yerramilli V. 2014. Debt Maturity Structure and Credit Quality [J]. *Social Science Electronic Publishing*，49（4）. Wang G. J.，Xie C.，Jiang Z. Q.，Stanley H. E. 2016. Who are the Net Senders and Recipients of Volatility Spillovers in Chinese Financial Markets [J]. *Finance Research Letters*，18：255 – 262. Li W. L.，Zheng K. 2020. Rollover Risk and Managerial Cost Adjustment Decisions [J]. *Accounting and Finance*. 60（3）：2843 – 2878.

$$CS_{it} = \gamma_0 + \gamma_1 DD_{it} + \gamma_2 DD_{it} \times N_{it} + \gamma_3 Controls_{it} + Industry_i + year_t + \varepsilon_{it}$$

$$(15.3)$$

其中，CS_{it}代表债券信用利差，M_{it}代表中介变量，N_{it}代表调节变量总称，$DD_{it} \times N_{it}$为展期风险与调节变量的交乘项，$Controls_{it}$为控制变量。在式（15.2）中，$\beta_2 + \alpha_1 \times \beta_1$为展期风险对债券信用利差的总效应，$\alpha_1$，$\beta_1$均显著时，$\alpha_1 \times \beta_1$为展期风险对债券信用利差的间接效应，$\beta_2$为展期风险对债券信用利差的直接效应。在式（15.3）中，若$DD_{it} \times N_{it}$的系数γ_2显著，且γ_1与γ_2同号，说明调节变量增强了展期风险对债券信用利差的作用效果；若γ_1与γ_2异号，则调节变量减弱了展期风险对债券信用利差的作用效果。

通过 Hausman 检验，本章选择了双向固定效应模型，并控制了行业固定效应以及时间固定效应，采用稳健的标准误估计。

二、经济学阐释

（一）描述统计

表 15-2 报告了回归样本中变量的主要描述统计，由其可知，企业债券信用利差均值为 1.4024，一年内到期的长期负债比重均值约为 28%，超过长期负债的 1/4，说明企业短期内面临着大量到期债务。主体评级均值为 2.8158，即样本的评级总体在 AA-至 AA+之间。债券期限平均值为 4.1374 年，说明多数债券为中长期债券。有担保债券占样本的 17%，国有发行企业占样本的 73.59%。各种绩效和风险衡量指标表明，平均而言，样本公司的财务状况良好。

表 15-2 变量描述性统计

变量	Mean	Std. Dev.	Min	Median	Max
CS	1.4024	1.7312	-1.9377	1.0069	11.3778
CS gz	1.9416	1.7139	-1.4788	1.6058	11.6274
DD	0.2794	0.4026	0.0015	0.1655	2.8481
DDA	0.0691	0.0586	0.0004	0.0548	0.2938
DDB	0.0430	0.0369	0.0002	0.0343	0.1896
Amount	2.3321	0.9140	0.0000	2.3026	4.7005
Period	4.1374	1.8913	1.0000	3.0000	15.0000
Rating	2.8158	1.2067	1.0000	3.0000	4.0000

续表

变量	Mean	Std. Dev.	Min	Median	Max
Guarantee	0.1745	0.3796	0.0000	0.0000	1.0000
Amihud	0.0082	0.0240	0.0000	0.0002	0.1647
Turnover	6.9444	9.5048	0.0002	3.7833	55.5556
Assets	24.5104	1.6584	20.5727	24.3903	28.5023
SOE	0.7359	0.4409	0.0000	1.0000	1.0000
Lev	60.5951	16.1174	16.7734	62.8580	89.1672
ROA	3.7396	3.3097	−2.6765	2.9947	16.4010
SI	107.931	33.4348	43.1650	105.370	295.115
CI	3.4364	14.4042	−57.9796	2.6476	75.5679
RD	0.0040	0.0079	0.0000	0.0001	0.0399
*Big*4	0.3059	0.4608	0.0000	0.0000	1.0000
*Top*1	41.7121	18.6547	7.8500	41.1400	95.0000
Slope	0.3971	0.2383	0.0467	0.3356	1.1500
GDP	9.5988	0.8880	7.2749	9.6504	11.5124
M2	12.4282	3.3678	8.000	12.1500	22.5000

（二）基准回归

表15-3报告了展期风险对债券信用利差影响的基准回归结果。第（1）列为在未加入任何控制变量的情况下的回归结果，可以发现展期风险的回归系数为0.3334，在1%的水平上显著为正，表明展期风险与债券信用利差之间存在显著的正相关关系，即企业展期风险越大，债券信用利差越大，初步验证了假设15.1。为确保展期风险与债券信用利差正向驱动关系的稳健，表15-3第（2）~（4）列为逐步加入企业层面、债券层面、宏观层面控制变量的回归结果，结果显示，展期风险的回归系数均在1%的置信水平上显著为正，说明回归分析的结果稳定，且控制变量符号符合预期，较好地验证了假设15.1：企业展期风险对债券信用利差具有显著的正向影响，短期到期债务越多，债券信用利差越大。短期内再融资风险较高的企业，违约风险较大，债券投资者会对发债主体索取更高的风险溢价。

表 15 - 3　　　　　　　　　基准回归模型

变量	(1)	(2)	(3)	(4)
	CS	CS	CS	CS
DD	0.3334***	0.3168***	0.3534***	0.3527***
	(0.080)	(0.076)	(0.092)	(0.091)
Assets		-0.7081***	-0.6380***	-0.6261***
		(0.181)	(0.167)	(0.167)
Lev		0.0304***	0.0248***	0.0244***
		(0.006)	(0.006)	(0.006)
ROA		-0.0040	-0.0190**	-0.0197**
		(0.009)	(0.009)	(0.009)
CI		0.0015	0.0039**	0.0039**
		(0.002)	(0.002)	(0.002)
SI		0.0016***	0.0024***	0.0024***
		(0.001)	(0.001)	(0.001)
RD		-9.2041***	-9.2949***	-8.6224**
		(3.265)	(3.456)	(3.429)
Top1		0.0028	0.0020	0.0025
		(0.004)	(0.004)	(0.004)
Turnover			-0.0033***	-0.0033***
			(0.001)	(0.001)
Amihud			1.8441***	1.9017***
			(0.696)	(0.700)
M2				-0.4411***
				(0.071)
Slope				3.6978***
				(0.357)
GDP				-0.6917***
				(0.253)
Constant	1.7287***	16.6675***	15.3114***	26.3840***
	(0.108)	(4.147)	(3.809)	(5.375)

变量	（1）	（2）	（3）	（4）
	CS	CS	CS	CS
Industry	yes	yes	yes	yes
Year	yes	yes	yes	yes
Observations	17 479	15 986	11 487	11 487
R-squared	0.138	0.168	0.153	0.155

注：***、**、* 分别代表 1%、5%、10% 的显著性水平；括号中是稳健标准误差。

（三）渠道机制分析

1. 信用评级的中介效应

信用评级是公司债券最重要的定价因素之一，债券评级机构作为信息中介可以在一定程度上降低投资者与发债企业间的信息不对称。若信用评级能够体现企业的短期再融资压力，展期风险对债券信用利差的影响可能通过信用评级渠道，鉴于此，本章通过回归模型（2）识别信用评级的中介效应。由表 15-4 第（2）列可知，企业展期风险与信用评级呈现显著的负相关关系，即面临更大展期风险的企业信用评级越差。第（3）列表明，在控制了信用评级后，展期风险依然对信用利差具有显著的正向影响，且回归变量系数均在 1% 的置信水平上高度显著，验证了假设 15.2：即展期风险会促使企业的信用评级恶化，并在债券市场上面临更高的信用利差。信用评级能够识别企业短期内再融资风险，并把这种信息传递到市场中，降低企业与投资者间的信息不对称。换言之，债务大量到期可能会影响到企业的信用质量，使得企业遭受信用降级，进而导致债券市场信用利差的上升。

表 15-4 　　　展期风险、企业信用评级与债券信用利差

变量	（1）	（2）	（3）
	CS	Rating	CS
DD	0.3527 *** (0.091)	-0.0459 *** (0.010)	0.3513 *** (0.090)
Rating			-0.6653 *** (0.125)

续表

变量	(1)	(2)	(3)
	CS	Rating	CS
Assets	−0.6261***	0.5501***	−0.2843**
	(0.167)	(0.041)	(0.145)
Lev	0.0244***	−0.0050***	0.0177***
	(0.006)	(0.001)	(0.005)
ROA	−0.0197**	−0.0127***	−0.0188**
	(0.009)	(0.003)	(0.009)
SI	0.0024***	−0.0006***	0.0023***
	(0.001)	(0.000)	(0.001)
CI	0.0039**	0.0003	0.0044**
	(0.002)	(0.000)	(0.002)
RD	−8.6224**	1.7283	−7.5945**
	(3.429)	(1.081)	(3.069)
Top1	0.0025	0.0021*	0.0023
	(0.004)	(0.001)	(0.004)
Turnover	−0.0033***		−0.0035***
	(0.001)		(0.001)
Amihud	1.9017***		2.2739***
	(0.700)		(0.686)
M2	−0.4411***	−0.0188	−0.4406***
	(0.071)	(0.016)	(0.068)
Slope	3.6978***	−0.4583***	3.6159***
	(0.357)	(0.080)	(0.351)
GDP	−0.6917***	0.0587	−0.6989***
	(0.253)	(0.060)	(0.245)
Constant	26.3840***	−10.3947***	20.4904***
	(5.375)	(1.206)	(4.782)
Industry	yes	yes	yes
Year	yes	yes	yes
Observations	11 487	49 922	11 487
R-squared	0.155	0.411	0.180

注：***、**、*分别代表1%、5%、10%的显著性水平。

2. 流动性的调节效应

为了检验展期风险对于债券信用利差的扩大效应是否受流动性影响，本章从企业财务流动性、债券市场流动性以及信贷市场流动性多重视角探寻流动性在企业展期风险与债券信用利差间的调节作用。

企业财务流动性。首先，过高的资产负债率容易诱发企业的流动性风险，当不能清偿到期债务或明显缺乏清偿能力时，企业就会面临破产的风险，为了验证企业内部资金流动性缺乏可能存在的异质性影响，我们构建虚拟变量 Levb，代表杠杆率低于样本中位数的公司。构造 DD_Levb 以考察杠杆率与展期风险的交互作用，由表 15 - 5 第（1）列回归结果可知，交乘项系数为 0.4823，显著为正，说明在高杠杆的公司中，其展期风险对信用利差的正向扩大效应越明显。过高的资产负债率容易诱发企业的流动性风险，内生资金不足会放大展期风险对信用利差的扩大效应。此外，我们还使用了阿特曼（1968）[1] 的 Z 值[2] 作为企业破产风险的代理指标，创建虚拟变量 Zb，代表 Z 得分低于样本中位数的公司，Z 值越大，破产风险越高，并构建 DD 与 Zb 的交乘项 DD_Zb。由第（2）列可知，交乘项系数为 0.2527，显著为正，说明在破产风险高的企业中，展期风险对信用利差的扩大效应更强，当再融资发生在企业财务困境时期，企业展期风险效应也会变得更大。所以对于企业杠杆率较高，破产风险较大的公司来说，展期风险对信用利差的正向扩大效应更强。由于企业内部财务流动性枯竭，再加上较高的展期风险，进行再融资的成本会变得非常高昂，双重加剧了企业的违约风险，债券投资者也会要求更高的风险溢价。

表 15 - 5　　　　　　　　　流动性的调节效应分析

变量	（1）	（2）	（3）	（4）	（5）	（6）
	CS	CS	CS	CS	CS	CS
DD	0.1980*** (0.066)	0.1351* (0.069)	0.4330*** (0.118)	0.2804*** (0.074)	0.2606*** (0.091)	1.6434*** (0.369)
DD_Levb	0.4823** (0.198)					

---

[1]　Altman E. I. 1968. Financial Ratios, Discriminant Analysis and the Prediction of Corporate Bankruptcy [J]. *Journal of Finance*, 23 (4): 589 – 609.

[2]　Z 值（破产指数）：$Zscore = 1.2X_1 + 1.4X_2 + 3.3X_3 + 0.6X_4 + 0.999X_5$。其中，$X_1$ = 营运资本/资产总额，X_2 = 留存收益/资产总额，X_3 = 息税前利润/资产总额，X_4 = 股票市值/负债总额，X_5 = 营业收入/资产总额（Altman）。

续表

变量	（1）	（2）	（3）	（4）	（5）	（6）
	CS	CS	CS	CS	CS	CS
DD_Zb		0.2527 ***				
		（0.125）				
DD_Turnover			− 0.0123 **			
			（0.006）			
DD_Amihud				11.6814 ***		
				（3.436）		
DD_M2					− 0.1195 ***	
					（0.028）	
DD_Crisis					0.3849 ***	
					（0.092）	
Assets	− 0.6262 ***	− 0.4229 ***	− 0.6229 ***	− 0.6196 ***	− 0.4862 ***	− 0.6034 ***
	（0.164）	（0.143）	（0.167）	（0.167）	（0.122）	（0.164）
Lev	0.0208 ***	0.0186 ***	0.0245 ***	0.0241 ***	0.0252 ***	0.0247 ***
	（0.006）	（0.005）	（0.006）	（0.006）	（0.005）	（0.006）
ROA	− 0.0197 **	− 0.0070	− 0.0200 **	− 0.0188 **	− 0.0101	− 0.0215 **
	（0.009）	（0.008）	（0.009）	（0.009）	（0.009）	（0.009）
SI	0.0024 ***	0.0020 ***	0.0024 ***	0.0024 ***	0.0021 ***	0.0023 ***
	（0.001）	（0.001）	（0.001）	（0.001）	（0.001）	（0.001）
CI	0.0039 **	0.0036 **	0.0040 **	0.0039 **	0.0017	0.0035 *
	（0.002）	（0.002）	（0.002）	（0.002）	（0.002）	（0.002）
RD	− 8.8577 ***	− 4.0066	− 8.5574 **	− 8.9905 **	− 10.9251 ***	− 8.4108 **
	（3.423）	（2.442）	（3.430）	（3.507）	（3.486）	（3.432）
Top1	0.0031	0.0027	0.0023	0.0027	0.0035	0.0020
	（0.004）	（0.004）	（0.004）	（0.004）	（0.004）	（0.004）
Turnover	− 0.0032 ***	− 0.0033 ***	− 0.0008	− 0.0034 ***	− 0.0045 ***	− 0.0035 ***
	（0.001）	（0.001）	（0.002）	（0.001）	（0.001）	（0.001）
Amihud	1.9005 ***	1.1177 *	1.9488 ***	− 0.4937	1.6457 **	1.8218 ***
	（0.693）	（0.616）	（0.705）	（0.827）	（0.706）	（0.693）

续表

变量	(1)	(2)	(3)	(4)	(5)	(6)
	CS	CS	CS	CS	CS	CS
$M2$	-0.4364*** (0.070)	-0.4062*** (0.069)	-0.4394*** (0.070)	-0.4429*** (0.071)	-0.0961*** (0.011)	-0.4176*** (0.069)
$Slope$	3.6842*** (0.361)	3.7927*** (0.353)	3.7158*** (0.357)	3.7537*** (0.358)	1.0295*** (0.083)	3.5984*** (0.352)
GDP	-0.6799*** (0.251)	-0.6525*** (0.243)	-0.6842*** (0.253)	-0.6906*** (0.253)	0.1417*** (0.037)	-0.6604*** (0.248)
$Constant$	26.3918*** (5.322)	20.6534*** (5.007)	26.1798*** (5.362)	26.2292*** (5.363)	10.8387*** (3.001)	25.2484*** (5.287)
Industry	yes	yes	yes	yes	yes	yes
Year	yes	yes	yes	yes	yes	yes
Observations	11 487	10 073	11 487	11 487	11 487	11 487
R-squared	0.162	0.148	0.157	0.163	0.078	0.164

注：***、** 和 * 分别表示在 1%、5% 和 10% 水平上显著。

债券市场流动性。流动性可以作为企业违约的预测指标，基本面较弱的公司更容易遭受流动性恶化的影响，放大短期债务在公司展期风险中的作用，因此，在研究展期风险对于信用利差的作用效果时，有必要讨论流动性不足对公司债券利差的其他潜在异质影响。债券价格的波动性与债券市场流动性息息相关，因此引入换手率（Turnover）以及非流动性测度（Amihud）两个指标来代理债券市场流动性。Turnover 值越高，说明债券市场交易越活跃，流动性越强。Amihud 测度是广为使用的流动性测度之一，Amihud 测度的值越大，则该债券的流动性越低。构建 DD 与 Turnover 的交乘项 DD_Turnover，DD 与 Amihud 的交乘项 DD_Amihud。表 15 - 5 第（3）列为纳入换手率与展期风险交乘项的回归结果，交乘项的系数为 -0.0123，显著为负，说明高换手率会弱化展期风险对于债券信用利差的扩大效应。第（4）列为加入了非流动性指标 Amihud 与展期风险交乘项的回归结果，由结果可知交乘项系数为 11.6814，且在 1% 的置信水平上高度显著，债务市场的非流动性会通过展期风险增加公司的债券信用利差。债务市场流动性恶化会加剧展期风险对于债券信用利差的扩大效应，造成公司债券融资成本的提升。债券市场流动性对于其融资功能的发挥具有积极促进作用，但与发达国家相比，我国债券市场还存在着交易不活跃、流动性状况差的普遍现象，债券市场融资规模还有很大的发展空间。

信贷市场流动性。当经济处于下行周期时，政府会采取降息、降准等宽松的货币政策，货币市场利率下行，投资者交易行为增多，流动性较为充沛，使得短期内再融资需求较高的企业能够有更多机会进行直接融资，从而削弱展期风险对信用利差的扩大效应。因此本章节采用货币供应量 $M2$ 同比增速来衡量货币政策的松紧，构建 DD 与 $M2$ 的交乘项 DD_M2。由第（5）列回归结果可知，交互项系数为 -0.1195，且在 1% 的置信水平上高度显著，说明宽松的货币政策会弱化展期风险对于债券信用利差的扩大效应。货币供给增速上升有助于企业盈利状况改善，降低企业违约风险，收窄信用利差。对于监管部门来说，采取宽松的货币政策，可以有效缓解信贷市场压力，使得短期内再融资需求较高的企业能够有更多机会进行直接融资，解决短期内部分企业融资困难问题。在疫情冲击后经济逐步复苏的背景下，国家更倾向于紧金融、稳局面的政策导向，货币政策将更加灵活，资金面转向偏紧会提升对短期内再融资依赖度较高的企业的边际风险。

资本市场危机事件的不利冲击会导致企业的经济环境衰退，信贷市场压力骤增，流动性风险较高。资本市场的摩擦会使得信贷供应整体减少导致展期风险更加紧迫，为探讨这种不利冲击是否加剧了展期风险对于债券融资成本的扩大效应。本章定义虚拟变量 $Crisis$，当样本所处时间为 2015 年第三、第四季度和 2016 年第一季度的股市异常波动时期、2018 年中美贸易摩擦时期、2020 年第一、第二季度的新冠疫情时期，$Crisis$ 取值为 1，否则取值为 0。构建 DD 与 $Crisis$ 的交乘项 DD_Crisis。由第（6）列回归结果可知，交互项系数为 0.3849，且在 1% 的置信水平上高度显著，说明危机事件冲击会加剧展期风险对于债券信用利差的扩大效应。经济低迷加剧了短期内大量债务的公司的展期风险，公司面临迫切需要偿还到期债务的压力，但危机时期，市场不稳定性增加，非流动性水平上升，信贷市场紧缩，无法给企业提供足够的再融资机会来偿还债务。在信贷市场状况趋紧的时期，企业展期风险对债券融资成本的影响更加显著。对于具有前瞻性的企业可通过控制展期风险敞口或者在经济繁荣时期通过早期再融资积极管理债务期限结构来避免在经济不景气时期被迫进行过多的再融资。

（四）异质性分析

其他因素可能会影响企业展期风险对债券信用利差的作用机制，使得结论表现出一定的异质性。因此本部分从企业所有制性质、债券担保、发行期限、融资约束程度、融资结构方面分组回归进行了异质性分析。

第一，按照所有制性质分组的实证结果。展期风险对债券信用利差的影响在不同所有制企业间可能存在区别。由表 15-6 第（1）列、第（4）列回归结果可知，在非国有企业中，展期风险对于信用利差的正向作用更显著。对于国有企

业，有机会受到各种扶持政策的支持或者政府的隐性担保，国家层面的隐性担保
降低了财务困境成本，减缓了经济下行时的债务融资压力，降低短期违约发生的
概率，因此非国有企业受到展期风险对债券融资成本的不良影响更大。但国有企
业中，展期风险对债券信用利差的正向影响也通过了 1% 的显著性检验，展期风
险的负面影响也不可忽视。在政府的隐性支持与担保下，国企在面临展期风险，
急需进行融资时，其融资成本相对较低，但随着近年地方国有债券违约事件频
发，政府对国有企业兜底的作用开始消减，国有企业尤其是弱资质的国有企业在
失去政府的隐性救助下，应该着眼于合理优化债务期限结构，不可永远期待政府
兜底下的借新还旧，一旦失去救助，企业弱资质带来的隐患便会凸显出来。国有
企业的特殊性质也会使得违约造成更强的行业性或区域性风险传染，给债券市场
带来极大的不稳定。对于信用评级的中介效应，由表第（2）列、第（3）列及
第（5）列、第（6）列回归结果可知，模型在国有企业和非国有企业中均通过
了中介效应检验，说明信用评级在国有企业和非国有企业中，均能识别出企业的
短期再融资压力，展期风险会促使企业的信用评级恶化，进而增加企业债券融资
成本。

表 15 - 6　　　　　　　　企业所有制性质分组回归结果

变量	国有企业			非国有企业		
	（1）	（2）	（3）	（4）	（5）	（6）
	CS	Rating	CS	CS	Rating	CS
DD	0.2613 **	- 0.0437 ***	0.2413 **	0.3356 **	- 0.0743 ***	0.3305 **
	(0.133)	(0.014)	(0.132)	(0.104)	(0.015)	(0.104)
Rating			- 0.6977 ***			- 0.6103 ***
			(0.171)			(0.169)
Constant	23.6602 ***	- 12.5280 ***	18.5821 ***	41.0737 ***	- 2.3915	36.1399 ***
	(6.046)	(1.342)	(5.258)	(10.531)	(1.823)	(9.720)
控制变量	yes	yes	yes	yes	yes	yes
Industry	yes	yes	yes	yes	yes	yes
Year	yes	yes	yes	yes	yes	yes
Observations	8 772	37 729	8 772	2 715	12 193	2 715
R-squared	0.148	0.357	0.175	0.258	0.576	0.277

第二，按照债券是否存在担保分组的实证结果。表 15 - 7 第（1）列、第
（2）列给出了在不存在担保及存在担保的企业中，展期风险对债券信用利差的回
归结果。结果显示，展期风险对债券信用利差的正向影响均通过了 1% 的显著性
检验。但对于存在担保的企业而言，展期风险的回归系数为 0.2746，小于无担保
企业展期风险的回归系数 0.5796，说明在不存在担保的企业中，展期风险对于债
券信用利差的扩大效应更明显。企业具有担保确实会缓解短期内再融资风险带来
的债券信用利差的扩大。

表 15 - 7 债券担保、期限分组回归结果

变量	(1)	(2)	(3)	(4)	(5)
	无担保	有担保	短期债券	中长期债券	长期债券
DD	0.5796 ** (0.263)	0.2746 *** (0.071)	0.1970 ** (0.078)	0.3581 *** (0.092)	1.7533 *** (0.526)
Constant	11.3016 (8.789)	25.2880 *** (5.630)	26.1551 *** (8.279)	20.9490 *** (4.779)	- 4.4555 (6.492)
控制变量	yes	yes	yes	yes	yes
Industry	yes	yes	yes	yes	yes
Year	yes	yes	yes	yes	yes
Observations	2 344	9 143	4 723	11 349	976
R-squared	0.148	0.174	0.227	0.156	0.378

第三，按照债券发行期限分组的实证结果。为研究发债主体发行债券期限对
展期风险的不同反应效果，将债券期限分为短期债券（小于 3 年）、中长期债券
（3~10 年）、长期债券（大于 10 年），分别对模型 1 进行回归。由表 15 - 7 第
（3）列、第（4）列、第（5）列可知，展期风险对于短期债券、中长期债券、
长期债券信用利差均有显著的正向影响，但长期债券展期风险的回归系数为
1.7533，远大于短期债券及中长期债券。对于发行长期债券较多的企业，会更容
易受到展期风险对于企业债券信用利差的不利影响。长期债券持有人更加关心企
业是否能按期还债，短期持有人更担心企业违约行为带来的偿能能力削弱。如果
短期内展期风险较大，企业违约的可能性增加，投资者对企业是否按期还款的态
度可能更为消极，从而对长期债券要求更高的风险溢价。所以偏向长期债券发债
的企业中，展期风险对信用利差的扩大效应更强。

第四，按照融资约束程度分组的实证结果。为研究企业融资约束程度对展期

风险效应的异质性影响，本章构建了融资约束 KZ 指数①，KZ 指数越大，说明企业融资约束程度越高。以 KZ 指数中位数为界将样本划分为融资约束程度较高与融资约束程度较低两组，分别对模型 1 进行回归。表 15 - 8 第（1）列、第（2）列给出了相应的回归结果。结果显示，在按照企业的融资约束程度对总样本进行了划分后，展期风险对信用利差的正向影响仍在 1% 的置信水平上高度显著，证明前文回归结果的稳健性。但在高融资约束样本中，展期风险的回归系数为 0.4297，大于低融资约束企业的回归系数 0.1427，在高融资约束样本中，展期风险对信用利差的扩大效应更强。高融资约束的企业中，企业可能没有足够的现金或现金等价物来应对短期的流动性压力，以维持企业正常的经营运转，投资者对于高融资约束企业会要求更高的债券风险溢价。

表 15 - 8   **融资约束、融资结构异质性分析**

变量	（1） 融资约束高	（2） 融资约束低	（3） 直接融资高	（4） 间接融资高
DD	0.4297 *** (0.127)	0.1427 ** (0.064)	0.3002 *** (0.090)	0.3529 *** (0.137)
Constant	30.8033 *** (6.826)	10.6058 * (6.274)	26.4418 *** (6.487)	23.3066 ** (9.777)
控制变量	yes	yes	yes	yes
Industry	yes	yes	yes	yes
Year	yes	yes	yes	yes
Observations	8 158	3 329	6 201	5 233
R-squared	0.156	0.171	0.160	0.139

  第五，按照融资结构分组的实证结果。为探究融资来源对于展期风险效应的异质性影响，本章将企业的外部融资方式分为直接融资与间接融资两类，直接融资为企业发行债券与股票融资两种（股本、资本公积与应付债券三项之和），间接融资主要是指通过银行等金融中介进行融资（短期借款与长期借款之和）。将直接融资与间接融资的比重大于 1 划分为直接融资高样本组，比重小于 1 划分为间接融资高样本组，作为企业融资结构的代理变量，分别对模型 1 进行回归。

---

  ① $KZ = -1.0019 \times OCF/Asset + 3.1392 \times Lev - 39.3678 \times Dividends/Asset - 1.3148 \times Cash/Asset + 0.2826 \times Tobin's\ Q$。其中，$OCF$、$Dividends$、$Cash$ 分别代表经营性现金流、股利、期末现金及现金等价物余额，且均用期初总资产标准化；Lev 代表资产负债率；$Tobin'\ Q$ 代表托宾 Q 值，本章用总市值/净资产计算而得。KZ 指数越大，说明企业融资约束程度越高。

表 15 - 8 第（3）列、第（4）列给出了相应的回归结果，结果显示在不同的组别中，展期风险对信用利差的正向影响均通过了 1% 的显著性检验。在间接融资比重高的组别，展期风险系数为 0.3529，高于直接融资高样本的回归系数，更容易引发信用利差的增加，说明依赖银行融资的企业中，展期风险可能导致企业更高的信用风险，对于企业融资成本的不利影响更大。对银行融资的依赖性会通过企业在展期到期债务时面临更高的再融资成本渠道增加企业债券信用利差。评估展期风险与信用利差的影响时，有必要考虑融资来源，公司的借贷渠道很大程度上决定了展期风险对信用利差的作用效果。

（五）稳健性检验

首先，替换被解释变量展期风险的衡量指标。本章采用的展期风险变量为一年内到期的长期债务占比，而该比例是否在通过除以总负债或总资产来构建时依然稳健，需要进一步证实，因此本章还使用一年内到期的长期负债占总负债的比值 DDA、一年内到期的长期负债占总资产的比值 DDB 代替被解释变量，来验证结果的稳健性。除此之外，本章为避免短期债务潜在的内生性问题而选择了长期债务到期占比，此处依然利用短期负债与一年内到期的长期负债之和占总负债的比值 DDT 来进行检验。由回归结果第（1）列、第（2）列、第（3）列可知，结论同样没有发生实质性的变化，证明本章结论的稳健性。

其次，替换被解释变量信用利差。本章使用"债券季末到期收益率与季末相同剩余期限的国债收益率之差" CS_gz 替代被解释变量，并分别在解释变量为 DD、DDA、DDB、DDT 四种情况下进行回归结果分析。由表 15 - 9 第（4）列、第（5）列、第（6）列、第（7）列结果可知，企业展期风险对债券信用利差的直接影响显著为正，所有变量的系数都通过了 1% 的显著性检验，证明本章的结论稳健。

表 15 - 9　　　　　　解释变量、被解释变量替换回归结果

变量	(1)	(2)	(3)	(4)	(5)	(6)	(7)
	CS	CS	CS	CS_gz	CS_gz	CS_gz	CS_gz
DD				0.2957*** (0.093)			
DDA	1.9706*** (0.422)				1.4905*** (0.428)		
DDB		3.8285*** (0.844)				3.0024*** (0.856)	

377

续表

变量	（1）	（2）	（3）	（4）	（5）	（6）	（7）
	CS	CS	CS	CS_gz	CS_gz	CS_gz	CS_gz
DDT			0. 6235 ***				0. 4345 ***
			(0. 144)				(0. 143)
Constant	26. 2895 ***	26. 3611 ***	18. 3187 ***	26. 0717 ***	26. 1226 ***	26. 1306 ***	18. 2731 ***
	(5. 397)	(5. 355)	(4. 929)	(5. 314)	(5. 331)	(5. 294)	(4. 880)
控制变量	yes	yes	yes	yes	yes	yes	yes
Industry	yes	yes	yes	yes	yes	yes	yes
Year	yes	yes	yes	yes	yes	yes	yes
Observations	11 471	11 461	10 983	11 487	11 471	11 461	10 983
R-squared	0. 150	0. 151	0. 149	0. 145	0. 140	0. 141	0. 147

最后，由于每个企业可以发行多只债券，发行债券较多的企业可能对于结果影响的权重更大，因此，本章节将每个企业同一年度取一只债券对结果进行检验，依然在多种解释变量下进行回归结果检验，由表 15 – 10 第（1）列、第（2）列、第（3）列、第（4）列可知，展期风险依然与企业债券信用利差存在显著的正相关关系。

表 15 – 10　　　　　　每个企业取一只债券回归结果

变量	（1）	（2）	（3）	（4）
	CS	CS	CS	CS
DD	0. 3048 ***			
	(0. 112)			
DDA		2. 8364 ***		
		(0. 929)		
DDB			5. 4295 ***	
			(1. 746)	
DDT				0. 3245 ***
				(0. 113)
Constant	36. 5818 *	35. 3902 *	34. 5897 *	30. 2531 ***
	(20. 142)	(19. 623)	(19. 599)	(18. 568)

变量	（1）	（2）	（3）	（4）
	CS	CS	CS	CS
控制变量	yes	yes	yes	yes
Industry	yes	yes	yes	yes
Year	yes	yes	yes	yes
Observations	2 982	2 975	2 969	2 979
R-squared	0.144	0.140	0.141	0.147

（六）内生性检验

虽然长期到期债务可以避免短期债务存在的内生性问题，但不能完全排除内生的可能性，由于长期债务结构具有不可逆转性和持续性，且前期的到期债务结构不受企业当期成长性的影响，将被解释变量滞后一期（回归时，企业财务特征变量也滞后一期）进行回归，表 15 – 11 的回归结果显示，滞后一期的展期风险依然会对债券信用利差产生显著的正向影响。

表 15 – 11   被解释变量、公司特征变量滞后一期回归结果

变量	（1）	（2）	（3）	（4）
	CS	CS	CS	CS
L. DD	0.3168 *** (0.106)			
L. DDA		1.8623 *** (0.485)		
L. DDB			3.6198 *** (0.966)	
L. DDT				0.5546 *** (0.147)
Constant	26.1714 *** (5.351)	26.3450 *** (5.353)	26.7050 *** (5.338)	19.4199 *** (4.917)
Industry	yes	yes	yes	yes
Year	yes	yes	yes	yes
Observations	11 469	11 453	11 441	11 041
R-squared	0.146	0.143	0.145	0.143

第四节 结 论

本章在中国制度背景下将公司展期风险与债券信用利差纳入一个统一的框架，全面研究了展期风险对公司债券信用利差的作用机制，根据以上实证分析，我们得到如下结论：

（1）企业展期风险对债券信用利差具有显著的正向影响，短期到期债务越多，债券信用利差越大。展期风险会提升发债企业的债券融资成本，短期内再融资风险较高的企业，其违约阈值下降，公司违约风险上升，债券投资者会对高展期风险的发债主体索取更高的风险溢价。（2）债务大量到期的公司可能会遭受信用降级，并在债券市场上面临更高的价差。信用评级能够识别企业短期内再融资风险，并把这种信息传递到市场中，降低企业与投资者间的信息不对称，指导投资者进行投资。（3）对于企业杠杆率较高，破产风险较大的公司来说，展期风险对信用利差的正向扩大效应更强。由于企业内部资金流动性枯竭，加上较高的展期风险，进行再融资的成本非常高昂，双重加剧企业的违约风险，债券投资者也会要求更高的风险溢价；债务市场流动性不足会通过展期风险增加公司的债券信用利差。流动性恶化会加剧展期风险对于债券信用利差的扩大效应，造成许多金融公司的融资困难；宽松的货币政策会弱化展期风险对于债券信用利差的扩大效应。当经济处于下行周期时，政府会采取降息、降准等宽松的货币政策，货币市场利率下行，投资者交易行为增多，流动性较为充沛，使得短期内再融资需求较高的企业能够有更多机会进行直接融资，从而削弱展期风险对信用利差的扩大效应；在信贷市场状况趋紧的时期，展期风险对信用风险的影响更大。危机时期，市场不稳定性增加，非流动性水平上升，企业展期风险较正常时期对信用价差的影响更加显著。（4）非国有、无担保、发行长期债券较多的企业更易受到展期风险对于企业债券市场融资成本的不利影响，且在融资约束高、直接融资占比高、研发投入强的企业中，展期风险对于信用利差的扩大效应更强。

综上提出以下几点建议：（1）对于债券发行人，高展期风险造成的经济后果会给公司融资带来巨大压力。合理配置债务期限结构，提高自身财务管理水平，利用不同期限不同类型的融资产品，做好偿债时间与现金流量的匹配，是企业确定最佳到期债务结构值得关注的问题。（2）信用评级能够识别企业短期内再融资风险，展期风险的上升会引起评级的变动。一旦评级下降，便会导致对外披露负担加重，甚至引发短期内财务危机，进一步在债券市场造成违约风险溢价。企业在调整资本结构时，应关注评级对于展期风险变动的敏感性，谨慎地进行债务再融资，避免对企业信用评级造成负面影响。（3）内生资金不足会放大展期风险对信用利差的扩大效应。对于经营基本面较差、财务流动性不足的企业，更应该着眼于合理优化债务期限结构，管理其展期敞口的规模，做好融资结构与资金安全的平衡。（4）信贷市场状况趋紧时期，企业展期风险对债券信用利差的影响更加显著。具有前瞻性的企业可通过控制展期风险敞口或者在经济繁荣时期通过早期再融资积极调整债务期限结构，避免在经济不景气时期被迫承担更高的融资成本。

第十六章

机构投资者持股与企业管理层变更

机构投资者最早出现在英国，然后在英美等经济发达国家迅速发展，逐渐取代传统银行并成为新的资本市场的中心，随之而来的是机构投资者在全球范围内的萌芽和发展。然而，1997 年我国颁布了《证券投资基金管理暂行办法》之后，机构投资者才开始正式发展。随着封闭式基金和开放式基金的引入机构投资者的种类而不断增多，同时，得益于国务院等有关部门为促进机构投资者群体的进一步发展颁布的多项管理办法，这些对公司治理、稳定金融市场的发展来说非常重要。整体来看，我国机构投资者总共经历了三大发展阶段，分别以个人散户、券商机构以及基金等为主。近些年国家大力发展机构投资者，颁布了超常规发展政策，随着机构投资者成为资本市场中的重要组成部分，国家也越来越重视培育机构投资者并规范他们的行为，例如 2017 年颁布的法规《证券期货投资者适当性管理办法》主要就是用来维护机构投资者的合法、正当的权益。

机构投资者对公司治理施加何种影响，学术界始终存在着不同的声音，一些学者认为机构投资者的发展在市场中发挥着极其重要的积极作用，其可以加快国有企业改制、促进企业兼并重组、促进规范法人治理结构、促进证券市场稳定发展等。另外一些学者则认为，部分机构投资者存有短期投资的观念、投资行为不规范、机构制度设计不全面以及存在内幕交易的问题，机构投资者也会对公司产生负面影响。因此，在扩大机构投资者规模和数量的同时，还要提高机构投资者的素质并对其治理结构进行改良，以加强其在证券市场行为的规范性和理性也至关重要，只有促使机构投资者健康、蓬勃发展，才能使其发挥应有的作用。

一方面，随着机构投资者的市场比重和话语权的提高，他们越来越多地参与公司治理，他们能够利用其自身的信息和专业优势去发挥监督管理职能，2016年万科机构投资者宝能系提议罢免董事监事等案例也表明了机构投资者确实在不断参与公司重大事件的决策，对公司的治理施加一定的积极影响，起到了提高公司治理效率并维持资本市场稳定的作用。随着机构投资者规模的不断扩张，他们相比于个人投资者的专业化信息优势、相比于公司内部股东的外部独立性监管能力、相比于中小投资者的较大控制权的优势皆不断凸显。另一方面，因为近些年来国内经理人市场仍旧不够成熟，再加上一些高管不称职的行为侵害股东利益的情况也比较多，高管变更频率在数值上只增不减。其中总经理的变更频率最高，由于总经理属于公司举足轻重的管理人员，对其职位进行替换也就成为公司中需要开股东大会决策的重大事件，我们推断机构投资者会一定程度上对此事件进行干预，改变公司目前的状况。

综上所述，本章从对总经理非自愿变更事件决策的角度，研究在近 15 年内中国独特的市场和法律环境下，机构投资者对被投资公司的治理到底施加了怎样的影响，并进行深入讨论。与已有研究相比，本章的边际贡献主要有：（1）国内外很多文献只是就研究机构投资者的持股比例和股权集中度得出结论，根据机构投资者与被投资公司之间是否存在经济利益关系，本章将机构投资者划分为压力抵制型和压力敏感型，丰富了有关机构投资者的研究内容；（2）本章从研究高管变更这一比较新的视角切入，研究作为公司外部监督者的机构投资者对 CEO 变更—绩效敏感性施加的消极或积极影响，以及对不同类型投资者的是否有不同的影响，并剖析了机构投资者的公司治理状况，解释了其中深层次的原因，拓宽了高管替换研究的边界；（3）在成熟的市场中高管的经营业绩将直接决定其去留，研究高管替换的机制有利于促使市场建立更完善的优胜劣汰规则，创造良性竞争环境，有助于完善我国的经理人市场，促进企业部门向好发展。

第一节　机构投资者持股与企业
管理层变更的研究进展

高级管理人员的替换已成为公司治理研究的一个非常重要的课题。通过阅读文献发现，国内外对于高管变更影响因素的研究已经趋于成熟，CEO 变更近几年发生的频率越来越高，属于公司的重大但常见的事件。根据 CEO 变更的原因可以将 CEO 变更分为正常变更和非正常变更（龚玉池，2001）[①]。通过及时解聘经

[①]　龚玉池：《公司绩效与高层更换》，载于《经济研究》2001 年第 10 期。

营能力不强或不择手段谋取私利的高管，可以促进公司绩效提高和公司发展，因此公司对于高管替换事件的决策力度可以有效反映绩效评价的完备和监督体系的完善程度。学者们对其前因后果进行了研究，并积累了一定的成果。其中，公司业绩是一个重要原因。高管的称不称职直接体现在企业财务上，董事会在决定高管的去留时将业绩作为直接考量因素之一，国内外很多文献可以证实高管受业绩低劣的影响被更换的这一观点。韦斯巴赫（1988）[①] 发现高管被替换的概率确实会受到之前绩效的影响。龚玉池（2001）[②] 也发现高管强制变更受公司绩效的影响，但随着公司绩效的衡量方式不同，结果也不同。艾斯费尔特和库恩（2013）[③] 发现低于行业平均绩效的公司 CEO 更容易被替换，这种绝对绩效和相对绩效驱动的高管变更在竞争性分配模型中是自然而有效的结果，在竞争性分配模型中，CEO 和公司基于多个特征形成匹配。有强大权力的高管会抑制其因绩效表现不佳被换掉的可能性（刘星等，2012）[④]。周晓敏和刘红霞（2018）[⑤] 将高管变更进行分类研究发现强制变更比非强制变更与企业绩效的交互影响更显著。进一步地，公司由于绩效低劣被市场中其他公司收购的现象越来越多，兼并后高管往往会被解雇，正向影响高管变更的可能性。马丁和麦康奈尔（1991）[⑥] 发现公司兼并收购会导致经理人的流动，有助于对表现不佳的公司的高层管理人员进行约束，可以制约企业经理人谋取私利的不良行为。

机构投资者持股比例可以提高 CEO 变更对公司绩效的敏感度，当机构投资者持股比例越大，企业财务绩效下滑较大，CEO 变更的可能性才会越大（张琛，2017）[⑦]。有学者认为机构投资者参与公司治理是无效的，并提出无效监督理论等（Pound，1988；潘越等，2011）[⑧]，但更多学者支持有效监督理论。理论上机

① Weisbach M. S. 1988. Outside Directors and CEO Turnover [J]. *Journal of Financial Economics*，20，431 – 460.

② 龚玉池：《公司绩效与高层更换》，载于《经济研究》2001 年第 10 期。

③ Eisfeldt A. L. , Kuhnen C. M. 2013. CEO Turnover in a Competitive Assignment Framework [J]. *Journal of Financial Economics*，109（2）：351 – 372.

④ 刘星、代彬、郝颖：《高管权力与公司治理效率——基于国有上市公司高管变更的视角》，载于《管理工程学报》2012 年第 1 期。

⑤ 周晓敏、刘红霞：《高管变更与企业财务绩效的交互影响——来自 A 股上市公司的经验证据》，载于《商业研究》2018 年第 12 期。

⑥ Martin K. J. , McConnell J. J. 1991. Corporate Performance, Corporate Takeovers, and Management Turnover [J]. *The Journal of Finance*，46（2）：671 – 687.

⑦ 张琛、刘想：《机构投资者影响了高管变更吗——基于非国有企业的经验证据》，载于《山西财经大学学报》2017 年第 12 期。

⑧ Pound J. 1988. Proxy Contests and the Efficiency of Shareholder Oversight [J]. *Journal of Financial Economics*，20：237 – 265. 潘越、戴亦一、魏诗琪：《机构投资者与上市公司"合谋"了吗：基于高管非自愿变更与继任选择事件的分析》，载于《南开管理评论》2011 年第 2 期。

构投资者有信息获取搜集的优势，为理性投资者，当股价因噪声交易者产生偏差时，他们会利用套利手段进行纠正，使其回归正常；且他们相对于散户具有专业化的优势和庞大的人脉，有能力搜集到充分的信息，监督成本也较低，可以缓解中小股东"搭便车"的问题，进而保护中小投资者的利益；由于机构投资者往往占有公司很多的股份，没法短时间内全部抛售，且如果它们有明显的抛售行为也会对股市造成很大的影响，使其自己受损，所以他们的利益应与公司一致，也会更有动力进行监督。机构投资者可以使不合理的高管薪酬结构得到改善，进而有效减轻股东与经理人之间的代理问题（Hartzell and Starks，2003）[1]，抑制企业高管的盈余管理动机（Velury and Jenkins，2006）[2]，提高股利分配（Allen et al.，2000；魏志华等，2012）[3]，促进企业创新（付雷鸣等，2012）[4]，影响融资能力（张纯和吕伟，2007）[5]。

布里克利等（1988）[6] 将机构投资者分为两类，其中，压力敏感型机构投资者是那些与被投资公司具有商业利益关系，并且他们与被投资公司有着广泛的关联业务，为维系和被投资公司的长期利益关系，往往被公司的大股东所控制，不会起到有效的监督作用；另外，压力抵制型机构投资者是那些与被投资公司没有经济利益关系的，他们只与公司存在投资关系，相对比较独立，考虑事情会从长远利益出发，不受制于大股东和高管层，可以施加一定的影响，可能还会抑制管理层和控股股东损害公司利益的不当行为。哈福德等（2007）[7] 发现长期投资的独立型机构投资者更将专注于对公司的监督，这种机构投资者与并购后的业绩相关，加大了收回不良出价的可能性；长期独立型机构投资者会选择对投资组合进行长期调整，而不只是为了获得资本利得的收益只进行短期交易。严和张

---

[1] Hartzell J. C., Starks L. T. 2003. Institutional Investors and Executive Compensation [J]. *The Journal of Finance*, 58（6）：2351 – 2374.

[2] Velury U., Jenkins D. S. 2006. Institutional Ownership and the Quality of Earnings [J]. *Journal of Business Research*, 59（9）：1043 – 1051.

[3] Allen F., Bernardo A. E., Welch I. 2000. A Theory of Dividends Based on Tax Clienteles [J]. *The Journal of Finance*, 55（6）：2499 – 2536. 魏志华、吴育辉、李常青：《机构投资者持股与中国上市公司现金股利政策》，载于《证券市场导报》2012 年第 10 期。

[4] 付雷鸣、万迪昉、张雅慧：《VC 是更积极的投资者吗？——来自创业板上市公司创新投入的证据》，载于《金融研究》2012 年第 10 期。

[5] 张纯、吕伟：《机构投资者、终极产权与融资约束》，载于《管理世界》2007 年第 11 期。

[6] Brickley J. A., Lease R. C., Smith Jr. C. W. 1988. Ownership Structure and Voting on Antitakeover Amendments [J]. *Journal of Financial Economics*, 20：267 – 291.

[7] Chen X., Harford J., Li K. 2007. Monitoring：Which Institutions Matter? [J]. *Journal of Financial Economics*, 86（2）：279 – 305.

385

（2009）[1] 发现短期机构投资者相对于长期机构投资者来说更善于以利用自身的信息优势积极交易，更能够预测未来的股票回报。安和张霆（2013）[2] 同时考虑投资期限和持股比例两个维度，把机构投资者划分为专注型和短暂型，专注型投资者可以抑制股票崩盘风险，短暂型反而会促进崩盘风险。牛建波等（2013）[3] 认为机构投资者持股比例可以大幅度提高公司自愿披露信息的程度，根据三年内机构投资者持股比例的稳定性和持股量，将机构投资者分为稳定型和交易型，进一步研究发现，稳定型机构投资者相较于交易行为机构投资者更能促进公司自愿性信息披露，相比于股权分散的公司，股权相对集中公司中的机构投资者持股比例对自愿性信息披露有更加正向作用。李争光等（2014）[4] 发现在改善企业绩效方面，稳定型机构投资者相较于交易型机构投资者监督效果更好，张琛（2017）[5] 在研究机构投资者的异质性对高管变更影响作用时发现，稳定型机构投资者能促进高管的变更，压力敏感型和压力抵制型机构投资者对公司决策的影响没有显著影响。

由此可见，学术界仍旧对机构投资者所起到的作用存在争论，因为不同文献样本选取的时间不同、视角不同、研究的事件不同、结论也都不同。当机构投资者与公司或高管层有较好商业关系时，机构投资者很大概率会与公司高管层建立合作伙伴关系，这种情况下，如果更换高管，让机构投资者重新建立利益关系，付出的成本就会翻倍，他们秉承互惠互利的理念，可能会选择抑制高管变更。所以考察高管变更时机构投资者的立场，结论就非常明显。由于对机构投资者角色的研究视角还不够全面，考虑到步入新发展阶段的机构投资者在公司治理方面的作用发生改变，本章选取 CEO 变更这一视角进行补充，探索机构投资者对公司治理的重要影响。

---

[1] Yan X., Zhang Z. 2009. Institutional Investors and Equity Returns: Are Short-term Institutions Better Informed? [J]. *The Review of Financial Studies*, 22 (2): 893 – 924.

[2] An H., Zhang B. 2013. Stock Price Synchronicity, Crash risk, and Institutional Investors [J]. *Journal of Corporate Finance*, 21, 1 – 15.

[3] 牛建波、吴超、李胜楠：《机构投资者类型、股权特征和自愿性信息披露》，载于《管理评论》2013 年第 3 期。

[4] 李争光、赵西卜、曹丰等：《机构投资者异质性与会计稳健性——来自中国上市公司的经验证据》，载于《南开管理评论》2015 年第 3 期。

[5] 张琛、刘想：《机构投资者影响了高管变更吗——基于非国有企业的经验证据》，载于《山西财经大学学报》2017 年第 12 期。

第二节　机构投资者持股与企业
管理层变更的逻辑机制

法玛（1980）[1] 解释了公司的形成机制、代理问题出现的原因及其解决办法，为本章提供了理论方面的支持。委托代理问题是指，控制权与经营权分离时，委托人如何设计最优契约从而使得代理人按照委托人利益行事，解决方法为内外部监管层对经营者进行约束和激励，降低信息不对称程度和由此带来的代理成本，从而进一步提高公司价值。考察绩效是董事会检验高管能力的最直接的一个方式，为了防止代理人谋取自己的利益而损害股东的利益，在绩效下降时，董事会往往会对高管进行约束，更换高管，以改善公司目前的状况（Weisbach，1988；龚玉池，2001；Chang and Wong，2009；Eisfeldt and Kuhnen，2013）[2]。综上所述，提出本章的第一个假设：

假设 16.1：公司经营业绩越差，CEO 越可能被更换。

庞德（1988）[3] 认为机构投资者与管理层勾结，互惠互利，以谋取自身经济利益最大化。由于机构投资者可以获得足够多的内幕信息，它们极有可能利用不正当的交易，以侵害公司和中小股东的利益为代价，来最大化自身经济利益。由于部分机构投资者与公司存在经济业务往来，为了自身的经济利益会选择与管理层战略合作，通过合谋各取所需，这种情况下，即使管理层的一些行为损害了公司绩效，它们也不会进行约束。其中进行合谋的手段有很多，比如泄露内幕消息（非公开的信息）、让有足够资金的机构投资者提前知道内幕消息保证其在二级市场上能够获取超额利润，当合谋的收益补偿大于损失时，机构投资者就有动机配合高管进行合作。机构投资者的合谋行为会影响高管变更的概率，如果存在合谋关系，机构投资者就会想办法干预高管变更事件，以维系与管理层建立的长期合作关系。干预的原因为：一方面，如果发生了替换，它们可能需要与新的高管重

① Fama E. F. 1980. Agency Problems and the Theory of the Firm [J]. *Journal of Political Economy*, 88
（2）：288 – 307.

② Weisbach M. S. 1988. Outside Directors and CEO Turnover [J]. *Journal of Financial Economics*, 20, 431 –
460. 龚玉池：《公司绩效与高层更换》，载于《经济研究》2001 年第 10 期。Eisfeldt A. L. , Kuhnen C. M.
2013. CEO Turnover in a Competitive Assignment Framework [J]. *Journal of Financial Economics*, 109（2）：351 –
372.

③ Pound J. 1988. Proxy Contests and the Efficiency of Shareholder Oversight [J]. *Journal of Financial Eco-
nomics*, 20：237 – 265.

新建立良好的合作伙伴关系，这不仅具有很大的不确定性，而且之前所花费的工夫都白费，成本很高，因此如果机构投资者预期会长期投资这家公司，从长远的角度来看，它们会舍弃公司的利益以谋取私利，采取阻止 CEO 变更的行为；另一方面，当高管知道自己面临被解雇的风险之后，可能会主动向持股比例大的机构投资者寻求帮助，并给予超额收益。从上述的成本收益的角度，机构投资者很有可能选择与高层管理者合谋，抑制 CEO 变更的绩效敏感度。综上所述，提出本章的第二个假设：

假设 16.2：机构投资者持股比例会抑制 CEO 变更—绩效敏感性。

压力敏感型机构投资者与被投资公司有商业利益关系，它们与公司有着多种关联业务往来，在对企业进行监督时会更多考虑自身利益相关的因素，比如与该企业后续的合作等；它们如果与管理层合谋，可以实现低价交易，然后转移利益给自己，因此合谋对这类机构投资者来说更加具有吸引力，而选择监督企业管理层的投资决策和及时采取措施约束高管的行为的可能性就相对来说低。压力抵制型机构投资者与公司的业务往来比较少，它们是较为独立的机构投资者，不受商业关系的限制，企业长期绩效和发展是它们关注的重点，合谋的可能性较低。综上所述，提出本章的第三个假设：

假设 16.3：压力敏感型机构投资者对 CEO 变更—绩效敏感性的抑制作用更加显著。

冯根福（2004）[①] 认为西方传统的委托代理理论只适用于股权分散的上市公司，不适用于所有权集中的公司，为了防止股权集中公司中大股东或控股股东侵占中小股东利益，他提出了双重委托代理理论，格罗斯曼和哈特（1980）[②] 解释控制权收益是指大股东控制权所能带来的全部价值，包括关联交易、占有公司资产、利用公司资源、内幕交易、在职消费等。克莱森斯等（2002）[③] 提出控制权表现为大股东所拥有的表决权，且大股东的控制权要高于所有权，意味着少量投入即可获得很大控制权，当其从所有权获得的投资收益要小于控制权时，大股东很有可能利用其控制权，对公司决策和公司治理施加影响。但相对来说中小股东话语权就比较有限，他们流动性资金较少，合谋成本较高，没有动力实现合谋。因此当控股大股东与中小股东发生利益冲突时，控股大股东往往会选择合谋，谋取私利，侵害中小股东利益。上市公司中控股大股东比中小股东掌握更全面的公

---

① 冯根福：《双重委托代理理论：上市公司治理的另一种分析框架——兼论进一步完善中国上市公司治理的新思路》，载于《经济研究》2004 年第 12 期。

② Grossman S. J. , Hart O. D. 1980. Takeover Bids, the Free-rider Problem, and the Theory of the Corporation [J]. *The Bell Journal of Economics*, 42 – 64.

③ Claessens S. , Djankov S. , Fan J. P. , Lang L. H. 2002. Disentangling the Incentive and Entrenchment Effects of Large Shareholdings [J]. *The Journal of Finance*, 57 (6): 2741 – 2771.

司信息和内幕消息，他们谋取私利、损害中小股东利益的方式有很多：首先，他们通过资产购销的关联交易以实现定价转移，利用自我交易将资产从企业转移给自己；其次，通过扩股发行稀释其他股东权益、冻结少数股权、操纵上市公司会计报告、以低于市场价格回购中小股东股票等金融手段增加其在公司中的份额；另外，通过财务操作制定有利于大股东的股利政策，或在公司处于不利条件时先转让股份。综上，当集中度越高，甚至一股独大时，若大股东与高管合谋产生的收益大于成本，那么大股东与中小股东之间就会存在利益冲突，他们更可能会为了获得超额收益舍弃中小股东的利益，即当绩效下降时，大股东不对高管进行约束，机构投资者也更容易与高管层发展合作关系，抑制 CEO 的离职。由此，提出本章的第四个假设：

假设 16.4：相比于股权相对分散的公司，在股权相对集中的公司中机构投资者对 CEO 变更—绩效敏感性抑制作用更加显著。

第三节　机构投资者持股与企业管理层变更的关系分析

一、研究设计

（一）样本选取与数据来源

我国机构投资者也从 2004 年开始扩大规模，再加之 CSMAR 数据库从 2004 年开始才披露 CEO 变更数据，因此选取 2004～2019 年沪深 A 股上市公司为研究样本，筛选过程中我们进行以下剔除：（1）剔除上市那年发生高管变更的公司；（2）剔除金融类上市公司和 ST 类公司；（3）剔除高管在样本期间没有发生变更的公司；（4）剔除内部变更高管职位的公司；（5）剔除数据缺失的公司；（6）对变量进行 1% 和 99% 分位的缩尾处理，剔除个别极端观测值。经过上述的筛选，本章得到 20 598 个样本观测值。本章的所有数据都来自 CSMAR 数据库，为避免内生性问题的存在，除时间和行业变量，其余变量都采用前一期的数据。

（二）变量操作性定义

模型（1）中具体变量说明如下。

被解释变量 *forced*：CEO 非自愿变更。CEO 变更指由于经营不善致使 CEO 被迫离职。本章借鉴潘越等（2011）[①] 的研究，将高管变更的 11 种原因分为非自愿变更和自愿变更两类，其中自愿变更包括退休、任期届满、控股权变动、健康原因、完善公司法人治理机构、涉案和结束代理，非自愿变更包括工作调动、辞职、解聘和个人原因。通过阅读以往的文献发现，机构投资者在撤换董事长的决策方面的影响力极其微弱，但分离开来后，机构投资者在只撤换总经理的决策上的影响力较强，因此本章节的研究只针对总经理非自愿变更的影响。

借鉴李争光等（2015）[②] 等学者的研究，用每股收益 eps 来衡量公司绩效，每股收益能反映股东的盈利能力和股票收益率，从会计业绩角度度量企业的绩效和经营成果。

在模型（1）中，本章借鉴赫森等（2001）[③]、张琛（2017）[④] 等学者的研究成果，加入可能会影响 CEO 变更的控制变量：（1）CEO 个人特征：包括任职时间、CEO 持股比例、是否两职合一；（2）公司财务状况：包括财务杠杆和市值账面比；（3）股权性质及股权结构，包括是否为国有企业以及股权集中度；（4）董事会特征，未领薪水的董事人数。模型（2）中，inst 表示机构投资者持股比例，数值上为 CSMAR 数据库中所有类型的机构投资者持股比例之和，包括证券基金、QFII、社保基金、企业年金、券商、保险、信托、财务公司等。此外，本章所有模型都采用虚拟变量来控制行业影响和年度效应影响。行业虚拟变量依据中国证监会颁布的"指引"中的行业分类进行设定；年度虚拟变量则以不同年份设定。

需指出的是，检验假设 16.3 过程中，PR 为压力抵制型机构投资者的持股比例，PS 为压力敏感型机构投资者的持股比例。本章借鉴布里克利（1988）[⑤]，压力抵制型机构投资者包括证券投资基金、社保基金、合格的境外投资者，压力敏感型机构投资者包括证券公司、保险公司和信托公司。PRS 为抵制型和敏感型机构投资者持股比例的商。P2S 为将 PRS 按行业中位数进行上下分组，中位数以上为 1，否则为 0，若 P2S ＝ 1，为压力抵制型机构投资者，否则为压力敏感型机构

① 潘越、戴亦一、魏诗琪：《机构投资者与上市公司"合谋"了吗：基于高管非自愿变更与继任选择事件的分析》，载于《南开管理评论》2011 年第 2 期。

② 李争光、赵西卜、曹丰等：《机构投资者异质性与会计稳健性——来自中国上市公司的经验证据》，载于《南开管理评论》2015 年第 3 期。

③ Huson M. R.，Parrino R.，Starks L. T. 2001. Internal Monitoring Mechanisms and CEO Turnover：A Long-term Perspective ［J］. *the Journal of Finance*，56（6）：2265 – 2297.

④ 张琛、刘想：《机构投资者影响了高管变更吗——基于非国有企业的经验证据》，载于《山西财经大学学报》2017 年第 12 期。

⑤ Brickley J. A.，Lease R. C.，Smith Jr. C. W. 1988. Ownership Structure and Voting on Antitakeover Amendments ［J］. *Journal of Financial Economics*，20：267 – 291.

投资者。在检验假设 16.4 时，本章节借鉴潘越等（2011）[1] 的研究，将前十大股东持股比例的赫芬达尔指数 central 分为两组，行业中位数以上则 cen2 为 1，否则为 0，cen2 = 1 时认为是股权相对集中的公司，否则为股权相对分散的公司。

模型中各有关变量的具体定义见表 16 - 1。

表 16 - 1　　　　　　　　　　　　　变量定义

变量类型	变量名称	变量代码	变量取值方法及说明
被解释变量	CEO 非自愿变更	*forced*	CEO 非自愿变更取 1，否则取 0
解释变量	每股收益	*eps*	净利润/年末普通股总股数
调节变量	机构投资者持股比例	*inst*	所有类型机构投资者持股比例之和
	压力抵制型机构投资者（%）	*PR*	证券投资基金、社保基金、合格境外投资者三类机构投资者持股比例之和
	压力敏感型机构投资者（%）	*PS*	证券公司、保险公司和信托公司三类机构投资者持股比例之和
分组变量	压力抵制型/敏感型机构投资者	*PRS*	压力抵制型机构投资者持股比例除以压力敏感型机构投资者持股比例
	压力抵制型/敏感型（虚拟变量）	*P2S*	将 *PRS* 按行业中位数进行上下分组，中位数以上为 1，否则为 0
	股权集中度（虚拟变量）	*cen2*	将 *central* 按行业中位数进行上下分组，中位数以上为 1，否则为 0
控制变量	产权性质	*state*	股权性质，若最终控制人为国有，则取 1，否则为 0
	股权集中度	*central*	前十大股东持股比例的赫芬达指数
	CEO 任职	*tenure*	CEO 任职月份的对数
	两职合一	*dual*	董事长与总经理是否两职合一，是取 1，否则为 0
	高管持股	*ceohld*	CEO 持股占所有流通股的比例
	未领薪水董事人数	*nogain*	董事中未领薪水的人数
	市值账面比	*bm*	（负债加公司市值）/总资产 × 100
	财务杠杆	*lev*	总负债除以总资产
	年份	*Year*	控制不同年份的影响
	行业	*Ind*	控制不同行业的影响

① 潘越、戴亦一、魏诗琪：《机构投资者与上市公司"合谋"了吗：基于高管非自愿变更与继任选择事件的分析》，载于《南开管理评论》2011 年第 2 期。

（三）实证模型构建

为检验以上提出的理论假设，构造了如下两个基本检验模型：

$$
\begin{aligned}
forced_{i,t} =\ & \alpha_0 + \alpha_1 eps_{i,t-1} + \alpha_2 tenure_{i,t-1} + \alpha_3 nogain_{i,t-1} + \alpha_4 ceohld_{i,t-1} \\
& + \alpha_5 state_{i,t-1} + \alpha_6 central_{i,t-1} + \alpha_7 lev_{i,t-1} + \alpha_8 bm_{i,t-1} \\
& + \alpha_9 dual_{i,t-1} + \sum Year\ Indicator + \sum Industry\ Indicator \\
& + \varepsilon_{i,t-1}
\end{aligned}
\tag{16.1}
$$

模型（1）［即式（16.1）］用来检验公司绩效对 CEO 变更的影响。若公司业绩下滑，CEO 被替换的可能性就会越高，则 α_1 应该显著为负。

$$
\begin{aligned}
forced_{i,t} =\ & \alpha_0 + \alpha_1 eps_{i,t-1} + \alpha_2 inst_{i,t-1} + \alpha_3 eps_{i,t-1} \times inst_{i,t-1} + \alpha_4 \sum CV_{i,t-1} \\
& + \sum Year\ Indicator + \sum Industry\ Indicator + \varepsilon_{i,t-1}
\end{aligned}
\tag{16.2}
$$

通过模型（1）验证了假设 16.1 后，我们建立模型（2）［即式（16.2）］来检验机构投资者总体持股比例对 CEO 变更—绩效敏感性的影响。CV 为控制变量，$inst \times eps$ 为公司绩效与机构投资者持股比例的交互项。根据假设 16.1 中的分析，α_1 应是显著为负的。除此之外，基于假设 16.2，机构投资者总体持股比例越高，CEO 变更与绩效之间的负向影响的抑制作用越强，交乘项系数 α_3 也应该显著为正。

接着我们来检验假设 16.3，即压力敏感型和抵制型机构投资者对 CEO 变更绩效敏感性的异质性影响。沿用模型（2）进行分组回归，根据假设 16.3，在 α_1 显著为负的前提下，压力敏感型机构投资者回归结果中 α_3 为正，且比另外一组压力抵制性机构投资者的回归结果显著。

最后我们继续验证假设 16.4，检验公司股权集中度对机构投资者合谋行为的影响。我们再沿用模型（2）按股权集中和分散的样本进行分组回归，根据假设 16.4，在 α_1 显著为负的前提下，相比于股权相对分散的公司，在股权相对集中样本的回归结果中 α_3 为正且应更显著。

二、经济学阐释

（一）描述性统计分析

描述性统计结果见表 16-2，由其可知，机构投资者持股比例均值为 47%，中位数为 49.3%，说明我国上市公司机构投资者持股比例不断上升，总体机构投资者持股比例较高，这也要求加强外部治理，充分发挥证券市场的积极作用。从机构投资者分类角度看，我国上市公司大多是压力抵制型机构投资者。forced 的均值为 0.111，说明部分上市公司高管发生了变更，即使这一比例并不高，但管理团队的稳定性是需要加强的。此外，高管的平均任期为三年半；dual 均值为 0.211，说明很多上市公司中董事长和总经理两职分离，这利于权力制衡和内部的有效监督。

表 16 - 2   描述性统计

变量	MEAN	STD	MIN	Q1	MEDIAN	Q3	MAX
eps	0.535	0.980	− 5.708	0.097	0.328	0.764	7.582
forced	0.111	0.314	0.000	0.000	0.000	0.000	1.000
inst	0.470	0.230	0.001	0.309	0.493	0.645	0.933
lev	0.460	0.231	0.046	0.296	0.454	0.608	3.362
bm	0.267	0.289	− 1.117	0.113	0.192	0.323	3.081
ceohld	4.435	10.951	0.000	0.000	0.006	1.223	61.179
tenure	3.647	1.070	0.000	3.091	3.892	4.419	5.357
dual	0.211	0.408	0.000	0.000	0.000	0.000	1.000
nogain	3.213	2.899	0.000	0.000	3.000	5.000	13.000
state	0.480	0.500	0.000	0.000	0.000	1.000	1.000
central	0.164	0.115	0.011	0.075	0.134	0.227	0.593
PR	4.670	6.681	0.000	0.218	1.920	6.352	43.195
PS	1.711	2.894	0.000	0.000	0.500	2.200	24.000

（二） 相关性分析

本章使用 Pearson 检验方法进行相关性分析。具体分析结果如表 16 - 3 所示。

表 16 - 3 展示了各个变量之间的相关系数。eps 与 forced 显著负相关，说明了公司绩效越差，CEO 替换越频繁，支持了假设 16.1；从高管个人特征来看，两职合一的情况会减少高管非自愿变更的可能性；从公司的财务状况来看，公司资产负债率越高，高管非自愿变更的可能性越大；从董事会特征来看，未领取薪酬的董事人数越多，越能客观进行决策，发生高管非自愿变更的可能性越大。从表 16 - 3 中整体来看，各变量间的相关系数小于 0.5，因此不存在严重的多重共线性。

Pearson 相关性分析

表 16 – 3

变量	eps	forced	inst	lev	bm	ceohld	tenure	dual	nogain	state	central	PR	PS
eps	1.000												
forced	-0.067***	1.000											
inst	0.215***	-0.046***	1.000										
lev	-0.181***	0.094***	0.170***	1.000									
bm	-0.103***	0.016**	-0.059***	-0.005	1.000								
ceohld	0.074***	-0.084***	-0.503***	-0.226***	-0.023***	1.000							
tenure	0.028***	0.002	-0.026	-0.056***	0.027***	0.064***	1.000						
dual	0.020***	-0.054***	-0.201***	-0.116***	0.052***	0.440***	0.081***	1.000					
nogain	-0.004	0.075***	0.391***	0.183***	-0.035***	-0.313***	-0.041***	-0.233***	1.000				
state	-0.013*	0.076***	0.415***	0.225***	-0.070***	-0.373***	-0.049***	-0.292***	0.503***	1.000			
central	0.239***	0.029***	0.585***	0.028***	-0.134***	-0.064***	-0.046***	-0.068***	0.188***	0.232***	1.000		
PR	0.270***	-0.040**	0.223***	-0.057***	0.145***	0.029***	0.050***	0.012*	-0.022***	-0.019***	-0.059***	1.000	
PS	0.009	-0.060***	0.090***	0.033***	-0.030***	-0.033***	0.022***	-0.002	-0.043***	-0.045***	-0.075***	0.030***	1.000

注: *、** 和 *** 分别表示在 10% 、5% 和 1% 水平下显著。

（三）单变量差异性检定

将公司绩效 eps 从高到低分为五组，采用 t 检验，进行单变量差异性检定。由表 16－4 中检验的结果可知，公司绩效越高，高管非自愿变更的可能性越低。对于机构投资者而言，机构投资者持股份额与业绩明显呈正比例关系，一定程度上也可以反映机构投资者的投资偏好。就高管个人特征而言，在管理层中，高绩效高管的任职期限更长，CEO 持股也就越高。就公司的财务状况而言，高绩效的公司财务杠杆率更低，市值账面比越低，成长性越高。就股权特征而言，高绩效的公司在很大程度上更有可能为非国有企业，公司的股权也更为集中。单变量差异性检定支持了假设 16.1，为了使结论更严谨更有说服力，后续会考虑控制变量的影响，进行多元回归分析。

表 16－4 　　　　　　　　　　　差异性检定

变量	Low	Q2	Q3	Q4	High	High－Low
forced	0.163	0.114	0.097	0.085	0.096	－0.067 ***
inst	0.416	0.428	0.459	0.490	0.559	0.143 ***
lev	0.548	0.457	0.444	0.422	0.428	－0.119 ***
bm	0.359	0.274	0.246	0.246	0.212	－0.147 ***
ceohld	2.483	3.170	4.410	5.674	6.436	3.953 ***
nogain	3.330	3.276	3.138	3.175	3.147	－0.183 ***
state	0.515	0.514	0.479	0.438	0.456	－0.058 ***
central	0.135	0.142	0.156	0.172	0.212	0.077 ***
tenure	3.548	3.640	3.687	3.697	3.665	0.117 ***

注：*、** 和 *** 分别表示在 10%、5% 和 1% 水平下显著。

（四）回归分析

表 16－5 纳了模型（1）和模型（2）的估计结果。表 16－5 的前两列是模型（1）的回归结果，列（1）的结果显示，在没有控制其他因素影响的前提下，绩效下降会导致 CEO 被迫变更概率变高，列（2）不仅控制了高管个人特征、公司特征、董事会特征和股权特征，还控制了年份和行业特征，业绩系数为 －0.177，在 1% 水平下是显著的，这验证了公司经营业绩越差，高管越有可能被迫离职，支持了假设 16.1。

395

表 16 – 5　　　　　　公司绩效、机构投资者与 CEO 变更

变量	(1)	(2)	(3)
Intercept	– 1.887 *** (– 39.86)	– 2.745 *** (– 23.11)	– 2.540 *** (– 20.05)
eps	– 0.228 *** (– 9.15)	– 0.177 *** (– 6.89)	– 0.388 *** (– 5.44)
eps × inst			0.366 *** (3.45)
inst			– 0.658 *** (– 3.88)
lev		0.705 *** (7.48)	0.702 *** (7.41)
bm		0.215 *** (2.90)	0.201 *** (2.71)
ceohld		– 0.025 *** (– 6.74)	– 0.029 *** (– 7.14)
tenure		0.047 ** (2.21)	0.052 ** (2.42)
dual		– 0.112 * (– 1.67)	– 0.103 (– 1.53)
nogain		0.036 *** (4.05)	0.040 *** (4.51)
state		0.145 *** (2.64)	0.166 *** (3.00)
central		0.657 *** (3.22)	1.140 *** (4.41)
Ind	YES	YES	YES
Year	YES	YES	YES
Pseudo R^2	0.97%	2.35%	2.45%
N	20 598	20 598	20 598

注：*、** 和 *** 分别表示在 10%、5% 和 1% 水平下显著。

另外，列（3）为模型（2）的估计结果，机构持股比例与业绩交乘项的系

数显著为正，达到 0.366，在 1% 的水平下显著，说明机构持股明显抑制了高管被迫变更对业绩的敏感性，支持本章的假设 16.2，机构投资者为了获得超额收益不仅没有起到监督作用，还与高管层合谋，损害中小股东的利益，利用手中的话语权干预公司替换不称职高管的决策。

列（2）和列（3）中控制变量都为影响 CEO 替换的因素，结果表明，CEO 个人特征可以显著影响 CEO 变更：CEO 所持有的股权比例越低，董事长与 CEO 两职合一情况越少，董事会决策越独立，高管被更换的概率也越大；董事会特征同样也显著影响 CEO 的职位更替：董事会中未领取薪资报酬的董事数目越多，董事会的决策越发客观，高管被迫离职的可能性就会越大。

表 16 - 6 前两列为将机构投资者按压力敏感型和压力抵制型进行子样本回归的结果，回归结果表明，经营业绩下降始终会使 CEO 更容易被解雇，但不同类型机构投资者面对业绩低劣决定更换高管方面的影响力存在着显著差异。业绩与相对独立的压力抵制型机构投资者的持股比例的交互项系数为 0.307，在 10% 水平下是显著的［见列（1）］，这说明对公司治理的影响较小；同时还发现，与公司有商业联系的压力敏感型的机构投资者的持股比例与业绩的交乘项系数为 0.393，并且在 1% 水平下显著［见列（2）］，对比发现，压力敏感型机构投资者在更大程度上抑制了 CEO 因不称职被换掉的可能性，支持了假设 16.3。

表 16 - 6　　　　　**机构投资者异质性、股权集中度与**
CEO 变更 - 绩效敏感性

变量	机构投资者异质性		股权集中度	
	抵制型	敏感型	分散	集中
Intercept	- 2.793 ***	- 2.399 ***	- 2.232 ***	- 2.748 ***
	(- 13.56)	(- 14.67)	(- 12.98)	(- 13.18)
eps	- 0.307 ***	- 0.433 ***	- 0.347 ***	- 0.315 ***
	(- 2.76)	(- 4.60)	(- 3.29)	(- 2.62)
eps × inst	0.307 *	0.393 ***	0.177	0.310 *
	(1.91)	(2.73)	(0.84)	(1.90)
inst	- 0.765 ***	- 0.556 **	- 0.458 **	- 0.309
	(- 2.88)	(- 2.46)	(- 2.03)	(- 1.33)
bm	0.158	0.218 **	0.257 ***	0.013
	(1.12)	(2.48)	(2.88)	(0.10)
lev	0.957 ***	0.579 ***	0.505 ***	0.893 ***
	(5.31)	(5.08)	(3.94)	(6.15)

续表

变量	机构投资者异质性		股权集中度	
	抵制型	敏感型	分散	集中
ceohld	-0.030***	-0.029***	-0.031***	-0.025***
	(-4.76)	(-5.35)	(-5.03)	(-4.54)
nogain	0.039***	0.042***	0.047***	0.028**
	(2.87)	(3.51)	(3.57)	(2.31)
tenure	0.058*	0.048*	0.012	0.094***
	(1.81)	(1.67)	(0.42)	(3.03)
dual	0.008	-0.189**	-0.117	-0.092
	(0.08)	(-2.12)	(-1.26)	(-0.93)
state	0.198**	0.145**	0.118	0.247***
	(2.29)	(2.00)	(1.56)	(3.01)
central	1.177***	1.082***		
	(3.07)	(3.05)		
Ind	YES	YES	YES	YES
Year	YES	YES	YES	YES
Pseudo R^2	2.12%	2.99%	2.46%	2.59%
N	9 574	11 024	10 273	10 325

注：*、** 和 *** 分别表示在10%、5%和1%水平下显著。

表16-6的最后两列按照股权集中度进行分组，并展示了子样本回归的结果。根据股权集中度的高低划分子样本，股权集中度位于行业后1/2区间的样本公司，定义为股权分散组［见列（3）］；定义股权集中度处于行业前1/2区间的样本公司为股权集中组［见列（4）］。分组检验的结果存在着很明显的区别：在股权相对集中的公司中，业绩系数及交乘项系数都很显著；但在股权相对分散的公司中，交乘项不显著。以上结果验证了假设16.4，即相比于股权相对分散的公司，在股权相对集中的公司中机构投资者对CEO变更—公司绩效敏感性的抑制作用更显著。

（五）内生性检验

本章研究的是机构投资者持股对CEO变更绩效敏感性的影响，若财务绩效发生改变，则企业经营结果也随之变动，这会影响CEO变更的频率；也意味着管理层会发生调整，反过来也会影响财务绩效的变化，这都是机构投资者投资时考虑的因素，从而进一步影响其持股比例。为排除遗漏变量导致的内生性问题，根据李争光（2015）[①] 的研究，使用两阶段回归（2SLS），本章选取滞后一期的 eps 和其同行业均值（剔除本公司）为工具变量，重新检验，如表 16 – 7 所示，结果与前文一致，进一步支持了前文假设。

表 16 – 7　　　　　　　　　　　**2SLS 回归**

变量	第一阶段	第二阶段
Intercept	0. 164 *** (3. 59)	– 2. 449 *** (– 17. 18)
eps		– 0. 238 * (– 1. 69)
eps × inst		0. 118 * (1. 65)
inst		– 0. 484 ** (– 2. 47)
lag_eps	0. 565 *** (43. 86)	
lag_indeps	– 0. 144 *** (– 4. 11)	
lev	– 0. 166 *** (– 4. 39)	0. 723 *** (6. 64)
bm	– 0. 091 *** (– 4. 57)	0. 138 * (1. 84)
ceohld	– 0. 002 *** (– 3. 96)	– 0. 027 *** (– 5. 97)
tenure	0. 010 ** (1. 99)	0. 026 (1. 12)
nogain	0. 005 ** (2. 01)	0. 041 *** (4. 34)

---

① 李争光、赵西卜、曹丰等：《机构投资者异质性与会计稳健性——来自中国上市公司的经验证据》，载于《南开管理评论》2015 年第 3 期。

续表

变量	第一阶段	第二阶段
state	0.033 ** (2.51)	0.129 ** (2.19)
central	0.647 *** (9.43)	1.165 *** (4.09)
dual	0.017 (1.19)	− 0.045 (− 0.64)
Ind/Year	YES	YES
R^2	42.00%	1.63%
N	17 425	17 425

注：*、** 和 *** 分别表示在 10%、5% 和 1% 水平下显著。

(六) 稳健性检验

参考潘越等 (2011)[1] 的研究，在定义高管非自愿变更时，本章更改了界定标准，把除正常退休和存在健康原因之外的离职都界定为非自愿变更，最终得到观测值 15 057 个，重新进行检验。结果显示，假设 16.1 ~ 假设 16.4 的检验都与前文结果相同，即对被解释变量进行更改没有影响本章的结论。具体的结果为：无论是否加入了控制变量，绩效的回归系数始终显著为负 (在 1% 水平上)，与前文结果一致；加入调节变量后，机构持股与绩效的交乘项为 0.39，在 1% 的水平下显著 (见表 16 - 8)。

表 16 - 8　公司绩效、机构投资者与 CEO 变更的稳健性检验

变量	(1)	(2)	(3)
Intercept	− 1.337 *** (− 29.07)	− 1.111 *** (− 9.91)	− 0.800 *** (− 6.52)
eps	− 0.117 *** (− 4.56)	− 0.100 *** (− 3.76)	− 0.327 *** (− 4.23)
eps × *inst*			0.390 *** (3.65)

---

[1]　潘越、戴亦一、魏诗琪：《机构投资者与上市公司"合谋"了吗：基于高管非自愿变更与继任选择事件的分析》，载于《南开管理评论》2011 年第 2 期。

变量	（1）	（2）	（3）
inst			-1.029^{***}
			(-6.30)
lev		0.618^{***}	0.669^{***}
		(5.07)	(5.46)
bm		0.136	0.183
		(1.08)	(1.44)
ceohld		-0.016^{***}	-0.021^{***}
		(-5.77)	(-6.96)
tenure		-0.161^{***}	-0.157^{***}
		(-8.34)	(-8.08)
dual		-0.067	-0.039
		(-1.10)	(-0.63)
nogain		0.013	0.022^{**}
		(1.54)	(2.49)
state		0.033	0.065
		(0.61)	(1.19)
central		0.134	0.843^{***}
		(0.67)	(3.46)
Ind	YES	YES	YES
Year	YES	YES	YES
Pseudo R^2	0.50%	1.78%	2.04%
N	15 057	15 057	15 057

注：＊、＊＊和＊＊＊分别表示在10%、5%和1%水平下显著。

压力抵制型机构投资者持股比例与业绩的交乘项系数为0.248，在10%的水平下显著，而压力敏感型机构投资者的持股比例与业绩的交乘项系数为0.441，在1%的水平下显著，支持前文的结果，压力敏感型机构投资者对于CEO变更—绩效敏感性的抑制作用更为显著；相比于股权相对分散的公司，股权相对集中的公司交乘项正向系数更显著（见表16-9），以上都再一次验证了本章结论的可靠性。

表 16 - 9　　　　　　　　　　分组回归的稳健性检验

变量	机构投资者异质性		股权集中度	
	抵制型	敏感型	分散	集中
Intercept	- 1.032 ***	- 0.569 ***	- 0.462 ***	- 0.889 ***
	(- 5.49)	(- 3.54)	(- 2.71)	(- 4.51)
eps	- 0.186 *	- 0.415 ***	- 0.248 **	- 0.448 ***
	(- 1.68)	(- 3.82)	(- 2.12)	(- 3.71)
eps × inst	0.248 *	0.441 ***	0.294	0.552 ***
	(1.66)	(2.86)	(1.34)	(3.54)
inst	- 0.843 ***	- 1.055 ***	- 0.808 ***	- 1.065 ***
	(- 3.37)	(- 4.78)	(- 3.36)	(- 4.64)
bm	0.267	0.096	0.396 **	- 0.152
	(1.55)	(0.64)	(2.28)	(- 0.80)
lev	0.693 ***	0.592 ***	0.543 ***	0.692 ***
	(3.86)	(3.55)	(3.06)	(4.04)
ceohld	- 0.017 ***	- 0.023 ***	- 0.026 ***	- 0.018 ***
	(- 3.54)	(- 5.77)	(- 5.33)	(- 4.44)
nogain	0.016	0.018	0.005	0.031 **
	(1.27)	(1.45)	(0.37)	(2.54)
tenure	- 0.166 ***	- 0.138 ***	- 0.218 ***	- 0.091 ***
	(- 5.85)	(- 5.18)	(- 8.09)	(- 3.23)
dual	- 0.104	0.001	- 0.016	- 0.068
	(- 1.09)	(0.02)	(- 0.19)	(- 0.74)
state	0.115	- 0.022	0.012	0.137 *
	(1.42)	(- 0.31)	(0.16)	(1.72)
central	0.685 *	0.933 ***		
	(1.93)	(2.80)		
Ind	YES	YES	YES	YES
Year	YES	YES	YES	YES
Pseudo R^2	1.83%	1.97%	2.44%	2.27%
N	7 241	7 816	7 496	7 561

注：* 、** 和 *** 分别表示在 10% 、5% 和 1% 水平下显著。

（七）进一步分析

本章参考牛建波等（2013）[①] 的研究，从持股稳定性和持股比例两个维度出发，将机构投资者分为稳定型和交易型。我们基于上述结果推测，机构投资者持股比例越大的，其话语权越大，对公司治理的影响力越大；持股时间久且持股比例比较稳定的机构投资者可能预期与公司有长期的经济利益关系，为了后续的合作，相比于持股时间短的，他们与公司高管层合谋的可能性更大。

由于上述结果已经证明了压力敏感型机构投资者对 CEO 替换—绩效敏感性的抑制作用更显著，且稳定型和交易型机构投资者的划分独立于压力敏感型和压力抵制型，因此我们想在假设 16.3 的基础上继续探索，是否稳定的压力敏感型机构投资者最有能力和动机参与合谋，即兼具压力敏感型和稳定型的机构投资者对 CEO 变更—绩效敏感性的抑制作用最显著。

从机构投资者持股的时间和数量两个维度考虑稳定型机构投资者和交易型机构投资者。参考牛建波等（2013）[②] 的研究，机构投资者的稳定性 IOS 用机构投资者持股比例除机构投资者前三年持股比例的标准差的商来衡量。若机构投资者持股比例较高且在三年内变动较小，IOS 就越大，机构投资者持股越稳定。按行业中位数将 IOS 分为上下分组，中位数以上则 I2S 为 1，否则为 0。

接着本章通过 I2S 和 P2S 划分为四个子样本，I2S = 1、P2S = 0 时认为是稳定敏感型，I2S = 1、P2S = 1 为稳定抵制型，I2S = 0、P2S = 0 为交易敏感型，I2S = 0、P2S = 1 为交易抵制型，沿用模型（2）进行分组回归，用于进一步检验异质型机构投资者对 CEO 变更—绩效敏感性的影响有何不同。

表 16 – 10 表明，在 α_1 始终显著为负的情况下，稳定敏感型机构投资者相较于其他类型的机构投资者的 α_3 系数为 0.863，在 1% 的水平下显著，支持了我们之前的推测，即稳定的压力敏感型机构投资者有能力和动机去参与合谋，即兼具压力敏感型和稳定型的机构投资者对 CEO 变更—绩效敏感性的抑制作用最显著。

表 16 – 10　　　　　　　　　　　　进一步研究

变量	交易抵制	交易敏感	稳定抵制	稳定敏感
Intercept	– 2.396 *** （– 8.74）	– 2.159 *** （– 9.70）	– 3.487 *** （– 9.95）	– 2.793 *** （– 10.23）

---

①② 牛建波、吴超、李胜楠：《机构投资者类型、股权特征和自愿性信息披露》，载于《管理评论》2013 年第 3 期。

续表

变量	交易抵制	交易敏感	稳定抵制	稳定敏感
eps	−0.290 ** (−2.15)	−0.262 ** (−2.34)	−0.374 * (−1.76)	−0.841 *** (−4.61)
eps × inst	0.317 (1.48)	0.277 (1.47)	0.356 (1.24)	0.863 *** (3.34)
inst	−0.558 (−1.51)	−0.433 (−1.35)	−0.661 (−1.53)	−0.429 (−1.17)
bm	0.434 ** (2.04)	0.333 *** (2.60)	−0.005 (−0.03)	0.148 (1.20)
lev	0.531 ** (1.99)	0.745 *** (4.01)	1.354 *** (5.40)	0.439 *** (2.94)
ceohld	−0.030 *** (−4.15)	−0.025 *** (−3.96)	−0.033 ** (−2.25)	−0.043 *** (−3.08)
nogain	0.061 *** (2.91)	0.041 ** (2.25)	0.022 (1.22)	0.043 *** (2.65)
tenure	−0.015 (−0.32)	−0.028 (−0.68)	0.136 *** (2.95)	0.127 *** (3.03)
dual	−0.050 (−0.35)	−0.308 ** (−2.41)	0.099 (0.67)	−0.066 (−0.53)
state	−0.010 (−0.08)	0.033 (0.30)	0.398 *** (3.22)	0.243 ** (2.43)
central	1.828 *** (3.07)	0.840 (1.49)	0.817 (1.54)	1.044 ** (2.15)
Ind	YES	YES	YES	YES
Year	YES	YES	YES	YES
Pseudo R^2	2.14%	3.05%	2.94%	3.81%
N	4 721	5 551	4 853	5 473

注：＊、＊＊和＊＊＊分别表示在10%、5%和1%水平下显著。

第四节 结 论

本章以 2004～2019 年沪深 A 股上市公司为研究样本，实证检验并分析了机构投资者持股对高管非自愿变更—绩效敏感性的影响，探究了机构投资者在企业治理方面的角色。经检验，本章的主要研究结论如下：

（1）绩效下降会导致 CEO 被强制变更。由于考察绩效是董事会检验 CEO 能力的最直接的一个方式，为了防止代理人谋取私利损害委托人利益，在绩效低劣时，董事会将对 CEO 进行约束和惩罚，更换 CEO 以提升企业绩效，有利于未来企业发展。

（2）从 CEO 变更的视角，机构投资者会选择与高管层合谋，即机构投资者持股显著抑制了 CEO 非自愿变更对公司业绩的敏感度。机构投资者会选择与高层管理者合谋的原因是，它们本质上还是具有投机的性质，重点是关注二级市场，为了赚取短期投资收益；机构投资者与 CEO 合谋发生内幕交易，损害了公司和中小股东的利益。它们选择抑制高管变更的原因如下：一方面，基于之前的合作，如果 CEO 发生了替换，它们可能需要与新的高管重新建立良好的合作伙伴关系，这不仅具有很大的不确定性，成本还很高；另一方面，当 CEO 知道自己面临被解雇的风险之后，会主动向持股比例大的、有一定话语权的机构投资者寻求帮助，并给予超额收益，因此，机构投资者很有可能为了谋得自己的利益抑制 CEO 的替换。

（3）压力敏感型机构投资者相较于压力抵制型机构投资者抑制作用更显著。对这一现象的可能解释是：相比于相对独立和压力抵制型机构投资者，压力敏感型机构投资者往往与公司存在商业关系和广泛的关联业务往来，他们在对企业进行监督时会更多考虑自身利益因素，比如与该企业后续的合作等，存在与管理层进行合谋的动机。

（4）在对不同股权集中度的企业进行对比分析时，发现股权相对集中的机构投资者对 CEO 被迫离职—绩效敏感性的抑制作用更显著。对这一现象的解释为：由于上市公司中控股大股东比中小股东掌握更全面的公司信息和内幕消息，利益冲突会使其为了谋取私利采用多种方式侵占中小股东利益；这种情况下，股权集中程度越大，甚至一股独大时，若大股东与高管合谋的收益大于成本，那么其与中小股东的利益就会出现冲突，控股大股东更可能会选择舍弃中小股东的利益而获得自身超额收益，抑制不称职的高管的离职。

第十七章

资本市场系统性风险的监管与防范

在当前内外环境错综复杂的背景下，资本市场遭遇了前所未有的不稳定和不确定性挑战。加强对资本市场系统性风险的监管和防范，不仅对于维护我国经济金融安全来说至关重要，也是促进我国资本市场长期健康发展的关键所在。通过构建科学有效的系统性风险监管和防范体系，确保资本市场的稳健运行，为经济社会的持续健康发展提供有力支撑。本章从监管视角下的系统性风险、卢卡斯批判和系统性风险监管、监管分类以及事件分类等视角对资本市场系统性风险的监管相关问题进行了讨论。进一步地，对于如何有效防范资本市场系统性风险，本章从完善更具包容性适应性的多层次资本市场体系、实施提高上市公司质量行动计划、加快推进资本市场高水平开放以及加强投资者保护四个方面进行了系统性的阐述。

第一节　资本市场系统性风险的监管

一、监管视角下的系统性风险

2007～2009 年的金融危机让众多投资者遭受损失，因此，人们对减少未来发生类似事件的可能性非常关注。《多德—弗兰克华尔街改革和消费者服务法案》

明确规定具有系统重要性的金融机构（SIFI）需要进行更全面的信息披露，并赋予 OFR 法定权力以迫使这些实体提供必要的信息（包括传票权）。尽管如此，监测金融系统中发生的变化也是重要的，这些变化证明了新的披露要求和宏观审慎监管实践的必要性。金融服务业的一系列相互关联的长期趋势表明，这不仅仅是一个反复无常的、一次性的、几十年内不会再发生的"黑天鹅"事件。这些趋势包括市场和机构的逐渐放松管制、传统存托机构的去中介化以及持续不断的金融创新现象。

（一）金融系统的趋势

金融市场的创新很大程度上是由竞争驱动的，竞争促使金融机构不断寻求新的产品和服务，以吸引客户并保持市场份额。最近，创新的一个重要方面就是金融活动广泛地转移到新领域，抵押贷款证券化和影子银行的活跃就是例证。例如，戈顿和迈特里克（2010）[①] 记录了自 20 世纪 80 年代以来回购和货币资金资产的强劲增长，而洛茨基娜和斯特拉汉（2009）[②] 表明，证券化渠道的广泛可用性改善了抵押市场的流动性，降低了信贷供应对个别银行特殊金融状况的敏感性。促进这些制度变革的是投资组合信用风险建模、支持电子抵押登记的法律和技术的发展以及信用衍生品市场的扩张。另一个因素则是监管负担。监管负担更多地落在传统银行和经纪交易商等已经建立的机构类型上，而对冲基金和私募股权公司的负担则相对较小。

随着创新和替代投资变得越来越重要，金融系统的复杂性也随之增加，规模也变得更为重要。在很多情况下，金融创新往往伴随着管制放松，因为新的活动更倾向在管制较少的非传统机构中扩张。例如，在 20 世纪 80 年代，对冲基金行业已经建立，但是规模很小，其活动对整个系统的其余部分几乎不产生影响。到 20 世纪 90 年代末，对冲基金的资产和活动已经与全球固定收益市场紧密相连，以至于一家对冲基金——长期资本管理公司 LTCM——的倒闭被认为可能对金融稳定造成巨大破坏，使得纽约联邦储备银行（Federal Reserve Bank of New York）感到有必要对其提供紧急救援。证券化在这种情况下尤为重要：它通过将资产从高度监管的传统存管机构的资产负债表上转移到监管较少的特殊目的载体（special purpose vehicles）的同时，有效地去中介化和去监管化。阿德里

① Gorton G., Metrick A., Shleifer A., Tarullo D. K. 2010. Regulating the Shadow Banking System [J]. *Brookings Papers on Economic Activity*, 261 – 312.

② Loutskina E., Strahan P. E. 2009. Securitization and the Declining Impact of Bank Finance on Loan Supply: Evidence from Mortgage Originations [J]. *The Journal of Finance*, 64 (2): 861 – 889.

安和申铉松（2009）① 将影子银行的增长与证券化联系起来，认为证券化通过降低发起机构的特殊信贷风险提高了杠杆率。随着证券化活动的扩大，雷曼兄弟（Lehman Brother）等证券公司的资产负债表迅速膨胀，潜在的系统脆弱性增加。阿德里安和申铉松（2009）② 通过最近的繁荣和危机证明了这种（去杠杆）杠杆效应的顺周期性。在危机之后，资产支持证券化市场的崩溃实际上是一种再中介，美国以 Dodd Frank 法案的形式提出了再管制，英国和欧盟也提出了类似的立法。甚至是，创新也出现了停滞，结构性产品不再受到青睐，投资者更倾向于持有现金及其等价物。

　　然而，从长期来看，更广泛的趋势也涉及去中介化。弗尔德曼和利克（2007）③ 更新了博伊德和格特勒（1994）④ 对金融市场长期结构趋势的早期研究，并使用调整后的资金流动数据，他们的研究表明银行已经使用了包括证券化在内的各项技术来恢复 80 年代和 90 年代失去的市场份额。并且，他们的统计数据也显示了其他金融中介机构市场份额的急剧增长，从 1980 年的不到 10% 增长到 2005 年的大约 45%。即便如此，这一数字也被严重低估了，因为"其他金融中介机构"中并不包括对冲基金行业。伴随这一更广泛的去中介化趋势的是，金融和保险行业在美国和全球经济中所占份额的长期增长。近年来，已经有相当多的传闻可以佐证这种增长，无论是数量、资产、雇员、多样性，还是更为客观的指标例如人均增加值和人均工资水平，都证实了这种看法。即便近几十年中，由于自动化技术的普及淘汰了很多后台工作岗位，金融和保险部门的总就业数仍在持续上升。这一模式是美国经济更大趋势中的一部分，根据 1947～2009 年美国名义 GDP 数据，战后以来，服务业在美国经济中所占的比重越来越大，已然超过了商品生产行业所占比重。与制造业等其他产品生产部门相比，金融和保险业在此期间几乎是单调增长。这些趋势意味着，与过去相比，如今全行业冲击对金融系统的影响会更大。

　　与金融部门的增长密切相关的是该部门的活动强度。这部分是电信和计算机技术创新的结果，部分是由于金融创新鼓励了快速的投资组合再平衡，例如动态对冲、投资组合保险以及跟踪指数等。无论是以交易量、交易数、总交易额还是交易完成的速度来衡量，金融活动的步伐大幅加快，即使是在过去的十年里。计算、连通性、交易、社会和金融网络以及全球化等方面的进步促进更快、更复杂

---

　　①② Adrian T., Shin H. S. 2009. Money, Liquidity, and Monetary Policy [J]. American Economic Review, 99 (2): 600 - 605.

　　③ Feldman R. J., Lueck M. 2007. Are Banks Really Dying this Time? [J]. The Region, 21 (Sep): 6 - 9.

　　④ Boyd J. H., Gertler M., 1994. Are Banks Dead? [J]. The Region, 8 (Sep): 22 - 26.

的投资组合策略和投资政策。高频交易算法在证券交易所的并置可能是最极端的例子，但是 20 世纪 60 年代后期的"文书危机"是这一趋势的早期迹象。这对监督监管的影响是，相对宽松的季度财务报告和年度检查变得越来越充足。此外，传统的会计监督系统有时无法充分反映来自新的复杂的或有合同以及来自监管宽松、几乎或根本没有报告要求的市场的风险敞口。事实上，监管机构甚至没有关于该行业一些最基本事实的一致和定期更新的数据，例如所有重要市场细分的相对规模。

一个相关的关切是，冲击对这些部门的系统性影响与相对传统的机构部门相比是更严重还是更轻。这在很大程度上是一个开放式问题，因为人们对影子银行的系统性风险敞口知之甚少。在一个机构间相互关联、高度杠杆化的世界里，冲击可能会在整个金融网络中迅速传播，并产生强迫清算、价格下行压力的自我强化动态过程。

透明度的缺乏同样阻碍了公司的自我保护能力。市场参与者可能了解自己的交易对手，但是没有一家公司能够深入窥探对手的网络，从而了解到所有可能影响到它的内部关联网络。那些从 AIG 金融产品公司购买了 CDS 保护的参与者，在不知情的情况下暴露在错误风险中，因为他们无法看到 AIG 的其他担保敞口程度，而雷曼兄弟则通过"回购 105"交易向其他参与者隐藏了其杠杆程度。由于交易公司必须对其投资组合风险敞口保密以保持盈利，所以金融网络的不透明性永远都不会单靠市场机制自行解决。

(二) 政策应用

在提出加强对 SIFIs（系统重要性金融机构）的信息披露要求之后，金融业的利益相关者们自然而然会思考到的问题是：应当如何利用这些新增的披露信息进行系统性风险的分析？以及，金融业为何应当成为这一披露行动的积极推动者？虽然宏观审慎和系统性风险决策的细节超出了本章的范围，但是一些关于使用和滥用的一般性观察可能是适当的。亚历山大（2015）[①] 为这个问题提供了一个可用的视角，他概述了系统性风险度量的四种不同政策应用：(a) 通过识别对金融稳定构成巨大威胁的个体机构（如 SIFIs），度量指标有助于提高监管标准；(b) 通过确定金融系统尤为脆弱的特定结构方面，度量指标可以帮助政策制定者确定在何处进行更改；(c) 通过识别对金融系统稳定构成巨大威胁的潜在冲击（例如，资产价格错配），度量指标有助于指导政策应对威胁；(d) 通过指出金

---

① Alexander K. 2015. The Role of Capital in Supporting Banking Stability ［M］. *The Oxford Handbook of Financial Regulation*，334 – 363.

融不稳定的上升趋势（提供早期预警信号），度量指标可以向决策者发出需要收紧所谓宏观审慎政策的信号。

系统性风险度量在系统性事件发生之后的市场表现和行为的事后诊断分析方面的优点不应该被低估。这些分析在交通运输等其他行业也经常运用，有助于识别体制缺陷、监管失误以及其他亟须改革的缺点。事实上，除了偶尔的监察长报告和总统委托，我们还没有在金融部门形成政策制定与实施效果之间常规和直接的制度化反馈回路。快速明确地识别表现不佳的政策和意外后果的能力是改善监管的最有效的方式之一，而度量是一切的起点。

关于威胁金融稳定的早期预警指标，应用三个重要的警告。第一，仅靠可靠的预测能力无法解决监管决策问题，因为不存在一个单一的压力标准可以捕捉一个复杂的、多面的金融系统的完整状态。噪声和相互矛盾的信号总是存在的，尤其是在金融危机期间。此外，由于这里描述的许多度量方法可以用于不同时期、公司、国家、资产类别、市场部门和投资组合，这就出现了"维度诅咒"。在实际的决策环境中，需要通过技术来筛选这些相互冲突的信号。

第二，存在统计制度变化的问题，这与系统性事件尤其相关。增加模型结构可以改善条件预测，尤其是在变化的环境中，但是即使我们知道正确的结构模型——一个勇敢的假设，尤其是事前的——得到可靠的统计拟合也不是一件简单的事。当然，在实际中，我们永远无法确定生成数据的底层结构。例如，在危机爆发之前，围绕美国零售房地产市场估值过高或过低的争论两方都有知识渊博的可信的专家。

第三，在卢卡斯批判适用的范围内，如果个人改变自己的行为以回应这些信号，那么早期预警指标可能变得没那么有效。除了这些指标是仅供监管机构使用还是供公众使用的问题，这种可能性意味着需要持续评估现有风险分析方法的有效性，并需要在旧的度量方法过时新的系统性威胁出现的情形下开发新的分析工具。这就是 OFR 成立的最初原因之一。

至于金融业为何应该自愿参与 OFR 研究议程，或许最明显、最具说服力的原因是，所有金融机构都能从金融稳定中受益，而缺乏金融稳定则会损害大多数机构的利益。例如，2008～2009 年秋冬期间，稳定性和流动性的崩溃以及资产价格崩盘是都是巨大的负和事件，给大多数参与者带来了损失。在这场危机之后，人们几乎一致认为，企业层面的风险管理和监管存在局限性，并且适用构成的谬误：存在于系统层面的市场动态中的模式，不同于单个参与者行为的简单聚合。

此外，尽管所有的公司分享金融稳定的益处，市场机制并不会迫使公司内部化自己的行为对稳定造成的威胁的全部成本。为了应对这些外部性，系统性风险度量方法可以被用来提供更客观、更公正的方法来校准单一 SIFIs 庇古税。与任

410

何政策干预一样，我们应该随时准备应对可能出现的意外后果。

企业不总因其风险行为而受到惩罚的另一个原因是存在一个安全网，它是由政府政策或者以明确的方式（如存款保险）或者以隐含的方式（如大而不能倒的政策）创造的。人们早就认识到，存款保险和贴现窗口会鼓励银行承担可能危及其偿付能力的风险。回想起来，很明显，在一场危机中，监管机构和市场参与者都未能及时采取行动遏制过度的杠杆化和信贷扩张。

人们很容易将这种监管宽松归因于某种形式的监管俘获。然而，犹豫不决也可能是克制的动机，而有限的信息和监管机构可能因犯错而面临的处罚会加剧这种犹豫。面对不安全或不健全行为的监管行动通常涉及对正在进行的业务活动的正式中断，例如，通过停止、终止命令或关闭一家机构。这样的决定不是轻易做出的，因为它们充满了不确定性，而且风险很高。等待问题出现的明确证据可能会导致损失积累，尤其是在机构的状态未被充分观察到、错误衡量以及管理者和监管者正在等待重大逆转的情况下（Benston and Kaufman，1997）[①]。

事实上，监管机构错误的损失函数在第一类错误（过早关闭）和第二类（容忍）错误上是高度不对称的。监管机构会由于过早关闭具有偿付能力的公司而受到惩罚，例如谴责或起诉。相反的错误——等公司出现违约之后采取行动——此时监管机构需要解决由于违约公司导致的混乱，这种情况下，监管机构受到的惩罚要小得多。在任何时候，这种不对称性使得监督者具有较强的动机多等一天，或者等到明确信息的到来以做出特定的决策，或者等到通过机构的失败变得毫无意义。在这些情况下，改进威胁的度量技术可以显著地降低政策错误的可能性。

虽然经济激励本身会导致对容忍的偏见，但这种倾向很可能会被众所周知的行为倾向加剧。"迅速的纠正行动"可以避免巨大的累积损失，但是这种预防性反应总是导致监督决策出现错误的可能性，给监管机构带来负面的短期和长期后果。当面对肯定的损失时，对"Double Down"做出反应的Hardwired行为和更能承受风险只会让情况变得更糟。

更一般地，准确的系统性风险度量可以促进监管机构形成更好的事后问责制。如果他们事先知道或本应该知道系统性风险，但是没能行动，系统性风险度量可以为补救行动提供基础。然而，同样的，知情监管机构的沉默可能会被理解为默许，这可能带来意想不到的后果。因此，系统性风险的监控必须是结构化的，使得市场参与者无法推卸管理自身风险的责任。

---

① Benston G. J., Kaufman G. G. 1997. FDICIA After Five Years [J]. *Journal of Economic Perspectives*, 11 (3): 139 – 158.

二、卢卡斯批判和系统性风险监管

如果不解决反馈效应对人类行为和预期的潜在影响，任何政策讨论都是不完整的，即卢卡斯批判（1976），"政策的任何变化都将系统性地改变计量经济模型的结构"。当然，我们对宏观经济学中关于这一主题的大量文献并没有做出补充，可以参考科切尔拉科塔（2010）[①] 的一篇优秀论文，文中回顾了这一重要思想及其对现代宏观经济学和货币政策的影响。

首先，我们假设卢卡斯批判适用于系统风险监管。度量不可避免地在监管和影响预期上发挥着核心作用。想象一下，在不考虑通货膨胀、GDP增长、自然失业率的情况下实施货币政策。鉴于系统性风险的监控将引发机构和行为反应，相关问题围绕其影响的性质和规模。人们对卢卡斯批判的第一个观察是，它与准确度量系统性风险的重要性几乎没有关系。通过为政策提供更准确的输入，这些度量应该对系统稳定具有重要的一阶益处，无论个人和机构的预期是否以及如何彻底地低估此类政策的影响。

关于卢卡斯批判的第二个观察是，在调查中的很多分析都是局部均衡的度量方法。因此，从定义上讲，它们在一定程度上受制于卢卡斯批判，因为它们没有纳入由于政策制定者越来越广泛地使用这些方法所产生的一般均衡效应。

公司层面的风险管理度量也是如此——一旦投资组合经理和首席风险官意识到它们的投资组合和组织中的风险，他们可能会由此修改投资政策进而改变金融系统的总体风险水平。这可能不是一个不受欢迎的结果。毕竟，预警信号的主要目的之一就是鼓励个体自己采取行动，而不是单纯依靠政府干预。然而，这个思想实验并不一定对应一个动态的一般均衡过程，但可能涉及从一个平衡到另一个平衡的"区制转移"，其中的非均衡动态需要几周、几个月或几年，这取决于系统中的摩擦。卢卡斯批判意味着，必须研究系统性风险政策的一般均衡含义，这是毋庸置疑的。尽管如此，局部均衡度量方法在处理短期动态方面仍可能起到重要作用，尤其在存在交易成本、非交易资产、不完全市场、信息不对称、外部性和人类认知能力有限等市场不完善的情况下。

其次，理性预期是在代理人具有无限和瞬时认知资源的极限情况下，推断市场动态的经济含义的强有力的想法。然而，最近在认知神经学科和新兴的神经经济学领域的研究表明，这种限制情形与经验、试验以及演化数据相矛盾。这本身

---

① Kocherlakota N. R. 2010. Econometric Policy Evaluation：A Critique [J]．*Monetary Economics*，164 – 174.

并不特别令人惊讶，但这些文献中对关于涉及预期、理性或其他方面的特定神经机制方面具有更有见地的见解。这一文献表明，理性预期可能只是经济相互作用的诸多可能模式之一，而动态随机一般均衡模型未能识别最近的金融危机，似乎支持了这一结论。

基于这些原因，我们认为卢卡斯批判并没有削弱衡量系统性风险的必要性。相反，它为创建 OFR 作为一个以研究为中心的机构提供了支持。我们对系统性风险这一难以捉摸的、多方面的概念的理解仍处于初期阶段，而市场和个人适应并变化以应对系统性度量的事实只会加强继续研究这一问题的必要性。

三、监管分类

本调查中分析的第二种分类方式是按照监管范围，这是政策制定者尤为感兴趣的。从制度上讲，个别监管机构的职责和活动通常按行业分部门进行。将各个机构的监管权限分开的司法边界为受监管实体提供了清晰的定义，并允许监管者在金融系统的特定领域发展专门知识。

一个给定的系统性风险度量可能或多或少与特定的监管机构相关，这取决于监管机构的监管权限。由于给定危机可能是由一个具有明确监管机构的特定机构触发的，如 LTCM 或者雷曼，针对特定机构类型和经济模式对其风险进行度量，可以帮助识别这些机构中的危险并给相关监管者提供警报。例如，相比房地产监管机构，证券市场监管机构对股市流动性指标更感兴趣。

然而，根据定义，对金融稳定的威胁同时涉及多个机构并且通常会影响整个金融系统。另一些研究中，布鲁内迈尔等（2009）[1] 强调微观审慎监管（尤其是以资本为中心的巴塞尔体系）和宏观审慎监管之间的区别。前者侧重于公司层面的审慎控制，而后者将系统作为一个整体。尽管系统性事件的影响是宏观审慎关注的问题，但对金融稳定威胁的特定度量可能适用于微观审慎或者宏观审慎层面（有时两者都适用）。

为此，按照监管范围将系统性风险分析分类可以得到两个宽泛的分类，微观审慎分析和宏观审慎分析，在前一类中，我们可以按照机构关注进一步分为：证券和商品，银行和住房，保险和养老金以及一般应用。下面我们将更详细地描述每个分类。

---

① Brunnermeier M., Crockett A., Goodhart C. A., Persaud A., Shin H. S. 2009. The Fundamental Principles of Financial Regulation [Z]. Geneva：ICMB, Internat. Center for Monetary and Banking Studies.

（一）微观审慎度量：证券和商品

证券和大宗商品市场监管机构对广泛的二级市场和机构间交易具有管辖权。例如，美国证券交易委员会（SEC）和商品期货交易委员会（CFTC）共同监管一系列市场，包括股票、商品和货币以及活跃在这些市场上的证券公司，如投资经理、共同基金、经纪人/交易商，以及 Dodd Frank 法案后的对冲基金。

其他国家也存在类似的监管机构，尽管监管机构的细节因地缘政治边界而异。这里概述的关于脆弱性的度量方法都集中在这个细分市场上。波贾利耶夫和莱维奇（2011）[1] 在货币基金的高频交易数据中寻找协调行为的模式，即"拥挤交易"。坎达尼和罗（2011）[2] 考虑了两种不同的股票市场流动性度量指标，格特曼斯基等（2004）[3] 以及格特曼斯基等（2006）[4] 同样关注流动性，在这次对冲基金的案例中，报告收益的序列相关性可以成为流动性不足市场中的报告惯例。

（二）微观审慎度量：银行和住房

存款机构是银行监管机构的核心组成部分，包括中央银行、存款保险公司和银行租赁机构。住房抵押贷款发起机构，例如储蓄机构、建筑和贷款协会以及抵押贷款银行也属于这一类，房利美、房地美和联邦政府贷款银行等公司也属于此类别。芬德和麦奎尔（2010）[5] 在国际银行集团的合并资产负债表中寻找资金约束。默顿和博迪（1993）[6] 专注于公司融资，尤其是被保险存款机构的杠杆。坎达尼等（2010）[7] 通过从详细的信用卡数据中估算的信用风险预测来考虑消费贷款的总模式。黄欣等（2009）[8] 根据公司的股票价格和 CDS 利差计算一个假设的

[1] Pojarliev M., Levich R. M. 2011. Detecting Crowded Trades in Currency Funds [J]. *Financial Analysts Journal*, 67（1）: 26 – 39.

[2] Khandani A. E., Lo A. W. 2011. What happened to the quants in August 2007? Evidence from factors and transactions data [J]. *Journal of Financial Markets*, 14（1）: 1 – 46.

[3] Getmansky M., Lo A. W., Makarov I. 2004. An Econometric Model of Serial Correlation and Illiquidity in Hedge Fund Returns [J]. *Journal of Financial Economics*, 74（3）: 529 – 609.

[4] Chan N., Getmansky M., Haas S. M., Lo A. W. 2006. Do Hedge Funds Increase Systemic Risk? [J]. *Economic Review – Federal Reserve Bank of Atlanta*, 91（4）: 49.

[5] Fender I., McGuire P. 2010. Bank Structure, Funding Risk and the Transmission of Shocks Across Countries: Concepts and Measurement [J]. *BIS Quarterly Review*, September.

[6] Merton R. C., Bodie Z. 1993. Deposit Insurance Reform: A Functional Approach [J]. *Carnegie – Rochester Conference Series on Public Policy*, （6）: 38 – 39.

[7] Khandani A. E., Kim A. J., Lo A. W. 2010. Consumer Credit-risk Models Via Machine-learning Algorithms [J]. *Journal of Banking & Finance*, 34（11）: 2767 – 2787.

[8] Huang X., Zhou H., et al. 2009. Assessing The Systemic Risk of a Heterogeneous Portfolio of Banks During the Recent Financial Crisis [R]. Federal Reserve Board Finance and Economics Discussion Series, No. 44.

保险费用并将此应用于银行样本。坎达尼等（2009）[1] 研究了再融资行为中的单向"棘轮效应"导致的住房杠杆的协同增长。卡普阿诺（2008）[2]、塞戈维亚诺和古德哈特（2009）[3] 使用信息理论的技术从股票和股票期权价格中提取违约隐含概率（iPoD），将这一技术应用于商业银行和投资银行样本。陈—劳等（2009）[4] 和达菲（2011）[5] 构建了金融网络模型，并将银行作为主要的研究样本。

（三）微观审慎度量：保险和养老金

养老金和保险监管机构，例如欧洲的欧洲保险和职业养老金管理局（EIO-PA）和美国的养老金福利担保公司（PBGC）以及州保险部门等，是我们分类中的第三个微观审慎视角。在我们的样本中，相对较少的研究直接涉及养老基金或保险公司，尽管最近发生的危机与这些机构都密切相关。比利等（2010）[6] 是一个例外，他们将保险作为四个行业部门之一应用潜在因素模型识别风险的集中模式及其中的因果关系。作为次级抵押贷款证券化的信用保护卖家，AIG 保险公司子公司 AIG Financial Products 在最近的危机中扮演了重要的角色，养老基金也成为了这类产品的买家。这些行业缺乏可以容易获得的数据是一个重要的因素：养老基金和保险公司的投资组合不是广泛可得的，那就不能像股票和债券市场基准指数那样可以跟踪表现。萨普拉（2008）[7] 考虑了来自保险公司和银行的历史和盯市会计的问题。

（四）微观审慎度量：一般应用

大型金融公司的会计和市场价格数据是广泛可得的，基于股票市场数据的许多脆弱性度量指标可以应用于刚刚给出的任何或所有的微观审慎类别。就像默顿

---

① Khandani A. E., Lo A. W., et al. 2009. Systemic Risk and the Refinancing Ratchet Effect [R]. NBER Working Paper，No. 15362.

② Capuano C. 2008. The Option-iPoD. The Probability of Default Implied by Option Prices Based on Entropy [R]. IMF Working Paper 08/194，International Monetary Fund.

③ Segoviano，Basurto M.，Goodhart C. 2009. Banking Stability Measures.

④ Chan–Lau J. A.，Espinosa M.，Giesecke K.，Solé J. A. 2009. Assessing the Systemic Implications of Financial Linkages [R]. IMF Global Financial Stability Report.

⑤ Duffie D.，2011. *Dark Markets：Asset Pricing and Information Transmission in Over-the-counter Markets* (Vol. 6) [M]. Princeton University Press.

⑥ Billio M.，Getmansky M.，Lo A. W.，Pelizzon L. 2010. Econometric Measures of Systemic Risk in the Finance and Insurance Sectors [J]. *Social Science Electronic Publishing*，104（3）：535–559.

⑦ Plantin.，Sapra.，Shin. 2008. Marketing to Market：Panacea or Pandora's Box? [J]. *Journal of Accounting Research*，（46）：435–460.

和博迪（1993）[1] 一样，吉纳科普洛斯（2010）[2] 同样关注机构的杠杆，但他的设想是适用范围比银行更广。格雷和约布斯（2010）[3] 使用 CDS 利差对金融公司风险的或有所有权进行分析。阿德里安和布鲁内迈尔（2010）[4] 的条件在险价值（CoVaR）的关于共享风险的 "Co‑Risk" 模型都依赖于公司层面的市场价格。克里兹曼等（2010）[5] 的马氏距离度量是一种在理论上可以应用于任何时间序列的统计模型。

（五）宏观审慎度量

尽管支持监管机构间有效地机构专业化的边界有很多实际目的，但是它们之间有时会造成管辖权上的缺口，而在这些缺口中的风险活动最不容易被发现。显然，这些缺口可以由宏观审慎监管弥补。美国监管安全网的两个最古老的元素是出于宏观审慎考虑而激发的。贴现窗口，1913 年美联储成立时创建，为在系统性危机中的 "无辜旁观者" 银行提供紧急流动性支持。存款保险，1933 年由联邦存款保险公司（FDIC）在联邦一级创立，用于阻止银行挤兑，并为破产的存款机构提供有序的处置。

美国联邦存款保险公司（FDIC）自其诞生以来已经服务了九十余载，而美国联邦储备系统（FED）作为监管机构则已经存在一百一十余年。在这漫长的岁月中，特别是过去几十年间，我们目睹了传统银行存款机构经历了显著的 "脱媒过程"。近几十年来，大型借款者直接进入资本市场、衍生品市场、投资管理组合（包括共同基金、交易所交易基金和对冲基金）以及各种形式的抵押贷款（包括资产支持型、抵押贷款支持型证券以及回购协议）都显示出强劲的增长。其结果就是，当 2008 年秋季危机正式爆发时，金融系统的大部分部门都无法立即执行有序解决方案（FDIC）或最后贷款人（Fed）工具。

宏观层面的度量更倾向于关注总体失衡。因此，这些度量方法往往被用作预警信号，跟踪系统中的风险程度。出于同样的原因，也存在一种使用宏观经济时

① Merton R. C. , Bodie Z. 1993. Deposit Insurance Reform：A Functional Approach ［J］. *Carnegie‑Rochester Conference Series on Public Policy*, (6)：38 – 39.

② Geanakoplos J. 2010. The Leverage Cycle ［J］. NBER Macroeconomics Annual, 24 (1)：1 – 66.

③ Gray D. Jobst A. 2010. Systemic CCA‑a Model Approach to Systemic Risk ［R］. Technische Universität Dresden Conference, Beyond the Financial Crisis：Systemic Risk, Spillovers and Regulation.

④ Adrian T. , Brunnermeier M. 2010. CoVaR：A Systemic Risk Contribution Measure ［R］. Technical Report, Princeton Univ. , Princeton, NJ.

⑤ Kritzman M. , Li Y. 2010. Skulls, Financial Turbulence, and Risk Management ［J］. *Financial Analysts Journal*, 66 (5)：30 – 41.

间序列数据和官方统计数据进行度量的倾向。例如，博里奥和德雷曼（2009）①
寻找股票、房地产和信贷市场中广泛指标的同时失衡。阿尔法罗和德雷曼
（2009）② 研究了 GDP 的时间序列，寻找其在危机前的减弱迹象。格蕾丝等
（2010）③ 从国债价格的噪声中提取出市场非流动性指标。克里兹曼等（2010）④
的吸收率指标衡量了市场一致变动的趋势，结果表明存在高度耦合的倾向。阿莱
西和德特肯（2009）⑤ 追踪了宏观经济时间序列中的异常水平，作为繁荣/萧条
周期预测的可能指标。

四、事件/决策视角分类

决策是政策制定者的一项关键活动，他们必须选择是否，何时以及如何干预
市场。在这种情况下，随着时间的推移，系统性风险度量包含的信息——尤其是
相对于决策视角或系统性事件发生——是重要的。

据此，我们可以将风险分析分为三个暂时的类别：预防分析、同期分析和事
件后分析。针对日益增加的失衡或即将到来的危机提供早期预警的度量指标具有
明显的益处：凡事预则立。然而，即使是严格同步的市场动荡信号也可能有助于
危机期间的人员调配和其他监管设施；反应时间很重要，尤其是在事态发展的过
程中。事后分析在监管机构归责方面也起到重要作用（Borio，2010）⑥，并能生
成系统性事件的分析报告。

（一）事前度量：早期预警

在理想的情况下，系统性监控应该像美国国家气象局（National Weather
Service）一样发挥作用，通过预先部署人员和资源，为当局和参与者提供足够的
飓风预警，以便进行干预，将风险降至最低，并为即将发生的事件和实时后果做

① Borio C., Drehmann M. 2009. Assessing the Risk of Banking Crises – Revisited [J]. *BIS Quarterly Review*, (2): 29 – 46.

② Alfaro R., Drehmann M. 2009. Macro Stress Tests and Crises: What Can We Learn [J]. *BIS Quarterly Review*, 29 – 41.

③ Hu X., Pan J., et al. 2010. Noise as Information for Illiquidity [R]. NBER Working Paper, No. 16468.

④ Kritzman M., Li Y. 2010. Skulls, Financial Turbulence, and Risk Management [J]. *Financial Analysts Journal*, 66 (5): 30 – 41.

⑤ Alessi L., Detken C. 2009. Real Time Early Warning Indicators for Costly Asset Price Boom/bust Cycles: A Role for Global Liquidity [R]. ECB Working Paper, No. 1039.

⑥ Borio C. 2010. Implementing a Macroprudential Framework: Blending Boldness and Realism [R]. Working Paper, Bank for International Settlements, Keynote Address for the BIS – HKMA Research Conference, Hong Kong SAR.

好准备。对于金融系统稳定来说，这些要求未免太多。系统性的冲击可能是来自多方面的，例如引发长期资本管理公司（LTCM）危机的主权违约、2010 年 5 月 6 日"闪电崩盘"的算法反馈循环或者一再困扰小国金融系统的投机性冲击。此外，与飓风不同的是，许多重大的威胁都隐藏在积极的托词和逃避行为之下。例如，像 2008 年雷曼兄弟倒闭前的情况一样，容易受到挤兑影响的机构有强烈的动机避免披露可能引发自我强化冲击的信息。因此，跟踪各种威胁需要多样的监控技术。

我们将"早期预警"模型定义为具有显著预测能力的度量。前文提到的一些宏观审慎度量旨在识别累积的失衡，因此，当使用长于一天或一周的观测值或更新间隔时，对系统性事件具有了一定的预测能力。其中的研究包括博里奥和德雷曼（2009）[①]、阿莱西和德特肯（2009）[②]、阿尔法罗和德雷曼（2009）[③]、陶玲和朱迎（2016）[④]、杨子晖等（2018）[⑤]、杨子晖和周颖刚（2018）[⑥] 以及杨子晖等（2020）。[⑦]具有潜在预测能力的高频测度包括坎达尼等（2010）[⑧] 的消费者信贷风险模型，基塞克和金（2009）[⑨] 的违约强度模型，黄欣等（2009）[⑩] 的 DIP 度量，盖特曼斯基等（2006）[⑪] 的对冲基金度量，坎达尼等（2009）[⑫] 的抵押贷款棘轮模型，陈—劳等（2009）[⑬] 的交叉融资网络分析，

———————————

① Borio C., Drehmann M. 2009. Assessing the Risk of Banking Crises – Revisited [J]. *BIS Quarterly Review*, (2): 29 – 46.

② Alessi L., Detken C. 2009. Real Time Early Warning Indicators for Costly Asset Price Boom/bust Cycles: A Role for Global Liquidity [R]. ECB Working Paper, No. 1039.

③ Alfaro R., Drehmann M. 2009. Macro Stress Tests and Crises: What Can We Learn [J]. *BIS Quarterly Review*, 29 – 41.

④ 陶玲、朱迎：《系统性金融风险的监测和度量——基于中国金融体系的研究》，载于《金融研究》2016 年第 6 期。

⑤⑦ 杨子晖、陈雨恬、谢锐楷：《我国金融机构系统性金融风险度量与跨部门风险溢出效应研究》，载于《金融研究》2018 年第 10 期。

⑥ 杨子晖、周颖刚：《全球系统性金融风险溢出与外部冲击》，载于《中国社会科学》2018 年第 12 期。

⑧⑫ Khandani A. E., Kim A. J., Lo A. W. 2010. Consumer Credit-risk Models Via Machine-learning Algorithms [J]. *Journal of Banking & Finance*, 34 (11): 2767 – 2787.

⑨ Giesecke K., Kim B. 2009. Systemic Risk: What Defaults Are Telling Us [J]. *Management Science*, 57 (8): 1387 – 1405.

⑩ Huang X., Zhou H., et al. 2009. Assessing The Systemic Risk of a Heterogeneous Portfolio of Banks During the Recent Financial Crisis [R]. Federal Reserve Board Finance and Economics Discussion Series, No. 44.

⑪ Chan N., Getmansky M., Haas S. M., Lo A. W. 2006. Do Hedge Funds Increase Systemic Risk? [J]. *Economic Review – Federal Reserve Bank of Atlanta*, 91 (4): 49.

⑬ Chan – Lau J. A., Espinosa M., Giesecke K., Solé J. A. 2009. Assessing the Systemic Implications of Financial Linkages [R]. IMF Global Financial Stability Report.

盖特曼斯基等（2004）[①] 的对冲基金收益的序列相关和非流动性模型，高一鸣（2021）[②] 的高频金融压力指数，以及傅强和石泽龙（2024）[③] 的非参数时变 VHAR 模型测度系统性金融风险的联合网络关联度。

（二）事前度量：反向模拟和压力测试

预测模型以当前和过去对系统的观察为条件，为可能发生的未来事件分配概率。评估系统脆弱性的前瞻性方法是在反事实条件下检查其行为。压力测试已写入监管和国际标准，包括巴塞尔协议。例如，它被应用于美联储的 SCAP 研究。作为监管政策和传统风险管理中的一个问题，这个过程可以被视为识别投资组合脆弱性的一种手段——例如，复杂的外部因素导致了无法接受的巨大损失——以及抵御这些影响的一种方法。一个相关的方法是反向压力测试，其中一个投资组合的结果（通常是资不抵债）是固定的，然后搜索可能引发这种程度危机的情景。压力测试通常是根据实际的历史压力事件，或者通过专家意见和其他技术等进行假设。同时瞄准严重性和合理性会引起一种自然的权衡，因为古怪的场景可能会产生痛苦的结果。作为一个政策问题，如果这项工作的目标仅仅是分析投资组合的敏感性而不用校准所需资本或其他监管约束，那么这种权衡就没有那么紧迫了。

压力情景通常以宏观经济基本面的可能值来表述。一个简单的例子就是阿尔法罗和德雷曼（2009）[④]，他们考虑了由莱因哈特和罗格（2009）[⑤] 方法论确定的 1974 年以后 43 次危机前后的 GDP 行为。这是一个高层次的分析，并没有细分 GDP 或机构投资组合的详细构成。尽管国内生产总值 GDP 的增长经常在银行业危机爆发前减弱，但在很大一部分银行业危机爆发前，GDP 并没有减弱，这表明还有其他力量在发挥作用，比如宏观经济反馈效应。在观察到的几乎所有危机中，一旦出现压力，产出都会大幅下降。接下来，他们使用每个国家 GDP 增长的单变量自回归预测模型，并将其最差的负预测误差作为压力情景与历史样本进行比较。在 2/3 的案例中，实际危机要比他们预测的还要严重，表明我们应该谨

① Getmansky M., Lo A. W., Makarov I. 2004. An Econometric Model of Serial Correlation and Illiquidity in Hedge Fund Returns [J]. *Journal of Financial Economics*，74（3）：529 – 609.

② 高一铭：《我国高频金融压力指数构建及风险识别研究》，载于《金融经济》2021 年第 12 期。

③ 傅强、石泽龙：《系统性金融风险的联合网络关联度测量及频率研究——基于局部平稳的非参数时变 VHAR 模型》，载于《中国管理科学》2024 年第 2 期。

④ Alfaro R., Drehmann M. 2009. Macro Stress Tests and Crises：What Can We Learn [J]. *BIS Quarterly Review*，29 – 41.

⑤ Reinhart C. M., Rogoff K. 2009. *This Time is Different：Eight Centuries of Financial Folly* [M]. Princeton University Press，Princeton.

慎地权衡危机情景的严重性和合理性。

另一个压力测试的政策应用是识别风险的或脆弱的机构。由赫特尔等（2009）[①] 描述的监管资本评估计划（SCAP）也应用了宏观经济情景——GDP 增长、失业以及住房价格，但是在几个重要方面更为复杂。第一，SCAP 是一项监管实践，目的是决定 2009 年春季 19 家大型金融机构的资本充足率；该结果对校准所需资本有着直接影响。第二，SCAP 被单独应用到每个参与机构，从微观审慎部分汇集宏观审慎结果。第三，该过程包括一个详细的"自下而上"的分析单一投资组合和头寸风险状况，使用公司自己的数据、模型和估计技术。这意味着由宏观经济变量定义的情景映射到分析包所需要的具体输入。

达菲（2011）[②] 提出的"$10 \times 10 \times 10$"政策建议更进了一步。在这里，监管机构将分析 N 个重要机构在 M 种情景下的风险敞口。对于每一种压力情景，每个机构都将其与该情景下最多 K 家交易对手敞口相比的总损益（根据经验，他建议设置 $N = M = K = 10$）。这将有助于明确系统对于特定冲击的共同暴露，并且有助于通过与初始的 N 个公司的交易对手关系识别其他的重要机构。他建议考虑严重的但是可信的、不由基于增量的对冲覆盖且被推测具有潜在的系统重要性的压力情景。为了突出可能包含的广泛情景，他给出下面的例子：大型交易对手违约；收益率曲线或信用利差 4% 的变动；货币价值或房价的 25% 变动；或者商品或股票市场指数 50% 的变动。此处需要注意的是，许多金融敞口是根据基础风险进行对冲的，这些风险对风险因素具有非线性或非单调的敏感性，因此冲击的大小可能并不是与一家公司损失的严重程度简单地相关。把重点放在少数几家"重要"机构上的一个缺点是，可能会错过广泛的离散事件，比如 20 世纪 80 年代的美国储蓄和贷款危机。

支持压力测试的系统脆弱性度量包括阿查里亚等（2010）[③] 的系统预期损失指标（SES）和达菲（2011）[④] 的"$10 \times 10 \times 10$"模型。陈—劳等（2009）[⑤] 由于缺乏公司层面数据对它们的模型进行了模拟。

① Hirtle B., Schuermann T., Stiroh K. J. 2009. Macroprudential Supervision of Financial Institutions: Lessons from the SCAP [R]. FRB of New York Staff Report, 409.

②④ Duffie D., 2011. *Dark Markets*: *Asset Pricing and Information Transmission in Over-the-counter Markets* (Vol. 6) [M]. Princeton University Press.

③ Acharya V., Pedersen L., Philippon T., Richardson M. 2010. Measuring Systemic Risk [R]. NYU Working Paper.

⑤ Chan‑Lau J. A., Espinosa M., Giesecke K., Solé J. A. 2009. Assessing the Systemic Implications of Financial Linkages [R]. IMF Global Financial Stability Report.

（三）同期度量：脆弱性

金融脆弱性的衡量不仅仅是获得即将到来的危险的预先预警，对于政策制定者而言，不仅需要负责系统性风险监控，危机应对更是一项重要内容。当系统性事件发生时，监管责任加强。这些任务包括不断监控系统的状况，识别脆弱的或者失败的机构、市场或者部门，制定和实施监管干预措施以及与媒体和公众进行清晰和定期的沟通。这些任务将需要在压缩的时间期限内完成。

在每日或日内更新的预测指标作为正在出现的危机脆弱性的实时信号是有价值的。例如，他们可以阐明各种干预措施可能产生的后果和副作用。我们考虑的一些模型可以经常更新，包括格雷和约布斯（2010）[1] 的或有索取权分析，阿德里安和布鲁内迈尔（2010）[2] 以及陈—劳等（2009）[3] 的相关 Co–Risk 度量，阿查里亚等（2010）[4] 的 SES 度量，卡普阿诺（2008）[5] 和塞戈维亚诺和古德哈特（2009）[6] 的 iPoD 度量，宫晓莉和熊熊（2020）TVP–VAR 模型度量的方差溢出指数[7]，戴淑庚和余博（2020）[8] TVP–FAVAR 模型度量的系统性金融风险指数。

（四）同期度量：危机监控

无论预测能力如何，一些度量方法在跟踪危机上、帮助分配人员和其他资源以及制定应对政策方面仍然是有用的。这些方法包括坎达尼和罗（2011）[9] 和格雷丝等（2010）[10] 的流动性度量，克里兹曼等（2010）[11] 的马氏距离度量以及克

---

[1]　Gray D. Jobst A. 2010. Systemic CCA-a Model Approach to Systemic Risk ［R］. Technische Universität Dresden Conference，Beyond the Financial Crisis：Systemic Risk，Spillovers and Regulation.

[2]　Adrian T.，Brunnermeier M. 2010. CoVaR：A Systemic Risk Contribution Measure ［R］. Technical Report，Princeton Univ.，Princeton，NJ.

[3]　Chan–Lau J. A.，Espinosa M.，Giesecke K.，Solé J. A. 2009. Assessing the Systemic Implications of Financial Linkages ［R］. IMF Global Financial Stability Report.

[4]　Acharya V.，Pedersen L.，Philippon T.，Richardson M. 2010. Measuring Systemic Risk ［R］. NYU Working Paper.

[5]　Capuano C. 2008. The Option-iPoD. The Probability of Default Implied by Option Prices Based on Entropy ［R］. IMF Working Paper 08/194，International Monetary Fund.

[6]　Segoviano，Basurto M.，Goodhart，C. 2009. Banking Stability Measures ［R］. IMF Working Papers.

[7]　宫晓莉、熊熊：《波动溢出网络视角的金融风险传染研究》，载于《金融研究》2020 年第 5 期。

[8]　戴淑庚、余博：《资本账户开放会加剧我国的系统性金融风险吗——基于 TVP–FAVAR 和 SV–TVP–VAR 模型的实证研究》，载于《国际贸易问题》2020 年第 1 期。

[9]　Khandani A. E.，Lo A. W. 2011. What happened to the quants in August 2007？Evidence from factors and transactions data ［J］. *Journal of Financial Markets*，14（1）：1 – 46.

[10]　Hu X.，Pan J.，et al. 2010. Noise as Information for Illiquidity ［R］. NBER Working Paper，No. 16468.

[11]　Kritzman M.，Li Y. 2010. Skulls，Financial Turbulence，and Risk Management ［J］. *Financial Analysts Journal*，66（5）：30 – 41.

里兹曼等（2010）[1] 的吸收率度量。另外，上面给出的一些作为短期预测或者脆弱性度量的一些模型同样可以被作为同期监测工具加以使用。

（五）事后度量：诊断分析

就政策目的而言，即使在发生系统性事件或监管干预之后，对系统的度量仍在继续进行。发布"瞬间"（及在数小时或数天内）报告可以有助于通知其他监管机构与市场参与者并协调其反应。在恐慌或从众行为影响下，这种"即时"的透明度可能特殊的重要性。例如，CFTC 和 SEC 在 2010 年 9 月 30 日发表了一篇关于 2010 年 5 月 6 日瞬间崩盘的详细分析，在很大程度上解决了由围绕市场混乱的不寻常事件所造成的恐惧和不确定性。想象一下，如果这只是一份模棱两可、结果不一致且充满不确定性的报告，市场会作何反应。

了解哪里出现了问题，有助于重新规划市场、监管实践和机构。博里奥（2010）[2] 强调了度量在维护责任归属方面的关键作用。监管是一项不断重复的任务，监管效果的评价有助于监管措施的实施。在某些情况下，民事和/或刑事法律的补救措施可能需要对事件顺序做出彻底和公正的说明。上面描述的任何一个作为事前或同期分析工具的模型都具有事后分析工具的价值。例如，坎达尼等（2009）[3] 在对住房市场的历史分析中使用了他们的风险棘轮方法；盖特曼斯基等（2004）[4] 在对对冲基金收益的序列相关性和非流动性分析是一种事后分析。

（六）事后度量：有序解决

系统性风险分析也可以在破产机构的有序处置中发挥作用。网络模型尤其如此，如达菲（2011）[5] 或者布鲁内迈尔等（2010）[6]，其中对合同关联网络的详细理解可以帮助解开一个复杂的投资组合。

构建的资本市场系统性风险防范体系框架见图 17 - 1。

① Kritzman M., Li Y., Page S., Rigobon R. 2010. Principal Components as a Measure of Systemic Risk [R]. Revere Street Working Paper Series：Financial Economics.

② Borio C. 2010. Implementing a Macroprudential Framework：Blending Boldness and Realism [R]. Working Paper, Bank for International Settlements, Keynote Address for the BIS – HKMA Research Conference, Honk Kong SAR.

③ Khandani A. E., Lo A. W., et al. 2009. Systemic Risk and the Refinancing Ratchet Effect [R]. NBER Working Paper, No. 15362.

④ Getmansky M., Lo A. W., Makarov I. 2004. An Econometric Model of Serial Correlation and Illiquidity in Hedge Fund Returns [J]. *Journal of Financial Economics*, 74（3）：529 – 609.

⑤ Duffie D., 2011. *Dark Markets：Asset Pricing and Information Transmission in Over-the-counter Markets* [M]. Princeton, NJ：Princeton University Press.

⑥ Adrian T., Brunnermeier M. 2010. CoVaR：A Systemic Risk Contribution Measure. Technical Report [Z]. Princeton Univ., Princeton, NJ.

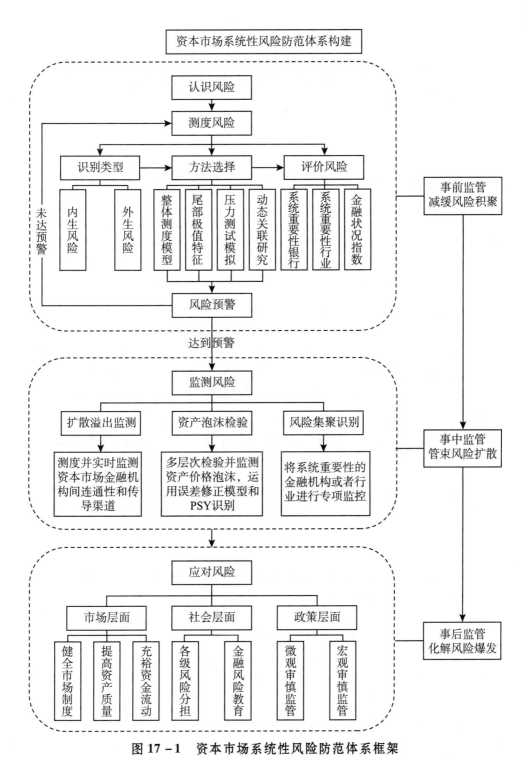

图 17 -1 资本市场系统性风险防范体系框架

第二节 资本市场系统性风险的防范

一、完善更具包容性适应性的多层次资本市场体系

中国的经济发展已经取得了阶段性的重大胜利，并呈现出新态势。随着经济结构的逐步调整，以往高速增长所掩盖的风险点日渐凸显。新的发展阶段、新的发展理念和新的发展格局已经成为未来发展的关键词。金融系统顺应新趋势、构建新格局，再次强调发展多层次资本市场、加强资本市场基础制度建设的重要性，强调坚守不发生系统性和区域性的金融风险的底线。坚持突出特色、错位发展、完善各市场板块的差异化定位与制度安排，构建更具包容性和适应性的多层次资本市场体系，有助于引导各类生产要素转向更具效率、活力的领域协同聚集，有助于全面发挥和增强资本市场的枢纽作用，强化直接融资对实体经济的支持作用，有助于促进创新资本的形成，发挥资本市场的风险缓释作用，提高经济金融循环效率。党的十八大以来，资本市场在持续夯实市场基础、提高市场主体质量、增强依法治理能力以及精准排除重点领域风险等方面发挥了重要作用，并且以更为主动的姿态积极推动市场化改革，包括设立科创板并试点发行注册制、推进创业板改革并试点发行注册制、深化新三板改革、大力推进资本市场双向开放以及实施新《证券法》等，这对于推动经济的高质量发展和助力形成新的发展格局具有重要意义。

（一）深化新三板改革，设立北京证券交易所，全面提升对中小企业的服务能力，打造服务创新型中小企业的主阵地

资本市场作为资源配置的重要平台，需要增加对创新的包容性。那么，怎样能够更有效地引导科技创新与资本相融合、如何更有力地支持中小企业进行科技创新，是当前资本市场必须推动解决的重要课题，也是深化金融供给侧结构性改革必须面对的重点问题。"深化新三板改革，设立北京证券交易所"，是资本市场更好支持中小企业发展壮大的内在需要，是落实国家创新驱动发展战略的必然要求，是新形势下全面深化资本市场改革的重要举措，是突破体制瓶颈、打造服务创新型中小企业主阵地的普惠金融"中国方案"。

中小企业是新技术的策源地，是我国国民经济和社会发展中的重要力量，之于促进经济增长、推动创新、稳定就业、改善民生等至关重要。新三板旨在为创新型、创业型和成长型的中小微企业的发展提供服务，是多层次资本市场体系构建中不可替代的一环。经过多年的艰苦实践与积极探索，新三板已经成为资本市场服务中小企业和民营经济融资需求的主要平台。作为新兴市场，新三板不断地进行制度探索和改革创新，根据中小微企业的个性化需求，匹配公开市场的标准化服务，探索资本市场服务中小企业的可行路径。然而，随着市场规模的不断壮大和优质挂牌企业的不断发展，新三板现行的市场分层、融资、交易以及投资者适当性等制度安排已经难以满足进一步发展的需求，难以充分发挥资本市场的投融资功能，迫切需要综合施策、深化改革、提升市场功能、激发市场活力，补齐服务中小企业的市场"短板"。因此，新三板改革是全面深化资本市场改革中的重要一环。新三板改革的总体思路为坚持服务中小企业发展的初心，坚持市场化和法治化方向，实现与交易所错位发展；坚持多层次资本市场的有机联系，畅通中小企业发展壮大市场通道，完善基础制度安排，促进市场功能有效发挥；坚持建立健全适合于中小企业特点的制度安排，提供差异化精准服务，提高企业信息披露质量，严查严处违法违规行为，防范市场风险，促进挂牌企业规范发展。

按照这一总体思路，新三板进行了以下方面的改革：一是优化发行融资制度，根据挂牌公司所处发展阶段的不同需求，建立公开发行制度，引入连续竞价机制。二是完善市场分层，设立精选层，形成配套的交易、投资者适当性、信息披露以及监督管理等差异化制度体系，在新三板内部形成"基础层—创新层—精选层"的多层次市场板块，针对性地培育不同规模和不同发展阶段的企业不断成长和壮大。三是建立挂牌公司转板上市机制，在精选层挂牌达到一定期限，且符合交易所的上市条件和相关规定的企业，可以直接转板上市，提升新三板对中小科创企业的吸引力，以加强直接融资培育中小民营企业的发展；充分发挥新三板承上启下的作用，使之成为科创板和创业板的"孵化器"，实现多层次资本市场的互通互联。四是加强新三板的监督管理，实施分类监管，提高企业违法成本，提升挂牌公司的质量。五是健全新三板市场的退出机制，推动市场出清，切实保护投资者的合法权益。深化新三板改革，有利于明晰市场定位，完备市场结构，探索资本市场服务中小微企业的有效路径，提供更符合中小企业特征和发展需求的差异化服务于监管机制，推进建设多层次资本市场建设，促进市场功能的有效发挥和实体经济的高质量发展。

2021年9月3日，北京证券交易所（以下简称北交所）注册成立。北交所以坚持服务创新型中小企业为市场定位，与深沪交易所、区域性股权市场错位发展、互通互联，根据分步实施、循序渐进的原则，以精选层为基础组建，总体平移精选层各项基础制度，构建新三板基础层、创新层与北京证券交易所"层层递进"的市场结构，同步试点证券发行注册制。北交所的成立，旨在让真正掌握硬核技术的企业能够得到资本市场足够的支持，在于培育出一批专精特新的中小企业，形成创新创业热情高涨、合格投资者踊跃参与、中介机构归位尽责的良性市场生态，在于补链强链，对解决"卡脖子"难题的意义重大。

在新三板改革的大逻辑下和多层次资本市场建设的历史方位中，深化新三板改革，设立北京证券交易所，将会为新三板市场的发展带来新的提升，将会更有力地优化多层次资本市场发展格局，凝聚服务中小企业的合力。我国的市场主体大部分为中小企业，这些中小企业为扩大就业、支持创新以及促进经济增长作出了巨大的贡献。由于缺乏符合中小企业自身特点的上市、交易、退市、持续监管以及投资者适当性管理等基础的制度安排，具有成长性的中小企业长期以来一直面临融资困难的问题，资本市场差异化服务的能力亟须提高。北京证券交易所作为"面向中小企业"的交易所，通过转板机制，畅通新三板在多层次资本市场中的纽带作用，强化北交所与沪深交易所、区域性股权市场错位发展、互通互联的关系；根据中小企业自身的成长规律，增强新三板基础层和创新层对优质企业的培育功能，形成新三板基础层、创新层与北京证券交易所"层层递进"的市场结构。以精选层为基础组建的北京证券交易所提供了一个服务中小企业更加高效、更加专业化的平台，引导资源向优质中小企业流动，引领中小企业更好发展；有利于打造"创投基金与股权投资基金—区域股权市场—新三板—交易所市场"的全链条支持体系，带动新三板市场整体功能的发挥，畅通中小企业科技创新的直接融资途径，进一步提升多层次资本市场对实体经济的覆盖面与适配性，使资本市场在支持我国经济发展过程中承担更大的功能。

北京证券交易所在多层次资本市场中发挥纽带作用，与上交所和深交所实施差异化定位，功能互补，错位发展，有助于推动资本市场与金融资源的区域均衡发展和多领域全方位发展，有利于形成共同服务实体经济与科技创新的中国经济发展新格局。资本市场具有促进合理、高效配置资源、发挥规模效益带动区域发展等关键作用。上海证券交易所与深圳证券交易所的主板主要服务于成熟的大中企业，分别带动长三角、江浙沪地区的发展和珠三角、粤港澳大湾区的发展；科创板为硬科技企业提供服务；创业板则服务于高新技术企业、战略新兴企业与成长型创新企业；北京证券交易所定位于"服务创新型中小企业的主阵地"，能够为整个京津冀区域经济的发展起到重要的引流与强化作用，拉动区域的均衡发展，助力经济社会的稳定发展，形成北交所、上交所、深交所、区域性股权市场错位发展、互通互联的格局，完善中国资本市场的多层次市场结构的构建。

设立北京证券交易所有助于深化金融供给侧结构性改革，完善资本市场的基础机制，健全多层次的资本市场体系，助力构建高水平的社会主义市场经济体制。我国正在逐步构建由区域性股权市场、新三板、沪深交易所组成的多层次市场体系架构，这一市场体系的构建可以极大地促进融资便利化、降低实体经济成本并提高资源配置的效率。北京证券交易所的设立将形成新三板基础层、创新层与北京证券交易所"层层递进"的市场结构，有利于形成更具普惠性的多层次资本市场体系与更具包容性和精准性的制度体系，焕发中国资本市场的活力。

北京证券交易所的设立，是新三板改革质变的跃迁，是多层次资本市场改革的又一里程碑，整体提升了创新型中小企业的发展定位，有助于发挥资本市场的直接融资功能，提升要素的配置效率，助力中国经济转向创新驱动发展战略。进一步深化新三板改革，需将支持创新放在更加突出的位置，解决好支持中小企业创新发展的四个机制问题：一是创新包容机制。中小企业具有创新风险较大、不确定性较高和周期较长等特点，持续优化新三板挂牌上市的准入条件，体现精准包容的理念。二是资金供给机制。引导扩大公募基金和私募基金的投资力度，引导推动保险等长期资金入市，持续优化"小额、快速、灵活、多元"发行融资制度。三是价格发现机制。丰富交易机制的类型，完善做市商制度，推出混合交易和融资融券交易等。四是人才激励机制。优化股权激励和差异化表决权制度，促进管理层、技术人才和资本所有者形成利益共同体，释放中小企业的创新活力。聚焦一个方向，打造服务创新型中小企业的主阵地，一是科学把握数量与质量的关系。上市公司的质量关系到市场成色和未来发展走势。打造主阵地，需要坚持数量与质量并重，质量是根本，数量是关键。二是把握内部与外部的关系。在市场内部，北交所作为主阵地的"龙头"，需要发挥示范引领和反哺的作用，激发整体市场活力；基础层和创新层具有规范培育的功能，不断为北交所输送优质上市资源。在市场外部，通过转板机制，加强互联互通，形成多层次资本市场间协同发力、直接融资与间接融资双轮驱动的布局。三是把握融资端与投资端的关系。加强融资端改革，推进融资工具创新，完善发行承销制度，提升审核注册透明度，增强信息披露的针对性和有效性；加强投资端优化，完善投资者适当性管理，推动投资者保护机制落地；两端协调平衡发展是改革顺利推进的重要保障，充分发挥中介机构沟通投融两端的重要作用。四是把握创新发展与风险防控的关系。风险防控是创新发展的前提和保障，处理好加强监管、风险控制与改革创新的关系，做到事先研判预判，事中监管监测，事后处置化解，牢牢守住不发生系统性金融风险的底线。五是把握近期与远期的关系。坚持总体规划、分步实施和稳步推进，不断完善和深化多层次资本市场体系的建设。

427

（二）充分发挥注册制改革"试验田"作用，带动资本市场关键制度创新，持续优化资本市场生态

加快构建功能互补、有机联系的多层次资本市场体系，满足不同类型、不同发展阶段企业的融资需求，是增强金融对实体经济适配性的内在要求，也是提高直接融资比重的重要基础。设立科创板并试点注册制、创业板改革并试点注册制，是基于我国宏观经济和未来发展战略基础上提出的增量改革，是落实创新驱动发展战略、深化资本市场改革、激发市场活力的基础性制度安排，是供给侧结构性改革促进科技与资本、引领科技发展的重大举措，有利于提升资本市场服务实体经济的能力，有助于推动我国经济向高质量发展阶段的转变。注册制改革旨在完善要素资源市场化配置机制体制，是提高直接融资比例的关键举措。总的来看，试点注册制作为全面深化资本市场改革的头号工程，坚持稳中求进，加强市场各方的沟通协作，科创板、创业板试点注册制均取得了重要的阶段性成功，注册制改革达到了预期目标：初步显现了支持科技创新的示范效应，且较好地发挥了制度改革的"试验田"作用，市场运行总体保持平稳。

注册制改革采用了更具包容性的发行上市条件，健全发行承销机制，完善以投资者需求为导向的信息披露规则体系；更加市场化的新股发行定价，有别于23倍市盈率的直接定价安排，注册制实行市场化的新股发行定价机制，通过询价确定发行价格，充分发挥机构投资者在新股价格发现中的作用；更灵活高效的交易制度。强调投资者适当性管理，提高对股票交易价格波动的容忍性，有利于纠正新股上市后的习惯性涨停，促进资本市场充分发挥价格发现功能，并遏制二级市场的过度投机，促进市场的自发平衡；试行保荐人"跟投"制度，强化中介机构的监督强度，督促中介机构归位尽责；更严格的退市制度。为精准清楚"空壳企业"与"僵尸企业"，设置了组合型的财务类退市指标，大幅简化程度，符合退市条件的上市公司直接退市，并采用更严格的退市监管，不再认可依靠非主业收入进行"保壳"的行为。设立科创板并试点注册制，一方面是增强资本市场对科创企业的包容性，支持具有发展潜力且市场认可度较高的科创企业进一步发展和壮大，允许尚未盈利、同股不同权以及红筹企业的发行上市，畅通科技、资本与实体经济之间的循环机制，加速科技成果转化为实际生产力，推动经济发展转向创新驱动；另一方面是充分发挥改革试验田的作用，根据中国的国情和实际发展阶段，借鉴成熟市场的发展经验，在发行上市、市场化定价、保荐承销、交易、退市等方面制度改革先试先行，动态评估形成可复制、可推广的经验，推动资本市场的全面改革。

进一步深化注册制改革，要坚定改革的方向和步伐，要坚持小心求证、稳字

当头的工作方法，通过试点发现并解决问题，深入思考、重点把握，为全市场推进注册制积极创造条件。第一，坚持尊重注册制的基本内涵、借鉴国际的最佳实践并体现中国特色和发展的阶段特征。注册制改革的基本逻辑是处理好政府与市场的关系，始终坚持市场化法治化的方向，贯彻以信息披露为核心的理念，促进各方归位尽责、有效制衡。立足国情，充分考虑我国以中小投资者为主的最大实际，强调严格把关信息披露的真实准确完整，从源头提升上市公司质量，强调中介机构归位尽责提升履职能力，强调统筹一级市场与二级市场的适度平衡。

第二，深刻认识资本的"双重性"，严把资本市场"入口关"。资本的有序流动会极大推动科技进步和经济高质量发展，然而资本的逐利本性也会导致资本的无序扩张、垄断甚至是"赢家通吃"，侵害中小微企业与消费者的利益。资本市场可以规范透明有序资本活动，同样也可能成为资本扩张的放大器。深化注册制改革，必须注重对资本的规范引导、趋利避害，加强对敏感融资并购活动的从严监管，减少风险外溢，坚守不发生系统性风险的底线；坚守科创板"硬科技"的定位，规范创业板服务成长型创新创业企业的服务，防止板块套利，保荐机构与监管部门、交易所同向发力，持续提高内部治理水平和政策执行效果；行业监管关口前移，建立责任机制与制度体系，行业规范与行业发展同步实现，共同促进各类资本规范健康发展。

第三，充分发挥各方合力，提升证券市场违法违规成本，创造资本市场良好生态。以注册制改革为龙头，系统化改善发行、上市、交易、退市和持续监管等基础制度，完善行政处罚、民事赔偿与刑事追责的相互衔接，推动《证券法》《公司法》和《刑法》等的联动修订，全面贯彻"零容忍"方针，坚持从严监管，强化对违法行为的打击，加强维护投资者合法权益，保障注册制改革顺利推行。

第四，推动监管系统能力全面提升。注册制改革是一场监管理念的变革、一场监管体系的变革、一场监管方式的变革，监管系统需要主动适应新形势、新任务、新需求，坚持自我革新，加快自身职能转变。如何加快发行监管转型、优化交易所职责定位与审核质量控制以及如何完善廉政风险防范机制等，是推进注册制改革过程中必须直面的重大考验。坚持敬畏市场、敬畏法治、敬畏专业、敬畏风险，发挥监管合力，保持改革定力，强化注册制改革的制度评估与优化，增强政策的稳定性、连续性与可预期性，进一步完善全链条的发行监管机制与全流程的监督制衡机制，扎实做好全市场注册制改革的各项准备工作，确定注册制改革行稳致远。

第五，建立注册制改革的动态评估机制。在试点注册制度过程中，定期对相

429

关制度安排进行动态评估，形成可复制、可推广的经验，推动在全市场施行注册制。我们深知，设立科创板并试点注册制是资本市场的一个全新的探索，继续深入推进注册制改革，进一步发挥科创板的科技创新策源功能和引领示范作用，平衡好注册制与把握上市公司质量之间的关系，把握市场化定价与现行 IPO 定价机制的本质区别，切实树立以信息披露为中心的监管理念，建立严格的信息披露体系，完善市场的激励约束机制，压实中介机构责任，督促中介机构归位尽责。我们要充分发挥注册制改革的"试验田"作用，进一步深化以注册制改革为核心和引领的全面市场化改革，重塑资本市场发行、审核、注册、交易等各环节，增强市场活力、韧性、包容性与适应性，带动主板、创业板、新三板等的改革提速，更好地为各类企业竞争发展服务。

二、实施提高上市公司质量行动计划

（一）激励优质企业上市融资

全面推行、分步实施证券发行注册制。优化发行上市标准，增强包容性。加强对拟上市企业的培育和辅导，提升拟上市企业规范化水平。鼓励和支持混合所有制改革试点企业上市。发挥股权投资机构在促进公司优化治理、创新创业、产业升级等方面的积极作用。大力发展创业投资，培育科技型、创新型企业，支持制造业单项冠军、专精特新"小巨人"等企业发展壮大。发挥全国中小企业股份转让系统、区域性股权市场和产权交易市场在培育企业上市中的积极作用。

加强资本市场融资端和投资端的协调平衡，引导上市公司兼顾发展需要和市场状况优化融资安排。完善上市公司再融资发行条件，研究推出更加便捷的融资方式。支持上市公司通过发行债券等方式开展长期限债务融资。稳步发展优先股、股债结合产品。大力发展权益类基金。丰富风险管理工具。探索建立对机构投资者的长周期考核机制，吸引更多中长期资金入市。

完善上市公司股权激励和员工持股制度，在对象、方式、定价等方面作出更加灵活的安排。优化政策环境，支持各类上市公司建立健全长效激励机制，强化劳动者和所有者利益共享，更好吸引和留住人才，充分调动上市公司员工积极性。

（二）改善上市公司治理水平

完善公司治理制度规则，明确控股股东、实际控制人、董事、监事和高级管理人员的职责界限和法律责任。控股股东、实际控制人要履行诚信义务，维护上市公司独立性，切实保障上市公司和投资者的合法权益。股东大会、董事会、监事会、经理层要依法合规运作，董事、监事和高级管理人员要忠实勤勉履职，充分发挥独立董事、监事会作用。建立董事会与投资者的良好沟通机制，健全机构投资者参与公司治理的渠道和方式。科学界定国有控股上市公司治理相关方的权责，健全具有中国特色的国有控股上市公司治理机制。严格执行上市公司内控制度，加快推行内控规范体系，提升内控有效性。强化上市公司治理底线要求，倡导最佳实践，加强治理状况信息披露，促进提升决策管理的科学性。开展公司治理专项行动，通过公司自查、现场检查、督促整改，切实提高公司治理水平。

以提升透明度为目标，优化规则体系，督促上市公司、股东及相关信息披露义务人真实、准确、完整、及时、公平披露信息。以投资者需求为导向，完善分行业信息披露标准，优化披露内容，增强信息披露针对性和有效性。严格执行企业会计准则，优化信息披露编报规则，提升财务信息质量。上市公司及其他信息披露义务人要充分披露投资者作出价值判断和投资决策所必需的信息，并做到简明清晰、通俗易懂。相关部门和机构要按照资本市场规则，支持、配合上市公司依法依规履行信息披露义务。

（三）解决上市公司瓶颈问题

坚持控制增量、化解存量，建立多部门共同参与的上市公司股票质押风险处置机制，强化场内外一致性监管，加强质押信息共享。强化对金融机构、上市公司大股东及实际控制人的风险约束机制。严格执行分层次、差异化的股票质押信息披露制度。严格控制限售股质押。支持银行、证券、保险、私募股权基金等机构参与上市公司股票质押风险化解。

控股股东、实际控制人及相关方不得以任何方式侵占上市公司利益。坚持依法监管、分类处置，对已形成的资金占用、违规担保问题，要限期予以清偿或化解；对限期未整改或新发生的资金占用、违规担保问题，要严厉查处，构成犯罪的依法追究刑事责任。依法依规认定上市公司对违规担保合同不承担担保责任。上市公司实施破产重整的，应当提出解决资金占用、违规担保问题的切实可行方案。

发生自然灾害、公共卫生等重大突发事件，对上市公司正常生产经营造成严重影响的，证券监管部门要在依法合规前提下，作出灵活安排；有关部门要依托宏观政策、金融稳定等协调机制，加强协作联动，落实好产业、金融、财税等方面政策；各级政府要及时采取措施，维护劳务用工、生产资料、公用事业品供应和物流运输渠道，支持上市公司尽快恢复正常生产经营。

（四）提高上市公司违法违规成本

严格落实证券法等法律规定，加大对欺诈发行、信息披露违法、操纵市场、内幕交易等违法违规行为的处罚力度。加强行政机关与司法机关协作，实现涉刑案件快速移送、快速查办，严厉查处违法犯罪行为。完善违法违规行为认定规则，办理上市公司违法违规案件时注意区分上市公司责任、股东责任与董事、监事、高级管理人员等个人责任；对涉案证券公司、证券服务机构等中介机构及从业人员一并查处，情节严重、性质恶劣的，依法采取暂停、撤销、吊销业务或从业资格等措施。

推动修订相关法律法规，加重财务造假、资金占用等违法违规行为的行政、刑事法律责任，完善证券民事诉讼和赔偿制度，大幅提高相关责任主体违法违规成本。支持投资者保护机构依法作为代表人参加诉讼。推广证券期货纠纷示范判决机制。

三、加快推进资本市场高水平开放

当前，我国经济已从高速增长转向高质量发展阶段。在国内国际双循环的新发展格局下，推进资本市场高水平对外开放，是促进中国经济高质量发展的必然要求，也是全球资本市场一体化发展的必然趋势。立足新发展阶段、构建新发展格局，坚定不移推进更高水平的对外开放，必将会为全球经济注入新的活力，让世界资本享受中国经济发展的红利。过去 20 年间，我国陆续推出合格境外机构投资者（QFII）、人民币合格境外机构投资者（RQFII）计划引进外资，进一步设立沪港通、深港通等新的跨境市场准入计划，这些制度的设立构建了我国创新型对外开放架构。从额度控制下开放到 QFII/RQFII 全面取消额度限制，外资准入门槛持续放开，为全球投资者进入中国资本市场提供了更直接、更高效的投资渠道，极大提高了全球投资者布局中国资产的便利度和投资热情。中国资本市场已逐渐成为全球资产配置日益重要的场所。在稳步推进资本市场开放的过程中，需要审慎考虑几个方面的工作。

（一）加强构建开放型制度体系

在坚定不移扩大开放背景下，制度性开放是资本市场高水平开放的一大助推器，能够扫除妨碍资本市场与实体经济良性循环的机制障碍，形成充满活力、有效定价的市场环境。"十四五"期间，资本市场高水平开放开始向制度型、系统型转变。随着新一轮金融对外开放和人民币国际化的需要，应当坚定不移推进制度性对外开放创新模式。首先，应当加强落实 QFII 新规，积极拓宽境外投资者参与资本市场的范围和路径，并进一步缓释境外投资者配置境内市场的投资风险，加强资本市场国际化融资工具及制度创新，完善衍生品监管，为人民币跨境双向流动提供更完善的渠道机制。其次，需进一步优化沪深港通机制，扩大沪深股通的投资范围和标的，香港地区投资者已成为影响内地股票市场不可或缺的力量，提升香港作为离岸人民币交易中心的地位，不断丰富内地和香港全方位多层次务实合作，有望吸引更多境外资金配置 A 股。同时拓展和完善沪港通制度，持续优化 ETF 互联互通机制，共同推进上海国际金融中心建设，引导国际资本向长三角区域流动，积极发挥上交所的人才技术优势和国际影响力。企业境外上市也是资本市场双向开放的重要组成部分，在健全境外主体境内融资制度的同时，也应完善境内企业境外上市监管制度，为实体经济发展创造更好的跨境融资渠道。最后，从政策层面推动 QFI、RQFI、沪深港通、债券通等制度开放模式的统一，有利于积极降低外资入场壁垒，便利外资流入，更有效地管理对外开放渠道制度。资本市场的高质量开放有助于增加市场的流动性和成熟度，从而提高市场效率。加强构建开放型制度体系，是资本市场高质量发展的助推器，随着我国资本市场双向开放的深度和广度不断提升，应当持续推进制度性对外开放创新模式，建立与国际市场接轨的制度体系，坚持法治化、国际化，稳步有序地扩大资本市场开放范围。进一步稳步推进对外开放的各项政策措施，优化投资者结构，以更加健康和开放的姿态与国际接轨，为构建新发展格局提供强大动力。

（二）拓宽商品和股指期货期权品种

我国期货市场经过三十年的发展，品种体系不断完善，市场影响力以及定价质量得到有效提升，境内外投资者可投产品范围也稳步扩大，投资便利性不断提升。在开放渠道双向拓宽的同时，我国资本市场对外开放的品种体系也不断完善，2021 年，商品期货期权全部开放，国际化品种增至 9 个，进一步向境外交易者开放了原油、棕榈油期权交易。原油、铜、铁矿石等期货品种的国际影响力不断增强，合格的境外机构投资者拥有更多投资、配置、交易中国期货的机会。股指期货市场国际化也在不断向前推进，香港推出的 MSCI 中国 A50 互联互通指数期货，使中国资本市场持续深化开放迈出重要一步，合格境外投资者参与内地期货期权产品进一步放宽。风险管理工具的缺乏在一定程度上限制外资深入参与中国 A 股市场，MSCI 中国 A50 指数期货进一步扩充了境内外投资者可参考的市场指标，为外资提供了新的风险管理工具，配套开放股指期货市场、完善风险管理保障对海外投资者提升衍生品可参与度具有积极意义。期货品种的完善丰富了投资策略，方便了境外合格机构投资者在华开展投资与风险管理业务，有利于吸引更多境外长期资金配置 A 股。另一方面，允许境外机构参与我国国债期货市场，能够为境外机构提供标准化的利率风险管理工具，增强境外机构持债意愿和动力，优化境外投资者参与国债期货市场的渠道和机制。境外机构无须通过买卖现货来管理利率风险敞口，可以减少其在债券市场上的操作，降低资金大进大出，对于稳定境外机构投资、促进债券市场平稳发展具有积极意义。

随着国内金融市场不断扩容，商品、股指、金融期货期权品种有待丰富完善。探索并借鉴商品期货特定品种等对外开放路径，加强品种创新与制度规范，研究推出更多外资参与境内期货的渠道和方式，是进一步扩大期货市场对外开放广度和深度的动力源泉。多元化的期权市场开放有利于提升品种定价的合理性，期货市场的开放不仅是为了引入外资，更重要的是优化市场投资者结构，强化境内外市场联动融入全球定价体系，提高境内资本市场的国际影响力。

（三）深化境内外市场互联互通

资本市场开放在优化投资者结构，提高定价信息效率等方面发挥积极作用。开放包容的市场环境会带来先进的投资理念，吸引更多国外优质的投资机构进入资本市场，全球投资者的参与会催生更高质量的信息披露和治理标准，有助于解决资本市场信息不对称和代理问题。为吸引成熟的境外投资者，符合条件的上市公司更有可能主动改善信息披露，降低信息不透明度。在我国股票市场中，外资持股占比相对较小，而境外机构投资者以价值投资为主，在经验、技术、人力和市场信息获取等方面相对具有优势，吸引更多境外投资机构配置 A 股，将价值投资者引入我国股票市场，有助于优化投资者结构。因此，应当扩大陆港通的投资范围和标的，便利境外机构配置股票 ETF，为境外投资者投资我国股票市场创造良好的风险对冲工具。随着更多境外投资者进入中国资本市场，更多有效的信息将通过交易活动融入定价机制，能够提高市场定价效率，形成充满活力、公平竞争的股票市场环境。

近年来，境外投资者对我国债券市场的参与度也日益加深，2017 年 7 月，"债券通"在香港成立，允许海外投资者和中国内地投资者相互投资对方债券市场。债券通的开放意味着我国债券市场的进一步开放，拓展了交易所债券市场境外机构投资者直接入市渠道。但与美国日本债市相比，我国债市开放程度仍有较大提升空间，在我国债券违约常态化背景下，应大力发展做市商制度，进一步增加金融风险对冲工具，完善债券违约处置机制，加快公司债券信用评级体系等方面与国际制度接轨，吸引境外优秀投资机构与服务机构配置国内信用类债券。伴随着信用债信息披露、评级体系、违约处置的完善，稳步推进沪、深交易所债券市场对外开放进程，有望吸引更多境外投资者参与我国信用债市场，进一步扩大债券市场对外开放的广度和深度。深化境内外资本市场互联互通，引导外资参与证券市场建设，有助于形成一个高效、健康、公平的资本市场环境。

（四）引导中长期资金入市

推动放宽各类中长期资金入市比例，吸引价值投资占比较高的境外投资者，有利于改善资本市场定价效率，也是双循环发展格局背景下经济高质量发展的需求。长期价值投资能够提高资本市场稳定性，而保险机构和社保基金作为资本市场的专业机构投资力量，在优化投资者结构、提升市场运行效率、维护市场稳定发展等方面发挥着重要作用。打通各种基金、保险、企业年金等各类机构投资者入市瓶颈，推动放宽各类中长期资金入市的比例和范围，进一步提高权益类资产投资比重，将有助于强化价值投资、长期投资理念，而资本市场全面深化改革有利于为各类中长期资金入市提供更好的市场环境和制度体系。

推动提升中长期资金入市比例，意味着进一步提高机构投资者占比，吸引价值投资配置资本市场，有利于降低 A 股市场的波动，提升资本市场运行的稳健性。而 MSCI 中国 A50 指数期货这样的风险管理工具，将更加便利境外配置型长期资金通过各类渠道投资 A 股市场，有望吸引更多的长线资金进场，为我国上市公司的发展带来稳定的国际资本支持。国际资本流动受国内外经济、政治等多重因素影响，在特殊时期或将加大国内债券市场波动，因此，鼓励中长期投资者入市，优化投资者结构，并规范机构投资者的交易行为，对债券市场定价效率也具有积极促进作用。随着外资和长期资金的不断增持，将进一步促进价值投资理念，提高境外配置型长期资金比例，优化我国证券市场投资者结构。创新风险管理对冲工具，进一步吸引境外长期资金，能够有效改善市场生态，推动市场健康稳定发展。

（五）完善风险监测、预判和应对处置机制

资本市场开放是发展进步的必由之路，然而开放可能带来跨境资本的快速流动，短期内资本的大规模流动、高频投机交易，可能给市场带来冲击，积聚金融风险。并且跨境资本基于逐利性和顺周期的特点，带来的资金流动会导致市场脆弱性上升，增加与其他市场的风险联动，扩大金融市场的传染效应，甚至引发系统性金融风险。因此，坚持资本市场对外开放的同时不能忘记防控金融风险。首先，完善金融风险监测、评估和应对处置机制，推动各项制度安排，避免引起资本大进大出、汇率大起大落直接或间接导致的金融风险。其次，在稳慎推进人民币国际化的同时，对于开放机构设置、业务办理、产品设定，必须进一步建立跨

境资本流动宏观审慎管理的监测、预警和响应机制。加强开放条件下跨境监管制度和风险防控能力建设，建立信息披露机制，提升资本市场韧性和抗风险能力，有效防范国际市场风险向国内市场传导。

作为资本市场的重要组成部分，要切实维护股票市场、债券市场、期货市场平稳运行。在引入境外资本与机构投资者的同时，丰富跨境资本流动宏观审慎管理的政策工具箱，完善相关制度、法律，提升监管效能和防风险能力。借鉴成熟市场经验和教训，稳步推动国内相关规则制度与国际成熟规则接轨，建立完善的跨境风险防控体系，才能更好地实现全面开放。高水平开放是我国资本市场进一步扩大开放的新机遇，通过推出更多务实性开放举措，构建全方位、多层次、多元化的开放合作格局，服务高水平开放型经济体制，形成一个统一、开放、公平、有效的资本市场环境，在国内监管、风险防范能力相匹配的情况下，为投资者提供更宽的渠道和更便利的方式参与国内资本市场。

在国内国际双循环的新发展格局下，资本市场作为实体经济与金融系统的重要枢纽，对于助推经济高质量发展、构建双循环发展格局具有重要作用。推进资本市场对外开放的制度型创新，坚持多元化的期权市场开放品种，持续促进境内外资本市场互联互通，引导海外中长期资金入市，并建立完善的跨境风险防控体系，是不断提高我国资本市场双向开放水平，促进资本市场持续健康发展的重要内容。坚持更宽领域、更深层次的对外开放格局，将有效改善市场生态，形成一个充满活力、有效定价、公平竞争的资本市场环境。

四、加强投资者保护

投资者保护是资本市场最重要的基础性工作。建设"规范、透明、开放、有活力、有韧性的资本市场"是资本市场全面深化改革的基本目标，站稳资本市场监管的人民立场、保护好广大投资者的合法权益是资本市场践行初心使命的内在要求。三十多年来，我国资本市场不断深化改革、服务发展，创造了"一张白纸绘就新图"的历史性成就。截至 2021 年 6 月，我国资本市场投资者数量已达1.89 亿人，中小投资者平均持股比例约为 64.02%[①]，是目前全球规模最大、交易最活跃的投资者群体。随着新一轮改革的全面深化，资本市场的制度体系、运行机制、文化理念等发生了日益深刻的结构性变化，投资者保护工作随之越发重要，却也更加复杂。

---

① 资料来源：中国证券监督管理委员会，http://www.csrc.gov.cn/csrc/c100028/ce4729793fbf64aa8a2df1——546369bbcb0/content.shtml。

投资者保护工作是一项重要的、长期的、基础的系统性工程，涉及法律规范、市场监管、公司治理等多个方面。经过多年努力，我国资本市场已经构建了中小投资者权益保护的制度体系，规范了证券期货市场投资者适当性管理，完善了证券期货纠纷多元化解机制建设，加强了证券期货知识普及教育和投资者教育基地建设。但由于资本市场固有的信息不完全和信息不对称问题，使得投资者无法及时、准确获得全部的市场信息以做出有效应对。而机构投资者因其市场准入门槛较高，在信息处理、风险评估、投资决策等方面专业性较强，面对市场异常波动时可以及时调整资产配置、规避市场风险。但中小投资者在资本市场中始终处于信息弱势地位，其风险承受能力和自我保护能力都相对较弱，合法权益更容易受到侵害。因此，本章以保护中小投资者的合法权益为出发点，以建设规范、透明、开放、有活力、有韧性的资本市场为基本目标，在尊重投资者、敬畏投资者、保护投资者的"大投保"格局下，深入考虑我国资本市场进入新发展阶段以来的新机遇与新挑战，从顶层设计的角度为我国资本市场投资者保护工作提出以下五个方面建议，以期能够促进我国资本市场加快形成多层次、多支撑、多主体的综合保护体系。

（1）法律保护层面。法律保护是投资者保护体系的第一道防线，具备强制性、规范性、约束性等特征。自 2020 年新《证券法》实施以来，我国的投资者保护工作的依据和手段得到了进一步更新，但依旧面临全球资本市场的共同挑战，还存在我国资本市场特有的"中国问题"。因此，保障新《证券法》的有效实施及完善是加强投资者保护工作法律手段的重要任务，应从以下三个方面强化实施。

第一，贯彻落实资本市场违法犯罪的法律规章制度和集体诉讼制度。深入落实新《证券法》等相关法律规范，并根据股票、债券及其他衍生产品市场的具体情况制定差异化的法律规范。同时，根据投资者保护法律的实施情况及时建立和完善配套规章制度，如证券期货行政执法当事人承诺实施办法等。在此基础上，要进一步落实资本市场法律责任制度，厘清资本市场活动的责任主体，保护其他主体的积极性。另一方面，也要加快推进证券纠纷代表人诉讼制度的全面实施，建立和完善集体诉讼机制，为克服投资者集体行动困境提供强有力的法律手段。

第二，建立健全打击证券违法活动的执法司法机制和协调配合机制。资本市场活动往往参与主体较多、资金来源复杂，打击资本市场的违法犯罪需要相关执法、司法人员不仅要对市场活动有足够的了解，还要相互配合、共同保护投资者的合法权益，必须要成立打击资本市场违法活动协调工作的专职部门，健全公安机关、检察机关、审判机关派驻证监会的常态化工作机制，完善线索研判、信息共享、情报导侦、协同办案、统筹审理等方面的协调配合机制。同时，还要加强证监会与证券交易所、期货交易所等及其所在地政府之间的信息沟通和执法司法协作，并联合设立资本市场的执法司法基地。

第三，制定完善强化跨境执法合作的域外管辖条款和涉外审判程序。在金融国际化背景下，资本市场的跨境金融活动明显增加，必须加快制定和完善《证券法》有关域外适用条款的司法解释和配套规则，明确我国法律的域外适用条件、执法司法程序和证据有效性等有关事项。同时，数据隐私安全、跨境数据流动、涉密信息管理等相关法律规范也需要进一步加强，规范跨境信息提供机制与流程，探索跨境执法合作的有效路径，持续推进境外国家、地区与我国对司法判决的互相承认与执行，增强我国投资者保护法律的境外有效性。

（2）监管保护层面。监管保护是投资者保护体系的第二道防线，相对于法律保护具有更大的灵活性、敏捷性和协调性。法律的制定、修订都需要大量案例和时间的积累，监管保护可以作为法律保护的补充手段，针对资本市场变化对侵犯投资者权益的活动进行更为及时的预测、监管、处罚。因此，必须完善监管保护政策、建立协同监管机制、提高监管技术手段，以充分保证监管保护手段的有效实施。

第一，完善监管政策，扩大资本市场监管的广度和深度。随着资本市场的业务活动、业务手段进一步发展，其复杂性和创新性都要求资本市场监管政策的提高与完善。必须保证注册制改革等工作的深入推进，提高信息披露的针对性和有效性，增强审核注册的质量、效率和透明度。完善市场化、法治化的退市机制，推进市场化、便利化的交易结算制度改革。以编制权责清单为抓手整合规范备案报告事项，去除"口袋政策"和"隐形门槛"。建立帮助行业机构做优做强的制度机制，优先发展高质量投资银行和财富管理机构。

第二，优化监管机制，增加证券监管部门的沟通与合作。资本市场活动往往是涉及多个领域、多个主体的复杂性活动，因此需要协同性更强的监管机制，以保证监管工作的及时性和有效性。应建立健全证监会内部职能部门、派出机构等的跨部门协同监管机制，强化投资者保护局在投资者保护工作中的职能职责和组织地位。建立证监会与中国人民银行、银保监会等监管机构之间的信息共享和协作监管机制，扩大信息使用范围、提高信息报送质量，充分发挥各监管机构的职能职责，联动化解资本市场系统性风险。

第三，提高监管技术，推进监管体系和监管能力的现代化。量化投资、智能顾投等金融科技的出现不仅扩展了资本市场的业务范围和服务质量，也为投资者保护工作增加了新的挑战。必须推进资本市场监管体系和监管能力的现代化进程，加快金融科技基础设施及中央监管信息平台等信息化建设，促进业务流程的互联互通和交易数据的全面共享。同时，引入大数据、云计算等技术对资本市场进行实时监测，强化市场风险的监测和异常交易行为的识别能力。利用新一代人工智能技术赋能资本市场智能化监管，优化事前审核、事中监测、事后稽查处罚等监管工作模式。

（3）自律保护层面。自律保护是从根源上保护投资者权益的有效手段，也是对法律保护和监管保护的进一步补充。法律保护和监管保护虽然有效性很强，但是需要投入大量的资金、技术和人员，引导和帮助资本市场参与主体建立自律管理模式，使其自行规范、约束自身的市场活动，不参与违法活动才能实现根源治理。自律保护手段的有效实施应从以下三个方面加强建设。

第一，建立健全自律公约，营造资本市场合理有序、公平公正的市场氛围。自律公约是资本市场自律管理的基础性工作，必须积极引导和帮助资本市场参与主体形成共同遵守的行业共识，营造合理有序、公平公正的市场氛围。应根据资本市场发展形势推进自律公约的制定与修订，并集中组织市场主体签署和确认。督促市场主体按照自律公约的承诺依法合规、诚信经营、公开透明地组织开展业务，维护资本市场的稳定发展。制定必要的监管措施保障自律公约的履行，并对各机构的履约情况进行定期检查。

第二，支持发展自律组织，构建证券行业自我监督、自我约束的行业体系。自律保护手段需要自律组织才能保障其有效实施，必须对自律组织的建立和完善给予更多的资源支持。进一步健全行业自律组织发展的体制机制，提高行业自律组织对资本市场发展的服务水平。明确行业自律组织的职能职责，加强行业自律组织对行业成员的业务指导和监督管理能力。完善证监会与行业自律组织的协调配合机制，充分发挥行业自律组织在证监会与资本市场之间的桥梁和纽带作用，增强资本市场管理的民主性。

第三，长期开展自律培训，培养市场主体自觉自省、自勉自强的主体意识。自律培训是实现资本市场自律管理的重要手段，不仅要对自律组织工作人员进行管理培训，还要加强证券行业主要活动主体的自律意识。应定期组织开展分层次、分专题、有针对性的行业自律培训活动，从市场监管要求和市场主体需求出发并兼顾市场主体的差异性、行业属性、板块分类进行培训工作，对法律规范、监管制度、市场变化等及时进行深入、全面的宣传讲解。而且要邀请公司董事、监事、高级管理人员以及中介机构等市场主体组织人员参加，努力提高市场主体的诚信意识和法律意识。

（4）市场保护层面。市场保护是距离投资者最近的一道防线，其强制性、约束性相对于其他保护手段较弱，但是有效性却更强，因为它可以直接作用于投资者的市场活动。在经济全球化、金融国际化的背景下，资本市场的稳定性受到了一定的冲击，进而直接影响到了投资者权益。基于当前我国资本市场的基本情况，市场保护方面应从以下三个方面加强相关建设。

第一，完善市场运行机制，更好发挥资本市场枢纽功能。资本市场是经济发展的"晴雨表"，具有要素资源配置枢纽、政策传导枢纽、风险防范化解枢纽、预期引导枢纽等多种功能。要充分发挥资本市场在资源配置中的决定性作用，动员和引导各类要素资源向更高效率更具活力的领域协同聚集，促进创新资本形成，提高经济金融循环效率。同时，以多层次资本市场为纽带完善资本与科技的循环发展模式，利用现有的市场基础充分发挥创业板、科创板等对创新的支持功能，加速科技成果向现实生产力转化，激发实体经济发展的内生动力。

第二，优化市场结构布局，全面深化资本市场改革开放。随着机构投资者占比提升，对外开放程度不断扩大，我国资本市场正发生日益显著的结构性变化。必须持续优化市场结构，积极推进多层次市场体系建设。大力支持债券市场、期货市场、期权市场健康发展，持续推进资本市场双向开放，提高投资产品多样性，不断创新投资者的风险投资方式和资产管理模式。持续推动股票、债券和基金等业务差异化、专业化、标准化，合理引导社会资金流动。继续推进利率市场化改革，逐渐放宽债权融资要求，提高直接融资比例和资金使用效率。进一步扩大合格境外投资者的投资范围，提高资本市场开放程度。

第三，聚焦市场发展趋势，稳步构建投资风险防范体系。资本市场活动具有跨界、跨业、跨区经营等特征，其风险传染速度更快、波及领域更广、溢出效应更强。必须加强资本市场发展趋势和风险变化的宏观研判，强化对外溢性、输入性和交叉性风险的防范化解，防止在处置其他领域风险过程中引发次生金融风险。调整过去以"事后处置"为主的风险管理思路，主动前移风险管理关口，推进以前瞻性、预防性为重点的风险防范体系建设。探索提前介入、及时纠正等风险快速化解、处理和隔离机制，防范系统性风险的传递、转移和扩散。稳妥有序化解私募基金、债券违约等重点领域风险，为投资者合法权益和资本市场持续健康发展提供市场保护。

（5）自我保护层面。自我保护是投资者保护的基础性工作，主要通过投资者教育实施，是一种从投资者自身加强自我保护意识和自我保护能力的保护手段。其他保护对投资者而言是一种外在的保护手段，而自我保护是从投资者自身出发，直接作用于主体的保护手段。从其工作建设来看，主要通过自我保护认知、自我保护能力、自我保护渠道三个方面，应根据资本市场变化及时加强相关建设。

第一，建立投资者教育长效机制，加强投资者自我保护意识。投资者教育是一项长期性、基础性工作，加强投资者教育是提高投资者自我保护意识的重要手段，必须建立健全以证监会指导督促检查、行业协会组织落实、经营机构具体实施、投资者广泛参与的多层次、全方位的投资者教育长效机制，构建覆盖整个资本市场的投资者教育体系。一方面，要加快投资者教育基地建设，积极参与配合监管部门开展投资者教育活动；另一方面，要与中证中小投资者服务中心、沪深证券交易所、全国各辖区行业协会等机构联动合作，建立与金融机构、投教基地等业界同行凝聚合力、精准发力，创新优化投教工作机制，联合举办特色投教主题活动，以点带面激活各地投资者树立风险防范意识。

第二，加深投资者市场风险认知，提高投资者自我保护能力。提高投资者自我保护能力的关键在于加深投资者对资本市场投资风险的理性认知，使其能够设立与自身风险承受能力相适应的投资目标。要定期组织开展投资者权益保护教育专项活动，帮助投资者了解资本市场的业务活动、产品结构和投资风险，充分揭示投资风险与收益的关系。同时，要不断加强投资者对市场风险的认识、警惕、防范，使其理性参与资本市场活动，避免迷信于"刚性兑付"、过度运用杠杆投资等现象，使投资者明晰权利义务以及权益受到侵害时的依法维权途径，提高风险识别能力和自我保护能力。

第三，强化投资者服务中心职能，拓宽投资者自我保护渠道。投资者服务中心是丰富投资者行权维权手段、建立多元化纠纷解决机制、完善投资者赔偿救济渠道、维护投资者的合法权益的重要工具，具有行权服务、纠纷调解、维权服务等职能。应持续优化投资者服务中心的行权工作方式，将行权工作拓展至重组活动的全链条，示范引领投资者积极行使股东权利。建立健全投资者服务中心的纠纷受理承办机制、小额速调、单边承诺调解机制、诉仲证调对接机制等，拓宽投资者的纠纷调解渠道。提高投资者服务中心的代表人诉讼、支持诉讼、股东诉讼等维权服务质量，积极建立和拓展投资者的维权渠道。

参 考 文 献

［1］ 白雪梅、石大龙：《中国金融体系的系统性风险度量》，载于《国际金融研究》2014 年第 6 期。

［2］ 陈国进、张润泽、赵向琴：《经济政策不确定性与股票风险特征》，载于《管理科学学报》2018 年第 4 期。

［3］ 陈国进、钟灵、首陈霄：《企业 R&D 投资与股票收益——理论建模与实证检验》，载于《经济学动态》2017 年第 7 期。

［4］ 陈守东、高艳：《二元 GED - GARCH 模型的利率与汇率波动溢出效应研究》，载于《管理学报》2012 年第 7 期。

［5］ 陈守东、孙彦林、刘洋：《货币政策对流动性去向的动态影响》，载于《财经科学》2015 年第 10 期。

［6］ 陈曦、朱迪星：《错误定价与股权集中的公司治理效应——基于中国上市公司的经验证据》，载于《金融理论与实践》2016 年第 2 期。

［7］ 陈湘鹏、周皓、金涛、王正位：《微观层面系统性金融风险指标的比较与适用性分析——基于中国金融系统的研究》，载于《金融研究》2019 年第 5 期。

［8］ 陈学彬、曾裕峰：《中美股票市场和债券市场联动效应的比较研究——基于尾部风险溢出的视角》，载于《经济管理》2016 年第 7 期。

［9］ 程崇祯、章婷：《CAPM 在我国的适用性探讨》，载于《湖北大学学报》（哲学社会科学版）2005 年第 1 期。

［10］ 丁庭栋、赵晓慧：《不同行业与金融系统的波动溢出效应分析》，载于《统计与决策》2012 年第 3 期。

［11］ 杜春明、张先治、常利民：《商誉信息会影响企业债务期限结构吗？——基于债权人的视角》，载于《证券市场导报》2019 年第 2 期。

［12］ 樊纲、王小鲁、朱恒鹏：《中国市场化指数：各地区市场化相对进程 2009 年报告》，经济科学出版社 2007 年版。

[13] 范龙振、王海涛:《上海股票市场行业与地区效应分析》,载于《系统工程学报》2003 年第 2 期。

[14] 范小云、方意、王道平:《我国银行系统性风险的动态特征及系统重要性银行甄别——基于 CCA 与 DAG 相结合的分析》,载于《金融研究》2013 年第 11 期。

[15] 冯根福:《双重委托代理理论:上市公司治理的另一种分析框架——兼论进一步完善中国上市公司治理的新思路》,载于《经济研究》2004 年第 12 期。

[16] 付雷鸣、万迪昉、张雅慧:《VC 是更积极的投资者吗?——来自创业板上市公司创新投入的证据》,载于《金融研究》2012 年第 10 期。

[17] 官小琳、卞江:《中国宏观金融中的国民经济部门间传染机制》,载于《经济研究》2010 年第 7 期。

[18] 官晓琳:《未定权益分析方法与中国宏观金融风险的测度分析》,载于《经济研究》2012 年第 3 期。

[19] 龚玉池:《公司绩效与高层更换》,载于《经济研究》2001 年第 10 期。

[20] 关健、李伟斌:《所有制、市场化程度与企业多元化》,载于《中央财经大学学报》2011 年第 8 期。

[21] 关伟、张晓龙:《股票错误定价模型在 A 股市场的有效性检验》,载于《中国物价》2017 年第 3 期。

[22] 郭晓亭:《基于 GARCH 模型的中国证券投资基金市场风险实证研究》,载于《国际金融研究》2005 年第 10 期。

[23] 郭晔、黄振、王蕴:《未预期货币政策与企业债券信用利差——基于固浮利差分解的研究》,载于《金融研究》2016 年第 6 期。

[24] 韩鹏飞、胡奕明:《政府隐性担保一定能降低债券的融资成本吗?——关于国有企业和地方融资平台债券的实证研究》,载于《金融研究》2015 年第 3 期。

[25] 韩燕、崔鑫:《基金行业的委托代理关系与基金经理的短视行为研究》,载于《管理评论》2014 年第 9 期。

[26] 何枫、郝晶、谭德凯等:《中国金融市场联动特征与系统性风险识别》,载于《系统工程理论与实践》2022 年第 2 期。

[27] 何青:《内部人交易与股票市场回报——来自中国市场的证据》,载于《经济理论与经济管理》2012 年第 2 期。

[28] 何志刚、邵莹:《流动性风险对我国公司债券信用利差的影响——基于次贷危机背景的研究》,载于《会计与经济研究》2012 年第 1 期。

［29］胡振飞、陈娴、陈欣：《基金分红迎合了机构投资者的避税需求吗?》，载于《证券市场导报》2019 年第 7 期。

［30］黄兴旺、胡四修、郭军：《中国股票市场的二因素模型》，载于《当代经济科学》2002 年第 5 期。

［31］黄蕙舟、郑振龙：《无模型隐含波动率及其所包含的信息：基于恒生指数期权的经验分析》，载于《系统工程理论与实践》2009 年第 11 期。

［32］黄振、郭晔：《央行担保品框架、债券信用利差与企业融资成本》，载于《经济研究》2021 年第 1 期。

［33］贾彦东：《金融机构的系统重要性分析——金融网络中的系统风险衡量与成本分担》，载于《金融研究》2011 年第 10 期。

［34］江萍、田澍、Cheung Yan－Leung：《基金管理公司股权结构与基金绩效研究》，载于《金融研究》2011 年第 6 期。

［35］蒋晓全、丁秀英：《我国证券投资基金资产配置效率研究》，载于《金融研究》2007 年第 2 期。

［36］寇宗来、盘宇章、刘学悦：《中国的信用评级真的影响发债成本吗?》，载于《金融研究》2015 年第 10 期。

［37］雷立坤、余江、魏宇、赖晓东：《经济政策不确定性与我国股市波动率预测研究》，载于《管理科学学报》2018 年第 6 期。

［38］李凤羽、杨墨竹：《经济政策不确定性会抑制企业投资吗? ——基于中国经济政策不确定指数的实证研究》，载于《金融研究》2015 年第 4 期。

［39］李科、陆蓉、夏翊、胡凡：《基金经理更换、股票联动与股票价格》，载于《金融研究》2019 年第 1 期。

［40］李天钰、刘艳：《投融资期限错配与企业债券信用利差》，载于《金融监管研究》2020 年第 10 期。

［41］李雨濛、孟祥莺、刘蓉辉、魏先华：《股票型基金管理者投资能力股票型基金经理胜任力模型构建研究》，载于《管理评论》2019 年第 10 期。

［42］李争光、赵西卜、曹丰等：《机构投资者异质性与会计稳健性——来自中国上市公司的经验证据》，载于《南开管理评论》2015 年第 3 期。

［43］李志冰、刘晓宇：《基金业绩归因与投资者行为》，载于《金融研究》2019 年第 2 期。

［44］李志冰、杨光艺、冯永昌、景亮：《Fama－French 五因子模型在中国股票市场的实证检验》，载于《金融研究》2017 年第 6 期。

［45］梁琪、李政、郝项超：《我国系统重要性金融机构的识别与监管——基于系统性风险指数 SRISK 方法的分析》，载于《金融研究》2013 年第 9 期。

[46] 林祺：《资本市场效率与资产增长异象——最优投资效应假说 vs. 错误定价假说》，载于《经济学》（季刊）2016 年第 2 期。

[47] 林思涵、陈守东、刘洋：《融资融券非对称交易与股票错误定价》，载于《管理科学》2020 年第 2 期。

[48] 刘星、代彬、郝颖：《高管权力与公司治理效率——基于国有上市公司高管变更的视角》，载于《管理工程学报》2012 年第 1 期。

[49] 刘亚琴：《信任断裂：投资者—基金经理关系对投资者行为的影响》，载于《经济管理》2018 年第 12 期。

[50] 鲁臻、邹恒甫：《中国股市的惯性与反转效应研究》，载于《经济研究》2007 年第 9 期。

[51] 牛建波、吴超、李胜楠：《机构投资者类型、股权特征和自愿性信息披露》，载于《管理评论》2013 年第 3 期。

[52] 潘越、戴亦一、魏诗琪：《机构投资者与上市公司"合谋"了吗：基于高管非自愿变更与继任选择事件的分析》，载于《南开管理评论》2011 年第 2 期。

[53] 彭选华：《基于 DCC – Copula – SV – M – t 模型的股市系统性风险溢出分析》，载于《数理统计与管理》2019 年第 5 期。

[54] 屈满学、王鹏飞：《我国波动率指数预测能力研究——基于隐含波动率的信息比较》，载于《经济问题》2017 年第 1 期。

[55] 盛积良、马永开：《两类不对称对基金风险承担行为的影响研究》，载于《系统工程学报》2008 年第 4 期。

[56] 宋全云、李晓、钱龙：《经济政策不确定性与企业贷款成本》，载于《金融研究》2019 年第 7 期。

[57] 苏治、刘程程、位雪丽：《经济不确定性是否会弱化中国货币政策有效性》，载于《世界经济》2019 年第 10 期。

[58] 唐文进、苏帆：《极端金融事件对系统性风险的影响分析——以中国银行部门为例》，载于《经济研究》2017 年第 4 期。

[59] 陶玲、朱迎：《系统性金融风险的监测和度量——基于中国金融体系的研究》，载于《金融研究》2016 年第 6 期。

[60] 王国刚、董裕平：《中国金融体系改革的系统构想》，载于《经济学动态》2015 年第 3 期。

[61] 王培辉、袁薇：《我国金融机构系统性风险动态监测——基于 CCA 和动态因子 copula 模型的研究》，载于《财经论丛》2017 年第 12 期。

[62] 王雄元、高开娟：《客户集中度与公司债二级市场信用利差》，载于

《金融研究》2017 年第 1 期。

　　[63] 王雄元、张春强、何捷：《宏观经济波动性与短期融资券风险溢价》，载于《金融研究》2015 年第 1 期。

　　[64] 王雄元、张春强：《声誉机制、信用评级与中期票据融资成本》，载于《金融研究》2013 年第 8 期。

　　[65] 王宜峰、王燕鸣：《投资者情绪在资产定价中的作用研究》，载于《管理评论》2014 年第 6 期。

　　[66] 王茵田、朱英姿：《中国股票市场风险溢价研究》，载于《金融研究》2011 年第 7 期。

　　[67] 魏宇：《股票市场的极值风险测度及后验分析研究》，载于《管理科学学报》2008 年第 1 期。

　　[68] 魏志华、吴育辉、李常青：《机构投资者持股与中国上市公司现金股利政策》，载于《证券市场导报》2012 年第 10 期。

　　[69] 徐龙炳、顾力绘：《基金经理逆境投资能力与基金业绩》，载于《财经研究》2019 年第 8 期。

　　[70] 许年行、于上尧、伊志宏：《机构投资者羊群行为与股价崩盘风险》，载于《管理世界》2013 年第 7 期。

　　[71] 杨大楷、王鹏：《盈余管理与公司债券定价——来自中国债券市场的经验证据》，载于《国际金融研究》2014 年第 4 期。

　　[72] 杨国超、盘宇章：《信任被定价了吗？——来自债券市场的证据》，载于《金融研究》2019 年第 1 期。

　　[73] 杨开元、刘斌、王玉涛：《资本市场应计异象：模型误设还是错误定价》，载于《统计研究》2013 年第 10 期。

　　[74] 杨坤、于文华、魏宇：《基于 R-vine copula 的原油市场极端风险动态测度研究》，载于《中国管理科学》2017 年第 8 期。

　　[75] 杨亭亭、黎智滔、李仲飞：《上市公司技术创新能力与股票收益——来自中国资本市场的证据》，载于《当代财经》2017 年第 8 期。

　　[76] 杨晓辉、王裕彬：《基于 GARCH 模型的波动率与隐含波动率的实证分析——以上证 50ETF 期权为例》，载于《金融理论与实践》2019 年第 5 期。

　　[77] 杨炘、陈展辉：《中国股市三因子资产定价模型实证研究》，载于《数量经济技术经济研究》2003 年第 32 期。

　　[78] 杨子晖、陈雨恬、谢锐楷：《我国金融机构系统性金融风险度量与跨部门风险溢出效应研究》，载于《金融研究》2018 年第 10 期。

　　[79] 杨子晖、李东承：《我国银行系统性金融风险研究——基于"去一法"

的应用分析》，载于《经济研究》2018 年第 8 期。

［80］叶五一、缪柏其：《基于动态分位点回归模型的金融传染分析》，载于《系统工程学报》2012 年第 2 期。

［81］叶五一、张浩、缪柏其：《石油和汇率间风险溢出效应分析——基于 MV - CAViaR 模型》，载于《系统工程学报》2018 年第 3 期。

［82］游家兴、吴静：《沉默的螺旋：媒体情绪与资产误定价》，载于《经济研究》2012 年第 7 期。

［83］于静霞、周林：《货币政策、宏观经济对公司债券信用利差的影响研究》，载于《财政研究》2015 年第 5 期。

［84］于文超、梁平汉：《不确定性、营商环境与民营企业经营活力》，载于《中国工业经济》2019 年第 11 期。

［85］袁芳英：《资产收益率的波动对黄金期货风险的影响——基于 GARCH 模型的研究》，载于《湖南农业大学学报》（社会科学版）2013 年第 4 期。

［86］张琛、刘想：《机构投资者影响了高管变更吗——基于非国有企业的经验证据》，载于《山西财经大学学报》2017 年第 12 期。

［87］张纯、吕伟：《机构投资者、终极产权与融资约束》，载于《管理世界》2007 年第 11 期。

［88］张頔、修宗峰：《高管金融背景、债务期限结构与企业研发投入》，载于《财会月刊》2019 年第 13 期。

［89］张占斌、毕照卿：《经济高质量发展》，载于《经济研究》2022 年第 4 期。

［90］赵国庆、王光辉：《资本市场错误定价与企业创新》，载于《商业经济与管理》2019 年第 10 期。

［91］赵进文、张胜保、韦文彬：《系统性金融风险度量方法的比较与应用》，载于《统计研究》2013 年第 10 期。

［92］赵胜民、闫红蕾、张凯：《Fama - French 五因子模型比三因子模型更胜一筹吗——来自中国 A 股市场的经验证据》，载于《南开经济研究》2016 年第 2 期。

［93］赵秀娟、汪寿阳：《基金经理在多大程度上影响了基金业绩？——业绩与个人特征的实证检验》，载于《管理评论》2010 年第 7 期。

［94］郑挺国、刘堂勇：《股市波动溢出效应及其影响因素分析》，载于《经济学》（季刊）2018 年第 2 期。

［95］郑振龙、黄薏舟：《波动率预测：GARCH 模型与隐含波动率》，载于《数量经济技术经济研究》2010 年第 1 期。

［96］周宏、徐兆铭、彭丽华、杨萌萌：《宏观经济不确定性对中国公司债券信用风险的影响》，载于《会计研究》2013 年第 12 期。

［97］周天芸、周开国、黄亮：《机构集聚、风险传染与香港银行的系统性风险》，载于《国际金融研究》2012 年第 4 期。

［98］周小川：《"十一五"时期中国金融业改革发展的成就》，载于《中国金融家》2011 年第 1 期。

［99］周小川：《金融政策对金融危机的响应——宏观审慎政策框架的形成背景、内在逻辑和主要内容》，载于《金融研究》2011 年第 1 期。

［100］周晓敏、刘红霞：《高管变更与企业财务绩效的交互影响——来自 A 股上市公司的经验证据》，载于《商业研究》2018 年第 12 期。

［101］左大勇、陆蓉：《理性程度与投资行为——基于机构和个人基金投资者行为差异研究》，载于《财贸经济》2013 年第 10 期。

［102］Abreu D., Brunnermeier A. M. K. 2003. Brunnermeier. Bubbles and Crashes ［J］. *Econometrica*, 71 (1).

［103］Acharya V., Pedersen L., Philippon T., Richardson M. 2017. Measuring Systemic Risk ［J］. *Rev. Financ. Stud.*, 30: 2 – 47.

［104］Acharya V. V., Richardson M. 2009. Causes of The Financial Crisis ［J］. *Critical Review*, 21 (2 – 3).

［105］Acharya V. V., Viswanathan S. X. 2011. Leverage, Moral Hazard, and Liquidity ［J］. *The Journal of Finance*, 66 (1): 99 – 138.

［106］Acharya V., Engle R., Richardson M. 2012. Capital Shortfall: A New Approach to Ranking and Regulating Systemic Risks ［J］. *The American Economic Review*, 102 (3): 59 – 64.

［107］Acharya V., Pedersen L. H., Philippon T., et al. 2012. Measuring Systemic Risk ［J］. *CEPR Discussion Papers*, 29 (1002): 85 – 119.

［108］Acharya V., Pedersen L., Philippon T., Richardson M. 2010. Measuring Systemic Risk ［R］. NYU Working Paper.

［109］Adler M., Dumas B. 1983. International Portfolio Choice and Corporation Finance: A Synthesis ［J］. *Journal of Finance*, 38 (3): 925 – 984.

［110］Adrian T., Brunnermeier M. K. 2016. Covar ［J］. *American Economic Review*, 106 (7): 1705 – 1741.

［111］Adrian T., Brunnermeier M. 2010. CoVaR ［R］. Staff Report 348, Federal Reserve Bank of New York.

［112］Adrian T., Brunnermeier M. 2010. CoVaR: A Systemic Risk Contribution

Measure [R]. Technical Report, Princeton Univ. , Princeton, NJ.

[113] Adrian T. , Shin H. S. 2009. Money, Liquidity, and Monetary Policy [J]. *American Economic Review*, 99 (2): 600 – 605.

[114] Al Nasser O. M. , Hajilee M. 2016. Integration of Emerging Stock Markets with Global Stock Markets [J]. *Research in International Business and Finance*, 36: 1 – 12.

[115] Alagidede P. , Panagiotidis T. , Zhang X. 2011. Causal Relationship between Stock Prices and Exchange Rates [J]. *The Journal of International Trade & Economic Development*, 20 (1): 67 – 86.

[116] Alessi L. , Detken C. 2009. Real Time Early Warning Indicators for Costly Asset Price Boom/bust Cycles: A Role for Global Liquidity [Z]. ECB Working Paper, No. 1039.

[117] Alexander K. 2015. *The Role of Capital in Supporting Banking Stability* [M]. The Oxford Handbook of Financial Regulation, 334 – 363.

[118] Alfaro R. , Drehmann M. 2009. Macro Stress Tests and Crises: What Can We Learn [J]. *BIS Quarterly Review*, 29 – 41.

[119] Alfaro L. , Asis G. , Chari A. , et al. 2019. Corporate Debt, Firm Size and Financial Fragility in Emerging Markets [J]. *Journal of International Economics*, 118: 1 – 19.

[120] Allen F. , Bernardo A. E. , Welch I. 2000. A Theory of Dividends Based on Tax Clienteles [J]. *The Journal of Finance*, 55 (6): 2499 – 2536.

[121] Allen F. , Gale D. M. 2000. Financial Contagion [J]. *Journal of Political Economy*, 1: 1 – 33.

[122] Almamy J. , Aston J. , Ngwa N. L. 2016. An Evaluation of Altman's Z-score Using Cash Flow Ratio to Predict Corporate Failure Amid the Recent Financial Crisis: Evidence from the UK [J]. *Journal of Corporate Finance*, 36: 278 – 285.

[123] Almeida H. , Campello M. , Laranjeira B. , et al. 2012. Corporate Debt Maturity and the Real Effects of the 2007 Credit Crisis [J]. *Critical Finance Review*, 1.

[124] Altman E. I. 1968. Financial Ratios, Discriminant Analysis and the Prediction of Corporate Bankruptcy [J]. *Journal of Finance*, 23 (4): 589 – 609.

[125] Altman E. I. 1977. Predicting Performance in the Savings and Loan Association Industry [J]. *Journal of Monetary Economics*, 3 (4): 443 – 466.

[126] Altman E. I. , Hartzell J. , Peck M. 1998. *Emerging Market Corporate Bonds – A Scoring System* [M]. Springer US.

［127］An H. , Zhang B. 2013. Stock Price Synchronicity, Crash risk, and Institutional Investors ［J］. *Journal of Corporate Finance*, 21, 1 - 15.

［128］Andersen T. G. , Bollerslev T. , Diebold F. X. , et al. 2001. The distribution of Realized Stock Return Volatility ［J］. *Journal of Financial Economics*, 61 (1): 43 - 76.

［129］Andersen T. G. , Bollerslev T. , Diebold F. X. , et al. 2007. Real-time Price Discovery in Global Stock, Bond and Foreign Exchange Markets ［J］. *Journal of International Economics*, 73 (2): 251 - 277.

［130］Andreou C. , Andreou P. C. , Lambertides N. 2021. Financial Distress Risk and Stock Price Crashes ［J］. *Journal of Corporate Finance*, 101870.

［131］Ando T. , Greenwood - Nimmo M. , Shin Y. 2022. Quantile connectedness: Modeling tail behavior in the topology of financial networks ［J］. *Management Science*, 68 (4): 2401 - 2431.

［132］Ang J. S. , Chen C. R. , Lin J. W. 1998. Mutual Fund Managers' Efforts and Performance ［J］. *The Journal of Investing*, 7 (4): 68 - 75.

［133］Antonakakis N. , Cunado J. , Filis G. , Gabauer D. , De Gracia F. P. 2023. Dynamic Connectedness among the Implied Volatilities of Oil Prices and Financial Assets: New Evidence of the COVID - 19 Pandemic ［J］. *International Review of Economics & Finance*, 83: 114 - 123.

［134］Antonakakis N. , Gabauer D. 2017. Refined Measures of Dynamic Connectedness Based on TVP - VAR ［J］. *MPRA Working Paper*, 78282.

［135］Antonakakis N. , Vergos K. 2013. Sovereign Bond Yield Spillovers in the Euro Zone During the Financial and Debt Crisis ［J］. *Journal of International Financial Markets*, 26: 258 - 272.

［136］Artzner P. , Delbaen F. , Eber J. M. , Heath D. 1999. Coherent Measures of Risk ［J］. *Math Finance*, 9: 203 - 228.

［137］Axelrod R. 1997. The Dissemination of Culture: A Model with Local Convergence and Global Polarization ［J］. *Journal of Conflict Resolution*, 41 (2): 203 - 226.

［138］Bae K. , Karolyi G. A. , Stulz R. M. 2003. A New Approach to Measuring Financial Contagion ［J］. *The Review of Financial Studies*, 16 (3): 717 - 763.

［139］Baker S. R. , Bloom N. , Davis S. J. 2013. Measuring Economic Policy Uncertainty ［J］. *The Quarterly Journal of Economics*, 131 (4).

［140］Balcilar M. , Gabauer D. , Umar Z. 2021. Crude Oil Futures Contracts and Commodity Markets: New Evidence from A TVP – VAR Extended Joint Connectedness Approach [J]. *Resources Policy*, 73, 102219.

[141] Balkema A. A. , De H. L. 1974. Residual Life Time at Great Age [J]. *The Annals of Probability*, 792 – 804.

[142] Balla E. , Ergen I. , Migueis M. , 2014. Tail Dependence and Indicators of Systemic Risk for Large US Depositories [J]. *Journal of Financial Stability*, 15: 195 – 209.

[143] Banulescu G. D, Dumitrescu E. I. 2015. Which Are the Sifis? A Component Expected Shortfall Approach to Systemic Risk [J]. *Journal of Banking & Finance*, 50: 575 – 588.

[144] Banz R. W. 1981. The Relationship Between Return and Market Value of Common Stocks [J]. *Journal of Financial Economics*, 9 (1): 3 – 18.

[145] Bao J. , Pan J. , Wang J. 2012. The Illiquidity of Corporate Bonds [J]. *Journal of Finance*, 66 (3): 911 – 946.

[146] Baruník J. Křehlík T. 2018. Measuring the Frequency Dynamics of Financial Connectedness and Systemic Risk [J]. *Journal of Financial Econometrics*, 16 (2): 271 – 296.

[147] Baruník J. , Kočenda E. , Vácha L. 2016. Asymmetric Connectedness on the US Stock Market: Bad and Good Volatility Spillovers [J]. *Journal of Financial Markets*, 27, 55 – 78.

[148] Baruník J. , Kočenda E. , Vácha L. 2017. Asymmetric Volatility Connectedness on the Forex Market [J]. *Journal of International Money and Finance*, 77: 39 – 56.

[149] Barunik J. , Krehlik T. 2018. Measuring The Frequency Dynamics of Financial Connectedness and Systemic Risk [J]. *Journal of Financial Econometrics*, 16 (2): 271 – 296.

[150] Basel Committee on Banking Supervision (BCBS). 2010. Countercyclical Capital Buffer Proposal, Bis Consult. doc, Bank for International Settlements.

[151] Basel Committee on Banking Supervision. 2011. Global Systemically Important Banks: Assessment Methodology and the Additional Loss Absorbency Requirement [Z]. Bis Consult. Doc, Bank for International Settlements.

[152] Ben – Nasr H. , Cosset J. C. 2014. State Ownership, Political Institutions, and Stock Price Informativeness: Evidence from Privatization [J]. *Journal of Corporate Finance*.

451

［153］ Benoit S. , Colliard J. E. , Hurlin C. , et al. 2017. Where the Risks Lie：A Survey on Systemic Risk ［J］. *Review of Finance*, 21 (1)：109 – 152.

［154］ Benston G. J. , Kaufman G. G. 1997. FDICIA After Five Years ［J］. *Journal of Economic Perspectives*, 11 (3)：139 – 158.

［155］ Bernanke B. 2009. A Letter to Sen. Bob Corke ［J］. *The Wall Street Journal.*

［156］ Bhagat S. , Brickley J. A. , Coles J, L. 1994. The Bosts of Inefficient Bargaining and Financial Distress：Evidence from Corporate Lawsuits ［J］. *Journal of Financial Economics*, 35 (2)：221 – 247.

［157］ Bharath S. T. , Sunder J. , Sunder S. V. 2008. Accounting Quality and Debt Contracting ［J］. *The Accounting Review*, 83 (1)：1 – 28.

［158］ Billio M. , Getmansky M. , Lo A. W. , et al. 2010. Econometric Measures of Systemic Risk in the Finance and Insurance sectors ［R］. National Bureau of Economic Research.

［159］ Billio M. , Getmansky M. , Lo A. W. , Pelizzon L. 2010. Econometric Measures of Systemic Risk in the Finance and Insurance Sectors ［J］. *Social Science Electronic Publishing*, 104 (3)：535 – 559.

［160］ Billio M. , Getmansky M. , Lo A. W. , Pelizzon L. 2012. Econometric Measures of Connectedness and Systemic Risk in the finance and Insurance Sectors ［J］. *Journal of Financial Economics*, 104 (3).

［161］ Bisias D. , Flood M. , Lo A. W. , Valavanis S. 2012. A Survey of Systemic Risk Analytics ［J］. *Annual Review of Financial Economics*, 4 (1).

［162］ Black F. 1986. Noise ［J］. *The Journal of Finance*, 41 (3)：529 – 543.

［163］ Black F. , Scholes M. 1973. The Pricing of Options and Corporate Liabilities ［J］. *Journal of Political Economy*, 81 (3)：637 – 654.

［164］ Blanchard O. 1979. Speculative Bubbles, Crashes and Rational Expectations ［J］. *Economics Letters*, 3 (4)：387 – 389.

［165］ Blanchard O. , Fisher S. 1989. *Lectures on Macroeconomics* ［M］. Cambridge：MIT Press.

［166］ Blanchard O. , Watson M. 1982. Bubbles, Rational Expectations, and Financial Markets ［J］. *Crises in The Economic and Financial Structure*：295 – 315.

［167］ Board F. S. 2009. Report to G20 Finance Ministers and Governors' Guidance to Assess the Systemic Importance of Financial Institutions, Markets and Instruments：Initial Considerations-background Paper ［R］.

［168］ Bollerslev T. 1986. GeneralizedAutoregressive Conditional Heteroscedasticity [J]. *Journal of Econometrics*, 31 (3): 307 – 327.

[169] Bonaime A. , Gulen H. , Ion M. 2018. Does Policy Uncertainty Affect Mergers and Acquisitions? [J]. *Journal of Financial Economics*, 129 (3).

[170] Borio C. 2003. Towards A Macroprudential Framework for Financial Supervision and Regulation [J]. *Cesifo Economic Studies*, 49 (2): 181 – 215.

[171] Borio C. 2006. Monetary and Prudential Policies at A Crossroads? New Challenges in The New Century [J]. *Bank for International Settlements*.

[172] Borio C. 2009. The Macroprudential Approach to Regulation and Supervision [J]. *Bank of France Financial Stability Review*, 9.

[173] *Borio C. 2010. Implementing a Macroprudential Framework: Blending Boldness and Realism Working Paper, Bank for International Settlements, Keynote Address for the BIS – HKMA Research Conference, Hong Kong SAR.*

[174] *Borio C. E. V. 2003. Towards A Macroprudential Framework for Financial Supervision and Regulation? [J]. BIS Working Papers*, 49 (2): 1 – 18.

[175] Borio C. , Drehmann M. 2009. Assessing the Risk of Banking Crises – Revisited [J]. *BIS Quarterly Review*, (2): 29 – 46.

[176] Borio C. , Lowe P. 2004. Securing Sustainable Price Stability: Should Credit Come Back from the Wilderness? [J]. *BIS Working Paper*, 157, Bank for International Settlements.

[177] Borochin P. , Yang J. 2017. The Effects of Institutional Investor Objectives on Firm Valuation and Governance [J]. *Journal of Financial Economics*.

[178] Bose U. , Filomeni S. , Mallick S. K. 2021. Does Bankruptcy Law Improve the Fate of Distressed Firms? The Role of Credit Channels [J]. *Journal of Corporate Finance*, 101836.

[179] Boubakri N. , Chen R. Y. , Ghoul E. S. , Guedhami O. , Nash R. 2020. State Ownership and Stock Liquidity: Evidence from Privatization [J]. *Journal of Corporate Finance*, 65, 101763.

[180] Boubakri N. , Ghoul S. E. , Guedhami O. 2017. The Market Value of Government Ownership [J]. *Journal of Corporate Finance*, 50.

[181] Bouchaud J. P. , Farmer J. D. , Lillo F. 2009. How Markets Slowly Digest Changes in Supply and Demand [A]//Handbook of Financial Markets: Dynamics and Evolution [C]. North – Holland, 57 – 160.

[182] Bougheas S. , Mizen P. , Yalcin C. 2006. Access to external finance: Theory and Evidence on the Impact of Monetary Policy and Firm-specific Characteristics

[J]. *Journal of Banking & Finance*, 30 (1): 199 – 227.

[183] Boyd J. H. and Gertler M., 1994. Are Banks Dead? [J]. *The Region*, 8 (Sep): 22 – 26.

[184] Brickley J. A., Lease R. C., Smith Jr. C. W. 1988. Ownership Structure and Voting on Antitakeover Amendments [J]. *Journal of Financial Economics*, 20: 267 – 291.

[185] Britten – Jones M., Neuberger A. 2000. Option Prices, Implied Price Processes, and Stochastic Volatility [J]. *The Journal of Finance*.

[186] Brown S., Dutordoir M., Veld C., Merkoulova Y. V. 2019. What Is the Role of Institutional Investors in Corporate Capital Structure Decisions? A Survey Analysis [J]. *Journal of Corporate Finance*, 58: 270 – 286.

[187] Brownlees C., Robert E. 2011. Volatility, Correlation and Tails for Systemic Risk, Measurement [R]. NYU – Stern Working Paper.

[188] Brunnermeier M., Crockett A., Goodhart C. A., Persaud A., Shin H. S. 2009. The Fundamental Principles of Financial Regulation [R]. Geneva: ICMB, Internat. Center for Monetary and Banking Studies.

[189] Caballero R. J., Krishnamurthy A. 2006. Bubbles and Capital Flow Volatility: Causes and Risk Management [J]. *Journal of Monetary Economics*, 53 (1): 33 – 53.

[190] Cao C., Iliev P., Velthuis R. 2017. Style Drift: Evidence from Small – Cap Mutual Funds [J]. *Journal of Banking & Finance*, 78, 42 – 57.

[191] Capuano C. 2008. The Option-iPoD. The Probability of Default Implied by Option Prices Based on Entropy [R]. IMF Working Paper 08/194, International Monetary Fund.

[192] Carhart M. M. 1997. On Persistence in Mutual Fund Performance [J]. *Journal of Finance*, 1997.

[193] Caruana J. 2010. Macroprudential Policy: Could It Have Been Different this Time [Z]. Speech at the People's Bank of China Seminar on Macroprudential Policy.

[194] Chabi – Yo F., Ruenzi S., Weigert F., 2016. Crash Sensitivity and The Cross – Section of Expected Stock Returns [R]. Working Papers on Finance.

[195] Chahine S., Arthurs J. D., Filatotchev I. 2012. The Effects of Venture Capital Syndicate Diversity on Earnings Management and Performance of IPOs in the US and UK: An Institutional Perspective [J]. *Journal of Corporate Finance*, 18 (1).

[196] Chan N., Getmansky M., Haas S. M., Lo A. W. 2006. Do Hedge Funds

资本市场的系统性风险测度与防范体系构建研究

Increase Systemic Risk? [J]. *Economic Review – Federal Reserve Bank of Atlanta*, 91 (4): 49.

[197] Chang E. C., Wong S. M. 2009. Governance with Multiple Objectives: Evidence from Top Executive Turnover in China [J]. *Journal of Corporate Finance*, 15 (2): 230 – 244.

[198] Chan – Lau J. A. 2009. Default Risk Codependence in The Global Financial System: Was The Bear Stearns Bailout Justified? [J]. *Lau*, 8.

[199] Chan – Lau J. A., Espinosa M., Giesecke K., Solé J. A. 2009. Assessing the Systemic Implications of Financial Linkages [R]. IMF Global Financial Stability Report.

[200] Chatziantoniou I., Gabauer D. 2021. EMU Risk – Synchronisation and Financial Fragility Through the Prism of Dynamic Connectedness [J]. *The Quarterly Review of Economics and Finance*, 79: 1 – 14.

[201] Chen H., Xu Y., Yang J. 2013. Systematic Risk, Debt Maturity, and the Term Structure of Credit Spreads [J]. *Social Science Electronic Publishing*.

[202] Chen L., Lesmond D. A., Wei J. 2007. Corporate Yield Spreads and Bond Liquidity [J]. *Journal of Finance*, 62 (1): 119 – 149.

[203] Chen X., Harford J., Li K. 2007. Monitoring: Which Institutions Matter? [J]. *Journal of Financial Economics*, 86 (2): 279 – 305.

[204] Chevalier J., Ellison G. 1999. Career Concerns of Mutual Fund Managers [J]. *The Quarterly Journal of Economics*, 114 (2): 389 – 432.

[205] Chevallier J., Ielpo F. 2013. Volatility Spillovers in Commodity Markets [J]. *Applied Economics Letters*, 20 (13): 1211 – 1227.

[206] Chi Q., Li W. 2017. Economic Policy Uncertainty, Credit Risks and Banks' Lending Decisions: Evidence from Chinese Commercial Banks [J]. *China Journal of Accounting Research*, 10 (1): 33 – 50.

[207] Chinazzi M., Davis J. T., Ajelli M., Gioannini C., Litvinova M., Merler S., Pastore Y., Piontti A., Mu K., Rossi L., Sun K., Viboud C., Xiong X., Yu H., Elizabeth Halloran M., Longini I. M., & Vespignani A. (2020). The effect of travel restrictions on the spread of the 2019 novel coronavirus (COVID – 19) outbreak [J]. *Science* (American Association for the Advancement of Science), 368 (6489): 395 – 400.

[208] Chou D. W., Huang P. C., Lai C. W. 2015. New Mutual Fund Managers: Why Do They Alter Portfolios? [J]. *Journal of Business Research*.

［209］Chow K. V. , Jiang W. , Li J. 2020. Does VIX Truly Measure Return Volatility? ［J］. *World Scientific Book Chapters.*

［210］Christiansen C. , Ranaldo A. 2005. Realized Bond – Stock Correlation：Macroeconomic Announcement Effects ［J］. *Finance Research Group Working Papers*, 27 （5）：439 – 469.

［211］Chua A. , Tam O. K. 2020. The Shrouded Business of Style Drift in Active Mutual Funds ［J］. *Journal of Corporate Finance*, Forthcoming.

［212］Chua A. , Tam O. K. 2020. The Shrouded Business of Style Drift in Active Mutual Funds ［J］. *Journal of Corporate Finance.*

［213］Claessens S. , Djankov S. , Fan J. P. , Lang L. H. 2002. Disentangling the Incentive and Entrenchment Effects of Large Shareholdings ［J］. *The Journal of Finance*, 57 （6）：2741 – 2771.

［214］Collet J. , Ielpo F. Sector Spillovers in Credit Markets ［J］. *Journal of Banking and Finance*, 94：267 – 278.

［215］Connolly R. A. , Wang F. A. 1999. International Equity Market Comovements：Economic Fundamentals or Contagion? ［J］. *Pacific – Basin Finance Journal*, 11 （1）：23 – 43.

［216］Cover T. M. , Thomas J. A. 2006. Elements of Information Theory Second Edition Solutions to Problems ［J］. *Internet Access*, 19 – 20.

［217］Dai Z. , Zhu J. , Zhang X. 2022. Time – Frequency Connectedness and Cross – Quantile Dependence between Crude Oil, Chinese Commodity Market, Stock Market and Investor Sentiment ［J］. *Energy Economics*, 114, 106226.

［218］Dale G. , Andy J. 2009. Using The CCA Framework to Estimate Potential Losses and Implicit Government Guarantees to U. S. Banks ［J］. *Draft Technical Note.*

［219］Dangl T. , Zechner J. 2016. Debt Maturity and the Dynamics of Leverage ［R］. Cfs Working Paper.

［220］Danielsson J. , Haan L. D. , Peng L. , et al. 2001. Using A Bootstrap Method To Choose The Sample Fraction in Tail Index Estimation ［J］. *Journal of Multivariate Analysis*, 76 （2）：226 – 248.

［221］Davis E. , Karim D. 2010. Macroprudential Regulation – The Missing Policy Pillar ［J］. *National Institute Economic Review*, 211 （1）：3.

［222］De Bandt O. , Hartmann P. 2000. Systemic Risk：A Survey ［R］. Working Paper No. 35. European Central Bank.

［223］De Haan L. , Jansen D. W. , Koedijk K. , et al. 1994. *Safety First Portfo-*

lio Selection, *Extreme Value Theory and Long Run Asset Risks* ［M］. Dordrecht: Kluwer Academic Publishers, 471 – 487.

［224］ Dean W. G. , Faff R. W. , Loudon G. F. 2010. Asymmetry in Return and Volatility Spillover between Equity and Bond Markets in Australia ［J］. *Pacific – Basin Finance Journal*, 180 (3).

［225］ Del Negro. M. , Primiceri G. E. 2015. Time Varying Structural Vector Autoregressions and Monetary Policy: A Corrigendum ［J］. *Review of Economic Studies*, 82: 1342 – 1345.

［226］ DeMarzo P. M. , He Z. 2021. Leverage Dynamics without Commitment ［J］. *The Journal of Finance*, 76 (3): 1195 – 1250.

［227］ Demeterfi K. , Derman E. , Kamal M. , et al. 1999. A Guide to Volatility and Variance Swaps ［J］. *Journal of Derivatives*, 6 (4): 9 – 32.

［228］ Demirer M. , Diebold F. X. , Liu L. Yilmaz K. 2018. Estimating Global Bank Network Connectedness ［J］. *Journal of Applied Econometrics*, 33 (1): 1 – 15.

［229］ Di Maggio M. , Kermani A. , Song Z. 2017. The value of trading relations in turbulent times ［J］. *Journal of Financial Economics*, 124 (2): 266 – 284.

［230］ Diamond D. 1991. Debt Maturity and Liquidity Risk ［J］. *Quarterly Journal of Economics*, 106: 709 – 737.

［231］ Diamond D. W. , He Z. 2014. A Theory of Debt Maturity: The Long and Short of Debt Overhang ［J］. *The Journal of Finance*, 69 (2): 719 – 762.

［232］ Diba B. , Grossman H. 1988. The Theory of Rational Bubbles in Stock Prices ［J］. *Economic Journal*, 98 (392): 746 – 754.

［233］ Dicks D. L. , Fulghieri P. 2019. Uncertainty Aversion and Systemic Risk ［J］. *The Journal of Political Economy*, 127 (3): 1118 – 1155.

［234］ Diebold F. X. , Yilmaz K. 2009. Measuring Financial Asset Return and Volatility Spillovers, with Application to Global Equity Markets ［J］. *The Economic Journal*, 119 (534): 158 – 171.

［235］ Diebold F. X. , Yilmaz K. 2012. Better to Give Than to Receive: Predictive Directional Measurement of Volatility Spillovers ［J］. *International Journal of Forecasting*, 28 (1): 57 – 66.

［236］ Diebold F. X. , Yilmaz K. 2014. On The Network Topology of Variance Decompositions: Measuring the Connectedness of Financial Firms ［J］. *Journal of Econometrics*, 182 (1): 119 – 134.

［237］ Diebold F. X. , Yilmaz K. 2016. Trans – Atlantic Equity Volatility Connectedness：U. S. and European Financial Institutions, 2004 – 2014 ［J］. *Journal of Financial Econometrics*, 14（1）：81 – 127.

［238］Draisma G. H. , Drees A. , Ferreira L. , and Haan, De. 2004. Bivariate Tail Estimation：Dependence in Asymptotic Independence ［J］. *Bernoulli*, 10（2）：251 – 280.

［239］Duffie D. , 2011. *Dark Markets：Asset Pricing and Information Transmission in Over-the-counter Markets*（Vol. 6）［M］. Princeton University Press.

［240］European Central Bank. 2009. Financial Stability Review. December, Frankfurt am Main：European Central Bank.

［241］Ehrmann M. , Fratzscher M. , Rigobon R. 2011. Stocks, Bonds, Money Markets and Exchange Rates：Measuring International Financial Transmission ［J］. *Journal of Applied Econometrics*, 26（6）：948 – 974.

［242］Eisfeldt A. L. , Kuhnen, C. M. 2013. CEO Turnover in a Competitive Assignment Framework ［J］. *Journal of Financial Economics*, 109（2）：351 – 372.

［243］Elkamhi R. , Ericsson J. , Parsons C. A. 2012. The Cost and Timing of Financial Distress ［J］. *Journal of Financial Economics*, 105（1）：62 – 81.

［244］Elnahas A. M. , Hassan M. K. , Ismail G. M. 2016. Religion and Ratio Analysis：Towards an Islamic Corporate liquidity Measure ［J］. *Emerging Markets Review*, 30（3）：42 – 65.

［245］Emilia G. A. 2018. Financial Distress and Competitors' Investment ［J］. *Journal of Corporate Finance*, 51：182 – 209.

［246］Engle, Robert F. , Manganelli S. 2004. CAViaR：Conditional Autoregressive Value at Risk by Regression Quantiles ［J］. *Journal of Business & Economic Statistics*, 22.

［247］Evan D. , Qie E. Y. 2018 Financial Distress, Refinancing, and Debt Structure ［J］. *Journal of Banking & Finance*, 94：185 – 207.

［248］Evans G. 1991. Pitfalls in Testing for Explosive Bubbles in Asset Prices ［J］. *American Economic Review*, 31（9）：922 – 930.

［249］Fama E. F. 1980. Agency Problems and the Theory of the Firm ［J］. *Journal of Political Economy*, 88（2）：288 – 307.

［250］Fama E. F. , French K. R. 1993. Common Risk Factors in the Returns on Stocks and Bonds ［J］. *Journal of Financial Economics*, 33（1）：3 – 56.

［251］Fama E. F. , French K. R. 2008. Dissecting Anomalies ［J］. *The Journal of Finance*, 63（4）：1653 – 1678.

［252］Fama E. F. , French K. R. 2015. A Five-factor Asset Pricing Model ［J］. *Journal of Financial Economics*, 116 (1): 1 –22.

［253］Fama E. F. , French K. R. 1993. Common Risk Factors in the Returns on Stocks and Bonds ［J］. *Journal of Financial Economics*, 33 (1): 3 –56.

［254］Farmer J. D. , Foley D. 2009. The Economy Needs Agent-based Modelling ［J］. *Nature*, 460 (7256): 685 –686.

［255］Feldman R. J. , Lueck M. 2007. Are Banks Really Dying this Time? ［J］. *The Region*, 21 (Sep): 6 –9.

［256］Fender I. , McGuire P. 2010. Bank Structure, Funding Risk and the Transmission of Shocks Across Countries: Concepts and Measurement ［J］. *BIS Quarterly Review*, September.

［257］Financial Stability Board. 2019. Evaluation of too-big-to-fail reforms: Lessons for the COVID –19 pandemic ［Z］. Available at https: //www. fsb. org/2020/09/ evalualtion-of-to-big-to-fail-reforms-lessons-for-the-covid –19 –pandemic/.

［258］Fk A. 2021. To Change or Not to Change? The CDS Market Response of Firms on Credit Watch ［J］. *Journal of Banking & Finance*.

［259］Froot K. A. , Obstfeld M. 1991. Intrinsic Bubbles: The Case of Stock Prices ［J］. *American Economic Review*, 81 (5): 1189 –1214.

［260］Galagedera D. U. , Watson J. , Premachandra I. M. , Chen Y. 2016. Modeling Leakage in Two-stage DEA Models: An Application to US Mutual Fund Families ［J］. *Omega*, 61: 62 –77.

［261］Gao L. , Wang Y. , Zhao J. 2017. Does Local Religiosity Affect Organizational Risk –Taking? Evidence from The Hedge Fund Industry ［J］. *Journal of Corporate Finance*, 47: 1 –22.

［262］Geanakoplos J. 2010. The Leverage Cycle ［J］. *NBER Macroeconomics Annual*, 24 (1): 1 –66.

［263］Gennaioli N. , Shleifer A. , Vishny R. 2015. Money Doctors ［J］. *The Journal of Finance*, 70 (1).

［264］Getmansky M. , Lo A. W. , Makarov I. 2004. An Econometric Model of Serial Correlation and Illiquidity in Hedge Fund Returns ［J］. *Journal of Financial Economics*, 74 (3): 529 –609.

［265］Ghaly M. , Dang V. A. , Stathopoulos K. 2020. Institutional Investors' Horizons and Corporate Employment Decisions ［J］. *Journal of Corporate Finance*, 101634.

［266］Godlewski C. J. 2020. How Legal and Institutional Environments Shape the Private Debt Renegotiation Process? ［J］. *Journal of Corporate Finance*, 62.

［267］Gopalan R. , Song F. , Yerramilli V. 2014. Debt Maturity Structure and Credit Quality ［J］. *Social Science Electronic Publishing*, 49 （4）.

［268］Gopinath S. 2011. Macro Prudential Approach to Regulation – Scope and Issues ［J］. *The Journal of Economic Perspectives*, 25 （1）: 3 – 28.

［269］Gorton G. , Metrick A. , Shleifer A. , Tarullo D. K. 2010. Regulating the Shadow Banking System ［J］. *Brookings Papers on Economic Activity*, 261 – 312.

［270］Grant E. , Yung J. 2021. The double-edged sword of global integration: Robustness, fragility, and contagion in the international firm network ［J］. *Journal of Applied Econometrics* （Chichester, England）, 36 （6）: 760 – 783.

［271］Gray D. , Jobst A. 2010. Systemic CCA – A Model Approach to Systemic Risk. Technische Universität Dresden Conference: Beyond the Financial Crisis: Systemic Risk, Spillovers and Regulation.

［272］Gray D. F. , Jobst A. A. 2010. New Directions in Financial Sector and Sovereign Risk Management ［J］. *Journal of Investment Management*, First Quarter.

［273］Greenwood – Nimmo M. J. , Huang J. , Nguyen V. H. 2019. Financial Sector Bailouts, Sovereign Bailouts, and The Transfer of Credit Risk ［J］. *Financial Markets*, 42: 121 – 142.

［274］Grice J. S. , Ingram R. W. 2001. Tests of the Generalizability of Altman's Bankruptcy Prediction Model ［J］. *Journal of Business Research*, 54 （1）: 53 – 61.

［275］Grinblatt M. , Titman S. 1993. Performance Measurement without Benchmarks: An Examination of Mutual Fund Returns ［J］. *The Journal of Business*, 66 （1）: 47 – 68.

［276］Grossman S. J. , Hart O. D. 1980. Takeover Bids, the Free-rider Problem, and the Theory of the Corporation ［J］. *The Bell Journal of Economics*, 42 – 64.

［277］Gulen H. , Ion M. 2015. Policy Uncertainty and Corporate Investment ［J］. *Review of Financial Studies*, 29 （3）.

［278］Hamilton J. D. 1989. A New Approach to the Economic Analysis of Nonstationary Time Series and The Business Cycle ［J］. *Econometrica*, 57 （2）: 357 – 384.

［279］Hamilton J. D. 1994. *Time Series Analysis* ［M］. Princeton, N. J. : Princeton University.

［280］Harford J. , Klasa S. , Maxwell W. F. 2014. Refinancing Risk and Cash Holdings ［J］. *Journal of Finance*, 69 （3）: 975 – 1012.

［281］ Hartmann P. , Straetmans S. , and De Vries C. G. 2006. Banking System Stability: A Cross – Atlantic Perspective ［J］. *Social Science Electronic Publishing*, 133 – 193.

［282］ Hartzell J. C. , Starks L. T. 2003. Institutional Investors and Executive Compensation ［J］. *The Journal of Finance*, 58 （6）: 2351 – 2374.

［283］ Hashem H. , Shin P. Y. 1998. Generalized Impulse Response Analysis in Linear Multivariate Models ［J］. *Economics Letters*.

［284］ He F. , Hao J. , Tan D. K. , et al. 2022. Chinese Financial Markets Connectednes and Systemic Risk Identification ［J］. *Systems Engineering – Theory & Practice*, 42 （2）: 289 – 305.

［285］ He Z. , Milbradt K. 2014. Endogenous Liquidity and Defaultable bonds ［J］. *Econometrica*, 82 （4）: 1443 – 1508.

［286］ He Z. , Xiong W. 2012. Rollover Risk and Credit Risk ［J］. *The Journal of Finance*, 67: 391 – 430.

［287］ Herrmann U, Scholz Z. 2013. Short-term Persistence in Hybrid Mutual Fund Performance: The Role of Style-shifting Abilities ［J］. *Journal of Banking & Finance*.

［288］ Herrmann U. , Rohleder M. , Scholz H. 2016. Does Style-shifting Activity Predict Performance? Evidence from Equity Mutual Funds ［J］. *The Quarterly Review of Economics and Finance*, 2: 112 – 130.

［289］ Hill and Bruce M. 1975. A Simple General Approach to Inference About the Tail of A Distribution ［J］. *The Annals of Statistics*, 3 （5）: 1163 – 1174.

［290］ Hirshleifer D. , Hsu P. H. , Li D. 2013. Innovative Efficiency and Stock Returns ［J］. *Journal of Financial Economics*, 107 （3）: 632 – 654.

［291］ Hirtle B. , Schuermann T. , Stiroh K. J. 2009. Macroprudential Supervision of Financial Institutions: Lessons from the SCAP ［R］. FRB of New York Staff Report, 409.

［292］ Hong C. Y. 2016. Mutual Fund Disproportionate Portfolio Adjustment. Available at SSRN 2774595.

［293］ Hong H. , Stein J. C. 2003. Differences of Opinion, Short – Sales Constraints, and Market Crashes ［J］. *Review of Financial Studies*, 16 （2）: 487 – 525.

［294］ Hou K. , Xue C. , Zhang L. 2015. Digesting Anomalies: An Investment Approach ［J］. *The Review of Financial Studies*, 28 （3）: 650 – 705.

［295］ Hsiou W. L. , William et al. 2016. Modeling Default Prediction with Earnings Management [J]. *Pacific Basin Finance Journal*, 40: 306 – 322.

[296] Hu X., Pan J., et al. 2010. Noise as Information for Illiquidity [R]. NBER Working Paper, No. 16468.

[297] Hua C., Dayong H., Yan L. 2020. Corporate Disclosure Quality and Institutional Investors' Holdings During Market Downturns [J]. *Journal of Corporate Finance*, 60.

[298] Huang D., Pan Y., Liang J. Z. 2013. Cascading Failures in Bipartite Coupled Map Lattices [J]. *Applied Mechanics & Materials*, 198 – 199, 1810 – 1814.

[299] Huang X., Zhou H., et al. 2009. Assessing The Systemic Risk of a Heterogeneous Portfolio of Banks During the Recent Financial Crisis [R]. Federal Reserve Board Finance and Economics Discussion Series, No. 44.

[300] Huson M. R., Parrino R., Starks L. T. 2001. Internal Monitoring Mechanisms and CEO Turnover: A Long-term Perspective [J]. *The Journal of Finance*, 56 (6): 2265 – 2297.

[301] International Monetary Fund. 2013. Key Aspects of Macroprudential Policy. IMF Policy Paper, June, Washington: International Monetary Fun.

[302] Idezorek T. M., Bertsch F. 2004. The Style Drift Score [J]. *The Journal of Portfolio Management*, 31 (1): 76 – 83.

[303] Imbierowicz B., Rauch C. 2014. The Relationship Between Liquidity Risk and Credit Risk in Banks [J]. *Journal of Banking & Finance*.

[304] IMF. 2009. Global Stability Report – Responding toThe Financial Crisis and Measuring Systemic Risks [R]. Working Paper.

[305] Jegadeesh N., Titman S. 1993. Returns to Buying Winners and Selling Losers: Implications for Stock Market Efficiency [J]. *Journal of Finance*, 48 (1): 65 – 91.

[306] Jensen M. C. 1968. The Performance of Mutual Fund in The Period of 1945 – 1946 [J]. *The Journal of Finance*, 23: 389 – 416.

[307] Jensen Michael. C. 1968. The Performance of Mutual Fund in the Period of 1945 ~ 1946 [J]. *The Journal of Finance*, 23: 389 – 416.

[308] Jiang F., Qi X., Tang G. 2018. Q-theory, Mispricing, and Profitability Premium: Evidence from China [J]. *Journal of Banking & Finance*, 87: 135 – 149.

[309] Jiang F., Zhan J., Kim K. A. 2020. Capital Markets, Financial Institutions, and Corporate Finance in China [J]. *Journal of Corporate Finance*.

[310] Jiang G J., Tian Y. S. 2007. Extracting Model – Free Volatility from Op-

tion Prices〔J〕. *Journal of Derivatives*, 14（3）: 35 - 60.

〔311〕Jiang G. J., Liu C. 2021. Getting on Board: The Monitoring Effect of Institutional Directors〔J〕. *Journal of Corporate Finance*, 101865.

〔312〕Jiang G. J., Tian Y. S. 2005. The Model - Free Implied Volatility and Its Information Content〔J〕. *Review of Financial*, 4（18）: 1305 - 1342.

〔313〕Jiang X., Packer F. 2017. Credit Ratings of Domestic and Global Agencies: What Drives the Differences in China and how are They Priced?〔R〕. BIS Working Papers.

〔314〕Jie C., Cesari A. D., Hill P. 2017. Initial Compensation Contracts for New Executives and Financial Distress Risk: An Empirical Investigation of UK Firms〔J〕. *Journal of Corporate Finance*, 48.

〔315〕Jorion P. 1996. *Value at Risk: A New Benchmark for Measuring Derivatives Risk*〔M〕. Irwin Professional Publishers.

〔316〕Jostarndt P., Sautner Z. 2008. Financial Distress, Corporate Control, and Management Turnover〔J〕. *Journal of Banking & Finance*, 32（10）: 2188 - 2204.

〔317〕Kacperczyk M., Sialm C., Zheng L. U. 2005. On the Industry Concentration of Actively Managed Equity Mutual Funds〔J〕. *Journal of Finance*, 60（4）: 1983 - 2011.

〔318〕Kapadia S., Drehmann M., Elliott J., Sterne G. 2012. *Liquidity Risk, Cash Flow Constraints, and Systemic Feedbacks*〔M〕. In Quantifying Systemic Risk, University of Chicago Press.

〔319〕Kaufman G. 1999. Helping to Prevent Banking Crises: Taking The "State" Out of State Banks〔J〕. *Review of Pacific Basin Financial Markets and Policies*, 2（1）.

〔320〕Kelly B. T., and Jiang H., 2014. Tail Risk and Asset Prices〔J〕. *Social Science Electronic Publishing*, 27（10）: 2741 - 2871.

〔321〕Khandani A. E., Kim A. J., Lo A. W. 2010. Consumer Credit-risk Models Via Machine-learning Algorithms〔J〕. *Journal of Banking & Finance*, 34（11）: 2767 - 2787.

〔322〕Khandani A. E., Lo A. W., et al. 2009. Systemic Risk and the Refinancing Ratchet Effect〔R〕. NBER Working Paper, No. 15362.

〔323〕Khorana A. 2001. Performance Changes following Top Management Turnover: Evidence from Open - End Mutual Funds〔J〕. *Journal of Financial and Quantitative Analysis*, 36（3）.

［324］ King M. A. ， Wadhwani S. 1990. Transmission of Volatility between Stock markets ［J］. *Review of Financial Studies*， 3 （1）: 5 – 33.

［325］ Kisgen D. J. 2006. Bond Ratings and Capital Structure ［J］. *Journal of Finance*， 61 （3）: 1035 – 1072.

［326］ Kocherlakota N. R. 2010. Econometric Policy Evaluation: A Critique ［J］. *Monetary Economics*， 164 – 174.

［327］ Kodres L. E. ， Pritsker M. 2003. A Rational Expectations Model of Financial Contagion ［J］. *The Journal of Finance*， 57 （2）: 769 – 799.

［328］ Koenker R. ， Bassett G. 1978. Quantile Regressions ［J］. *Econometrica*， 46 （1）: 33 – 50.

［329］ Koh S. K. ， Durand R. B. ， Dai L. 2015. Financial Distress: Lifecycle and Corporate Restructuring ［J］. *Journal of Corporate Finance*， 33: 19 – 33.

［330］ Koopman S. J. ， Scharth M. 2013. The Analysis of Stochastic Volatility in The Presence of Daily Realized Measures ［J］. *Journal of Financial Econometrics*， 11 （1）.

［331］ Kritzman M. ， Li Y. 2010. Skulls， Financial Turbulence， and Risk Management ［J］. *Financial Analysts Journal*， 66 （5）: 30 – 41.

［332］ Kritzman M. ， Li Y. ， Page S. ， Rigobon R. 2010. Principal Components as a Measure of Systemic Risk ［Z］. Revere Street Working Paper Series: Financial Economics， 272 – 228.

［333］ Kullback S. ， Leibler R. A. 1951. On Information and Sufficiency ［J］. *The Annals of Mathematical Statistics*， 22 （1）: 79 – 86.

［334］ Kupiec P. H. 1995. Techniques for Verifying the Accuracy of Risk Measurement Models. Division of Research and Statistics， Division of Monetary Affairs ［J］. *Federal Reserve Board*， 95 （24）.

［335］ Kupiec P. H. 1995. Techniques for Verifying the Accuracy of Risk Measurement Models ［J］. *Finance & Economics Discussion*， 3 （2）: 73 – 84.

［336］ Kurniawan M. ， How J. ， Verhoeven P. 2016. Fund Governance and Style Drift ［J］. *Pacific – Basin Finance Journal*， 40: 59 – 72.

［337］ Kyle A. 1985. Continuous Auctions and Insider Trading ［J］. *Econometrica*， 53 （6）: 1315 – 1335.

［338］ Lasfer M. A. ， Melnik A. ， Thomas D. C. 2003. Short-term reaction of stock markets in stressful circumstances ［J］. *Journal of Banking & Finance*， 27 （10）: 1959 – 1977.

［339］ Leland H. E. , Tofts K. B. 1996. Optimal Capital Structure, Endogenous Bankruptcy, and the Term Structure of Credit Spreads ［J］. *The Journal of Finance*, 51 (3).

［340］ Levy C. S. , Kenett D. Y. , Avakian A. , Stanley H. E. , Havlin S. 2015. Dynamical Macroprudential Stress Testing Using Network Theory ［J］. *Journal of Banking & Finance*, 59: 164 – 181.

［341］ Li W. L. , Zheng K. 2020. Rollover Risk and Managerial Cost Adjustment Decisions ［J］. *Accounting and Finance*, 60 (3): 2843 – 2878.

［342］ Lian Y. 2017. Financial Distress and Customer – Supplier Relationships ［J］. *Journal of Corporate Finance*, 43: 397 – 406.

［343］ Liang D. , Tsai C. F. , Lu H. 2020. Combining Corporate Governance Indicators with Stacking Ensembles for Financial Distress Prediction ［J］. *Journal of Business Research*, 120: 137 – 146.

［344］ Lin S. , Chen S. 2021. Dynamic Connectedness of Major Financial Markets in China and America ［J］. *International Review of Economics & Finance*, 75: 646 – 656.

［345］ Lintner J. 1965. Security Prices, Risk, and Maximal Gains from Diversification ［J］. *The Journal of Finance*, 20 (4): 587 – 615.

［346］ Liow K. H. , Huang Y. 2018. The Dynamics of Volatility Connectedness in International Real Estate Investment Trusts ［J］. *Journal of International Financial Markets*, 55: 195 – 210.

［347］ Liu J. Y. , Wang Z. P. , Zhu W. X. 2021. Does Privatization Reform Alleviate Ownership Discrimination? Evidence from the Split-share Structure Reform in China ［J］. *Journal of Corporate Finance*, 66.

［348］ Livingston M. , Yao P. , Zhou L. 2019. The Volatility of Mutual Fund Performance ［J］. *Journal of Economics and Business*, 104.

［349］ Ljung G. , Box G. 1978. On a Measure of Lack of Fit in Time Series Models ［J］. *Biometrika*, 65: 297 – 303.

［350］ Lo A. W. , MacKinlay A. C. 1988. Stock Market Prices Do Not Follow Random Walks: Evidence from a Simple Specification Test ［J］. *The Review of Financial Studies*, 1 (1): 41 – 66.

［351］ Long J. B. D. , Shleifer A. , Summers L. H. , et al. 1990. Noise Trader Risk in Financial Markets ［J］. *J. Bradford De Long's Working Papers*, 98 (4): 703 – 738.

［352］ Loutskina E. , Strahan P. E. 2009. Securitization and the Declining Impact of Bank Finance on Loan Supply: Evidence from Mortgage Originations ［J］. *The Journal of Finance*, 64 (2): 861 – 889.

［353］ Lucas Jr. R. E. 1976. Econometric Policy Evaluation: A Critique ［Z］. In Carnegie – Rochester Conference Series on Public Policy, North – Holland.

［354］ Mandelbrot B. , 1963. The Variation of Certain Speculative Prices ［J］. *The Journal of Business*, 36 (4): 394 – 419.

［355］ Mangena M. , Priego A. M. , Manzaneque M. 2020. Bank Power, Block Ownership, Boards and Financial Distress Likelihood: An Investigation of Spanish Listed Firms ［J］. *Journal of Corporate Finance*, 64.

［356］ Mantegna R. , Stanle E. 2000. An Introduction to Econophysics: Correlations and Complexity in Finance ［M］. Cambridge University Press, Cambridge, UK.

［357］ Marco D. N. , Giorgio E. P. 2015. Time Varying Structural Vector Autoregressions and Monetary Policy: A Corrigendum ［J］. *The Review of Economic Studies*, 82 (4): 1342 – 1345.

［358］ Martin K. J. , McConnell J. J. 1991. Corporate Performance, Corporate Takeovers, and Management Turnover ［J］. The Journal of Finance, 46 (2): 671 – 687.

［359］ Maturana G. , Nickerson J. 2020. Real Effects of Workers' Financial Distress: Evidence from Teacher Spillovers ［J］. *Journal of Financial Economics*, 136.

［360］ Mauro, Oliveira. , Palani, . R. 2017. Effects of Customer Financial Distress on Supplier Capital Structure ［J］. *Journal of Corporate Finance*, 42: 131 – 149.

［361］ McClelland D. C. 1973. Testing for Competence Rather Than for "Intelligence" ［J］. *The American psychologist*, 28 (1).

［362］ Mensi W. , Aslan A. , Vo X. V. , Kang S. H. 2023. Time – Frequency Spillovers and Connectedness between Precious Metals, Oil Futures and Financial Markets: Hedge and Safe Haven Implications. International Review of Economics & Finance, 83: 219 – 232.

［363］ Merton R. 1973. Theory of Rational Option Pricing ［J］. *Journal of Economics and Management Science*, 4 (1): 141 – 183.

［364］ Merton R. C. 1975. On the Pricing of Corporate Debt: The Risk Structure of Interest Rates ［J］. *The Journal of Finance*, 29 (2): 449 – 470.

［365］ Merton R. C. , Bodie Z. 1993. Deposit Insurance Reform: A Functional Approach ［R］. In Carnegie – Rochester Conference Series on Public Policy, North – Holland.

［366］ Mian A. , Santos J. 2012. Liquidity Risk and Maturity Management Over the Credit Cycle ［J］. *Journal of Financial Economics*, 127 （2）: 264 – 284.

［367］ Mishkin F. S. 2007. Is Financial Globalization Beneficial ［J］. *Journal of Money*, *Credit and Banking*, 39 （2 – 3）: 259 – 294.

［368］ Morgan J. P. 1996. Risk Metrics ［J］. *Technical*, 11.

［369］ Moussa A. , 2011. Contagion and Systemic Risk in Financial Networks ［Z］. Columbia University.

［370］ Murthi B. P. S. , Choi Y. K. , Desai P. 1997. Efficiency of Mutual Funds and Portfolio Performance Measurement: A Non-parametric Approach ［J］. *European Journal of Operational Research*, 98 （2）: 408 – 418.

［371］ Nelson D. B. 1991. Conditional Heteroskedasticity in Asset Returns: A New Approach ［J］. *Econometrica*.

［372］ Nofsinger J. R. , Sulaeman J. , Varma A. 2019, Institutional Investors and Corporate Social Responsibility ［J］. *Journal of Corporate Finance*, 58.

［373］ Olivier D. B. , Davis E. P. 2000. Competition, Contestability and Market Structure in European Banking Sectors on the Eve of EMU ［J］. *Journal of Banking and Finance*, 24 （10）: 45 – 66.

［374］ Patro D. K. , Qi M. , Xian S. 2013. A Simple Indicator of Systemic Risk ［J］. *Journal of Financial Stability*, 9 （1）.

［375］ Pelizzon L. , Subrahmanyam M. G, Tomio D. , et al. 2016. Sovereign Credit Risk, Liquidity, and European Central Bank Intervention: Deus Ex Machina? ［J］. *Journal of Financial Economics*, 122 （1）: 86 – 115.

［376］ Peltzman S. 1975. The Effects of Automobile Safety Regulation ［J］. *Journal of Political Economy*, 83 （4）: 677 – 725.

［377］ Phillips P. C. B. , Shi S. , Yu J. 2015. Testing for Multiple Bubbles: Limit Theory of Real – Time Detectors ［J］. *International Economic Review*, 56 （4）: 1079 – 1134.

［378］ Pickands Ⅲ . J. , et al. 1975. Statistical Inference Using Extreme Order Statistics ［J］. *The Annals of Statistics*, 3 （1）: 119 – 131.

［379］ Pierret D. 2013. Systemic Risk and the Solvency – Liquidity Nexus of Banks ［J］. *Staff Reports*, 11 （3）: 16 – 23.

［380］ Pojarliev M. , Levich R. M. 2008. Do Professional Currency Managers Beat the Benchmark? ［J］. *Financial Analysts Journal*, 64 （5）: 18 – 32.

［381］ Pojarliev M. , Levich R. M. 2011. Detecting Crowded Trades in Currency

Funds〔J〕. *Financial Analysts Journal*, 67 (1): 26 - 39.

〔382〕Poon S. H., 2004. Extreme Value Dependence in Financial Markets: Diagnostics, Models, and Financial Implications〔J〕. *Review of Financial Studies*, 17 (2): 581 - 610.

〔383〕Pound J. 1988. Proxy Contests and the Efficiency of Shareholder Oversight〔J〕. *Journal of Financial Economics*, 20: 237 - 265.

〔384〕Primiceri G. E. 2005. Time Varying Structural Vector Autoregressions and Monetary Policy〔J〕. *Review of Economic Studies*, 72 (3): 821 - 852.

〔385〕Purnanandam A. 2008. Financial Distress and Corporate Risk Management: Theory and Evidence〔J〕. *Journal of Financial Economics*, 87 (3): 706 - 739.

〔386〕Reinhart C. M., Rogoff K. 2009. *This Time Is Different: Eight Centuries of Financial Folly*〔M〕. Princeton University Press, Princeton.

〔387〕René M., Stulz. 1981. A Model of International Asset Pricing〔J〕. *Journal of Financial Economics*, 9 (4): 383 - 406.

〔388〕Richardson G., Lanis R., Taylor G. L. 2015. Financial Distress, Outside Directors and Corporate Tax Aggressiveness Spanning the Global Financial Crisis: An Empirical Analysis〔J〕. *Journal of Banking & Finance*, 52: 112 - 129.

〔389〕Ritter J. R. 1991. The Long - Run Performance of Initial Public Offerings〔J〕. *Journal of Finance*, 46 (1): 3 - 27.

〔390〕Robert F., Engle, Simone M. 2004. CAViaR: Conditional Autoregressive Value at Risk by Regression Quantiles〔J〕. *Journal of Business & Economic Statistics*, 22 (4).

〔391〕Roger K., José et al. 1999. Goodness of Fit and Related Inference Processes for Quantile Regression〔J〕. *Journal of the American Statistical Association*, 94 (448): 1296 - 1310.

〔392〕Rosenberg B., Reid K., Lanstein R. 1985. Persuasive Evidence of Market Inefficiency〔J〕. *Journal of Portfolio Management*, 11 (3): 9 - 16.

〔393〕Rosengren E. S. 2010. Asset Bubbles and Systemic Risk〔Z〕. Eric Rosengren.

〔394〕Rzakhanov Z., Jetley G. 2019. Competition, Scale and Hedge Fund Performance: Evidence from Merger Arbitrage〔J〕. *Journal of Economics and Business*, 105 (C).

〔395〕Saeed T., Bouri E., Alsulami H. 2021. Extreme Return Connectedness and Its Determinants between Clean/Green and Dirty Energy Investments〔J〕. Energy Economics, 96, 105017.

［396］ Scaillet O. 2005. Nonparametric Estimation of Conditional Expected Shortfall ［J］. *Insurance and Risk Management Journal*, 74: 639 – 660.

［397］ Scharfstein D. S., Stein J. C. 1990. Herd Behavior and Investment ［J］. *The American Economic Review*, 80 (3).

［398］ Scheinkman J., Xiong W. 2003. Overconfidence and Speculative Bubbles ［J］. *Journal of Political Economy*, 111 (6): 1183 – 1219.

［399］ Segoviano, Basurto M., Goodhart C. 2009. Banking Stability Measures ［J］. IMF Working Papers.

［400］ Series F. W. P., Avramov D., Chordia T. 2013. Anomalies and Financial Distress ［J］. *Journal of Financial Economics*, 108 (1): 83 – 101.

［401］ Sharpe W. F. 1964. Capital Asset Prices: A Theory of Market Equilibrium under Conditions of Risk ［J］. *The Journal of Finance*, 19 (3): 425 – 442.

［402］ Sharpe W. F. 1992. Asset Allocation: Management Style and Performance Measurement ［J］. *The Journal of Portfolio Management*, 18 (2): 7 – 19.

［403］ Sloan R. 1996. Do Stock Prices Fully Impound Information in Accruals About Future Earnings? ［J］. *Accounting Review*, 71.

［404］ Solnik B. H. 1974. An Equilibrium Model of the International Capital Market ［J］. *Journal of Economic Theory*, 8 (4): 0 – 524.

［405］ Spearman C. 1904. The Proof and Measurement of Correlation between Two Things ［J］. *American Journal of Psychology*, 15.

［406］ Stambaugh R. F., Yuan Y. 2017. Mispricing Factors ［J］. *The Review of Financial Studies*, 30 (4): 1270 – 1315.

［407］ Straetmans S. T. M., and Chaudhry S. M. 2015. Tail Risk and Systemic Risk of US and Eurozone Financial Institutions in The Wake of The Global Financial Crisis ［J］. *Journal of International Money & Finance*, 58: 191 – 223.

［408］ Straetmans S., Verschoor W. F. C., and Wolff C. C. P. 2008. Extreme US Stock Market Fluctuations in The Wake of 9/11 ［J］. *SSRN Electronic Journal*, 17 – 42.

［409］ Stuart Coles. 2001. *An Introduction to Statistical Modeling of Extreme Values* ［M］. Springer, London.

［410］ Svensson L. E. 1994. Estimating and Interpreting Forward Interest Rates: Sweden 1992 – 1994 ［Z］. NBER Working Paper 4871, National Bureau of Economic Research.

［411］ Tang T. T. 2009. Information Asymmetry and Firms' Credit Market Access: Evidence from Moody's Credit Rating Format Refinement ［J］. *Journal of Financial Eco-*

469

nomics, 93 (2): 325 – 351.

[412] Tarashev N., Borio C., Tsatsaronis K. 2011. Attributing Systemic Risk to Individual Institutions [R]. *BIS Working Papers*, No: 308.

[413] Tinoco M. H., Holmes P., Wilson. N. 2018. Polytomous Response Financial Distress Models: The Role of Accounting, Market and Macroeconomic Variables – Science Direct [J]. *International Review of Financial Analysis*, 59: 276 – 289.

[414] Tirole J. 1982. On the Possibility of Speculation Under Rational Expectations [J]. *Econometrica*, 50: 1163 – 1182.

[415] Titman S. 1992. Interest Rate Swaps and Corporate Financing Choices [J]. *The Journal of Finance*, 47: 1503 – 1516.

[416] Treynor J. L. 1965. How to Rate Management of Investment Funds [J]. *Harvard Business Review*, 2: 63 – 77.

[417] Tykvová T., Borell M. 2011. Do Private Equity Owners Increase Risk of Financial Distress and Bankruptcy? [J]. *Journal of Corporate Finance*, 18 (1): 138 – 150.

[418] Uddin G. S., Yahya M., Goswami G. G., Lucey B., Ahmed A. 2022. Stock Market Contagion During The COVID – 19 Pandemic in Emerging Economies [J]. *International Review of Economics & Finance*, 79: 302 – 309.

[419] Umar Z., Riaz Y., Aharon D. Y. 2022. Network Connectedness Dynamics of The Yield Curve of G7 Countries [J]. *International Review of Economics & Finance*, 79: 275 – 288.

[420] Valenzuela P. 2016. Rollover Risk and Credit Spreads: Evidence from International Corporate Bonds [J]. *Review of Finance*, 20: 63.

[421] Van O. M. R. C., and Zhou C., 2016. Systematic Tail Risk [J]. *Journal of Financial & Quantitative Analysis*, 51 (2): 21.

[422] Veldkamp L. L. 2006. Media Frenzies in Markets for Financial Information [J]. *American Economic Review*, 96: 577 – 601.

[423] Velury U., Jenkins D. S. 2006. Institutional Ownership and the Quality of Earnings [J]. *Journal of Business Research*, 59 (9): 1043 – 1051.

[424] Von Neumann J., Burks A. W. 1966. *Theory of Self-reproducing Automata* [M]. Urbana, University of Illinois Press.

[425] Wang F. A. 2001. Overconfidence, Investor Sentiment, and Evolution [J]. *Journal of Financial Intermediation*, 10 (2).

[426] Wang G. J., Xie C., Jiang Z. Q., Stanley H. E. 2016. Who are the Net Senders and Recipients of Volatility Spillovers in Chinese Financial Markets [J]. *Fi-*

nance Research Letters, 18: 255 – 262.

［427］Warren G., Dean A., Robert W., et al. 2010. Asymmetry in Return and Volatility Spillover between Equity and Bond Markets in Australia ［J］. *Pacific – Basin Finance Journal*, 18（3）: 272 – 289.

［428］Weisbach M. S. 1988. Outside Directors and CEO Turnover ［J］. *Journal of Financial Economics*, 20: 431 – 460.

［429］White H., Kim T., Manganelli S. 2015. VAR for VaR: Measuring Tail Dependence Using Multivariate Regression Quantiles ［J］. *Journal of Econometrics*, 187（1）: 169 – 188.

［430］Wojewodzki M., Poon W. P. H, Shen J. 2018. The Role of Credit Ratings on Capital Structure and Its Speed of Adjustment: An International Study ［J］. *The European Journal of Finance*, 24（9）: 735 – 760.

［431］Yan X., Zhang Z. 2009. Institutional Investors and Equity Returns: Are Short-term Institutions Better Informed? ［J］. *The Review of Financial Studies*, 22（2）: 893 – 924.

［432］Yang Z. H., Zhou Y. G. 2017. Quantitative Easing and Volatility Spillovers Across Countries and Asset Classes ［J］. *Management Science*, 63（2）.

［433］Yavas B. F., Dedi L. 2016. An Investigation of Return and Volatility Linkages Among Equity Markets: A Study of Selected European and Emerging Countries ［J］. *Research in International Business and Finance*, 37: 583 – 596.

［434］Yibiao C., Steven S. W., Wei L., Qian S., Wilson H. S. 2015. Tong, Institutional Environment, Firm Ownership, and IPO First-day Returns: Evidence from China ［J］. *Journal of Corporate Finance*, 32: 150 – 168.

［435］Zhang W., Zhuang X., Lu Y., Wang J.（2020）. Spatial linkage of volatility spillovers and its explanation across G20 stock markets: A network framework ［J］. *International Review of Financial Analysis*, 71, 101454.

［436］Zheng Z., Jiang Z., Chen R. 2017. AVIX: An Improved VIX Based on Stochastic Interest Rates and An Adaptive Screening Mechanism ［J］. *Journal of Futures Markets*, 37（4）: 374 – 410.

［437］Zhu M. 2018. Informative Fund Size, Managerial Skill, and Investor Rationality ［J］. *Journal of Financial Economics*, 130（1）: 114 – 134.

［438］Zhu X. 2013. Credit Spread Changes and Monetary Policy Surprises: The Evidence from the Fed Funds Futures Market ［J］. *Journal of Futures Markets*, 33（2）: 103 – 128.

后　记

　　2015年股票市场的异常波动使资本市场系统性风险以及相应的风险扩散效应与溢出路径引起学术界与实务界的广泛关注，2017年中国资本市场进入了"强监管"时代，针对资本市场监管重心转移，2018年末我们承担了教育部哲学社会科学研究重大课题攻关项目《资本市场的系统性风险测度与防范体系构建研究》。四年多来，我们的工作在理论基础与方法研究方面，风险测度与应用研究方面和资本市场系统性风险监管与防范体系的构建方面取得了一些具有创新性的研究成果。现在呈现出的这部研究著作《资本市场的系统性风险测度与防范体系构建研究》是对研究工作的汇报，希望通过课题的研究，能对我国资本市场的系统性风险测度与防范体系构建有所贡献。

　　攻关项目的完成，离不开国内各位专家、同行、研究团队老师、同学和朋友的关心和帮助。

　　首先特别感谢教育部哲学社会科学研究重大课题攻关项目（项目编号：17JZD016）评审专家给予我们在《资本市场的系统性风险测度与防范体系构建研究》立项中的肯定。

　　还要感谢各位专家对项目的研究计划和实施方案进行的认真评议，他们在高度评价和充分肯定的基础上提出了完善建议，使攻关项目在充分研究现有理论方法的基础上，完成了与中国经济具体情况相结合的理论与模型方法的创新，对资本市场的系统性风险防范体系构建方面提出有参考价值的建议。

　　此外，由衷地感谢研究团队教师、研究生们，他们开拓性的研究，拓展了研究工作的视野，表现出了科研创新精神，使攻关项目研究在出思想、出理论、出对策、出成果、出人才方面得到了很大的提升。

　　同时还要感谢研究工作中参考和利用的所有参考文献和科研成果的原作者，他们都是学界名家和有为的研究学者，向他们表示诚挚的谢意。

　　最后还要感谢吉林大学数量经济研究中心为我们研究工作提供的良好工作环境和为研究团队创造的便利条件。

　　再一次感谢所有在完成攻关项目中帮助过我们的良师益友和朋友们。

2020 年本人已到退休年龄，虽经多方努力，学校没再给予延聘工作的机会，或多或少地影响了此项工作的进程，加之 2020 年以来的新冠疫情的冲击影响，导致研究工作匆忙煞尾，使现在呈现的这部项著作还存在许多不足和错讹之处，诚恳地请各位专家、学者和读者指正，我们将把大家的支持、鼓励和批评化作动力，继续努力，为我国资本市场的健康发展作出贡献。

陈守东

教育部哲学社会科学研究重大课题攻関项目
成果出版列表

序号	书　名	首席专家
1	《马克思主义基础理论若干重大问题研究》	陈先达
2	《马克思主义理论学科体系建构与建设研究》	张雷声
3	《马克思主义整体性研究》	逄锦聚
4	《改革开放以来马克思主义在中国的发展》	顾钰民
5	《新时期　新探索　新征程 ——当代资本主义国家共产党的理论与实践研究》	聂运麟
6	《坚持马克思主义在意识形态领域指导地位研究》	陈先达
7	《当代资本主义新变化的批判性解读》	唐正东
8	《当代中国人精神生活研究》	童世骏
9	《弘扬与培育民族精神研究》	杨叔子
10	《当代科学哲学的发展趋势》	郭贵春
11	《服务型政府建设规律研究》	朱光磊
12	《地方政府改革与深化行政管理体制改革研究》	沈荣华
13	《面向知识表示与推理的自然语言逻辑》	鞠实儿
14	《当代宗教冲突与对话研究》	张志刚
15	《马克思主义文艺理论中国化研究》	朱立元
16	《历史题材文学创作重大问题研究》	童庆炳
17	《现代中西高校公共艺术教育比较研究》	曾繁仁
18	《西方文论中国化与中国文论建设》	王一川
19	《中华民族音乐文化的国际传播与推广》	王耀华
20	《楚地出土战国简册［十四种］》	陈　伟
21	《近代中国的知识与制度转型》	桑　兵
22	《中国抗战在世界反法西斯战争中的历史地位》	胡德坤
23	《近代以来日本对华认识及其行动选择研究》	杨栋梁
24	《京津冀都市圈的崛起与中国经济发展》	周立群
25	《金融市场全球化下的中国监管体系研究》	曹凤岐
26	《中国市场经济发展研究》	刘　伟
27	《全球经济调整中的中国经济增长与宏观调控体系研究》	黄　达
28	《中国特大都市圈与世界制造业中心研究》	李廉水

序号	书　名	首席专家
29	《中国产业竞争力研究》	赵彦云
30	《东北老工业基地资源型城市发展可持续产业问题研究》	宋冬林
31	《转型时期消费需求升级与产业发展研究》	臧旭恒
32	《中国金融国际化中的风险防范与金融安全研究》	刘锡良
33	《全球新型金融危机与中国的外汇储备战略》	陈雨露
34	《全球金融危机与新常态下的中国产业发展》	段文斌
35	《中国民营经济制度创新与发展》	李维安
36	《中国现代服务经济理论与发展战略研究》	陈　宪
37	《中国转型期的社会风险及公共危机管理研究》	丁烈云
38	《人文社会科学研究成果评价体系研究》	刘大椿
39	《中国工业化、城镇化进程中的农村土地问题研究》	曲福田
40	《中国农村社区建设研究》	项继权
41	《东北老工业基地改造与振兴研究》	程　伟
42	《全面建设小康社会进程中的我国就业发展战略研究》	曾湘泉
43	《自主创新战略与国际竞争力研究》	吴贵生
44	《转轨经济中的反行政性垄断与促进竞争政策研究》	于良春
45	《面向公共服务的电子政务管理体系研究》	孙宝文
46	《产权理论比较与中国产权制度变革》	黄少安
47	《中国企业集团成长与重组研究》	蓝海林
48	《我国资源、环境、人口与经济承载能力研究》	邱　东
49	《“病有所医”——目标、路径与战略选择》	高建民
50	《税收对国民收入分配调控作用研究》	郭庆旺
51	《多党合作与中国共产党执政能力建设研究》	周淑真
52	《规范收入分配秩序研究》	杨灿明
53	《中国社会转型中的政府治理模式研究》	娄成武
54	《中国加入区域经济一体化研究》	黄卫平
55	《金融体制改革和货币问题研究》	王广谦
56	《人民币均衡汇率问题研究》	姜波克
57	《我国土地制度与社会经济协调发展研究》	黄祖辉
58	《南水北调工程与中部地区经济社会可持续发展研究》	杨云彦
59	《产业集聚与区域经济协调发展研究》	王　珺

序号	书　名	首席专家
91	《城市新移民问题及其对策研究》	周大鸣
92	《新农村建设与城镇化推进中农村教育布局调整研究》	史宁中
93	《农村公共产品供给与农村和谐社会建设》	王国华
94	《中国大城市户籍制度改革研究》	彭希哲
95	《国家惠农政策的成效评价与完善研究》	邓大才
96	《以民主促进和谐——和谐社会构建中的基层民主政治建设研究》	徐　勇
97	《城市文化与国家治理——当代中国城市建设理论内涵与发展模式建构》	皇甫晓涛
98	《中国边疆治理研究》	周　平
99	《边疆多民族地区构建社会主义和谐社会研究》	张先亮
100	《新疆民族文化、民族心理与社会长治久安》	高静文
101	《中国人众媒介的传播效果与公信力研究》	喻国明
102	《媒介素养：理念、认知、参与》	陆　晔
103	《创新型国家的知识信息服务体系研究》	胡昌平
104	《数字信息资源规划、管理与利用研究》	马费成
105	《新闻传媒发展与建构和谐社会关系研究》	罗以澄
106	《数字传播技术与媒体产业发展研究》	黄升民
107	《互联网等新媒体对社会舆论影响与利用研究》	谢新洲
108	《网络舆论监测与安全研究》	黄永林
109	《中国文化产业发展战略论》	胡惠林
110	《20世纪中国古代文化经典在域外的传播与影响研究》	张西平
111	《国际传播的理论、现状和发展趋势研究》	吴　飞
112	《教育投入、资源配置与人力资本收益》	闵维方
113	《创新人才与教育创新研究》	林崇德
114	《中国农村教育发展指标体系研究》	袁桂林
115	《高校思想政治理论课程建设研究》	顾海良
116	《网络思想政治教育研究》	张再兴
117	《高校招生考试制度改革研究》	刘海峰
118	《基础教育改革与中国教育学理论重建研究》	叶　澜
119	《我国研究生教育结构调整问题研究》	袁本涛王传毅
120	《公共财政框架下公共教育财政制度研究》	王善迈

序号	书　名	首席专家
121	《农民工子女问题研究》	袁振国
122	《当代大学生诚信制度建设及加强大学生思想政治工作研究》	黄蓉生
123	《从失衡走向平衡：素质教育课程评价体系研究》	钟启泉 崔允漷
124	《构建城乡一体化的教育体制机制研究》	李　玲
125	《高校思想政治理论课教育教学质量监测体系研究》	张耀灿
126	《处境不利儿童的心理发展现状与教育对策研究》	申继亮
127	《学习过程与机制研究》	莫　雷
128	《青少年心理健康素质调查研究》	沈德立
129	《灾后中小学生心理疏导研究》	林崇德
130	《民族地区教育优先发展研究》	张诗亚
131	《WTO主要成员贸易政策体系与对策研究》	张汉林
132	《中国和平发展的国际环境分析》	叶自成
133	《冷战时期美国重大外交政策案例研究》	沈志华
134	《新时期中非合作关系研究》	刘鸿武
135	《我国的地缘政治及其战略研究》	倪世雄
136	《中国海洋发展战略研究》	徐祥民
137	《深化医药卫生体制改革研究》	孟庆跃
138	《华侨华人在中国软实力建设中的作用研究》	黄　平
139	《我国地方法制建设理论与实践研究》	葛洪义
140	《城市化理论重构与城市化战略研究》	张鸿雁
141	《境外宗教渗透论》	段德智
142	《中部崛起过程中的新型工业化研究》	陈晓红
143	《农村社会保障制度研究》	赵　曼
144	《中国艺术学学科体系建设研究》	黄会林
145	《人工耳蜗术后儿童康复教育的原理与方法》	黄昭鸣
146	《我国少数民族音乐资源的保护与开发研究》	樊祖荫
147	《中国道德文化的传统理念与现代践行研究》	李建华
148	《低碳经济转型下的中国排放权交易体系》	齐绍洲
149	《中国东北亚战略与政策研究》	刘清才
150	《促进经济发展方式转变的地方财税体制改革研究》	钟晓敏
151	《中国—东盟区域经济一体化》	范祚军

序号	书　名	首席专家
152	《非传统安全合作与中俄关系》	冯绍雷
153	《外资并购与我国产业安全研究》	李善民
154	《近代汉字术语的生成演变与中西日文化互动研究》	冯天瑜
155	《新时期加强社会组织建设研究》	李友梅
156	《民办学校分类管理政策研究》	周海涛
157	《我国城市住房制度改革研究》	高　波
158	《新媒体环境下的危机传播及舆论引导研究》	喻国明
159	《法治国家建设中的司法判例制度研究》	何家弘
160	《中国女性高层次人才发展规律及发展对策研究》	佟　新
161	《国际金融中心法制环境研究》	周仲飞
162	《居民收入占国民收入比重统计指标体系研究》	刘　扬
163	《中国历代边疆治理研究》	程妮娜
164	《性别视角下的中国文学与文化》	乔以钢
165	《我国公共财政风险评估及其防范对策研究》	吴俊培
166	《中国历代民歌史论》	陈书录
167	《大学生村官成长成才机制研究》	马抗美
168	《完善学校突发事件应急管理机制研究》	马怀德
169	《秦简牍整理与研究》	陈　伟
170	《出土简帛与古史再建》	李学勤
171	《民间借贷与非法集资风险防范的法律机制研究》	岳彩申
172	《新时期社会治安防控体系建设研究》	宫志刚
173	《加快发展我国生产服务业研究》	李江帆
174	《基本公共服务均等化研究》	张贤明
175	《职业教育质量评价体系研究》	周志刚
176	《中国大学校长管理专业化研究》	宣　勇
177	《"两型社会"建设标准及指标体系研究》	陈晓红
178	《中国与中亚地区国家关系研究》	潘志平
179	《保障我国海上通道安全研究》	吕　靖
180	《世界主要国家安全体制机制研究》	刘胜湘
181	《中国流动人口的城市逐梦》	杨菊华
182	《建设人口均衡型社会研究》	刘渝琳
183	《农产品流通体系建设的机制创新与政策体系研究》	夏春玉

序号	书 名	首席专家
184	《区域经济一体化中府际合作的法律问题研究》	石佑启
185	《城乡劳动力平等就业研究》	姚先国
186	《20 世纪朱子学研究精华集成——从学术思想史的视角》	乐爱国
187	《拔尖创新人才成长规律与培养模式研究》	林崇德
188	《生态文明制度建设研究》	陈晓红
189	《我国城镇住房保障体系及运行机制研究》	虞晓芬
190	《中国战略性新兴产业国际化战略研究》	汪 涛
191	《证据科学论纲》	张保生
192	《要素成本上升背景下我国外贸中长期发展趋势研究》	黄建忠
193	《中国历代长城研究》	段清波
194	《当代技术哲学的发展趋势研究》	吴国林
195	《20 世纪中国社会思潮研究》	高瑞泉
196	《中国社会保障制度整合与体系完善重大问题研究》	丁建定
197	《民族地区特殊类型贫困与反贫困研究》	李俊杰
198	《扩大消费需求的长效机制研究》	臧旭恒
199	《我国土地出让制度改革及收益共享机制研究》	石晓平
200	《高等学校分类体系及其设置标准研究》	史秋衡
201	《全面加强学校德育体系建设研究》	杜时忠
202	《生态环境公益诉讼机制研究》	颜运秋
203	《科学研究与高等教育深度融合的知识创新体系建设研究》	杜德斌
204	《女性高层次人才成长规律与发展对策研究》	罗瑾琏
205	《岳麓秦简与秦代法律制度研究》	陈松长
206	《民办教育分类管理政策实施跟踪与评估研究》	周海涛
207	《建立城乡统一的建设用地市场研究》	张安录
208	《迈向高质量发展的经济结构转变研究》	郭熙保
209	《中国社会福利理论与制度构建——以适度普惠社会福利制度为例》	彭华民
210	《提高教育系统廉政文化建设实效性和针对性研究》	罗国振
211	《毒品成瘾及其复吸行为——心理学的研究视角》	沈模卫
212	《英语世界的中国文学译介与研究》	曹顺庆
213	《建立公开规范的住房公积金制度研究》	王先柱

序号	书　名	首席专家
214	《现代归纳逻辑理论及其应用研究》	何向东
215	《时代变迁、技术扩散与教育变革：信息化教育的理论与实践探索》	杨　浩
216	《城镇化进程中新生代农民工职业教育与社会融合问题研究》	褚宏启 薛二勇
217	《我国先进制造业发展战略研究》	唐晓华
218	《融合与修正：跨文化交流的逻辑与认知研究》	鞠实儿
219	《中国新生代农民工收入状况与消费行为研究》	金晓彤
220	《高校少数民族应用型人才培养模式综合改革研究》	张学敏
221	《中国的立法体制研究》	陈　俊
222	《教师社会经济地位问题：现实与选择》	劳凯声
223	《中国现代职业教育质量保障体系研究》	赵志群
224	《欧洲农村城镇化进程及其借鉴意义》	刘景华
225	《国际金融危机后全球需求结构变化及其对中国的影响》	陈万灵
226	《创新法治人才培养机制》	杜承铭
227	《法治中国建设背景下警察权研究》	余凌云
228	《高校财务管理创新与财务风险防范机制研究》	徐明稚
229	《义务教育学校布局问题研究》	雷万鹏
230	《高校党员领导干部清正、党政领导班子清廉的长效机制研究》	汪　曥
231	《二十国集团与全球经济治理研究》	黄茂兴
232	《高校内部权力运行制约与监督体系研究》	张德祥
233	《职业教育办学模式改革研究》	石伟平
234	《职业教育现代学徒制理论研究与实践探索》	徐国庆
235	《全球化背景下国际秩序重构与中国国家安全战略研究》	张汉林
236	《进一步扩大服务业开放的模式和路径研究》	申明浩
237	《自然资源管理体制研究》	宋马林
238	《高考改革试点方案跟踪与评估研究》	钟秉林
239	《全面提高党的建设科学化水平》	齐卫平
240	《"绿色化"的重大意义及实现途径研究》	张俊飚
241	《利率市场化背景下的金融风险研究》	田利辉
242	《经济全球化背景下中国反垄断战略研究》	王先林

序号	书 名	首席专家
243	《中华文化的跨文化阐释与对外传播研究》	李庆本
244	《世界一流大学和一流学科评价体系与推进战略》	王战军
245	《新常态下中国经济运行机制的变革与中国宏观调控模式重构研究》	袁晓玲
246	《推进21世纪海上丝绸之路建设研究》	梁 颖
247	《现代大学治理结构中的纪律建设、德治礼序和权力配置协调机制研究》	周作宇
248	《渐进式延迟退休政策的社会经济效应研究》	席 恒
249	《经济发展新常态下我国货币政策体系建设研究》	潘 敏
250	《推动智库建设健康发展研究》	李 刚
251	《农业转移人口市民化转型：理论与中国经验》	潘泽泉
252	《电子商务发展趋势及对国内外贸易发展的影响机制研究》	孙宝文
253	《创新专业学位研究生培养模式研究》	贺克斌
254	《医患信任关系建设的社会心理机制研究》	汪新建
255	《司法管理体制改革基础理论研究》	徐汉明
256	《建构立体形式反腐败体系研究》	徐玉生
257	《重大突发事件社会舆情演化规律及应对策略研究》	傅昌波
258	《中国社会需求变化与学位授予体系发展前瞻研究》	姚 云
259	《非营利性民办学校办学模式创新研究》	周海涛
260	《基于"零废弃"的城市生活垃圾管理政策研究》	褚祝杰
261	《城镇化背景下我国义务教育改革和发展机制研究》	邬志辉
262	《中国满族语言文字保护抢救口述史》	刘厚生
263	《构建公平合理的国际气候治理体系研究》	薄 燕
264	《新时代治国理政方略研究》	刘焕明
265	《新时代高校党的领导体制机制研究》	黄建军
266	《东亚国家语言中汉字词汇使用现状研究》	施建军
267	《中国传统道德文化的现代阐释和实践路径研究》	吴根友
268	《创新社会治理体制与社会和谐稳定长效机制研究》	金太军
269	《文艺评论价值体系的理论建设与实践研究》	刘俐俐
270	《新形势下弘扬爱国主义重大理论和现实问题研究》	王泽应

序号	书　名	首席专家
271	《我国高校"双一流"建设推进机制与成效评估研究》	刘念才
272	《中国特色社会主义监督体系的理论与实践》	过　勇
273	《中国软实力建设与发展战略》	骆郁廷
274	《坚持和加强党的全面领导研究》	张世飞
275	《面向 2035 我国高校哲学社会科学整体发展战略研究》	任少波
276	《中国古代曲乐乐谱今译》	刘崇德
277	《民营企业参与"一带一路"国际产能合作战略研究》	陈衍泰
278	《网络空间全球治理体系的建构》	崔保国
279	《汉语国际教育视野下的中国文化教材与数据库建设研究》	于小植
280	《新型政商关系研究》	陈寿灿
281	《完善社会救助制度研究》	慈勤英
282	《太行山和吕梁山抗战文献整理与研究》	岳谦厚
283	《清代稀见科举文献研究》	陈维昭
284	《协同创新的理论、机制与政策研究》	朱桂龙
285	《数据驱动的公共安全风险治理》	沙勇忠
286	《黔西北濒危彝族钞本文献整理和研究》	张学立
287	《我国高素质幼儿园园长队伍建设研究》	缴润凯
288	《我国债券市场建立市场化法制化风险防范体系研究》	冯　果
289	《流动人口管理和服务对策研究》	关信平
290	《企业环境责任与政府环境责任协同机制研究》	胡宗义
291	《多重外部约束下我国融入国际价值链分工战略研究》	张为付
292	《政府债务预算管理与绩效评价》	金荣学
293	《推进以保障和改善民生为重点的社会体制改革研究》	范明林
294	《中国传统村落价值体系与异地扶贫搬迁中的传统村落保护研究》	郝　平
295	《大病保险创新发展的模式与路径》	田文华
296	《教育与经济发展关系及贡献研究》	杜育红
297	《宏观经济整体和微观产品服务质量"双提高"机制研究》	程　虹
298	《构建清洁低碳、安全高效的能源体系政策与机制研究》	牛东晓
299	《水生态补偿机制研究》	王清军
300	《系统观视阈的新时代中国式现代化》	汪青松
301	《资本市场的系统性风险测度与防范体系构建研究》	陈守东

......